A GRANDE HISTÓRIA DO MUNDO

Uma viagem única pela
história dos **cinco continentes**

François Reynaert

A GRANDE HISTÓRIA DO MUNDO

Uma viagem única pela história dos **cinco continentes**

TRADUÇÃO E NOTAS
José Manuel Barata-Feyo

VESTÍGIO

LA GRANDE HISTOIRE DU MONDE
By François Reynaert
© Librairie Arthème Fayard, 2017

Título original: *La grande histoire du monde*

Todos os direitos reservados pela Editora Vestígio. Nenhuma parte desta publicação poderá ser reproduzida, seja por meios mecânicos, eletrônicos, seja via cópia xerográfica, sem a autorização prévia da Editora.

EDITOR RESPONSÁVEL
Arnaud Vin

EDITOR ASSISTENTE
Eduardo Soares

PREPARAÇÃO DE TEXTO
Eduardo Soares
Samira Vilela

REVISÃO
Jorge Damasceno
Nathalia Martins Melo

CAPA
Diogo Droschi

DIAGRAMAÇÃO
Guilherme Fagundes

Dados Internacionais de Catalogação na Publicação (CIP)
Câmara Brasileira do Livro, SP, Brasil

Reynaert, François
  A grande história do mundo : uma viagem única pela história dos cinco continentes / François Reynaert ; tradução e notas José Manuel Barata-Feyo. -- 1. ed. -- São Paulo : Vestígio, 2022.

  Título original: La grande histoire du monde
  Bibliografia.
  ISBN 978-65-86551-25-9

  1. Civilização - História 2. História universal I. Barata-Feyo, José Manuel. II. Título.

21-58904   CDD-909

Índices para catálogo sistemático:
1. História universal   909
Cibele Maria Dias - Bibliotecária - CRB-8/9427

A **VESTÍGIO** É UMA EDITORA DO **GRUPO AUTÊNTICA**

São Paulo
Av. Paulista, 2.073 . Conjunto Nacional
Horsa I . Sala 309 . Cerqueira César
01311-940 São Paulo . SP
Tel.: (55 11) 3034 4468

Belo Horizonte
Rua Carlos Turner, 420
Silveira . 31140-520
Belo Horizonte . MG
Tel.: (55 31) 3465 4500

www.editoravestigio.com.br
SAC: atendimentoleitor@grupoautentica.com.br

Sumário

INTRODUÇÃO 9
PRÓLOGO 15
Breve história da Pré-História 17
Sobrevoo da Alta Antiguidade 25

PRIMEIRA PARTE
UM MUNDO ESTILHAÇADO

OS FUNDAMENTOS DAS TRÊS GRANDES CIVILIZAÇÕES 37
1. O Ocidente – Atenas e Jerusalém 41
2. A China – Lao Zi e Confúcio 60
3. A Índia – Hinduísmo e budismo 70

QUATRO IMPÉRIOS DA ANTIGUIDADE 81
4. Um milênio de impérios persas – Dos aquemênidas aos sassânidas
(550 a. C.-642 d. C.) 85
5. O Império Chinês – Do primeiro imperador à
Dinastia Han (século III a. C.-século III d. C.) 95
6. O primeiro Império Indiano e a Idade Clássica da Índia
(século IV a. C.-século VI d. C.) 102
7. O Império Romano em cinco ideias-chave
(século VIII a. C.-século V d. C.) 109

O MUNDO NO TEMPO DE HARUN AL-RASHID 123
8. Nascimento do Islã, a Idade de Ouro árabe (séculos VII-XI) 127
9. A China das grandes invenções – Época Tang-Sung 138

10. Carlos Magno e a formação da Europa 147
11. Os *vikings* 160
12. Uma volta ao mundo (do ano 600 ao 1000) 167

O MUNDO NO TEMPO DAS INVASÕES MONGÓIS 173
13. Bela e sombria Idade Média (séculos XII-XV) 177
14. O século dos mongóis 192
15. Os grandes impérios africanos da Idade Média 202
16. Uma volta ao mundo no século XV 211

SEGUNDA PARTE
UM MUNDO RECONFIGURADO

O SÉCULO XVI 225
17. A Europa decola 229
18. O Império Português 237
19. O Império Espanhol 245
20. A Europa no século XVI 254
21. Quatro impérios muçulmanos (séculos XVI-XVII) 263
22. O Japão se abre e torna a se fechar
(século XVI-início do século XIX) 271

O SÉCULO XVII 279
23. A Guerra dos Trinta Anos e a Europa do século XVII 281
24. A Colonização da América do Norte 292
25. O tráfico negreiro e o martírio da África 300

O SÉCULO XVIII 309
26. A Ciência, o Iluminismo, o Liberalismo 311
27. A emergência da Prússia e da Rússia 318
28. A conquista inglesa da Índia (séculos XVII-XIX) 327
29. A exploração do Pacífico (séculos XVII-XIX) 337
30. A China no século XVIII 346
31. O tempo das revoluções 354

TERCEIRA PARTE
UM MUNDO DOMINADO

O SÉCULO DA EUROPA ... 369
32. A Europa domina o mundo (1815-1914) ... 371
33. A Europa na época das nações (de 1815 à virada do século XX) ... 382
34. Os Estados Unidos em cinco ideias-chave ... 397
35. A América Latina — de Bolívar a Zapata ... 410
36. A China humilhada ... 423
37. O Japão no clube dos poderosos (1853-1914) ... 435
38. A corrida à África ... 444
39. O declínio do Império Otomano ... 459

O SÉCULO XX ... 473
40. Uma visão mundial da Grande Guerra ... 475
41. A recomposição do mundo no pós-guerra ... 492
42. Os primeiros passos da União Soviética e as tentativas
de expansão mundial do comunismo (1917-1941) ... 505
43. O Reino Unido, a França e os Estados Unidos entre as
duas guerras — O declínio dos impérios, a violência da crise ... 516
44. Os regimes autoritários e a escalada da guerra — Itália,
Alemanha, Japão ... 530
45. A Segunda Guerra Mundial em quatro momentos fortes (1937-1945) ... 544
46. O mundo em dois blocos (1947-1991) ... 561
47. Os momentos-chave da descolonização ... 579
48. O Oriente Médio a partir de 1945 ... 595
49. A China — De Mao a Deng Xiaoping ... 610

EPÍLOGO ... 623
BIBLIOGRAFIA ... 629
LISTA DE MAPAS ... 635
AGRADECIMENTOS ... 637

Introdução

> "Como a Terra é redonda, todos os povos
> acreditam estar no centro do mundo."

OS POVOS OCIDENTAIS do século XXI descobrem com espanto a emergência do Irã. Que milagre permitiu a esse país, que parecia tão envolto no arcaísmo quanto seus *mullahs* nos turbantes, estar em vias de se tornar uma das potências mais importantes de todo o Oriente Próximo? Nunca um iraniano duvidou da capacidade do seu velho país em assumir um papel de primeiro plano. Todos se recordam de Ciro, *o Grande*, e dos seus sucessores, que reinaram desde o Mediterrâneo até as portas da Índia e fizeram da Pérsia o primeiro "império-mundo" da História.

Nos dias atuais, ninguém duvida do poderio da China: os jornais noticiam as suas impressionantes capacidades militares, as inovações tecnológicas, o extraordinário poderio da sua economia, cujo crescimento ou contração são capazes de puxar o planeta para cima ou atirá-lo por terra. A maioria de nós tem dificuldade em compreender a origem do fenômeno. Como é possível que um país que parecia atrasado durante séculos, um país de miséria onde se andava apenas de bicicleta há trinta anos, tenha conseguido uma progressão tão esplêndida? Os chineses não veem as coisas assim. Todos interiorizaram um esquema histórico que está mais próximo da realidade: o seu velho império foi, de modo contínuo, desde o início das grandes civilizações até o final do século XVIII, a primeira potência econômica e comercial do mundo, e a sua queda, provocada pelos britânicos num primeiro momento e depois pelas outras potências imperialistas, data apenas de meados do século XIX. Os chineses sabem que a China de hoje está apenas fechando um parêntese, doloroso mas curto, para voltar a ocupar um lugar no pódio que lhes parece natural, porque sempre foi o seu.

A partir do século XVI, a Europa conheceu uma expansão fulgurante, que lhe permitiu conquistar quase todo o planeta. Esse domínio acabou no século XX com o estrondo das duas guerras mundiais que o pequeno continente provocou. Depois da Segunda Guerra, os Estados Unidos e a Rússia foram tomando a dianteira. Partilharam entre si o globo, em nome de dois sistemas ideológicos – herdados do pensamento europeu. Durante muito tempo, portanto, os europeus, com orgulho, puderam acreditar que o conhecimento do seu próprio passado, da sua cultura, podia bastar para compreender o mundo, pois só a sua maneira de pensar parecia aí reinar. O desmoronamento da União Soviética acabou com essa glaciação bipolar e fez caducar a pretensão. Constantemente no nosso século, novas e antigas potências, o Brasil, a África do Sul, a Índia, a China, os grandes países muçulmanos – a Indonésia, a Arábia Saudita –, mostram a sua capacidade de influir no destino comum da humanidade e nos lembram de que o mundo mudou.

A HISTÓRIA GLOBAL

Há já várias décadas que a pesquisa histórica tem levado em consideração essa nova visão. Há mais de vinte anos que, nos Estados Unidos, para começar, e depois um pouco por todo o mundo, ilustres acadêmicos desenvolveram um novo ramo da História a que ainda se chama por vezes *global history* ou, em português, "história global". As subcategorias que ela abarca são complexas. O princípio é simples: consiste em olhar a história do mundo de acordo com a sua realidade múltipla, isto é, sem se contentar apenas com o ponto de vista ocidental, que prevaleceu durante muito tempo. Todas as crianças europeias aprenderam na escola a história de Vasco da Gama, o arrojado navegador português que foi o primeiro a contornar a África, a chegar à Índia e a trazer de lá especiarias. É claro que sim, admite a *global history*, mas por que não tentar também ler esse acontecimento através de fontes indianas, e ver como ele foi recebido pelos mercadores e pelas autoridades do porto onde atracou? Nesse exercício, como em muitos outros, devo dizer que o infeliz orgulho ocidental arrisca-se a sair ferido...

Citemos o exemplo da guerra de 1914-1918. A maioria dos povos europeus tem dela uma ideia muito nacional – os franceses encaram-na como um enésimo conflito com a Alemanha; os alemães, por sua vez, estavam focados no seu eterno inimigo eslavo – e, em geral, estritamente europeia. Por que não abrir a objetiva da imagem?, perguntará a história global: varrendo o campo até o Extremo Oriente, por exemplo, descobre-se que as guerras que opuseram russos e japoneses no início do século XX foram essenciais para a formação de alianças entre potências que iriam conduzir à explosão generalizada de 1914.

Esse novo olhar sobre o passado, essa nova metodologia, são apaixonantes e estão na origem de numerosas obras que nos permitem reler de forma original os acontecimentos já conhecidos ou ainda descobrir trechos da História até então ignorados. No decorrer destas páginas, à medida que formos progredindo, daremos notícia dos progressos dessa orientação. Alguns dos grandes livros que ela produziu têm um defeito: são em certa medida inacessíveis, pois, ao falar deste ou daquele episódio da História, partem do princípio de que conhecemos uma cronologia e um contexto político ou internacional que, regra geral, escapam à maioria dos que não são especialistas. Um dos propósitos desta obra é recolocar, do modo mais simples e claro possível, avançando passo a passo, as bases da história universal desde a Antiguidade.

O MUNDO IDENTITÁRIO

Já vimos que os grandes historiadores decidiram tentar compreender o mundo tal como ele é, na sua rica complexidade. A história popular tem, no entanto, uma tendência a avançar no sentido oposto. É certo que existem exceções, obras de história universal magnificamente bem concebidas. Citamo-las com prazer na nossa bibliografia. Outras tantas, ainda que publicadas na atualidade, parecem saídas de mentes do século XIX. É o caso, por exemplo, de uma grande enciclopédia em vinte volumes que supostamente quer retraçar a "história do mundo" e cuja repartição dos volumes é reveladora: três sobre o Egito antigo, quatro sobre a Grécia, seis sobre Roma – isto é, grosso modo, o que o Ocidente considera serem as bases da sua civilização – e um único em que são reunidos o Império Otomano, a Rússia e a China. É evidente que nada tenho contra a história grega, nem contra a história romana, mas coloco a questão: é ainda concebível, no nosso mundo, pensar que elas valem, historicamente falando, trinta vezes a história chinesa?

Ainda assim, a referida coleção faz um esforço, mesmo que desproporcionado, para tirar o leitor da pequena caixa onde a loucura da época o fecha cada vez mais: a obsessão nacional. Alguém dirá que a crispação identitária é uma doença bem mais contagiosa. Todas as nossas sociedades, a propósito de política, de relações com os outros, de diplomacia, de economia, têm arrepios diante dessa febre maligna. A história não lhe escapa. Eis o resumo do seu *hit-parade*: Luís XIV, Napoleão, Bismarck, Vitória e um toque de Joana d'Arc, para nos fazer derramar lágrimas pela heroína.

É claro que exagero um pouco. Nada tenho, aliás, contra a história nacional: considero essencial que a estudemos, mas tenho medo quando se fica emparedado nela. As raízes! De tanto as invocar constantemente, vamos acabar tropeçando nelas, creio eu. Ao contrário do que pensam os nacionalistas inflexíveis, o encerramento estrito nas suas fronteiras, na sua cultura, nos seus grandes homens, no seu passado, não é um serviço que prestam ao seu país. É a melhor forma de afundá-lo. Não digo, uma vez mais, que se deva negligenciar a história de cada um. Penso apenas que, para melhor ajudar o país a enfrentar o futuro, é necessário optar enfim por apreender o século XXI na sua realidade e deixar de olhar o mundo como se ele tivesse parado em 1914.

Na hora em que a China ruge, em que o mundo muçulmano se agita, em que a Índia emerge como potência, quem tem a certeza de que a melhor estratégia para enfrentar o desdobramento desses países no cenário mundial é acenar-lhes com a lista dos marechais do império e recitar-lhes as vitórias do Rei Sol? O reflexo mais elementar que nos dita a inteligência não será tentar, ainda que só um pouco, interessar-nos finalmente pela cultura e pela história deles?

A GRANDE VOLTA

No conjunto, para redigir este livro, utilizei um método aplicado em duas de minhas obras já publicadas[1]: fui beber à fonte dos maiores historiadores e dos melhores especialistas de cada uma das épocas e das civilizações abordadas, um conhecimento que procurei tornar acessível a todos, e acrescentei-lhes uma fonte nova. Durante os anos em que investiguei, fiz numerosas viagens a alguns dos grandes países que aparecem nestas páginas. Nada é mais instrutivo que visitar os museus, folhear os livros que lá se vendem, escutar os guias ou simplesmente ver os nomes que foram dados às ruas e às praças para compreender, se não a história no sentido científico do termo, pelo menos a maneira como cada nação fabrica a sua.

Esta longa demanda permitiu-me chegar ao presente livro. A obsessão aqui, repito, é a pedagogia. Nada poderia dar-me maior satisfação do que saber que ele foi lido por leitores de todas as idades e também por pessoas que não têm qualquer cultura histórica de base. É certo que, pelo contrário, ao percorrer este ou aquele capítulo sobre a China da dinastia Ming, as independências da América Latina ou a guerra de 1914, este ou aquele especialista ficará chocado: como pôde ele esquecer-se de mencionar o ministro A, a batalha Z ou a questão essencial da retrocessão do Sul da província Y na querela separatista venezuelana? Que o especialista me perdoe: todas as omissões são propositadas. Esta obra destina-se ao grande público, procura apenas a clareza e, logo, a síntese. A minha ideia fixa foi guardar as linhas mestras essenciais para a compreensão de um grande movimento da História e proporcionar os rudimentos do conhecimento a seu respeito. Todos os que, após a leitura de um ou outro capítulo, quiserem saber mais sobre o episódio tratado, poderão socorrer-se da bibliografia.

Por fim, decidi construir esta longa marcha através dos séculos procedendo pelo que podemos chamar de grandes patamares cronológicos: o mundo no tempo da Antiguidade, o mundo por volta do ano 800, o mundo no século XIX... Isso permite descobrir a história

---

[1] *Nos ancêtres les Gaulois et autres fadaises* (2010) e *L'Orient mystérieux et autres fadaises* (2013).

de cada um dos grandes países, mas também compreender como uma civilização se situa em relação às outras num determinado período. É um primeiro e bom caminho para rever a perspectiva ocidental preconcebida sobre a história de que falei no início desta introdução. Façam a experiência folheando simplesmente o índice. Procurem Carlos Magno, o imperador barbudo, o pai da Europa Ocidental, o imenso guerreiro franco que, com a ajuda do Papa, reformou o Império Romano no século IX. Não é ele uma personagem-farol da História? Sem dúvida que é. E como se chama a parte que trata desse período? Tem o nome dele? Claro que não! Que outra personagem, que outra civilização foi mais importante do que ele na época?

Deixo ao leitor a satisfação de descobrir a resposta por si mesmo, entrando nessa grande história.

PRÓLOGO

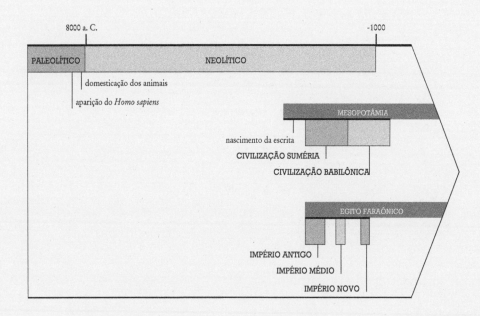

Breve história da Pré-História

Há cerca de dois milhões de anos, saídos da África, os primeiros homens espalharam-se pelo continente eurasiático e evoluíram em várias espécies.

Há cerca de 200 mil anos, talvez partindo também da África, o Homo sapiens *invadiu o mundo e acabou por tornar-se o único representante do gênero humano na Terra. É o nosso antepassado.*

A PRÉ-HISTÓRIA É UM ramo singular da História. Procura contar-nos uma epopeia que durou milhões de anos, e todos os anos, ou quase, novas descobertas que suscitam novas hipóteses põem em causa a epopeia tal como ela nos era contada até então. Essa ciência, que trata dos tempos mais antigos, é por certo muito jovem. É preciso esperar pelo início do século XIX para que alguns cientistas europeus, ao compreender que as misteriosas pedras talhadas descobertas aqui e acolá tinham sido ferramentas, consigam se libertar da narrativa há muito tempo imposta pela religião. Não, o homem não é uma criatura modelada por Deus à sua imagem e que apareceu no momento da Criação, há 6 mil anos. O homem é um primata como qualquer outro, e as misteriosas leis da evolução transformaram-no lentamente, durante milênios, no ser que é hoje, que conseguiu, graças à sua inteligência – e por vezes aos seus disparates –, dominar o planeta. Quem são seus antepassados? Onde o homem pré-histórico apareceu pela primeira vez? Que caminho seguiu para conseguir se impor? Há apenas dois séculos que procuram-se respostas para essas questões, e o material de apoio é restrito. Para sair da noite do esquecimento de centenas de milhares de milênios, os paleontólogos não dispõem de arquivos escritos, como os outros historiadores, nem de cidades em ruínas, como os arqueólogos, apenas de indícios bem mais frágeis: pedras e restos de ossos, por vezes uma simples falange ou um dente partido, exumados centenas de milhares de anos mais tarde porque os acasos da geologia os protegeram. Esses elementos só valem enquanto um dente mais antigo ou uma falange de outro tipo não vêm semear a dúvida sobre as hipóteses que a primeira descoberta tinha permitido formular.

Os deslumbrantes progressos da genética, que ocorreram desde o início do século XXI, o melhoramento das técnicas de escavação e a precisão na datação permitiram-nos dar saltos extraordinários. Ninguém duvida de que o nosso século irá iluminar pouco a pouco as zonas ainda na sombra. Ainda há muitas. Contentemo-nos então, neste capítulo introdutório, em apresentar muito esquematicamente o estado do conhecimento atual sobre os primeiros passos da aventura humana, e de evocar os vários modelos que procuram explicá-los.

O PALEOLÍTICO

Convencionou-se que a Pré-História engloba os tempos que se estendem desde a origem do homem até as primeiras grandes civilizações.[2] Ela é dividida, desde o século XIX, em vários grandes períodos caracterizados pelo tipo de ferramentas utilizadas pelos homens. O primeiro e mais longo coincide com o tempo em que o homem talhou as pedras. É o Paleolítico, isto é, a antiga Idade da Pedra (do grego *palaios*, antigo, e *lithos*, pedra), que começa com a aparição do gênero *Homo*, a categoria de primatas a que pertencemos.[3]

---

[2] Até a segunda metade do século XX, entendia-se que a entrada na História – logo, o fim da Pré-História – era assinalado pelo conhecimento da escrita. No entanto, algumas grandes civilizações não tinham escrita. Por isso há uma tendência para abandonar essa divisão.

[3] Os biólogos classificam os seres reagrupando-os em conjuntos subdivididos por: reino, ramo, classe, ordem, família, gênero e espécie. O homem de hoje pertence à espécie *Homo sapiens*, que pertence ao gênero *Homo*, família dos hominídeos (que engloba grandes símios como os bonobos, os gorilas, os orangotangos etc.), ordem dos primatas, classe dos mamíferos, sob o ramo dos vertebrados, reino animal.

Atualmente, calcula-se que isso nos coloca na África, entre 2,8 e 3 milhões de anos – 2,8 Ma BP, como escrevem os cientistas, ou seja, 2,8 milhões de anos *before present* – antes do presente.[4]

Antes disso houve os *australopitecos*, espécie de pré-humanos, pequenos, quase bípedes, mas que ainda subiam em árvores e que tinham se diferenciado dos outros grandes macacos há mais de três milhões de anos, por volta de 6 Ma BP. *Lucy*, cujo esqueleto foi descoberto na África nos anos 1970, é sua mais ilustre representante, mas sabe-se hoje que ela não é nossa antepassada direta. Os primeiros homens nasceram da evolução de outra espécie de australopitecos, prima, portanto, da de *Lucy*. Caracterizam-se por diversas particularidades morfológicas, entre as quais mãos com polegares opositores, um cérebro grande e um bipedismo tão evoluído que lhes concede uma aptidão para a corrida. As duas primeiras características explicam, sem dúvida, o gosto deste *Homo habilis* – nome da primeira das espécies humanas – pelas ferramentas. As primeiras são alguns seixos grosseiramente partidos. O corte vai se tornando cada vez mais preciso.

Nossos longínquos antepassados deviam utilizar bem mais materiais, sem dúvida madeira ou ossos, mas como sabê-lo? Após tantos milênios, é evidente que os vestígios se perderam.

Há dois milhões de anos, ao acaso das mudanças climáticas e em busca de alimento – pequenos animais, cadáveres, de que se alimentavam no início –, um punhado de homens abandona a África e espalha-se pouco a pouco pelo continente eurasiático. Talvez pertencessem à espécie *Homo erectus*, literalmente o "homem ereto". Seja como for, o "homem de Pequim", cujos restos, com mais de 500 mil anos, foram descobertos na década de 1920 em uma espécie de gruta não muito longe da capital chinesa, é um deles. Separados, os descendentes dos que chegaram primeiro evoluem durante milênios e milênios até formar espécies diferentes.

---

[4] Para os cientistas, tal "presente" remete exatamente ao ano 1950, durante o qual foram executadas as primeiras datações que utilizaram a radioatividade, a que se chama a datação pelo carbono-14.

O homem de Neandertal, que habita a Europa e a Ásia Ocidental, é conhecido desde a sua descoberta, em meados do século XIX, em um pequeno vale alemão que lhe deu o seu nome. Demorou muito tempo até se saber como classificá-lo. Era um antepassado do homem moderno, um primo? Desde o início do século XXI, a maioria dos cientistas calcula que ele pertence a uma das espécies do gênero *Homo* que se formaram nessa altura. Existem várias outras, reconhecidas muito recentemente. É o caso do minúsculo "homem de Flores", descoberto em 2003 na ilha da Indonésia que lhe deu o nome, ou ainda do "homem de Denisova", identificado em 2010 graças ao sequenciamento de um pedaço de falange apanhado em uma gruta na Sibéria.

Durante esse longo período, os homens conseguiram dar alguns saltos tecnológicos maiores. O mais importante é o domínio do fogo, que permite sobreviver aos grandes frios, afastar os animais selvagens e tornar a comida mais saudável, pois agora podia ser cozida.

Out of Africa

Há cerca de 200 mil anos, ao fim de um novo processo de evolução, aparece a mais importante das espécies do gênero *Homo*, pelo menos no que nos diz respeito. Trata-se da nossa, o *Homo sapiens*, homem sábio. A literatura científica também o chama de "homem moderno", ou "homem anatomicamente moderno". À semelhança do que acontece com seus predecessores, sua origem geográfica não está determinada. Para um grande número de paleontólogos atuais, teria nascido na África e deixado esse berço para partir à conquista do mundo inteiro. Essa hipótese tem o bonito nome de *"out of Africa"*.

Na realidade, encontram-se vestígios do *Homo sapiens* de 100 mil anos em Israel, de 50 mil anos na China e de 45 mil anos na Europa. Sensivelmente nesse hiato de tempo, aproveitando o fato de as terras estarem muito mais perto umas das outras do que na atualidade, ele conseguiu se instalar na Austrália. Bem mais tarde, entre 16000 e 13000 BP, segundo a tese comumente aceita (mas muitas vezes posta em causa), atravessou o Estreito de Bering (entre a Rússia e o Alasca), que formava uma faixa de terra firme, e invadiu a América, o último continente a ser povoado pelos humanos.

Se o homem saiu de fato da África há 100 mil anos, como pretende a teoria que acabamos de evocar, o *Homo sapiens* cruzou inevitavelmente com muitos outros *Homo* ao longo do caminho. O homem de Neandertal, se dermos crédito aos vestígios mais recentes da espécie encontrados no sul da Espanha, teria vivido até 26000 BP. O homem de Flores, até 18000 BP. Durante milênios, portanto, o *Homo sapiens* coabitou com eles e com outros *Homo* que povoavam a Eurásia. Como se deu essa coexistência? É uma das grandes questões da paleontologia contemporânea. A coexistência foi pacífica ou combativa? O recém-chegado hibridou-se com os predecessores? Neste caso, uma tal mestiçagem, que implica espécies diferentes, deveria ter produzido humanos diferentes. Ou então o *sapiens* conseguiu eliminar metodicamente todos os seus concorrentes do gênero *Homo*. Mas como? Através de um genocídio metódico? Transmitindo-lhes doenças contra as quais eles não estavam imunizados, como fizeram os espanhóis com os índios da América no século XVI? Escapando às alterações climáticas, fatais para os outros, graças à sua superioridade intelectual? Mas essa superioridade é assim tão evidente? Durante muito tempo, por causa da suposta desarmonia de sua face, considerou-se o Neandertal como o protótipo do bruto, do primitivo muito próximo do animal. Mas, ao estudá-lo com mais atenção, descobriu-se um ser de grande sofisticação, autor de importantes inovações no domínio das ferramentas, que enterrava seus mortos cuidadosamente, o que aponta para profundas preocupações espirituais. Por outro lado, repare que, tendo ele existido entre 250000 BP e 26000 BP, o *Homo neanderthalensis* é a espécie humana que teve uma existência mais longa na Terra.

E se fosse a hipótese de partida que estava errada?, interrogam-se outros paleontólogos. E se o Homo sapiens não tivesse nascido de um só berço africano, mas fosse fruto da evolução que se verificou um pouco em vários lugares do globo? Terá sido, então, à custa de hibridação, de mistura, que se chegou à existência do homem moderno?

O grande salto à frente

Pouco a pouco – o fato é raro no mundo animal –, nossa espécie tornou-se a única representante do seu gênero no planeta e pôde prosseguir a aventura que conduziu até nós. Também ela deu grandes saltos tecnológicos, como aquele a que os anglo-saxões chamam de "revolução cognitiva" ou ainda de "grande salto à frente". Ele teria acontecido a partir de 70000 BP. As ferramentas continuam a ser feitas de pedra, mas já pouco têm a ver com os seixos grosseiros dos primórdios do *Homo habilis*: o propulsor permite, como o nome indica, projetar uma lança com grande força e, portanto, caçar grandes animais. A invenção da agulha com buraco – as primeiras encontradas datam de 30 mil anos – e a consequente invenção da costura permitem dar um passo de gigante na luta contra o frio.

Com essa revolução cognitiva aparecem a linguagem articulada complexa – da mesma natureza das línguas que falamos hoje –, o sentido da abstração, a religião ou ainda as primeiras manifestações de arte – como as esplêndidas pinturas parietais realizadas nas paredes das grutas. Visto que as primeiras descobertas estavam na Europa Ocidental, na gruta de Altamira, na Espanha (com pinturas datadas entre 15000-13000 BP), e mais tarde na de Lascaux, na França (18000-15000 BP),[5] os europeus pensaram durante muito tempo que esse nascimento da arte era um fenômeno que lhes pertencia. Bastou que se procurasse em outros lugares para perceber que não era nada disso. Descobriram-se obras magníficas na Indonésia e na Argentina que remontam a 13000 BP. Na África do Sul existem blocos de ocre com estrias que datam de 77000 BP. Isso prova que os homens de então se interessavam por esse pigmento.

Depois do tempo da Pedra Talhada, cada vez mais aperfeiçoada, veio o tempo da Pedra Polida. Ela permite fazer outras ferramentas, mais precisas, mais cortantes, que servem às novas atividades a que se consagram os homens. Essa mudança marca tradicionalmente a passagem para o novo período da Pré-História: o Neolítico ou Nova Idade da Pedra.[6] Ele corresponde a uma mudança tão fundamental que subverte em absoluto a vida da espécie humana.

★★★

---

[5] As gravuras de Foz Coa datam de 26000-14000 BP. [N.T.]

[6] Para simplificar, não mencionamos o Mesolítico, um período intermediário entre o Paleolítico e o Neolítico que diz respeito sobretudo à Europa.

O NEOLÍTICO

As razões dessa alteração ainda não estão claramente estabelecidas. Imagina-se que um clima mais seco tenha levado a uma rarefação da caça e à necessidade de encontrar outras formas de alimentação para além dela. Ou que uma evolução demográfica tenha passado a exigir quantidades maiores. Ou, ainda, que os terrenos tenham se transformado, proporcionando novas atividades. Não há dúvida de que houve uma mudança, uma vez que ainda a estamos vivendo.

Até então, e desde a noite dos tempos, os homens viviam da caça e da coleta. Seu único animal aliado era o lobo, que, como um cão, protegia-os dos animais selvagens e ajudava-os a caçar. Em algumas centenas de anos, aprendem a plantar, a semear, a colher e a criar animais para obter o leite, a carne e a lã. Eram predadores. Tornam-se produtores. É aquilo a que um ilustre arqueólogo australiano dos anos 1920 chamou "revolução neolítica".[7] Ela se processa no Oriente Médio cerca de 12000 BP, com a domesticação das cabras e das ovelhas e das culturas da cevada, do trigo, das ervilhas, das favas e das lentilhas. Expande-se depois, na Europa, através dos Balcãs ou do Mediterrâneo. Depois surge na China, por volta de 10000 BP, quando se expande a cultura dos dois pilares alimentares da nossa civilização: o arroz, no Sul, e o painço, no Norte. Em seguida, encontramo-la por volta de 7000 BP no México e nos Andes, onde aparecem os campos de feijão, de abóboras e de milho. Mais tarde, cerca de 5000 BP, África, planta-se o painço e o sorgo.

Em alguns milênios, essa revolução se alastra por todo o planeta. Os caçadores-coletores são empurrados cada vez para mais longe. Nos nossos dias ainda existem, no círculo polar ou na África Central e Austral, algumas raras populações que praticam esse modo de vida. Convém recordar que foi assim que a humanidade viveu durante mais de 99% da sua existência.

Aparecem as primeiras aldeias. O regime alimentar permite aumentar a população, mas não traz só vantagens. Os açúcares lentos dos cereais provocam cáries dentárias, a promiscuidade com os

---

[7] Ver Gordon-Childe (1892-1957).

animais transmite novas doenças. Até a estatura dos indivíduos se transforma. O *Homo sapiens* do fim do Paleolítico, o que pintava em Lascaux ou Foz Coa, tinha em média um pouco mais de 1,80 metros. Seu descendente, que deve curvar-se para cultivar a terra, submeter-se aos anos de penúria devidos às más colheitas e lutar contra novas doenças parasitárias, cai para 1,63 metros. Será preciso esperar pela segunda metade do século XX para voltarmos a encontrar a altura precedente.

Mas é evidente que essas vicissitudes não impedem o cérebro humano de funcionar. Continuam a surgir invenções determinantes. Em breve será a dos metais. Há muito os homens utilizavam alguns no seu estado natural, ou seja, no estado em que é possível encontrá-los na natureza. Por volta de 10000 BP, no Oriente Médio, percebem que é possível extrair o cobre do seu mineral, aquecendo-o. É o princípio da metalurgia. Ela progride quando, milênios mais tarde, se passa ao bronze, que é uma liga de cobre e de um pouco de estanho. A técnica é evidentemente mais complexa, e a necessidade de dispor dos dois metais já supõe a existência de redes comerciais para o aprovisionamento, na medida em que é raro encontrar os dois no mesmo lugar. Mais tarde, sem dúvida por volta de 4000 BP, chega o ferro, cuja produção repousa num domínio ainda mais impressionante dos fornos. Na época em que os europeus escreviam uma história estritamente europeia, acabava-se a Pré-História com essa passagem aos primórdios da metalurgia. Depois da Idade da Pedra Talhada (Paleolítico) e da Idade da Pedra Polida (Neolítico), vem a Idade do Cobre (também chamada Calcolítico), a Idade do Bronze e, por fim, a Idade do Ferro. Não há dúvida de que essas novas técnicas, que permitiram a fabricação de armas e objetos novos, provocaram mudanças importantes.

Em muitos outros locais do mundo, essa periodização não faz muito sentido, visto que essas novas invenções são contemporâneas de muitas outras, todas igualmente essenciais. No Oriente Médio ou no Egito, na China ou no norte do subcontinente indiano, aparecem, após o Neolítico, as primeiras grandes civilizações. É a elas que são consagrados os capítulos seguintes.

Sobrevoo da Alta Antiguidade

Depois de terem descoberto a agricultura e a criação de gado, os homens inventam as aldeias, depois as cidades, com seus comerciantes, seus templos e seus reis. Assim aparecem as grandes civilizações da Antiguidade. Comecemos por sobrevoar as que prosperam no Egito e na Mesopotâmia, e vejamos a herança que nos deixaram.

A DESCOBERTA DA AGRICULTURA e da criação de gado, além da aquisição de novas técnicas, como a olaria e a tecelagem, alteram as condições de vida dos homens. A partir de alguns focos, essas inovações espalham-se aos poucos pela Terra. Não desencadeiam em toda parte o mesmo processo de desenvolvimento. Assim, na Europa Ocidental e na do Norte não acontece, como em outras regiões do mundo, de as aldeias se transformarem em embriões de cidades, ao mesmo tempo em que a escrita só é descoberta muito tardiamente, quando os romanos a trazem. Mas as sociedades que aí se formam entre o Neolítico e a Idade do Bronze deixaram vestígios espetaculares. A partir do IV milênio antes da nossa Era, começa a civilização dita "megalítica", porque a conhecemos sobretudo através de pedras erguidas – os dólmenes, que deviam servir de sepultura, e os menires, cuja função devia estar ligada a rituais que se perderam.

A domesticação dos animais começou sem dúvida no Oriente Médio, há 10.000 ou 12.000 anos, com a criação de cabras e ovelhas. A domesticação do cavalo, que logo se torna essencial para a humanidade, foi provavelmente um feito dos povos da estepe asiática, onde é hoje o atual Cazaquistão, e data do V ou IV milênio antes da nossa

Era. Em todos os lugares onde essa domesticação se verifica, o cavalo serve como meio de transporte, para a guerra e, a curto prazo, para a agricultura. Naquela que foi o seu berço, essa domesticação fez nascer grandes civilizações nômades: os homens vivem em suas montadas e acompanham os rebanhos ao acaso das pastagens.

Em outras regiões do planeta, pelo contrário, a revolução neolítica favorece a sedentarização. Ela evolui em pequenas sociedades aldeãs, reunidas em torno das culturas alimentares que garantem a subsistência da comunidade. Essas aldeias podem adquirir configurações muito elaboradas. O mais antigo sítio neolítico conhecido remonta a mais de 6000 anos a. C. Situa-se em Çatalhüyük, na Anatólia Central (atual Turquia). Calcula-se que milhares de famílias, cerca de 5 mil pessoas, viviam em casas de tijolos crus cobertos de gesso, bastante sofisticadas, mas construídas de um modo original. A povoação não tinha ruas. Todas as casas estavam coladas umas às outras, e entrava-se nelas por um buraco feito no teto.

O CRESCENTE FÉRTIL

Em vários locais, por fim, a aldeia cresce até se tornar uma cidade, com sua hierarquia social, templos, palácios, sacerdotes, príncipes, casas e entrepostos onde trabalham artesãos e mercadores. As necessidades da religião ou, conforme o caso, do comércio, levam à invenção extraordinária da escrita. Em épocas diferentes, sem que haja ligação entre essas sociedades, desenvolve-se o mesmo processo que na China no norte da Índia e na América. Em breve falaremos sobre isso. O mesmo acontece em uma zona situada entre o Golfo Pérsico, às margens do Mediterrâneo e na África do Norte. Onde hoje se situam o Iraque, a Síria, o Líbano, a Jordânia, Israel, os territórios palestinos e por fim o Egito, correm vários grandes rios: o Tigre e o Eufrates, o Orontes, o Jordão e o Nilo. As bacias desses rios, que parecem seguir umas às outras, criam, no meio de um universo árido, um longo corredor propício à agricultura. Em função da zona curva que essa região traça no mapa, um arqueólogo americano do início do século XX deu-lhe o nome de "Crescente fértil". Por causa da grandeza das civilizações que se desenvolveram nessa região desde a mais alta Antiguidade e do número de descobertas determinantes que aí foram feitas, chama-se a essa vasta zona o "berço da humanidade".

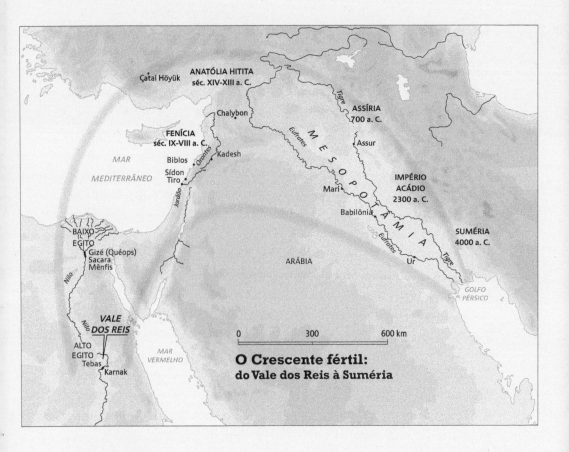

O Crescente fértil: do Vale dos Reis à Suméria

O EGITO ANTIGO

A mais célebre civilização antiga é a do Egito. Este país, escreveu o grego Heródoto, é um dom do Nilo. Deve tudo ao rio impetuoso e provedor cujas enchentes anuais depositam o húmus negro e fecundo que servirá para desenhar, no meio do deserto, um miraculoso tapete verde. Espera-se por elas com esperança e ansiedade, porque são imprevisíveis. Podem ser violentas e devastar campos e aldeias; fracas e provocar a penúria; ou abundantes e anunciar a prosperidade.

Os homens instalam-se às margens do rio desde o Neolítico. Formam-se ali pequenos reinos que se guerreiam ou se aliam, mas que evoluem para dois universos diferentes. Ao norte fica o Baixo Egito, centrado em torno do delta do rio. Ao sul fica o Alto Egito. Por volta de 3200 anos a. C., um primeiro soberano reúne os dois sob sua autoridade. A unificação das "duas terras" marca o início do Egito dito "faraônico", pois tal é o nome que se atribuem os reis de dupla Coroa. O sistema assim estabelecido dura três milênios. Trinta e uma dinastias sucedem-se no trono, mas de modo descontinuado.[8] Por três vezes o duplo reino enfrentará longos séculos de derrocada política, de instabilidade, de divisão ou de ocupação por parte de invasores, a que se chama "períodos intermediários". Eles servem para dividir a história do país em três impérios.

O Império Antigo vai de 2720 a 2300 a. C. Acaba com o primeiro período intermediário, que provoca o desmembramento do reino em várias entidades.

No início do III milênio há um rei que consegue refazer a unidade, e sua dinastia marca o início do Império Médio (2065-1785 a. C.). Desmorona-se certamente devido à chegada de invasores vindos do Oriente Médio. Aqueles a que os egípcios chamam *hyksos* (os "chefes dos países estrangeiros") trazem o cavalo e os carros, e conseguem reinar em uma parte do país. O Império Novo dura cinco séculos (1590-1085 a. C.) e marca o apogeu da potência e da cultura egípcias. Segue-se a ele a Época Baixa (1085-332 a. C.). Após ter sido submetido pelos persas, que fizeram dele uma província do seu imenso império, o país é conquistado por Alexandre, *o Grande*.[9] Ptolomeu, um dos seus generais, funda a última e trigésima segunda dinastia faraônica, os Ptolemaicos ou Lágides,[10] que ocupam um lugar um pouco à parte nessa história. Com sua dupla Coroa e seu respeito pelos cultos antigos, conservam as aparências do poder tradicional, mas, instalados na nova cidade de Alexandria, são de língua e de cultura gregas. Cleópatra, que se suicida no ano 30 a. C., quando o Egito é ocupado pelos romanos, é a última representante dessa família.

Retratos

Não podendo entrar nos pormenores de uma epopeia que durou 3 mil anos, abordemos apenas alguns nomes importantes da história egípcia.

---

[8] Existem poucas cronologias concordantes sobre o Egito antigo. Para este capítulo, adotamos a datação da *Encyclopaedia Universalis* (1999).

[9] Ver Capítulo 1.

[10] Do nome de Lagos, pai de Ptolomeu.

Imhotep (2800 a. C.) é um ministro importante e também um filósofo, médico e, sobretudo, arquiteto. É ele que constrói, em Sacará, a primeira pirâmide, espetacular edifício com degraus destinado a acolher para a eternidade os restos mortais de Djoser, seu faraó.

Construída algumas décadas mais tarde no sítio de Gizé (hoje nos arredores do Cairo), a pirâmide do faraó Quéops, de faces lisas, foi durante milênios o edifício mais alto do mundo, e é ainda hoje a última visível das sete maravilhas do mundo que constavam na lista feita pelos gregos.[11]

Entre os grandes soberanos do Império Novo, Amenófis IV tomou o nome de Aquenáton (1375-1354 a. C.) quando decidiu romper com os deuses tradicionais do Egito para impor o culto único de Áton. Nefertiti, cujo busto no Museu de Berlim ainda hoje permite admirar a perturbadora beleza, foi uma de suas esposas. O número de menções ao nome dela ou à sua efígie, sobretudo nos baixos-relevos dos templos de Karnak, testemunha sua importância política.

Tutancâmon, filho de Aquenáton, que reinou depois dele, restaurou os deuses antigos e morreu jovem. Deve sua celebridade mundial ao fabuloso tesouro exumado pelo arqueólogo britânico Howard Carter quando, em 1922, descobriu o túmulo do faraó no Vale dos Reis, uma necrópole situada na margem ocidental do Nilo, em frente à atual cidade de Luxor.

Ramsés II, por fim (reina durante o Império Novo, entre 1304 e 1236 a. C., soube manobrar durante a vida para assegurar sua posteridade: sua vitória em Kadesh (situada no sul da Síria) contra os hititas, povo que habitava a Anatólia, foi celebrada e cantada em inúmeras tábuas e baixos-relevos dos sítios de Luxor, Karnak e Abidos.

Especialista em arquitetura, como provam os monumentos que nos deixou, o Egito produziu uma das grandes civilizações da Antiguidade. Não menos interessante para o historiador é o incrível e durável fascínio que essa cultura continua a exercer sobre os homens ainda hoje. A *egitomania*, isto é, a loucura pelo Egito antigo, explodiu

---

[11] Alcançava 146 metros na época de sua construção.

ao final do século XVIII, na altura da sua redescoberta pelos eruditos europeus e sobretudo depois da expedição de Napoleão Bonaparte. A decodificação da escrita egípcia por François Champollion nos anos 1820 permitiu um conhecimento mais exato dessa sociedade e acentuou um fenômeno que nunca mais parou. Por quê? É difícil dizer. A incrível longevidade desse mundo, verdadeiro desafio ao tempo, é uma das razões. Os últimos faraós desapareceram há pouco mais de 2 mil anos. Seu reinado durou mil anos mais. A complexidade do panteão egípcio, seus deuses com cabeças de animais, a beleza misteriosa dos hieróglifos e seu relacionamento tão especial com a morte, alimentado por uma sociedade especialista na arte da mumificação e capaz de edificar os túmulos mais espetaculares, também desempenham seu papel.

Um ponto que pode parecer paradoxal no amor que os últimos séculos devotam a esse mundo antigo é que não é fácil estabelecer os laços que poderiam unir o segundo ao primeiro. A imensa maioria das grandes civilizações antigas de que falaremos a seguir – a grega, a chinesa, a indiana – deixou aos mundos que lhe sucederam uma herança facilmente reconhecível e ardentemente reivindicada. Nos capítulos seguintes, veremos que os chineses "vivem" como herdeiros da antiguidade chinesa, à semelhança do Ocidente, que se considera filho da Grécia de Péricles ou de Sócrates. Nada disso acontece com o Egito. É evidente que uma sociedade que elevou tão alto a ciência do Estado, a medicina ou a arquitetura acumulou conhecimentos em que forçosamente se inspiraram as sociedades que lhe sucederam no Oriente Médio e na África do Norte. Mas quais, precisamente? No plano das invenções que o mundo deve ao tempo dos faraós, temos o papiro, que serviu de suporte à escrita antes do pergaminho (feito da pele de animais), e o calendário: o que os egípcios estabeleceram serviu de modelo aos romanos. É pouco. Nunca ninguém, que se saiba, reclamou a herança de seu sistema político, nem de seus princípios religiosos, os mesmos que continuam a nos fascinar, pois conservaram uma grande força simbólica que desperta o imaginário. Talvez seja essa a razão desse amor.

★★★

A MESOPOTÂMIA

No outro extremo do Crescente fértil, a leste, antes de se lançar no Golfo Pérsico, dois rios imensos, o Tigre e o Eufrates, correm quase em paralelo ao longo de quilômetros. Esta particularidade geográfica deu seu nome grego à região: a Mesopotâmia – *mesos potamos* –, isto é, o país "entre os rios". Ao contrário do Egito, ela foi habitada desde a alta Antiguidade por tantos povos diferentes, submetida a tantos donos, imperadores e reis com nomes impronunciáveis, que sua história parece complexa. É uma pena. Essa história é apaixonante, de uma grande riqueza, e devemos—lhe, sobretudo, um número inaudito de descobertas, de evoluções primordiais que merecem ao menos ser evocadas.

A história mesopotâmica começa no extremo sul, perto da embocadura dos dois rios, onde fica a Suméria. Ignora-se a origem do povo que aí habita. Sabe-se que, a partir do IV milênio, nascem ali grandes cidades-estado que também são grandes praças comerciais. É talvez para melhorar a gestão de suas contas, seus estoques ou de contratos passados com fornecedores que os mercadores da Suméria inventam um engenhoso sistema: habituam-se a traçar pequenos desenhos em plaquetas de argila, um material abundante e de baixo custo, graças a um ponteiro de cana, o cálamo. Traçar imagens sofisticadas com um ponteiro na terra não é simples. Os desenhos tornam-se pequenos traços estilizados. Em pouco tempo, passam a evocar noções abstratas – a imagem da boca significa falar, a imagem da boca ao lado de um signo da água quer dizer beber etc. Segundo o princípio do rébus (jogo de enigmas), acaba-se por representar uma palavra tal como se pronuncia formando-a com outros sons: *lar* e *eira* formam *lareira* ou água e *ardente* formam *aguardente*. Estamos entre 3500 e 3200 a. C. Nasceu a escrita. Por causa dos cantos em forma de cunha que os estiletes desenhavam na argila, chamou-se a essa escrita de cuneiforme. Foi decifrada no século XIX. Os hieróglifos egípcios surgem pouco depois. Calcula-se, portanto, que a cuneiforme é a primeira escrita utilizada no mundo. Os sumérios são um povo engenhoso, sem dúvida: devemos-lhe também as primeiras utilizações recenseadas da roda e, mais tarde, do arado.

Desde o tempo dos sumérios, os mesopotâmicos desenvolveram conhecimentos extraordinários em astronomia e matemática. Para fazer suas operações, usam a "base 60", ainda utilizada nos nossos dias. Contamos os segundos e os minutos conforme esse modo.

Desde meados do III milênio, as cidades da Mesopotâmia ornamentam-se com torres impressionantes compostas por vários andares e edificadas com propósitos religiosos, os zigurates. A da Babilônia, com 90 metros de altura, talvez tenha inspirado a Torre de Babel.

Ainda na Mesopotâmia, mas ao norte da Suméria, instala-se uma população de origem muito diferente: são os semitas, isto é, povos que falam uma língua de onde descende o árabe ou o hebreu. Sua cidade principal é Acádia, cuja localização ainda não foi descoberta. Cerca de 2300 a. C., Sargão conseguiu unir o povo acádio e o sumério, formando assim o principal império da história. É desta época que data um grande relato, a epopeia de Gilgamesh, que conta as aventuras lendárias de um rei da Suméria.

Há grandes cidades que prosperam na Mesopotâmia. No século XVIII antes de Cristo, Hamurabi (que reina de 1792 a 1750 a. C.) dá a proeminência à Babilônia. Existe uma lista de decretos com seu nome, que passa a ser o primeiro código de leis da história. O "código de Hamurabi" descreve minuciosamente os castigos que devem receber todos os que violam a lei, de acordo com a posição que eles e a vítima ocupam na sociedade.

Na sucessão de povos que fizeram a história da Mesopotâmia, é preciso nos referirmos aos assírios, que habitam uma região situada ao norte do atual Iraque. Seu reino, cuja capital, bem como o deus principal, se chama Assur, ora é independente, ora está submetido a Estados vizinhos. Por volta do século VIII antes de Cristo, os assírios tornam-se tão poderosos que formam um império que vai do Golfo Pérsico ao Mediterrâneo. Devem sua superioridade militar ao uso da cavalaria, uma arma nova que foram os primeiros a utilizar.

Para terminar este breve panorama, é possível mencionar outros povos importantes do Oriente antigo. Já nos referimos aos hititas, cujas tropas foram derrotadas por Ramsés II. Instalados na Anatólia ao final do III milênio a. C., falam uma língua indo-europeia e deixaram numerosos vestígios escritos que permitem conhecê-los. Organizados no início em pequenos principados, formam um império cujo apogeu se situa nos séculos XIV e XIII a. C. Durante muito tempo considerou-se que os hititas eram os inventores do ferro, algo de que hoje se duvida. Sabe-se que eles dominavam a metalurgia com perfeição. Seu poderoso império foi varrido, no século XIII a. C., pelas invasões de grupos indo-europeus a que os egípcios chamavam de "povos do mar".

Cerca de 1200 antes da nossa Era, na atual costa do Líbano, viviam os fenícios. Edificaram grandes cidades, como Sídon, Tiro e Babilônia. São todas independentes umas das outras, mas unidas por uma mesma cultura, e adoram os mesmos deuses. Por causa da imensa cadeia de montanhas que limita o país a leste, os fenícios voltaram-se naturalmente para o mar e, graças às feitorias que estabeleceram ao longo das costas, tornaram-se os mestres do comércio no Mediterrâneo. Para facilitar o comércio, manter suas contas e gerir os estoques, utilizam muito a escrita, mas procuram simplificá-la. Não longe deles, na região da Síria-Palestina, é inventado, durante o II milênio a. C., um sistema que decompõe cada palavra em sons e atribui um signo a cada um deles. É o alfabeto. Os fenícios adotam-no e, cerca de 1100 a. C., codificam-no em 22 sinais, todos consoantes. Transmitem-nos aos seus vizinhos da frente, os gregos. Falemos deles.

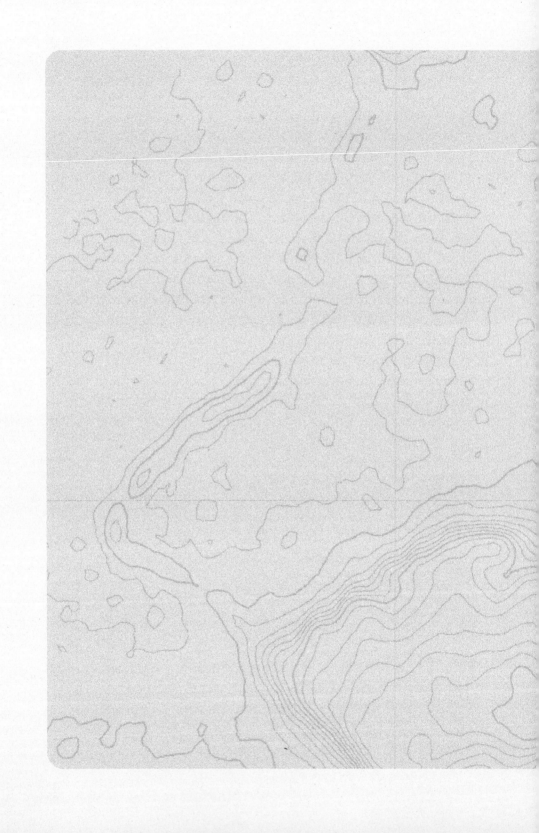

PRIMEIRA PARTE

UM MUNDO ESTILHAÇADO

OS FUNDAMENTOS DAS TRÊS GRANDES CIVILIZAÇÕES

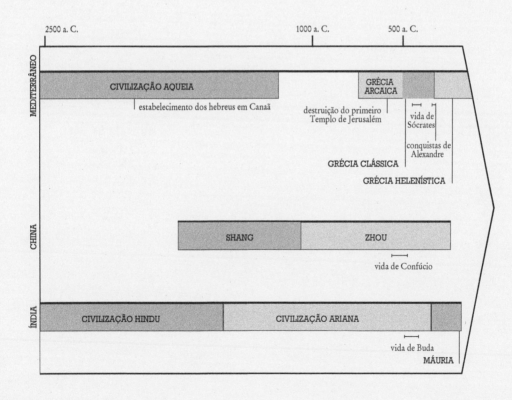

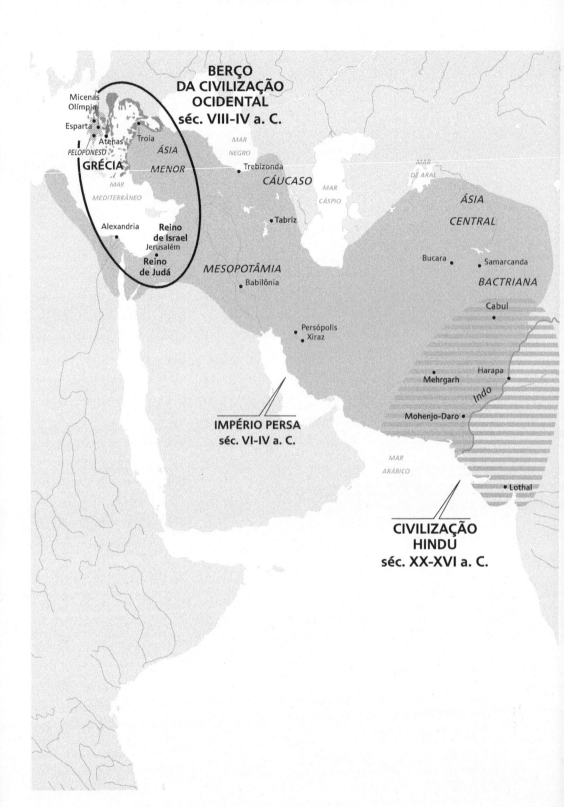

Berços das grandes civilizações

BERÇO DA CIVILIZAÇÃO CHINESA
séc. VIII-V a. C.

Turpan

Aksou

Kachgar

Ganzhou

Rio Amarelo

Yan
Pequim

Qi

Jin

Lu

Wei

Zhou
Zheng

Cao
Song

Wu

Chen
Cai

Chu

Yué

Rio Amarelo

Indo

BERÇO DO BUDISMO
séc. VIII-V a. C.

Bramaputra

Rio Azul (Yangtze)

Ganges

Lumbini

Kushinagar

Benares

Bodh Gaya

Guangzhou (Cantão)

OCEANO
ÍNDICO

CEILÃO

0   1000   2000 km

1

O Ocidente

ATENAS E JERUSALÉM

Quando, ao final do século XIX, Ernest Lavisse, o grande historiador da Terceira República Francesa, procura colocar o primeiro marco dos programas destinados aos liceus franceses, escreve: "Nossa história começa com os gregos, que inventaram a liberdade e a democracia, que nos deram o Belo e o gosto pelo universal".[12] Sem corrermos o risco de ser desmentidos, poderíamos acrescentar a seguinte evidência: o nosso calendário começa antes de Jesus Cristo.

JÁ NENHUM HISTORIADOR atual encara as coisas como Lavisse. As civilizações são o produto de lentos movimentos históricos enraizados no tempo, alimentadas por correntes diversas, múltiplas, contraditórias, e nenhum marco assinala claramente o seu início.

Ainda assim, as duas frases da nossa introdução assinalam uma realidade: o cristianismo e a cultura grega são duas fontes essenciais da civilização ocidental. Seja crente ou ateu, doutor em filosofia ou ignorante dos textos gregos, búlgaro, português, sueco ou italiano, todo europeu é também filho de Atenas e de Jerusalém, que modelaram seu modo de pensar, sua moral, sua estética, a língua que fala, suas concepções políticas, sua relação com o tempo ou com o universo. Comecemos então por ver em que circunstâncias históricas a civilização grega e a religião cristã apareceram e se

---

[12] Citado pelo ilustre helenista Marcel Détienne em *Les Grecs et nous* (2005).

desenvolveram. Isso nos ajudará a fazer um rápido balanço do que lhes devemos.

A ODISSEIA GREGA

Tradicionalmente, estabelece-se que a história da Antiguidade grega começa no tempo de Micenas, uma cidade-estado do Peloponeso. Supõe-se que foi fundada por um povo indo-europeu, talvez no século VII antes da nossa Era. Ainda hoje é possível admirar suas imponentes muralhas ditas "ciclópicas", porque são feitas de blocos tão enormes que se supunha terem sido transportados por ciclopes. O refinamento dos objetos e joias encontrados nos túmulos indica que a cidade bebeu muito da brilhante civilização cretense que a precedeu. No entanto, a conhecemos mal. Ela desaparece por volta de 1200 a. C., sem dúvida varrida por outros invasores.

Após quatrocentos anos do que se chama de "séculos obscuros", porque pouco se sabe sobre eles, chega-se ao período arcaico – entre 800 e 500 a. C. –, aquele em que este mundo se estrutura.

Nesse tempo, a Grécia não é um Estado. É composta por uma multitude de cidades, todas mais ou menos independentes. Quando a população se torna excessivamente numerosa, parte dos habitantes se muda para fundar outras cidades, colônias que nunca rompem os laços com a metrópole – a cidade-mãe, literalmente – de que são extensões comerciais, culturais e até religiosas. Em alguns séculos, através desse sistema, os gregos estabelecem-se na Ásia Menor, no Mar Negro e ao redor da Bacia Mediterrânica. Platão escreverá que são "como rãs em torno de um charco".

Por mais dispersas que estejam, essas criaturas "anfíbias" pertencem ao mesmo universo cultural. Onde quer que estejam, os gregos estão unidos por uma mesma língua, que se escreve graças a um alfabeto, assim chamado porque *alfa* e *beta* são as duas primeiras letras da lista. As crianças aprendem a ler com as duas grandes epopeias fundadoras de sua cultura. A *Ilíada* conta a história da Guerra de Troia, e a *Odisseia*, a longa viagem de Ulisses para regressar à sua casa. Os dois livros, que datariam do século VIII a. C., são atribuídos a Homero, sem que se saiba ao certo se este autor existiu ou não.

Todos os gregos adoram os mesmos deuses, esses famosos seres caprichosos e brigões que vivem no monte Olimpo, agrupados em torno de Zeus, seu chefe, de sua filha Atena, deusa da sabedoria e da guerra, ou de Poseidon, deus do mar. Todos irão venerá-los nos mesmos santuários, como o de Delfos, cuja grande sacerdotisa, Pítia, prevê o futuro, ou por meio de grandes competições esportivas. Os mais importantes desses jogos são os que se realizam de quatro em quatro anos em Olímpia. Todos os gregos, por fim, estão ligados por um sentimento de infinita superioridade em relação ao restante dos homens. Para eles, o mundo divide-se em duas categorias. Na primeira estão os seres civilizados, como eles. Na segunda está o restante da humanidade, os bárbaros, isto é, os incultos, os incapazes de exprimir-se de modo adequado, que apenas sabem balbuciar ruídos incompreensíveis, "bar... bar..." – é a etimologia da palavra.

As Guerras Médicas

Na dobra do século V a. C., um acontecimento considerável prova o que acontece aos segundos quando se metem com os primeiros. Desde os anos 540, toda a Ásia Menor, onde vivem numerosos gregos, foi conquistada pelo poderoso Império Persa.[13] Após algumas décadas, várias cidades da província da Jônia revoltam-se contra essa dominação. Atenas decide socorrê-las. É a guerra.

Confundindo os persas com os medas, outro povo que vive no Irã, os gregos chamam o conflito que acaba de ser desencadeado de "Guerras Médicas". Ocorrem duas, uma após a outra. Atenas ganha a primeira graças à sua vitória na Maratona (490 a. C.), uma praia onde os persas desembarcaram e de onde os gregos conseguiram expulsá-los.[14]

A segunda decorre dez anos mais tarde, em 480 a. C. Um exército de 200 mil persas chega à Grécia, vindo do norte. Trezentos espartanos e setecentos tebanos sacrificam-se heroicamente para bloqueá-los tanto

---

[13] Ver capítulo 4.

[14] De acordo com a tradição, o mensageiro Fidípides teria percorrido correndo os 42 quilômetros que separam o local de Atenas para anunciar a vitória antes de cair morto por esgotamento. Em honra dele, a corrida de 42 quilômetros tem o nome da batalha.

tempo quanto possível no estreito desfiladeiro das Termópilas. Isso deve permitir que os atenienses preparem a defesa. Ainda assim, Atenas é conquistada e incendiada, mas os atenienses desafiam os persas no mar e conseguem vencê-los ao largo da ilha de Salamina. Os persas tornam a ir embora. Mais adiante veremos as leituras que eles fazem desses acontecimentos.[15] A dos gregos está repleta de orgulho: por duas vezes, suas pequenas cidades, sobretudo Atenas, a primeira dentre elas, conseguiram vencer o maior império do mundo. Seu prestígio é cada vez maior.

O século V a. C., que acaba de começar com as Guerras Médicas, e uma parte do século IV a. C., que é o dos grandes filósofos, assinalam a época clássica, aquela em que a civilização grega atinge seu apogeu. Em 150 anos, o que é bem pouco em termos históricos, algumas cidades de um país pequenino produzem uma incrível colheita de ideias novas e obras fundamentais. O filósofo francês Ernest Renan fala de "milagre grego". Concentremo-nos em duas de suas facetas: a invenção do sistema político e a revolução do pensamento.

A invenção da democracia

No preciso momento em que a vitória sobre os persas lhe traz o maior prestígio, Atenas usufrui de um sistema de governo tão invejável que continua, ainda hoje, a encarnar um ideal político em grande parte do mundo. Durante o século V, inventa a democracia. Ela foi estabelecida em etapas.

Como todas as outras cidades gregas, a que é dedicada à deusa Atenas começou a ser governada por reis. Depois, algumas famílias ricas, os eupátridas, apropriaram-se do poder. Ao final do século VII a. C., o sistema é paralisado por graves problemas sociais. Os pequenos camponeses, esmagados por dívidas, são reduzidos à escravidão. Novas classes médias, enriquecidas pelo comércio, aceitam cada vez menos ser excluídas dos processos de decisão. Alguns grandes reformadores contestam o *status quo*.

Por volta de 620, Drácon é o primeiro a impor que as leis sejam escritas. Elas são bastante severas, como indica o adjetivo "draconiano",

---

[15] Ver capítulo 4.

que herdamos dessa época, mas ao menos todos podem conhecê-las, lendo-as nas plaquetas de madeira em que são escritas. Nos anos 590 a. C., Sólon (640-558 a. C.), tão amado que faz parte dos Sete Sábios da Grécia,[16] proíbe a escravatura por dívidas e oferece lugares nos tribunais às classes populares.

No fim desse mesmo século VI a. C., o caminho parece bloqueado. Em Atenas, como na maioria das outras cidades gregas, o poder cai nas mãos de um só, o tirano. Chama-se Pisístrato (600-527 a. C.). Monopoliza o governo, mas, à cautela, desencadeia reformas sociais, embeleza a cidade e não é mal considerado. Infelizmente para sua posteridade, sucedem-lhe os filhos. Arrogantes e incapazes, são rapidamente detestados, e um deles acaba por ser assassinado.[17]

Estamos no início do século V a. C. Depois da morte do último tirano, duas grandes famílias aristocráticas disputam o poder. Clístenes é o chefe de uma delas. Seu objetivo é eliminar a outra família, apoiando-se para tal no povo. Na prática, é ele quem funda a democracia. Estabelece seu princípio concedendo a cada cidadão a igualdade perante a lei (os gregos chamam a isso de "insônia") e reformando o eleitorado, que será, a partir de agora, dividido em circunscrições geográficas em vez de classes sociais, que favorecem os mais ricos. Também é ele que, para prevenir o regresso dos tiranos, inventa a prática do ostracismo. Todo ano, os cidadãos podem escrever num pedaço de louça (ou, originalmente, numa casca de ostra, *ostrakon* em grego) o nome das pessoas suspeitas de querer apropriar-se do poder e ordenar que sejam banidas durante dez anos.

Péricles (495-429 a. C.), por fim, é o homem que eleva a democracia ao seu apogeu. Sobrinho-neto de Clístenes, chefe do

---

[16] Os gregos gostam de listas. Tal como fizeram a das Sete Maravilhas do Mundo, também elencaram os Sete Grandes Homens – políticos, filósofos ou os mais sábios.

[17] Hiparco, filho de Pisístrato, quer seduzir o belo Harmódio, que o rejeita. Desgostoso, humilha publicamente a irmã de Harmódio, razão pela qual este e seu amante Aristógito decidem vingar-se, matando Hiparco. Os dois jovens, também eles mortos durante o assassinato, receberam ainda assim o codinome de *tyrannoctones* – executores de tiranos – e foram considerados heróis da liberdade. Várias praças foram ornamentadas com estátuas deles.

partido que se chama precisamente "democrático", é o grande estadista desse período, reeleito em permanência para vários cargos durante três décadas.

Doravante, em Atenas, é o povo que edita as leis e governa. Eles o fazem por meio de uma imensa assembleia, a Eclésia, que reúne, todos os dias, milhares de cidadãos na colina do Pnyx para deliberar e votar as mais diversas matérias preparadas e controladas pela Boléu, um conselho de 150 membros, dentre os quais 50 asseguram uma permanência rotativa. Os numerosos magistrados (que seriam mais ou menos o equivalente dos nossos ministros) estão encarregados de gerir os assuntos da cidade, tal como os membros dos tribunais, também eles eleitos. No entanto, o voto não é a única forma de legitimidade e de escolha. Nesse universo profundamente religioso, muitas decisões são tomadas por sorteio, na medida em que os gregos pensavam que a sorte apontava a vontade dos deuses.

A democracia ateniense tem um limite bem conhecido e há muito sublinhado: ela exclui uma larga parte da população. Os escravos, muito numerosos, estão excluídos do sistema, apesar de serem engrenagens essenciais deste. Ao contrário do que acontecerá durante o período do tráfico de escravos no Ocidente, os escravos da Antiguidade podiam ocupar lugares de destaque na hierarquia social. Em Atenas, constituem o essencial da administração que garante o funcionamento do sistema.

Também estão excluídos os metecos, isto é, os estrangeiros que vivem na cidade, mas que não são considerados cidadãos. Péricles restringe um pouco mais a definição dessa categoria privilegiada. Antes dele bastava, para se ser cidadão, ter um pai ateniense. Agora, ele impõe que a mãe também o seja. Esse é, aliás, o único papel desempenhado pelas mulheres nesse mundo onde, para todos os efeitos, são consideradas eternas menores, cujo único destino é estarem aquarteladas no gineceu, a parte da casa reservada a elas.

Esparta, cidade rival

A democracia ateniense é filha da civilização grega. É justo que não se ignore essa correlação. A civilização grega não gerou apenas a democracia; também deu à luz outros sistemas políticos que são seu extremo oposto. Pensemos no exemplo de Esparta, a mais célebre rival da cidade de Péricles.

O ideal ateniense consiste em formar cidadãos que sejam capazes, em conjunto, de decidir um destino comum. O ideal espartano é formar soldados que têm como única vocação servir cegamente a sua cidade e manter o mais brutal domínio sobre os que a fazem viver cultivando a terra. A riqueza de Esparta repousa no trabalho dos hilotas, descendentes dos primeiros habitantes do território, reduzidos, desde que foram conquistados pelos novos senhores, a uma situação miserável, que recorda o dos servos da Idade Média.

Para estar à altura do destino que lhe foi atribuído, o cidadão foi modelado pela educação espartana. As crianças são retiradas muito novas dos pais para serem educadas coletivamente no princípio da obediência, endurecidas pelo sofrimento e preparadas para aceitar todos os desafios. O mais espetacular é o da cripteia, um rito de iniciação imposto aos adolescentes mais promissores. Para provarem seu senso de "autossuficiência", devem viver sozinhos e escondidos nas florestas, garantindo a subsistência por todos os meios ao seu alcance, inclusive o roubo, que será punido com a maior severidade caso sejam apanhados. Também devem provar sua bravura matando, se for o caso, alguns hilotas, um povo a quem é adequado recordar que não pertence verdadeiramente à humanidade.

Essa formação rende frutos: Esparta é uma cidade de um igualitarismo absoluto, e seu exército, o mais temido da Grécia. As duas qualidades valeram-lhe numerosos admiradores ao longo dos tempos. Alguns são muito honoráveis, como é o caso de numerosos filósofos da época das Luzes, que foram enganados pela frugalidade e pela nobre austeridade dessa sociedade. Outros são menos respeitáveis. No século XX, os loucos de Esparta inspiraram, sobretudo, algumas das piores personagens da época, dentre as quais Hitler.

A guerra entre Atenas e Esparta

Depois das Guerras Médicas, Atenas encabeçou uma liga de várias cidades gregas, promovida para defendê-las de novos perigos.

Pouco a pouco, a arrogante cidade, que é tão democrática para com o seu povo quanto é imperial para com os outros, desenvolve o mau hábito de utilizar sem pudor o tesouro comum em benefício próprio. Atenas tem grandes necessidades. Seu pesado sistema democrático tem um custo; os monumentos suntuosos que embelezam a cidade, como o Partenon, encomendado por Péricles, acarretam enormes despesas. As querelas não tardam a surgir. Alguns de seus aliados voltam-se para Esparta, a eterna rival, que lidera uma liga concorrente. O choque é inevitável. Em 431 a. C. começa a Guerra do Peloponeso, que durante trinta anos vai opor as cidades gregas umas às outras. As guerras acabam em 404 a. C. com a vitória de Esparta, que conquista a *hegemonia*, isto é, a supremacia sobre a Grécia. Atenas, humilhada, desiludida e obrigada a destruir suas muralhas, retoma durante algum tempo o sistema dos tiranos. Depois, tenta regressar à democracia, que, desnaturada, acaba na *demagogia* – mais uma noção grega, que designa a manipulação do povo por chefes sem escrúpulos. O virtuoso sistema que ainda hoje admiramos durou apenas pouco mais de um século. No entanto, o espírito da Grécia não morreu. O século IV a. C. é o dos grandes filósofos.

A invenção da filosofia

A outra face do nosso milagre grego é o da cultura e do pensamento. Em poucas décadas, tantos grandes autores cobrem tantos registros diferentes que a Grécia parece ter esmagado todas as matérias com o seu gênio. Ésquilo (525-456 a. C.), Sófocles (496-406 a. C.) e Eurípides (480-406 a. C.) são os mestres da tragédia, tal como Aristófanes (450-386 a. C.) funda o gênero comédia. A escultura toca as raias da perfeição. Perderam-se muitas obras originais, mas os grandes nomes que as criaram perduram, como o de Fídias (490-430 a. C.), amigo de Péricles que decorou o Partenon, de Praxiteles (400-326 a. C.) e de Pólicles (século V a. C.) que, num tratado, define o cânone, o conjunto das regras e das medidas que fixam o ideal da beleza.

Aparece a História tal como a concebemos, isto é, a vontade de analisar o passado e de compreendê-lo. A palavra deriva, através do latim, de um verbo grego que significa "interrogar". Heródoto

(485-420 a. C.) é o pai dela. Tucídides (460-395 a. C.), que estuda com exatidão as causas, o desenrolar e as consequências das Guerras do Peloponeso sem apelar à intervenção dos deuses, é um de seus primeiros grandes nomes.

A partir do século VII a. C., desencadeia-se uma enorme revolução do pensamento. Passando por vias que hoje podem parecer-nos pouco ortodoxas, ela coloca os primeiros marcos do que chamamos atualmente de espírito científico. Todos os matemáticos conhecem Tales (625-547 a. C.), nascido e falecido na cidade de Mileto, na Ásia Menor, famoso pelo seu teorema. Também foi um astrônomo capaz de prever os eclipses, além de um filósofo obcecado pela busca do princípio fundamental do universo – segundo ele, é a água. Pitágoras (580-495 a. C.), autor de outro famoso teorema e fundador da seita estrangeira e secreta dos pitagóricos, procura outro princípio: para ele, tudo são números. Demócrito (460-370 a. C.) é um materialista. Pelo seu lado, pretende que o universo é feito de vazio e de minúsculas partículas de matéria, os átomos – literalmente, o que não pode ser dividido.

A Grécia é, por fim, a pátria da filosofia, onde nasceram os três mestres. O primeiro é Sócrates (470-399 a. C.), considerado tão importante para a história do pensamento que lhe serve de marco. Aos pensadores gregos que viveram antes chamam-se "pré-socráticos". Com ele surge, enfim, a filosofia, isto é, uma maneira de apreender a vida e o mundo que servirá de base a todo o pensamento ocidental posterior.

Sócrates é filho do século de Péricles, como se chamou à Atenas desse tempo, mas o sistema político vigente é passível de muitas críticas. A democracia, com sua mania de discurso, fez prosperar os sofistas. Esses "comunicadores" da época são professores de eloquência, muito bem pagos para ensinar aos ricos todas as artimanhas que lhes permitem fazer aprovar qualquer ideia que lhes convenha, graças a belos discursos. Pelo menos é assim que Sócrates os considera. Seu ideal vai no sentido oposto ao dessas aparências: o belo e, sobretudo, a verdade, são os únicos valores que um homem justo deve procurar. Toda a sua prática filosófica consiste em tecer um diálogo com um interlocutor com o propósito de, questão após questão, de paradoxo à aparente brincadeira, colocá-lo face às suas contradições para levá-lo a duvidar e, assim, colocá-lo no caminho da verdade. A revolução que introduziu não pensamento não passa por longas e complexas teorias, mas por essa aparente simplicidade. Sócrates é aquele que nada sabe, mas também o que sabe que nada sabe. Esse é o cerne da diferença. Ele nos deixa um método, a maiêutica, literalmente a arte de fazer dar à luz. É ele que nos ensina a importância da dúvida e do espírito crítico.

Nem todos os atenienses do seu tempo apreciavam esses progressos decisivos da evolução intelectual. Em 399 a. C., acusado, entre outras coisas, de ter "corrompido a juventude" com essas ideias perniciosas, Sócrates é condenado à morte por um tribunal popular.

Seu discípulo mais ilustre é Platão (428-348 a. C.), graças a quem pudemos conhecê-lo. É ele quem redige os diálogos do mestre, morto depois de ter pensado tanto, mas que nada escreveu. Platão é também o filósofo do Idealismo. Essa doutrina pretende que as realidades sensíveis, as coisas que vemos, tocamos e sentimos, são apenas ilusões e sombras do que é verdadeiro, do mundo da realidade verdadeira, o das ideias, a que a filosofia pode nos conduzir.

Platão, que se tornou mestre por seu turno, fundou sua escola, a Academia. Aristóteles (384-322 a. C.), o terceiro da nossa lista, é aluno dele antes de se tornar, por sua vez, um dos mais célebres filósofos da Antiguidade. Para os grandes pensadores árabes clássicos, assim como para os grandes pensadores europeus da Idade Média até ao século XVIII, ele era ainda mais do que isso. Não se tratava de um dos maiores filósofos dos tempos antigos, mas do único. O homem cuja obra colossal abarcava todo o saber, o homem com quem tudo se podia aprender. Com efeito, Aristóteles foi precursor em um número considerável de matérias. Funda a metafísica – que vai além dos fenômenos físicos –, conhecimento que conduz aos estados mais elevados do pensamento, como a reflexão sobre o ser ou sobre os princípios primordiais que regem o universo. É ele quem funda a lógica, ciência do raciocínio que explica como ligar as ideias umas às outras. É ele quem estuda a política e a moral. Por fim, apaixona-se pela classificação, organização e descrição do mundo, tanto o dos animais como o da fisionomia humana, e o faz segundo a ideia-chave de que o homem, se souber observar, acabará por compreender. Também Aristóteles funda a sua escola, o Liceu. É tão famoso que Filipe, rei da Macedônia, vem buscá-lo para ser preceptor do seu filho, um tal Alexandre, um jovem príncipe impetuoso que estava reservado para vir a ter um destino invulgar.

Alexandre e o período helenístico

Após ter caminhado pelas cristas do pensamento, voltemos à tumultuosa história política da Grécia. Vimos que Atenas tinha dominado o século V a. C., antes de ser vencida por Esparta, que ganha a Guerra do Peloponeso. Durante um curto período, no início do século IV a. C., a cidade de Tebas detém a hegemonia. Ela passa depois para os macedônios, povo do Norte que é desprezado pelos "verdadeiros" gregos do Peloponeso ou da Ática, que os consideravam "semibárbaros", de tanto que lhes pareciam rústicos e pouco apurados. No entanto, o rei Filipe (382-336 a. C.) conseguiu, nos anos 350-340 a. C., submeter toda a Grécia, cidade após cidade. Depois de ter sido assassinado por um de seus companheiros, seu filho Alexandre (356-323 a. C.) torna-se rei e começa as conquistas que o tornaram célebre.

Em 334 a. C., cruza o Helesponto, a que chamamos agora de Estreito de Dardanelos, e ataca o imenso Império Persa – ou seja, na perspectiva da época, ataca o mundo. Conquista a Ásia Menor, o Oriente Médio, o Egito, a própria Pérsia e detém-se na Índia, porque seu exército, cansado, não quer ir mais longe. Menos de dez anos após o início do seu périplo, morre com febres na Babilônia.

A Grécia entra na época chamada "helênica". As conquistas de Alexandre propagaram sua cultura, sua estética, sua língua e seu modo de pensar das margens do Mediterrâneo até o Afeganistão ou o Paquistão de hoje. Durante esse percurso, elas chegaram também ao reino da Judeia, onde vivia um pequeno povo ao qual os gregos não atribuíam qualquer importância até então. Falemos deles.

★★★

JUDEUS E CRISTÃOS

Os historiadores sublinham, com razão, que a Bíblia, texto religioso, não é, por definição, uma obra histórica. No entanto, sua influência cultural é tão grande que é útil recordar, mesmo num livro de História, as primeiras aventuras dos hebreus tal como são contadas no livro sagrado.

De acordo com a Bíblia, esse povo tem sua origem nas tribos da Mesopotâmia e seguiu os passos, em algum ponto entre 2000 e 1750 antes da nossa Era, do seu patriarca Abraão, instalando-se no país de Canaã, antigo nome das terras do Oriente Médio situadas na região da Síria-Palestina. Dali segue para o Egito, onde se torna escravo, mas de onde consegue fugir, após vários séculos, conduzido por Moisés. Este pretende levar seu povo de volta a Canaã, a terra "prometida" por Deus, "onde corre o leite e o mel". No caminho do Êxodo – nome da fuga do Egito –, quando está no topo do monte Sinai, o profeta restabelece a aliança do seu povo com Deus e recebe o decálogo, as "dez palavras" ou "dez mandamentos", do qual se deduz a Lei. Ela será consignada em cinco livros que formam a Torá (que corresponde, para os cristãos, ao início do Antigo Testamento). Aí se encontram, entre outras, as numerosas prescrições que todo crente deve seguir escrupulosamente se quiser viver com a lealdade devida a Deus (o que deve e não deve comer, como deve praticar o culto, cultivar a terra, comportar-se com os outros, praticar a sexualidade). Mais tarde, os sábios judeus estabelecerão em 613 o número desses mandamentos, os *mitzvot*: 365 negativos, que indicam o que é proibido fazer, e 248 positivos.

O templo de Jerusalém

Reinstalados na Terra Prometida, os hebreus vivem em tribos, sob a direção de chefes religiosos, que são os juízes. Cerca de mil anos antes da nossa Era, grandes homens conseguem reuni-los sob o mesmo cetro, num único reino. Ao primeiro rei, Saul, sucedem-se Davi e depois Salomão, que constrói em Jerusalém o primeiro templo, sede da vida religiosa e lugar onde os sacerdotes organizam os sacrifícios. Sua parte central, o santo dos santos, contém a Arca da Aliança, um cofre ornamentado no qual estão guardadas as Tábuas da Lei, recebidas de Moisés.

Logo após a morte de Salomão, as disputas regressam e o reino divide-se em dois: o de Israel, ao norte, cuja capital será um pouco mais tarde Samaria,[18] e o de Judá, ao sul, governado por Jerusalém. Um e o outro serão demasiado pequenos para resistir à cobiça de seus poderosos vizinhos. O reino de Israel é aniquilado pelos assírios. Nos anos 590 a. C., o de Judá é vencido e absorvido pelos soldados de Nabucodonosor, soberano da Babilônia. O templo de Jerusalém é destruído em 587 a. C., e a elite dos judeus, levada em cativeiro para a capital do vencedor. Será libertada menos de 50 anos depois, em 539 a. C., por Ciro, imperador da Pérsia, que absorve a Babilônia e conquista toda a região.[19] Uma parte dos cativos é autorizada a regressar a Jerusalém, onde Ciro os ajuda a reconstruir o templo. No entanto, muitos ficam na Mesopotâmia, e outros se espalham por outros países que não são sua terra de origem. É o início da diáspora, a dispersão. A partir desse momento, não se fala mais de hebreus, mas de judeus, termo que deriva de Judeia.

Também é no século VI a. C. que os grandes historiadores da religião situam o nascimento do monoteísmo, a crença num deus único. São os judeus o primeiro povo a tê-lo concebido? Tomaram-no de empréstimo aos egípcios, que tinham feito a experiência nos tempos do faraó Aquenáton, ou ainda aos persas zoroastrianos, que conheceram na Babilônia? É um ponto ainda hoje discutido. Seja como for, contrariamente ao que ensinam os religiosos, o monoteísmo judeu não data de Abraão, nem mesmo de Moisés. O deus que fala ao profeta no monte Sinai exigia que o povo de Israel adorasse a ele e apenas a ele. Nem por isso negava a existência de deuses rivais. Os especialistas chamam essa nuance de "monolatria".

Depois de ter sido uma província do Império Persa, a Judeia foi conquistada nos anos 330 a. C. por Alexandre, *o Grande*. Os judeus, à

---

[18] Por esta razão, os descendentes dos habitantes desse reino chamam-se samaritanos.

[19] Ver capítulo 4.

semelhança de todos os povos do Oriente, helenizam-se. Muitos instalam-se em Alexandria, a nova e brilhante capital que os Ptolomeu, a dinastia grega que descende de um general de Alexandre, deram ao Egito. É lá que os judeus traduzem a Bíblia em grego, numa versão chamada "Septuaginta". De acordo com a tradição, para terem certeza absoluta da tradução, pediu-se a 72 sábios que a fizessem.

Chegam os romanos, que conquistam progressivamente todo o Oriente Médio no decorrer do século I antes da nossa Era.[20] São eles que dão o nome de Palestina à região compreendida entre o Mediterrâneo e o vale do Jordão. Submetida por Pompeu (63 a. C.), a Judeia torna-se um pequeno reino cliente de Roma, uma forma de protetorado, depois uma espécie de prefeitura da rica província da Síria. A ocupação é aí mal aceita. Reina um clima de "tudo está perdido", de fim do mundo. Divididos perante a atitude de encarar à situação, os judeus agrupam-se em grandes partidos inimigos uns dos outros: os fariseus, devotos austeros, são muito populares; os saduceus, mais conservadores, ligados à aristocracia dos sacerdotes, estão prontos para aliar-se aos ocupantes; os zelotes, pelo contrário, intransigentes e violentos, consideram que o dever de todos os judeus é apunhalá-los. Há também inúmeras personagens inspiradas que pretendem ser o *messias*, o enviado de Deus que salvará o povo judeu e cuja vinda está anunciada nos textos.

Aparição de Jesus de Nazaré

É nesse contexto que aparece Jesus, um homem que irá alterar a história do mundo, mas sobre o qual quase nada se sabe. Vem de Nazaré, uma aldeia da Galileia. Passou por uma das numerosas seitas que então proliferam, a dos batistas, dirigida por João, cujos membros procuram a purificação mergulhando na água. Ela está, sem dúvida, ligada aos essênios, ascetas que se retiram do mundo para viver de quase nada no deserto. Formam a quarta das grandes correntes do judaísmo de então, depois das três que já referimos.

Além de frequentar os batistas, o que fez Jesus até chegar à idade adulta? Não sabemos. Os primeiros vestígios datam de quando tinha

---

[20] Ver capítulo 7.

cerca de 30 anos, pregando em aramaico, sua língua natal, que era também a do povo nessa Judeia conturbada da época. Preconiza uma revolução social, estigmatiza os ricos e os poderosos, quer devolver aos pobres e aos humildes toda a sua dignidade. Seu carisma, o poder do seu verbo e seus talentos de curandeiro atraem multidões. Preconiza a ruptura com a lei religiosa, sufocante e estéril quando aplicada pelos devotos. E, sobretudo, anuncia o fim dos tempos e promete salvar quem o seguir.

Como os poderosos poderiam aceitar um discurso que tanto põe em causa o seu poder? Entregam Jesus aos romanos, e estes, considerando-o um agitador sedicioso, crucificam-no. Fim do primeiro ato da história.

Três dias depois do suplício, alguns de seus discípulos constatam que a sepultura onde Jesus foi enterrado, chamada depois de Santo Sepulcro, está vazia. Concluem que ele regressou dos mortos, e muito em breve verão nele o enviado de Deus de que falam os textos, aquele a que os hebreus chamam *messias* – em grego, o *Cristo*.

A história acaba aqui. Começa a fé. Ao contrário do que a tradição cristã pretende afirmar depois, ela demora muito tempo para se estruturar. Jesus pregou uma doutrina geral, que escancara as portas da interpretação e das hipóteses. Também foi muito vago a propósito de sua verdadeira natureza. Quem era ele? Um simples mortal, portador de uma mensagem singular? Um profeta, isto é, um homem inspirado por Deus, tal como outros que os judeus conheceram? A ideia de que este homem extraordinário possa também ser o filho de Deus levará tempo até afirmar-se no seio dos que se reclamarão dele. Os textos que contam sua vida – os Evangelhos – só serão fixados décadas após sua morte. Outros pontos que parecem hoje estritamente ligados a essa religião, como o papel e o estatuto de Maria, mãe de Jesus, a festa do Natal, que comemora seu nascimento, ou a noção de Trindade, só serão esclarecidos séculos mais tarde. A eles voltaremos.

Nascimento do cristianismo

No entanto, produz-se muito rapidamente uma nova ruptura fundamental. Jesus era judeu, pregou no seio do mundo judeu de então e todos os seus discípulos eram judeus. Mas um homem que irá alterar esse quadro. Saulo é originário de Tarso (atualmente na Turquia) e cidadão romano. Também é judeu e, nessa qualidade, considera que deve combater a nova seita abominável que ousa celebrar um falso profeta. Quando está a caminho de Damasco, diz o Novo Testamento, Saulo cai. Jesus aparece-lhe, então, numa visão, e exclama: "Saulo, Saulo, por que me persegues?". Luz e reviravolta. Esse "caminho de Damasco" transforma o carrasco em discípulo apaixonado. Com o nome de Paulo, Saulo, o apóstolo missionário, torna-se aquele que incansavelmente irá percorrer o mundo à sua volta para converter homens e mulheres ao novo culto. Dirige-se com frequência às pequenas comunidades judaicas disseminadas na bacia mediterrânica, mas também aos não judeus, os gentios. Forma-se aí uma convicção. A mensagem que transporta destina-se a todos os homens e, por isso, deve ser divulgada para além do povo judeu. Se a fé no Messias deve bastar para salvar qualquer alma, não se deve exigir que o convertido comece por respeitar a lei judaica e, por conseguinte, que seja circuncisado, por exemplo – ponto que era, sem dúvida, um entrave a numerosas conversões, em particular aos homens adultos.

Outros apóstolos rejeitam essa ideia, que lhes parece blasfematória. Jesus era judeu, não se deve romper essa tradição.

Em Antioquia e Jerusalém, onde todos se reúnem, há discussões acaloradas. Por fim, ganha Paulo.

A nova religião demorará séculos até se tornar o que é hoje. As bases estão colocadas. O cristianismo crê num único deus, que encarnou e tomou a forma de um homem para se dirigir aos homens. Ao contrário dos cultos gregos e romanos, nos quais os fiéis invocam os deuses para ter uma melhor sorte ou uma maior fortuna enquanto vivos, o cristianismo promete aos que o seguem a salvação na eternidade, fator que faz dele a religião da salvação. Ao contrário do judaísmo, enfim, que repousa na aliança entre o Deus único e um povo que ele escolheu, o "povo eleito", a "boa nova" que apregoam agora os discípulos de Jesus dirige-se a todos. "Não há judeu nem grego, escravo ou livre, homem ou mulher...", escreveu São Paulo. O cristianismo quer ser universal.

$$\star\star\star$$

RUMO À CIVILIZAÇÃO OCIDENTAL

O povo grego revolucionou, portanto, a arte de pensar, a arte de governar e gerou uma cultura extraordinária. O povo judeu deu à luz a duas grandes religiões do globo, das quais uma, o cristianismo, é ainda no século XXI a mais praticada no mundo. São os dois "milagres" de que fala Renan, o milagre grego a que nos referimos e que ele colocava a par do milagre judeu. Ambos tiveram de ser ajudados para poderem se impor de modo tão estrondoso. Para que os dois se tornassem as fontes da civilização ocidental, precisaram daquilo a que podemos chamar, parafraseando o filósofo francês, de um terceiro milagre: o milagre romano.

Como veremos num próximo capítulo, é Roma, fascinada pela cultura grega, que a divulgou em todo o seu império, ao sul do Mediterrâneo, mas também ao norte.[21] Ao mesmo tempo, Roma "ocidentaliza" o cristianismo, que originalmente, assim como o judaísmo, era uma religião oriental.

Por fim, e embora cada uma das duas correntes tenha um papel fundamental na gênese do pensamento ocidental moderno, isso não significa que elas tenham se casado harmoniosamente. Pelo contrário. A religião baseia-se na fé. A cultura grega privilegia a razão. A guerra entre uma e a outra irá durar séculos.

Teremos a oportunidade de voltar a abordar os numerosos episódios de um conflito que ousaríamos classificar como homérico se a palavra, pela sua origem, não parecesse favorecer escandalosamente a um dos dois campos. Seja como for, Atenas e Jerusalém fundaram a civilização ocidental. A maioria dos seus traços essenciais vem de uma, da outra ou das duas ao mesmo tempo. Vamos apenas sobrevoá-los.

O judaísmo, através da narrativa da Criação, faz do homem uma criatura singular e superior, a quem Deus atribuiu a missão de

---

[21] Ver capítulo 7.

dominar o planeta. O cristianismo, ao estender a mensagem da fé a toda a humanidade, estabelece o princípio da igualdade entre todas as criaturas. Os gregos, através da sua filosofia, procuram compreender os mistérios da existência que, aos poucos, se revelam à luz da inteligência e da razão. Todos colocam o homem no centro do universo e estão na base da tradição a que chamamos humanismo.

Na maioria das grandes civilizações antigas ou atuais, o tempo é considerado de um modo cíclico, tal como os dias sucedem incansavelmente às noites, como as estações sucedem às estações. O cristianismo e sua religião-mãe, o judaísmo, tornam-no linear: o mundo, quando foi criado por Deus, teve um princípio. E avança para um fim, que nos foi anunciado pelo Messias. A ideia de fim do mundo gerou concepções pessimistas, tetanizadas por essa perspectiva de um Apocalipse que será acompanhado de grandes infortúnios, de acordo com os textos. Somada à confiança grega nas capacidades da inteligência humana, essa concepção linear do tempo conduziu, pelo contrário, a uma ideia de otimismo: a do progresso, segundo o qual o homem caminha para um melhoramento infinito de sua condição.

O humanismo, a ciência e o progresso são valores que estruturam o pensamento ocidental e de que todos os ocidentais podem ter orgulho. Mas, visto que os gregos nos ensinaram que um dos fundamentos do pensamento era o espírito crítico, é bom que também o exerçamos, sem nos esquecermos, ao mesmo tempo, da face sombria que podem comportar esses mesmos valores. O humanismo, ao colocar o homem no centro da Criação, atribui-lhe uma posição de domínio sobre a natureza, a qual, ao contrário do lugar que ocupa em outros mundos, nada tem de sagrado. Os desastres ecológicos que podem chegar a ameaçar a existência do planeta mostram os extremos a que essa dominação mal controlada pode conduzir.

Do mesmo modo, a magnífica noção de progresso científico mal digerido pode perder-se no cientificismo, essa deriva que consiste em idolatrar a ciência e em considerá-la superior a todo o resto. No fim desse caminho, desponta uma doença para a qual os gregos alertavam, a *húbris*, esse pecado do orgulho, essa perda de noção da realidade que por vezes atinge o homem e que é sempre punida pelos deuses.

Por fim, o monoteísmo universalista cristão tem um defeito: ao afirmar a ideia de que há um único deus e que ele deve falar a todos os homens, decreta-se o reino da verdade única, mãe da intolerância e das guerras religiosas.

É o grande limite do pensamento ocidental. Pela sua natureza, considera-se o único capaz de separar o bem do mal, a verdade do erro. No entanto, outros povos, em outros contextos históricos, têm outras crenças, outros sistemas de valores que em nada lhes são inferiores e que produziram outras importantes civilizações. Estudemos duas delas.

2

A China

LAO ZI E CONFÚCIO

Em que data começar? Para os chineses, há uma única resposta. Seu país tem 5 mil anos de história. Todas as lojas dos museus exibem canecas e camisetas estampadas com essa data, todos os livros recordam essa idade impressionante ao lado da qual o pobre calendário ocidental bimilenário faz fraca figura.

DE ACORDO COM os arqueólogos e os historiadores, essa verdade tão apregoada pertence ao domínio da mitologia nacional. Para conseguir recuar tão longe, alguns chineses continuam a situar o início de sua civilização em algumas personagens a que se referem como os velhos clássicos, tal como o "imperador amarelo". Inventor das artes marciais, grande civilizador, teria reinado exatamente por um século, nos anos 2600 antes da Era comum. Aritmeticamente, isso nos permite fazer a conta. Cientificamente, não faz sentido. Ainda não se encontrou o menor vestígio arqueológico que fundamente a existência dessa personagem, tampouco a dos reis da dinastia Xia, que supostamente lhe sucederam. A maioria dos próprios historiadores chineses considera-os agora puramente lendários. A primeira dinastia incontestável é a dinastia Shang, que reinou cerca de 1700 a 1000 anos antes da Era comum. Isso subtrai às primeiras contas cerca de um milênio e meio...

Devemos então supor que não se sabe contar na China? Ou que o nacionalismo permite todas as manipulações? Podemos tentar ver as coisas de outro modo e fazer com esse pequeno exemplo um primeiro exercício para sair do nosso modo de pensar ocidental. Como em tantos outros domínios, a relação com os algarismos e os números nem sempre está de acordo com o racionalismo mais estrito, tão em voga no mundo contemporâneo. É assim que todos os chineses aprendem na escola que a célebre Grande Muralha tem 10 mil li (medida correspondente a pouco mais de 500 metros), visto que todos os livros o afirmam e que o "muro de 10 mil li" é seu nome mais corrente. Isso significa que os chineses consideram que a mais prestigiada muralha tem esse tamanho no sentido mensurável do termo? De jeito nenhum. Significa apenas que ela é grande, e que o fato de exprimir essa grandeza através desse belo e sonoro número redondo é bem mais real do que uma contabilidade que, no fundo, não faria muito mais sentido... Fiquemos, portanto, com o que os tais 5 mil anos podem nos dizer e aceitemos sua incontestável parte de verdade: a China tem uma história muito antiga, e o país de hoje é seu herdeiro direto.

As bacias do Rio Amarelo e do Rio Azul

Há "muito tempo", portanto, formou-se uma civilização em torno da bacia do Rio Amarelo. Depois, estendeu-se até o outro grande rio situado mais a sul, o Yangzi Jiang,[22] que, por simetria com o precedente, os ocidentais por vezes batizaram de "Rio Azul". Aí se formam reinos. Os anais chineses os classificam por dinastias. A primeira recenseada é a dos Xia, mas já vimos que ela provavelmente é lendária. No segundo milênio antes da era cristã, domina comprovadamente a dinastia Chang.

---

[22] Ou, antigamente, Yang Tseu Kiang: a transliteração em alfabeto romano das palavras chinesas fez-se, até meados do século XX, de acordo com os sistemas inventados pelos europeus. É assim que os ingleses utilizam o sistema Wade-Giles – nome dos seus inventores –, e os franceses, o da Escola Francesa do Extremo Oriente (EFEO). A partir de 1958, o governo chinês promoveu seu próprio sistema, o *pinyin*, que diversos países adotaram. É por isso que tantas palavras chinesas se escrevem diferentemente. Assim, em *pinyin*, fica Yangzi Jiang (mas pronuncia-se mais ou menos *yang tze tziang*). [Também conhecida em português como Yangtze ou Iansequião (N.T.)]

Desde esses tempos longínquos aparecem alguns traços distintos da sociedade chinesa.

Tal como em outros lugares, os homens, sedentarizados, vivem da agricultura, em especial de cereais. A cultura do norte é o painço; a do sul, o arroz. Como em outras partes do mundo, as populações aprenderam a criar animais, o porco e depois o búfalo. No entanto, os camponeses chineses souberam domesticar um animal desde muito cedo. Fonte de grandes riquezas, eles serão os únicos a dominá-lo durante milênios. Trata-se do bômbix da amoreira, famoso inseto cujo casulo produz a seda. O fragmento mais velho desse precioso tecido, descoberto na China, dataria de meados do segundo milênio antes de Cristo.

Ali também descobre-se o metal. A dinastia Chang é célebre pelos seus suntuosos vasos de bronze, utilizados sobretudo em rituais e que ainda podem ser admirados nos museus chineses. Organizam-se práticas religiosas. As que consistem em venerar os mortos de sua linhagem darão origem ao culto dos antepassados, um marco essencial da cultura chinesa. Como em outros lugares, os homens, angustiados com o futuro, encarregam adivinhos de desvendar o mistério. Estes praticam, entre outras, uma forma de adivinhação que tem o nome de "escapulomancia". Consiste em colocar no fogo omoplatas de bovídeos (de onde o nome, derivado do latim *scapulae*, "os ombros") ou carapaças de tartaruga para, depois, tentar ler os sinais que a chama desenhou. A técnica também é usada em outras partes do mundo. Na China, no entanto, os desenhos produzidos têm uma importância capital: dão origem a um sistema de escrita. Os traços deixados pelas chamas tornam-se os caracteres a que os especialistas chamam "sinogramas". Esse sistema ficou mais rico e complexo com o passar dos séculos, e calcula-se que existam, hoje, entre 40 mil e 60 mil caracteres. No entanto – e essa é mais uma prova da longevidade dessa civilização –, trata-se do mais antigo sistema de escrita no mundo a ser utilizado ainda hoje.

Com a escrita nascem os primeiros livros, que, pelo seu caráter antigo e sempre reverenciado, são chamados "clássicos". O *Clássico dos Documentos* é uma coletânea de vários arquivos, fragmentos de discursos e éditos da Corte dos Zhou -1046-221), dinastia que sucedeu aos Chang. O *Clássico dos Versos* é uma antologia de poemas. A mais antiga dessas obras é o *Clássico das Mutações*, que compila crenças e técnicas ligadas à adivinhação.

Pouco a pouco, através desses livros e práticas, estabelece-se um sistema de pensamento. Ele demorará a elaborar-se e virá a estruturar-se em torno de grandes personagens que, como em breve veremos, irão puxá-lo cada uma num sentido diferente. As bases são comuns.

Para nos iniciarmos, ainda que brevemente, no pensamento chinês, de uma sábia complexidade, contentemo-nos em expor as três grandes noções essenciais que o fundamentam e em compreender, de modo sucinto, como elas interagem. Essas três noções são o *qi*, o princípio do *yin* e do *yang* e a teoria dos cinco elementos.

Três grandes princípios do pensamento chinês

Ao contrário do que vimos surgir nos hebreus, nada existe, na tradição chinesa, que se assemelhe a um deus criador, que dá origem ao nascimento do mundo. Não existe um começo. Há um princípio original, que fornece uma energia primordial, o *qi*.[23] O *qi* é um sopro onipresente, a todo o tempo, em todas as manifestações do universo, da natureza, da vida sob todas as suas formas, como no corpo dos humanos, no qual circula através de "meridianos".

Para lhe dar sua força, seu alento, esse ritmo particular que o conduz, é preciso acrescentar-lhe uma segunda noção fundamental: o sistema do *yin* e do *yang*. A alternância constante entre esses dois princípios contrários conduz à marcha do universo. O *yin* situa-se do lado da umidade, do feminino, da sombra, do frio, da retração. O *yang*, do lado do calor, do sol, da atividade, da expansão, do masculino. Não se deve ver nada de positivo ou negativo em nenhuma dessas enumerações. Nenhum desses princípios está mais carregado de valores morais do que o polo "positivo" e o polo "negativo" de uma bateria elétrica. Aliás, eles funcionam exatamente como uma corrente. São complementares, um precisa do outro, e vice-versa, visto que é sua oposição, sua alternância, que gera a direção, o movimento, assim como a alternância da perna esquerda e da direita produzem a marcha. Enfim,

---

[23] Pronuncia-se *tchi*.

esse movimento perpétuo anima tudo o que constitui o universo, e é formado por cinco elementos.

E assim chegamos à terceira noção fundamental: a teoria dos cinco elementos. Onde os gregos concebiam quatro (água, fogo, terra e ar), os chineses veem um a mais, e sua lista difere ligeiramente: metal, madeira, água, fogo e terra. Por outro lado, eles concebem esses elementos não de forma estática, como as partículas de base que se encadeiam entre si para formar a matéria, mas de forma dinâmica. Para eles, todos esses elementos têm, com efeito, a particularidade de poderem transformar-se uns nos outros, até o infinito. Isso acontece segundo ciclos de engendramento (é assim que o metal ao fundir-se, por exemplo, fica líquido como a água; que a água, ao regar, faz crescer a árvore; que a árvore, por conseguinte, engendra a madeira etc.) e ciclos de destruição (como o do metal, que pode cortar a madeira, ou a o da água, que pode apagar o fogo).

Constatamos que existem grandes diferenças entre o pensamento chinês e o pensamento ocidental. Sublinhemos duas delas. No universo tal como é concebido pelos ocidentais, criado por um deus único que o fez à sua imagem, o homem ocupa um lugar central. Nada disso acontece para os chineses. Segundo eles, o universo não foi criado; ele *é*, e o homem faz parte dele à semelhança de tudo o que existe – a rocha e a flor, o visível e o invisível –, todos movidos segundo os mesmos princípios que acabamos de descrever, e agindo de acordo com os mesmos ciclos.

O pensamento ocidental, oriundo do racionalismo grego, é um pensamento de oposição: há o branco e o preto, o quente e o frio, os efeitos e as causas, coisas que existem ou que não existem – há o espírito e o corpo, a matéria e a consciência, o "aqui embaixo" e a perfeição celeste. Na China, não se preocupam com a oposição, mas com a energia produzida pela interação entre uns e outros. Todas as noções que apresentamos, a circulação do *qi*, a alternância do *yin* e do *yang*, o ciclo das mutações entre os elementos, estão do lado do movimento permanente que governa e faz girar a grande máquina que é o universo.

O pensamento da oposição, no Ocidente, frequentemente conduziu a ciência a procurar compreender as coisas segmentando-as, a cortar os problemas em pequenos pedaços para resolvê-los uns após os outros. Um pensador chinês procurará sempre compreender as coisas na sua globalidade. O exemplo mais evidente dessa diferença de aproximação encontra-se na medicina. A ocidental, para combater uma doença, procura situar sua origem procedendo por eliminações sucessivas: será do coração? Do fígado? Do estômago? A chinesa preocupa-se com a circulação da energia através do corpo inteiro.

Confúcio

Lentamente elaborada desde tempos remotos, essa maneira de pensar estruturou-se no âmbito do que o Ocidente viria a classificar como "religiões", mas que a China prefere chamar de "ensinamentos". Os três principais são o confucionismo, o taoísmo e o budismo. Apenas os dois primeiros são de origem chinesa. Nasceram na época da dinastia Zhou, num tempo poeticamente chamado "Primaveras e Outonos"[24] (722-481 a. C.).

Nessa época, os reis da dinastia Zhou são fracos e o país está dividido em pequenos principados. Kong Zi (551-479 a. C.), ou Kong-fuzi – isto é, "mestre Kong" –, a que os jesuítas deram o nome ocidental de Confúcio, começa sua carreira a serviço de um deles. Chega a ser ministro de um príncipe, mas as intrigas obrigam-no a fugir. Depois de ter sido chamado por outros governantes, que o desiludem sempre, decide abandonar a vida política para poder refletir sobre o que viveu. Rodeado por numerosos discípulos, elabora, aos poucos, uma doutrina. Tal como Sócrates, não foi ele que a escreveu. À semelhança do mestre grego, seu pensamento foi recolhido por seus discípulos e compilado em forma de discursos e diálogos, —que se encontram num livro fundamental da cultura chinesa: *Lunyu*, ou as "entrevistas".[25]

O culto que séculos mais tarde foi prestado a Confúcio tem facetas religiosas. É celebrado em templos e são depositadas oferendas por baixo de suas estátuas. No entanto, nada existe em seu pensamento

---

[24] O nome deriva do livro antigo que faz a sua crônica e que se intitula assim.

[25] Ou, ainda, os analectos, palavra sábia que significa "textos escolhidos", "antologia".

que se aproxime daquilo a que o Ocidente chama de religião. Não há nenhuma interrogação sobre as relações com as divindades, a origem do universo ou o que acontece depois da morte. Para ele, apenas uma questão importa: como fazer com que os homens vivam em harmonia. O confucionismo é uma doutrina social, no sentido original da palavra, e é construído sobre alguns grandes princípios. Trata-se, primeiramente, de valorizar em cada homem um bem comum para o conjunto da humanidade, que é o sentido da bondade e da tolerância em relação ao outro. É o *ren*,[26] a grande virtude confucionista. Trata-se também de ensinar a cada um o lugar que ocupa no grupo, na família ou na coletividade, e a necessidade de conservar esse lugar com virtude, porque essa é a única garantia do equilíbrio do conjunto. É assim que o filho, em nome do amor que tem pelos pais, deve respeitar a piedade filial e mantê-la após a morte, praticando escrupulosamente o culto dos antepassados. É assim que o subordinado deve respeitar o superior, tal como o superior deve comportar-se com respeito para com o subordinado. Os analectos resumem isso numa fórmula tornada proverbial e que os mais corajosos dos leitores poderão tentar dizer em chinês: "*Jun jun chen chen fu fu zi zi*", ou seja: "Que o soberano aja como soberano, o ministro como ministro, o pai como pai, o filho como filho". Para cimentar esse edifício, o filósofo insiste na importância dos ritos. Eles são essenciais, porque dão aos gestos da vida o seu sentido e permitem tomar consciência do lugar do homem no seio da coletividade. Por fim, Confúcio reserva um lugar especial ao saber e ao respeito pelos textos. É um letrado. Em sua doutrina, essa classe da população está situada no cimo da escala social. Para suporte da cultura desses eruditos, designa e promove os textos antigos, esses clássicos de que já falamos. Graças a Confúcio, eles serão estudados e venerados durante séculos.

Lao Zi

A vida de Confúcio, perdida na lenda, não é muito clara no plano histórico. Ainda assim, resta dele o túmulo, ainda hoje frequentado, e

---

[26] Pronuncia-se *djen*.

mesmo descendentes: algumas famílias têm a honra de partilhar suas raízes. Não se pode dizer o mesmo de Lao Zi (ou Lao-Tsé), como se escrevia outrora.[27] É muito provável que essa personagem nunca tenha existido. Pode ser apenas uma criatura lendária, que teve por função cristalizar certo número de crenças e práticas que formam a doutrina que se supõe que ela tenha fundado, mas que, ela própria, existe de fato: o taoísmo.

A tradição pretende que Lao Zi é contemporâneo de Confúcio, pois supõe-se que eles tenham se encontrado. Essa contemporaneidade tem uma grande utilidade pedagógica. Ela contribuiu para valorizar a oposição entre eles e é uma boa forma de entrar no pensamento de um e do outro. Confúcio se interessa apenas pela vida em sociedade. Lao Zi e os taoístas têm outras preocupações: eles se focam nas questões a que chamaríamos metafísicas, que remetem aos mistérios do universo, aos segredos da natureza, aos princípios obscuros que presidem à vida ou à morte. Nesse domínio, eles se inscrevem na continuidade das religiões chinesas tradicionais – ligadas aos espíritos, aos demônios, às divindades. O nome "taoísmo" vem do fato de repousar na ideia de que um princípio está na origem de tudo, o *tao*, literalmente o "caminho", a "via", e, por extensão da doutrina, a moral. Esse *tao* é a unicidade primordial da qual deriva o sistema de que falamos, o que faz funcionar o universo, o *yin*, o *yang* etc. Ao destrinchá-lo e estudá-lo, pensam os sábios taoístas, acabamos por compreender os segredos da vida… Uma de suas obsessões mais célebres, e que os acompanhará por muito tempo, é a da demanda da imortalidade: durante séculos, incansavelmente, eles vão procurar o elixir, o lugar, a fórmula mágica que permitirá aos homens, enfim, escapar à maldição da morte. Essa busca, por mais extravagante que hoje nos pareça, tem repercussões muito concretas na história chinesa, como veremos em várias ocasiões.

As concepções sociais de Lao Zi resumem-se num outro princípio: *wu wei*, o "não-agir". O dever do sábio é retirar-se da ação para respeitar o *tao* e deixar reinar a ordem cósmica. Apesar de lhe proporem lugares ministeriais importantes, o próprio Lao Zi, diz a lenda, preferiu afastar-se do mundo para ir viver no alto de uma montanha,

---

[27] Ver a primeira nota do capítulo, p. 61.

antes de partir e desaparecer. Noção fundamental, o *wu wei* reinou até a cúpula do Estado, e foi o princípio cardinal de muitos imperadores. Não agir é respeitar o equilíbrio fundamental e, portanto, mostrar que se é o fiador da ordem do mundo.

Acabamos de citar dois dos maiores pensadores chineses. Existem muitos outros. Alguns opuseram-se violentamente entre si, como Mozi (468-381 a. C.), que desenvolve uma filosofia muito pessimista para contrariar a de Confúcio. Outros, pelo contrário, situaram-se na linha do mestre Kong, como Mêncio (371-289 a. C.), que considerava o homem como um ser bom e justo. Os dois que acabamos de citar viviam na época dos "Reinos Combatentes" (481-221 a. C.), que sucedeu ao período das "Primaveras e Outonos". A eflorescência do pensamento era tal nesses tempos que se considera aquela como a época das "Cem Escolas".

O budismo

No entanto, a doutrina mais marcante, e que ainda tem um peso imenso na sociedade chinesa de hoje, chegou muito mais tarde e veio do estrangeiro. Por volta do século I da era cristã, quando as estradas comerciais são descobertas e permitem circular através da Ásia Central, há missionários que levam até o Império do Meio o budismo, vindo da Índia.[28] O período é fértil em incertezas, e as populações acolhem favoravelmente essa sabedoria que pretende levar em conta a dor e o sofrimento. Veremos o que é o budismo no próximo capítulo. Por enquanto, notamos apenas que ele teve uma penetração fulgurante na China e que se misturou bem depressa às duas correntes precedentes.

É esse o ponto importante. A partir dos primeiros séculos da era comum, a China dispõe do que poderíamos classificar como três grandes sistemas de crença. Devemos chamar-lhes outra coisa? É o eterno quebra-cabeça do ocidental. São religiões? Filosofias? Sabedorias? Ou um pouco de tudo isso ao mesmo tempo? O budismo chinês

---

[28] Ver o capítulo seguinte.

teve muito rapidamente seus monges e seus mosteiros. O taoísmo tem ambos, mas também é reivindicado por sábios que especulam sobre a vida e a morte, e que poderíamos antes comparar aos filósofos ou aos alquimistas do outro lado do Velho Mundo. O confucionismo é um código de conduta social, e por isso não se preocupa com questões de transcendência. No entanto, ao longo de séculos, seus adeptos irão edificar-lhe numerosos templos, ainda hoje em atividade.

As três doutrinas entraram em concorrência. Seus discípulos foram muitas vezes rivais, e o poder mudou muitas vezes de atitude para com eles. Cada um, por sua vez, confucionismo, taoísmo e budismo, conheceram a fortuna de serem promovidos pelos imperadores, e depois a dureza das perseguições. Mas os senhores do império acabarão por fazer o que parece sempre natural para a maioria dos chineses: venerar os três. O letrado da China clássica se sentirá obrigado a venerar seu grande mestre Confúcio durante o dia, mas à noite, em casa, irá honrar os deuses de acordo com as tradições taoístas, e não hesitará nunca, em caso de luto, em voltar-se para os budistas, considerados especialistas das coisas funerárias. Eis aí um ponto que distingue radicalmente a civilização chinesa e, em geral, as civilizações asiáticas, das tradições ocidentais. Os deuses do monoteísmo são ciumentos; as verdades chinesas são plásticas. Nenhuma merece esmagar todas as outras. Como tudo o que existe no universo, a verdade circula, é múltipla, mutável, e pode adaptar-se às circunstâncias. Um imperador da dinastia Ming (1368-1644) acabou com o problema e resolveu a questão com uma fórmula: "Os três ensinamentos são um".

3

A Índia

HINDUÍSMO E BUDISMO

Deixemos o Rio Amarelo e o Rio Azul, voemos por cima do Tibete, sobrevoemos a cadeia espetacular dos Himalaias, e contemplemos esse grande triângulo que parece mergulhar nos oceanos: a Índia.

A CHINA E SUA cultura milenar inscrevem-se num quadro que, ao longo dos tempos, se manteve unido. Raramente foi o caso da Índia no sentido lato, isto é, desse mundo tão vasto que os geógrafos chamam de subcontinente indiano. Ainda hoje, o conjunto geográfico está dividido em seis países,[29] e sua história não se conta com facilidade. Durante séculos, a escrita foi um domínio reservado aos brâmanes, os sacerdotes, muito preocupados com os assuntos de deus, de ritos, de sacrifícios ou pelos movimentos das grandes eras cósmicas, mas que se interessavam bem pouco pelo destino das cidades, dos reis e dos povos. A herança religiosa é igualmente complexa. A Índia assistiu ao nascimento de quatro das grandes religiões do mundo: o hinduísmo, o jainismo, o budismo e, muito mais tarde, o sikhismo (século XV). A primeira, sem dogma, sem profeta para transmitir a palavra dos deuses num momento particular da história, levou séculos e mais séculos para evoluir e estruturar-se. A terceira teve um destino singular: no momento em que se tornava a grande religião de numerosos

---

[29] Paquistão, Bangladesh e República da Índia, saídos do Império Britânico das Índias, e Nepal, Butão e Sri Lanka, aos quais se junta, por vezes, as Maldivas.

países asiáticos, o budismo quase desapareceu do seu país de origem. No entanto, a Índia tem um ponto comum essencial com a China: ela foi o berço de uma das mais antigas e maiores civilizações humanas, e mais de um bilhão de indivíduos continuam a mantê-la viva nos nossos dias. Vamos tentar apresentá-la.

A CIVILIZAÇÃO DOS HINDUS

A maioria dos livros que abordam a Índia posiciona o início da sua história entre 2500 e 1800 antes da nossa Era, na época da "civilização do Indo", nome desse grande rio que corre no que hoje é o Paquistão.[30] É conhecida graças aos extraordinários sítios descobertos no século XIX e escavados nos anos 1920, na época britânica, como o de Mohenjo-daro ou o de Harapa, que por vezes empresta seu nome ao conjunto – fala-se em "civilização harapeana". As ruas em xadrez, os sistemas de esgoto, os gigantescos tanques perfeitamente estanques associados aos vestígios de uma agricultura próspera e de um comércio ativo testemunham a existência de uma cultura avançada. Contemporânea da grande civilização mesopotâmica e do Império Médio egípcio, a civilização do Indo também possui a escrita, mas, apesar de numerosos esforços, nenhum especialista conseguiu ainda decifrá-la, o que deixa no ar grandes mistérios acerca dessas páginas da história humana. Seu desaparecimento não é um mistério menor. Por que esse mundo desapareceu cerca de 1500 antes de Cristo? Por esgotamento ecológico, fruto de uma catástrofe inesperada ou de invasões? Continuamos sem saber.

Cerca de 1500 antes da era cristã, vindos do norte, talvez do Cáucaso, chegam indo-europeus de pele branca, chamados arianos. Guerreiros intrépidos, montam cavalos, até então desconhecidos na região, e dominam o ferro. Graças a essa superioridade tecnológica considerável, teriam expulsado os povos autóctones, de pele negra, chamados dravidianos, que foram obrigados a refugiar-se no sul da Índia, onde ainda

---

[30] O Rio Indo ou Sindhu, em sânscrito, está na origem do nome do subcontinente. Para os persas, que transmitiram essa forma de ver aos gregos, que por sua vez a passaram aos romanos, a Índia é o país que está para além do Indo.

hoje habitam seus descendentes. É a teoria da invasão ariana, como se chama hoje essa construção histórica que procura se impor desde que foi elaborada por indianistas europeus no século XIX. Mesmo aceitando esquecer a utilização delirante que os nazistas deram à noção de ariano, raça superior que supostamente está na origem dos germanos, é visível que essa história de brancos que levam a civilização a negros forçosamente inferiores continha preconceitos. Como não está embasada por qualquer prova arqueológica, a narrativa é posta em causa na atualidade. As únicas certezas que apontam para uma antiga divisão no universo indiano são de ordem linguística. As línguas faladas no sul da Índia, como o tâmul, pertencem à família dita dravidiana. As do norte pertencem ao grupo indo-ariano, que por sua vez pertence ao conjunto indo-europeu. Como se processou essa partição? A que movimentos de povos corresponde? São matérias do domínio das hipóteses.

★★★

O LENTO NASCIMENTO DO HINDUÍSMO

A partir de 1500 a. C., com os arianos, aparecem concomitantemente o cavalo e o ferro, mas também uma das bases da cultura indiana: os livros sagrados redigidos em sânscrito, os Vedas. Coletâneas de hinos e fórmulas que o sacerdote deve utilizar durante os sacrifícios, elas também explicam os ritos de acordo com os quais deve organizar-se o poder.

O mais surpreendente desses ritos muito antigos é o *ashvamedha*, o sacrifício do cavalo, que permite ao soberano estabelecer seu território e seu poder. No decorrer de uma festa singular, solta-se um cavalo garanhão que pode cavalgar por onde quiser durante um ano, vigiado por sentinelas. Todas as terras que ele toca com os cascos passam *de fato* para a suserania do rei. A quem tentar apropriar-se do animal ou impedir sua marcha, é declarada guerra. Ao fim de um ano, o animal é apanhado e sacrificado pelo próprio rei no decorrer de uma cerimônia solene à qual assistem todos os vassalos.

Os Vedas também têm longos poemas que narram a sucessão dos grandes círculos cósmicos, a origem da humanidade ou, ainda, a forma como os deuses quiseram que os homens fossem repartidos na sociedade de acordo com a função que nela desempenham. O sistema de castas, como se chama no Ocidente, tem sua origem nessa função. De acordo com os Vedas, a humanidade está dividida em quatro grupos porque, explica um dos textos, os deuses cortaram o homem primordial em quatro. Os brâmanes, que têm o monopólio da palavra, correspondem à boca; os guerreiros, aos braços; os artesãos e comerciantes, às pernas; e os servidores, submetidos a todos os outros, aos pés.

Assim estão plantadas as raízes dessa religião a que a Europa chama hinduísmo. Crença sem fundador e sem profeta, levou séculos para se estruturar. Existem três estados de evolução na sua história. O que acabamos de evocar, marcado pelos Vedas, é o do vedismo.

Ao longo dos séculos, produz-se uma fusão entre a cultura védica dos arianos e as que preexistiam. O culto modificado integra lendas anteriores, e os deuses datam de tempos mais antigos. Os mais conhecidos são Vishnu, que envia seus avatares aos homens, ou Shiva, hoje sempre representado por um *lingam*, isto é, um falo em ereção. A religião transforma-se, mas, com seus rituais complexos, seus sacrifícios, seus livros em sânscrito que os profanos não compreendem, continua a ser elitista e totalmente dominada pelos brâmanes. É por isso que, durante os anos que vão do século VI a. C. até os primeiros da nossa Era, fala-se em bramanismo.

É durante esse período que aparecem as duas grandes epopeias fundadoras da cultura indiana, certamente saídas de tradições orais, mas fixadas a essa altura. O *Mahabharata*, considerado o mais longo poema do mundo, narra a luta trepidante pelo reino a que se entregaram duas famílias de primos, os Pandawa e os Kaurava. O *Bhagavad Gita* é uma subparte dele, mas o tom é muito diferente. Diálogo inspirado no sentido da vida, da honra e da morte entre o guerreiro Arjuna, também conhecido como Parth, e o condutor de seu carro, que é nem mais nem menos que Krishna, um dos avatares de Vishnu, o poema é, sobretudo, um grande livro de espiritualidade.

A segunda grande epopeia, o *Ramaiana*, narra as aventuras de Rama, que é ajudado pelo astuto rei dos macacos a libertar Sita, sua princesa, raptada por um demônio. Ambas são tão essenciais para a

Índia como a *Ilíada* e a *Odisseia* o foram para o mundo grego e, por extensão, para a Europa, mas com uma diferença. Ao contrário dos de Homero, todos os deuses que ali se encontram estão, ainda agora, bem vivos no coração de milhões de homens e mulheres, que os adoram e veneram.

Castas e reencarnação

Por volta dos últimos séculos antes da era cristã, o poder dos brâmanes é fortemente contestado por grandes reformadores de que falaremos a seguir, mas o bramanismo perdura. Alguns séculos mais tarde, a religião evolui para tornar-se menos elitista e abre-se à devoção popular. Os fiéis podem enfim mostrar a adoração que têm pelos seus deuses preferidos de modo direto, sem passar forçosamente por rituais complexos. É a base da religião que ainda hoje existe e a que chamamos de hinduísmo. Resumamos seus princípios.

Tudo, seja na tradição grega ou cristã, insiste no indivíduo, na sua razão, na sua fé, na sua salvação. Tudo, no hinduísmo, repousa no *dharma*, palavra que designa a ordem do mundo tanto quanto a religião, a moral e a lei, na medida em que andam de mãos dadas. Para que essa ordem funcione num universo em que tudo está interligado, é indispensável que o indivíduo respeite escrupulosamente o status social que lhe foi atribuído ao nascer. Voltamos a encontrar aqui o sistema que surgiu nos tempos védicos, o das castas, assim nomeado no Ocidente de acordo com uma palavra portuguesa que significa "puro", "não misturado". Na origem, como vimos, existem quatro nos textos sagrados.

As castas evoluem ao longo dos séculos e acabam por subdividir-se em milhares de subgrupos que correspondem, sensivelmente, às várias profissões. Estas últimas são classificadas de acordo com uma sábia hierarquia que vai das mais nobres às consideradas tão impuras que atiram os deserdados que fazem parte delas para "fora de castas"; trata-se dos intocáveis, que são todos aqueles cuja profissão lida com o sangue ou com a morte, como açougueiros, parteiras ou ainda os sapateiros.

As regras de estanqueidade entre as castas são absolutas e assustadoras. Basta que um membro das altas castas seja tocado pela sombra de um intocável quando anda na rua para ter de efetuar um ritual de purificação. Esse sistema, que, com razão, parece pavoroso para os espíritos contemporâneos, tem sua lógica interna no *dharma*: querer passar de uma casta à outra é sacudir a ordem do mundo, abalar seus alicerces. É tão perigoso como querer retirar uma pedra da cúpula da catedral. Tal como muitas outras religiões no mundo, essa também propõe às vítimas das normas que lhes impõe o bálsamo que deverá curá-las: por que razão o mais humilde dos "fora das castas" não aceitaria o destino que lhe foi atribuído pelos deuses, visto que esse destino é apenas uma provação pela qual deve passar? Caso se comporte adequadamente em sua vida de hoje, sua próxima vida será necessariamente melhor.

A crença na reencarnação – a metempsicose, de acordo com seu nome erudito – é o segundo grande fundamento do hinduísmo. Todo ser humano viverá várias vidas. Terá inevitavelmente de passar por um ciclo infinito de mortes e nascimentos, o *samsara*. Mas tem sempre a possibilidade de fazê-lo evoluir num sentido ou no outro, graças ao *karma*, isto é, a somatória de seus atos. Se eles são, no conjunto, negativos, arrisca-se reencarnar num corpo humilhante, talvez o de uma planta ou de um animal, ou ainda o de um desses intocáveis que acabamos de referir. Se todas suas ações são virtuosas, se procura o bem, terá uma nova vida muito melhor e, no fim, conseguirá talvez alcançar o bem supremo – o nirvana ou *moksha*, isto é, o momento em que, tendo finalmente apagado o cansativo *samsara*, sua alma poderá fundir-se num grande todo, a unidade primordial, a alma universal.

Pois existe um todo, um Único, mesmo que essa unicidade seja capaz de subdividir-se de forma vertiginosa. "Deus é um, dizem por vezes os hindus, e existem 33 milhões." O número é certamente simbólico. Prova a extensão do domínio. Os deuses mais célebres são os que formam a trindade hindu: Brahma, o criador; Vishnu, o que preserva; e Shiva, o que destrói para que se possa reconstruir. Os três, que correspondem ao ciclo da criação, da preservação e da destruição/ recriação, representam o movimento da vida.

Por outro lado, cada um desses deuses tem uma família em que todos os membros são igualmente venerados, como é o caso de Parvati, esposa de Shiva, e do filho deles, Ganesha, o deus com cabeça de elefante. Além disso, quando quer ajudar os homens, Vishnu envia-lhes seus avatares. Eles podem ter a forma de animais ou de homens, como o muito célebre e muito amado Krishna. Um dia, chegará Kalki, o último dos avatares de Vishnu, que terá por missão salvar a humanidade.

Nesse universo prolífico, cada indivíduo pode reservar sua devoção a um deus particular. Existem muitos shivaístas, adoradores de Shiva, reconhecíveis pelos traços horizontais que pintam na testa, e numerosos adoradores de Vishnu, que ostentam traços verticais na forma aproximada de um V. Ambos compartilham o fervor com que amam o seu deus, a quem fazem oferendas, cuja estátua lavam e perfumam e pelo qual praticam mortificações espetaculares ou fazem longas peregrinações até as cidades santas que lhes são dedicadas. Esse amor louco dos devotos pelos seus deuses é chamado de *bhakti*.

★★★

O BUDISMO

Muito antes dessa devoção popular, que só começou a se desenvolver nos primeiros séculos da era cristã, os brâmanes reinavam sem oposição. A vontade de pôr em causa o seu poder sufocante explica, sem dúvida, o sucesso dos dois grandes reformadores que conseguiram sacudir seriamente a religião tradicional e fundar duas novas. Os dois homens são mais ou menos contemporâneos. Na falta de textos fiéis, é difícil saber a época exata em que viveram, mas é possível situá-los por volta dos séculos VI ou V a. C., ou seja, entre Confúcio (551-479 a. C.) e Sócrates (470-399 a. C.).

Ambos são príncipes atormentados pelas errâncias da condição humana que, depois de terem vivido longos períodos de ascese e meditação, decidem ensinar os homens a encontrar a paz e a viver de forma mais justa. Ao primeiro, seus discípulos chamam *Mahavira*, o "grande herói", ou *Jaina*. A doutrina que fundou chama-se jainismo, que repousa numa moral muito estrita, em práticas ascéticas e numa não violência absoluta, que implica o respeito por todas as formas de vida. Ainda hoje, jainistas escrupulosos andam com um pano em frente à boca para evitar engolir os mosquitos e deslocam-se varrendo à sua frente para não esmagar uma formiga.

O segundo príncipe reformador chama-se Siddhartha. É descendente da família aristocrática dos Gautama,[31] que vivia num local hoje situado no Nepal, perto da fronteira norte da Índia. De acordo com a tradição, belo como uma fábula, Siddhartha tem uma infância dourada, fechado em seu belo palácio pelo pai que quer poupá-lo das agruras do mundo. Um dia, decide partir, acompanhado por seu cocheiro. Ele compreende todas as verdades da existência através dos quatro primeiros encontros que tem: um velho descarnado, um doente que geme, um cadáver a caminho da pira e um monge itinerante. O primeiro mostra-lhe a decrepitude, o segundo a dor, o terceiro a morte e o quarto a via que deve seguir.

Acaba de receber o quádruplo choque primordial que determina o combate de sua vida: toda a humanidade é sofrimento, e é indispensável encontrar a forma de escapar-lhe. Siddhartha abandona o palácio, parte como um monge pelos caminhos, interroga os sábios, experimenta as mais extremas práticas ascéticas, é submetido às maiores provações e, por fim, detém-se sob uma árvore. Depois de vários dias de intensa meditação, aos 35 anos, conhece a *bodhi*, o despertar, ou seja, esse momento intenso que proporciona a clara consciência da verdade do mundo, e recebe, ao mesmo tempo, a compaixão e a energia que servirão para partilhá-la. Essa é, doravante, a missão daquele que se tornou Siddhartha Buda, isto é, o "Despertado".

O sermão de Benares

Assim que encontra cinco de seus discípulos em um parque não muito longe de Benares, expõe-lhes as bases daquela que será sua doutrina. São as "quatro verdades". A primeira é que tudo – o nascimento, a velhice, a doença e a morte – é sofrimento; a segunda é que a causa desse sofrimento é a inesgotável sede, o desejo infinito e ilusório atrás do qual o homem corre e que o arrasta para o ciclo infinito das renascenças; a terceira é que existe uma forma de acabar

---

[31] Também lhe chamam Shakyamuni, o "Sábio dos Shaikas", nome do seu clã.

com esse sofrimento e chegar ao nirvana, afastando-nos dessa sede, desse desprezível desejo humano; a quarta é que, para lá chegar, é indispensável seguir o "óctuplo caminho". Podemos enumerá-lo, como fazem os budistas: uma palavra justa, uma ação justa, meios de existência justos, um esforço justo, uma concentração justa, uma compreensão justa, uma atenção justa e um pensamento justo.

Através do "sermão de Benares", o Buda pôs em movimento o que os budistas chamam de roda do *dharma*, isto é, a roda da lei. Está em curso um novo sistema de crenças. Acabamos de ver que ele retoma vários conceitos – o nirvana, o ciclo dos renascimentos, o *dharma* – da tradição hinduísta, mas com uma diferença essencial: em seus primeiros discursos, Buda nunca fez referência aos deuses, nem a nenhuma das grandes questões metafísicas, como as que se referem à natureza da alma, à origem do universo, aos mistérios da natureza etc. Essa ausência provoca uma interrogação nos ocidentais que ainda hoje se mantém: se não fala dessas temáticas, pode o budismo ser considerado verdadeiramente uma religião ou trata-se apenas de uma sabedoria, uma filosofia?

Deixemos para os especialistas das especulações transcendentes o prazer de reanimar esse velho debate. Notemos apenas que, de um ponto de vista histórico, os primórdios do budismo, com seu profeta, sua doutrina e seus primeiros discípulos, assemelha-se ao início de numerosas grandes religiões. Aos 80 anos – ainda segundo a tradição, isto é, na ausência de critérios historicamente verificáveis –, Siddhartha morre ou, sendo mais preciso, "abandona seu invólucro corporal" e "apaga-se", isto é, atinge o nirvana. Deixa numerosos fiéis, homens e mulheres. Alguns são monges ou monjas, outros simples discípulos. Em conjunto, formam uma primeira comunidade, o *sangha*. Ele deixa uma lei, o *dharma*, e sua figura de mestre, de guia, de desperto.

Sangha, *dharma* e Buda são os pilares da nova doutrina, as "três joias" em que se baseia, como tão belamente diz essa tradição. O budismo vai agora seguir os caminhos que são os de quase todas as religiões em seus começos. Tem um sucesso rápido e expande-se depressa. Abrem-se mosteiros. Os especialistas aí formados nem sempre estão de acordo entre si, ou divergem sobre pontos de interpretação da mensagem de Buda. Convocam-se, portanto, grandes assembleias de eruditos, às quais, por analogia ao cristianismo, chama-se concílios. Eles tentam fixar um cânone.

Cerca de 250 a. C., o imperador Asoka, de quem voltaremos a falar,[32] faz do budismo a religião oficial da Índia e começa a exportá-la. O primeiro país a converter-se é o Ceilão. Nos primeiros séculos da era cristã, levado pelo poderio da civilização indiana, implanta-se no sudeste Asiático – Birmânia, Camboja, Tailândia – e difunde-se para o norte – Ásia Central, Tibete, China –, de onde passa para a Coreia e depois para o Japão (fim do século VI).

Durante esses mesmos séculos, o budismo enfrenta a grande doença que acomete todas as jovens igrejas. Divide-se em ramificações rivais. A corrente que viria a afirmar-se majoritária ganha o nome de *mahayana*, o "grande veículo". É preciso levar a palavra "veículo" ao pé da letra: ela designa o meio de transportar o homem pelo caminho da salvação, da verdade. Passa pela veneração de um Buda quase deificado e pelo culto dos *bodhisattvas*, seres que também conheceram o despertar, mas que renunciaram temporariamente ao nirvana para ajudar os homens a seguir o caminho do bem. Os fiéis vêm suplicar-lhe e rezar diante de suas estátuas, nos pagodes ou nos templos, num movimento de devoção que recorda o culto dos santos dos católicos. Por ironia, os detentores do "grande veículo" chamaram aos seus rivais budistas de "pequeno veículo" (*hinayana*), mas estes últimos, invocando a fidelidade aos primeiros ensinamentos do Buda, consideram-se sobretudo ortodoxos.

Mais surpreendente na história universal das religiões é o destino que o país de sua origem reserva ao budismo. Poderoso no início, solidamente implantado nas cidades e em grandes mosteiros, a doutrina de Siddhartha começa a declinar na Índia e acaba por desaparecer, talvez, por volta do século XI ou XII. As invasões muçulmanas, que a partir do século XI pilharam e destruíram os grandes mosteiros, são parte integrante desse fenômeno. Outra parte é a esclerose doutrinária de uma religião já a envelhecer. Muito fascinante é a forma como o hinduísmo, bem mais antigo, vai aproveitar essa fraqueza para expulsar o intruso. É assim que, no norte da Índia, onde se encontra o berço do budismo, Buda é venerado ainda hoje, mas por fiéis hinduístas, que o consideram um avatar de Vishnu.

---

[32] Ver o capítulo seguinte.

QUATRO IMPÉRIOS DA ANTIGUIDADE

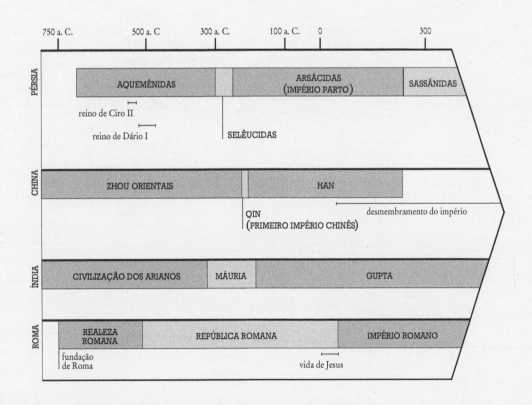

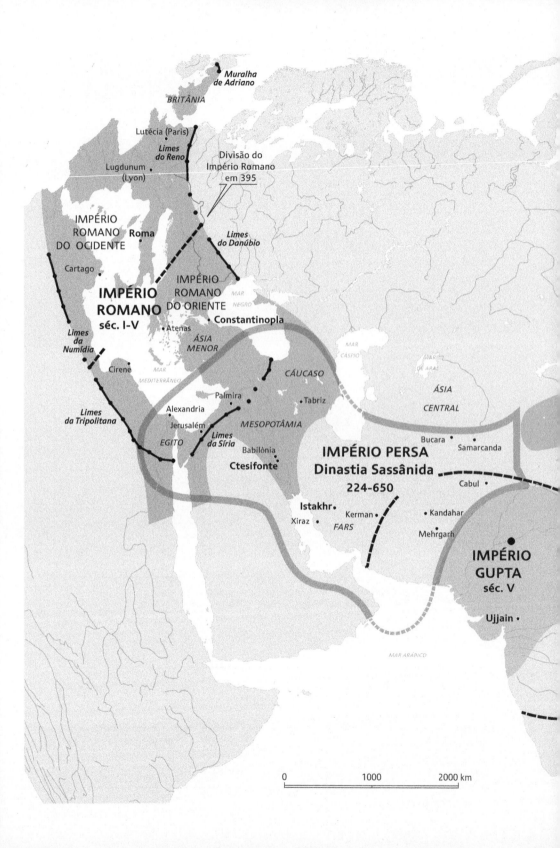

Os quatro impérios da Antiguidade

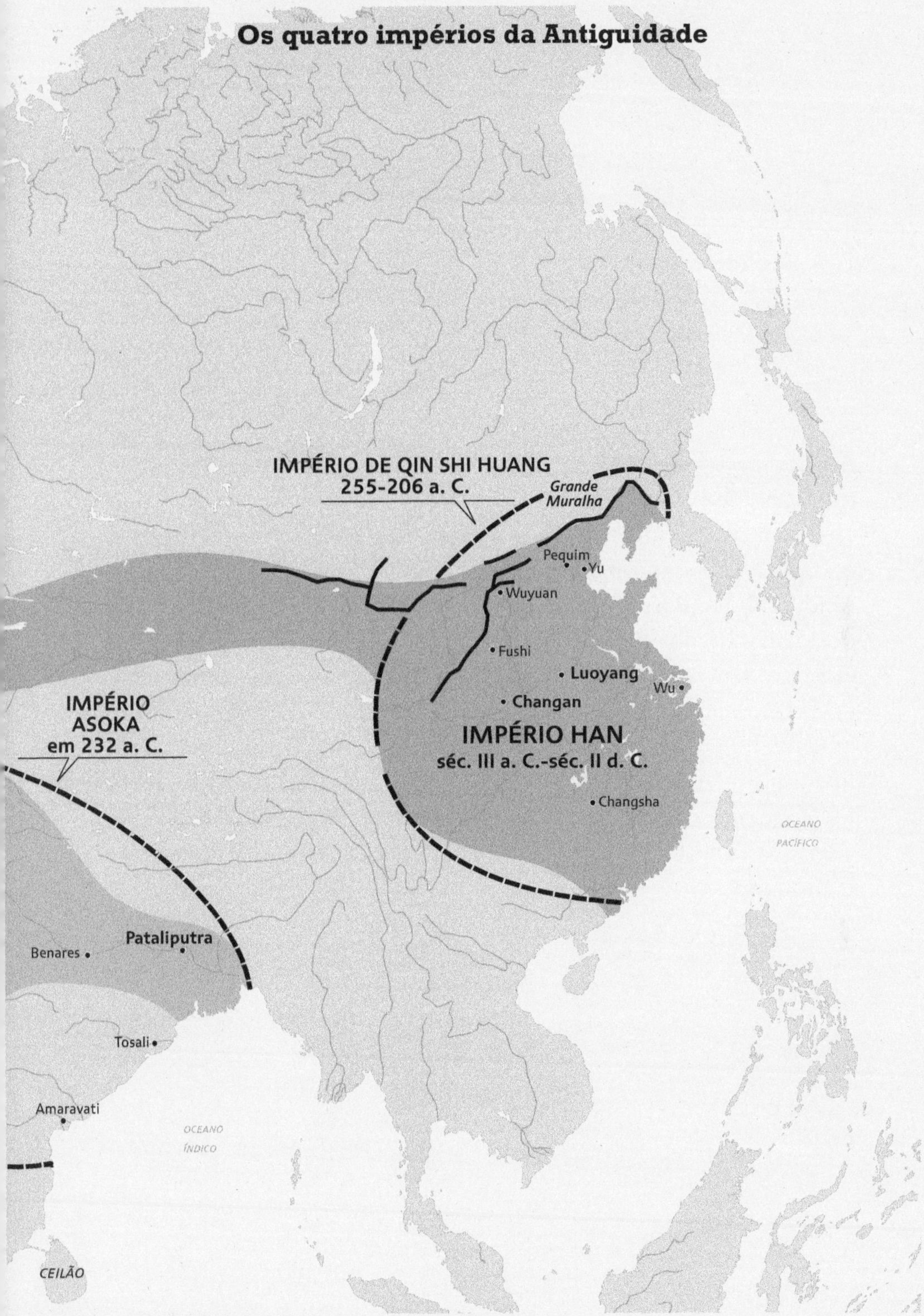

IMPÉRIO DE QIN SHI HUANG
255-206 a. C.

Grande Muralha

Pequim
• Yu

• Wuyuan

• Fushi

• Luoyang

Wu •

• Changan

IMPÉRIO HAN
séc. III a. C.-séc. II d. C.

• Changsha

IMPÉRIO ASOKA
em 232 a. C.

Pataliputra

Benares •

Tosali •

Amaravati

OCEANO PACÍFICO

OCEANO ÍNDICO

CEILÃO

A partir do século VI a. C. aparecem, ao longo do espaço eurasiáti-co, quatro impérios de grande importância, porque os moldes que estabelecem continuam a estruturar nosso mundo. O mais antigo é o Império Persa. Cobrindo uma superfície gigantesca, que vai do Mediterrâneo ao Indo, é criada uma federação sob a mesma Coroa dos mais variados povos. Cerca de 250 a. C., Asoka, imperador da dinastia Máuria, é o primeiro e único soberano antes da colonização britânica, que consegue a unificação quase total do subcontinente indiano. Em 221 a. C., Qin Shi Huangdi, o "primeiro imperador", funda o Império Chinês, que viria a durar até 1911. Por fim, mes-mo ao final do primeiro século antes da nossa Era, Roma consegue, através de suas conquistas, contornar o Mediterrâneo e afirmar-se como império.

4

Um milênio de impérios persas

DOS AQUEMÊNIDAS AOS SASSÂNIDAS (550 A. C.-642 D. C.)

Já os vimos passar por este livro, tal como sempre apresentados no Ocidente, com seus imensos exércitos a atacar as heroicas pequenas cidades gregas, prontas a combater até a morte para defender sua liberdade.[33] É o drama dos persas. A Europa, concentrada na sua admiração por Atenas ou Esparta, olha para eles através dos olhos dos gregos: serão sempre os invasores, os brutais, numa palavra, os bárbaros. Basta, no entanto, alargar a perspectiva para compreender que esse ponto de vista é redutor. As expedições contra os gregos são muito importantes para Atenas e Esparta. São um parêntese displicente na longa e prestigiada história persa. O império que esse povo fundou, cerca de 550 a. C., é um dos mais antigos e vastos do mundo. Interrompido pela invasão de Alexandre, o Grande, depois pelo domínio dos partas, ele renasce no século III para desaparecer no século VII. No conjunto, isso representa um milênio.

O TEMPO DOS AQUEMÊNIDAS
550-330 A. C.

Situado entre a Mesopotâmia e o Indo, dois grandes polos de civilizações muito antigas, o Irã é um planalto austero com um clima rigoroso. A partir do II milênio a. C., instalam-se aí povos vindos

---

[33] Ver capítulo 1.

da Ásia Central que pertencem à família dos Arianos,[34] primos dos que vimos invadir o norte da Índia.[35] Um deles são os medas. Em um primeiro momento, os medas submetem todos os seus rivais. Depois, outro grupo de arianos, conduzido por um príncipe ambicioso, consegue rechaçá-los e dominar hegemonicamente todos os outros. O povo está instalado numa província chamada *Fars* ou *Pars*, de onde vem o nome "persa", que, como os gregos, nós lhe damos. O príncipe chama-se Ciro. Para a posteridade, será Ciro, *o Grande* (reina cerca de 559-530 a. C.). Ele é o fundador do imenso primeiro Império Persa e o mais ilustre representante da brilhante dinastia dos aquemênidas.[36]

Depois de ter unificado os persas e dominado os medas, Ciro parte à conquista do mundo. Estamos cerca de 550 a. C. Em duas décadas, suas conquistas levam-no da rica Bactriana, onde hoje ficam, sensivelmente o Afeganistão e o Paquistão, até o Mediterrâneo. Pouparemos os detalhes ao leitor. Recordemos apenas os dois episódios dessa epopeia que ficaram célebres no Ocidente. Um dos primeiros objetivos de Ciro é apropriar-se da Ásia Menor, então quase inteiramente submetida ao poderoso reino da Lídia. Aí reina Creso, um rei cuja riqueza é proverbial graças ao curso de água cujo nome é igualmente famoso. Na Lídia corre o Pactolo, um rio com abundantes palhetas de ouro. A lenda pretende que as hostilidades contra os persas foram desencadeadas pelo próprio Creso, porque o oráculo de Delfos tinha lhe garantido que no fim dessa guerra "um grande império desapareceria". O oráculo tinha razão, mas não no sentido esperado. Esmagado, o reino da Lídia sai da história. O Império Persa deixa nele sua marca.

Em 539 a. C., Ciro entra triunfalmente na Babilônia. O episódio se tornou célebre graças à história religiosa. Com efeito, é devido a essa vitória que os judeus, cativos na cidade desde Nabucodonosor, são libertados.[37] O rei persa ajuda-os a se reinstalar em Jerusalém, agora

---

[34] O nome do povo está no do país: a palavra "Irã" é uma derivação de "ariano".

[35] Ver o capítulo anterior.

[36] Nome que deriva de Aquemênidas, antepassado sem dúvida mítico da dinastia.

[37] Ver capítulo 1.

sob seu controle, como todo o Oriente Médio, e a reconstruir seu templo. O gesto lhe valerá numerosas referências lisonjeiras na Bíblia.

Ciro morre em 530 a. C., quando guerreava não muito longe do Mar de Aral contra um povo nômade cujo belo e misterioso nome era Masságetas. Seu filho, Cambises, reina de 530 a 522 a. C. e aumenta ainda mais o domínio do pai ao conquistar o Egito, a poderosa pátria dos faraós, então em declínio. A tradição pretende que ficou louco. Daí as perturbações que rodeiam o fim de seu reinado e sua sucessão, e que permitem a chegada ao poder, graças a uma conjuração, de um de seus parentes longínquos: o terceiro dos grandes aquemênidas, Dário, que reina de 552 a 486 a. C. É ele que tenta esmagar a Grécia, mas, claramente vencido pelos atenienses e seus aliados em Maratona, desiste de concretizar o projeto. Do ponto de vista grego, o acontecimento é crucial, e é compreensível que tantas páginas lhe tenham sido consagradas. Do ponto de vista persa, trata-se de uma historieta. A derrota não deve ter agradado ao grande rei, pois, alguns anos mais tarde, seu filho Xerxes veio em busca de vingança e tornou a atacar espartanos e atenienses, mas ela tem mais a ver com a picada de um mosquito do que com uma catástrofe. Qual é a importância da pequena Grécia, quando inserida no mundo de então?

Por outro lado, na história dos aquemênidas, o terceiro imperador não é famoso por suas proezas militares, mas pelos seus talentos de administrador. Faz estradas, como a magnífica via real que liga Sardes, na Ásia Menor, a Susa, uma das capitais imperiais. Embeleza as cidades que já existem com novas construções e, para criar um cenário digno do esplendor de sua Corte, funda outra, Parsa, que conhecemos melhor pelo nome grego de Persépolis.

Ciro, Cambises e Dário, dizem os especialistas, construíram o primeiro "império-mundo" da história. Centrados no tropismo grego, a maioria dos livros europeus dá uma má ideia de sua vastidão. Regra geral, seus mapas, centrados no Mar Egeu, não vão além da Mesopotâmia. Que amputação! O domínio dos aquemênidas estende-se, a leste, até a Índia, a oeste até o deserto da Líbia e é limitado ao norte pela Cáspia e ao sul por uma parte do que hoje é a Arábia Saudita. Ele absorveu o antigo mundo dos caldeus, dos assírios, dos fenícios e dos egípcios, isto é, a maioria das civilizações prestigiadas da Antiguidade.

Federou, sob a mesma Coroa, povos de religiões, tradições e línguas muito diversas, e seu princípio norteador foi respeitar a todas.

Vimos que Ciro reenviou os judeus da Babilônia para Jerusalém com a maior mansidão e os ajudou a reconstruir ali o templo deles. Essa atitude não tinha nada de excepcional. Era a regra usada com todos os povos submetidos, aos que se pedia apenas que aceitassem a tutela persa, sem renunciar a nenhuma das suas particularidades. Algumas delas eram, aliás, integradas pelo próprio conquistador. Quando Cambises conquista o Egito, faz com que seja nomeado faraó, e todos os governantes depois dele fazem o mesmo. Alexandre, *o Grande*, ou os romanos, como a seguir veremos, também souberam construir seus impérios usando princípios de abertura e tolerância. Ciro e Dário fizeram-no séculos antes, e foram, sem dúvida, seus inspiradores.

Para não imporem também sua língua, os persas permitem o uso do aramaico, uma língua semítica que se espalha por todo o império. Será utilizada ali durante muito tempo: é a língua que Cristo falará, séculos mais tarde. Todo o território imperial está dividido em "satrapias", dirigidas por sátrapas. O Império Persa tem várias capitais: Susa, Persépolis, Babilônia ou Ecbátana. O imperador, a quem chamam "rei dos reis", aprecia o esplendor. Quando se desloca a uma província, conta-nos Pierre Briant, grande especialista francês da Pérsia antiga, todos os seus súditos, do mais rico ao mais pobre, devem colocar-se ao longo da estrada que o príncipe percorre e depositar diante dele as oferendas que lhe estão destinadas. Os presentes variam, de acordo com as fortunas, entre joias preciosas a simples ramos de tâmaras.[38] De acordo com vários especialistas, o culto religioso dos aquemênidas não é muito claro.[39] Ainda assim, o rei dos reis, fiador desse conjunto complexo, exerce um papel religioso essencial. Ele é o único que pode fazer os sacrifícios que atrairão os favores dos deuses para o império.

Os iranianos, explica outro especialista, apreciam a boa vida e têm horror às práticas da ascese ou do celibato.[40] O alcoolismo não

---

[38] Ver a obra *L'Iran, des Perses à nos jours* (2012).

[39] É o caso, entre outros, de Philip Huyse, autor de *La Perse antique* (2005).

[40] *L'Iran, des Perses à nos jours*, op. cit.

é considerado uma desordem, mas um caminho para a sabedoria. Quando o imperador toma uma decisão estando sóbrio, acrescenta a historiadora, considera que é sábio beber para verificar, quando está bêbado, se a mantém ou não… E por toda parte aonde vai no império quer ter jardins fechados, que também lhe servem como reservas de caça. A água deve correr aí com abundância e deve haver muita erva verde, para sublinhar o contraste entre essa doçura e as terras desérticas que o rodeiam. Em persa, "jardim fechado" chama-se *pairi daeza*. Os gregos, maravilhados com os que descobriram, recuperaram a palavra para criar "paraíso". O mundo judaico-cristão o elevou ao céu.

★★★

O TEMPO DOS SELÊUCIDAS, SUCESSORES DE ALEXANDRE
305-64 A. C.

A dinastia Aquemênida começou com Ciro, cerca de 550 a. C. Nem sempre foi tão exuberante como na descrição que acabamos de fazer. O território era demasiado vasto para uma única Coroa. Enfraquecido pelas revoltas que estalam aqui e acolá, minado por querelas palacianas e intrigas dos poderosos eunucos que o controlam, o império fica ingovernável. Em 334 a. C. surge o homem que lhe dá o golpe de misericórdia. Alexandre, pequeno rei da Macedônia com ambições desmesuradas, ataca o mastodonte. Em quatro anos, abate o império. O último rei dos reis acaba assassinado por um sátrapa. Seu imenso território e, escrevem por vezes os historiadores antigos, seu mais belo eunuco, caem nas mãos do grego. Quando Alexandre morre, seu império, constituído sobretudo pelo dos aquemênidas, é partilhado entre seus generais. Seleuco e seus sucessores, os selêucidas, herdam praticamente toda a parte asiática. É o início geral do período helênico, que divulga a cultura grega, mas também a obriga a misturar-se com a sólida cultura persa que a precedia, celebrando o casamento entre os gregos e o Oriente, com que sonhava Alexandre.

★★★

O TEMPO DOS PARTAS
MEADOS DO SÉCULO III A. C.-224 D. C.

Em meados do século III a. C. aparecem os partas. Esse povo, parente dos iranianos, vindo de um pequeno reino situado a noroeste do atual Irã, consegue empurrar aos poucos os selêucidas até formar um grande império que vai da Ásia Central até os grandes rios da Mesopotâmia. Dura aproximadamente de 250 a. C. a 224 d. C. Viemos a conhecê-los não pelos gregos, mas pelos romanos. Tendo conquistado a Ásia Menor e o Oriente Médio por volta do século I a. C., os romanos tornaram-se vizinhos desses turbulentos rivais, com quem vivem em guerra. Muitos dos baixos-relevos latinos que ainda admiramos representam as inúmeras campanhas das legiões romanas contra os partas, cuja cavalaria tornou-se célebre por uma artimanha mortífera: os arqueiros fingem fugir, e depois, como são excelentes cavaleiros, dão meia-volta em suas montarias e disparam flechas mortais contra os inimigos, apanhando-os de surpresa. É o "tiro parta".

★★★

O TEMPO DOS SASSÂNIDAS, NOVO IMPÉRIO PERSA
226-651 D. C.

Por fim, no século III, um príncipe persa revolta-se contra os partas, de quem era vassalo, e consegue pouco a pouco expulsá-los. Tendo eliminado o último de seus imperadores, é coroado *Shahanshah*, rei dos reis, em Ctesifonte, cidade da Mesopotâmia fundada por seus predecessores e que ele escolhe como capital. Seu antepassado venerado chama-se Sássan. A dinastia que acaba de fundar é a dos sassânidas. Persa puro, declarando reinar no Iranshahr, literalmente "a terra dos arianos", considera-se um continuador dos aquemênidas. Durante quatro séculos, fez brilhar seu esplendor.

O império é rico. Produz cana-de-açúcar e arroz em tal quantidade que pode exportá-los. Sua localização, entre a China e o mundo bizantino, é excelente para o comércio por via terrestre. Pelo Golfo Pérsico, seus navegadores controlam as trocas com a Índia e o Ceilão (atual Sri Lanka). O imperador pode rodear-se de um esplendor que em nada fica atrás do de Ciro e Dário. Para assinalar o mistério de seu poder, esconde-se atrás de uma cortina para receber visitantes e, quando está sentado no trono, a coroa não pode ser pousada em sua cabeça, mas sim ficar suspensa no teto por causa do peso do ouro e das joias de que é feita.

Há uma diferença entre esse novo império e o antigo. Os aquemênidas não fazem imposições em matéria religiosa, e seu culto religioso é tão pouco demonstrativo que os especialistas têm dificuldade em defini-lo. A política dos sassânidas é completamente diferente.

Seu império é composto por um mosaico de povos e deuses diversos. Algumas velhas comunidades continuam presentes, como a formada pelos judeus, visto que nem todos voltaram para a Judeia quando Ciro os autorizou a regressar. Seu chefe, na capital persa, chama-se "exilarca" (do grego "chefe do exílio"). É uma personagem importante e muito considerada, com direito a muita reverência.

Novas religiões aparecem. O culto de Mitra, que foi importante em Roma, para onde o levaram os soldados regressados do Oriente, difunde-se na época dos partas. O cristianismo, surgido na Judeia, desenvolveu-se no cadinho do Império Romano, mas depressa ultrapassou suas fronteiras. Quando as querelas religiosas se agravam, por volta do século V, a Pérsia serve de refúgio a numerosos cristãos perseguidos como heréticos, à semelhança dos nestorianos.[41] Nem por isso seu destino é melhor, sobretudo quando se está em guerra com Constantinopla. Para os persas, um cristão, mesmo rejeitado pelos romanos, continua a ser um romano disfarçado, um traidor de quem é preciso desconfiar.

Pode referir-se ainda a uma religião sincrética, nascida no início da era sassânida. Ela é apregoada por Mani (216-277), seu profeta, nascido na região da Babilônia. Tocado pelas mensagens divinas que lhe são dirigidas, começa por inspirar-se no cristianismo e depois, por ocasião de uma viagem até os confins do império, encontra o "greco-budismo", o budismo matizado de helenismo que ali se desenvolveu.[42]

---

[41] Ver capítulo 7.

[42] Ver capítulo 1.

Sintetiza os contributos que ali colheu e integra-os na religião que irá fundar. É um culto dualista, ou seja, que repousa numa oposição frontal entre um mundo bom e um mundo mau, e que herda o nome de seu fundador: trata-se do maniqueísmo.

Esses novos cultos diferem das religiões antigas num ponto essencial: em regra, já não são reservados a esse ou aquele povo em particular, mas pretendem dirigir-se a todos os homens. Assim sendo, não é fácil fazer-lhes concorrência. Como fazer coexistir várias verdades se uma só existe? E sobre qual apoiar-se para garantir a unidade do império?

No início da dinastia, o poder é tentado pelo maniqueísmo. O imperador recebe Mani e encara a possibilidade de fazer do maniqueísmo a religião oficial do império. Seu sucessor tem uma opinião diametralmente oposta: tranca o profeta na prisão, onde ele morre de maus-tratos. Pouco a pouco, influenciado pelos sacerdotes, que veem nisso uma forma de reconquistar o poder, os sassânidas regressam à antiga religião persa, que será o culto oficial do império e sua base. É o zoroastrismo. É hora de o abordarmos.

O zoroastrismo

O deus principal do zoroastrismo é um deus de luz, o deus do céu, o "senhor sábio", Ahura Mazda. É por essa razão que a religião também pode ser chamada de mazdeísmo. Por volta do século VI a. C., ou talvez muito mais cedo, porque não há certeza quanto às datas, ela foi reformada, revivida e repensada por aquele a que os ocidentais chamaram Zaratustra ou Zoroastro. Pouco se conhece a seu respeito. Sequer se sabe se é real ou imaginário. Até o seu nome foi, durante muito tempo, objeto de erro. Com base em uma má tradução, Nietzsche, como tantos outros, remetia-o aos astros. Em persa antigo, significaria antes "o que tem camelos velhos", qualificativo pouco elogioso, mas que se explica. Ter um nome depreciativo é tradicional, porque evita atrair os ciúmes dos demônios.

De acordo com a lenda, Zoroastro teve contato direto com Ahura Mazda e, empurrando o mazdeísmo para um quase-monoteísmo, faz dele o deus essencial, primordial, muito superior a todas as outras divindades, aquele que tem por missão conduzir o eterno combate que opõe os deuses aos demônios malignos, responsáveis pela doença, pela preguiça e pela ignorância.

A religião apoia-se em livros chamados Avesta, que têm partes muito antigas e outras compostas por hinos que teriam sido compostos pelo próprio Zoroastro. É servida por sacerdotes que se chamam "magos". Os Reis Magos da Bíblia, que levam presentes ao Menino Jesus e se inclinam diante dele, vêm daí. O elemento principal do culto é o fogo, o mais sagrado dos princípios. O fogo é o intercessor entre o mundo de deus e o dos homens. É através das suas chamas, da sua luz e do seu calor que deus fala aos homens, e é através desses elementos que eles escutam suas palavras.

Mas deus não se dirige a todos os homens da mesma forma. A sociedade zoroastriana não é igualitária. Está dividida em categorias, que em outros lugares se chamam castas: a dos sacerdotes, a dos guerreiros, a dos agricultores... Todas têm seu templo e, consequentemente, seus fogos estão separados uns dos outros. Depois, temos ainda os citadinos e os artesãos.

Religião da pureza, o zoroastrismo comporta vários rituais para lutar contra a corrupção e a mácula. O mais espetacular diz respeito à morte. De acordo com a crença, a decomposição de um cadáver é o resultado da atuação de um demônio, por isso é preciso evitar que ele macule qualquer dos elementos essenciais – a água, a terra e, sobretudo, o fogo. É por essa razão que os corpos dos defuntos, que não podem ser queimados, enterrados ou imersos, são abandonados em lugares isolados, até que os animais selvagens e os abutres os façam desaparecer.[43]

A guerra esgotante contra os bizantinos

No plano territorial, o Império Sassânida não é tão vasto como o de Ciro, mas tem ainda assim um tamanho considerável. Estende-se

---

[43] Depois da conquista árabe, no século VII, numerosos zoroastristas emigraram para a Índia, onde, com o nome de "parses" – os persas –, ainda hoje existem, sobretudo na região de Bombaim. Continuam a praticar a exposição dos corpos em "torres de silêncio", mas essa tradição está ameaçada pelo desaparecimento progressivo dos abutres.

da Mesopotâmia ao atual Afeganistão. É também um império guerreiro: os sassânidas querem continuar a conquistar novas províncias ou a guerrear para conservar as que já possuem. A leste, têm de se opor aos avanços recorrentes dos bárbaros da Ásia. A oeste, têm de medir forças permanentemente com o grande rival, o Império Bizantino, isto é, a parte oriental do Império Romano, também ele muito vasto, visto que vai dos Balcãs ao Egito e engloba todo o Oriente Médio.[44]

Durante praticamente todo o século VI, há incessantes conflitos que opõem essas duas superpotências da época. Lutam na Mesopotâmia, lutam no Cáucaso, lutam pelo controle da Armênia, depois reconciliam-se e assinam tratados de paz que duram apenas até à próxima guerra. A mais terrível ocorreu no início do século VII. Em 603, o rei dos reis, Khosro II, lança uma ofensiva no flanco leste da Ásia Menor. Em 613, toma a Síria. Em 614, triunfal, consegue ocupar Jerusalém e, depois de ter queimado a Igreja do Santo Sepulcro, tem a possibilidade – símbolo imenso – de regressar à sua capital de Ctesifonte com a Verdadeira-Cruz, uma relíquia preciosíssima para os cristãos, que tinha sido milagrosamente encontrada por Santa Helena, mãe do imperador Constantino. Um pouco mais tarde, seus exércitos entram vitoriosos no Egito. É o apogeu da Pérsia sassânida. Khosro II conseguiu reconstituir o império de Dário. Atinge o apogeu, mas a queda está próxima. Em 622, o imperador de Bizâncio, Heráclito, espicaçado por tantas derrotas, lança todas as suas forças na contra-ofensiva. Em seis anos, consegue recuperar o Egito, a Síria, Jerusalém e até mesmo a Verdadeira-Cruz. Deixa a Pérsia de joelhos. Mas mesmo ele está esgotado por tantas batalhas. Os dois gigantes lutaram tanto que estão sem forças. Bastará o empurrãozinho de um recém-chegado à história para fazê-los cair.[45]

---

[44] Ver capítulo 7.

[45] Ver capítulo 8.

5

O Império Chinês

DO PRIMEIRO IMPERADOR À DINASTIA HAN
(SÉCULO III A. C.-SÉCULO III D. C.)

Nos anos 230 a. C., o chefe do pequeno reino de Qin consegue submeter todos os seus rivais e reunir, em um único, todos os pequenos estados em que o país estava dividido: é fundado o Império Chinês. Depois dele, os Han fizeram-no prosperar. É a aurora da grande Rota da Seda.

JÁ APRESENTAMOS SUA língua, seu modo de pensar, as bases de sua filosofia ou de suas doutrinas religiosas.[46] Com tantos trunfos ao seu dispor, a China construiu uma civilização tão forte e de tanto prestígio que acabou por se impor a numerosos países. A Coreia, o Vietnã e o Japão foram atraídos por ela, e muitas facetas da cultura deles, dos sistemas de escrita ao hábito do chá, foram copiadas do grande vizinho. Como todos os países com uma grande civilização, a China teve uma visão de mundo de acordo com o seu poderio. Isso reflete-se até no vocabulário: a palavra "China", que acabamos de usar para designar o país, é ocidental. Iremos um pouco adiante no que diz respeito à sua provável etimologia. Os chineses conhecem seu país como *Zhong Guo*, "o País do Meio" (mais tarde traduzido na Europa por "Império do Meio"), isto é, o eixo do mundo em torno do qual giram apenas inferiores e bárbaros.

---

[46] Ver capítulo 2.

O sistema político que se estabelece desde a Antiguidade está em sintonia com esse etnocentrismo. Repousa na ideia de que os soberanos podem reinar com legitimidade porque receberam um "mandato do céu". Por meio dele, tornam-se os intermediários entre o mundo do alto e o seu povo, os garantidores da harmonia universal, de todas as coisas que dependem de uma ordem superior, como o passar do tempo ou o eterno recomeçar da natureza. É assim que todos os anos, durante séculos, numa data fixa, o primeiro sulco das primeiras sementeiras será aberto pelos imperadores que seguram eles mesmos o arado, porque são os únicos que têm o poder de fazer voltar a primavera e as colheitas. O mandato implica também que os que governam a China têm vocação para reinar sobre o mundo inteiro. Não é verdade que o mundo inteiro está coberto pelo céu? É por essa razão que a China, ao longo de toda a sua história, considera sempre os outros países seus vassalos.

Pelo mandato, o soberano garante a ordem do mundo. Qualquer sinal de desordem, fome, inundações ou outras catástrofes naturais é indício de que o céu lhe retirou o poder e que chegou o momento de mudar de príncipe e de família reinante. Poderia afirmar-se que o regime imperial chinês é uma monarquia absoluta, temperada pela rebelião. Quando ocorrem essas perturbações, aparece com frequência, em uma província qualquer, um homem novo, por vezes de origem muito modesta, que apela à revolta porque sente que sua missão é restabelecer no império a ordem do Céu. Periodicamente, graças ao talento de condutores de homens, ao carisma ou à sorte, alguns conseguem atingir esse objetivo e chegam a reinar. Essas revoltas cíclicas – ainda que os ciclos possam ser longos – explicam a sucessão de dinastias que marcam a história chinesa.

Já mencionamos algumas delas, que todos os estudantes chineses devem saber de cor. A dinastia Xia, que é sempre referida no início das cronologias do império, é doravante, e por unanimidade, considerada lendária. Os Chang, que aparecem depois, não oferecem dúvidas (1765-1066 a. C.). Sucedem-lhes os Zhou (pronuncia-se *Tcho-ou*). Alguns começam por reinar no oeste da China, de onde vem o nome de Zhou ocidentais (1041-771 a. C.), depois no leste, os Zhou orientais (779-221 a. C.).

Os soberanos dessa primeira dinastia chamam-se *wang* em chinês, título que, na falta de um melhor, traduz-se para "rei". Na realidade, têm pouco poder. A nobreza atribuiu a si pequenos principados que vivem em guerra, e sobre os quais o rei tem apenas uma autoridade simbólica. Por analogia à história ocidental, chama-se aos tempos dos Chang e dos Zhou de "época feudal". Confúcio, como já vimos, vivia durante o período da dinastia Zhou apelidado de "Primaveras e Outonos" (cerca de 722-481 a. C.). O grande sinólogo americano John Fairbank[47] calcula que, durante esses três séculos, o território estava dividido em 170 estados, ducados e cidades independentes.

O primeiro imperador

A era seguinte chama-se período dos "Reinos Combatentes" (cerca de 475-221 a. C.). O nome é mais bélico. De certo ponto de vista, no entanto, essa época representa um progresso. Os reinos em questão são apenas sete. Um deles é o reino de Qin (pronuncia-se *Tchin*). Sua importância é grande. Alguns linguistas pretendem que a palavra "China" deriva desse nome, por via do persa. Esse pequeno Estado torna-se central quando, entre 230 e 221 a. C., o príncipe que o dirige consegue conquistar todos os reinos, um após o outro, e reuni-los sob a mesma Coroa. Personagem muito poderosa, decide que merece mais do que o título usado pelos vencidos. É bem mais que um rei. Por isso toma para si uma denominação que data da antiguidade dos primeiros soberanos lendários: será *Huangdi*, Augusto, ou mesmo *Shi Huangdi*, o Primeiro Augusto. Mais adiante, acrescenta-se a este título o nome do seu reino de origem, para distinguir sua dinastia das seguintes. Isso dá, portanto, Qin Shi Huandgi ou, mais frequentemente, *Qin Shi Huang*. Na Europa, chamam-no de "primeiro imperador". Reina de 221 a 207 a. C. no Império Chinês que acaba de fundar.

Estabelecido o domínio sobre todos os reinos, decide fundi-los num único e vasto Estado. Sua vontade unificadora é absoluta. Uma das escolas de pensamento chinesas, nascida do fervilhar filosófico dos séculos precedentes, chama-se "legalismo". Ao contrário dos conceitos

---

[47] FAIRBANK; GOLDMAN (2010).

de Confúcio ou de Mêncio, ela repousa na ideia de que o homem é mau por natureza: só é possível fazê-lo progredir por meio de um sistema de castigos e de recompensas e, sobretudo, o mundo só se torna habitável impondo-lhe uma espécie de ditadura da lei, uma lei que seja como um espartilho, intangível, idêntica para todos em qualquer lugar. Qin Shi Huangdi torna-se um legista compulsivo, e obriga todos os seus súditos a marchar ao mesmo passo de uma ponta à outra do seu vasto império. Tudo é padronizado, unificado: a escrita, a moeda, os pesos, a largura das estradas, até a medida dos eixos das carroças. Os homens devem ter apenas a lei como referência. Já não precisam, assim, de literatura ou do pretenso conhecimento que servia apenas para criar perturbação no espírito e causar desordem no país. O imperador ordena que sejam queimados todos os livros, salvo os que podem ter alguma utilidade prática, como os tratados de agricultura ou de alquimia. Afirma-se mesmo que mandou enterrar vivos muitos letrados, às centenas, de certo modo para cortar o mal pela raiz. É possível que esse ponto seja falso, parte obscura da lenda do soberano.

Governando com punho de ferro, o primeiro imperador também queria proteger o império contra os perigos exteriores. Tal como é recorrente na história chinesa, os bárbaros ameaçam a partir da fronteira norte. Os chineses chamam esses nômades de *Xiongnu*, prováveis antepassados dos turcos ou dos mongóis, ou talvez parentes dos hunos. Eles fazem incursões e conduzem verdadeiras campanhas contra o império. Para bloqueá-los, Shi Huangdi manda construir na fronteira norte os primeiros lanços da Grande Muralha.

Um fundador detestado

O imperador odeia tanto o confucionismo e os malditos letrados quanto adula os taoístas, pelo menos aqueles que estão empenhados em descobrir o elixir da imortalidade. É a sua obsessão. Os magos garantem-lhe que os imortais vivem nas ilhas do mar da China? O imperador despacha de imediato uma expedição para que lhe tragam as ervas que lá crescem e que esses imortais devem ter ingerido. Dizem-lhe que os imortais estão nas montanhas? Abre uma estrada para que eles possam descer até o palácio e oferecer-lhe o segredo.

A ironia é que o primeiro imperador alcança de fato a imortalidade, mas quase dois milênios depois de ter morrido... Se o mundo inteiro conhece hoje Qin Shi Huangdi, é graças ao famoso mausoléu que mandou construir não muito longe da capital Changan (atual Xian), no qual dispôs o célebre e impressionante exército de guerreiros feitos de terracota, de tamanho real, para protegê-lo no Além. Cruel, paranoico, Qin Shi Huangdi foi detestado por todas as dinastias seguintes, que regressaram ao confucionismo, e não é nada apreciado pela tradição chinesa, demasiada amante das letras para encontrar qualidades em um homem que perseguiu os letrados. Apenas Mao tentou recuperá-lo: seguiu seus passos ao desencadear a Revolução Cultural, que pretendia, também, ignorar o saber e sufocar a sociedade no espartilho da mais delirante uniformidade. O mausoléu de Changan e seu exército de terracota foram, aliás, oportunamente descobertos nos anos 1970, em meio a esse episódio trágico e desastroso da história recente da China. A estranha coincidência levou alguns especialistas a colocar interrogações sobre a sua autenticidade,[48] mas a maioria da comunidade científica não os acompanha nessa via. Seja como for, os chineses, em geral, embora condenando os excessos, reconhecem ao seu primeiro imperador o mérito de ter construído o molde no qual a História iria depositar-se. O império que ele fundou iria durar até 1911.

A idade de ouro dos Han

A aplicação delirante do legalismo e o custo exorbitante, em homens e impostos, das obras faraônicas iniciadas, deixa a China de joelhos. O primeiro imperador morre odiado. Esperava-se que a dinastia Qin durasse dez mil anos; ela é varrida em apenas quatro. Liu Bang, um homem saído do nada, um camponês que chegou a oficial, consegue tomar o poder e pôr sua família no trono. É ele que funda a dinastia Han. Haverá duas delas: a primeira, chamada por vezes de "Han anteriores", é derrubada por outras revoltas após dois séculos de

---

[48] É o caso, entre outros, de Jean Leclerc du Sablon, antigo correspondente da Agência France-Presse em Pequim (*L'Empire de la poudre aux yeux*, 2002), ou do sinólogo Jean Lévi (*La Chine est un cheval et l'Univers une idée*, 2010).

poder (206 a. C.-9 d. C.). Duas décadas mais tarde, a família retoma as rédeas do império para formar os "Han posteriores", que ficam no poder durante duzentos anos (23-220). Ao contrário dos Qin, os Han são muito amados pela posteridade. Seus quatro séculos de reinado estão associados a uma ideia de prosperidade, de florescimento cultural. Seu nome é tão respeitado que qualifica a etnia à qual pertence a maioria dos chineses: os Han.

O mais célebre dos imperadores Han é Wudi, que teve uma longevidade espetacular. Reinou durante 54 anos (141-87 a. C.). É o homem que promoveu o confucionismo a ideologia dominante do império. Tal como desejava o mestre Kong, os letrados ocupam um lugar essencial no governo do país. O papel, inventado logo nos primeiros séculos da era cristã, garante sua difusão. Essa invenção revolucionária permite fabricar livros bem mais baratos e favorece, portanto, sua circulação. Também facilita o desenvolvimento da caligrafia, arte chinesa por excelência, que procura, na perfeição do desenho dos caracteres, exprimir mais do que uma simples palavra – um conceito, uma essência.

▨ A Rota da Seda

Em busca de uma aliança que possa atacar a retaguarda dos nômades que, como sempre, ameaçam o império, Wudi envia um emissário para bem longe, na Ásia Central. Depois de um périplo interminável e rocambolesco que dura uma década, o emissário, chamado Zhang Qian, regressa com descrições maravilhosas dessas regiões que os chineses não conhecem, e com informações preciosas sobre os caminhos e os desfiladeiros que permitem alcançá-las. Assim começa o itinerário comercial que conhecemos pelo nome que lhe deu, no século XIX, um geógrafo alemão: a "Rota da Seda". Nos séculos vindouros, essa rota – ou, mais exatamente, *essas* rotas, porque existem vários itinerários possíveis através dos desertos da Ásia – desenvolvem-se até ligar o Velho Mundo de uma ponta à outra: partem de Changan e chegam a Damasco ou Antioquia, na Síria. Os chineses só as controlam no início do trajeto. Ao longo de todo o caminho, as mercadorias, transportadas em imensas caravanas de camelos da Bactriana ou em modestos grupos de apenas alguns animais, passam de intermediário em intermediário. Assim, alimentam todos os mercados da Ásia. Convenientemente situadas no percurso, Bucara e Samarcanda, os grandes oásis de uma região então chamada Sogdiana, enriquecem graças a esse comércio, no qual os mercadores sogdianos se impõem de uma ponta à outra.

O nome "Rota da Seda" vem de um tecido luxuoso fabricado pelos chineses. Quando a descobrem, no início da era cristã, os romanos ficam loucos por ela. A seda os fascina a ponto de batizarem com seu nome o país de sua origem: a Serica, o país da seda. Será preciso esperar pelo século V para que, enfim, Bizâncio descubra o segredo e comece a cultivar os preciosos bichos-da-seda – uma velha lenda conta que os primeiros ovos dessa mariposa foram trazidos por dois monges que os esconderam em seus cajados. Por sua vez, os chineses compram os magníficos cavalos que encontram na Ásia Central, maiores e mais belos do que os que vivem em suas planícies. Também circulam joias, ouro, especiarias e até mesmo ideias novas. O budismo, originário da Índia, chega à China pela Rota da Seda,[49] tal como o cristianismo nestoriano,[50] vindo da Pérsia, onde tinha se refugiado depois de ter sido expulso do Império Bizantino.

No século III, o vento favorável que empurrava os Han transforma-se em uma tempestade. Algumas más colheitas suscitam revoltas. Há nobres que se sentem suficientemente poderosos para ameaçar o centralismo do império e declaram uma quase-independência.

Aos Han sucedem o período dos "Três Reinos" (220-280) e depois, durante longos séculos, outras guerras, outros dilaceramentos. O norte e o sul da China tornam a se separar. Será preciso esperar pelo fim do século VI para que uma nova dinastia, os Sui, reforme enfim o império. Esse balé principesco marca o destino da China. A *História dos Três Reinos* é um clássico da literatura chinesa: escrito no século XIV, relata o período de que acabamos de falar, do fim da dinastia Han e das convulsões que se seguiram. Começa assim: "O império, depois de ter estado muito tempo dividido, deve reunir-se; depois de muito tempo reunido, deve separar-se". É toda a história da China.

---

[49] Ver capítulo 2.

[50] Ver capítulo 7.

6

O primeiro Império Indiano e a Idade Clássica da Índia

(SÉCULO IV A. C.-SÉCULO VI D. C.)

O imperador Asoka, a mais célebre personagem da história antiga da Índia, unifica o subcontinente, mas sua dinastia, os Máuria, dura pouco tempo. Os Gupta, no poder do século IV a. C. ao século V da era cristã, são menos poderosos, mas seu reino marca o período da Índia clássica, o da cultura superior, das matemáticas e dos poetas.

EM 326 A. C., Alexandre, *o Grande*, atravessa o Indo e apodera-se das províncias do Sinde e do Punjab que dependiam do vencido Império Persa. Pode assim ir mais longe, rumo ao vale do Ganges e a outro mar longínquo, rumo a esse território desconhecido repleto de florestas e povoado de elefantes. Seu exército, empanturrado de vitórias e extenuado de cansaço, recusa-se a acompanhá-lo. Por uma vez, o chefe é obrigado a obedecer. Manda erguer uma coluna em que se diz: "Aqui parou Alexandre" e, após ter submetido o vale do Indo, dá meia-volta. Todos os admiradores do Conquistador conhecem esse episódio. Mais raros são os que têm consciência de suas consequências.

O macedônio levou consigo a civilização grega. Ela instala-se por muito tempo em uma parte do mundo onde poucos ocidentais a colocariam espontaneamente, em algum lugar entre o Paquistão, o Afeganistão e o Tajiquistão, na vasta província a que os antigos chamavam de Bactriana. Começa a ser integrada no vasto Império

Selêucida, a parte do imenso império de Alexandre que sobrou para Seleuco, um de seus generais. Cem anos mais tarde, por volta do século III a. C., conduzida pelo seu ambicioso sátrapa, o governador, a região se separa para formar um novo país a que os historiadores chamam de Reino Greco-Bactriano. Sua história é conhecida apenas pelas moedas que foram encontradas. Não se sabe, portanto, grande coisa, a não ser o nome de seus reis, Eutimides, Apolodotes e Eucrátides, cuja sonoridade os aproxima mais de Homero e de Delfos do que do universo dos talibãs, que tantos estragos causaram na região dois milênios mais tarde.

Um século antes da era cristã, o Reino Greco-Bactriano desaparece, varrido pelas invasões dos povos nômades vindos dos confins da China. Eles conseguem formar um novo império igualmente brilhante e próspero, o Império Cuchana (que dura mais ou menos do século I a. C. ao século II d. C.). Derrotados, os soberanos gregos vão para o norte da Índia e, em todo este universo, as contribuições culturais do helenismo são fecundas. Os admiradores dos mármores do Partenon certamente já repararam nas semelhanças que existem entre eles e a elegância das pregas dos vestidos e a expressão dos traços do rosto de algumas estátuas de Buda, visíveis nos museus de arte asiática. Trata-se da chamada corrente de arte "grecobudista", que floresceu em todo o noroeste da Índia durante os primeiros séculos da era cristã. Descende diretamente do casamento entre o mundo do Mediterrâneo e o do Oriente, que Alexandre tinha começado a celebrar.

Os Máuria

Ao atravessar o Indo, o Conquistador também abanou a história indiana propriamente dita. Falemos dela. Até então, o norte indiano estava dividido em numerosos pequenos reinos.[51] Um homem astuto e ambicioso aproveita o choque produzido pela irrupção dos exércitos macedônios para conquistar outros territórios desnorteados. Seu nome é Chandragupta Máuria (cerca de 322-298 a. C.). Ignora-se

---

[51] Ver capítulo 3.

quase tudo sobre seu nascimento e sua vida, salvo o fim que conta a tradição. Com a idade, cansado de governar o vasto reino que tinha fundado ao juntar todas as suas conquistas, teria se retirado em um mosteiro jainista para lá terminar seus dias de acordo com uma das técnicas recomendadas por essa austera religião: morrer de fome.

Ele lega à Índia seu primeiro império unificado e uma poderosa dinastia, os Máuria. Durante quase um século e meio (322-184 a. C.), instalados na capital Pataliputra (atual Patna), à beira do Ganges, seus soberanos reinam em um imenso território que, em seu apogeu, cobre praticamente todo o subcontinente, à exceção da pequena ponta sul desse gigantesco triângulo. Segundo o indianista Alain Daniélou, os imperadores Máuria estão rodeados de um esplendor excepcional,[52] e só saem de seu palácio transportados em um palanquim decorado com ouro e pérolas, precedidos por imponentes fileiras de soldados entre os quais alguns levam ramos com pássaros a cantar, para homenagear o soberano.

Asoka

A grande personagem dessa família é Asoka (cerca de 273-237 a. C.), neto do fundador Chandragupta. Se tivéssemos de reter apenas um nome de toda a história antiga da Índia, seria este. Cerca de 2.400 anos após sua morte, é um dos raros heróis anteriores ao século XX que os indianos, regra geral, mencionam com afeição. Asoka encarna para sempre o tipo de soberano sábio e virtuoso. Mas nem sempre foi assim. Ele chegou ao poder após ter mandado massacrar os irmãos e as irmãs e prosseguiu a política de expansão iniciada pelo avô, multiplicando as guerras para dominar seus vizinhos. A anexação de Calinga, ao sul de Bengala, é uma operação tão sangrenta que provoca nele um choque determinante. Por que esse massacre e não outro? Não se sabe. Subitamente assombrado por tanto haver matado, o soberano arrepende-se dos horrores que foram cometidos em seu nome e converte-se ao budismo. Depois de se retirar por um ano num mosteiro para meditar, regressa ao trono decidido a agir,

---

[52] Alain Daniélou, *Histoire de l'Inde*, Fayard, 1983.

doravante, como um homem de paz e de bondade. Por toda parte no vasto império, nas falésias, nos rochedos ou ainda em grandes pilares erguidos especialmente para esse propósito, manda gravar os éditos que respeitam os preceitos budistas e resumem sua lei de concórdia e compaixão: "Todos os homens são meus filhos", declara ele, "e desejo a felicidade neste mundo para todos os meus filhos". Manda fazer poços, construir hospitais e estupas (monumentos erguidos para conter as relíquias de Buda). Convoca um grande concílio de sábios e monges para definir os cânones dessa religião, então em seus primórdios,[53] e contribui para a expansão dela além das fronteiras da Índia: é durante seu reinado que o budismo se implanta no Ceilão, onde aliás ainda está bem próspero.

Esse empenho para com a lei de Buda não era uma garantia para passar à posteridade em um país onde o hinduísmo, no início, e depois o islamismo, tudo fizeram para erradicá-lo. Asoka foi esquecido durante séculos. Para o redescobrirmos, foram necessários os trabalhos conduzidos por historiadores e arqueólogos britânicos durante a colonização. A Índia moderna aprofundou o assunto. O imperador tinha sido apagado da memória coletiva, sem dúvida por ser budista. Regressa a ela provavelmente pela mesma razão. Em um país rasgado pelas rivalidades entre muçulmanos e hinduístas, o budismo tinha a grande vantagem de não ser nem um nem outro. Quando nasceu, em 1950, a República da Índia adotou como emblema os leões representados no capitel de um dos pilares erigidos pelo imperador máuria e estampou na bandeira a roda de Asoka, símbolos da lei budista.

Apogeu da Índia clássica

Cerca de cinquenta anos após a morte de Asoka, seu imenso império deslocou-se, e outros impérios, outros reinos o sucederam, dividindo entre si o universo indiano. De todas as dinastias que aí reinaram, enfoquemos uma: os Gupta, que chegam ao poder no início do século IV a. C. e declinam ao final do século V, sem que se saiba ao certo porquê. Seu império, centrado no norte da Índia, é menos

---

[53] Ver capítulo 3.

vasto que o dos Máuria, mas seu nome tornou-se célebre porque remete à ideia de uma idade de ouro, de um apogeu do período a que os especialistas chamam de "Índia clássica".

Nenhum soberano dessa dinastia é tão célebre como Asoka, mas, se avaliarmos os títulos que todos se atribuem, seu poderio deve ser considerável. Os imperadores Gupta são tratados por *Maharajahiraja*, Grande Rei dos Reis. Menos centralizadores que os Máuria, reinam sobre uma miríade de reinos vassalos. Apoiam-se nos brâmanes e fingem praticar ainda alguns dos velhos rituais pedidos pelos Vedas, como o sacrifício do cavalo.[54] Eles mesmos estão mais inclinados para o culto de Vishnu, mas conservam uma grande tolerância religiosa e favorecem o desenvolvimento dos mosteiros budistas ou dos templos de Shiva. Enfim, como nos explica o delicioso livrinho que lhe consagram Amina Okada e Thierry Zéphir,[55] trata-se de uma época que promove ao mais alto nível as letras, as artes e as ciências.

O sânscrito, língua derivada dos Vedas, é estudado há muito tempo. Muitos séculos antes, Panini (520-460 a. C.) tinha desmembrado-o para estudar suas regras. Por vezes é considerado o primeiro gramático do mundo. Mas foi preciso esperar pelos séculos dos Gupta para que o sânscrito se estabelecesse como uma língua de cultura. O poeta Calidaça é seu burilador. Sua biografia é pouco conhecida – supõe-se apenas que viveu entre os séculos IV e V. Sua obra, considerada a quintessência do classicismo indiano, ainda hoje é celebrada. Foi um dos primeiros a projetar-se além das fronteiras. Todo o século XIX, de Goethe a Camille Claudel, que se inspirou nela para criar uma de suas esculturas, apaixonou-se pela peça intitulada *Shakuntala*, que conta uma triste e bela história de amor entre um rei e uma pobre amante desprezada.

A filosofia indiana desenvolve-se sob essas várias facetas, que vão da mais alta metafísica ao mais concreto conhecimento da experiência humana. O *Kama Sutra* data dessa época. O Ocidente quis reduzir a obra a um livro erótico. Na realidade, é um tratado que se destina a

---

[54] *Idem.*

[55] Ver Amina Okada e Thierry Zéphir, *L'Âge d'or de l'Inde classique* (2007).

ensinar ao homem honrado as técnicas do amor, no seio do casamento ou com as cortesãs. Todos que o leram até o fim puderam apreender um dos traços marcantes do gênio indiano: o gosto pela classificação, pelas listas e pela completude.

Os domínios cobertos pelo que a Europa, a partir do século XV, chamará de "ciência" progridem a grandes passos. Aryabhata (476-550) ainda hoje é considerado uma figura dominante nas matemáticas. Aos 23 anos, esse jovem prodígio publica um tratado imponente. Consegue determinar as casas decimais do número *pi*. Grande astrônomo, como era na época a maioria dos matemáticos, estabelece a origem natural dos eclipses e é considerado o primeiro a afirmar que a Terra, redonda, gira em torno do próprio eixo. Nessa época, surgem na Índia duas descobertas que revolucionam a aritmética: o sistema de numeração por posição[56] e o zero. As duas passam para a Pérsia, onde serão adotadas pelos árabes, que as difundem até à península ibérica, onde os ocidentais as descobrem, por volta do ano 1000. É por essa razão que a Europa fala de "algarismos arábicos", quando seria mais exato chamar-lhes "algarismos indianos".

Ainda hoje se pode ver, em uma mesquita de Deli, norte da Índia, uma longa estaca chamada "pilar de ferro de Deli", que tem uma particularidade surpreendente: ainda que exposta ao calor e à humidade, não enferruja. Os especialistas são incapazes de explicar as razões desse fenômeno. O pilar foi concebido nos tempos de Gupta, e testemunha a superior tecnicidade de sua metalurgia na época.

◾ Ayurveda

É também nessa altura que são fixados em grandes enciclopédias os princípios cardinais da medicina indiana, a *ayurveda* – de *veda*, "saber", e *ayur*, "vida". Entre outras prescrições, insiste na higiene e, em particular, na alimentação. É a alimentação que equilibra rigorosamente os seis sabores fundamentais, que são o doce, o acre, o salgado, o picante,

---

[56] Ao escrevermos 246, percebemos, por causa da posição dos algarismos, que o número 2 se lê "duzentos", o 4, "quarenta", e o 6, "seis". É o que se chama numeração por posição.

o amargo e o adstringente. Vem daí a importância das especiarias, que foram e ainda são uma das riquezas da Índia.

No século V, o mundo gupta sofre, tal como o Ocidente, os assaltos dos hunos. São os "hunos heftalitas". Seus estragos são tão horríveis quanto os provocados por seus primos, que na mesma época devastam a Europa. No século VI, a dinastia desaparece e o território divide-se de novo em pequenos reinos. Ao final do século X, os muçulmanos chegam ao vale do Indo, onde os guerreiros de Alexandre os precederam mil anos antes. Pouco a pouco, o islamismo muda totalmente a face e o destino da metade norte do subcontinente.

O sul, por sua vez, tem outras dinastias não menos brilhantes. São os Cholas, ou ainda os Palavas (que dominam o sul desde o fim do século III até o século IX), dos quais ainda hoje se admira, em vários lugares, os magníficos monumentos e templos que ali edificaram. De terra fecunda, regada pelas chuvas abundantes da monção, toda a região é rica. A abundância de pedras preciosas, de sândalo, de arroz, de cana-de-açúcar, de especiarias como a pimenta, o cominho, o gengibre, a mostarda e o cardamomo, alimenta um próspero comércio. Do litoral ocidental, na costa de Malabar, os barcos partem para o mundo da Arábia, do Egito e do Ocidente. Do outro lado, na costa de Coromandel, levam seus preciosos carregamentos à Insulíndia, à Indochina e à China.

7

O Império Romano em cinco ideias-chave

(SÉCULO VIII A. C.-SÉCULO V D. C.)

Do Império Romano resta-nos, além de uma centena de outras coisas, um traçado de estradas que ainda utilizamos; o direito romano, que irrigou inúmeros sistemas jurídicos europeus; algumas das línguas mais faladas no mundo – o espanhol, o português, o francês, mas também o catalão, o provençal, o italiano e o romeno; numerosas instituições: a maioria dos Estados dos cinco continentes não são Repúblicas dotadas de um senado? A Grécia e o cristianismo constituem as fontes que alimentam o grande rio da civilização ocidental. Roma é seu leito.

O PERÍODO COBERTO POR sua história é imenso. De acordo com a lenda, confirmada há algumas décadas pelas pesquisas arqueológicas, a cidade foi fundada em 753 a. C., data que marca o ano zero do calendário romano. Em 395 a. C., o imenso Império Romano está dividido em dois. A parte ocidental sofre uma derrocada em 476. A parte oriental vai sobreviver durante muito tempo. Só desaparecerá com a tomada de Constantinopla pelos turcos, em 1453. No Ocidente, Roma durou, portanto, 1.200 anos – um milênio mais, se levarmos em conta a *pars orientalis*. Para não nos perdermos no caminho dessa longa via romana, vamos resumi-la em cinco ideias-mestras.

❶ ROMA FORMA UM IMPÉRIO MEDITERRÂNICO DE CULTURA GREGA

Em meados do século VIII a. C., quando é fundada por um punhado de latinos e sabinos, pequenos povos da família dos Itálicos que vive nessa parte da península, a cidade resume-se a apenas algumas colinas. No seu apogeu, no início do século II d. C., época em que reina o imperador Trajano, o Império Romano estende-se das fronteiras da Escócia à Mesopotâmia. Cobre uma superfície de 5 milhões de quilômetros quadrados, ou seja, 500 mil para além do conjunto da união europeia no início do século XXI.

Para alcançar essa hegemonia, foi preciso lutar muito. A história romana é, portanto, e antes de mais nada, uma história de conquistas. Partindo de seu núcleo original, os romanos conseguem, em alguns séculos (509-270 a. C.), apropriar-se da Península Itálica, e depois procuram estender-se em torno da bacia mediterrânica.

▦ Luta contra Cartago

Na margem sul existe uma cidade rival que poderia impedir a concretização desse sonho, que também é o dela. Cartago foi fundada na atual baía de Túnis pelos fenícios, pouco tempo antes de Roma, em 814 a. C. Graças às suas feitorias situadas na Hispânia, na Córsega, na Sardenha e na Sicília, tornou-se uma potência comercial muito próspera, e essa riqueza lhe dá, também, ideias de expansão. O confronto é inevitável. Ele eclode quando os romanos querem apropriar-se da Sicília, que estava sob domínio cartaginês. Durante mais de um século, a partir de 264 a. C., as duas cidades entregam-se a três guerras, chamadas "Guerras Púnicas" (do latim *punicus* ou *poenicus*, que significa fenício). Durante a segunda delas, Roma está à beira da catástrofe. A Itália é invadida pelo general cartaginês Aníbal, que consegue atravessar os Alpes com seus elefantes. A capital latina só é salva graças a uma batalha ganha por milagre. Traumatizados, os romanos querem resolver a questão de vez. *"Delenda est Cartago"* [É preciso destruir Cartago], diz e repete, como conclusão de todos os seus discursos, o austero Catão, *o Velho* (234-149 a. C.), político romano. Por fim, durante a Terceira Guerra Púnica, seus compatriotas acedem aos votos dele: por volta de 146 a. C., conseguem esmagar os cartagineses e arrasar sua cidade.

▨ *Mare nostrum*

A grande expansão romana pode assim continuar. Vai progredindo aos poucos pelas costas do Mediterrâneo, tanto a oeste (a costa sul da atual França e a da Península Ibérica) quanto a leste (Grécia, Ásia Menor, Oriente Médio, Egito), e estende-se para o interior com a conquista da Gália, da Britânia (a Inglaterra de hoje), dos Balcãs etc. A volta do Mediterrâneo está mais ou menos completa logo no início da era cristã, o tempo de Augusto. Um século mais tarde, na época de Trajano, a expansão atinge o apogeu. O império estabiliza, protegido atrás de suas fronteiras, por vezes naturais, como o Reno, o Danúbio, o deserto da Arábia ou o do Saara.

As conquistas não são propriamente passeios turísticos. Levam décadas e estão repletas de atrocidades. A conquista da Gália terá feito um milhão de mortos e outros tantos escravos. Em todo o lado há resistências fortes. Em vão, mas os nomes dos que as chefiaram ainda são lembrados pelos vários povos europeus.[57]

A Geografia é tão volúvel quanto a História, e por vezes submete-se a ela. Nos séculos VII e VIII da nossa Era, a grande conquista árabe traçará uma linha fraturante no meio do Mediterrâneo. É a partir de então que se fala em um sul – o mundo muçulmano – e um norte – a Europa cristã. Os romanos concebem o império como um mundo circular que gira em torno do *mare internum* – o mar interior –, como por vezes o chamam, e não estabelecem diferenças entre a margem norte e a sul. O Egito e a Tunísia, a que chamamos África, são grandes e ricas províncias romanas, do mesmo modo que

---

[57] Cada povo europeu exuma esses nomes a partir do século XIX, quando é concebido o ideal nacional. Quase ao mesmo tempo, no decorrer do século XIX, os franceses começam a celebrar Vercingétorix (72-46 a. C.), e os belgas, Ambíorix, outro adversário de César. Os alemães glorificam Armínio (ou Herman), o chefe germânico que esmaga as legiões de Varo na Batalha de Teutoburgo (6 d. C.), e os britânicos erguem estátuas à rainha Boudica (30-61), que lutou contra a ocupação. Os espanhóis celebram a cidade de Numância, que resistiu por vinte anos (153-133 a. C.). Muito mais tarde, à época da descolonização de seu país, os argelinos apaixonam-se pelo berbere Jugurta (160-104 a. C.), rei da Numídia, que desafiou Roma depois da vitória sobre Cartago.

a Panônia, onde está a atual Hungria, ou a Germânia inferior, onde estão os Países Baixos e o norte da Alemanha.

O fascínio grego

Na rota das conquistas existe um país com um relevo particular. Na mesma época em que arrasam Cartago, os romanos acabam de conquistar a Grécia. Ao contrário do que fizeram com a cidade púnica, não declaram que o solo grego é maldito. Sabem que vão encontrar ali tudo o que admiram. Os romanos não duvidam de sua superioridade militar face a um conglomerado de pequenas cidades gregas cujos exércitos são apenas uma sombra do que foram nos tempos heroicos, mas estão fascinados por sua cultura. "E a Grécia, conquistada, conquista seu bravio vencedor", escreveu o poeta Horácio em referência a essa dialética.

O Império Romano é um império mediterrânico. Suas estátuas, seus monumentos e suas referências provam que ele também é de cultura grega. Após a conquista, velhos romanos, juntamente ao intratável Catão, *o Velho*, vociferam contra a importação dos costumes efeminados e decadentes dos Helenos. Em vão. Durante séculos, todos os jovens nobres romanos estudarão a língua e o pensamento gregos, que consideram muito refinados. Júlio César escrevia em latim, mas, tal como a maioria das pessoas do seu meio nesse tempo, falava grego.

❷ REIS, UMA REPÚBLICA, UM IMPÉRIO

No início, havia a monarquia (753-509 a. C.). Ela acaba com a expulsão de Tarquínio, *o Soberbo* – em outras palavras, o orgulhoso –, tão tirânico, tão detestado que foi o último a utilizar o título de rei, odiado para sempre.

A partir de 509 a. C., chega à República. A princípio, o poder pertence ao povo, que vota em assembleias e comícios para designar os magistrados que o governam, entre os quais os famosos cônsules, sob o controle do Senado. Na prática, todo o sistema é confiscado pela oligarquia dos patriarcas, que representam as famílias ricas. As pessoas do povo, os plebeus, têm de travar duras lutas para defender seus direitos.

Um século de guerras civis

No século II, as tensões sociais são demasiado fortes. O sistema falha, mas ninguém consegue reformá-lo, e a violência é permanente. De 133 a 29 a. C., Roma vive um século de guerras civis.

Entre 133 e 121 a. C., os irmãos Graco tentam fazer reformas agrárias mais favoráveis ao povo. Estouram conflitos e motins. Ambos são assassinados com alguns anos de intervalo. Tinha chegado o tempo dos homens fortes. Generais repletos de glória de suas prestigiosas conquistas regressam a Roma para tentar a aventura do poder pessoal. É a regra. Sua ambição esbarra na de outros tanto ou mais ambiciosos que também querem o poder para si. É assim que o brilhante militar Mário (157-86 a. C.), que pensava poder governar, acaba em guerra com seu adjunto Sila (138-78 a. C.). Este último consegue tornar-se "ditador-vitalício", mas após algum tempo abdica e retira-se.

As perturbações recomeçam com seu adjunto, Pompeu (106-48 a. C.). Coroado pelas conquistas no Oriente, onde submeteu a Ásia Menor e criou a província da Síria, decide aliar-se a dois outros poderosos do momento: Crasso e Júlio César, o general que usufrui dos louros de conquistador dos Gauleses. Os três homens – em latim, *tres viri* – formam o primeiro *triumviratu*, ou triarquia. Crasso morre em guerra no Oriente. Resta um duelo, forçosamente explosivo. César decide forçar a mão do destino. Ao marchar sobre Roma, ordena aos seus exércitos que o sigam para atravessar o Rubicão, um rio ao norte da Itália, quando uma lei, feita para prevenir qualquer levantamento militar, estipula que nenhum general tem o direito de atravessá-la com seus soldados. O golpe funciona. César está no poder e Pompeu é afastado. Vencido, refugia-se no Egito, onde é assassinado. Tudo está pronto para que um só homem exerça o poder. Em 46 a. C., César é nomeado ditador e governa por dez anos. Dá início a uma ação de envergadura, embelezando Roma e reformando o Estado, e consegue obter ainda mais algumas vitórias. Em 45 a. C., passa a ditador vitalício e a *pontifex maximus*, a mais alta autoridade religiosa. César organiza o próprio culto e gerencia tudo. Poderá querer ser rei? A ideia é abominável para alguns. César é assassinado à punhalada por 23 senadores em março de 44 a. C. O atentado desencadeia um surpreendente soluçar da história.

É constituída uma nova triarquia. Lépido é dispensável, e por isso mesmo, proscrito. Resta um embate incrivelmente romanesco entre dois seres opostos. De um lado, o impetuoso e carismático Marco Antônio, sanguíneo, franco, que foi o mais próximo adjunto de César. Do outro, aquele que foi o seu filho adotivo, Otávio, um jovem frágil, tímido, aparentemente tão inseguro que ninguém aposta nele um sestércio sequer. Eclode uma nova guerra civil. Marco Antônio está no Egito. Vive com a rainha Cleópatra, que César amou antes dele e de quem ela tem um filho. Sonha instalar-se no país e mudar o destino de Roma fundando um novo império greco-oriental, que teria Alexandria por capital. Otávio amotina a "Cidade das Cidades" contra essa ofensa: como assim, submeter os romanos a esses orientais efeminados e decadentes?

Em 31 a. C., uma batalha naval em Áccio põe fim ao assunto: Marco Antônio é vencido e suicida-se, bem como fará sua bela Cleópatra um pouco mais tarde. O Egito passa para as mãos de Roma, que passa para as mãos de Otávio. O povo, cansado após um século de guerras civis, aceita seu novo senhor com alívio. Em 27 a. C., o Senado atribui-lhe o título prestigioso de Augusto, nome pelo qual o conhecemos.

O império e os imperadores

Prudente e preocupado em não ter o mesmo destino que César, Otávio monopoliza todos os poderes, mas conserva a aparência de República, com seus cônsules e suas assembleias. Oficialmente, é apenas o *princeps senatus*, o primeiro do Senado. Seu regime chama-se "principado". Na prática, todo o poder está nas mãos de um só. Tinha chegado o tempo do Império Romano.

O reinado do primeiro Augusto (27 a. C.-14 d. C.) é brilhante. Diz-se o "Século de Augusto" para descrever essa época imortalizada por Virgílio, Horácio e Ovídio, os grandes nomes da literatura desse tempo. Depois dele, as sucessões são feitas, a princípio, de pai para filho, mas seguindo as concepções romanas da paternidade, para as quais a escolha importa tanto ou mais que o sangue: com frequência, o filho que sucede ao pai é adotivo. A fórmula nem sempre dá os melhores resultados. A partir do terceiro Augusto, Calígula (no poder de 37 a 41 d. C.), surge um modelo infelizmente destinado a repetir-se: o do imperador delirante, cruel e megalomaníaco, capaz de todas as extravagâncias e dos maiores massacres. O sistema é de uma grande instabilidade. Da grande centena de imperadores que tiveram o título de Augusto até ao fim do Império do Ocidente, mais de quarenta foram assassinados. A partir do século III, ficam reféns da legião: os soldados designam os novos imperadores por aclamação ou destituem-nos.

No entanto, o regime foi suficientemente sólido para durar quase cinco séculos no Ocidente e dez mais em Bizâncio-Constantinopla. Algumas famílias imperiais fizeram jus ao cargo. Ainda no tempo dos romanos, a dinastia dos Antoninos – século II – já era considerada a dos bons imperadores. Entre eles, já citamos Trajano, que levou o império ao apogeu. Seu sucessor, Adriano[58] (no poder de 117 a 138 d. C.), loucamente apaixonado pelo belo Antínoo, foi um grande pacificador. O modelo de soberano continua a ser Marco Aurélio (no poder de 161 a 180 d. C.), imperador e filósofo, autor de *Pensamentos*, obra-prima do estoicismo.

3 UM GRANDE IMPÉRIO INTEGRADOR

À semelhança da Grécia, o Império Romano repousa numa desigualdade absoluta entre indivíduos. As mulheres são reduzidas a um papel secundário, e os escravos, a objetos. Só o homem livre tem todos os direitos, inclusive no campo sexual, sobre todos os que não o são, independentemente de sexo ou idade. Como o filho de Atenas, o romano é, também, cidadão. Na prática, a partir da República, esse papel se torna muito reduzido ao plano político e é pouco glorioso. Para numerosos romanos, a principal atividade social consiste em ser "cliente", isto é, colocar-se todas as manhãs a serviço de alguém mais rico, um "patrão", em troca da proteção e do dinheiro dele. A outra grande atividade consiste em assistir aos jogos do circo oferecidos pelo imperador, que também garante a distribuição do trigo. "*Panem et circenses*", ou "pão e circo", resume, a suspirar, o poeta Juvenal em uma de suas célebres sátiras.

---

[58] Celebrado nas *Memórias de Adriano* (1951), de Marguerite Yourcenar.

Por fim, tal como os gregos, os romanos fazem uma distinção clara entre os homens que são civilizados – ou seja, os romanos – e os outros, os bárbaros. Mas, ao contrário dos gregos, para quem um indivíduo que não nasceu grego nunca poderá sê-lo, os romanos são um povo muito integrador. Via de regra, as conquistas são impiedosas. Os vencidos são muitas vezes massacrados ou reduzidos à escravidão. Mas a partir do momento em que um novo território é integrado ao império, tudo é feito para "civilizar" seus habitantes, ou seja, para fazer deles romanos. A maior parte dos povos, aliás, responde favoravelmente a essa solicitação. Que interesse teriam em rejeitá-la? O Império Romano protegido pelo *limes*, a fronteira guardada pelas legiões, é uma bolha onde reina a *pax romana*, ou a paz romana. A magnífica rede de estradas favorece o comércio. As mercadorias, as ideias e os modos de vida circulam ali, fundindo-se uns aos outros. Os romanos incitam essa fusão. Têm, por exemplo, o hábito de nunca rejeitar os deuses dos povos submetidos. Pelo contrário: dão-lhes nomes romanos e os colocam no seu panteão.

No ano 212 d. C., Caracala, um imperador completamente louco, capaz de ordenar massacres atrozes (mandou saquear Alexandria porque ali tinha sido escrita uma sátira que o desagradou), generaliza o sistema. O édito de Caracala decreta que todos os homens livres do império são, doravante, cidadãos romanos. Essa política funciona até o mais alto nível. Em numerosas cidades e províncias, de Cartago a Colônia, da Hispânia ao Oriente, prospera uma elite perfeitamente romanizada, que fala latim (no Ocidente) ou grego (no Oriente), e faz o jogo do império. Vários imperadores romanos não nasceram em Roma. Antonino, *o Piedoso* (86-161 d. C.), nasceu na Líbia, de uma família púnica; Filipe, *o Árabe* (204-249 d. C.), vem da província da Arábia; Diocleciano (245-513 d. C.) nasceu em uma modesta família dálmata.

4 O IMPÉRIO ROMANO TORNA-SE CRISTÃO, O CRISTIANISMO TORNA-SE ROMANO

Regressemos ao cristianismo, que deixamos nos seus primórdios, quando apenas começava a se destacar de seu meio judeu de origem.[59]

---

[59] Ver capítulo 1.

Para os próprios habitantes da Judeia, a continuação da história é terrível. Em 66 d. C., os mais resolutos, que já não suportam a ocupação, desencadeiam a "Grande Revolta" judaica contra os romanos. A repressão é impiedosa. Em 70 d. C., o "Segundo Templo", como se chama àquele reconstruído no regresso do cativeiro na Babilônia, é destruído. Em 133 d. C., após uma última tentativa banhada em sangue, Jerusalém é transformada em cidade romana. Os judeus são expulsos. Os que não foram reduzidos à escravidão reforçam a diáspora. É por meio dela que o cristianismo, no início, irá se alastrar.

Progressão e persecução do cristianismo

Os romanos são, a princípio, de uma grande tolerância religiosa. Todos os súditos de Roma podem continuar a celebrar suas divindades, com a condição de praticarem também o culto ao imperador, garantia da unidade do império. Professando um monoteísmo intratável, os cristãos recusam isso. Na prática, são eles mesmos que se colocam fora da lei, o que por vezes lhes custará duras perseguições. Nero, nos anos 60, manda matar um grande número de cristãos, acusando-os de ter incendiado Roma, sem dúvida obra dele mesmo. Outras vezes, os tempos são mais clementes.

Saída do seu pequeno núcleo judaico, a nova doutrina não cessa de progredir, impulsionada por aspirações a uma renovação espiritual. A partir dos séculos I e II da era cristã, a velha religião romana, com seus deuses, sacrifícios e ritos, esgota-se. As elites a trocam pela filosofia, sobretudo pelo estoicismo, que pretende definir o sentido da vida ou o modo de encontrar a paz. Os cultos vindos do Oriente também seduzem, na medida em que prometem a salvação a todos que os seguem. Esse não era o caso da religião tradicional, puramente centrada na coesão social.

O culto de Mitra, sem dúvida trazido da Pérsia pelos soldados, é uma religião cheia de mistérios, isto é, suas práticas são secretas e conhecidas apenas pelos iniciados. Algumas delas recordam o que fazem os cristãos: as cerimônias com o pão e o vinho, simbolizando o corpo e o sangue do deus, a crença numa vida após a morte ou, ainda, a escolha do domingo para dia consagrado aos deuses, e a do 25 de dezembro para a realização de uma grande festa simbólica. Mas o mitraísmo é vetado às mulheres, ao passo que o cristianismo as acolhe com benevolência. Talvez seja essa a razão pela qual este último acaba por distanciar-se do seu rival, que perece.

De acordo com as estimativas, por volta do ano 300, cinco a dez por cento da população do império é cristã.[60] Alguns imperadores tentam, por todos os meios, travar essa progressão ameaçadora. Décio, por volta de 250, depois Diocleciano, no início dos anos 300, ordenam perseguições em grande escala. Os cristãos que a essa altura têm coragem de morrer sem abjurar da fé são mártires. Quando a Igreja se tornar oficial, fará deles os primeiros santos.

Uma religião oriental

Apenas uma década mais tarde, o imperador Constantino faz o contrário. Chegou ao trono após uma guerra civil que o opôs a um rival. É certo que aposta no fato de que o cristianismo, espalhado por todo o império e solidamente organizado em rede, é um potencial garantidor da unidade e servirá para consolidar seu poder. Pelo édito de Milão (313), concede a todos os cidadãos a liberdade de culto, o que significa suspender a proibição que abrangia os cristãos.

Um de seus sucessores, Juliano (331-363), a quem a tradição católica dá o codinome de "Apóstata", tenta voltar a impor a religião antiga. Não consegue. Por fim, Teodósio, em 380, torna o cristianismo obrigatório. Pode começar a perseguição aos cultos pagãos. No início do século IV, a Armênia, depois do batismo do seu rei, tinha se tornado o primeiro país católico. O Império Romano é, portanto, o segundo.

O tempo dos concílios

Agora oficial, o cristianismo evolui depressa. Ao passar do estatuto de religião perseguida ao de culto obrigatório, resta muito a ser feito. É hora de se organizar e de elaborar sua doutrina. Ao contrário de outras religiões reveladas, o cristianismo construiu-se sobre certezas

---

[60] Christophe Badel e Hervé Inglebert, *Grand Atlas de l'Antiquité romaine – Construction, apogee et fin d'un empire: iiie siècle av. J.C.-vie siècle apr. J.C.* (2014).

bastante incertas. A mensagem de Cristo era emancipadora, mas vaga. Existem inúmeras questões sobre pontos que nos parecem essenciais e que nunca tinham sido resolvidas até então. Quem realmente foi Jesus e qual a sua natureza? Está mais para deus ou mais para homem? Quem era Maria, sua mãe? O que é a Trindade? Sobre um fundo de rivalidades muito temporais, eclodem as querelas entre teólogos e dignitários episcopais. Cada vez que isso acontece, o imperador, que controla de perto tudo o que diz respeito à fé, convoca todos os bispos que podem participar para um concílio, encarregado, pela maioria dos votos, de definir o dogma justo e a ortodoxia, e de rejeitar a posição falsa, que se torna "herética". É assim que o primeiro concílio, realizado em Niceia,[61] condena Ário, um padre de Alexandria que pretendia que Jesus era uma espécie de superprofeta, mas que não podia ser de natureza divina. O grupo minoritário e decretado herético pelo concílio funda quase sempre uma Igreja dissidente. Um bom número das que ainda existem no Oriente Médio resulta desse processo.[62]

Do mesmo modo que Roma se tornou cristã, o cristianismo romaniza-se. Espalhou-se desde os seus primórdios pela área coberta pelo império, isto é, ao redor de todo o Mediterrâneo. Em toda parte, tem dificuldade de implantar-se nos campos, onde as pessoas continuam fiéis aos antigos cultos. O vocabulário é uma prova disso: a palavra "pagão" deriva do latim *paganus*, ou camponês. As cidades cristianizam-se mais depressa. No Ocidente, Lyon, capital da Gália, é um grande centro cristão, assim como Cartago, na África do Norte, ou Hipona, atual Annaba, cidade da Argélia de que foi bispo o grande teólogo Santo Agostinho (354-430). No entanto, o primeiro centro de gravidade da nova religião é claramente oriental, tal como ocorre, a partir do século IV, com o

---

[61] Niceia é uma pequena cidade, atualmente na Turquia, situada não muito longe do mar de Mármara.

[62] A Igreja nestoriana, condenada pelo Concílio de Éfeso (431), é fundada pelos seguidores do bispo Nestório, que defendia que Cristo tinha uma dupla natureza, uma humana e outra divina. As igrejas monofisitas – como a dos coptas do Egito, por exemplo –, condenadas pelo Concílio de Calcedónia (451), são criadas pelos teólogos que afirmam que a única natureza de Cristo era divina.

império, então dirigido a partir de Constantinopla, a nova capital escolhida por Constantino.

O Egito é um dos grandes berços do primeiro cristianismo. Santo Antônio, *o Grande*, que, ao isolar-se no deserto para rezar, inventou o monaquismo – estado de monge –, é egípcio. A maioria dos grandes concílios que tinham por objetivo fixar o dogma realiza-se na Ásia Menor. Neles, os ocidentais são minoritários. Toda a estrutura da Igreja reflete essa realidade. A princípio, ela repousa, desde a sua criação, no poder único dos bispos. Considerando-se os sucessores dos apóstolos, eles são senhores de suas dioceses, depois de Deus. No entanto, em função da importância histórica ou estratégica de sua diocese, é concedido a alguns desses bispos o título de "patriarca". Foi decidido que haveria cinco, correspondendo às cinco cidades mais importantes do cristianismo da época: Constantinopla, onde habita o imperador; Antioquia, onde se juntaram os primeiros cristãos; Jerusalém, onde morreu Jesus; Alexandria, a metrópole cultural; e Roma, onde morreu São Pedro.[63] Numerosos católicos pensam atualmente que Roma sempre desempenhou um papel central na história do cristianismo. Não é bem assim. Alguns teólogos ocidentais, como Santo Agostinho, defenderam sua proeminência, mas a maioria dos orientais não tem essa opinião. Será necessária a ocorrência de circunstâncias históricas particulares, que veremos adiante, para que Roma, séculos mais tarde, ocupe o lugar que é seu desde então.[64]

⑤ IMPÉRIO ROMANO DO OCIDENTE, IMPÉRIO ROMANO DO ORIENTE

O império é grande demais para um só homem. No fim do século III, Diocleciano decide dividir a tarefa por quatro. O império passa a ser administrado por dois augustos, secundados por dois césares. Um século mais tarde, em 395, Teodósio, o homem que tornou o cristianismo obrigatório, consolida a separação. Ordena que, após sua morte, o império seja dividido em duas partes iguais por uma linha

---

[63] Mais tarde, seria concedido o título a outros bispos, elevando o número de patriarcas para 12, entre eles o de Lisboa e o de Goa, patriarca das Índias Orientais. [N.T.]

[64] Ver capítulo 10

direita que passaria, de norte a sul, pelo meio dos Balcãs e da atual Líbia. Agora, existe um Império Romano do Oriente. Constantinopla é sua capital, e nela, regra geral, fala-se grego. Já no Império Romano do Ocidente, fala-se latim. A capital deveria ser Roma, que continua a ser uma cidade primordial. Por razões de eficácia militar, a capital é deslocada para Milão. No início do século V, os dois impérios enfrentam o mesmo perigo.

As grandes invasões

Os bárbaros não são uma novidade para os romanos. Desde sempre houve relações comerciais e trocas com os que vivem para lá dos *limes*, as fronteiras. Por vezes, os bárbaros quebram este *status quo* pacífico. No século III, à época da grave crise política e financeira que quase provocou a queda do império entre os anos 230 e 260, tribos inteiras penetraram no território romano para saqueá-lo. Mas Roma se recompunha e os bárbaros eram domados. Por vezes, para mantê-los calmos, eram lhes dadas terras no império, que eles deviam fazer frutificar. Outras vezes, ofereciam-lhes uma carreira – numerosos bárbaros serviram ao exército.

No fim do século IV, um terrível tsunami vindo do Leste rompe esse equilíbrio. Os hunos, cavaleiros da Ásia, irrompem, conquistam, pilham e matam. Empurrados pelo choque, vários povos, majoritariamente germânicos, que viviam na orla do Império Romano, são obrigados a fugir, e correm para o Oeste. Essa é a causa primeira do que se chama as "invasões bárbaras" e que os historiadores preferem agora classificar como "migrações germânicas".

O Império do Oriente é o primeiro a sofrer o embate.

O MUNDO NO TEMPO DE HARUN AL-RASHID

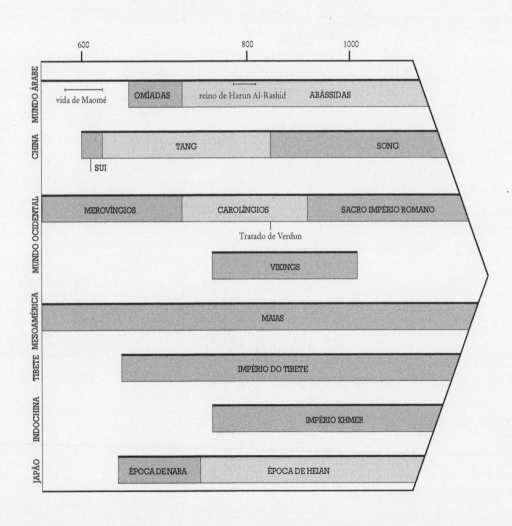

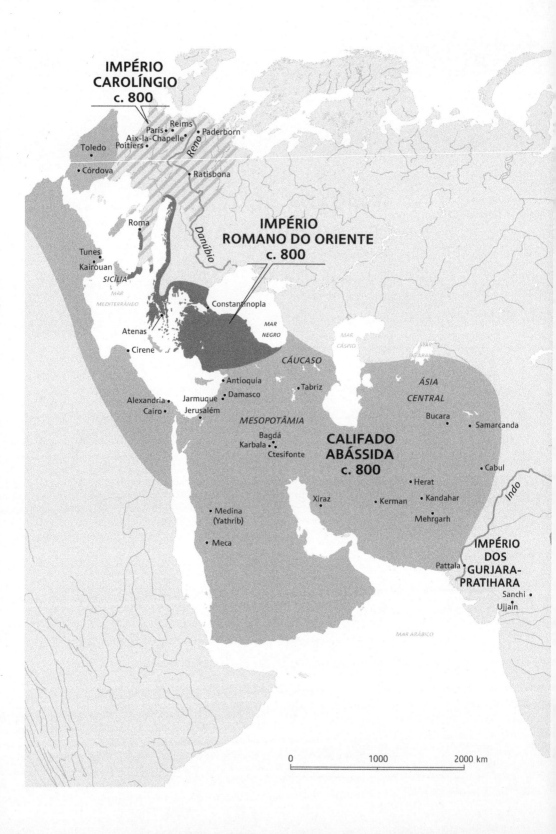

O mundo no tempo de Harun Al-Rashid

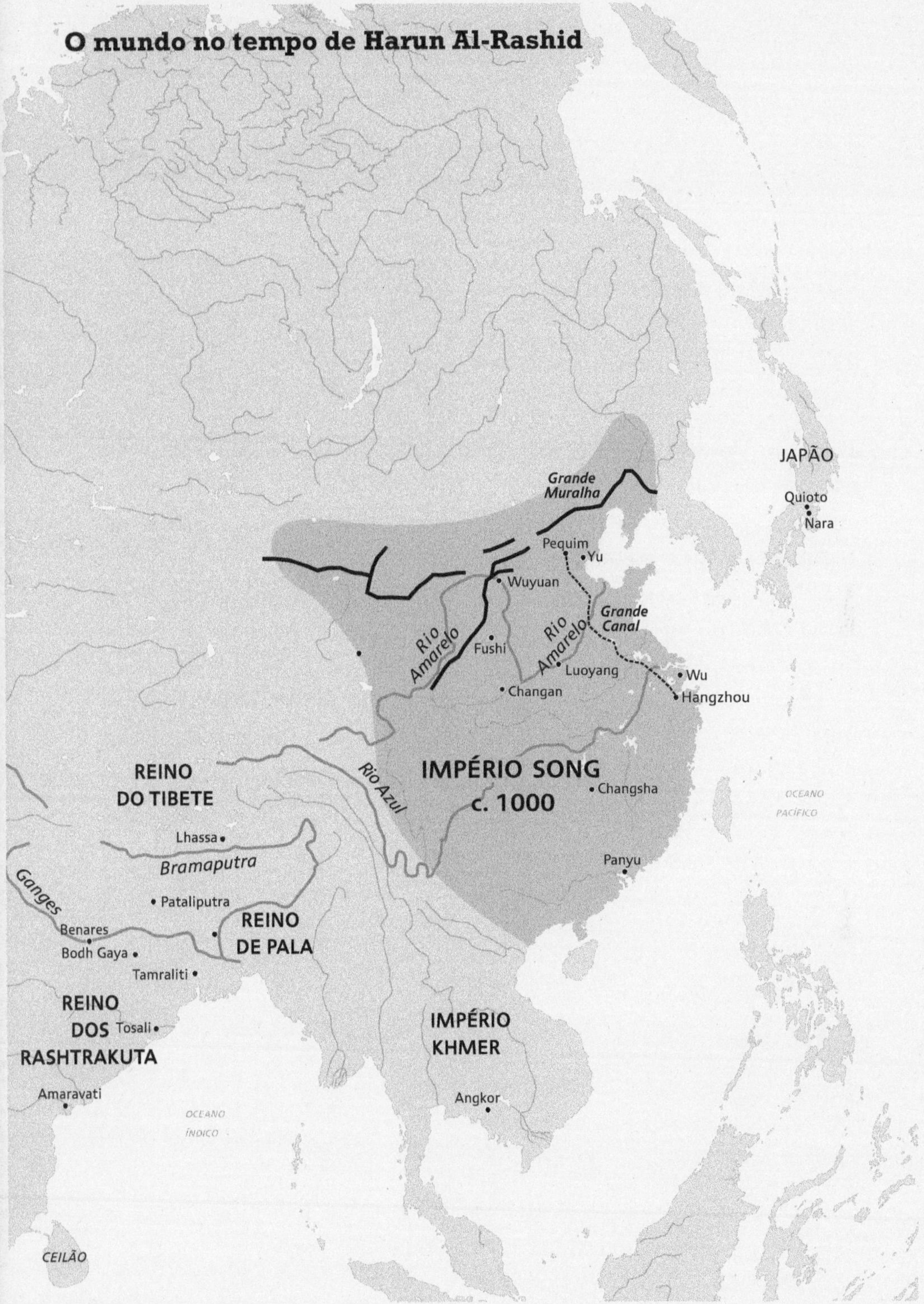

JAPÃO

Quioto
Nara

Grande Muralha

Pequim
Yu

Wuyuan

Rio Amarelo

Rio Amarelo

Grande Canal

Fushi

Luoyang
Wu

Changan
Hangzhou

REINO DO TIBETE

Rio Azul

IMPÉRIO SONG
c. 1000

Changsha

OCEANO PACÍFICO

Lhassa

Bramaputra

Panyu

Ganges

Pataliputra

Benares

REINO DE PALA

Bodh Gaya

Tamraliti

REINO DOS RASHTRAKUTA

Tosali

IMPÉRIO KHMER

Amaravati

OCEANO ÍNDICO

Angkor

CEILÃO

Por volta de 800, há dois impérios que dominam o Velho Mundo. O império formado pelos Árabes é o mais recente. Estende-se do Atlântico às portas da Índia e é dirigido a partir da nova cidade de Bagdá pelos faustosos califas abássidas.

Na capital de Changan, os imperadores Tang governam a China. Fortalecida por tudo o que ali se inventou, ela se torna a primeira potência tecnológica mundial.

Por fim, a oeste do continente eurasiático, Carlos Magno forma uma terceira entidade. Coroado pelo Papa, restaura o Império Romano do Ocidente e contribui para o nascimento da Europa.

8

Nascimento do Islã, a Idade de Ouro árabe

(SÉCULOS VII-XI)

Pregado pelo profeta Maomé, o Islã nasce nas areias do deserto no início do século VII. Pouco mais de um século depois, os árabes conseguiram talhar um império que vai do Atlântico às fronteiras da Índia, e Bagdá, a nova capital construída pelos califas, é o centro de um extraordinário renascimento da filosofia, das artes e das ciências. O Islã está então, segundo a bela expressão do orientalista Maurice Lombard, na sua "primeira grandeza".

NASCIMENTO DO ISLÃ

Quem poderia ter adivinhado, no século VI, de onde viria tal revolução? O grande deserto da Arábia é então, tal como foi desde a noite dos tempos, muito afastado dos movimentos da História. A única cidade de alguma importância da região é Meca. Vive do tráfico das caravanas de camelos que ali fazem uma parada quando sobem ao longo do Mar Vermelho, carregadas de especiarias ou de perfumes que chegam da Índia, da África ou da "Arábia feliz", o Iêmen, única zona um pouco irrigada da península. Também é célebre pelo poço de Zamzam e pela Pedra Negra caída do céu – ambas atraem numerosos peregrinos politeístas. Em 570 nasce aí Mohammed. Seu nome significa "o Louvado". Desde a Idade Média é traduzido para Maomé. Ficou órfão de pai e mãe muito cedo, e foi acolhido por um tio que lhe ensina a profissão

127

de caravaneiro. Entra ao serviço de outra mercadora, Cadija, uma rica viúva de cujos negócios começa a cuidar e com quem acaba por se casar. É assim que durante vinte anos, montado em camelos, Maomé percorre todo o Oriente Médio. Ao acaso dos encontros que faz, entra em contato com as duas grandes religiões que ali estão implantadas há séculos: o judaísmo, de que são adeptas numerosas tribos de beduínos, e o cristianismo, presente nas cidades e nos mosteiros.

Em 610, um acontecimento altera o curso de sua vida. De acordo com a tradição, quando está sentado em uma gruta não muito longe de Meca, onde gosta de repousar, aparece-lhe o anjo Gabriel, que lhe anuncia que Deus o escolheu para levar sua mensagem aos homens. Maomé começa por recusar essa tarefa, que considera esmagadora, mas depois a aceita. Começa aí uma sucessão de revelações que irá durar vinte anos. À medida que as recebe, Maomé transmite-as aos que o rodeiam, à sua mulher Cadija e, depois, aos seus primeiros companheiros, que tomam nota delas como podem. As primeiras são de ordem geral: insistem na unicidade de Deus, anunciam o próximo fim dos tempos. Também são portadoras de uma clara mensagem social, sublinhando a necessidade de proteger os humildes contra os poderosos, de ajudar os pobres.

Os notáveis de Meca, que vivem do politeísmo, acabam ficando preocupados com esses novos conceitos capazes de arruinar seu negócio e seu crédito. Após a morte da mulher e do tio, que protegiam Maomé, a situação deste a que os companheiros chamam de "Profeta" se torna insustentável. Sempre de acordo com a tradição religiosa, uma das únicas fontes de que se dispõe para verificar essa narrativa, os habitantes de um oásis, que tinham ouvido falar da sua sabedoria, vêm lhe propor que se instale na região onde vivem para lá estabelecer a paz entre as tribos, que não param de brigar.

Em 622, Maomé foge da cidade para essa região. O oásis, situado a algumas centenas de quilômetros de Meca, chama-se Yathrib. Por causa da importância do visitante que ali se instala, passam a chamar-lhe *Madinat al-Nabi*, a cidade do profeta, Medina. O ano em que ele se instala em Medina também é essencial: marca a Hégira, uma palavra de origem árabe que significa "exílio", "fuga", e que é o ponto de partida do calendário islâmico, visto que Maomé passa a desempenhar um novo papel.

Até então, ele era apenas um profeta. Em Medina, torna-se chefe de um pequeno Estado que reúne a Umma, comunidade de crentes destinada a espalhar-se no meio de todos os homens, até se tornar universal. As mensagens de Deus mudam de natureza. As revelações de Meca eram generalistas, as chamadas "medinesas", e parecem adaptar-se a um homem que tem de cuidar das almas, e tornam-se mais detalhadas porque se referem às normas da vida cotidiana, ao casamento, à herança, ao modo de rezar etc. A outra grande preocupação do momento é alimentar a população. Os habitantes de Yathrib recorrem à velha tradição beduína da *razzia*, da pilhagem das caravanas que passam por ali. As mais numerosas são as dos habitantes de Meca, com quem começam a ter atritos. Esse contexto explica a razão pela qual a guerra está tão presente no Alcorão. Após numerosas batalhas, as tropas do Profeta ganham a guerra. Em 630, Maomé entra vencedor em Meca e destrói os "ídolos", símbolos dos cultos antigos. Conserva apenas a Pedra Negra, cravejada na Caaba, a construção que a rodeia, e instaura a adoração do deus único. Morre dois anos mais tarde, em Medina, nos braços de Aicha, sua esposa preferida, deixando ao mundo uma nova religião, o islamismo.

A nova fé repousa em cinco pilares: a *chahada*, profissão de fé que determina que "não há nenhum deus além de Deus e Maomé é seu profeta"; as cinco orações diárias; a obrigação de dar esmola aos pobres; o jejum anual do Ramadã; e, para os que podem fazê-la, a peregrinação a Meca. Tais mensagens, que supostamente foram enviadas por Deus, foram transcritas de forma desordenada pelos companheiros do Profeta. Cerca de dez anos após sua morte, seu sucessor, o califa Osmã, ordena que todas as mensagens dispersas sejam reunidas. Agrupadas em capítulos chamados "suras", elas formam o Alcorão. Considerando a importância do Profeta, seus ditos e feitos, chamados *hadiths*, serão posteriormente reunidos e considerados igualmente dignos de fé.

Assim formado, o islamismo é uma religião nova, mas o deus que celebra é antigo. É o deus que o Profeta encontrou em suas idas e vindas ao Oriente Médio, o deus dos judeus e dos cristãos, aquele que foi revelado a Abraão, o primeiro dos Profetas.[65] Um grande

---

[65] Por essa razão, os especialistas chamam "religiões abraâmicas" às três religiões – judaica, cristã e muçulmana.

NASCIMENTO DO ISLÃ, A IDADE DE OURO ÁRABE | 129

número de personagens celebradas no Alcorão pertencem ao Antigo Testamento, como Moisés (também chamado de Musa), ou ao Novo Testamento, como Maria (também chamada de Miriam), Jesus (Isa) ou o muito reverenciado São João Batista (Yahia). A maioria das normas muçulmanas, como a proibição de comer carne de porco, vem do judaísmo. Os muçulmanos reivindicam essa filiação. Para eles, os judeus, depois os cristãos, também receberam a palavra de Deus. O problema é que não a compreenderam, e sim deturparam. A vocação de Maomé foi retificar esses erros e, do seu ponto de vista, o fez para sempre. Não haverá mais revelações depois dele. Maomé é o "selo dos profetas".

★★★

AS CONQUISTAS ÁRABES

O Profeta deu ao mundo uma nova religião e insuflou em seu povo uma energia própria para dominar esse mundo. Já no tempo em que Maomé guerreava com os habitantes de Meca, seus guerreiros tinham iniciado a conquista da Península Arábica. A expansão árabe continua após sua morte, numa das mais incríveis epopeias que a humanidade conheceu.

Algumas datas permitem ter uma ideia de sua dimensão. Maomé morre em Medina, em 632. Exatamente um século mais tarde, em 732, os exércitos formados pelos árabes e pelos berberes recrutados na África do Norte estão às portas de Poitiers e defrontam os exércitos francos de Carlos Martel, atingindo seu limite ao norte.[66] Vinte e um anos antes, o guerreiro berbere Tariq ibn Ziyad tinha atravessado o estreito que ainda tem o seu nome: o "rochedo de Tariq", em árabe *jabal al-Tariq*, ou Gibraltar. Isso permitiu que suas tropas vencessem os visigodos e conquistassem a maior parte da Península Ibérica. Nesse mesmo ano, em 711, outro chefe árabe se instala no Sinde, à beira do Indo, fazendo o Islã chegar às portas da Índia. Por fim, em 751, em algum lugar na Ásia Central, os soldados de Maomé enfrentam

---

[66] Ver capítulo 10.

o exército do imperador da China. Pensando talvez que já tinham caminhado o bastante, param aí.

É claro que essas conquistas não foram feitas todas de uma vez. Houve reveses, longas resistências aqui e acolá contra os invasores, páginas gloriosas e outras sangrentas e cruéis. Ainda assim, em pouco mais de um século, beduínos saídos das areias terão conseguido estabelecer um dos maiores impérios do mundo e vencer dois mastodontes que se julgavam invencíveis. A noroeste da Arábia erguiam-se duas das maiores potências da época: o Império Bizantino e o Império Persa.[67]

Os bizantinos são vencidos em Jarmuque (atualmente na Síria), em 636. Escondem-se atrás da cadeia montanhosa de Tauro, que assinala o início da Ásia Menor, e só por milagre conseguem salvar sua capital, Constantinopla, duas vezes cercada pelos árabes. Todas as ricas províncias orientais e africanas da Síria, da Palestina e do Egito, que eram romanas há dez séculos, passaram para outro mundo.

O velho inimigo persa sucumbe de corpo e alma. Em 637, cai Ctesifonte, a capital, e seus palácios são queimados. Em 651, após anos de errância, o último imperador sassânida, o último "rei dos reis" é morto à beira de um rio por um simples moleiro. É o fim de um império milenar.

Como explicar tais vitórias? Os crentes dão uma resposta que tem o mérito da simplicidade: é o "milagre do Alcorão". Os historiadores propõem argumentos mais "pé no chão". A logística eficiente dos árabes, que progridem montados em pequenos cavalos e levam a intendência às costas de incansáveis camelos, desempenha seu papel. A fraqueza dos adversários também. Recordemos que os persas e os bizantinos passaram todo o final do século VI em guerra. Os exércitos dos dois grandes impérios estavam exaustos. As populações ainda mais. Cansadas, exauridas, entregam-se aos novos senhores tão mais facilmente quanto eles não são exigentes. Os vencedores pedem aos vencidos que se submetam, mas não que se convertam. A todo o "Povo do Livro" que vencem, isto é, aos judeus, aos cristãos e, por

---

[67] Ver capítulo 4.

extensão, aos zoroastrianos que encontram no mundo persa, propõem o estatuto de *dhimmi*, de "protegido", que permite a cada um praticar livremente a própria religião, desde que se reconheça a superioridade simbólica do Islã e pague o imposto.

Os árabes acabam de criar um império que vai dos Pireneus à Ásia Central. Mas a arabização desse império, isto é, sua transição linguística, será devagar e muito imperfeita – o Oriente Médio e a África do Norte começam lentamente a falar árabe. O mundo persa ainda hoje continua a falar o persa. Sua islamização, ou seja, sua evolução religiosa, é muito progressiva. Um século após a conquista, escreve Albert Hourani, noventa por cento da população mantinha a mesma fé.[68] Esse encontro de fluxos tão diversos, de tantos lados, contribui para formar uma nova civilização.

★★★

NASCIMENTO DOS SUNITAS E DOS XIITAS

A fortuna é sempre ambígua. Apesar de conseguirem tantas brilhantes vitórias em extremos opostos do mundo, os conquistadores continuam a travar guerras fratricidas em Meca e Medina. A mensagem que Deus enviou aos homens por intermédio do Profeta é extremamente minuciosa em inúmeros domínios, mas omissa em um ponto essencial: quem deverá dirigir a comunidade após o desaparecimento de Maomé? Quem deverá ser califa, isto é, seu sucessor? Logo após a morte do Profeta, formam-se dois campos em Medina. O primeiro considera que deve seguir-se a tradição beduína e designar o mais sábio entre os companheiros do morto. O segundo pretende que, considerando a personalidade de Maomé, a tarefa tem de pertencer a um homem de sua família, do seu sangue. O Profeta morreu sem deixar filhos. Tem uma filha, Fátima, mãe de seus netos Hassan e Hussein, casada com Ali, que aliás é um dos seus primos. Para este segundo campo, o sucessor de Maomé deve ser Ali.

---

[68] Este grande orientalista britânico é autor de um livro que se tornou um clássico: *Histoire des peuples árabes* (1993).

Assim começa uma história que, catorze séculos mais tarde, ainda não está concluída. Logo de início, seus episódios são movimentados e violentos. Os três primeiros califas são companheiros de Maomé (Abu Bakr, 573-634; depois Omar, 581-644; depois Otomano, 576-656), mas o segundo e o terceiro são assassinados. Por fim, Ali consegue reinar, mas é sempre obrigado a enfrentar adversários obstinados em várias batalhas.[69]

Ali também morre assassinado por um extremista do seu campo. Em 658, o califado passa para Muawiya, poderoso governador da Síria, que se instala em Damasco e consegue apaziguar as coisas antes de, vinte anos mais tarde, reacender ele mesmo o fogo mal apagado das paixões. Sentindo chegar o fim, organiza a sucessão, prometendo-a ao filho. O propósito desperta a fúria de uma personagem central desse drama: Hussein, filho de Ali e neto de Maomé, é agora adulto. Na sua opinião, é ele quem deve orientar a comunidade a partir de agora, e não o filho de um impostor. Desencadeia uma rebelião. O filho de Muawiya, Yazid, envia contra ele seus exércitos. Em 10 de outubro de 680, em Karbala (atualmente no Iraque), os soldados do califa cometem o irreparável: assassinam Hussein e enviam sua cabeça para Damasco. Um intransponível rio de sangue acaba de separar os dois campos. "Partido", em árabe, pronuncia-se *shi'a*. Os fiéis do partido de Ali são os xiitas. A comemoração da morte de Hussein, celebrada através da autoflagelação dos fiéis, que se castigam pelo fato de não terem conseguido protegê-lo, é, ainda hoje, sua maior festa.

Incialmente de natureza política, a questão ganha rapidamente contornos religiosos. Para os xiitas, o Profeta é um homem excepcional, de estirpe superior, razão pela qual apenas os de seu sangue podem suceder-lhe no esclarecimento da revelação corânica e na

---

[69] Duas ficaram célebres. A "Batalha do Camelo", assim chamada porque Aicha, mulher do Profeta e inimiga mortal de Ali, assistiu a ela montada neste animal. Em 657, a Batalha de Siffin, nas estradas do Eufrates, provoca uma nova divisão. Receando a derrota, as tropas inimigas do califa têm a ideia de evitar o combate colocando folhas do Alcorão na ponta de suas lanças. Perante este gesto, Ali aceita baixar as armas e submeter-se a uma arbitragem. Parte de suas tropas recusa o que considera uma traição e retira-se para formar uma terceira família, os carijitas, a mais austera e intransigente minoria do Islã.

interpretação de seu sentido oculto. Ali foi o primeiro. Hussein, o segundo. Depois dele veio seu filho, milagrosamente poupado em Karbala, e assim em diante até o décimo segundo imã, Maomé.[70] Denominado "o Mahdi", desaparece em 939 e vive escondido desde então – os xiitas chamam esse fenômeno de "grande ocultação" –, regressando apenas no fim dos tempos para salvar os justos.

O outro ramo do islamismo, majoritário no mundo, rejeita esses conceitos. Para eles, o califa serve apenas para manter a unidade da comunidade; os sábios, a que chamam ulemás, só esclarecem a doutrina; e os imãs são apenas homens que orientam a oração na mesquita. Para todo o resto, em matéria de religião, o fiel deve apoiar-se no Corão e nos ditos e feitos do Profeta, os adites. Esses dois pilares da fé formam a *suna*, a tradição. Sua corrente é o sunismo.

★★★

A IDADE DE OURO DOS ABÁSSIDAS

Muawiya tinha se instalado em Damasco. É lá que reside a dinastia que ele fundou, os Omíadas. Eles rapidamente esqueceram os costumes bravios dos beduínos de Medina para adotar os hábitos refinados e luxuosos dos palácios bizantinos onde se instalaram. Seu reinado, com pouco menos de um século (650-750), corresponde a uma grande fase de conquistas. Mas eles não sabem fazer-se amar. Os ressentimentos das primeiras guerras civis contra os seguidores de Ali continuam presentes, e entre os povos conquistados há muitos que se converteram ao Islã – os mawali – que não gostam de ser tratados como cidadãos de segunda pelos árabes. Esses ressentimentos são habilmente explorados por uma família descendente de Abbas, tio do Profeta. Em 749-750, esses abássidas revoltam-se contra os omíadas e, depois de os terem massacrado quase todos, tornam-se califas. Como Damasco não lhes agrada, procuram uma nova capital, mais a leste e mais central em relação ao seu vasto império. Na fértil Mesopotâmia, irrigada pelo

---

[70] É por essa razão que se fala em "xiismo duodecimal". Alguns ramos do xiismo, como os ismaelitas, param no sexto imã.

Tigre e pelo Eufrates, mandam construir uma nova capital, situada não muito longe da antiga Babilônia e de Ctesifonte. Chamam-lhe Bagdá. Em algumas décadas, graças à sua planta circular, centrada no palácio do califa e nas mesquitas, ela se torna uma das mais brilhantes cidades do mundo e centro radiante da idade de ouro árabe. Há um dado revelador sobre seu poderio. Por volta de 800-900, quando a maior cidade da Europa, Roma, tinha no máximo 50 mil habitantes, Bagdá já somava um milhão. Muitas outras cidades aparecem em todo o império, como Kairouan (670), Xiraz, na Pérsia (684), Fez (809) e, mais tarde, o Cairo, edificado ao lado de Fostat (ou Fustat), antigo campo das tropas que chegaram no momento da conquista. Outras cidades renascem e desenvolvem-se, como Córdova, a brilhante capital do Al-Andaluz, província da Espanha.

Essa civilização está unificada por uma língua, o árabe, e por uma nova fé, o islamismo. Grande parte de sua força vem da capacidade de integrar as culturas que a precederam e de absorver os conhecimentos vindos de outros lugares. Para reinar, os califas apoiam-se na administração criada pelos persas, na magnífica rede de estradas que eles deixaram e no seu extraordinário sistema postal. Esse vasto conjunto pacificado, que vai da Ásia Central ao Atlântico, favorece a circulação e o aparecimento de bens, produtos, ideias novas. O algodão, a cana-de-açúcar, as laranjas ou os limões vindos da Ásia espalham-se até a Península Ibérica, onde ainda existem. Da Índia são importados os algarismos a que chamamos árabes.[71] Da China chegam grandes invenções, entre as quais o papel, que permite melhor difundir os livros e o conhecimento. Dos gregos, regressa todo um saber. Depois do fechamento da Escola de Atenas pelos imperadores de Bizâncio, hostis a essa filosofia considerada pagã, os manuscritos dos grandes nomes antigos foram salvos por monges siríacos. No tempo dos sassânidas, alguns desses manuscritos já tinham sido enviados para a Pérsia, onde vários califas se interessaram muito por eles.

Harun al-Rashid (766-809) é o mais célebre dos abássidas graças aos contos das *Mil e uma Noites*, no qual seu duplo ficcional é o herói. O maior é seu filho Al-Mamune (786; reinado: 813-833), figura

---

[71] Ver capítulo 6.

exemplar de grande príncipe esclarecido, amigo das letras e dos sábios. De acordo com a tradição, sua paixão pelos livros era tão grande que aceitou suspender a guerra contra seu velho inimigo bizantino em troca de um manuscrito precioso que faltava à sua coleção. No seguimento de um sonho em que Aristóteles lhe aparece, abre a biblioteca de Bagdá a todos os poetas e sábios de seu tempo, sejam judeus, cristão ou zoroastrianos, e cria um importante centro de tradução e de estudos. O local chama-se "casa da sabedoria".

Crescendo nesse fértil terreno, a literatura e as ciências árabes atingem seu apogeu. Citemos três de seus eminentes representantes. Abu-Nuwas (cerca de 762-813), amigo do príncipe Amin, o outro filho de Harun al-Rashid, tornou-se célebre por suas extravagâncias, seu amor pelo vinho e pelos efebos. O refinamento de sua linguagem e a delicadeza de seus versos também fazem dele o maior dos poetas árabes. Al-Khwarizmi (nascido na província de Corásmia, em 780, e morto em Bagdá, em 850) é o pai da álgebra – é do seu nome que vem a palavra "algarismo". Ibn Sina, a quem os ocidentais chamam Avicena (nascido em 980, perto de Bucara, morto em Hamadã, no Irã, em 1037), é um gênio universal, capaz de dissecar Aristóteles e de escrever tratados de astronomia ou de medicina em uso durante séculos.

O fim do califado

O Império Árabe é demasiado vasto para uma só Coroa. Desaparece em pouco tempo. Quando chegaram ao poder, os abássidas mandaram matar todos os omíadas. Um deles sobreviveu por milagre e instalou-se na Península Ibérica, onde se tornou emir, ou seja, governador da rica província. Ela está tão afastada que a tutela de Bagdá é apenas simbólica. No início do século X, um omíada rompe definitivamente com a capital e proclama-se califa de um "califado de Córdova", doravante independente. Também na África do Norte aparece uma família xiita que afirma ser descendente de Fátima, filha de Maomé. Depois de proclamarem seu califado na Tunísia (909), os fatímidas conquistam o Egito, onde reinam durante dois séculos (969-1171). No Irã, na Ásia Central, há outros governadores que conseguem tornar seus emirados quase independentes. Em Bagdá, os califas estão reduzidos a marionetes nas mãos de seus vizires, de origem persa e tendência xiita, mas eles também acabam por ser expulsos por novos recém-chegados. Originários da Ásia Central, os turcos entraram a serviço dos califas como mercenários. Instalam-se aos poucos em todo o Oriente Médio e tornam-se tão poderosos que um deles, chefe da tribo dos seljúcidas, consegue obter o título de sultão (1055), que lhe concede todos os poderes no império, à exceção do religioso. O califado é agora apenas uma concha vazia. A imensa civilização que construiu continua a brilhar, e o Islã, a expandir-se na Ásia e na África. Voltaremos a falar deles.

9

A China das grandes invenções

ÉPOCA TANG-SUNG

Todos os chineses aprendem na escola a celebrar o nome de Taizong, segundo imperador Tang, cujo longo reinado (627-649) evoca uma época de grande prosperidade. Vamos descobrir sua dinastia, bem como a dos Sung, que a sucede.

UNIDO DURANTE MUITO tempo, o império divide-se. Dividido, reúne-se. Durante os dez primeiros milênios da era cristã, a famosa elasticidade da história chinesa está em pleno funcionamento.[72] Após a queda dos Han (220), seguem-se três séculos e meio de infinitas divisões. Ao período dos "Três Reinos" (220-280) sucede o dos "Dezesseis Reinos dos Cinco Bárbaros" (304-439), que origina o grande corte geográfico entre as dinastias do Norte e as do Sul (420-589). Tal como já aconteceu, e voltará ainda a acontecer, um guerreiro se revolta em uma província e consegue reunir esse conjunto diverso para formar outra vez um todo.

Assim nasce a dinastia Sui, que dura pouco (581-617), mas abre caminho à dinastia Tang (618-907). Esta última constitui um momento alto da história chinesa. Já falamos sobre a popularidade do imperador Taizong, herói eterno dos livros de história. Podemos associar a ele o nome de Wu Zetian (624-705): essa concubina tão bela quanto dotada para a intriga tinha entrado a serviço de Taizong, e conseguiu seduzir

---

[72] Ver capítulo 5.

o filho dele quando este subiu ao trono. Assim que o novo imperador morre, ela é proclamada imperatriz e reina com plenos poderes do cargo. A China terá outras mulheres no poder. Wu Zetian é a única que tem, como os homens, o título de *Huangdi* – o Augusto.[73] Quanto aos alunos das escolas, eles também têm de recitar alguns versos de Li Bai (701-762), que é, junto a Du Fu (712-770), um dos maiores poetas chineses. Ambos pertencem à época Tang. Após trezentos anos dessa dinastia, acontecem novas reviravoltas no poder, novas divisões, um novo período de perturbações e de guerras: chegamos às "Cinco Dinastias e Dez Reinos". Depois de meio século de caos e incertezas, a unidade volta a ser estabelecida graças a outra família, os Sung (960-1279).

Esqueçamos a sucessão de acontecimentos que então se produzem e as intermináveis listas de imperadores cujos nomes não diriam grande coisa aos leitores ocidentais, as revoltas que foi preciso esmagar, as guerras conduzidas para alargar o território ou defendê-lo dos impudentes bárbaros. Foquemos em apenas uma ideia. A época Tang, à qual se pode juntar em muitos domínios a época Sung, representa uma das idades de ouro da China. Nesse momento da sua história, ela é incontestavelmente o país mais poderoso do mundo, o que esmaga todos os outros em todos os domínios. É a primeira potência comercial, a primeira potência econômica e a primeira potência tecnológica, graças a múltiplas invenções que o restante do mundo demorará algum tempo para copiar ou adquirir. Tentemos então compreender como é tudo isso funciona.

A VIDA NA CHINA DOS MANDARINS

A China domina, primeiramente, graças ao seu peso demográfico. A população fornece sempre um índice precioso da prosperidade de um país. No início da era Tang, o Império Chinês tem 60 milhões de habitantes.[74] Passa a 100 milhões no início da era Sung e a 120 milhões

---

[73] Ver capítulo 5.

[74] Citamos os números do sinólogo americano John Fairbank, *Histoire de la Chine*, op. cit.

ao fim dela. A progressão é espetacular. A agricultura é florescente. Aparecem também imensas oficinas que prefiguram, com séculos de antecedência, as usinas metalúrgicas da Revolução Industrial. Em 1078, nota o sinólogo Fairbank, os fornos chineses produzem "duas vezes mais aço do que produzirá a Inglaterra setecentos anos mais tarde". Graças ao controle da Rota da Seda, a China pode exportar seus produtos de luxo, como a seda, é claro, mas também suas cerâmicas.[75] Eterna vantagem desse vasto Estado, a economia também é apoiada pela demanda do seu gigantesco mercado interno, além de contar com uma boa rede de comunicação, sobretudo por meio do Grande Canal. As primeiras seções datam da Antiguidade. Mesmo antes da era Tang, os Sui estenderam-no, com custos exorbitantes em vidas humanas, de Pequim até Hangzhou. Com ramificações para todos os grandes rios, o canal liga o Norte ao Sul e permite evitar a lentidão dos transportes terrestres ou os ataques piratas que assolam, de modo endêmico, todo o mar da China. Por ele passam todas as mercadorias, sobretudo os cereais, que servem para abastecer as grandes cidades, e o chá. É assim que essa bebida, há muito conhecida, se torna popular. O modo como a bebemos hoje em dia, em infusão, só aparecerá no século XV, na época Ming. No tempo dos Tang, o chá é consumido cozido, e na época dos Sung, batido, isto é, moído até se transformar em um pó muito fino, que será misturado em água fervente e batido para fazer espuma.

A civilização chinesa é urbana. Entre as grandes cidades do império, a mais prestigiosa é Changan (atual Xian), antiga capital dos Qin e dos Han, onde se reinstalaram os Tang. É a maior cidade do mundo de então. Salvo durante o reinado de um imperador que se tornou célebre pela dureza com que perseguiu as religiões estrangeiras e, em particular o budismo, todos os cultos do império são celebrados nos inúmeros templos da cidade.[76] Situada no início da Rota

---

[75] Ver capítulo 5.

[76] Tang Wuzong, que reina de 814 a 846, promulga um édito em 845 que proíbe o maniqueísmo, o zoroastrismo e o cristianismo nestoriano, manda destruir os templos budistas e obriga os monges a regressar à vida secular. Os monges regressarão após a morte do imperador.

da Seda, Changan atrai mercadores vindos da Ásia Central e outros vindos do Sudeste Asiático, com quem as trocas comerciais também são importantes. É possível encontrar árabes em Changan, onde têm suas mesquitas. Em Cantão (Guangzhou), onde chegam de barco, os árabes também têm um bairro próprio. Há visitantes que vêm da Índia; persas zoroastrianos e embaixadores de várias origens vindos para estabelecer ou fortalecer relações com o país mais poderoso do mundo. Foi encontrada uma estela que indica a presença de cristãos nestorianos, provavelmente também originários da Pérsia. Os japoneses vão lá muitas vezes; Quioto, sua capital imperial, foi construída de acordo com o modelo de Changan. Mas todos os que lá vivem, tanto os estrangeiros como os habitantes, os artesãos, os comerciantes ou o povo simples da cidade, estão submetidos ao apertado controle da administração e da polícia. Ao contrário do que em breve acontecerá na Europa, a grande cidade chinesa não é um lugar de maior liberdade, nem aonde as pessoas do campo se refugiam para escapar dos senhores. Ela vive controlada pela tutela pesada das autoridades, que exigem autorização para tudo e decretam inúmeras proibições. Ninguém na China daqueles tempos escapa ao controle das autoridades.

Na época Tang, o império estrutura-se e adota o modelo de funcionamento que será o seu nos próximos séculos. Ele é piramidal e centralizado. Em sua autorrepresentação coletiva, a China imperial se mostra como um grande corpo do qual o imperador é a cabeça. Ele reina em seu palácio, em sua capital, rodeado por sua Corte, seus haréns e seus eunucos. Encarregados inicialmente de guardar as numerosas mulheres e concubinas do soberano, esses últimos começam, nessa época, a servir de intermediários entre o palácio e os mais diversos solicitadores. Essa posição estratégica explica o lugar relevante que os eunucos ocuparão na história imperial.

Um dos deveres do imperador é fazer respeitar a lei, pensada para assegurar a justiça e a estabilidade do império. Para que ela seja aplicada de forma igual em toda a parte, os Tang mandam publicar um código. Emendado ao longo dos séculos, servirá até o fim do império, no início do século XX, e será copiado, à semelhança de tantas outras inovações chinesas, na Coreia e no Japão. Ele prevê uma tabela de castigos que, nessa sociedade muito hierarquizada, é cuidadosamente ponderada em função das relações sociais que existem entre o acusado e a vítima. Um criado que bate em um senhor terá a pena agravada, enquanto um senhor que prejudica um criado sofrerá uma pena reduzida.

Para garantir seu poder, o imperador dispõe sobretudo de um sistema administrativo que, à época, é o mais eficaz do mundo. Essa grande máquina funciona graças a um impressionante exército de pessoas letradas, que constituem suas engrenagens. Em um mundo inspirado pelo pensamento de Confúcio, a sociedade está dividida em quatro classes. A dos artesãos, que fabricam, e a dos camponeses, que alimentam, são objeto de certa consideração, levando em conta os serviços que prestam à coletividade. A classe dos comerciantes, que não é menos essencial ao bom funcionamento de uma coletividade humana, tem direito apenas ao desprezo. A classe dos letrados, aqueles que o Ocidente chamará de "mandarins", cuja vida é devotada ao serviço do Estado e do imperador, tem direito a toda a consideração.[77] Por mais rico que seja um comerciante, sua principal ambição será ter um filho mandarim. Não é tarefa fácil. Para isso, é preciso ultrapassar o obstáculo de uma das mais fascinantes especificidades chinesas: os exames imperiais.

Os exames

O princípio também remonta a Confúcio, que considera o erudito como o único sábio capaz de ajudar o príncipe a garantir a justiça no reino. A ideia de recrutá-los por meio de um concurso vem do tempo dos Han, e o sistema generalizou-se sob os Tang. Considera-se que a imperatriz Wu Zetian desempenhou nisso um papel essencial. Com a provável intenção de se libertar da influência das grandes famílias que contestavam sua legitimidade, foi ela quem impulsionou essa meritocracia absoluta. A prática é espantosamente inovadora quando comparada ao que se passa no Ocidente. Nessa época, e durante muito

---

[77] A palavra entrou nas línguas europeias através do português, que a adaptou do sânscrito *mantrin*, "ministro".

mais tempo ainda, os reis escolhem entre os letrados aqueles que têm vontade de servi-los, sobretudo em função dos interesses do clã. Na França, por exemplo, o sistema dos concursos só chega com a Revolução Francesa, que prioriza o mérito sobre o nascimento. Um milênio antes, o imperador da China recruta todos que o servem, do menor funcionário ao mais ilustre dos ministros, por meio de concursos.

Em data certa, em todos os escalões – do município, da província ou do palácio imperial – e para todos os níveis, realizam-se os famosos exames. A matéria trata de vários domínios: da poesia, da capacidade de governar e, é claro, dos clássicos confucianos,[78] os livros da Antiguidade que Confúcio considerava a base da cultura de um homem completo. O desenrolar dos exames acompanha um ritual minucioso e impressionante. Fairbank, em sua *Histoire de la Chine*,[79] descreve como os candidatos eram minuciosamente revistados e depois fechados em pequenas salas, onde ficavam vários dias antes de entregarem seu trabalho, que depois era copiado por outra pessoa para garantir o anonimato e, portanto, a imparcialidade do júri.

O poderoso exército de funcionários produzido por essa seleção é depois classificado de acordo com uma hierarquia complexa, que se distingue em função das vestes, do formato das mangas e dos penteados. Esse exército irá esquadrinhar o império, desde a capital até a menor das aldeias. Seu propósito é levar até ao povo a expressão das vontades do imperador e de seus ministros, além de informações que lhes permitirão conhecer o estado do país e do povo. Todos os anos, cada governador deve enviar ao palácio um relatório circunstanciado. No topo da cadeia estão os poderosos mandarins da Corte, que têm o imenso privilégio de servir diretamente o imperador, de aconselhá-lo quanto às decisões que deverá tomar ou, como nos explica o historiador Ivan Kamenarovic, de repreendê-lo caso esteja prestes a tomar alguma decisão contrária às tradições.[80] Alguns deles têm mesmo o poder de censurar decisões já tomadas. É um poder que exercem raramente.

---

[78] Ver capítulo 2.

[79] John Fairbank, *Histoire de la Chine*, op. cit.

[80] Ver Ivan Kamenarovic, *La Chine classique* (1999).

Virtuoso no papel, esse sistema é mais problemático na prática. Os exames de recrutamento para os postos mais prestigiosos exigem um preparo tal que são rapidamente monopolizados pelas famílias mais ricas. Além disso, ao dar esse peso aos letrados, guardiões minuciosos de uma ordem conservadora, o processo derrapa para uma esclerose burocrática e acaba por encorajar a corrupção – um mal endêmico chinês que, aliás, não acabou no século XXI. Seja como for, o mandarinato irá durar até 1905. Entretanto, terá provocado a admiração do Ocidente do Iluminismo. Para Voltaire ou Diderot, um império que reinava graças a eruditos recrutados pelo mérito aproximava-se muito do seu ideal de monarquia esclarecida.

★★★

AS GRANDES INVENÇÕES CHINESAS

Outra grande especificidade da China dessa época é seu enorme avanço tecnológico. Até a Idade Média, a maior parte das grandes inovações é chinesa. Todos os cidadãos do país conhecem, em particular, as "quatro grandes invenções" que pretensamente mudaram o curso da humanidade, porque a China, com o orgulho de quem reencontrou seu status de grande potência, passa o tempo a celebrá-las de todas as formas possíveis: nos museus, nos programas de televisão e até nos selos postais. Algumas invenções são muito anteriores à época Tang-Sung, mas como eram desconhecidas no restante do mundo, contribuem para dar ao império todo o seu poderio durante essas duas dinastias.

Façamos a lista.

Já falamos do papel,[81] adotado pelos árabes, que o difundiram no Ocidente. Foi inventado na China logo no início da era cristã. Produzia-se a partir da fervura do cânhamo com cinzas de plantas. Depois, era esmagado, espalhado e colocado para secar em finas folhas com as quais se fazem livros, mais leves, cômodos e baratos do que os já existentes.

---

[81] Ver capítulo 5.

A escrita também se beneficia de outra revolução que se produz na época Sui-Tang: a invenção da imprensa. Ela não foi inventada por Gutenberg no século XV, apenas reinventada. Desde o século VII ou VIII, os chineses gravam textos em pranchas que pressionam para obter reproduções em papel. Também utilizam um sistema de carimbos que serve, sobretudo, para a difusão das santas imagens budistas na altura em que essa religião se difunde no império. No início do século XI, os chineses inventam um sistema de caracteres móveis, pequenas peças que basta deslocar para produzir textos diferentes. Tal como será provado na Europa, essa invenção é perfeitamente adaptável para línguas alfabéticas, que utilizam combinações de um número restrito de sinais. Mas não o é para um sistema de escrita baseado em milhares de caracteres, razão pela qual de pouco servirá na China.

O livro das invenções chinesas afirma que se descobriu, desde a época "Primaveras e Outonos", que uma colher feita de pedra imantada, quando colocada em equilíbrio sobre o bronze, indica sempre o sul.[82] É o nascimento da bússola, que se aperfeiçoa e começa a ser utilizada como instrumento de navegação nos barcos no fim da época Tang ou no início da época Sung.

Obcecados pela busca da imortalidade, os sábios taoístas, peritos em alquimia, tornam-se os reis de todos os pós e de todas as misturas. Afinam uma mistura de salitre, enxofre e carvão de madeira que utilizam para curar doenças de pele. Alguns deles descobrem, por acaso, uma propriedade desagradável dessa mistura, e previnem os eventuais utilizadores: se a aproximarem de uma chama, podem incendiar a casa toda. Muito depressa, esse efeito indesejável passa a ser desejado. Os alquimistas taoístas acabaram de inventar a pólvora de canhão. Ela é utilizada em fogos de artifício, mas também, pouco depois, em contextos de guerra: o estrondo das explosões afugenta os inimigos. Também a metem em tubos que projetam o fogo, antepassados rudimentares dos lança-chamas. A pólvora só aparecerá no Ocidente durante a Guerra dos Cem Anos (séculos XIV-XV).

Mas por que mencionar apenas essas quatro invenções?, questionam os eruditos do Império do Meio. Existem muitas outras de não

---

[82] Ver Deng Yinke, *Ancient Chinese Inventions* (2005).

menor importância. Quatro séculos antes da era cristã, começa a ser utilizado o arreio de tração, que permite lavrar a terra cansando menos o animal do que a correia de pescoço, que o sufocava. Já falamos da seda, cujo segredo chega a Constantinopla apenas no século VI. Graças ao caulim, uma argila particular, os oleiros fabricam a porcelana, uma cerâmica tão fina e delicada que é quase transparente. A receita só chega ao Ocidente no século XVII, depois de ter sido roubada por um jesuíta curioso. As porcelanas da época Tang, admiradas pelos conhecedores, têm três cores, com frequência o vermelho, o verde e o branco.

A esta lista podemos acrescentar os fósforos e o leme axial, tão importante para manobrar mais facilmente os grandes barcos, ou ainda o carrinho de mão, tão cômodo para transportar coisas pesadas.

Citemos, por fim, a inovação que revolucionou o comércio. Na época Tang, a moeda tende a substituir, nas atividades comerciais, a antiga prática da troca. O ouro funciona como reserva. Para as transações, utiliza-se moedas de cobre ou bronze, os sapeques, que são quadrados e têm um orifício no meio. Passa-se por ele um cordão, de modo a transportar o conjunto como um colar. Mas os sapeques valiam pouco, de modo que os colares eram cada vez mais pesados – sem falar do risco de assaltos pelo caminho, no decorrer das longas viagens. É assim que abrem nas grandes cidades, de onde partiam os comerciantes, os escritórios especializados, aos quais se entregava todo esse pesado dinheiro em troca de uma letra de câmbio, que o mercador apresentava no escritório correspondente da cidade onde chegava. O processo tinha o nome de *feiqian*, "o dinheiro que voa". Graças às comissões cobradas em troca do serviço, era um negócio muito lucrativo. Assim surgiu a ideia de o Estado controlar e, depois, de prestar esse serviço. Tinha sido inventado o papel-moeda.

10

Carlos Magno e a formação da Europa

Na noite de Natal do ano 800, em Roma, apanhado quase de surpresa, o Papa coloca na cabeça de Carlos Magno, rei dos francos e dos lombardos, ajoelhado perante a ele, a coroa de imperador romano. A coroa não tinha sido usada desse lado do Império Romano desde 476. Com um só gesto, o chefe bárbaro, descendente dos invasores germânicos, ficou igual aos augustos e aos césares. Com um só gesto, o Papa acaba de fazer renascer o feliz tempo do Império do Ocidente. Para o pontífice, como para seus contemporâneos, essa coroação assinala uma ressurreição. Olhando retrospectivamente, podemos vê-lo sobretudo como o batismo de um mundo novo. A história da Europa acaba de dar um grande passo.

RENASCIMENTO DO IMPÉRIO DO OCIDENTE

Para poder avaliar a importância da cena e compreender como ela se produziu, é preciso começar por dar um salto atrás de um pouco mais de três séculos para retomar a linha do tempo de onde paramos[83]: no final do século V, época da queda do Império Romano do Ocidente, quando os povos bárbaros vindos do além-Reno dividem, entre si, os destroços do império para fundar novos reinos. Os ostrogodos instalam-se no norte da Itália; os visigodos, no sul da Gália e na Península Ibérica; os vândalos, na África do Norte. Pode acrescentar-se a

---

[83] Ver capítulo 7.

essa lista os burgúndios, que ocupam um território que vai dos Alpes à atual Borgonha (que lhes deve o nome).Vale mencionar, de passagem, o grande embate que revolucionou até a nossa geografia.Vindos do vale do Elba, os anglos e os saxões invadem a grande ilha a que os romanos chamavam Britânia. A partir de agora, será chamada de "país dos anglos", a Inglaterra. Os bretões, povo celta que lá vivia, é expulso e obrigado a refugiar-se em outras terras que continuam a ser celtas, o País de Gales, a Cornualha ou, por fim, a Armórica, uma grande península situada do outro lado do Canal da Mancha. É por essa razão que passa a ser chamada de Bretanha.

★★★

O REINO DOS FRANCOS

Mesmo no fim do século V, entre todos esses povos, os francos ficam com a maior parte das terras. O rei, Clóvis (481-511), é um guerreiro temido. Partindo de sua terra natal, situada perto de Tournai (na atual Bélgica), consegue conquistar a última parte da Gália, que ainda era controlada por um general romano; depois vence os alamanos, que dominavam o Reno; por fim, empurra os visigodos para além dos Pireneus. Em duas décadas, constrói o mais vasto dos reinos do Ocidente. Para impor seu poder, dispõe de uma vantagem paradoxal. Entre todos esses bárbaros, era o único não cristão, o que lhe permitiu sê-lo na ortodoxia. Com efeito, numerosos chefes germanos, ostrogodos, visigodos e vândalos tinham sido evangelizados desde o século IV. Mas isso tinha sido obra de um bispo cuja tendência foi condenada pelos concílios. Eram arianos,[84] logo considerados heréticos e rejeitados pelo clero e pelas populações sobre as quais queriam reinar. Aconselhado por sua mulher, Clotilde, Clóvis é batizado pelo bispo Remi, em Reims, por volta de 496. Seguiu o caminho certo. Pode, portanto, apoiar-se na poderosa rede de igrejas e bispos, única instituição que manteve uma estrutura social em meio ao tumulto das invasões, e é esse apoio determinante que permite ao pequeno chefe bárbaro reinar em um território considerável.

---

[84] Ver capítulo 7.

O rei franco deixa atrás de si a dinastia dos Merovíngios.[85] Ela é rapidamente minada pelas sangrentas querelas de sucessão que se repetem por todas as gerações. Mas o domínio desse povo em toda a antiga Gália romana, dos Pireneus ao Reno, vai durar muito tempo.

Surgimento do papado

Muito longe dali, do outro lado dos Alpes, em Roma, que foi a capital do mais poderoso império do mundo e que, após sucessivas pilhagens dos bárbaros, não passa agora de uma cidade arruinada, reside outra personagem essencial da peça que se apresenta. É o bispo. Por respeito e afeição, começam a chamar-lhe pelo codinome pelo qual ainda hoje o conhecemos: *papa*, o "pai". Alguns têm uma conduta admirável. No início do século V, Leão, *o Grande*, protege a Cidade Eterna quando esta é ameaçada por Átila. Em meados do século VI, Gregório, *o Grande* (540-604), presta uma ajuda preciosa aos seus paroquianos durante o surto de peste. Também envia missionários aos países que ainda não são cristãos ou que deixaram de ser. É assim que Agostinho da Cantuária atravessa o Canal da Mancha para voltar a evangelizar a Inglaterra.

No entanto, e ao contrário do que a Igreja Católica viria a afirmar mais tarde, os papas ainda não desempenhavam o papel central que possuem na atualidade. Como vimos, o cristianismo construiu-se no molde do Império Romano, que englobava toda a bacia do Mediterrâneo, e havia cinco patriarcas que dividiam, entre si, a preeminência na Igreja. O de Roma tinha apenas uma relevância protocolar, devido ao fato de ali estar o túmulo de São Pedro, apóstolo sobre o qual Jesus tinha dito que queria "construir sua Igreja". Isso não faz dele o chefe. Desde Constantino, aliás, a pedra angular do edifício não é nenhum desses cinco patriarcas, mas sim o imperador. Apenas ele é o "tenente de Deus na Terra", aquele pelo qual a Sua vontade é feita. É ele que controla e protege o povo de Deus e seus pastores. Desde que deixou de haver um imperador no Ocidente, essa função cabe ao que reina em Constantinopla. Acontece que, para os romanos, esse imperador está cada vez mais longe...

---

[85] Do nome Meroveu, possível rei dos francos.

No século VI, o imperador Justiniano, brilhante construtor de Santa Sofia, quis restaurar o conjunto do Império Romano e conseguiu reconquistar a Itália, a costa africana e o sul da Península Ibérica. A vitória foi efêmera. Nos anos 560, os lombardos, outro povo germânico, instalam-se na Planície do Pó e começam a fazer recuar os bizantinos.

No século VII, uma nova tempestade vem complicar ainda mais a cena: as conquistas árabes.[86] Ao ocupar a Síria, o Egito, a Palestina, a costa da África do Norte e a Península Ibérica, os guerreiros de Maomé desencadeiam o que poderíamos classificar como uma revolução geográfica. O Império Romano havia sido construído em torno da unidade do Mediterrâneo. Agora, o *mare nostrum* está dividido em dois. O sul e o norte pertencem a universos que nunca mais deixam de opor-se um ao outro. O mundo cristão está desorganizado. Dos cinco patriarcas, três – Antioquia, Jerusalém e Alexandria – estão submetidos a novos senhores não cristãos. E se o imperador de Constantinopla conseguiu, apesar de ter sofrido dois longos cercos, salvar sua capital e seu império, já não tem condições para tratar da situação no Ocidente.

▨ A aliança entre o Papa e os francos

O patriarca de Roma precisa, portanto, de um aliado. Tem de lutar contra os lombardos que ameaçam seu poder, tem de apoiar-se num poder político sólido. Agora, voltemos aos francos. Estamos no século VIII. A dinastia merovíngia é representada por reis tão fracos que a posteridade (e sobretudo a dinastia que os destronou) os apelidou de "reis preguiçosos". Ela está desaparecendo. É substituída por uma nova família da aristocracia franca, os carolíngios. O primeiro a surgir é Carlos Martel. *Maire* do palácio – uma espécie de primeiro-ministro – do pequeno reino da Austrásia, em Metz, consegue travar perto de Poitiers, em 732, as incursões árabes, que lhe permite, de passagem, submeter os senhores do sul da Gália e tornar-se o novo homem-forte. Seu filho Pépin, *o Breve*, apelido que advém de sua baixa estatura, vai ainda mais longe: expulsa o último merovíngio e proclama-se rei. É ele que irá selar a aliança com o papa de Roma. Este último pode lhe dar

---

[86] Ver capítulo 8.

algo muito importante para um rei que acabou de se instalar no trono através de uma infração: a legitimidade. Para tal, o Papa prepara um cenário imponente: ressuscita uma cerimônia que remonta, segundo a Bíblia, ao rei Davi, e que até então só alguns visigodos praticaram na longínqua Península Ibérica. Em 751, em Soissons, por intermédio de seu legado, ele consagra o rei, ou seja, unge-o com um óleo santo, símbolo que lhe concede uma autoridade divina. Em contrapartida, Pepino se compromete a combater os lombardos e dá um grande presente ao Papa: as terras conquistadas ao redor de Roma. Em teoria, o Papa pode organizar ali a sua defesa. Elas vão constituir a base dos Estados Pontificais, que perdurarão até 1870.

***

CARLOS MAGNO

O segundo ato da nossa peça de duas personagens passa-se com o filho de Pepino, Carlos Magno, que por sua vez se tornou rei. É ainda mais guerreiro e conquistador do que o pai e o avô, Carlos Martel, ou mesmo Clóvis. Sempre em guerra, não cessa de alargar seus domínios, que se tornam imensos. Em 774, esmaga o lombardo Didier e, com a coroa de ferro deste posta na cabeça, torna-se "rei dos francos e dos lombardos". Em 778, submete a Baviera. Em 795 cria uma zona-tampão no norte da Península Ibérica. Em 796, lança mão do *ring* dos ávaros, o campo fortificado onde essa população de origem asiática, instalada na Hungria, guardava fabulosos espólios acumulados há décadas. No fim do século VIII, Carlos Magno reina do Ebro ao Elba.

É um verdadeiro príncipe cristão. No contexto de sua época, essa pertença religiosa pode andar de mãos dadas com uma grande barbárie. Uma das grandes obsessões de seu reinado é evangelizar os saxões, povo ainda pagão que habita o norte da atual Alemanha. O método que utiliza para trazê-los à fé de Jesus prende-se mais com o massacre do que com a doçura apostólica. Trava com eles uma guerra de vinte anos (772-804), marcada por pilhagens, devastações e mortes abomináveis.

No entanto, este homem de quem se diz que, apesar dos seus esforços cotidianos, nunca conseguiu aprender a ler, também esteve na origem de um renascimento cultural e do conhecimento. Os letrados importantes, recebidos no seu palácio de Aix-la-Chapelle (Aachen) – como o célebre Alcuíno –, proporcionam o regresso dos grandes textos antigos e desenvolvem o ensino. Foram eles os promotores daquilo que os historiadores chamaram de "renascimento carolíngio".

Esse príncipe cristão também está, portanto, em posição de ajudar o Papa.

O que reina em Roma enfrenta novos problemas. Já não tem de recear qualquer bárbaro, mas é alvo de assaltos não menos terríveis: algumas famílias ricas, que fazem e desfazem as eleições romanas, odeiam-no e acusam-no de todos os crimes. Certo dia, a multidão desenfreada – e sem dúvida paga para isso – atirou-se a ele e deixou-o como morto nas ruas de Roma. Em abril de 799, assustado, desesperado, o Papa vai à cidade franca de Paderborn e implora pela proteção de Carlos Magno, que a concede. O rei dos francos decide ir em pessoa a Roma visitar seu protegido. Estamos em dezembro de 800. É no decorrer dessa visita que acontece a cena da coroação imperial, tão decisiva. Pode começar uma história nova. Ela tem por cenário esse vasto império que acaba de ser construído através das conquistas de Carlos Magno, e repousa em duas personagens principais: o imperador e o Papa.

■ A partilha de Verdun

O cenário, com sua bela unidade, não dura muito tempo. Depois de Carlos Magno, reina Luís, *o Piedoso*. Foi seu único filho que sobreviveu, o que resolveu a questão das sucessões, mas não impediu que ela voltasse a colocar-se com força sobre a geração seguinte, a dos três netos do grande rei. Após terríveis guerras fratricidas, eles acabam por assinar, em 843, o Tratado de Verdun, que divide o império de Carlos Magno, no sentido do comprimento, em três partes iguais. A parte ocidental fica para Carlos II, *o Calvo*. A parte oriental para Luís II, *o Germânico*. E a parte do meio, que vai dos Países Baixos à Itália Central, para Lotário. Denominada Lotaríngia, é a parte mais prestigiosa do lote, visto que aí se encontram as duas capitais, Aix-la-Chapelle e Roma, e, por conseguinte, a coroa imperial. Acontece, porém, que essa Lotaríngia, minada por novas divisões operadas nas gerações seguintes, não resiste. Na virada do século X, o cenário conta apenas com duas grandes entidades. A Frância Ocidental estende-se da Flandres aos Pireneus. Está limitada pelo Atlântico, a oeste, e a leste pelos "quatro rios": o Escalda, o Mosa, a Saône e o Ródano. Do outro lado está a Frância Oriental, muito vasta, que vai do Mar do Norte e do Báltico até aos Estados Pontificais que rodeiam Roma.

O Sacro Império

Durante séculos, as páginas mais importantes da história europeia são escritas do lado leste. Os reis carolíngios que sucedem a Luís, *o Germânico*, são fracos e têm pouco peso frente aos poderosos ducados que se constituíram, como os da Francônia, da Suábia e da Baviera. Por volta dos anos 950, um príncipe do ducado da Saxônia altera o cenário. Chama-se Otão. Adquire um imenso prestígio ao esmagar os húngaros, outros invasores que ninguém conseguia barrar. Novo homem-forte da Europa, intervém na Itália para acalmar as guerras incessantes entre os nobres locais. Em 962, consegue convencer Roma a conceder-lhe um título que não era atribuído há quase cem anos. Tal como Carlos Magno, é coroado imperador do Ocidente pelo Papa.

A entidade que acaba de se formar chama-se Sacro Império Romano.[87] Seus imperadores serão quase sempre oriundos das grandes famílias de origem alemã, como Otão da Saxônia, que acaba de fundá-lo. Originalmente, seu território vai muito além do mundo germânico. O Sacro Império engloba a maior parte da Europa Ocidental, desde o Báltico até o meio da Itália, passando por uma parte da Holanda, da Bélgica e da Suíça. Durante séculos, um grande número de cidades ou de províncias hoje francesas, como a Borgonha, o Franco-Condado, a Provença, Lyon ou Arles, são "terras do Império".

---

[87] A denominação "Sacro Império Romano-Germânico" só aparece séculos mais tarde, quando os territórios imperiais estarão reduzidos ao mundo alemão.

O duelo entre o Papa e o imperador

A grande questão resume-se ao embate movimentado entre o Papa e o imperador. A querela germinava desde a cena inaugural da coroação de Carlos Magno. Contamos mais acima que, na catedral, o Papa tinha posto, ele mesmo, a coroa na cabeça do rei dos francos. O gesto tinha, para o pontífice, um sentido político muito forte. Significava que era ele, vigário de Deus, quem, no universo cristão que estava a reformar, criava os imperadores. De acordo com Eginardo, seu fiel biógrafo, Carlos Magno ficou furioso. Queria receber seu título segundo a tradição dos francos, por aclamação da multidão. Pensava que sua legitimidade devia vir apenas do seu povo.

A disputa vai durar quatrocentos anos e reaparecer sob formas bem diferentes. No século XI fala-se da "questão das investiduras", que coloca em causa se é do pontífice romano ou do imperador o poder de investir os bispos, isto é, de atribuir-lhes o cargo. A questão atinge um momento crítico em 1077. O papa é Gregório VII, um homem decidido. Irritado porque o imperador Henrique IV não quer submeter-se à sua vontade, excomunga-o. Os nobres alemães, contentes com a oportunidade de contestar o poder imperial, alinham-se do lado pontifical. Henrique é obrigado a ceder. Apesar de todo o seu poder, é obrigado a implorar perdão, vestido de penitente, de joelhos, na neve, em Canossa, diante do castelo dos Alpes onde residia então o colérico pontífice. Mas sua vingança chega pouco depois: é a vez de ele humilhar o mesmo Gregório, que destitui e substitui por outro papa.

A guerra recomeça no século XII, e referida como a "luta entre o sacerdócio e o império". É a história que se repete, alimentada pela mesma questão: quem detém o verdadeiro poder, o trono ou o altar? Quem é superior ao outro: o que reina sobre as almas ou o que reina sobre os homens? E o simples fato de a questão se colocar em permanência conduz à homologação da separação fundamental entre o poder espiritual e o poder temporal, que, do nosso ponto de vista, dará origem, bem mais tarde, ao princípio da laicidade.

Tomemos nota dessa passagem. Numerosos comentadores consideram hoje que a laicidade é um traço específico do cristianismo. Situam sua origem na famosa expressão de Cristo quando pede "dai a César o que é de César". Mas podemos recordar-lhes que o Império Bizantino não era menos cristão que o de Carlos Magno e que ninguém teria lembrado, então, de proceder a essa distinção. Como vimos, todos os poderes do Império Bizantino estavam concentrados na mão do imperador, a quem os patriarcas docilmente se submetiam. A separação entre os dois poderes não é uma característica do cristianismo. Ela pertence à história europeia do cristianismo e tem suas raízes em Carlos Magno.

A aurora da história da França

O Sacro Império é uma construção ambiciosa, mas demasiado vasta, e rapidamente é minado pelo modo como é designado seu chefe. Cada novo imperador é eleito pelos príncipes alemães, o que o torna tributário daqueles sobre quem deve reinar e alimenta uma guerra permanente entre as grandes famílias. Século após século, essa vasta entidade começa a enfraquecer, e seu centro, a ter cada vez menos importância, ao passo que as províncias e as grandes cidades procuram autonomizar-se para formar verdadeiros pequenos Estados no interior do Estado. É o sentido da história da Alemanha ou da Itália.

Acontece exatamente o contrário na outra parte da herança de Carlos Magno, a Frância Ocidental. Tínhamos deixado por lá outros carolíngios instalados no trono, nas margens do Sena. Inicialmente, são tão fracos quanto seus primos que ocupam o poder na outra margem do Mosa. Em 987, um nobre que pertencia a uma família poderosa consegue ser eleito rei dos francos por aclamação de todos os senhores reunidos ao seu redor. Chama-se Hugo Capeto. Acaba de fundar a dinastia dos Capetos. O título é eletivo, tal como o do imperador do Sacro Império. Seus sucessores conseguem proclamar e consagrar os filhos enquanto ainda estão vivos, o que evita querelas após a morte. A monarquia capetiana passa a ser hereditária. Durante três séculos, por um acaso da genética e do destino, todos os reis tiveram filhos aptos a suceder-lhes sem problemas. Por vezes, os historiadores chamaram a isso o "milagre capetiano". Essa estabilidade sucessória permitiu que a dinastia aumentasse continuamente seu poder. Inicialmente, os capetos reinam apenas nas pequenas terras que lhes pertencem, na Ilha de França.[88] O restante do reino está dominado por condes e duques poderosos, e o papel do suserano é apenas simbólico. Geração após geração, pelo casamento, por estratagema e pela guerra, os capetos alargam seu pequeno reino e afirmam seu poder sobre a nobreza. É o sentido da história da França.

Outros países têm destinos diferentes. A Inglaterra, governada por reis saxões, é invadida pelos *vikings* antes de ser conquistada por Guilherme, duque da Normandia e descendente dos *vikings*.[89] Os húngaros, que tinham atacado o reino franco, convertem-se ao cristianismo com o rei Estêvão I, por volta do ano 1000. Aproximadamente na mesma época, Miecislau I, que reina de 960 a 992, também se converte e funda o reino da Polônia, reunindo sob sua Coroa territórios dispersos.

★★★

O INÍCIO DA ÉPOCA FEUDAL

No mapa da Europa aparece, portanto, um império e vários reinos. No entanto, nenhum deles consegue formar um Estado à semelhança do que existia no tempo dos romanos. Nenhum deles dispõe de uma administração centralizada ou mesmo de um exército permanente que permita assegurar o poder no conjunto do território. Apesar disso, surge uma nova organização social. Ela sustenta-se, em todos os planos, nas relações de homem para homem. A mais importante é a que se estabelece entre o que possui uma arma e um cavalo, chamado cavaleiro, e um homem mais poderoso, o senhor. Em troca da proteção deste último, o primeiro aceita colocar-se a serviço dele. É seu vassalo. Para que o vassalo possa manter seus recursos e seu cavalo, o senhor fornece-lhe uma terra, que se chama feudo. É dessa palavra que deriva o termo "feudal". Ele também serve para designar todo o sistema, que funciona em pirâmide.

Com efeito, o senhor muitas vezes é, também, vassalo de um senhor mais poderoso, a que se chama suserano. De degrau em degrau,

---

[88] Atualmente, a região da grande Paris. [N.T.]

[89] Ver capítulo seguinte.

pode subir-se ao cume, onde está o rei e, acima dele, o imperador. É claro que essa organização torna-se rapidamente muito complexa. Acontece, por vezes, de os vassalos conseguirem acumular tantas terras que se tornam mais poderosos que seus suseranos. É algo que acontecerá com frequência ao longo da História.

O princípio é sempre o mesmo e repousa inteiramente nos laços estabelecidos entre dois indivíduos, através de sermões de fidelidade. Eles são feitos no decorrer de uma cerimônia de homenagem em que o vassalo, ajoelhado, coloca suas mãos juntas nas do senhor e declara ser o "homem" dele – daí a origem da palavra "homenagem". Desses princípios de respeito à palavra dada, de submissão consentida, nasce a ética da cavalaria própria da Idade Média europeia. Nesse universo, nada é pior que desrespeitar um juramento. Aquele que o faz torna-se um traidor e lhe é declarada guerra, na qual cada senhor envolve os vassalos que lhe são fiéis, os quais levam consigo os homens de que dispõem. As guerras dos tempos feudais não são conflitos entre nações, como veremos adiante. Todas as que aconteceram têm por base conflitos interpessoais que opõem os guerreiros que conquistaram a Europa e a partilharam entre si.

A Igreja

A Igreja é a grande instituição que cimenta esse mundo. Aos poucos, ela estrutura-se em torno do Papa. Já falamos dos diferendos que a opõem ao imperador. Há outros, também, com o restante do mundo cristão. Quando o bispo de Roma colocou a coroa de imperador romano na cabeça de Carlos Magno, provocou a fúria do Império Bizantino, que se considerava o único sucessor legítimo dos césares. Segue-se a isso uma ruptura teológica. A partir do início do século IX, as disputas entre o patriarca romano e o de Constantinopla são cada vez mais frequentes. Elas estão relacionadas a pontos de doutrina que hoje parecem-nos de pouca importância. Deve se dizer que o Espírito Santo procede do Pai, como proclamado pelos concílios do Oriente? Ou que procede do Pai e do Filho – *filioque*, em latim –, como pretende o Ocidente carolíngio? No presente, mesmo os grandes clérigos teriam dificuldade em explicar claramente qual a implicação dessas questões.

Durante a Alta Idade Média, a "questão do *filioque*" degenera numa interminável novela. Em 1054, por ocasião de um desses episódios, os dois patriarcas chegam ao ponto de excomungar-se mutuamente. É a cisão. Ela separa inconciliavelmente a Igreja do Oriente, a que se chamará ortodoxa, e a do mundo latino, a que se chamará católica.

Esta última reina no Ocidente, então, graças à teia das dioceses e à rede de mosteiros que, entretanto, foram aparecendo. O monasticismo nasceu no século IV, no Egito.[90] São Bento, um aristocrata de Núrsia, na Itália, introduziu-o na Europa ao abrir, no século VI, o primeiro mosteiro no monte Cassino, onde organizou a vida dos monges em torno de uma regra muito estrita, que repousava no trabalho e na oração. A ordem que fundou tem seu nome, os Beneditinos. Ela se espalha por toda a Europa. Em 910, novos monges, considerando que a regra original estabelecida por São Bento já não é respeitada, decidem reformá-la, isto é, voltar à sua forma inicial. Fundam a Abadia de Cluny, na Borgonha, que por sua vez também se propaga. Veremos o mesmo fenômeno reproduzir-se com frequência na história ocidental, dando origem à maioria das ordens. A que acabou de ser criada em Cluny é a vanguarda de um movimento geral de renovação da Igreja dessa época. A "reforma gregoriana" deve seu nome a Gregório VII, o homem-forte de Canossa, papa de 1073 a 1085, mas vai durar toda a segunda metade do século XI. Seu propósito é renovar o mundo cristão. Pretendendo moralizar o clero, proíbe o casamento dos padres ou, ainda, a venda dos sacramentos. A reforma também procura atenuar os costumes brutais da época. Para limitar as guerras incessantes entre os senhores, a Igreja gregoriana tenta impor a paz de Deus ou a trégua de Deus, que proíbe os combates durante vários dias do ano e pede que se proteja os mais fracos, as mulheres, os clérigos e os camponeses.

O povo

Com efeito, pouca importância se atribui a estes últimos. Adalberão de Laon, um clérigo que viveu por volta do ano 1000, explicou como Deus queria que o mundo fosse organizado, e essa doutrina

---

[90] Ver capítulo 7.

será a do Ocidente cristão durante séculos. Uma sociedade justa deve estar dividida em três partes, ou três ordens, como se dirá mais tarde: *oratores*, os que rezam, os homens da Igreja; *bellatores*, os que fazem a guerra, os cavaleiros, os nobres; e, enfim, os *laboratores*, os que trabalham, os mais numerosos, os mais oprimidos. As grandes cidades do tempo do Império Romano foram esvaziadas de habitantes no tumulto das invasões bárbaras. A imensa maioria dos europeus vive do trabalho nos campos, a serviço dos senhores. A escravidão continua a existir, mas com tendência a ser substituída pela servidão, um sistema um pouco diferente. Ao contrário dos escravos, os servos não são considerados objetos, mas continuam ligados a uma terra que é proibido abandonar.

Depois do ano 1000, começam a aparecer novas técnicas, como o arado metálico ou a rotação de culturas, mas os progressos são muito lentos nessa parte do mundo.

11

Os *vikings*

Entre outras iniciativas, fundaram a Islândia, criaram a Normandia, ocuparam a Inglaterra e estão na origem da Rússia. Em dois séculos e meio, os vikings *alteraram a história da Europa.*

NO ANO 793 ocorre um acontecimento breve e aterrorizante na costa leste da Inglaterra. Durante a noite, chegam guerreiros vindos do mar em pequenos barcos de fundo chato, que desembarcam de surpresa e conseguem saquear e pilhar um mosteiro. Eis os *vikings*, marinheiros de capacetes com chifres, ladrões, brutais e imbatíveis, tal como apareceram na história da Europa, onde imprimiram uma marca indelével. Povos germânicos, como os francos e godos, estão instalados na Escandinávia desde a Antiguidade. De acordo com os especialistas, esses homens do Norte não eram então desconhecidos na paisagem europeia. Comerciando de lugar em lugar há muito tempo, dispunham de uma rede de pequenos pontos de venda em todo o continente. É "a conjuntura que os leva a transformar-se em ladrões ou guerreiros",[91] escreve o historiador Régis Boyer. A grande amenidade climática que caracteriza o século VIII contribuiu para isso. Tornando a vida mais fácil, favoreceu um aumento demográfico difícil de conter nas terras pobres e levou esses povos a procurar mais longe as riquezas que lhes permitiam sobreviver. Para explicar seu ódio aos mosteiros, às igrejas e a todos os lugares e símbolos do

---

[91] Ver Régis Boyer, *Les Vikings: histoire, mythes, dictionnaire* (2008).

cristianismo, também se evoca, por vezes, a hipótese de uma resposta desse povo germânico à violência com a qual Carlos Magno tinha tentado converter os saxões, povo parente dos *vikings* e que tinha os mesmos deuses.

O fato é que, a partir do princípio do século IX, o fenômeno que começou em 793, no litoral inglês, reproduz-se por toda parte, e sempre da mesma forma. Vendo o perigo se aproximar, Carlos Magno tinha planejado reforçar a segurança das suas costas. Ele mesmo tinha ido à Bolonha e ao Mar do Norte para controlar a construção de uma frota de guerra. O desmembramento do império após sua morte tornou essa estratégia obsoleta. A maioria dos reinos europeus é incapaz de se defender adequadamente e, durante décadas, seus habitantes vivem o terror de ataques inesperados e violentos.

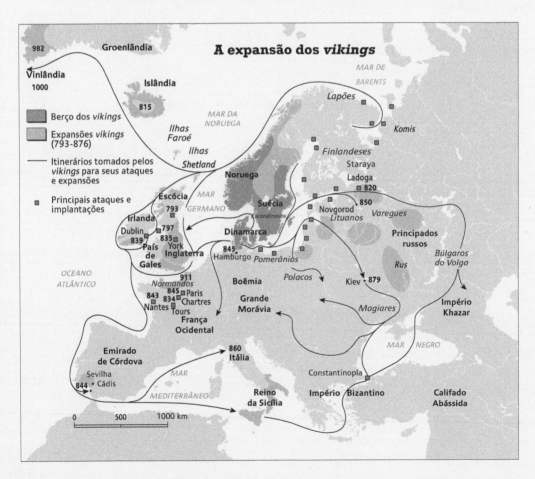

Os homens do Norte habitam o conjunto da Escandinávia. Têm os mesmos deuses, os mesmos costumes e os mesmos modos de vida, mas seus povos não formam um estado unitário. Distinguem-se três grupos: o dos suecos, o dos noruegueses e o dos dinamarqueses. Cada um deles fará suas incursões em zonas separadas, ainda que por vezes os noruegueses e os dinamarqueses entrem em concorrência.

Com o encadeamento das expedições, eles aventuram-se cada vez mais longe, e acabam, assim, por estabelecer-se em vários países a que mudam o destino. É o ponto que menos nos interessa. Da epopeia *viking*, que durou 250 anos, só se detém, regra geral, a primeira fase, a do folclore inventado e alimentado pelo século XIX. É o período dos capacetes com chifres; dos *langskips*, os barcos de guerra de fundo chato;[92] de Odin, o deus mais poderoso da mitologia do Norte; e de Valhalla, o paraíso dos guerreiros. Do nosso ponto de vista, é mais interessante ver como essa grande aventura alterou o mapa da Europa. Vejamos, do Ocidente para o Oriente.

▓ Fundação da Islândia e possível descoberta do Novo Mundo

Os homens do Norte são marinheiros arrojados, que não têm medo das costas desconhecidas. Partindo do oeste da Escandinávia, os noruegueses chegam à Escócia e depois, saltando de ilha em ilha, aportam nas Ilhas Faroé, e em meados do século IX instalam-se na grande terra da Islândia, quase deserta. Ali habitam apenas alguns virtuosos eremitas irlandeses. Entre 870 e 930, mais de 10 mil colonos vão para lá e fundam o país. Alguns de seus marinheiros continuam a exploração e descobrem, mais a oeste, uma terra cujo clima ameno tinha tornado tão verde que lhe dão o nome de Groenlândia, a terra verde. Expulso da Islândia por assassinato, o guerreiro Eric, *o Vermelho*, instala aí a primeira colônia escandinava.

Os recursos são escassos. A pequena sociedade groenlandesa acabará por extinguir-se no século XV, mas as viagens que os pescadores efetuam entre essa terra e a Islândia têm consequências inesperadas.

---

[92] O termo *drakkar*, ainda hoje utilizado, deve ser evitado: trata-se de pura invenção de um jornalista francês do século XIX.

Pouco antes do ano 1000, no decorrer de uma dessas viagens, um barco teria sido desviado e chegado a um novo continente, ainda que nenhum desses pescadores tivesse consciência disso. Considerado muito tempo como uma fantasia, o fato de os *vikings* groenlandeses terem sido os primeiros europeus a chegar à América ainda não é um consenso. Os pormenores da aventura continuam desconhecidos. Nas sagas islandesas que narram o episódio, a terra se chama Vinlândia, o que poderia ser uma alusão às vinhas selvagens descobertas à chegada. Ignora-se se era uma costa da Terra Nova ou do Golfo de São Lourenço. Sabe-se apenas que os homens do Norte passaram ali vários invernos trabalhando a madeira das florestas antes de partirem de novo.

Os *vikings* na Inglaterra, na França e mesmo na Sicília

No decorrer desse mesmo século IX, noruegueses ou dinamarqueses iniciam incursões que visam o antigo império de Carlos Magno e vão, com frequência, muito além. Em 854, pilham Hamburgo. Um ano antes, tinham atacado Sevilha. Dão a volta no Mediterrâneo, atacando as Ilhas Baleares ou a Sicília. Por vezes, passam de uma lógica de pilhagem pontual para a conquista pura e simples.

Em meados do século IX, os noruegueses estão na Irlanda, onde fundam Dublin, mas são vencidos em seguida por um rei gaélico.

Os dinamarqueses atacam a Inglaterra, onde os anglos e os saxões lhes cedem uma grande parte de seu território. Em 876, toda a parte leste da ilha é submetida à *danelaw*, ou seja, à lei dinamarquesa. Ainda hoje, vários termos ingleses, sobretudo no domínio marítimo, vêm das línguas escandinavas e testemunham essa herança.

Pouco a pouco, outros *vikings* assediam a Frância Ocidental, futura França, onde um fraco sucessor de Carlos Magno tem dificuldade em estabelecer sua autoridade. Pelo Rio Loire e depois pelo Sena, penetram profundamente nas terras. Chegam assim a cercar Paris. Em 911, o rei Carlos III, *o Simples*, encontra uma maneira de conter esse perigo sempre renovado. Pelo tratado de Saint-Clai-sur-Epte, dá a Rollo, o chefe *viking*, toda a região situada ao redor de Ruão e nomeia-o duque. Transformou um inimigo em um escudo. Rollo, vassalo do rei, se vê na obrigação de defendê-lo contra eventuais ataques de outros *vikings.* O poderoso ducado assim criado torna-se o país dos "homens do Norte", os normandos, na Normandia.

Rollo converteu-se ao cristianismo, e seus guerreiros integram-se muito depressa. No entanto, esses normandos mantêm o gosto pela aventura e continuam, a seu modo, a perturbar a história da Europa. O exemplo mais célebre data do século XII e é dado pelo mais ilustre dos duques da Normandia, Guilherme (1027-1087). As ligações do ducado com o outro lado do Canal da Mancha, onde se estabeleceram outros dinamarqueses, continuam muito fortes. No trono de Além-Mancha alternam a partir de agora, de acordo com uma regra de três bastante complicada, reis saxões, dinamarqueses e por vezes noruegueses. Eduardo, *o Confessor,* é um rei saxão, mas viveu na Normandia, na casa de Guilherme, seu primo normando. Gosta tanto dele que promete ceder-lhe o trono. Mas, quando morre, é Haroldo, outro pretendente, que lá se senta. Furioso, vendo nisso uma terrível prova de traição, Guilherme apela para o Papa e, com o acordo dele, desembarca na Inglaterra com 3 mil cavaleiros que não tinham terras, mas que gostariam de ter. Graças à sua vitória na Batalha de Hastings, em 1066, no decorrer da qual Haroldo é morto, Guilherme da Normandia, agora chamado de Guilherme, *o Conquistador,* toma posse da Inglaterra, que é dividida entre seus cavaleiros normandos e saxões.

Aproximadamente na mesma época, há outros aventureiros que perpetuam a tradição. Ao final do século X, um grupo de normandos que regressa de uma peregrinação na Terra Santa entra a serviço dos nobres do sul da Itália – expostos aos ataques dos árabes instalados na Sicília – e implanta-se na região. Entre 1061 e 1091, dois deles, Roger de Hauteville e seu irmão Robert Guiscard, filhos de um modesto senhor da Mancha, conquistam a Sicília. Em 1130, Rogério II, que também é senhor da Calábria e de Nápoles, faz deste feudo um próspero reino normando.

Os varegues, fundadores da Rússia

No leste da Escandinávia vivem os *vikings* suecos. Chamam-se varegues, de acordo com o nome escandinavo *vaering.* Em finlandês antigo, são os rus.

Tão habilidosos para o comércio e a navegação quanto todos os outros *vikings*, utilizam os rios para vender escravos, peles e espadas aos países ricos do Sul, e trazer de lá todos os bens de que não dispõem. Pouco a pouco, implantam-se ao longo do Volga,[93] que lhes permite acessar o Império Árabe do próspero califado de Bagdá. Por vezes, alguns viajantes árabes foram visitá-los, e deixaram narrativas dessas viagens. A mais conhecida é a de Ibn Fadlan, enviado pelo califa como embaixador junto aos búlgaros do Volga, que encontra os rus durante a viagem. Ibn Fadlan é citado com frequência por causa da descrição que faz dos costumes funerários desse povo, assaz fascinantes. Para honrar o chefe morto, conta ele, coloca-se o cadáver no barco que lhe pertencia e atira-se lá animais sacrificados, seu cão e seu cavalo cortados ao meio. Depois, escolhem entre os escravos o rapaz ou, no caso testemunhado por Ibn Fadlan, a jovem encarregada de acompanhá-lo. Assim que é designada, ela é lavada e vestida, e todos os companheiros do defunto, em uma estranha manifestação de amor póstumo a ele, têm com ela relações sexuais. Depois, enquanto os tambores batem para encobrir seus gritos, ela é estrangulada por uma matrona antes de ser colocada ao lado do morto no barco, que é empurrado para sua última viagem.

Os *vikings* também passam pelo Dniepre, que conduz ao Mar Negro e, por conseguinte, às portas de Constantinopla. O itinerário, a que a história russa chama "estrada dos varegues até aos gregos", leva os comerciantes do Norte à capital do Império Bizantino, um dos mais ricos mercados do mundo. À semelhança dos seus primos do Oeste, os *vikings* suecos são ao mesmo tempo chefes de guerra e construtores de reinos. Segundo a tradição, eslavos e finlandeses que tinham dificuldade de partilhar um território recorrem a um varegue, Rurique, para que ele os faça entrar em acordo, aceitando ser príncipe dos dois povos. No centro de seu território, Rurique funda Novgorod. Seu sucessor, Oleg, *o Sábio* (reinado: 882-912), apropria-se de Kiev e junta-a a Novgorod. As duas cidades formam um principado a que os historiadores, por causa da origem dos que o fundaram, chamam "Rus de Kiev". Oleg é tão poderoso que, em 907, consegue reunir

---

[93] Razão pela qual se chama aos varegues, por vezes, de *"vikings* do Volga".

um exército diante das muralhas de Constantinopla, com o propósito de forçar o imperador a assinar um tratado comercial que lhe é muito favorável. Pouco a pouco, como em toda parte onde se estabeleceram, os escandinavos integram-se. Os de Oleg tornam-se eslavos. Em 998, o príncipe Vladimir alia-se ao Império Bizantino. Aceita se casar-se com a irmã do imperador e é batizado. Os russos o santificaram e consideram que, como Oleg, é um dos fundadores do país. Os rus estão, assim, na origem da Rússia.

12

Uma volta ao mundo

(DO ANO 600 AO 1000)

Por volta do ano 650, reina em Palenque, uma cidade-estado situa-
da hoje em dia no sul do México, o rei Pacal. A civilização maia
está no seu apogeu. Do outro lado do mundo, um príncipe funda o
Império do Tibete. Dois séculos mais tarde, as cidades maias estão
vazias e o Império Tibetano em declínio, mas são construídos em
Angkor os primeiros palácios da suntuosa cidade khmer, e o Japão
atravessa a era de Heian, que ficou na memória por ter levado ao
auge a literatura e a arte de viver.

OS MAIAS

Falamos pouco, até agora, das numerosas civilizações que desabro-
charam no continente americano desde os primeiros milênios antes da
nossa Era. As principais dividem-se em duas grandes zonas: o lado dos
Andes, onde se situa o atual Peru (fala-se de "civilizações andinas"); e a
área que engloba o sul da América do Norte e a América Central. Um
arqueólogo americano as batizou de "Mesoamérica".[94] Todos os povos

---

[94] A Mesoamérica vai do México à Costa Rica e engloba o Belize, a Guatemala,
Honduras e El Salvador. Dentre os povos mesoamericanos, citamos: os olmecas (que
prosperaram entre 1200-500 a. C.), instalados na costa oeste do México, célebres
pelas enormes cabeças de pedra que nos deixaram; a civilização de Teotihuacán (do
século III a. C. ao século X d. C., foi uma das maiores cidades do mundo antes de
ser abandonada, e ainda hoje se admira suas impressionantes pirâmides, situadas não
muito longe da Cidade do México); os toltecas (séculos X a XIII), instalados em
torno de Tula, a capital, cuja cultura refinada tanto impressionava os astecas, que

mesoamericanos que se sucederam ou coexistiram durante séculos tinham características comuns: as pirâmides de degraus; os sacrifícios humanos; o jogo da bola, que se praticava em equipe, em terrenos próprios para esse fim, e cujas partidas tinham regras muito rigorosas; a forma de comer o milho. De todos esses povos, os maias são os mais fascinantes por causa do mistério que rodeia o desmoronar da sua sociedade. Durante séculos, prosperaram em uma vasta região que se estende do Golfo do México à Nicarágua. Viviam em cidades-estados ricas e poderosas, densamente povoadas, como Tikal (atual Guatemala) ou Palenque (atual México). A partir do fim do século IX da era cristã, a população começa a diminuir e os magníficos edifícios são abandonados. Esse fato só foi conhecido muito recentemente. Mas o povo maia nunca desapareceu. Dizimado, como todos os povos ameríndios, pelas doenças trazidas sobretudo pelos espanhóis, os maias resistiram aos conquistadores durante muito tempo e com bravura. Ainda são numerosos na América Central e no sul do México. Conseguiram conservar sua cultura e sua língua. As cidades habitadas pelos seus antepassados, engolidas pela selva durante séculos, só foram reencontradas a partir do fim do século XVIII – e por acaso. A descoberta impressionou de tal modo os europeus que, durante certo tempo, alguns sábios imaginativos formularam a hipótese de que essas obras-primas da arquitetura só poderiam ter sido construídas pelos romanos... Desde então, os arqueólogos fizeram grandes progressos, e já quase nada se ignora sobre a forma como a vida estava organizada nessas grandes sociedades urbanas. Conhecemos o gosto dos maias pelas matemáticas; sabemos decifrar seu complexo calendário e oitenta por cento de sua escrita; podemos reconstituir sua vida cotidiana nos campos ou nos grandes mercados onde, por favas de cacau, trocava-se jade, obsidiana, sílex, conchas, penas e joias. Os afrescos narram com precisão a história dos reis-sacerdotes que ali governaram, como a de Pacal, príncipe de Palenque, de quem hoje conhecemos as datas de nascimento e morte. É possível admirar seu impressionante mausoléu no Museu Nacional de Antropologia da Cidade do México.

O fim dessa história continua sendo um mistério. A única certeza que as pedras nos fornecem é uma prova à revelia: a partir de meados

---

afirmavam descender desse povo.

do século IX, as inscrições desaparecem, o que aponta para o abandono dos locais por parte dos que lá viviam. Mas qual a razão? Epidemias? Invasões? Revoltas do povo contra os poderosos que os exploravam? Ao longo dos tempos, os especialistas apresentaram as mais diversas hipóteses. No início do século XXI, em um célebre livro que estuda o modo como várias sociedades humanas sucumbiram, o geógrafo e biólogo norte-americano Jared Diamond priorizou uma pista: a ruína dos maias se deve à sobre-exploração de suas terras e ao esbanjamento de seus recursos, que levaram à fome.[95] A explicação prevalece hoje, sem dúvida, porque está em consonância com as preocupações ambientalistas da nossa época. Nada nos garante que seja a última.

***

O IMPÉRIO DO TIBETE

Na mesma altura em que se instala a dinastia Tang, nas primeiras décadas do século VII, surge um vizinho poderoso às portas da China. Songtsen Gampo (617-650) cria uma federação dos pequenos reinos das montanhas Himalaias e faz do Tibete um império. Funda a cidade de Lhasa, sua capital, e manda edificar o primeiro edifício do Palácio de Potala.[96] O soberano introduz a escrita no império e está na origem da difusão do budismo. Seus dois sucessores seguem o mesmo caminho: convocam sábios indianos e constroem mosteiros. É esse papel a serviço da fé que justifica a atribuição aos três soberanos do título de "reis religiosos". Apesar de trocas culturais permanentes e de grandes casamentos com princesas chinesas, as relações com o poderoso vizinho passam muitas vezes pela guerra. Em meados do século VIII, as tropas tibetanas conseguem tomar a capital chinesa, Changan, durante algum tempo. Essa vitória marca o apogeu do Império Tibetano. Ele declina no século IX e então se fragmenta, renascendo, a partir do século XI,

---

[95] Ver Jared Diamond, *Effondrement: comment les sociétés décident de leur disparition ou de leur survie* (2005).

[96] O essencial do célebre palácio-fortaleza de Lhasa, residência dos dalai-lama antes do seu exílio, data do século XVII.

sob a forma de uma teocracia. Até o século XX, a governança do país é exercida por monges: os lamas.

★★★

O ESPLENDOR DE ANGKOR

No início do século IX, onde hoje está situado o Camboja, outro rei constrói uma federação de pequenos reinos povoados pelos khmer. Instaura o culto do deus-rei, fazendo de si mesmo uma representação de Shiva, o deus hindu. Lança os alicerces da cidade de Angkor. Essa prodigiosa cidade está situada não muito longe de um grande lago, e sua riqueza advém de um impressionante controle da água, que cai com abundância durante as monções, mas que é preciso saber conservar e conduzir para onde se pretende que vá.

O Império Khmer é regularmente invadido e saqueado por vizinhos poderosos, mas sempre renasce e alcança novos períodos de esplendor que permitem a novos reis construir, não muito longe do local onde estavam os precedentes, novos edifícios, novos palácios, novos templos. É assim que os visitantes que hoje se concentram no Camboja para visitar um dos lugares mais apreciados do planeta podem admirar locais e estilos muito diferentes uns dos outros. Angkor Wat, a capital (construída entre 1113 e 1144), mostra a influência hindu. Meio século mais tarde, o rei que manda erguer a cidade-templo de Angkor Thom é um fervoroso budista.

★★★

O JAPÃO DOS PERÍODOS DE NARA E DE HEIAN

O Japão desenvolveu, desde a Antiguidade, uma cultura própria e uma religião muito particular: o xintoísmo, baseado no culto de um grande número de divindades, os *kami*, que representam os espíritos, as forças da natureza, as árvores, os rochedos ou, ainda, os antepassados.[97]

---

[97] A tradição xintoísta reúne oficialmente 8 milhões de *kami*, o que é uma forma de dizer que o número deles é infinito.

O país também tem um vizinho poderoso, a China, cuja influência foi determinante em muitos domínios. No século VI, o budismo, que se tornaria a religião principal do arquipélago, chega ao Japão em sua forma chinesa.[98] A maior parte das escolas que, ao longo dos séculos, irão renovar ou reformar essa corrente de pensamento, seguirão pelo mesmo caminho.[99] Chama-se o século VIII, de acordo com a tradição nipônica, de "período de Nara" (645-794), nome da cidade escolhida para capital. A China inspira, então, a organização política: o poder está nas mãos de um imperador, que, como os da tradição confuciana, é filho do Céu e o ponto central que garante o equilíbrio do mundo. O país, à maneira dos Tang, adota códigos. A elite fala chinês e os caracteres chineses são introduzidos no arquipélago. E quando, para se libertar da influência sufocante dos monges, demasiado poderosos em Nara, o imperador decide se mudar, a nova cidade que manda construir segue o modelo de Changan. A cidade se chama Heian – atual Quioto. Ela empresta seu nome a uma nova subdivisão da história japonesa, da qual o "período de Heian" (794-1192) é um momento importante.

No plano político, o país segue por um caminho perigoso. O sistema imperial centralizado se desintegra e, pouco a pouco, o poder fica submetido à rivalidade dos grandes clãs, apoiados na riqueza de seus domínios. No plano cultural, esse período é ainda hoje recordado como um ideal de perfeição. O imperador já desempenha apenas um papel secundário, mas a vida na Corte é extremamente refinada. Aparece uma cultura nacional, na qual as mulheres desempenham um papel particular. Para combater a monotonia de uma existência à sombra dos maridos, que as ignoram, inúmeras damas da alta sociedade passam o tempo a escrever. O chinês, língua da elite e do poder, está vetado a elas por razões de conveniência. Escrevem seus textos, portanto, em japonês. O *Genji Monogatari*, a longa história de um belo príncipe imperial, poeta e sedutor, escrito por uma viúva rica pouco depois do ano 1000, é o exemplo mais célebre desse movimento. Ainda hoje é considerado uma das obras-primas da literatura japonesa.

---

[98] Ver capítulo 2.

[99] É o caso do budismo *zen*, baseado na meditação. Oriundo da escola chinesa do *chan*, é tão importante no Japão que se tornou emblemático da cultura nipônica.

O MUNDO NO TEMPO DAS INVASÕES MONGÓIS

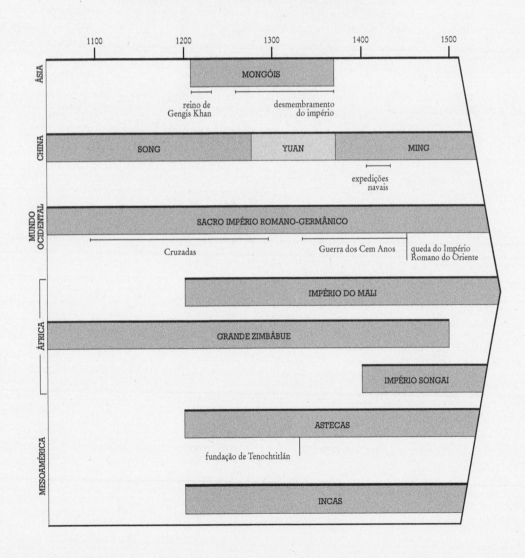

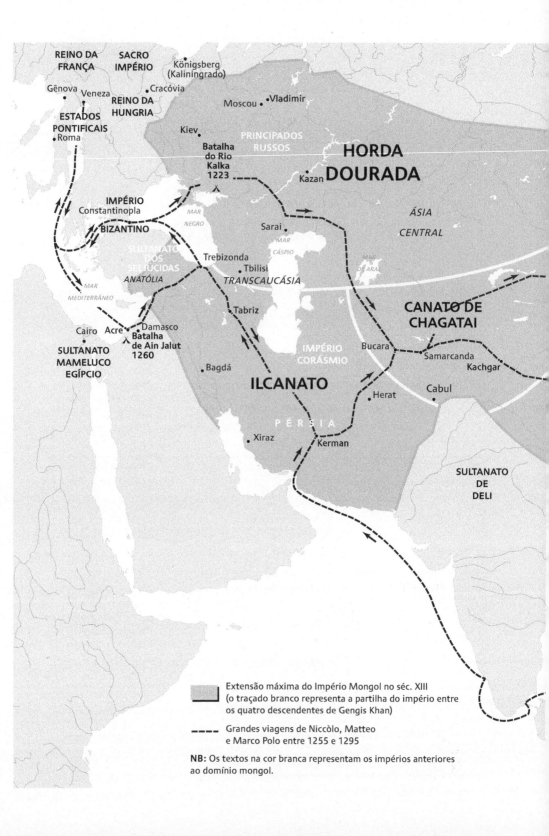

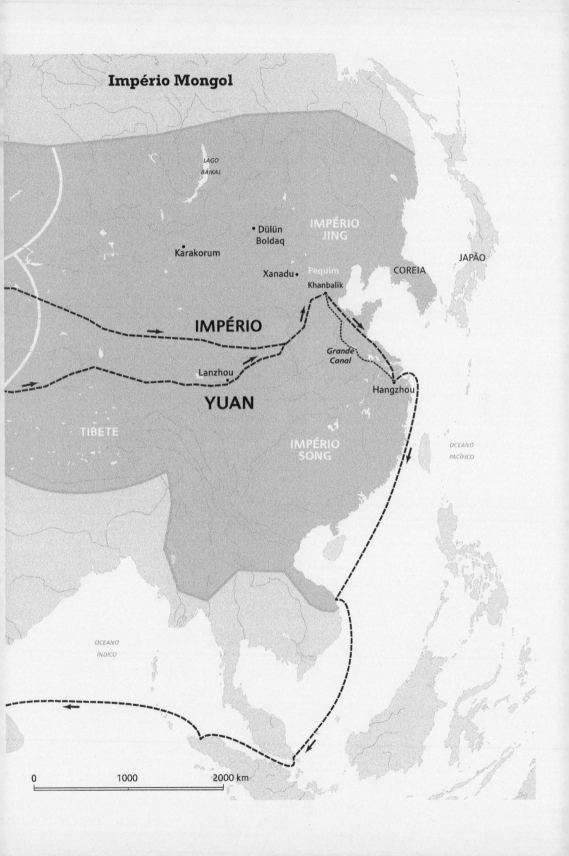

As Cruzadas, as catedrais, a Liga Hanseática ou a Guerra dos Cem Anos: para a memória ocidental, são muitos os momentos marcantes do período que vai do século XII ao século XV. No entanto, no âmbito da história do mundo, o episódio mais importante dessa época não acontece em Azincourt nem em Jerusalém. Ocorre nas estepes da Ásia, por volta dos anos 1200, quando Gengis Khan inicia as conquistas que varrem tudo à sua passagem e remodelam a Ásia, do mar da China ao Mediterrâneo. E o continente africano, com seus grandes impérios, vive um notável momento de sua história...

13

Bela e sombria Idade Média

(SÉCULOS XII-XV)

A partir do século XI, os progressos na agricultura proporcionam um período de maior prosperidade, que provoca alterações em cadeia...

PERGUNTE A UM medievalista qual palavra ele mais detesta, e ele responderá: Idade Média. Temos de admitir que a expressão não é atraente. Imaginamos tempos arcaicos, bárbaros, obscuros. Essa média idade, no sentido de intermediária, foi inventada por oposição ao período seguinte. Os homens dos séculos XV e XVI, obcecados pela grandeza da Antiguidade greco-romana, querem fazê-la "renascer" pelas artes e letras. Daí a palavra Renascimento. Nesse esquema, o milênio que os separa do fim de Roma é apenas um longo parêntesis. Os medievalistas têm razão ao insurgir-se contra essa forma de ver as coisas. Ela é enganadora. Durante esse milênio houve, de fato, períodos sombrios: no início, isto é, no momento das grandes invasões que acabaram com o Império Romano do Ocidente,[100] e no fim, a partir do século XIV. Falaremos sobre isso. Mas entre os dois houve tantas aventuras, tantas evoluções, tanto progresso!

A partir do século XI, o clima é mais ameno. Desbravam-se novas terras. Multiplicam-se as inovações agrícolas, como a utilização dos cavalos de tração, que substituem com vantagem os bois ou a rotação de culturas,

---

[100] Ver capítulo 7.

agora trienal, e não bienal como anteriormente. Essas mudanças permitem uma produção mais abundante, que conduz a um aumento considerável da população e a um progresso generalizado da Europa. Para classificar esse momento de prosperidade, um historiador americano utilizou a expressão "renascimento do século XII".[101] O medievalista francês Jacques Le Goff fala em uma "bela Idade Média" e a situa entre 1150 e 1250.

A Europa Ocidental ainda não está no nível das imensas civilizações de que já falamos, as que brilham em Bagdá ou em Changan, mas, levada por essa dinâmica demográfica, sofre uma série de alterações que aceleram sua mutação. Elas abarcam todos os domínios: a religião, a economia, o saber, a organização política. Por uma questão de clareza, iremos apresentá-las umas após as outras.

O TEMPO DOS PAPAS E DAS CRUZADAS

A partir do final do século XI, a Europa cristã sente-se tão forte que alarga suas fronteiras, lançando mesmo suas primeiras expedições além-mar. É o episódio das Cruzadas. Para o senso comum, a palavra designa sobretudo as que foram levadas a cabo pelos cavaleiros ocidentais na Terra Santa. Houve muitas outras, inclusive na Europa, de que falaremos adiante. Todos esses empreendimentos têm em comum o fato de responderem a um apelo do Papa e à ideia de que são conduzidos em nome de Deus. Lembremo-nos de que um conflito secular opõe, desde Carlos Magno, o poder temporal dos reis e dos imperadores ao chefe da Igreja.[102] Graças a essas guerras santas, é o Papa que ganha a iniciativa e aparece durante algum tempo como o homem-forte do Ocidente, o verdadeiro chefe da cristandade.

As Cruzadas na Terra Santa

Visto que elas são as mais célebres, comecemos pelas expedições à Terra Santa. Para compreender como surgiram, temos de ir a esse

---

[101] Charles Haskins, cujo livro mais conhecido é *The Renaissance of the Twelfth Century* (1927).

[102] Ver capítulo 10.

lado do mundo e descobrir o lugar que agora pertence a um povo novo na região: os turcos.

Nômades originários da Ásia Central, entraram no mundo abássida como soldados ao serviço dos califas. Pouco a pouco, foram se instalando em tribos inteiras, e adquiriram um poder tal que formaram verdadeiros pequenos Estados. Ao final do século XI, aparece um chefe turco que pretende conquistar o Império Bizantino. Sua vitória esmagadora em Manziquerta, uma cidade situada não muito longe do lago Van, em 1071, abre-lhe as portas de toda a Ásia Menor. O perigo é iminente. O imperador de Constantinopla precisa de um aliado. Resolve apelar aos cristãos do outro lado, os do mundo latino.

O papa Urbano II decide lançar-se na aventura. A luta contra os turcos também diz respeito ao mundo romano, na medida em que eles controlam uma parte do Oriente Médio e perturbam as peregrinações a Jerusalém. A operação oferece outra vantagem: permitirá que o pontífice imponha sua voz sobre a cristandade. Em 1095, no Concílio de Clermont, na Auvérnia, ele lança um apelo vibrante a todos os senhores cristãos. Em vez de guerrearem entre si, fariam melhor em combater pela Santa Fé, sendo por isso recompensados. Todos os que forem "libertar o túmulo de Cristo" terão direito a uma remissão de seus pecados. Os cavaleiros que respondem ao apelo têm o hábito de costurar uma cruz nas vestes ao partirem. Essa é a origem da palavra "cruzada", que, mais tarde, nomeará o episódio histórico que está para começar.

Ele dura dois séculos e começa mal. Em 1096, os primeiros a responder ao apelo do Papa são os pobres, conduzidos por pregadores fanáticos. Quando o imperador, horrorizado, vê essa multidão esfarrapada diante de Constantinopla, manda fechar as portas da cidade. Os infelizes acabam morrendo nas areias do deserto. Alguns meses mais tarde, seguem para a Terra Santa os "barões", cavaleiros bem armados. Compõem um exército enorme, que inunda as costas do Oriente Médio, onde constroem uma faixa de pequenos reinos. Em julho de 1099, alcançam o Graal: conquistam Jerusalém, em uma mistura de extrema violência e febre mística.

Os orientais, apanhados de surpresa, não resistem a esse terremoto, mas conseguem recobrar-se em poucas décadas. Nos anos 1140, um emir reconquista Odessa. O Ocidente inquieta-se. O Papa, dessa vez ajudado por Bernardo de Claraval, futuro São Bernardo, prega uma nova cruzada. É a segunda. No total, haverá nove. Participam delas as mais variadas pessoas, pobres e senhores, aventureiros e almas piedosas, e assiste-se a horrores e a atos de bravura.

O mais célebre herói muçulmano dessa época entra em cena na segunda metade do século XII: Salah ad-Din, ou Saladino, é um guerreiro curdo. Sobrinho de um general, faz seu percurso a serviço de um dos emires da região. Torna-se vizir do último califa fatímida do Egito e consegue conquistar o poder. Sultão do Egito, depressa anexa a Síria. Em 1187, retoma Jerusalém dos cruzados. É mais um terrível choque para o Ocidente. Nova cruzada, a terceira, conduzida pelo imperador do Sacro Império, Frederico Barbarossa (também Barba Ruiva ou Barba Roxa), que morre afogado ao atravessar um rio. Seguem-se dois reis, Filipe Augusto, rei da França, e seu primo Ricardo I, *Coração de Leão*, rei da Inglaterra, mas regressam sem terem conseguido alcançar o objetivo.

A quarta cruzada atinge o cúmulo do absurdo: acaba em uma guerra entre cristãos. Armados por Veneza, os cruzados, mergulhados nas rivalidades entre pretendentes ao trono bizantino, saqueiam Constantinopla, de onde expulsam os imperadores gregos para formar um efêmero "Império Latino" (1204-1261). A horrível pilhagem da capital imperial irá valer-lhes um ódio duradouro por parte dos bizantinos.

As outras expedições não têm mais sucesso. São Luís, o piedoso rei da França, dá início à sétima cruzada e, querendo conquistar o Egito, acaba por lá tornar-se prisioneiro. Libertado após resgate, regressa à França e recomeça. É a oitava cruzada, que acaba diante de Túnis, onde o rei morre de tifo. Haverá outra ainda, a nona, que também fracassa. Em 1291, os mamelucos, soldados escravos que dirigem agora o Egito,[103] conquistam as últimas praças-fortes latinas na Síria-Palestina. Fim da sequência.

Símbolo do primeiro confronto entre o mundo cristão e o muçulmano, o episódio continua a perdurar na memória coletiva. No entanto, o balanço é curto. Do lado oriental, terá permitido ao Egito, reorganizado pelos aiúbidas, dinastia fundada por Saladino, tornar-se a grande potência do Oriente Médio. Do lado ocidental, ninguém ganhou grande coisa

---

[103] Ver capítulo seguinte.

com ele, a não ser Veneza e Gênova. As duas cidades comerciantes rivais, que instalaram pontos de venda no litoral do Mediterrâneo Oriental, tiraram grande proveito da aventura, à recuperação do grande comércio[104] e à venda de armas a todos os beligerantes.

As cruzadas ibéricas e bálticas

O Ocidente começava a se desenvolver. Os papas estavam empenhados em difundir o cristianismo por toda a parte e por todos os meios. Pregaram a favor de outras cruzadas, que, ao contrário das primeiras, tiveram consequências duradouras.

Antes mesmo de Clermont, Roma tinha persuadido os cavaleiros cristãos para um novo combate. Era preciso ajudar os reis cristãos do norte da Península Ibérica, empenhados na "reconquista" contra os muçulmanos. Por volta do ano 1000, a relação de forças tinha se invertido na Península Ibérica. O poderoso califado de Córdova, que tinha atingido seu apogeu no século X, divide-se em numerosos pequenos Estados e por duas vezes é invadido pelas dinastias berberes oriundas do sul do Marrocos, que desestabilizam a Andaluzia árabe ao impor-lhe seu islamismo do deserto, puritano e austero, muito oposto à tradição aberta e hedonista dos árabes andaluzes. No norte, pelo contrário, os cristãos, espalhados em pequenas entidades, reúnem-se e retomam a ofensiva. Três pequenos reinos em breve dominarão a cena: Portugal, Castela e Aragão. São eles que travam a luta para repelir o Islã. Fazem-no em nome da fé cristã, com a ajuda dos grandes senhores e das grandes ordens monásticas da cristandade e, por conseguinte, com o apoio dos papas. A aliança dá resultados. Em 1212, a vitória de uma coligação de tropas cristãs em Navas de Tolosa marca o início da grande virada da Reconquista.

A partir dessa data, o pequeno reino de Granada, encurralado no extremo sul da Península, torna-se o último bastião da presença muçulmana na Península Ibérica.[105]

---

[104] É assim que se chama, na Idade Média, o comércio internacional.

[105] O autor omite alguns fatos relevantes sobre a história da Reconquista na Península Ibérica no que diz respeito aos três reinos a que se refere. Assim, Dom Afonso

Na ponta nordeste da Europa, onde se situa atualmente uma parte da Polônia, o território de Kaliningrado (Königsberg) e os países bálticos, vivem numerosos povos eslavos que ainda são pagãos. No fim do século XII, o Papa lança, também ali, uma cruzada para forçá-los a adotar a fé cristã. Participam dela cavaleiros escandinavos e, sobretudo, alemães, mas esse movimento de conquista militar é acompanhado por uma verdadeira política demográfica. A Alemanha está então sobrepovoada. Milhares de camponeses alemães são chamados para se instalar nas cidades e nos campos ao longo do Báltico, desde a Polônia até a Finlândia, onde criarão raízes até ao século XX.

Quando se instalaram na Palestina, os cruzados fundaram várias ordens militares para defender os Estados latinos da Terra Santa, sendo a mais célebre a dos Templários. Em 1190, nobres de origem germânica tinham fundado, em São João de Acre, a ordem dos Cavaleiros Teutônicos. Enviados para a região báltica, nos confins da Polônia e da Lituânia, desencadeiam uma longa e sangrenta guerra contra os Velhos Prussianos, um povo que recusa ser submetido. Para garantir seu poder, a ordem também funda cidades-fortes, como Königsberg (1255), que mantém sob uma mão de ferro. Elas estão na origem da futura Prússia.[106]

As cruzadas contra os hereges

Ao mesmo tempo em que repele os infiéis em suas fronteiras, a Europa cristã combate os que pressente serem inimigos interiores. Os cátaros – etimologicamente os "puros" – pregam uma religião dualista, que distingue o mundo do bem e o mundo do mal, inspirada no maniqueísmo persa. Prosperam no Languedoque e são rapidamente considerados heréticos. Para acabar com eles, o Papa lança, em 1209, a cruzada dita "dos albigenses", porque a cidade de Albi é um centro cátaro. Como sempre, o assunto mistura motivos religiosos com

---

Henriques toma Lisboa dos mouros em 1147, 65 anos antes da Batalha de Navas de Tolosa; em 1189, Dom Sancho I conquista Silves, principal praça-forte dos muçulmanos no Algarve, reino que viria a ser totalmente ocupado por Dom Afonso III em 1249, dois séculos e meio antes da queda de Granada, em 1492. [N.T.]

[106] Ver capítulo 27.

interesses mais seculares: numerosos senhores do norte do reino da França participam na operação e aproveitam, ao mesmo tempo, para se apropriar de ricas terras no sul.

Enquanto pagãos, heréticos e muçulmanos desaparecem pouco a pouco da Europa; os judeus continuam a ser a única minoria no seio da cristandade – é assim que a Europa gosta de se definir agora. Salvo durante alguns períodos de perseguição bastante raros, vivem tranquilamente nos países que são seus desde a Antiguidade. O tempo das desgraças começa com a primeira cruzada. Em 1096, as multidões fanáticas a caminho de Jerusalém massacram, no caminho, numerosos judeus que vivem no vale do Reno e no nordeste do reino da França. Em 1215, o Concílio de Latrão (em Roma), que procura uma forma de acabar com as heresias, impõe aos judeus e aos sarracenos a obrigação de costurarem em suas vestes sinais distintivos, que é uma maneira de colocá-los à margem da sociedade. Depressa, começam a correr boatos de que os judeus comem crianças cristãs no decorrer de suas cerimônias religiosas. Esses "crimes rituais", todos puramente imaginários, servem para alimentar o ódio. Os príncipes seguem a voz dos povos, que seguem a dos sacerdotes. Em 1290, o rei da Inglaterra expulsa os judeus de seu reino. No século seguinte, é imitado pelo rei da França e pelo imperador do Sacro Império. Expulsos de todos os lados, numerosos judeus instalam-se na Polônia, um dos raros países do mundo cristão que os acolhe.

O nascimento das ordens mendicantes

A Igreja está no auge. Confiante em sua força, chega mesmo a integrar os que a põem em causa. Francisco de Assis (1182-1226) é filho de um rico mercador da Úmbria. Depois de uma juventude libertina, renuncia às posses mundanas para se entregar às virtudes evangélicas e consagrar sua vida a um ideal de pobreza, de humildade e de diálogo. Há numerosos discípulos que o seguem muito rapidamente nessa via. O Papa sente a força dessa nova corrente e não a deixa fugir. Fato raríssimo na Igreja, Francisco é canonizado apenas dois anos após sua morte, e a Ordem dos Franciscanos que ele fundou entra a serviço de Roma.

Quase ao mesmo tempo, Domingos de Gusmão, um nobre espanhol que tinha se tornado religioso, tendo atravessado o Languedoque dos cátaros, decidiu consagrar sua vida a pregar o Evangelho para combater a heresia. Ele também é rapidamente canonizado (1234), e o Papa encarrega a Ordem dos Pregadores, também chamados de dominicanos, de julgar os heréticos em tribunais criados para esse fim – a Inquisição.

Os franciscanos e os dominicanos que acabam de surgir têm outra característica em comum. Até então, os monges viviam em mosteiros, instalados em campos que eles muito contribuíram, aliás, para valorizar. Viviam sobretudo do que rendiam seus vastos domínios. Os recém-chegados decidem formar ordens que chamam de "mendicantes", na medida em que pretendem prover suas necessidades graças à caridade, e investem em um universo em plena expansão – as cidades.

★★★

O TEMPO DAS CIDADES E DO COMÉRCIO

Brilhantes, poderosas e muito povoadas no tempo do Império Romano, as cidades do Ocidente, saqueadas e pilhadas, foram abandonadas na época das invasões bárbaras. A partir do século XI, o crescimento demográfico incita os camponeses a regressar às cidades para trabalhar com artesãos e comerciantes, cuja atividade se desenvolve. O regresso da Europa a uma civilização urbana muda tudo. A ordem política é alterada. O mundo rural estava submetido ao senhor feudal, cuja proteção era vital. Os habitantes das cidades, os burgueses, abrigados atrás de muralhas, começam a se unir para desafiá-lo. Agrupados segundo suas profissões, em guildas e confrarias, procuram obter forais que garantam suas "liberdades" – por exemplo, a de poder criar um mercado ou ficar isentos deste ou daquele direito feudal. Também começam a defender seus interesses comuns e formam comunas. Nos séculos XII e XIII, esse movimento comunal ganha força, pelo menos nas regiões mais desenvolvidas da Europa. Na França, é muito apoiado pelos reis, que veem nisso uma forma de afirmar seu poder e diminuir o dos senhores feudais.

Graças à prosperidade de Veneza, que, a partir dos portos do Egito, controla o comércio de bens preciosos vindos do longínquo Oriente, ou de Gênova, que constrói feitorias até o Mar Negro, o norte da Itália enriquece consideravelmente. Algumas cidades, como Florença e Milão, jogam habilmente com as rivalidades entre o Sacro Império e o Papa nessa região, libertando-se pouco a pouco de todas as tutelas para se tornarem quase independentes.

Na Flandres, Gante e Bruges prosperam graças à produção de tecidos fabricados com a lã dos carneiros ingleses.

O norte do Sacro Império participa desse progresso. Em 1241, as cidades de Hamburgo e Lübeck formam uma união comercial destinada a proporcionar um socorro mútuo aos seus comerciantes e a defender seus interesses. Essa união é chamada de *hansa*. De Londres a Novgorod, numerosas cidades juntam-se a essa Liga Hanseática, que desenvolve o comércio através do Mar do Norte e do Báltico, de onde vêm o peixe seco, as peles, o âmbar e a madeira do mundo russo.

Os bens produzidos nessas três grandes regiões são trocados em grandes feiras comerciais, nas quais os mercadores se encontram em datas específicas. As mais célebres realizam-se em Champagne.

A multiplicação das trocas altera o sistema econômico. As moedas de ouro já tinham desaparecido no Ocidente desde o fim do Império Romano. Reaparecem com novos nomes, como o florim, cunhado em Florença, ou o ducado, de Veneza, nome que homenageia os duques da cidade, os doges. No norte da Itália, os cambistas utilizam um banco como tenda, e daí nascem os primeiros bancos. Em Bruges, na Flandres, os mercadores criam o costume de se reunir em uma praça onde habita a rica família Van der Beurse (ou Burse). Segundo alguns lexicógrafos, é daí que vem a palavra "Bolsa", no sentido financeiro do termo.

★★★

O TEMPO DAS CATEDRAIS E DAS UNIVERSIDADES

A expansão das cidades transforma a ordem cultural. Para acolher os numerosos fiéis que lá vivem e afirmar seu poder face aos senhores, as cidades tentam construir igrejas maiores do que os modestos edifícios de estilo romano. Por uma feliz coincidência, há artistas na Ilha de França e na Picardia que inventam uma técnica arquitetônica revolucionária: cruzando as ogivas, o que permite aumentar a força de sustentação dos pilares, pode-se construir edifícios mais altos e maiores. O cônego Suger (1081-1151), abade de Saint-Denis e conselheiro do rei da França, promove em todo o Ocidente essa arte nova que permite às catedrais e aos palácios episcopais afirmar a grandeza da Igreja. Para desacreditar esse estilo, o Renascimento o chama de "gótico", isto é, bárbaro. O adjetivo revela desprezo e é injusto: a chamada arquitetura gótica é sutil, elegante, ornamentada com vitrais magníficos e a mais luminosa já vista.

Desde as grandes invasões, estudava-se apenas nos mosteiros. O desenvolvimento das cidades permite que os estudantes aí se reúnam para estudar com os mestres. As companhias onde tinham o costume de se reunir estão na origem das universidades. A primeira é a de Bolonha. A de Paris é fundada pelo teólogo Robert de Sorbon (1201-1274).[107] Todas se alimentam dos novos conhecimentos que então chegam ao Ocidente, permitindo seu desenvolvimento. É interessante saber de onde eles vêm.

Quando reconquistaram a Península Ibérica, a partir do século XI, os reis cristãos expulsaram os árabes, mas tiveram o cuidado de preservar os conhecimentos que eles tinham adquirido. Em Toledo, por exemplo, é fundado um grande centro onde judeus e cristãos da Península, que falam árabe, traduzem para o latim as preciosas obras das bibliotecas da Andaluzia. O mesmo fenômeno se repete na Sicília, que os normandos tinham conquistado dos muçulmanos.[108] Essas duas fontes permitem uma transferência tecnológica e intelectual considerável.[109] A Europa redescobre Aristóteles, que era conhecido apenas de modo parcelar, graças aos comentários feitos pelos pensadores muçulmanos Avicena e Averróis. Os tratados de medicina são diretamente traduzidos das obras editadas em Bagdá ou em Córdova,

---

[107] A de Coimbra é concluída em 1290. [N.T.]

[108] Ver capítulo 11.

[109] Ver François Reynaert, *L'Orient mystérieux et autres fadaises*, op. cit.

à semelhança do que acontece com os tratados de matemática e de astronomia, ciências em que os árabes eram excelentes. Grandes sábios da Idade Média, como os ingleses Robert Grosseteste (1175-1253) e Roger Bacon (1214-1294), nunca ocultaram que tudo o que sabiam vinha do Oriente. Também nesses domínios, o vocabulário testemunha a herança: os algarismos árabes, oriundos da Índia, como vimos, devem o nome ao fato de o Ocidente ter ido buscá-los na Península Ibérica.[110] A palavra "álgebra" deriva do título de um tratado escrito pelo matemático Al-Khuwarizmi, cujo nome, também já o dissemos, está na origem da palavra "algarismo".[111]

Os costumes amenizam-se. Alguns hábitos refinados também vêm do Oriente, via Península Ibérica, tais como beber em copos ou "ter maneiras" à mesa. Outros resultam da evolução da Igreja. O Quarto Concílio de Latrão, tão brutal para com os heréticos e os judeus, cuidou melhor dos outros filhos de Deus. Os bispos decidem que o casamento cristão deve repousar na igualdade de consentimento entre os cônjuges. Jacques Le Goff vê nisso uma prova de que a Idade Média foi, à sua maneira, feminista. De fato, a época assiste ao nascimento da literatura cortês, a dos trovadores, que canta e celebra a dama, essa personagem digna de todas as atenções e de todo o respeito, que a Antiguidade ou o mundo oriental ignoravam em absoluto.

★★★

O TEMPO DOS REIS DA FRANÇA

Com todas essas alterações profundas, o mapa político da Europa acaba sofrendo uma reviravolta. A organização da sociedade continua a mesma, a princípio, do período carolíngio: continuamos na época feudal, com senhores e castelos. E o soberano mais importante do Ocidente continua sendo o imperador. Mas sua coroa está cada vez mais ameaçada, e o título é simbólico. O último a usá-la com elevação é Frederico II Hohenstaufen (1194-1250), um dos

---

[110] Ver capítulo 6.

[111] Ver capítulo 8.

mais extraordinários príncipes da Idade Média. Descendente, por parte de mãe, dos reis normandos da Sicília, nasce e educa-se em Palermo, onde vivem ainda numerosos sarracenos. Por isso fala tão bem o árabe e o latim. Príncipe alemão por parte de pai, é eleito imperador do Sacro Império. À semelhança de seus predecessores, passa a vida em conflitos com os papas, que o excomungam várias vezes. Isso não o impede de comandar a sexta cruzada e de retomar Jerusalém. Consegue mesmo fazê-lo sem derramar sangue. Para completo escândalo da Europa, resolve a questão por meio de um acordo com o sultão do Egito, de quem é amigo. Traço de união vivo entre o sul da Itália e o mundo germânico, entre o Oriente e o Ocidente, imagina-se à cabeça de um império universal, mas seu sonho morre com ele. E o Sacro Império é incapaz de eleger seu sucessor. A pesada máquina cai, durante 23 anos, em um período de anarquia – o Grande Interregno (1250-1273).

Do outro lado do Ródano e do Saône, a França, ainda ontem um pequeno e problemático reino, tornou-se uma potência de primeiro plano. Três grandes reis contribuem para consolidar essa posição. Filipe Augusto (1165-1223) trava um combate severo contra os senhores feudais que se opõem à sua autoridade. Ao criar os bailios, agentes encarregados de exercer a autoridade em seu nome, ele estabelece, em todo o reino, as bases de uma administração que depende apenas do poder real. Mantendo guerras constantes contra seus rivais, consegue alargar consideravelmente seu território.

Por sua piedade, por seu empenho em resolver os conflitos entre príncipes por meio de tratados e não pela guerra, seu neto, Luís IX (reinado: 1226-1270), futuro São Luís, encarna o modelo do soberano cristão.

Por fim, Filipe IV, *o Belo* (reinado: 1285-1314), é rei de 20 milhões de súditos e do mais vasto reino da Europa. Considera que ninguém pode contestar sua autoridade, inclusive o Papa. Sempre com dinheiro em falta, decide instituir um imposto ao clero. Furioso por não ter sido informado de um assunto que diz respeito à Igreja, o Papa protesta com veemência. O rei não cede. Convoca uma assembleia para julgar o Papa e então envia um legado a Agnani, na Itália, onde está o pontífice, para prendê-lo. Traumatizado pelo acontecimento, o infeliz

Bonifácio VIII morre alguns meses mais tarde. Filipe aproveita para nomear um papa francês e o obriga a se instalar em Avinhão (1305), uma cidade do império que só o Ródano separa de seu reino. Vimos que o período começou com o triunfo dos papas que pregavam as cruzadas. A partir de agora, serão eles os fantoches dos reis.

★★★

O REGRESSO DAS CALAMIDADES

Chegamos ao terrível século XIV. A "bela Idade Média" dá lugar a tempos sombrios. Todo o magnífico edifício que acabamos de descrever parece desmoronar.

Instalados nos ricos palácios de Avinhão, os papas são contestados por numerosos pregadores que denunciam seu luxo ostensivo. As grandes famílias romanas não deixam de pressioná-los para que regressem à sua cidade, onde podiam controlá-los. Em 1377, há um papa que decide regressar a Roma, mas uma série de intrigas o leva a voltar atrás. Quando se instala em Avinhão, um colégio de cardeais romanos elege outro papa. É o Grande Cisma, um dos momentos mais dramáticos da história da Igreja, uma ruptura traumática para todos os cristãos, difícil de apaziguar por estar envenenado pelas rivalidades entre Estados que apoiam um ou o outro pontífice. As coisas se agravam a tal ponto que um concílio, convocado para pôr fim à aberração de dois papas, acaba elegendo um terceiro. É preciso esperar pelo Concílio de Constância (1414-1418) para regressar à normalidade. Apenas um papa reina em Roma. A autoridade que possuía há dois ou três séculos é, agora, uma longínqua recordação.

O triunfo da monarquia francesa durou pouco. O período de paz também. Chegou o tempo dos horrores da guerra. Depois de Filipe, *o Belo*, reinam seus filhos. Todos morrem sem deixar descendentes. Quem deve herdar a coroa? Em 1328, os senhores franceses empurram para o trono um membro de um ramo mais jovem da família capetiana, os Valois. Do outro lado do Canal da Mancha também havia um candidato com razões para isso. Eduardo III é rei da Inglaterra. Consequentemente, é duque da Normandia. Também é duque de Anjou pela sua família, os Plantagenetas, originários dessa região. É, ainda, senhor da Aquitânia, que pertence à Coroa inglesa desde o tempo em que sua duquesa, a rainha Leonor, casou-se com um rei inglês. Além disso, o mesmo Eduardo está casado com uma filha de Filipe, *o Belo*. Não é suficiente? Em 1338, Eduardo desembarca na Flandres para impor seu direito à Coroa da França. Assim começa um conflito terrível e mortífero, que opõe Valois e Plantagenetas. Por causa de sua longa duração, os historiadores irão chamá-lo de Guerra dos Cem Anos. Na realidade, vai durar ainda mais e alterar a feição da Europa.

Depois dos primeiros confrontos e das primeiras trevas, o conflito recomeça no século XV. Graças aos seus arqueiros, que massacraram a cavalaria francesa na Batalha de Azincourt (1415), o brilhante rei da Inglaterra, Henrique V, pode impor ao rei da França, Carlos VI, um tratado que deve, enfim, garantir a paz. Irá se casar com a filha dele, e os descendentes desse casamento reunirão, em uma só Coroa, os reinos da França e da Inglaterra. É a "dupla monarquia". Se tivesse funcionado, poderia ter criado um novo e poderoso reino na Europa. O destino decidiu de modo diferente. Henrique V morre prematuramente, e Carlos, um dos filhos do rei da França, tenta por todos os meios bloquear um acordo que o afasta do trono. Ajudado por Joana d'Arc, uma camponesa da Lorena, inspirada e mística, consegue ser proclamado rei da França em Reims. Com o nome de Carlos VII, consegue, em vinte anos, expulsar os ingleses de todos os seus domínios continentais e empurrá-los para o outro lado do Canal da Mancha.

Com todas as complicadas histórias de precedência, de vassalos e de suseranos que opõem Eduardo III da Inglaterra ao seu primo Filipe de Valois, a Guerra dos Cem Anos começou como um conflito feudal que opunha não dois povos, mas dois senhores, um ao outro. Apesar de ainda ser embrionário, o sentimento nacional, que faz com que os franceses se sintam franceses e que os ingleses se sintam ingleses, acaba de nascer. O poder real progride ainda mais: Carlos VII, cansado dos exércitos de mercenários que precisa convocar toda vez que declara guerra e que sempre acabam devastando o país quando dispensados, inaugura um sistema que terá um grande futuro: mobiliza, para servi-lo, o primeiro exército francês permanente.

Mas a mais terrível provação do século XIV não diz respeito apenas aos papas e aos reis da cristandade. Ela vem de bem mais longe e afeta todo o Mundo Antigo. Desconhecida na Europa desde os tempos do imperador Justiniano, a peste, depois de ter devastado o mundo muçulmano, desembarca nas costas mediterrânicas em 1348 e alastra-se por todo o continente com a velocidade de um relâmpago. Em quatro anos, essa doença terrível, extremamente contagiosa, mata entre um terço e metade da população europeia, provocando um choque demográfico que levará séculos para ser reparado.

14

O século dos mongóis

"Surgem como um furacão para aterrorizar meia dúzia de civilizações. Massacram e destroem, conquistam e reorganizam em uma escala comparável apenas à do século XX."[112] *O surgimento dos povos nômades e seu ataque aos mundos sedentários para pilhar riquezas é quase um clássico da história humana, e já o vimos várias vezes neste livro. Mas a dos mongóis é de uma dimensão sem precedentes, e torna esse acontecimento histórico o mais importante do século XIII.*

INICIALMENTE, POUCO SE sabe sobre esse povo. À semelhança de outros, migram pelas estepes asiáticas, fala uma língua do grupo altaico, a família das línguas turcas, e vive da criação de gado. Os clãs que se deslocam atrás das manadas transportam em pesados carros de bois suas tendas feitas de peles, as *yurt*. Têm camelos com duas corcovas para comercializar, ovelhas, mas sobretudo cavalos, em números situados, segundo Jean-Paul Roux, grande especialista dessa cultura, na casa "dos milhões".[113]

GENGIS KHAN E A CONQUISTA DO MUNDO

O budismo penetrou nessas tribos como o cristianismo nestoriano, que, pela Pérsia, se propagou até lá. A maioria, no entanto,

---

[112] É o que escreve J. M. Roberts, O. A. Westad, *Histoire du monde*, vol. 2, Perrin, 2016.

[113] Jean-Paul Roux, *Histoire de l'Empire mongol*, Fayard, 1993.

continua fiel à religião tradicional da estepe. Esta é alimentada pelos xamãs, que ligam o homem ao mundo das forças e dos espíritos, e baseia-se na crença em uma divindade única, o Céu. Essa forma de pensar projeta-se em suas esperanças terrestres. Do mesmo modo que o Céu reina sobre a Terra, os mongóis esperam pela vinda de um ser excepcional que conseguirá uni-los e reinar sobre eles.

Temudjin nasce por volta de 1155. Os primeiros anos de sua vida são terríveis. É ainda uma criança quando o pai, um chefe de clã, é assassinado. Sua família, expulsa, está condenada a uma vida errante e de miséria que apenas a força da mãe, uma personagem com fibra de ferro, lhe permite suportar. Nenhuma das provações que sofre abate o rapaz. Pelo contrário, dão-lhe uma energia incomum e a convicção de que se vingará um dia, tornando-se o chefe que o povo espera.

Tendo encontrado lugar em um clã, revela-se um temível guerreiro e consegue reunir cada vez mais tribos ao seu redor. Por volta de 1195, é aclamado *khan* (soberano) dos mongóis e assegura seu poder promulgando o *yasaq*, um rigoroso código de leis que impõe a todos. Em 1206, uma nova assembleia, ainda mais numerosa, faz dele o príncipe supremo, destinado ao mais alto cargo. Adota o nome pelo qual o conhecemos, Gengis Khan, isto é, o soberano universal, que vai reinar sobre as terras e os oceanos. No caso dele, o codinome nada tem de simbólico. Seu propósito é concretizá-lo, lançando seus exércitos à conquista do mundo.

A conquista do mundo

Como todos os povos nômades da Ásia, os mongóis começam sendo atraídos pela China, que os impressiona e fascina.

Como tantas vezes ao longo de sua história, o país está dividido. No sul, reina a brilhante dinastia dos Sung,[114] e no norte, a dos Jin. A tempestade abate-se sobre eles em 1211, e não conseguem resistir. Em 1215, Pequim, a capital, é tomada. A história pretende que Gengis Khan sequer foi digno de entrar nela. Ainda tinha muitas outras coisas a fazer.

---

[114] Ver capítulo 9.

De 1219 a 1225, suas tropas arrasam e conquistam o império da Corásmia (situado em uma parte do Irã, do Uzbequistão e do Turcomenistão de hoje), que uma rica dinastia persa e turca tinha construído nessa parte do decadente califado dos abássidas. Na mesma altura (1223), outros cavaleiros mongóis, depois de terem chegado à Anatólia e contornado o Mar Negro, enfrentam às margens do Rio Kalka, na atual Ucrânia, um exército de príncipes russos a quem as populações locais tinham pedido ajuda. Os príncipes não têm a menor dúvida de que esmagarão os miseráveis bárbaros que ousam desafiá-los. São massacrados, e o mundo russo só é salvo porque os ditos bárbaros, após algumas pilhagens, partem tão depressa quanto chegaram. O alívio dura pouco. Para os mongóis, tinha sido apenas um exercício de aquecimento.

Em 1227, Gengis Khan morre em decorrência de uma ferida acidental. Sucede-lhe seu filho Ogedai. Certamente inspirado pelas numerosas cidades que seu povo conquistou, o nômade funda Caracórum, na Mongólia, que promove à capital. É lá que convoca as assembleias que devem tomar as grandes decisões. Uma delas aprova o desejo do novo *khan* de realizar o sonho do pai de conquistar o mundo inteiro. Os mongóis partem nas quatro direções para concretizá-lo. Quase conseguem.

Uma epopeia em algumas datas

1230, ano da conquista do Azerbaijão e da Transcaucásia. A Armênia é vencida, bem como o sultanato turco dos seljúcidas,[115] que tinha se instalado na Ásia Menor. A partir da Pérsia, atacam o Oriente Médio.

Em 1258, Bagdá, antigo centro do mundo, pérola dos grandes califas, é tomada, destruída e incendiada.

Nos anos 1236-1241, partem do norte da China e conquistam o Extremo Oriente. A Coreia é dominada. Depois, atacam o sul da China, mas o clima pesado e quente e as barreiras de florestas tornam a tarefa demorada e difícil.

---

[115] Ver capítulo 8.

Em 1240, no outro extremo do mundo, Kiev cai. O universo russo desmorona com a cidade. O novo alvo é a Europa.

Em 1241, um sólido exército composto por polacos e cavaleiros alemães da ordem teutônica tenta fazer-lhes frente, mas é derrotado. A onda de ataques continua se alastrando. Cracóvia é incendiada, e a Hungria, posta a ferro e fogo. Muito em breve os guerreiros mongóis estarão dando banho em seus cavalos no Adriático.

Em meio século, parecendo surgir do nada, os mongóis terão devastado todo o Antigo Mundo e dilatado seu império por toda parte. Percebe-se que todos os povos confrontados com essa calamidade começam a vê-la como uma manifestação sobrenatural, saída do inferno. Como os mongóis fizeram isso? Como seu avanço foi possível?

Os historiadores continuam, ainda hoje, a dar múltiplas respostas para essas perguntas, na falta de encontrar uma que baste a todas. Os mongóis têm a seu favor a rapidez de seus pequenos cavalos, com os quais parecem formar autênticos centauros. Quando lhes falta água, fazem uma pequena incisão no pescoço do animal e bebem seu sangue. Usam arcos de grande alcance, o que lhes permite atingir os adversários sem temer sua reação. Também são os reis das artimanhas, capazes de simular uma fuga para contra-atacar de surpresa, ou de abandonar despojos para induzir os adversários ao erro quanto às suas intenções. Ao contrário da imagem que a História nos dá a seu respeito, também compõem, via de regra, um exército com disciplina de ferro, no qual cada soldado é responsável pelo comportamento de todos os outros. Suas campanhas, explica-nos Jean-Paul Roux, são preparadas cuidadosamente. As táticas estão sempre sendo melhoradas. É assim que, depois da conquista do norte da China, trazem com eles os engenheiros chineses capazes de fabricar as mais eficazes máquinas de cerco. Em toda parte, usam sua arma suprema: uma impiedosa crueldade. Quando conquistam uma cidade, podem matar todos os habitantes metodicamente, salvo os religiosos, que poupam por uma questão de princípios, ou os artesãos, porque são úteis. Por vezes decretam o massacre de todos os homens que ultrapassem certa altura, paralisando de medo o restante da população. Também ocorre de pouparem parte da população para utilizá-la como escudo humano em sua próxima batalha. Essa selvajaria lendária é deliberada. Trata-se de inspirar terror suficiente no país para desencorajar qualquer intenção de resistência por parte da próxima cidade, que será intimada a se render sem combater, sob pena de lhe acontecer a mesma coisa. O método também conduz à devastação total das terras conquistadas. Citemos, como exemplo, o caso da Hungria. Antes da passagem das hordas dos sucessores de Gengis Khan, o país era um dos mais prósperos da Europa. Depois da passagem dos mongóis, que lá ficaram apenas alguns meses, a Hungria perdeu metade de sua população.

★★★

AS QUATRO PARTES DO IMPÉRIO MONGOL

Na segunda metade do século XIII, a progressão esplêndida dos conquistadores marca um compasso de espera. Os cavaleiros saem da Europa como tinham chegado, porque são chamados a Caracórum para participar da designação do novo grande *khan*.

Em 1260, dois anos após a destruição de Bagdá por Hulagu, um dos netos de Gengis Khan, os exércitos mongóis sofrem uma de suas primeiras derrotas, em Ain Jalut (atualmente situado em Israel), quando enfrentam os mamelucos egípcios. Ao contrário do que por vezes faziam, não tentaram contra-atacar e retiraram-se do Oriente Médio. Com manadas de milhares de cavalos, é provável que tenha sido difícil para eles continuar em uma região onde as pastagens faltavam cruelmente.

No Extremo Oriente, o avanço ainda continuou um pouco, mas depois parou. O sul da China é conquistado. O Vietnã, a Birmânia e mesmo Java, a grande ilha da Indonésia, são atacados, mas não ocupados. Por duas vezes, em 1274 e 1281, os mongóis tentam invadir o Japão usando embarcações chinesas. Ambas fracassam. No decorrer da segunda, os japoneses são salvos por uma tempestade que destrói os barcos dos invasores. Para agradecer, batizam-na de "vento divino". Em japonês, diz-se *kamikaze*. A palavra será usada bem mais tarde contra outros invasores.

Quando o ritmo das conquistas diminui, os mongóis organizam os territórios que acumularam. Aos tempos de guerra sucede o da *pax mongolica*, ou a paz mongol. Refazem as estradas e reiniciam o comércio, e a comunicação, tão importante em um universo tão vasto, funciona graças a um sistema de correios que causa admiração nos viajantes. Guerreiros impiedosos, os mongóis demonstram ser soberanos abertos, sobretudo no plano religioso. Praticando eles mesmos diversos cultos, toleram todos. Por toda parte, as minorias religiosas vivem tempos de prosperidade.

Tal como acontece desde o tempo de Gengis Khan, o gigantesco império continua sendo dirigido por um único grande *khan*. Na prática, a partir de 1260, encontra-se dividido em quatro partes, partilhadas pelos descendentes do mítico fundador.

A noroeste, um deles fundou um clã, ou uma horda, à qual a História deu o belo nome de Horda Dourada. Instalados em Sarai, uma cidade que fundaram no baixo Volga,[116] os *khan* que se sucedem à frente dela controlam a estepe e o conjunto do mundo russo. Todos os grandes principados, como Kiev, Moscou ou a rica cidade de Vladimir, estão subordinados aos governadores mongóis e devem pagar um pesado tributo aos vencedores. Até o século XIV, os russos estão assim submetidos ao que chamam "jugo tatar" ou "tártaro", nome que dão aos mongóis.[117]

No meio das terras conquistadas fica a Ásia Central, com as ricas cidades da Rota da Seda, como Samarcanda. Essa região foi dada a Chagatai, segundo filho de Gengis Khan. Canato de Chagatai é o nome do império que seus descendentes partilham na região.

A sudoeste fica toda a Pérsia e o Oriente Médio, que caem nas mãos de Hulagu, neto de Gengis Khan e conquistador de Bagdá, que ali forma o Ilcanato, um vasto Estado que tem Tabriz por capital.

A leste, por fim, está a parte mais prestigiada dos despojos, a China. Em 1260, é herdada por Kublai, outro neto do primeiro grande *khan*. Ele se instala em Pequim, rebatizada Khanbalik (a cidade do *khan*)

---

[116] Não longe da atual cidade de Volgogrado.

[117] Os tártaros são um povo da estepe, inimigo vencido pelos mongóis. Por deslize, seu nome serviu para designar os mongóis em toda a Europa.

ou Dadu. Conquistador do sul da China, de onde expulsa os últimos Sung, funda nos anos 1270 a dinastia dos Yuan e inicia as grandes obras que reforçam a unidade do seu império. É ele quem manda concluir o Grande Canal que vai de Pequim a Hangzhou, que permite que homens e bens circulem de norte a sul e vice-versa.

★★★

DOS MAMELUCOS A MARCO POLO

As invasões mongóis remodelaram a Ásia. A onda de choque que produziram modificou também a organização das terras que não conquistaram.

O único país que conseguiu travar com armas a onda vinda do leste foi o Egito, que obtém grande prestígio da vitória de seus mamelucos. Esses escravos, comprados nos países a norte do Mar Negro, formam uma ordem militar de elite. São tão poderosos que, em 1250, um dos seus chefes chega a sultão, depois de ter afastado do trono o último aiúbida, dinastia fundada por Saladino. Baibars (1223-1277), também ele mameluco, é o general que barrou o caminho dos mongóis em Ain Jalut (1260). Com o prestígio que a vitória lhe trouxe, regressa ao Cairo e elimina seu rival, tornando-se sultão. Político arguto, acolhe em sua capital um dos raros membros da família abássida que não tinha sido assassinado à ocasião da tomada de Bagdá. Sem lhe conceder qualquer poder, nomeia-o califa, conservando ao alcance da mão o símbolo da unidade religiosa do Islã. Durante três séculos, o Egito dos mamelucos será a nova grande potência do mundo árabe.

Ao ter conhecimento das atrocidades cometidas pelos invasores, a Europa começou a ficar paralisada. Os bárbaros só podiam anunciar o fim do mundo. Quando eles se retiraram, formou-se uma ideia inversa, encarnada em um velho mito subitamente desperto. A Europa recorda-se que muito longe dali, no Oriente, existiria sacerdote João, um descendente dos Reis Magos, fabulosamente rico, que teria fundado um império cristão. E se esse império poderoso fosse o que os mongóis haviam acabado de construir na Ásia? Por que não tentar fazer uma aliança com ele atacando a retaguarda dos muçulmanos, com quem se está em guerra na Terra Santa?

O Papa envia um embaixador (Pian del Carpine, 1245-1247). Um pouco mais tarde (1253-1254), São Luís também envia um embaixador, um franciscano flamengo chamado Guilherme de Rubruck, que escreverá uma narrativa extraordinária sobre sua viagem à terra dos tártaros. Ambos são bem recebidos na terra dos *khan*. Muitos mongóis são cristãos – ainda que por obediência nestoriana, coisa que, aliás, horroriza nossos dois latinos –, e agrada-lhes discutir as questões religiosas com os recém-chegados: "Do mesmo modo que Deus fez a mão com cinco dedos, também ofereceu aos homens diferentes caminhos". No entanto, os dois emissários esbarram na convicção mais profunda dos grandes *khan*. Eles são os soberanos universais e sequer compreendem que possam propor-lhes uma aliança de igual para igual com pequenos príncipes de quem sequer ouviram falar. Só aceitarão tratar com os reis e os papas do Ocidente se estes aceitarem ser seus vassalos.

A paz mongol traz outra vantagem: reabre as rotas comerciais. Dois mercadores de Veneza, os irmãos Niccolò e Matteo Polo, lançam-se à aventura em 1260. Chegam à China, encontram-se com o imperador, regressam e voltam a partir em 1271, dessa vez acompanhados por seu jovem filho e sobrinho, um tal de Marco. Depois de um novo e longo périplo, feito quase sempre a pé, Marco, o pai e o tio tornam a chegar à China, em 1273. O jovem Marco só voltará a ver Veneza vinte e dois anos mais tarde. Entretanto, ele também foi admitido na Corte de Kublai, para a qual trabalha percorrendo o país de um lado para o outro. O imperador mongol, que duvida da lealdade dos chineses, gosta de utilizar estrangeiros para controlar seus súditos. Autorizado, por fim, a partir para acompanhar uma princesa que vai se casar com um *khan* do Oriente Médio, regressa a Veneza em 1295. Sua história nunca teria sido conhecida se não tivesse sido apanhado, alguns anos mais tarde, por uma das muitas guerras entre Veneza e Gênova, empenhadas em uma concorrência feroz. Foi metido na prisão ou apenas mantido como refém com um tal Rustichello, a quem conta tudo o que viu durante suas viagens: a vida na Corte de Kublai Khan; o suntuoso palácio de verão de Xanadu; a fabulosa riqueza da China, um país tão incrível que é possível pagar as compras com papel; a beleza de Hangzhou, a cidade dos mil canais. Marco Polo também conta o que ouviu sobre outros países, como aqueles em que os homens têm cabeças de cão, ou aquele outro, onde as casas são feitas de ouro. Rustichello, que já era autor de alguns romances, usa seu talento narrativo e escreve um livro em francês misturado com pisano. *As viagens de Marco Polo*, também conhecido como *Descrição do mundo* ou *Livro das Maravilhas do Mundo*, torna-se uma espécie de *best-seller* de antes da imprensa, um livro que é copiado e recopiado, tão lido, tão comentado e tão adorado que leva todos que o leem a sonhar: eles também querem conhecer esse mundo.

★★★

TAMERLÃO, O EPÍLOGO DA ERA MONGOL

Desde Gengis Khan, o mundo mongol está reunido sob a autoridade de um único grande *khan*. A partir de 1260, Kublai é o quinto a usar esse título. Na prática, seu poder é simbólico, e o império, demasiado vasto, divide-se aos poucos. Por vezes, os quatro mundos que o compõem travam batalhas entre si e são absorvidos pela cultura dos lugares onde se instalaram. Os *khan* da Horda Dourada, os da Ásia Central e os do Ilcanato da Pérsia convertem-se ao Islã. Os dois primeiros acabam fundindo-se à cultura turca, e o terceiro, ao mundo persa. O fenômeno é ainda mais marcante para os mongóis da China, cuja poderosa civilização mostra uma vez mais sua força e sua capacidade de atrair. Muito depressa, Kublai torna-se chinês no que diz respeito aos costumes, ao vestuário e ao governo do Estado, e a dinastia Yuan, fundada pelos mongóis, ainda que seja considerada "estrangeira" pelos nacionalistas puristas, está integrada à história da China. Os mongóis conquistaram o mundo. Em apenas algumas décadas, o mundo que conquistaram vai absorvê-los.

Apenas um surpreendente soluço da História recorda, na segunda metade do século XIV, a epopeia que transformou o século XIII. É obra de um guerreiro turco-mongol nascido no canato da Ásia Central, em uma cidade localizada hoje no Uzbequistão. Chama-se Timur, *o Coxo*, em persa *Timur-Lang*, que na Europa tornou-se Tamerlão (1336-1405). Emir em Samarcanda, sente-se suficientemente inspirado e poderoso para recomeçar a conquista do mundo. Seu avanço é espetacular. Invade todo o norte da Índia. Arrasa Deli e, depois, ocupa todo o Oriente Médio. Cerca e conquista Damasco. Na Anatólia, consegue esmagar as tropas dos otomanos,[118] a nova potência da região, e capturar o sultão. O horror mongol parece renascer em toda parte, ainda mais aterrador do que no passado. A crueldade de Tamerlão é vertiginosa. Parte de sua fama vem das pirâmides de crânios de prisioneiros que erguia diante das cidades vencidas. Deixa para trás campos em ruínas, mas é incapaz de cultivá-los. Após sua morte, seu poderio desaba e seu império desagrega-se. Ainda assim, alguns de seus descendentes, chamados timúridas, conseguem fazer prosperar ricas cidades da Ásia Central, como Herat e Samarcanda, onde constroem esplêndidos monumentos que os turistas do século XXI continuam a admirar.

---

[118] Ver capítulo 16.

15

Os grandes impérios africanos da Idade Média

Ignorada durante muito tempo pelo Ocidente, a história da África é redescoberta pouco a pouco: comecemos pelos vestígios dos grandes impérios que prosperaram no Sahel ou no sul do continente.

HÁ ATÉ POUCO tempo na história do mundo, o continente negro tinha direito apenas a um tratamento cheio de reticências. Passamos por ele no início desta obra: graças a *Lucy* e seus congêneres dos tempos pré-históricos, estava decidido que devíamos situar ali o início da epopeia humana. Depois o perdemos de vista durante algumas centenas de milênios e só voltamos a encontrá-lo a partir do século XV, com os primeiros navegadores portugueses que desciam ao longo de suas costas, terreno para o tráfico negreiro e a colonização. Foi nessa altura que os brancos começaram a se interessar pela África. E entre esses dois momentos? Nada ou quase nada, um gigantesco parêntesis que alimentava, na cabeça dos europeus, a ideia de um mundo estagnado, imobilizado em uma eterna Idade da Pedra, povoado por guerreiros armados com lanças dançando ao som de eternos batuques. Esse ponto de vista foi modelado na época da conquista colonial, quando convinha provar que apenas a Europa tinha sabido "levar a civilização" a um universo que não a tinha. A ideia teve uma vida longa. Em 2007, um presidente francês, de visita ao Senegal, ousou utilizar uma fórmula que diz mais ou menos a mesma coisa e que, por isso mesmo, tornou-se célebre: "O homem africano ainda não entrou o suficiente na História".[119]

---

[119] Nicolas Sarkozy, discurso de Dakar, julho de 2007.

É de crer que o conselheiro que lhe escreveu esse discurso também não tinha entrado o suficiente nas bibliotecas. Há mais de meio século que os intelectuais publicam livros que procuram, a seu modo, torcer o pescoço à lenda de uma África anistórica. Cheikh Anta Diop é o mais célebre de todos eles. Esse senegalês, que foi estudar em Paris nos anos 1950, é a princípio um especialista em Física Nuclear, mas preparou um doutorado em História com o propósito de redescobrir a do continente de onde vinha. Em sua opinião, a história da África tinha sido propositadamente ocultada pelos europeus quando, na verdade, foi essencial para a emergência das grandes civilizações. Assim, afirma ele em um dos seus livros, os faraós do Egito eram negros e sua língua tinha a mesma origem que as faladas desde sempre no sul do Saara. A tese, controversa logo de início, é hoje rejeitada quase unanimemente pelos historiadores. Ainda assim, teve a vantagem de recordar essa verdade evidente, sempre esquecida: o Egito está situado na África e pertence, portanto, à história africana. O movimento que ele fundou e que procura contrariar a dominação ocidental-centrista da História é chamado de "afrocentrismo". A maior parte dos trabalhos produzidos é objeto das mesmas críticas formuladas às teses de Diop. Muitas vezes, é acusado de analisar o passado da África sob uma perspectiva mais ideológica que científica, e de forçar a realidade. Esses trabalhos tiveram pelo menos o mérito de conduzir à tomada de consciência que devolveu toda a importância a um continente até então injustamente menosprezado.

A matéria é complicada. Ao contrário da maioria das grandes civilizações do mundo, as que eclodiram na África não utilizaram a escrita, tão preciosa para a ciência histórica. Os grandes vestígios arqueológicos também são raros em um universo onde, salvo algumas exceções, os homens não construíram com pedras. Temos de nos contentar com as recordações mais tênues dos tempos antigos – como as moedas, os fragmentos de armas, pequenos objetos – ou adotar métodos mais complexos e menos exatos – como a etnobotânica, que estuda as plantas utilizadas pelos homens para compreender a evolução de suas sociedades, ou a linguística, que retraça seu percurso através das línguas. Também é preciso admitir que capítulos inteiros dessa história continuam sendo um mistério: é o caso da história da África Central, para onde teriam migrado as populações banto que empurraram os pigmeus para o fundo das florestas equatoriais.[120]

Em outras partes do continente, essa história se forma e produz obras maiores e apaixonantes. Citamos, na bibliografia, a *Petite histoire de l'Afrique* de Catherine Coquery-Vidrovitch, universitária especializada na África, que se empenhou na divulgação das recentes descobertas. Pensamos também no *Rhinocéros d'or* do africanista François Xavier Fauvelle-Aymar, uma obra-prima pela qualidade da escrita e precisão do método utilizado. Cada um dos capítulos do livro parte de um detalhe, um objeto, um mapa, uma estatueta, para ressuscitar o momento a que o autor chama "a Idade Média africana". Situa-o entre o século VIII, época da conquista muçulmana do norte do continente, e o século XV, quando chegaram os portugueses. Seguimos o caminho que ele aponta para evocar duas grandes zonas: o Sahel, onde se formaram os grandes impérios, e a África Austral, onde brilham as extraordinárias construções do Zimbábue.

Os grandes impérios africanos da Idade Média

---

[120] Os pigmeus sempre viveram nas florestas. Foi a migração banto, posteriormente ajudada pela chegada dos portugueses, que expulsou os povos khoisan e hotentotes das planícies e savanas da África Austral para os desertos do Kalahari e da Namíbia. Massacrado por povos negros e brancos, o povo khoisan está atualmente em vias de extinção. [N.T.]

★★★

OS IMPÉRIOS DO SAHEL

A África negra não escreveu a própria história. Outros o fizeram por ela, muito antes da chegada dos portugueses. Assim que se instalaram no norte da África, na zona a que chamaram Magrebe, os árabes começaram a comercializar através do deserto do Saara, seguindo as rotas que os berberes utilizavam há séculos. Com o passar do tempo, foram sendo acompanhados por viajantes, homens sábios que narraram e descreveram o mundo que encontravam do outro lado, deixando aos historiadores um notável espólio documental de que por vezes, aliás, a geografia europeia se serviu. A zona da África situada abaixo desse vasto oceano de areia que é o Saara chama-se Sahel, palavra árabe que significa "margem". No tempo do império colonial francês, o atual Mali chamava-se "Sudão", como o Sudão situado ao sul do Egito, que ainda tem esse nome: os dois resultam da forma como os árabes chamavam à África Subsaariana, *Bilad al-Sudan*, ou "o país dos negros".

Originários do Magrebe árabe, os mercadores muçulmanos ou judeus presentes na região desde a Antiguidade aventuraram-se ao sul do grande deserto para comprar ouro, esse metal tão precioso e cobiçado no mundo de onde é originário. Em troca, levam o sal, um bem não menos precioso em um continente onde ele falta. A esse tráfico junta-se o de outros produtos, como o cobre, vindo do Marrocos e trazido, portanto, pelos mercadores do norte, que muitas vezes o trocam por escravos, vendidos pelos do sul. Esse comércio transaariano assegura a prosperidade de reinos situados no Sahel, onde hoje estão a Mauritânia, o Senegal, o Mali e o Níger, que, com o passar do tempo, tornam-se por vezes tão ricos e poderosos que acabam subjugando outros reinos. É por essa razão e por analogia aos conceitos europeus que os chamamos de "impérios". Os três principais constituíram-se em meio milênio. O Império do Gana − de que o atual Gana retomou o nome, apesar de estar situado mais a sul e em outra zona − forma-se a partir do século III da era cristã, atinge o apogeu no século X e cai no século XI, vencido pela poderosa dinastia berbere muçulmana dos almorávidas, vindos do sul do Marrocos. Chega o tempo do Império do Mali, que alcança o apogeu nos séculos XIII e XIV, e depois o dos Songai, centrado na cidade de Gao, que prospera no século XV, até ser destruído no século XVI pelo poderoso exército do sultão do Marrocos.

Inicialmente, os soberanos, reis ou príncipes dessas entidades praticavam as religiões tradicionais africanas, as quais o Ocidente englobava na expressão "animistas", porque não compreendia suas sutilezas. Influenciados pelos comerciantes e pelos ulemás – os religiosos muçulmanos – que os seguiram, esses chefes converteram-se ao Islã. Fauvelle considera a hipótese de ter havido razões econômicas para isso. O islamismo, através do Alcorão, define um direito comercial considerado seguro e justo. Ser muçulmano permitia, entre outras vantagens, tratar mais facilmente com os comerciantes que, por via dessa proximidade religiosa, sentiam-se mais confiantes. No entanto, nenhum desses soberanos impôs a escolha aos seus povos, que continuaram a adorar, durante séculos, os antigos deuses. As conversões em massa à religião muçulmana na África Subsaariana só se verificaram no século XIX.

São tantas as coisas que não conhecemos sobre esses vastos impérios, recorda humildemente nosso grande historiador da África. É assim que continuamos a ignorar, por exemplo, onde estava situada a capital do Império do Mali. É sabido que esses Estados prosperavam graças ao comércio do ouro, mas não o produziam. Continuamos a ignorar de onde vinha o metal precioso. Sabe-se apenas que sua exploração estava associada a uma fraca rentabilidade e que era uma atividade secundária, praticada apenas quando não havia trabalho nos campos. Era tão pouco valorizado que podia-se trocar um lingote por uma barra de sal, o que nos dá uma ideia dos lucros vertiginosos obtidos por quem vinha comprá-lo.

É verdade que a viagem apresentava riscos. Numerosos viajantes contaram as dificuldades enfrentadas para fazer a grande travessia do Saara – dois meses de calor abrasador, através de um oceano de dunas, em grandes caravanas que era preciso nunca perder de vista.[121]

---

[121] De novembro a março, as temperaturas são relativamente amenas, inclusive no Saara Central. Em dezembro, janeiro e fevereiro as noites são mesmo frias. [N.T.]

A desgraça espreita quem se perder, e nem os ossos serão encontrados. O camelo, utilizado na África do Norte a partir dos primeiros séculos da era cristã, é o animal ideal para o périplo. Se tiver sido engordado durante quatro meses, é capaz de suportar dez dias sem beber nem comer entre os pontos de água. Resta esperar que nenhum deles tenha secado. Se for o caso, a única solução para os homens não morrerem de sede consiste em sacrificar um animal e beber o líquido que ainda estiver no estômago.

O Mali

Conhece-se melhor algumas grandes personagens do tempo desses impérios. Ao final do século XIII, o Mali chegava ao oceano. Um de seus soberanos teria fretado uma frota de barcos para ir ver "o outro lado do mar". A hipótese levou alguns afrocentristas a defender a ideia de que o primeiro povoamento do Brasil tinha sido feito por africanos. A maioria dos universitários é mais prudente. Não é impossível que um rei africano tenha navegado no Atlântico, mas até hoje não existe qualquer prova de que assim tenha sido.

Conhece-se a história de um príncipe navegador, porque ela foi contada no Cairo pelo seu sucessor. Trata-se do mais incrível e mais esplendoroso dos imperadores do Mali, Kankan Musa ou Mansa Musa (reinado: 1312-1337), isto é, o rei Musa, ou ainda "Musa, o rei dos reis". Sendo muçulmano, decidiu fazer sua peregrinação a Meca, e foi graças a essa viagem que ficou conhecido. O próprio Ibn Khaldun, ilustre historiador tunisino que viveu algumas décadas depois dele, fala desse rei cujo estilo de vida luxuoso marcou os espíritos. Consta que foi acompanhado por 10 mil soldados e servos, e que gastou tanto ouro durante sua passagem pelo Cairo que a cotação do metal precioso caiu vertiginosamente. Devia ter ainda outro tanto para o regresso. Mandou construir a maior mesquita de Tombuctu, cidade com grande importância no grande comércio da época graças à sua localização ideal ao longo do Rio Níger. Também se sabe que fez cair uma chuva de ouro sobre o arquiteto árabe-andaluz autor do projeto.

Contemporâneo de Ibn Khaldun, existe outro grande nome da literatura árabe que testemunha a vida na Corte desses impérios africanos. Ibn Battuta, o grande viajante marroquino do século XIV, a quem por vezes se chama "o Marco Polo árabe", foi até a Índia. No decorrer de um dos seus últimos périplos, nos anos 1350, viajou até o Mali. Suas primeiras impressões da África Subsaariana são negativas. A viagem foi demasiado difícil: o calor, as moscas e as pulgas são inimigos terríveis, e a miserável refeição de tâmaras e leite coalhado oferecida pelo primeiro governador que encontra não o ajudaram a mudar de opinião. Algumas semanas mais tarde, depois de ter navegado pelo Níger, instala-se na Corte de Mansa Suleiman, irmão e sucessor de Mansa Musa, e descreve com exatidão o impressionante cerimonial que rodeia as audiências do soberano. Com a cabeça coberta com um artigo de ouro, sentado em um estrado revestido com tapetes de seda, observa seus súditos que, prostrados no chão, atiram poeira sobre os ombros em sinal de deferência.

★★★

O GRANDE ZIMBÁBUE

A África negra construiu pouco. No sul do continente há uma notável exceção a essa regra, um conjunto de ruínas de pedra onde é possível identificar muralhas sólidas. É o "Grande Zimbábue", que esteve muito tempo perdido no meio de uma savana esquecida. Situa-se no país que adotou seu nome. Originalmente, *zimbábue* significa apenas "casa de pedra", mas a alcunha serve para designar todo o império ou o reino de que esta cidade fortificada era certamente a capital. A análise do lugar testemunha uma atividade que nos aproxima do que acabamos de contar. Entre os séculos XI e XV, existia aqui um Estado que também vivia do ouro, que era vendido ou, melhor, que servia de moeda de troca nas relações com os mercadores vindos da costa leste do continente, os árabes, os mesmos que viviam ao norte, mas também, e sem dúvida, com os comerciantes vindos da Índia, que traziam bijuterias e tecidos de algodão. No local, foram encontradas até mesmo porcelanas chinesas, que testemunham esse grande comércio.

Na região de Mapungubwe, situada mais a sul (na atual África do Sul) e correspondendo a um reino mais antigo que aquele de que acabamos de falar, foi descoberto o rinoceronte de ouro que serviu de título ao livro de Fauvelle, uma estatueta representando o animal e que suscita várias questões. O animal representado tem apenas um chifre. Os rinocerontes da África têm dois. Isso prova que o objeto certamente veio de longe.

As fortalezas do Grande Zimbábue foram abandonadas em meados do século XV, e a população migrou mais para norte, formando um reino que os portugueses descobriram quando chegaram à região, depois de contornarem o continente. Ele aparece na história portuguesa como o Império Monomotapa.[122] O nome teve um momento de glória na Europa. La Fontaine situa nesse reino uma de suas fábulas: "Dois amigos viviam em Monomotapa…".[123]

Quase tão fascinante quanto a história do próprio império é o modo como os europeus, no século XIX e no início do século XX, tentaram reescrevê-la. As ruínas do Grande Zimbábue, abandonadas há muitos anos, são redescobertas por acaso na década de 1870 por um explorador alemão. O homem nada sabe sobre o local, mas o aborda com uma certeza: nenhum africano seria capaz de construir edifícios tão imponentes. Depois, pensa reconhecer os restos de madeira que teriam servido de vigas. Só podem ser cedros do Líbano. Conclui então que o lugar certamente foi edificado pelos fenícios. A ideia de que o local serviu para o comércio do ouro conduz a uma ligação evidente. Eureca! É ali que devia estar situada a capital da famosa rainha de Sabá, de que fala o Livro dos Reis, na Bíblia, ou talvez as minas de Salomão, fundador do templo de Jerusalém que, segundo o santo livro, era imensamente rico. Rider Haggard, autor britânico muito em voga no fim do século XIX, escreve um *best-seller* mundial

---

[122] O Grande Zimbábue foi descoberto pelo explorador português Sancho de Tovar no primeiro quarto do século XVI. Seguiram-se vários comerciantes que para ali teriam levado, para troca, porcelanas e outros objetos do Oriente. Monomotapa é a adaptação portuguesa de Mwene Mutapa, o "Senhor das Minas" (de ouro). D. Sebastião enviou uma expedição militar (16 de abril de 1569) para descobrir as minas que o autor refere. [N.T.]

[123] Jean de la Fontaine, *Fables*, "Les deux amis".

com essa hipótese, provando de uma vez por todas que essas minas eram inesgotáveis.[124]

Na segunda metade do século XX, os governos sul-africanos do *apartheid* foram confrontados com outro problema. De acordo com a mitologia fundadora desse regime, a dominação branca em toda a região era legitimada pelo fato de os holandeses terem sido seus primeiros ocupantes. A grande obsessão das autoridades foi, portanto, datar freneticamente os vestígios encontrados para provar que eram posteriores ao povoamento branco, e esconder de modo não menos frenético os resultados que teimavam em provar o contrário.

---

[124] Rider Haggard, *As minas do Rei Salomão.*

16

Uma volta ao mundo no século XV

A visão retrospectiva tem sempre vantagens. Os homens que viveram entre 1400 e 1500 certamente não tiveram consciência de que atravessavam um período de transição. Ao recuar, vemos as coisas de modo diferente. Para nós, o século XV é o que precede uma das grandes reviravoltas da história do mundo. Vejamos quais acontecimentos a anunciam.

AS EXPEDIÇÕES NAVAIS CHINESAS
1405-1422

Desde que expulsaram os mongóis, em 1386, os Ming reinam na China. Yongle, o terceiro imperador dessa dinastia, é o mais empreendedor. Transfere a capital de Nanquim para Pequim, onde manda construir um imenso palácio de cor púrpura que chamamos de "Cidade Proibida".[125] Como tantos de seus predecessores, está em guerra com os vizinhos, ao sul e ao norte. Considera que deve fazer conhecer além-mar o poderio do seu império. É sua estreia. A ideia teria sem dúvida parecido incongruente à maioria dos soberanos chineses. Filhos do Céu, eram o centro do mundo, e o mundo devia saber disso. Por razões que desconhecemos, Yongle constrói sonhos marítimos. Encarrega Zheng He, um de seus fiéis, de concretizá-los. O homem tem um percurso particular: filho de um chefe muçulmano

---

[125] Nanquim, em chinês Nanjin, literalmente "a capital do sul". Pequim, Beijing, "a capital do norte".

morto pelos chineses no decorrer de uma conquista, foi feito prisioneiro quando criança, e castrado. Entrou como eunuco a serviço do seu senhor quando ele era apenas um príncipe imperial. Também é um grande marinheiro. Entre 1405 e 1422, patrulha os oceanos com uma frota impressionante – mais de 20 mil homens na primeira expedição. Em sete viagens, chega ao Vietnã, à Indonésia, à Malásia, ao Ceilão, ao sul da Índia, à Península Arábica e à costa oriental da África. Há quem afirme que foi ainda mais longe, mas não existem provas. Onde chega, entrega-se ao comércio, compra produtos raros, vende produtos chineses e, sobretudo, pratica a diplomacia tal como ela é concebida no seu país: trata-se de garantir a soberania do mundo por meio de um sistema muito codificado de presentes e coleta de tributos. Por vezes, alguns dignitários aceitam acompanhar o almirante eunuco até Pequim para serem apresentados ao imperador e prestarem vassalagem. A história nos conta que, um dia, Zheng He regressou à China com uma girafa, que ofereceu a um príncipe. O animal foi motivo de regozijo. Os chineses a associam ao unicórnio e veem nela um sinal de felicidade e prosperidade. Pode supor-se que o presságio era enganoso: Yongle morre em 1424. No ano seguinte, Zheng He é exilado para uma província longínqua. Acabaram as expedições. Não haverá mais. Ignora-se o motivo exato dessa reviravolta. Os historiadores limitam-se a formular hipóteses. As tensões causadas pelos bárbaros do Norte podem ter tido sua influência: a ameaça contra o império vem sempre do continente, e é aí que deve concentrar-se a força. As lutas palacianas também podem ter pesado na balança. O clã dos letrados, por austeridade confuciana, sempre tinha se oposto a essas viagens custosas, que lhe pareciam inúteis. Talvez tenham criado um ascendente.

Algumas décadas após a última expedição, passa a ser proibido viajar para além-mar. A construção de um barco com dois mastros é passível de pena de morte. O império volta a fechar-se em si mesmo e quer esquecer até a recordação de sua abertura: todos os arquivos referentes às viagens são queimados. Zheng He cai no esquecimento, de onde sai apenas no século XX, devido a essa preocupação que, desde então, habita o país. As expedições do almirante são prova disso. No plano do poderio marítimo, a China tinha cinquenta anos de avanço sobre Colombo e o Ocidente.[126] Ao desbaratar esse trunfo, a China teria passado ao lado de um destino histórico. O país consola-se na atualidade promovendo o almirante eunuco a antimodelo valoroso e positivo. Em numerosas obras chinesas consagradas à glória de Zheng He, pode-se ler que ele sempre foi pacífico e nunca quis efetuar conquistas.[127] As más-línguas dirão que nunca teve tempo para isso.

★★★

APOGEU DO IMPÉRIO ASTECA
MEADOS DO SÉCULO XV

O mais conhecido dos grandes impérios pré-colombianos é também um dos mais recentes. Originários de uma região situada a noroeste do México atual, os astecas, também chamados *mexicas*, fixam-se apenas no início do século XIII. Culminando uma longa migração, instalam-se em uma pequena ilha à beira de um lago para fundar a cidade de Tenochtitlán, onde está situada a atual Cidade do México.[128] Cento e poucos anos mais tarde, no tempo do grande rei Montezuma I (reinado: 1440-1496), a cidade está repleta de palácios, templos e bairros residenciais ligados uns aos outros por um engenhoso sistema de canais. Seus 200 mil habitantes aprovisionam-se em mercados repletos de produtos e jardins flutuantes.

Unidos a duas outras cidades-estado da região,[129] os astecas, no auge de seu poderio, impõem uma dominação implacável a todos os povos da região. Alguns devem pagar enormes tributos – penas, joias, alimentos – que, nessa sociedade sem animais de carga, devem ser trans-

---

[126] Muito antes de Colombo, os portugueses contemporâneos de Zheng He já tinham inventado a caravela e os instrumentos náuticos que permitiram a Bartolomeu Dias dobrar o cabo da Boa Esperança em 1488, no seguimento de descobertas iniciadas em 1418, com a chegada ao arquipélago da Madeira, e da exploração sistemática da costa ocidental da África. [N.T.]

[127] Ver Deng Yinke, *History of China* (2008).

[128] O lago foi drenado e seco.

[129] Os aconhuas e os tepanecas formam com os mexicas o sistema político que os historiadores chamam de "Tripla Aliança".

portados às costas durante quilômetros para serem entregues à cidade dos senhores. Outros servem daquilo a que poderá chamar-se viveiros humanos. Os astecas mantêm com eles um estado permanente de guerra com o propósito de capturar prisioneiros, que serão oferecidos aos deuses. À semelhança de numerosos povos americanos, os mexicas fazem sacrifícios humanos, mas em uma escala muito maior que todos os outros. Durante as grandes cerimônias religiosas, perante todo o povo reunido, cuidadosamente disposto de acordo com os status sociais, dezenas de milhares de prisioneiros são oferecidos em holocausto, uns atrás dos outros. Sobem os degraus do templo, são deitados no altar do sacrifício e mantidos nessa posição por quatro homens enquanto um sacerdote mergulha no peito deles a faca obsidiana, que serve para arrancar o coração. Para manter a ordem cósmica, garantir que o sol voltará e que o mundo não mergulhará na noite eterna, diz a religião asteca, é preciso dar aos deuses o sangue que reclamam.

★★★

APOGEU DO IMPÉRIO INCA
MEADOS DO SÉCULO XV

Na América do Sul, nas altas montanhas dos Andes, na mesma época, desenvolve-se outra civilização poderosa. Situado a mais de 5 mil quilômetros de Tenochtitlán, o Império Inca pertence a um universo distinto dos astecas. Em comum têm apenas o fato de ambos serem recentes. O *L'État du monde en 1492* explica-nos que em dois séculos, pela conquista ou graças a uma hábil política matrimonial, os incas, provavelmente vindos da Amazônia, conseguem dominar um território imenso onde vivem mais de 8 milhões de almas.[130] Em meados do século XV, seus grandes soberanos – o poderoso Yupanqui (1438-1471) ou seu filho Túpac Yupanqui (1471-1493) – reinam desde o sul da atual Colômbia até o centro do Chile. A faceta mais fascinante desse império é sua capacidade para administrar um território tão enorme. Para tal, exercem uma implacável coerção. Os senhores,

---

[130] Ver Guy Martinière, *L'État du monde en 1492* (1992).

que impuseram a toda a gente o uso de sua língua, o quíchua, exigem submissão total dos povos vencidos, reduzidos ao trabalho forçado, obrigados a pagar tributos consideráveis e deportados para as zonas de uma preponderância inca ainda maior caso sejam suspeitos de rebelião. Governando a partir de seu palácio em Cuzco, a capital, o imperador inca é o astro central desse universo, o seu deus. Tudo deve ser feito para assegurar seu bem-estar, garantia da harmonia do mundo e inclusive das vidas. Para obter sua cura, quando está doente, sacrificam-lhe crianças, escolhidas entre as mais belas das aldeias.

Para assegurar esse poder, o sistema dispõe de um instrumento impressionante, em parte visível ainda hoje: o "caminho Inca", estrada que serpenteia por todo o território e que a grande especialista Carmen Bernard considera a obra mais notável do século XV.[131] Atravessando as mais elevadas altitudes, ladeadas por pontos de venda cuidadosamente guardados, pontuada por pontes ou escadas, a rede de caminhos estende-se por mais de 20 mil quilômetros. Coluna vertebral do império, a estrada serve para o transporte de tropas e, graças aos mensageiros que a percorrem passando por todos os mercados, para fazer circular a uma velocidade impressionante a informação de que o poder precisa. Em tempos de paz, para impressionar seus povos, o inca a percorre em uma liteira de madeira preciosa, ornamentada com ouro, precedido por 5 mil guerreiros com farda de gala e seguido por outros tantos.

***

A TOMADA DE CONSTANTINOPLA PELOS OTOMANOS
1453

Ao fugir dos mongóis no século XIII, numerosos turcos instalaram-se na região da Anatólia, que dividiram em pequenos principados, os beilhiques. Em 1299, Otomano (ou Osmã), um guerreiro chefe de um pequeno clã estabelecido não muito longe do Mar de Mármara, declara-se, por sua vez, independente e soberano. Acaba de fundar

---

[131] Ver Patrick Boucheron (Org.), *Histoire du monde au XVe siècle* (2009).

uma dinastia que irá desempenhar um papel importante na história do mundo, a dos *Osmandi*, ou "as gentes de Osmã", a que a Europa, por derivação, chama otomanos. À semelhança de seu fundador, todos os que lhe sucederam têm inegáveis talentos de conquistadores. A progressão da família é esplêndida. No início do século XV, depois de ter vencido, a oeste, os sérvios[132] e os búlgaros, e a leste outros tantos príncipes turcos, é senhora de um império que vai dos Balcãs até a Ásia Menor. Os otomanos também se chocam contra os bizantinos. O velho Império Romano do Oriente é apenas uma sombra do que foi. Seu território encolheu drasticamente e limita-se a uma pequena parte da Grécia e a uma faixa ao redor de Constantinopla. Ainda assim, sua capital continua sendo um símbolo importante. Ela cairá? O próprio imperador bizantino vem ao Ocidente procurar uma aliança com os cristãos latinos. Em vão. Em 1453, após um cerco de algumas semanas, o sultão Mehmet II consegue triunfar onde, por duas vezes, os conquistadores árabes dos séculos VII e VIII tinham fracassado. Seus soldados, os janízaros, conseguem conquistar a Cidade das cidades. O último *basileus*, descendente longínquo de Constantino, *o Grande*, morre com armas na mão, e o vencedor pode fazer a oração muçulmana na antiga igreja de Santa Sofia, transformada em mesquita. O impacto na Europa é imenso. A Segunda Roma caiu. A Europa cristã fica estupefata. Mehmet ganhou o título de Mehmet, *o Conquistador*. Está à frente de um império poderoso, em parte europeu, em parte asiático, que será um dos atores essenciais do mundo de amanhã.

★★★

A BORGONHA REDESENHA O MAPA DA EUROPA OCIDENTAL
1419-1477

Na segunda metade do século XIV, o rei da França, João II, *o Bom*, oferece ao seu filho mais novo, Filipe III, *o Ousado*, o ducado

---

[132] Os sérvios foram vencidos em junho de 1389, no Kosovo, em um local chamado Campo dos Melros, considerado ainda hoje pelos nacionalistas sérvios como o berço de sua nação. A data assinala, para eles, o início do "jugo otomano".

da Borgonha, e lhe dá um presente complementar. Para evitar que a província caia nas mãos dos ingleses, casa-o com a filha do conde de Flandres. Senhor dos dois territórios mais ricos da Europa, Filipe e seus sucessores empenham-se em fazer prosperar essa riqueza. Em algumas décadas, por meio de casamentos, aquisições e heranças, os duques da Borgonha conseguem reunir um patrimônio impressionante. Ao sul, ao lado da Borgonha propriamente dita, adquirem o Franco-Condado e Charolles. Ao norte, um conjunto considerável de províncias que se estende praticamente do Rio Somme à Frísia cobre mais ou menos todo o Benelux e o norte da França atual: são os Países Baixos borgonheses. No século XV, graças aos tecidos da Flandres, aos vinhos borgonheses da Flandres, aos ricos portos do Mar do Norte, aos vinhos da Borgonha e a uma hábil política de equilíbrio entre os reis da França e da Inglaterra, que se digladiam no âmbito da Guerra dos Cem Anos, o duque Filipe, *o Bom* (reinado: 1419-1467), neto de Filipe, *o Ousado*, é um dos príncipes mais poderosos do seu tempo. Mantém uma Corte esplendorosa em Dijon, em Bruxelas e em Lille, regida por um protocolo minucioso que está na origem dos que serão usados nos palácios da Europa durante todo o Antigo Regime. Organiza festas magníficas e ajuda os maiores artistas, como o pintor Van Eyck, mestre da pintura a óleo que então começava a ser utilizada. Para fazer esquecer que não é rei, atribuiu-se o título de "grão-duque do Ocidente". Para homenagear seus cavaleiros, funda a Ordem do Velo de Ouro, que se torna a mais prestigiada do continente. Seu filho Carlos, *o Temerário*, quer ir ainda mais longe. Pretende adquirir todos os territórios que separam o lado de cima do lado de baixo dos seus domínios para criar um Estado único, situado, portanto, entre o reino da França e o Império Romano-Germânico. Em 1477, morre em frente à cidade de Nancy, a que tinha posto cerco. Inimigo visceral de Carlos de Borgonha, o rei da França, Luís XI, tinha feito de tudo para sabotar os projetos do duque, e aproveitou a ocasião para confiscar o ducado.[133] A frágil Maria de Borgonha, única herdeira de Carlos, precisa de apoio. Para se opor aos franceses, casa-se com um príncipe da longínqua família

---

[133] A mãe de Carlos de Borgonha era a princesa Isabel de Portugal, filha de Dom João I. O duque afirmava que era português e, durante a guerra com o rei Luís XI, muitos cavaleiros portugueses foram para a França lutar ao seu lado. [N.T.]

dos Habsburgo, já célebre no mundo germânico. Suas origens são austríacas, porém, a cada vez que há eleições, conseguem quase sempre obter a coroa do Sacro Império Romano. Graças ao casamento com a herdeira borgonhesa, anexam os Países Baixos borgonheses e o Franco-Condado, e estão prontos para um duelo com os reis da França, seus novos rivais.

★★★

GUTENBERG (RE)INVENTA A IMPRENSA
MAINZ, POR VOLTA DE 1450

Ao longo dos séculos, inúmeras invenções chinesas, como a bússola ou a pólvora de canhão, chegam ao ocidente. Por uma razão qualquer, ignorada, a imprensa não faz parte delas.[134] Inventada na China, é inteiramente "reinventada" por Gutenberg. Pouco se sabe sobre sua vida. Nasceu em Mainz, no Sacro Império Romano-Germânico, por volta de 1400. Durante os anos 1430, vive em Estrasburgo como ourives, e aperfeiçoa a arte de trabalhar os metais. Regressa a Mainz e, graças ao dinheiro que lhe empresta um banqueiro que acredita no potencial de seu projeto, trabalha e faz experiências durante meses, criando a invenção à qual seu nome estará associado para sempre. Desde o final do século anterior que se praticava na Europa a xilogravura, processo que consiste em reproduzir desenhos utilizando placas de madeira. É esse o princípio. O imaginativo artesão acrescenta-lhe a imprensa, inspirada na que já é utilizada pelos viticultores e, sobretudo, de acordo com o grande historiador do livro Henri-Jean Martin, tem um "golpe de mestre": letras móveis, fundidas no metal, que permitem compor e recompor as páginas que se pretende reproduzir.[135] Ao inventar a receita da tinta que adere adequadamente ao metal, atinge seu objetivo. Em 1452, finalmente saem do seu atelier as primeiras Bíblias em latim, primeiras obras impressas na Europa. A descoberta revoluciona sua época. Produto raro, de produção demorada e muito caro quando era copiado à mão, o livro é difundido como nunca antes. Em 1500, gráficas foram abertas por toda parte, oferecendo mais de 25 mil obras.

---

[134] Ver capítulo 9.

[135] Revista *L'Histoire*, outubro de 2000.

★★★

A ITÁLIA INVENTA O RENASCIMENTO
ANOS 1400

A partir do fim do século XII, sopra um vento novo sobre o norte da Itália. Três grandes escritores revolucionam as formas de escrever e de pensar. As obras de Dante (1265-1321), autor de *A divina comédia*, grande poema alegórico, de Petrarca (1304-1374), célebre pelos sonetos de amor dirigidos à bela Laura, e do espiritual Boccaccio (1313-1375), autor de contos libertinos, são muito diferentes. Têm em comum o mérito de dar nobreza à língua italiana, que está em vias de afirmar-se e de suscitar um interesse renovado pela cultura clássica.[136] As artes acompanham esse movimento. Brunelleschi (1377-1446) realiza uma proeza arquitetônica ao coroar a Catedral de Santa Maria del Fiore, em Florença, com uma cúpula espetacular, que imita um monumento romano. Os grandes pintores da época, como Masaccio (1401-1428) e Piero della Frances-ca (1416-1492), melhoram a nova arte da perspectiva, inaugurada por Giotto (1266-1337). Leonardo da Vinci (1452-1519) inventa o *sfumato*, que dá um contorno nebuloso às figuras. Ao mesmo tempo, Sandro Botticelli (1445-1510) pinta nus, remetendo às alegorias da Antiguidade. A escultura também se inspira dos cânones greco-romanos.

No século XV, o interesse pelos gregos aumenta ainda mais quando alguns sábios bizantinos, que fogem dos turcos, trazem textos de filósofos que já não eram estudados, mas que são devorados pelos humanistas eruditos.

O norte da Itália completa, então, suas mudanças políticas. As ci-dades ricas, que foram se emancipando aos poucos da autoridade do imperador, tornam-se quase independentes. O poder passa para as mãos das grandes famílias, por vezes de origem burguesa. Elas pretendem impor-se pela magnificência de sua Corte. Em Florença, Lourenço, *o Magnífico*, da família dos Médici (os banqueiros), utiliza a arte como um instrumento de governo, acolhendo e protegendo os melhores artistas, como Leonardo da Vinci, Botticelli ou o jovem Michelangelo.

---

[136] A língua italiana fixou-se de acordo com os dialetos toscanos utilizados por Dante.

Os papas fazem o mesmo em Roma, para restaurar uma cidade abandonada durante o Grande Cisma.

A conjunção da política, da evolução dos modos de pensar e do desenvolvimento artístico assinala esse período. Para designar a mistura de otimismo e de vontade de ressuscitar a Antiguidade que a caracteriza, Vasari, artista e escritor italiano do século XVI, escolhe a palavra *Rinascita*, "o Renascimento".

★★★

OS PORTUGUESES PREPARAM AS GRANDES DESCOBERTAS
1415-1488

Dividido em inúmeras pequenas entidades na época da conquista árabe, o mundo cristão da Península Ibérica acabou se recompondo em torno de três Coroas. As duas principais são a de Castela e a de Aragão. Em 1469, o casamento de Isabel, herdeira da primeira, e de Fernando, ligado à segunda, cria o Estado com duas cabeças que se tornará a Espanha. A terceira Coroa é a de Portugal. Esse pequeno país está à frente dos outros: expulsou os últimos muçulmanos ainda no século XII, o que lhe permitiu ser o primeiro da Europa a concretizar sua unidade. Está em busca de um destino.

No início do século XV, a velha ideia da Reconquista,[137] de guerra contra os infiéis muçulmanos, ainda está muito viva, e alguns querem continuá-la além-mar. Em 1415, os portugueses conquistam Ceuta, em Marrocos. Puseram um pé na África. O infante Dom Henrique (1394-1460), um dos príncipes da família real, participou do cerco da cidade. É a única expedição a que esteve associado, mas ela lhe deu vontade e gosto para fazer viajar os outros. Um historiador do século XIX atribuiu-lhe o codinome de Henrique, *o Navegador*. O príncipe tem grandes projetos para seu país. O pequeno Portugal, perdido nos confins da Europa, está muito afastado das grandes rotas comerciais que atravessam o Oriente e chegam a Veneza. Mas Portugal tem a seu favor uma grande fachada sobre o oceano. Por que não utilizá-la? Por

---

[137] Ver capítulo 13.

que não traçar um destino marítimo? Muito religioso, Henrique sonha com a ideia de ir converter os povos da Terra. E, como nos tempos de Marco Polo,[138] também espera encontrar o famoso reino cristão do sacerdote João, o que permitirá atacar o flanco dos muçulmanos. Também tem o propósito de importar o ouro africano sem passar pelos intermediários árabes que controlam seu comércio. Henrique convida para o forte do cabo de São Vicente, em Sagres, onde estabeleceu uma escola de cartografia e navegação, todos os que podem servir a seu projeto – cartógrafos e mercadores, navegadores genoveses, africanos e árabes. Manda estudar e depois construir um novo tipo de barco, a caravela, mais simples e manejável que os já utilizados e muito adaptado ao papel que irá desempenhar. Também aluga os navios que ousam ir cada vez mais longe ao longo da misteriosa costa africana. Cada uma das viagens estabelece os alicerces de uma potência em formação. A Madeira é alcançada em 1418, e os Açores, em 1432. Cabo Verde é ultrapassado em 1444. Por onde passam, os marinheiros estabelecem um padrão, começam a comercializar e iniciam um tráfico infame: nesse mesmo ano de 1444, ocorre em Lagos, porto do sul do país, a primeira venda europeia de escravos vindos da África.[139]

Henrique, *o Navegador*, morre em 1460. O movimento que lançou está em pleno desenvolvimento. Onze anos mais tarde, o equador é ultrapassado. Em 1482, os barcos portugueses entram na embocadura do Congo. Em 1488, Bartolomeu Dias passa, no extremo sul do continente, por um cabo tão perigoso que o chama de "Cabo das Tormentas". O rei de Portugal[140] é mais otimista no que diz respeito às implicações desse périplo para o futuro do seu reino e muda-lhe o nome: será o Cabo da Boa Esperança.

---

[138] Ver capítulo 14.

[139] Aceita e apoiada pelos dirigentes islâmicos, a escravidão e o consequente tráfico transcontinental de escravos começaram ao final do século VII, na Ásia Central e na costa oriental da África, onde os árabes iam capturá-los ou trocá-los para depois vendê-los no norte da África e no Oriente Médio. (Ver Tidiane N'Diaye, *Le génocide voilé: étude de la traite négrière arabo-musulmane*, 2008). Assim iniciada, a escravidão iria durar catorze séculos, sendo oficialmente abolida na Mauritânia em 1981. Segundo a CNN, em 2007, entre dez e vinte por cento da população daquele país ainda vivia escravizada. [N.T.]

[140] Dom João II, rei decisivo dos descobrimentos, que o autor nunca menciona. [N.T.]

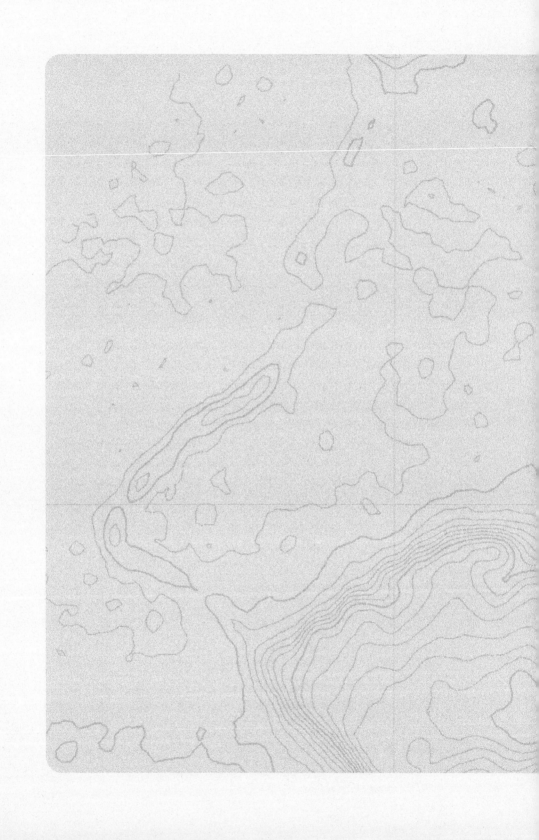

SEGUNDA PARTE

UM MUNDO RECONFIGURADO

O SÉCULO XVI

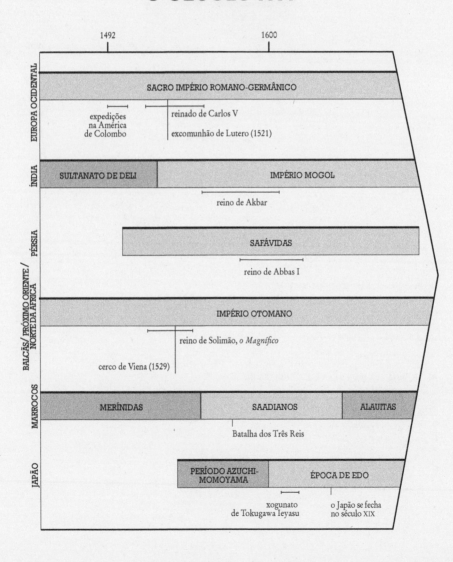

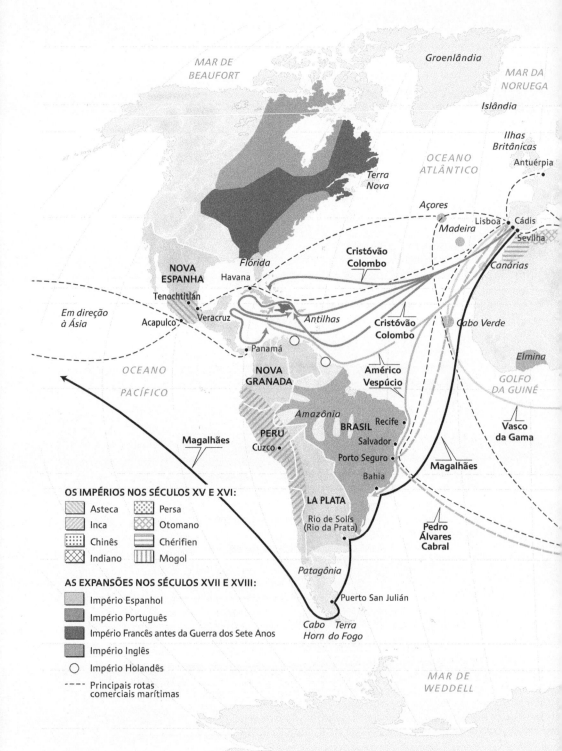

Os primeiros impérios coloniais europeus séculos XVI-XVIII

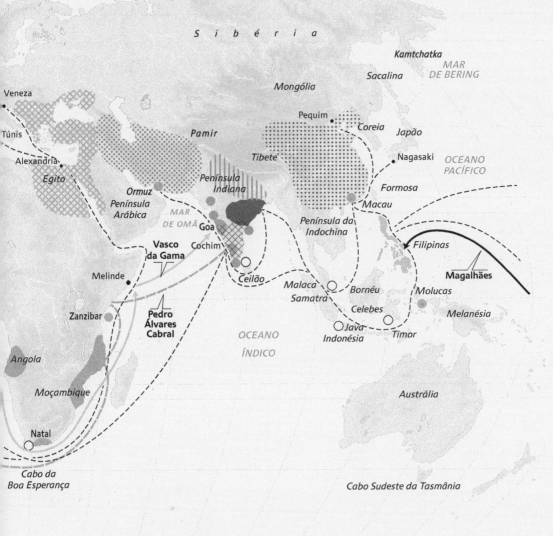

17

A Europa decola

VISTA EM UM planisfério em 1491, a Europa cristã é apenas um modesto cabo da Ásia,[141] uma ponta nos confins do mundo que pesa bem pouco quando comparada com as grandes civilizações muçulmana, chinesa ou indiana. Cinquenta anos mais tarde, os espanhóis teriam conquistado metade de um continente cuja existência ignoravam até então, e os portugueses, instalados em suas feitorias asiáticas, teriam captado para seu proveito uma grande parte do comércio mundial.

Ao final do século XVIII, o cristianismo está em uma posição de força por toda parte: a América do Norte é colonizada pelos brancos, a África sangrada pelo tráfico de escravos, a Índia submetida aos ingleses e a imensa Austrália em vias de também o ser. A Europa reina no mapa, inclusive sobre os nomes que lá inscreve. A América deve o seu a um mercador florentino, as Filipinas a um rei espanhol, as Ilhas Maurício a um príncipe holandês, e o Brasil a uma metonímia portuguesa.[142] No século XXI, a questão continua a se colocar. Como foi possível tal fenômeno? Por que razão a China, a Índia ou o mundo muçulmano, que, como já vimos, foram poderosos e inventivos, se deixaram distanciar tanto e em tão pouco tempo por um rival tão insignificante até então?

---

[141] A expressão é do poeta e ensaísta francês Paul Valéry. Ficou célebre nos anos 1920, quando o trauma da Primeira Guerra Mundial o fez recear que a civilização europeia ficasse reduzida à pequena ponta que era antes da sua decolagem.

[142] América: remete ao viajante Américo Vespúcio; Filipinas: homenagem a Filipe II da Espanha; Brasil: de onde vinha uma madeira preciosa, vermelha como a brasa, em português.

Vamos por partes, através do tempo. O domínio quase absoluto do Ocidente sobre o resto do planeta só acontecerá no século XIX. Durante os três séculos que vamos abordar agora, os séculos XVI, XVII e XVIII, que correspondem ao que a historiografia europeia tradicional chama de "Tempos Modernos", as antigas potências ainda estavam de pé. O Islã continua sua expansão, como provam os grandes impérios muçulmanos: mongol, persa, otomano ou xerifino que, no início do século XVI, instalam-se ou reforçam suas posições da Índia até Marrocos.[143] O Japão, ao optar por fechar-se em si mesmo, consegue escapar à influência ocidental.[144] O Império Chinês atinge no século XVIII o seu apogeu territorial e, graças à exportação das porcelanas, da seda e do chá, continua a ser, até 1800, a primeira potência comercial do mundo.

O impulso e a dinâmica estão indiscutivelmente do lado europeu. A partir do século XVI, a Europa parece ter o vento da História a empurrá-la, enquanto os outros parecem recebê-lo de frente. Há muito tempo que historiadores e ensaístas tentam encontrar explicações para esse fenômeno. Elas são filtradas, regra geral, pelo crivo das ideologias de cada um. Conservadores ou neoconservadores consideram que o domínio do Ocidente é consequência da suposta superioridade de seus valores e de sua religião sobre todos os outros. Marxistas ou positivistas concentram-se nas causas materiais da decolagem europeia, decretando, depressa demais, que os fatores ideológicos e religiosos são secundários. Não tomamos partido. Contentamo-nos em apresentar o contexto no qual o fenômeno se inscreve.

Em todos os livros europeus, a primeira metade do século XVI é chamada "Renascentismo". A palavra reflete todo o otimismo da época. Nascido na Itália no século anterior, apoiado em pintores e escultores que, ao querer fazer renascer a Antiguidade, inventam uma nova estética, o movimento se espalha pelo conjunto da Europa a partir dos anos 1500 e desencadeia uma revolução das mentalidades. A mudança no significado da palavra reflete o fenômeno. Já vimos que,

---

[143] Ver capítulo 21.

[144] Ver capítulo 22.

no século XV, um humanista[145] é um erudito que estuda os antigos textos gregos e latinos. Cinquenta anos mais tarde, é um pensador que centra sua reflexão no homem. O holandês Erasmo (1469-1536) é o arquétipo. Modesto cônego de Roterdã, estudou teologia e filosofia em Paris, e depois de ter percorrido a Europa e ter se encontrado com todos os grandes espíritos do seu tempo, instala-se na Suíça e corresponde-se com eles, tornando-se uma espécie de consciência moral da época. Apela para que os homens leiam as Escrituras e se apropriem delas, e contribui para o lugar de maior relevância dado ao indivíduo e à reflexão. Costuma-se dizer que a Idade Média estava voltada para Deus e determinava que a submissão aos senhores feudais era a fonte da sabedoria. O Renascimento desvia o olhar para o homem. Incita-o a pensar por si e a se libertar dos dogmas. Daí nasceram os primeiros passos do método científico. Vesálio, um médico flamengo (1514-1564), é considerado pai da anatomia porque foi o primeiro a tentar compreendê-la sem remeter aos estudos livrescos dos mestres gregos, mas observando os cadáveres que dissecava. O polaco Copérnico (1473-1543) consegue demonstrar que a Terra gira em torno do sol, e não o sol em torno da Terra, como a Igreja afirmava e como os homens acreditavam desde sempre. Essa reviravolta completa do pensamento foi chamada de "revolução copernicana".

É claro que essa análise tem nuances. Nossa forma de ler a História já não é a dos positivistas beatos do século XIX, verdadeiros devotos da ideia de progresso. Eles pensavam que, graças à ciência e à razão, a humanidade avançava inevitavelmente rumo ao Bem, e encaravam o Renascimento apenas como uma etapa desse caminho. Quem, depois de Verdun, de Auschwitz e de Hiroshima, pode pensar ainda que o Ocidente e a ciência só podem conduzir ao paraíso? Em contrapartida, a Idade Média ocidental não foi o longo túnel obscurantista tão apregoado.[146] Ela também teve seus renascimentos e seus períodos de efervescência intelectual, do mesmo modo que o século XVI também tem uma faceta sombria.

---

[145] Ver capítulo 16.

[146] Ver capítulo 13.

Quase contemporâneo de Erasmo, Lutero (1483-1456), pai do protestantismo, também promove uma fé mais individual, que pretende libertar-se do espartilho clerical. O cisma que desencadeia traduz-se nas centenas de milhares de mortos nas guerras de religião e em uma recrudescência de fanatismo igualmente repartida entre os dois campos.

No momento em que Portugal lança a era das "grandes descobertas" (os descobrimentos), a Espanha inaugura uma política religiosa que prefigura uma "modernidade" sem a qual o mundo teria passado bem. O primeiro gesto dos reis católicos depois de terem concluído a Reconquista da parte espanhola da Península Ibérica – com a tomada de Granada, último vestígio da presença muçulmana, em 1492 – é expulsar os judeus, e depois os mouros, que ali viviam há séculos.[147] Os que querem ficar devem se converter, como tantos outros judeus e muçulmanos precisaram fazer. A suspeita logo se alastra a todos esses numerosos cristãos-novos: e se eles continuassem a praticar em segredo seus antigos cultos? A dúvida descamba para uma caça delirante, que é confiada à Inquisição. Seus métodos, quando comparados com os da Inquisição medieval, dão a ideia de que esta última era humanista: os juízes têm plenos poderes para meter na prisão e torturar toda e qualquer pessoa, sem prestar contas a ninguém e sem sequer dizer às vítimas de que crimes estão sendo acusadas. Essa paranoia origina uma nova legislação. A partir do século XVI são criadas leis ditas "de pureza do sangue",[148] que reservam numerosos empregos para os que podem provar que não têm qualquer antepassado judeu ou mouro. A Idade Média podia ser antijudaica, isto é, podia odiar a religião judaica, mas sabia-se que bastava uma conversão para "branquear" um indivíduo. Partindo do princípio de que o judaísmo passa, por assim dizer, pelo sangue, a Espanha entra em outro sistema de pensamento.

O restante da Europa, sobretudo os países protestantes, tem outras obsessões. Perseguem as mulheres, pelo menos aquelas que os juízes, que são homens, suspeitam de ter negócios com o diabo. Ainda hoje, a ideia dominante é que as imagens de *sabats*, de magia negra ou de

---

[147] A Inglaterra foi o primeiro país europeu a expulsar os judeus, em 1290, para expropriá-los. Seguiu-se a França, em 1306. [N.T.]

[148] *Limpieza de sangre*, em espanhol.

voos em vassouras estão associadas à Idade Média. No entanto, é nos séculos XVI e XVII que ocorre a "caça às bruxas" e que milhares de vítimas são enviadas para a fogueira.

A Igreja mantém uma atitude intransigente face aos que querem pensar por si mesmos. Apesar de ter uma confiança absoluta no resultado de suas pesquisas, Copérnico não os publica por medo dos tribunais eclesiásticos. Mais de meio século após sua morte, Galileu consegue provar que os cálculos dele estavam corretos. Processado, é obrigado a se retratar para escapar à fogueira da Inquisição.[149]

Apesar dessas aberrações, o clima geral da época dá à Europa um dinamismo que outras grandes civilizações já não têm. Como tivemos oportunidade de mencionar, a bússola, o leme axial e a pólvora de canhão, ou seja, quase todas as grandes invenções que permitem ao Ocidente lançar-se à conquista do mundo, foram importadas. Vêm da China, trazidas pelos árabes. No século XVI, a fibra inovadora chinesa parece quebrada. E o Islã, tão ávido por conhecimento na época dos grandes califas de Bagdá, rejeita-os agora, sufocado pelo poder religioso. Quando a primeira imprensa chega a Istambul, escreve o orientalista Bernard Lewis, o sultão, em vez de mandar seus sábios estudá-la, pede a opinião dos ulemás.[150] Pressionar ou comprimir o Alcorão seria um sacrilégio, decidem os homens de Deus, e é preciso proibir essa ferramenta diabólica. A decisão foi tomada. A imprensa só entrará no mundo otomano bem no fim do século XVIII, levada pelas tropas de Napoleão que desembarcam no Egito.

É preciso vontade para enfrentar o mundo. O Ocidente, que sonha com as fabulosas sociedades orientais desde que Marco Polo as descreveu, tem essa vontade. Os outros, não. Como já vimos, o Império da China, do alto de sua superioridade, condescendeu, no início do século XV, em enviar uma frota para visitar os países dos bárbaros.[151] Rapidamente desistiu. Os muçulmanos, igualmente convictos da superioridade de sua civilização, sequer pensam nisso.

---

[149] Ver capítulo 26.

[150] Ver Bernard Lewis, *l'Islam* (2005).

[151] Ver capítulo anterior.

Continuam a dilatar o *dar al-islam*, o território muçulmano, como fazem os otomanos nos Balcãs ou ao norte do Mar Negro, mas os mundos longínquos não lhes interessam. É isso que Bernard Lewis nos recorda. No célebre *Discurso sobre a História Universal*, de Ibn Khaldun, um dos maiores espíritos do século XV, a única referência aos reinos europeus é uma alusão aos visigodos, porque possuíam a Península Ibérica antes dos árabes. Os outros não dizem respeito aos muçulmanos, logo não existem.

No fim do século XV, início do século XVI, verifica-se um salto demográfico que vai do Atlântico ao Mar da China e afeta todo o Mundo Antigo, provocando um *boom* econômico. Os negócios prosperam. Controlados há séculos pelo Oriente, esses negócios escapam à Europa, onde, no entanto, a procura é muito grande, como em toda parte. Paradoxalmente, essa fraqueza lhe será útil, porque a obriga a procurar as novas rotas comerciais que farão sua fortuna. Os europeus precisam de ouro e prata, que as minas da Europa Central não fornecem em quantidade suficiente. Portugal, como já vimos, começa a se aventurar ao longo das costas africanas para colapsar o monopólio dos árabes.[152] O país também sonha com a possibilidade de se apropriar de outros produtos de grande valor. Com o aumento do nível de vida, há uma explosão na procura por especiarias. Elas servem para os cozinheiros, mas sobretudo para os boticários. São oriundas do sul da Índia ou de ainda mais longe, das Molucas, um arquipélago da Indonésia, e depois encaminhadas pelos mercadores árabes e persas que as transportam, via terrestre, através do Oriente Médio, ou de barco pelo Mar Vermelho. Depois, ainda têm de atravessar o Egito, em caravanas de camelos, para que os mamelucos as revendam à habilidosa Veneza, que com isso faz fortuna. A Sereníssima pode até ser cristã; Portugal não tem problemas de consciência e tenta acabar também, por todos os meios, com este outro monopólio.

---

[152] Ao contrário dos autores marxistas, outros historiadores, especialmente o francês Jean-François Labourdette, consideram que a principal motivação dos portugueses foi de índole religiosa: era preciso continuar a Reconquista, mantendo o espírito de cruzada contra o Islã. As razões econômicas terão surgido mais tarde, depois da chegada à Índia e sempre a par da primeira (Jean-François Labourdette, *Histoire du Portugal*, 2000). [N.T.]

Estamos agora perante outra chave da aventura europeia. Os especialistas a chamam de "policentrismo", isto é, a partilha do continente em várias potências, estimuladas pela concorrência. O Império Chinês do século XVI é bem mais importante que a pequena Europa, mas está entravado pelo seu centralismo. Já vimos que um imperador conseguiu lançar aos mares uma frota imensa. Bastou outro, no entanto, para enterrar de vez esses sonhos oceânicos. As rivalidades europeias produzem o efeito contrário. Colombo, rejeitado pelos portugueses, acaba servindo à Espanha. Do mesmo modo, todos os ocidentais – franceses e ingleses, e depois holandeses ou suecos – se lançarão à conquista do mundo, apenas por não suportarem a ideia de que ele estava reservado aos ibéricos.

Missão

Como todos os grandes empreendimentos humanos, esse também não teria sido possível se não tivesse sido engendrado por uma força fascinante, ainda mais eficaz que a ganância, para levar os homens a arriscar tudo, dando-lhes a certeza de que o fazem em nome do Bem: uma crença.

A princípio, a questão pode se resumir ao choque, bastante clássico em termos de História, entre dois impérios. Para o mundo cristão, trata-se de enfrentar o Islã, o grande rival monoteísta. Ao pôr um pé na África, ao tentar arrasar o comércio árabe, os portugueses continuam o combate iniciado com a Reconquista. O restante da Europa, tetanizado pela queda de Constantinopla, vive assombrado pela preocupação de enfrentar o perigo otomano.

Quase ao mesmo tempo, surge outro sentimento, ainda mais temível. A Europa cristã sente-se incumbida de uma missão: está intimamente persuadida de que seu dever é converter todos os outros povos à sua religião, às suas normas e aos seus valores. Pode-se dizer que essa foi a regra da maioria dos impérios do passado. Romanos, chineses, persas, árabes, todos manifestaram uma clara vontade de pilhar as riquezas dos povos conquistados, ao mesmo tempo em que tinham a certeza de estarem levando-lhes *a* civilização, isto é, a civilização *deles*. A Europa, a partir do século XVI, eleva esse fenômeno a um nível jamais visto até então, porque o aplica ao mundo inteiro.

A partir de 1492 e do regresso de Colombo, que acredita ter encontrado as Índias em nome do rei da Espanha, os portugueses ficam preocupados. As Índias não eram deles? As duas potências católicas apelam para o Papa. Lisboa não aceita a primeira decisão, favorável demais para Madrid. Após discussões, o Papa volta a se pronunciar. É formalizado um tratado, assinado na pequena cidade de Tordesilhas, em Castela, que estabelece uma linha no meio do Atlântico que divide a Terra. O Ocidente, para além das ilhas que Colombo acabou de descobrir, pertence à Espanha. O Oriente, onde fica a África, mas também uma parte do Brasil, pertence a Portugal.[153] Estamos em 1494. Nem os portugueses, nem os espanhóis, nem o Papa, têm a menor ideia do mapa real da Terra, nem dos povos que a habitam, nem dos deuses em que acreditam. Em nome do seu deus, acabam de partilhá-la.

---

[153] Dom João II rejeita a primeira decisão do Papa, considerada favorável demais à recém-formada Espanha, e discute os termos do que viria a ser o Tratado de Tordesilhas, firmado diretamente com os reis espanhóis. O Papa se limitou a "ratificar" o acordo. [N.T.]

18

O Império Português

No século XVI, os portugueses instalam uma impressionante Coroa de feitorias que vai da costa marroquina ao sul do Japão, passando pela Índia e pela Indonésia.

DEPOIS DE TER seguido o caminho cuidadosamente traçado pelos seus predecessores há três quartos de século até passar o cabo mais ao sul da África, e de ter se lançado através do Oceano Índico, Vasco da Gama (1469-1524) chega às Índias em 1498. A façanha de Colombo datava de 1492. Os espanhóis tinham antecipado os portugueses. Desde então, na memória da grande expansão oceânica do século XVI, Portugal figura como eterno segundo. É injusto, em termos de História. Ao instalar-se no Brasil, na África e em todo o sudeste asiático, da Índia à costa chinesa, esse país tão pequeno conseguiu forjar em meio século um império de extensão jamais vista até então. É uma pena no plano da historiografia, isto é, da maneira como se conta a história. Desde o final do século XX que, recorrendo a outras fontes e com um novo olhar, alguns grandes investigadores alteraram o que se acreditava saber sobre esse episódio, tornando-o um dos grandes exemplos dessa nova história mundial para a qual este livro quer despertar interesse.

Comecemos pela forma tradicional de apresentar as coisas. Como acontece com frequência, ela data sobretudo do século XIX, época da superioridade europeia e das grandes narrativas nacionalistas. Era a continuação de uma mitologia quase contemporânea dos próprios acontecimentos. A partir dos anos 1570, com *Os Lusíadas*, longo poema épico na tradição de Homero e Virgílio, o poeta Camões (1524-1580), que também foi marinheiro e viajante, cantou a glória oceânica de seu país e fez de seus grandes navegadores os Eneias e os Ulisses de seu tempo.

Em 1498, portanto, tendo vencido os perigos de uma viagem tão longa, os navios saídos de Lisboa chegam a Calecute, o rico porto comercial da costa ocidental indiana. Vasco da Gama, comandante da expedição, encontra-se com o príncipe que ali reina e que tem o título exótico de samorim de Calecute. As grandes pinturas pretensiosas do século XIX mostram-no como um príncipe das *Mil e uma noites*, recostado em tapetes, coberto de plumas e joias, rodeado de escravos forçosamente robustos e sensuais. Sente-se que o austero cristão que está diante dele, direito e apertado em seu sóbrio gibão ocidental enquanto lhe entrega a carta de seu rei, não tardará em sacudir esse mundo lascivo e decadente.

Na realidade, assim que essa cena inaugural é pintada, a História embala. Logo na sua segunda viagem, Vasco da Gama funda a primeira feitoria[154] portuguesa em Cochim, na Índia, um desses lugares de onde partem as mercadorias para a Europa. O negócio prospera depressa. Em 1503, a pimenta é cinco vezes mais barata em Lisboa que em Veneza.[155] A Sereníssima, cujo monopólio é quebrado por essa concorrência brutal, prepara-se para viver décadas difíceis. O venturoso Dom Manuel I merece sua alcunha em todos os sentidos do termo: em poucos anos, torna-se um dos soberanos mais ricos do Ocidente. Seus governadores – chamados de vice-reis das Índias, Almeida (1450-1510) e Albuquerque (1453-1515) – podem aprofundar a rota marítima aberta por seus predecessores. Em 1510, Goa, conquistada, torna-se a capital das Índias portuguesas. Em 1511, os portugueses dão um golpe de mestre ao conquistar Malaca. Situada na ponta da península da Malásia, em um local estratégico onde se cruzam as rotas do Mar da China e as do Oceano Índico,

---

[154] Os puristas estabelecem uma diferença entre uma feitoria, que pertence a comerciantes, e um centro comercial, que pertence a uma nação. Esses termos são muitas vezes utilizados no lugar um do outro. (De acordo com a terminologia do autor, os portugueses abriram na Índia um centro comercial, e não uma feitoria. [N.T.])

[155] Ver Edith e François-Bernard Huyghe, *Les coureurs d'épices* (2002).

esse pequeno principado portuário é, de acordo com Stefan Zweig, o verdadeiro "Gibraltar oriental".[156] Fundado por um ambicioso sultão um século antes, Malaca é a plataforma giratória do comércio do Extremo Oriente, o lugar onde se trocam as sedas da China, as especiarias do Mar de Sonda e os algodões indianos.[157] A partir de Malaca, os navegadores conquistadores podem ir ainda mais longe, até as Molucas, longínquas ilhas com que se sonhava no Ocidente e que fornecem ao mundo o precioso cravo-da-índia. Bons estrategistas, os portugueses têm o cuidado de manter segura a longa rota que acabaram de abrir. É assim que edificam fortalezas na costa ocidental da África; na costa oriental; em Ormuz, porta de entrada do Golfo Pérsico, conquistada dos árabes; e em Colombo, no sul do Ceilão. Seus canhões estão prontos para atirar se for necessário proteger os interesses de Lisboa.

Apenas a chegada de Magalhães às Filipinas, esse desertor então a serviço do rei da Espanha, parece romper a hegemonia portuguesa nos mares da Ásia. Mas o que importa? O acaso ou, antes, os ventos da fortuna devolveram a Oeste o que foi perdido a Leste. Em 1500, Pedro Álvares Cabral, outro navegador português, segue a rota africana em seu barco. À procura de correntes favoráveis, deriva tanto para o oeste que chega a uma costa desconhecida. Descobriu o Brasil, oferecendo ao seu país uma parte do Novo Mundo.[158]

Essa é, como dissemos, a versão do episódio registrada pelos europeus há até pouco tempo. Fundamenta-se, evidentemente, em fatos incontestáveis. Alguns grandes historiadores de hoje nos ensinaram, no entanto, que bastava olhar para esse fato sob outros pontos de vista para ter uma ideia diferente do acontecimento. É o caso do historiador

---

[156] Na sua biografia de Magalhães.

[157] É, sobretudo, um ponto militar fundamental para controlar estrategicamente os mares e oceanos que a rodeiam. [N.T.]

[158] Cabral chefiava uma frota a caminho das Índias, para onde continuou depois de ter chegado ao Brasil. A historiografia moderna admite a possibilidade de Cabral ter apenas "oficializado" a descoberta, mantida secreta enquanto Dom João II negociava o Tratado de Tordesilhas com os espanhóis e "empurrava" a linha de demarcação para oeste, de modo a incluir o Brasil na parte portuguesa. [N.T.]

O IMPÉRIO PORTUGUÊS | 239

e universitário indiano Sanjay Subrahmanyam, especialista no que classifica como "Império português da Ásia" e truculento biógrafo de Vasco da Gama.[159] Ele nos convida a alargar nosso campo de visão. Ao contrário do que creem avidamente os europeus, o mundo existia antes deles se darem conta disso. A Índia do fim do século XV não é uma beleza decrépita sem herdeiros, à espera de que seus salvadores venham acordá-la. É um país rico e dinâmico. O Norte, dominado há trezentos anos por sultões que residem em Deli, será conquistado em breve por outros muçulmanos, os poderosos mogóis.[160] A costa sudo-este está dividida em pequenos principados, muitas vezes hinduístas. O comércio está nas mãos de ricos mercadores de várias proveniências, árabes, persas ou guzerates (habitantes de Guzerate, região da Índia), que fazem fortuna graças à sua boa posição na rede intensa que, há séculos, permite circular homens e mercadorias do Mediterrâneo árabe ao Mar da China.

O primeiro marinheiro português que desembarca no movimentado porto de Calecute fica boquiaberto com as primeiras palavras que ouve. Não são pronunciadas em uma língua exótica, mas em uma mistura de genovês e castelhano, por dois mouros que viveram em Túnis: "Diabos te carreguem! Que estás a fazer aqui?". De fato, o que eles foram fazer ali? Nesse universo habituado à opulência, os portugueses que descem dos pequenos barcos, malvestidos, magros e cheirando mal, não têm aspecto de conquistadores, mas de primos pobres da província. E o famoso encontro entre Vasco da Gama e o samorim, como nos recorda divertidamente Subrahmanyam, é menos lisonjeiro para o primeiro do que nos belos quadros acadêmicos do século XIX. O príncipe indiano está muito desiludido: raramente viu um estrangeiro ousar oferecer-lhe presentes tão medíocres.[161]

---

[159] Citemos *L'Empire portugais d'Asie* (1508-1700) (2013) [*O império asiático português* (1995)], e, sobretudo, *Vasco da Gama: Légende et tribulations do vice-roi des Indes* (2012) [*A carreira e a lenda de Vasco da Gama* (1998)].

[160] Ver capítulo 21.

[161] Sanjay Subrahmanyam, o grande historiador indiano a que o autor se refere, sintetiza assim a questão de Vasco da Gama e da chegada à Índia: "É um herói, porque trouxe a Europa até a Índia e transformou a história do mundo" (*Expresso*, 27 set. 2016). [N.T.]

De fato, a partir da sua segunda viagem, o tom português muda, e sua diplomacia torna-se mais ofensiva. Trata-se de outra faceta cuidadosamente apagada do afresco tradicional. A conquista portuguesa não foi um passeio agradável visando o bem do comércio e da civilização. Foi realizada com grande violência por uma tropa capaz das piores brutalidades. Por causa da periculosidade das viagens, as tripulações dos navios, como nos ensina o historiador indiano, são compostas em parte por condenados de direito comum a quem prometeram a liberdade ao regresso, caso regressassem. É a única maneira de preencher os barcos.[162] Capazes de enfrentar todos os perigos, os chefes das expedições não são criminosos e, regra geral, são homens de uma coragem sobre-humana, que a posteridade conservou. Não é inútil acrescentar que sua intrepidez tinha muito a ver com o fanatismo religioso. Nada pode acontecer-lhes, visto que Deus está com eles. Formados na mitologia da Reconquista, odeiam particularmente os muçulmanos, que também consideram seus principais rivais comerciais. São capazes de tudo para aplacar esse ódio. Para além dos bombardeamentos da costa e dos diversos massacres dirigidos aos bairros muçulmanos, um dos feitos de armas de Vasco da Gama foi afundar, sem muita razão para tal, um barco repleto de pacíficos peregrinos que regressavam de Meca, deixando afogar a tripulação e os passageiros, incluindo mulheres e crianças, sem qualquer escrúpulo. Assim que conquistou Goa, seu sucessor Albuquerque mandou queimar as mesquitas e massacrar a população masculina. Guardou as mulheres para dar aos soldados. Os indianos, cuja religião os portugueses compreendem tão mal que começam a considerar uma forma longínqua do cristianismo, são poupados num primeiro momento. As perseguições e a destruição dos templos virão mais tarde.

No que diz respeito aos métodos utilizados, os marinheiros portugueses estão menos afastados do que se julga de seus primos, os conquistadores espanhóis. No entanto, a Ásia não é a América, e o Império Português não é o Império Espanhol.

---

[162] Essa forma de recrutar tripulações para os barcos foi utilizada por todas as marinhas de guerra europeias até o século XIX. Nos anos 1800, as tripulações da Marinha Real Britânica, que tinham de combater a ditadura de Napoleão, ainda eram recrutadas nas prisões e entre os condenados à morte. [N.T.]

Implantados em Malaca depois de a terem conquistado, os portugueses ouvem mercadores chineses falarem sobre o rico império de onde vêm. Curiosamente, não o associam ao fabuloso reino de que fala Marco Polo, que, no entanto, estava presente em todos os espíritos. O veneziano o chamara de Catai, nome de uma antiga província chinesa, e os portugueses tiveram dificuldade para situá-lo. Fato é que, tal como os espanhóis ouviram falar dos Eldorados asteca ou inca, os portugueses sonham com a China. Ao contrário do que acontece no Novo Mundo, o Mundo Antigo resiste ao impacto. O francês Serge Gruzinski, outro grande nome da nova "história mundo", traçou um paralelo apaixonante entre dois acontecimentos quase contemporâneos.[163] No momento em que Cortés derruba o mundo asteca, os portugueses são repelidos pelo velho Império do Meio, ainda perfeitamente capaz de se defender. Apesar de todo o dinheiro com que corrompeu os eunucos imperiais e dos anos de espera que passou, entre outras coisas, fazendo a lenta aprendizagem do protocolo, o primeiro embaixador, Tomé Pires, sequer chega a ser recebido pelo imperador.[164] O imperador morre antes do encontro, e seu sucessor manda prender o embaixador porque nunca se pode confiar em estrangeiros. Em 1522, uma frota portuguesa enviada talvez para libertá-lo percebe o que custa desprezar os juncos chineses que guardam a costa: é obrigada a dar meia-volta, depois de sofrer um desastre.

Ainda assim, o balanço é positivo para Portugal. Depois dos primeiros reveses, os portugueses conseguiram que os chineses lhes oferecessem um posto na costa para comercializar. Em 1557, instalam-se na península de Macau. Cerca de dez anos antes, um grupo de compatriotas deles tinha chegado a Nagasaki. Na segunda metade do século XVI, uma impressionante Coroa de fortalezas e feitorias permite que o pequeno reino estenda sua influência e seus interesses comerciais da costa do Marrocos ao sul do Japão. O objetivo

---

[163] Ver Serge Gruzinski, *L'Aigle et le Dragon* (2012).

[164] Na mesma obra, Gruzinski escreve: "O imperador [...] encontrou-se com a embaixada de Tomé Pires em Nanquim. De fato, está hoje demonstrado, a partir de fontes chinesas, que esse encontro aconteceu [...]", op. cit. [N.T.]

das expedições era, de acordo com a fórmula atribuída a Vasco da Gama, "encontrar cristãos e especiarias".[165] As segundas, trazidas para Portugal em barcos carregados, fazem a fortuna de Lisboa. Sua Majestade Fidelíssima, em contrapartida, encarrega-se de multiplicar os primeiros. Em todas as feitorias e praças-fortes, da África, da Índia, da Malásia e da China, são construídas belas igrejas sóbrias, brancas e imponentes, que é possível admirar ainda hoje. Os missionários trabalham para enchê-las com as almas que acabam de converter. O mais célebre é Francisco Xavier (1506-1552), um nobre basco, amigo de Inácio de Loyola, com quem fundou a ordem dos jesuítas. Recomendado pelo Papa ao rei de Portugal, desembarca em Goa, onde reorganiza a vida cristã, viaja até Malaca, depois para as Molucas e chega ao Japão.[166] De acordo com suas piedosas biografias, conseguiu converter cerca de mil japoneses.[167] Seu grande sonho era converter a China, mas ele morre diante de Cantão, sem lá entrar. Seus talentos de prosélito lhe valeram a auréola e a alcunha de "apóstolo das Índias".

O edifício pacientemente construído no início do século XVI tem, no entanto, fraquezas que o impedem de durar muito tempo. Portugal já tem muitas dificuldades para constituir as guarnições encarregadas de guardar suas posições. Não há gente suficiente para desenvolver uma política de colonização.[168] Sua existência é frágil, mesmo na Europa. Em 1580, uma crise dinástica acaba com sua independência. Por meio de um hábil casamento, a Espanha consegue incluir o reino em sua Coroa, e Portugal só recuperará a independência em 1640.[169]

---

[165] Expressão atribuída ao primeiro intérprete que Gama enviou à terra. [N.T.]

[166] Ver capítulo 22.

[167] O autor menciona adiante a morte de 37 mil católicos em apenas um dos vários massacres de que foram vítimas. Segundo a historiadora japonesa Mihoko Oka, havia 300 mil cristãos no Japão no início do século XVIII. [N.T.]

[168] Vítima da peste, como o restante da Europa, calcula-se que a população portuguesa no início dos descobrimentos situava-se entre 900 mil e 1,4 milhões de habitantes. [N.T.]

[169] Rigorosamente, é a morte de Dom Sebastião em Alcácer-Quibir que está na origem do reinado espanhol das "duas Coroas", como ficou conhecido. [N.T.]

Durante sessenta anos, Lisboa tem de enfrentar nos mares (e em suas posses terrestres) os inimigos de Madrid, os ingleses e, sobretudo, as Províncias Unidas, potência emergente do século XVII que acaba de se formar a partir da secessão dos Países Baixos de Filipe II.[170] Excelentes marinheiros, os holandeses conseguem ocupar Ormuz, Ceilão e Malaca, expulsando os portugueses, já enfraquecidos.

O próprio Brasil chega a ser ameaçado pelos rivais europeus que se instalam em suas costas. *In fine*, Portugal consegue conservá-lo para si. No início, explora-se ali apenas a madeira vermelha que deu nome ao país e que se compra dos indígenas em troca de ferramentas metálicas de que precisam. Nos anos 1570, os portugueses começam a plantar a cana-de-açúcar. Os indígenas são combatidos e afastados. Os brancos se instalam. Trazem os negros. Os primeiros contingentes de escravos, comprados na África, desembarcam nos portos da costa sul-americana.

---

[170] Ver capítulo 20.

19

O Império Espanhol

PODE-SE LUCRAR COM o erro! Cristóvão Colombo (1451-1506), um marinheiro genovês, vive obcecado por um grande projeto. À semelhança da maioria das pessoas cultas do seu tempo, sabe que a Terra é redonda. Partindo desse princípio, faz uma dedução que parece muito simples e que foi de grande audácia: para chegar às riquezas da China, basta navegar para o ocidente. Depois de ter estado em vários lugares da Europa, instala-se em Lisboa, a Meca dos navegadores do século XV, onde seu irmão atua como cartógrafo. Começa, naturalmente, apresentando seu plano ao rei de Portugal e à comissão que trata das expedições. O plano é recusado. Talvez o soberano, Dom João II, não queira alterar o grande projeto de chegar à Índia pela rota africana, pacientemente explorada desde que foi lançada há meio século por Henrique, *o Navegador*.[171] Talvez seus conselheiros intuam que o genovês está enganado. De fato, a teoria de Colombo está correta, mas os cálculos, baseados em uma cartografia errada, são falsos. A Ásia fica mais longe do que Colombo acredita. Os especialistas do rei têm razão. Colombo comete um erro monumental. Ele fará sua glória.

Despeitado, o marinheiro vai embora. O projeto é recusado também na Espanha. Colombo encara a hipótese da França, mas, por fim, após anos de espera, regressa a Espanha e obtém o acordo de Isabel, *a Católica*. Estamos em 1492. Em agosto, as três caravelas mais célebres do mundo partem de Palos de la Frontera, um pequeno

---

[171] Ver capítulo 16.

porto andaluz, escrevendo assim a cena inaugural de um grande drama histórico em três atos.

O primeiro é uma desilusão. Colombo é um marinheiro excepcional. Realiza uma travessia do Atlântico que ninguém ainda tinha conseguido efetuar naquela latitude. Chega às Bahamas, depois a Cuba e a Santo Domingo (Hispaniola).[172] Regressa com dez cativos que chamou de "índios", porque tem certeza de ter chegado às Índias Orientais, como então se chamava a longínqua Ásia, mas não encontrou ouro nem especiarias. Os reis espanhóis, pensando ter ultrapassado os portugueses, consideram que a viagem foi um triunfo. Colombo volta a partir, regressa, vive altos e baixos, recebe honrarias e cai em desgraça. Após a quarta viagem ao longo das costas venezuelanas, morre em meio a delírios místicos. Convenceu-se de que tinha alcançado o paraíso terrestre. Os habitantes das Antilhas, graças a ele, descobrem o inferno. Os indígenas começam acolhendo bem os recém-chegados. Ajudaram-lhes até a construir os primeiros fortes, mas os abusos dos espanhóis desencadeiam vinganças que, por sua vez, provocam represálias cada vez mais desproporcionais. As doenças levadas pelos europeus completaram o trabalho das espadas e dos arcabuzes. Em poucas décadas, a população autóctone, calculada por vezes em vários milhões em 1492, cai entre oitenta a noventa por cento. Os raros sobreviventes são reduzidos a escravos nas minas ou nas primeiras plantações de cana-de-açúcar feitas pelos colonos.

A Espanha entra na era das "grandes descobertas". A expressão, criada no século XIX, dá uma ideia do papel que a Europa considera ser o seu. A partir de agora, o mundo passará a existir com a condição de ser descoberto. Em 1497, Caboto, outro italiano a serviço do rei da Inglaterra, chega às costas da América do Norte. Em 1498, o português Vasco da Gama chega à Índia e realiza enfim o sonho de Henrique, *o Navegador*.[173] No início do século XVI, o navegador florentino Américo Vespúcio, a serviço de Portugal, é o primeiro a perceber que as costas que explora pertencem a um "novo mundo".

---

[172] Nome dado pelos espanhóis à grande ilha atualmente partilhada entre o Haiti e a República Dominicana.

[173] Ver capítulo anterior.

Um cartógrafo o batiza de "América" em sua honra.[174] Duas décadas mais tarde, Magalhães, outro português a serviço dos espanhóis, realiza a maior das proezas. Atravessa o Atlântico, passa o cabo sul da América e, depois de ter enfrentado esse grande oceano aparentemente tão calmo que é chamado de "Pacífico", consegue alcançar as ilhas das especiarias navegando para oeste. É morto em uma luta contra os indígenas. Trata-se de mais uma das inúmeras vítimas dessas viagens que o escorbuto, a fome, as intempéries, as batalhas contra as populações indígenas ou ainda os motins resultantes de tantas angústias tornavam extremamente perigosas. Magalhães saiu da Espanha em 1519 com 265 homens e 5 navios. Em 1522, apenas um deles lança a âncora em um pequeno porto não muito longe de Cádis. Desembarcam 18 sobreviventes, magros como a morte. Foram os primeiros humanos a dar a volta ao mundo.

No exato momento em que a frota de Magalhães aparelhava, começava o segundo ato do nosso grande drama. Cortés é um membro sem dinheiro da pequena nobreza espanhola que veio para o Caribe em busca de fortuna. É um fanfarrão, um encrenqueiro, mas sua coragem está à altura de suas imensas ambições. Em 1519 desembarca na costa do atual México, sedento desse ouro que há três décadas alimenta todos os fantasmas. Ouve falar de um império fabuloso situado ao longe, a oeste. Cortés nada sabe do mundo onde desembarcou, mas informa-se e aprende depressa. Um antigo náufrago espanhol que sobreviveu entre os indígenas, e sobretudo Manliche, uma escrava indígena que se torna sua intérprete e amante, fornecem-lhe informações preciosas. O primeiro dos *conquistadores*, como a História chama a classe de homens que ele inaugura, toma conhecimento da existência dos astecas. Também sabe que são odiados pelos povos que venceram. Esse ódio será sua alavanca. Por onde passa, incita as tribos oprimidas a se revoltar contra seus opressores.

Os astecas não compreendem o que está acontecendo. Quem são essas criaturas peludas, metidas em roupas tão duras que resistem

---

[174] O cartógrafo Martin Waldseemüller, nascido em 1470, na Suábia, e morto por volta de 1520, em Saint-Dié-des-Vosges.

às pancadas, formando corpo com animais desconhecidos? São monstros? São os deuses anunciados pelas antigas profecias? São homens? Será preciso venerá-los? Ou combatê-los? Montezuma II, o imperador, hesita tanto entre matar os estrangeiros ou acolhê-los que nada faz. Os espanhóis entram por fim em Tenochtitlán, a capital do império. Ficam maravilhados com a cidade, mais limpa, mais bela e mais monumental do que as que conhecem. Também ficam horrorizados, dizem eles, pelo sangue dos sacrifícios que ainda não havia dado tempo de secar nas escadarias dos templos. Esse fato aumenta a dinâmica da nossa peça de teatro. O destino hesita. Convidado para uma grande cerimônia, um conquistador, seja por fanatismo ou porque entra em pânico, abre fogo contra a nobreza asteca. É guerra. Montezuma, que os espanhóis querem manter como refém, é morto no processo, sem que se saiba ao certo se pelos espanhóis ou pelos seus súditos, revoltados contra sua pusilanimidade. No decorrer de um episódio lamentável, a *noche triste*, os conquistadores estão à beira de ser exterminados, e só conseguem fugir do palácio onde tinham se refugiado às custas de enormes baixas. Cortés tem de montar um cerco durante meses, apoiado por milhares de indígenas e ajudado por uma terrível e providencial epidemia de varíola, antes de conseguir esmagar a cidade imperial.

O terceiro e último ato desenrola-se dez anos mais tarde. Cortés era membro da pequena nobreza. Pizarro é um simples soldado, ignorante e brutal, mas também tem uma coragem forjada no aço e uma obstinação imparável. Na América Central, onde chegou em busca de fortuna, ouviu falar de um reino pavimentado com ouro e outras riquezas, o "Biru", "Peru", algo assim. Tenta chegar lá com um punhado de homens, navegando ao longo da costa do Pacífico. Desiste. Regressa. Volta a partir. Regressa de novo, quase dez anos depois da primeira viagem. As circunstâncias o ajudam: o Estado que cobiça está em posição de fraqueza. O poderoso inca acaba de ser morto pelos europeus, sem ter avistado um único espanhol. Sucumbe com a varíola, que avançou ainda mais depressa do que os conquistadores. Dois pretendentes, um a sul, outro a norte, disputam o trono em um clima de guerra civil que o enfraquece. Como Cortés na América do Norte, Pizarro progride ao longo dos Andes tendo o cuidado de exacerbar o ódio contra os incas e de provocar divisões. Em agosto de 1533, desenrola-se a cena fatídica da nossa história. O inca Atahualpa aceita encontrar-se com os estrangeiros. Para impressioná-los, reúne o povo, a Corte, os guardas, e manda que o conduzam com grande pompa, em uma rica liteira, até a grande praça da pequena cidade andina onde está marcado o encontro. O padre da expedição espanhola aproxima-se dele e estende-lhe a Bíblia, pedindo que abrace a verdade e renuncie ao paganismo. A fazer fé na versão dos vencedores, o imperador teria pegado o Santo Livro e, como nada saía dele, atirou-o no chão. É um sacrilégio imperdoável. Ou um pretexto oportuno. Pizarro manda abrir fogo. Algumas horas mais tarde, o chão está coberto com milhares de cadáveres indígenas, e o imperador inca, amarrado e amordaçado, torna-se apenas um pobre prisioneiro. Seus poderosos exércitos, concentrados nas colinas circundantes, paralisados com a possibilidade de alguém atentar contra a vida de um quase-deus, não se mexeram. Tinham sido vencidos por um pouco mais de 160 espanhóis. Para libertar o refém, Pizarro exige um resgate que excede qualquer outro da história. A pilhagem generaliza-se. Os espanhóis, reza a lenda, reúnem tanto ouro que o usam para ferrar os cavalos. Finalmente satisfeito, o conquistador executa Atahualpa, invocando um pretexto falacioso. Depois, continua seu caminho.

Nova pausa. Os indígenas se recompõem e desencadeiam uma guerra feroz contra os agressores. E os espanhóis, enlouquecidos pela ganância, lançam-se em uma sangrenta guerra fratricida. Ao chegarem a Cuzco, a capital inca, os conquistadores instalam um novo imperador no trono, acreditando que podem manipulá-lo. Mas o inca consegue fugir, retoma os combates e só é vencido por pouco. Depois dele, outros incas refugiam-se em um ninho de águia fortificado nos cumes andinos. Continuam a luta até 1570, mas trata-se de um combate de retaguarda.

O teatro acabou. Em quarenta anos, alguns punhados de espanhóis derrubaram dois dos mais poderosos impérios daquele tempo. Estão solidamente instalados em um continente que podem continuar a submeter metodicamente e que, à exceção do Brasil e de alguns bolsões indígenas que resistem até meados do século XIX, será inteiramente deles. Sua superioridade tecnológica foi decisiva para a vitória. Tinham ao seu dispor o ferro, o cavalo e a pólvora de canhão que os povos pré-colombianos desconheciam. Mas a arma mais mortífera e mais dramaticamente eficaz foi a que eles não controlavam: os vírus e as bactérias que levavam consigo. As epidemias abateram-se sobre os indígenas como um castigo enviado pelos deuses, para puni-los por crimes que eles sequer sabiam ter cometido. Assustados com os acontecimentos, os vencidos não conseguiram se defender porque foram incapazes de reagir a acontecimentos que não se enquadravam em sua mentalidade.

Ao apropriar-se do Novo Mundo, a Espanha inaugura uma época nova. Os fluxos comerciais são alterados. As rotas asiáticas ou o Mediterrâneo, centrais desde a Antiguidade, perdem importância para o Atlântico. A Europa descobre o tabaco, o tomate, o cacau, as batatas e também a sífilis, desembarcada no regresso das primeiras expedições de Colombo. Uma chuva de prata, num primeiro momento, e depois de ouro, cai sobre Madrid e se alastra. O monopólio do comércio com as colônias concedido a Sevilha faz a fortuna da cidade. O Velho Mundo torna-se imensamente rico. O outro sucumbe. As doenças, os massacres, a mágoa de viver em um universo onde já não existe nada daquilo em que se acreditava provoca um dos maiores retrocessos demográficos da história. À escala de um continente, repete-se o que já acontecera nas Antilhas. Dos 50 milhões de homens e mulheres que, de acordo com as estimativas, habitavam a América no início do século XVI, restam 5 milhões um século depois. Por vezes, revoltam-se. Já no século XVIII, no Peru, um mestiço que dizia ser descendente do último imperador consegue erguer um exército de milhares de rebeldes, prometendo-lhes que encarnaria o regresso do inca. Regra geral, a resistência é passiva. Insinua-se nas práticas da religião. Aparentemente, os indígenas aceitaram converter-se ao cristianismo. Na prática, curvados perante a Virgem e os santos, rezam aos antigos deuses que os abandonaram e aos quais continuam fiéis.

Em muitos aspectos, a sociedade que se estabelece anuncia o mundo colonial que surgirá em outros lugares. As populações que desembarcam na América são diversas. Não faltam aventureiros brutais e gananciosos. Ao lado deles, existem administradores íntegros e humanistas animados pelas melhores intenções. Como recompensa pela vitória, os conquistadores receberam imensas terras e minas, nas quais podem sujeitar os indígenas, com a condição de lhes inculcar os princípios da religião católica. É o sistema da *encomienda*. Ele provoca, de imediato, abusos abomináveis. Os proprietários são péssimos catequistas, mas excelentes em transformar os pobres indígenas em animais de carga. Essa injustiça revolta alguns corações puros. Las Casas (1474-1556), um dominicano instalado do outro lado do Atlântico, é o mais célebre porta-voz dos indígenas.[175] Vai a Madrid denunciar esses horrores. Revoltado com o que ouve, Carlos V ordena a supressão do regime da *encomienda*. Assim que seu decreto chega à América, é bloqueado pelos conquistadores histéricos. Nunca será aplicado.

Os horrores e o sadismo continuam, e a revolta contra esses escândalos também. Las Casas, agora já bispo de Chiapas, tem sucessores. Muitos religiosos que fazem a viagem sonham sinceramente com o Evangelho. No século XVII, no Paraguai, os Jesuítas fundam as "reduções", uma espécie de unidade de vida coletiva, inventadas para proteger os indígenas dos caçadores de escravos. As intenções dessas grandes almas são nobres e sempre eivadas do mais puro paternalismo. No espírito dos missionários, não há razão para pôr em causa o justo princípio da dominação europeia. O cristianismo não acabou com as horríveis práticas dos indígenas, como o canibalismo e os sacríficos humanos? O Deus salvador não traz a verdade? Fato é que a propagação da nova religião anda ao lado da destruição metódica das culturas pré-existentes. Templos, estátuas, pinturas, objetos rituais e códices desaparecem nas chamas das grandes fogueiras expiatórias, em torno das quais reúnem o povo para que compreenda a enormidade dos seus erros passados.

---

[175] Las Casas também tornou-se célebre pela polêmica que teve com Sepúlveda, outro teólogo. A "controvérsia de Valladolid", nome da cidade espanhola onde ocorreu, centra-se na forma como a Espanha deve comportar-se com os índios. Para Sepúlveda, a idolatria e os comportamentos bárbaros justificam que sejam convertidos pela força. Las Casas pensa que isso deve ser feito com doçura e humanidade.

Dependendo se são soldados brutais ou padres, os novos senhores consideram os indígenas animais de carga ou vítimas inocentes. Para todos os espanhóis, eles serão sempre personagens secundárias.

Nessa América batizada de "latina" surge uma nova arquitetura, com belas praças de armas à espanhola e igrejas do chamado estilo jesuíta. Aparece também uma nova organização do território, modelada no início das primeiras conquistas. Ao norte está a Nova Espanha com seu vice-rei, que reina a partir de seu palácio no México em nome do soberano de Madrid. Nos Andes temos o Peru e outro vice-reino. Entre os dois – em direção à Colômbia e à Venezuela de hoje – está a Nova Granada. Ao sul, onde fica hoje a Argentina, situa-se a região do Rio da Prata.

A economia entra no regime do "pacto colonial", que será o da maioria das possessões europeias. O princípio se baseia em um duplo monopólio: todas as riquezas do império devem ir para a Espanha, onde o império deve comprar tudo o que necessita.

Por fim, surge uma nova sociedade, separada, racista e dividida em várias castas que odeiam umas às outras. Na cúpula estão espanhóis, militares, padres e funcionários, que detêm todos os poderes. Em seguida vêm os crioulos, isto é, os descendentes de espanhóis nascidos na América. Alguns adquirem fortunas fabulosas. Todos estão frustrados por ver os metropolitanos, que os desprezam, monopolizar os melhores lugares. A conquista foi masculina. Os soldados vivem com mulheres indígenas, e nasce daí uma multidão de mestiços que forma os humildes povos das cidades. Os indígenas são encurralados nos campos, cuidadosamente mantidos em uma posição de inferioridade. Até o século XIX, estarão proibidos de ter um cavalo, uma arma ou de se vestirem à europeia. Na base da escala social estão os escravos, que vêm da África, desde o início do século XVI, para executar as tarefas cansativas que tinham provocado a morte de tantos indígenas antes da chegada dos negros.

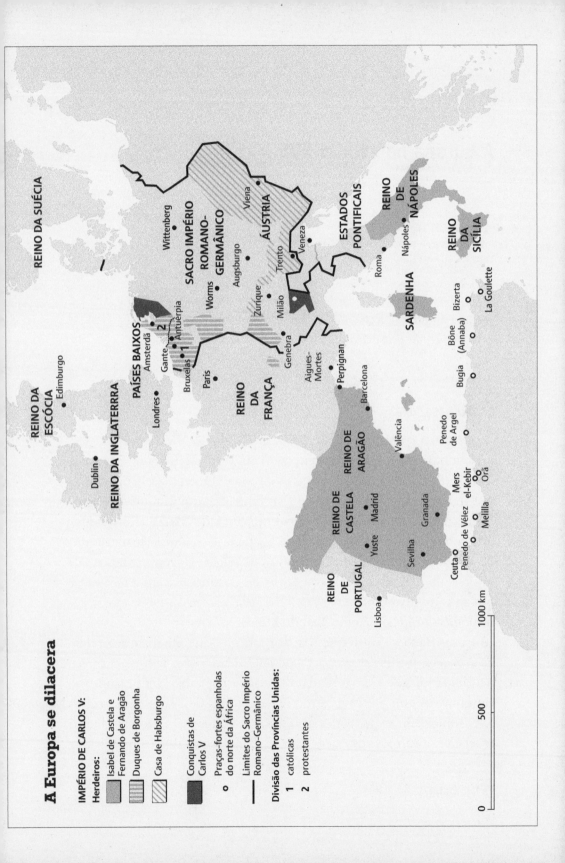

20

A Europa no século XVI

O século começa com o grande duelo entre o imperador Carlos V e o rei da França, Francisco I. Continua com a grande ruptura religiosa provocada pela Reforma Protestante.

OS GRANDES REIS

A mais considerável personagem do século XVI europeu é um pequeno príncipe francófono nascido em Gante, em 1500. Chama-se Carlos de Habsburgo e é o mais fabuloso herdeiro da história universal. Seu pai, Filipe, é filho de Maximiliano, arquiduque da Áustria e, mais tarde, imperador do Sacro Império, e de Maria, rica herdeira dos duques da Borgonha de que já falamos.[176] Sua mãe, Joana, é filha de Isabel de Castela e de Fernando de Aragão, os reis católicos que unificaram a Espanha. Por um acaso do destino, é o único a herdar, um após o outro, em apenas dez anos, todos os frutos dessa árvore genealógica impressionante. Quando seu pai morre (1506), Carlos herda os Países Baixos dos duques da Borgonha – que então se estendem da Artésia até a Frísia – e o Franco-Condado. Em 1517, sua mãe é declarada louca e Carlos herda o trono da Espanha, recuperando, no caminho, as conquistas da América e o reino de Nápoles, no sul da Itália, uma velha dependência da Coroa de Aragão. Do avô Habsburgo, recebe os domínios austríacos. Em 1519 consegue ainda, graças a uma

---

[176] Ver capítulo 16.

eleição paga a peso de ouro, suceder-lhe como imperador do Sacro Império Romano-Germânico. É o quinto monarca a usar esse título desde Carlos Magno, e por isso é chamado Carlos V (1500-1588).[177]

Há um grande rival na cena europeia. Seis anos mais velho do que ele, Francisco I da França (1494; reinado: 1515-1547) tem menos Coroas do que Carlos V, mas uma delas é de peso. O reino da França é o mais rico e o mais povoado da Europa, e apresenta a vantagem de ser uno.

Basta olhar para um mapa da Europa Ocidental para compreender o que separa e opõe os dois príncipes. Rei da Espanha, imperador, herdeiro borgonhês, o Habsburgo está por todo o lado – a sul, a leste, a norte. O Valois – sobrenome de família de Francisco – tem razão para se sentir cercado. Do outro lado, Carlos receia esse grande reino que se ergue como uma barreira entre suas várias possessões e não aceita que os reis da França tenham confiscado a Borgonha, que considera sua verdadeira pátria. A guerra entre os dois está inscrita na geografia. Outrora, ela era abordada em um grande número de páginas dos livros de História europeus, com suas alianças, seus tratados e suas batalhas travadas em toda a parte, nas Ardenas e na Provença. Luta-se sobretudo na Itália, que se torna o terreno preferido dos beligerantes. Com o pretexto de serem herdeiros, os reis da França tentam ocupar a península desde o final do século XV. Invocando uma antepassada que foi duquesa de Milão, Luís XII (1462; reinado: 1498-1515), e depois Francisco I, reivindicam a cidade. Cada vez que ultrapassam os Alpes, os franceses têm de enfrentar numerosas entidades, pequenas e grandes, que dividem o país – Florença, Veneza, o Papa e seus Estados, e ainda os mercenários suíços, que se vendem a quem der mais. Carlos V, imperador de um império que cobre o norte da península e rei de Aragão, de quem depende o sul, também faz parte da lista.

Dois outros protagonistas complicam o jogo. Contemporâneo de Carlos e de Francisco, cortejado por ambos, Henrique VIII Tudor

---

[177] Karl V para os alemães, Charles V para os ingleses, Carlo d'Asburgo para os italianos, Carlos V para os portugueses. Os espanhóis preferem chamar-lhe pelo seu nome de rei de Espanha, Carlos I.

(1491-1509-1547), hábil rei da Inglaterra, é o fiel da balança entre os dois. E Solimão (1494; reinado: 1520-1556), sultão de Constantinopla, ameaça o flanco leste do império. Depois de ter conquistado a Hungria, cerca Viena (1529), que é salva um pouco por milagre e muito pelo inverno, que obriga os assaltantes a fugir das planícies geladas da Áustria. Os otomanos estão em pleno frenesi conquistador. Seu império se estende por toda a costa da África do Norte até as fronteiras marroquinas. A guerra entre o imperador-rei da Espanha e o sultão prossegue no Mediterrâneo. Ela é apimentada por uma especiaria que estrangula a Europa. Francisco I, pronto para tudo, ousa aliar-se aos turcos.[178]

Além dessas peripécias, o duelo comporta outra oposição: a do confronto entre dois sistemas políticos.

As possessões de Carlos V são uma manta de retalhos. Espalhadas ao longo de milhares de quilômetros que o coitado se cansa de tanto percorrer, regidas pelos mais diversos regimes, minadas por rebeliões contínuas, elas são, na prática, um agregado ingovernável. Na cabeça do imperador, estão unidas por um grande sonho. Seu objetivo é criar um império universal que reúna a cristandade e, depois, se estenda ao mundo inteiro.

Por oposição a esse modelo que data do tempo de Carlos Magno, Francisco I propõe a criação do Estado. No mundo feudal, os reis eram apenas suseranos dos senhores que, em seus domínios, eram os únicos a mandar depois de Deus. O rei Valois quer ser um soberano. Inspirando-se no que se fazia na Itália e também nos duques da Borgonha, funda uma Corte, esse mundo de festas e prazeres que é, também, um temível instrumento de poder: a Corte recorda toda a nobreza de que ela é apenas o público de uma peça em que o rei é a figura central. Para começar, considera que o território do reino é sua propriedade pessoal. "Para nosso bel-prazer" é a fórmula imperiosa que remata suas ordenanças. A que assina na pequena cidade de Villers-Cotterêts é mais um passo importante no sentido da unificação. O francês torna-se a língua obrigatória em todos os atos oficiais do país.

---

[178] Depois de ter sido vencido na Itália por Carlos V, que criou o primeiro exército profissional da história, o *terço*. [N.T.]

A história ocidental vai evoluir no sentido preconizado por Francisco I. A Europa será, em breve, constituída por Estados mais ou menos unificados por seus monarcas.[179] Poderia o continente ter avançado no sentido do império, ou o projeto era apenas uma quimera? O próprio Carlos acabou deixando de acreditar nele. Para surpresa geral, abdica de todos os seus poderes, um após o outro, entre 1555 e 1556, e vai viver o resto dos seus dias na solidão e na oração, em um convento espanhol. Divide o império entre dois herdeiros. O Sacro Império e as possessões da Áustria ficam para o seu irmão Fernando. As Coroas da Espanha e o legado borgonhês – os Países Baixos e o Franco-Condado – vão para o seu filho Filipe, que será o segundo. Outro desgosto atormentou o pobre imperador ainda mais que as guerras com seus rivais. Carlos V sonhava com uma grande e poderosa cristandade. A partir do início do século XVI, ela se dividiu em duas.

***

A REFORMA

No início do século XV, devastada pelo Grande Cisma, a Igreja parecia estar arruinada. Um século mais tarde, não está melhor. Os papas que reinam em Roma, membros de grandes famílias como os Bórgia, são mais célebres por suas orgias do que pela caridade evangélica. Para devolver o esplendor à capital decrépita, os papas deram início a obras faraônicas. Para financiá-las, recorrem ao velho sistema, praticado há muito tempo. Em troca de donativos em dinheiro, os fiéis recebem certificados que lhes garantem o perdão deste ou daquele pecado, ou uma redução dos anos que terão de expiar no purgatório. É o tráfico de indulgências.

Numerosos cristãos querem reformar uma velha instituição ameaçada, isto é, literalmente reconduzi-la à sua forma original. Um pequeno e obstinado teólogo alemão consegue conduzir o debate a um ponto de ruptura até então impensável. Martinho Lutero (1483-1546), que se tornou monge da ordem dos Agostinhos depois de ter

---

[179] Situação que se verificava em Portugal desde o reinado de Dom Dinis. [N.T.]

estudado direito e teologia, é obcecado desde a infância pelo medo do Mal e do Inferno. Quanto mais torturado e angustiado fica, mais duvida da capacidade da Igreja de sua época para resolver o problema. Uma viagem que faz a uma Roma mais suntuosa e decadente do que nunca acaba convencendo-o. A leitura assídua de Santo Agostinho e de São Paulo traz-lhe a iluminação que esperava. Por que ter medo? O medo é inútil, assim como a ideia de conjurá-lo por meio das *obras*, essas ações que os cristãos teimam em praticar para se redimir. Para o pecador, só a fé importa, assim como uma confiança total em Deus.

A ideia de uma releitura do cristianismo a partir desse princípio faz o seu caminho. Em 1517, na Universidade de Wittenberg, onde é professor das Sagradas Escrituras, torna públicas "95 teses" que questionam severamente várias práticas da Igreja, entre as quais o famoso tráfico de indulgências. A ruptura é anunciada. Após três anos de discussões apaixonadas durante as quais o contestatário aperfeiçoa sua doutrina, Roma envia-lhe sua resposta. É uma bula de excomunhão. Em dezembro de 1520, Lutero a queima em público. A ruptura é consumada. Convocado no ano seguinte pelo próprio Carlos V para a Dieta de Worms, uma espécie de parlamento do império, o arrojado monge declara à mais alta personagem da Europa que jamais renunciará.

Antes do teólogo de Wittenberg, muitos outros cristãos se opuseram à Igreja. Um século antes, Jan Hus (1371-1415), reitor da Universidade de Praga, defendia ideias que não estavam longe das de Lutero. Acabou na fogueira. Lutero ganha o combate graças a uma inegável coragem, mas também a um contexto político favorável. Suas críticas ao papado agradam numerosos cristãos horrorizados pelos abusos. Também servem os interesses dos príncipes e das cidades alemãs, ávidas para sacudir a pesada tutela romana exercida por grandes famílias que tiram proveito das ricas abadias, sem nunca lá pôr os pés. As "95 teses" são impressas em centenas de exemplares e circulam por toda a Alemanha. Lutero torna-se o herói dos estudantes, dos citadinos e dos membros do clero que estão saturados. Quatro anos mais tarde, depois da agitada Dieta de Worms, ele só escapa à fogueira porque é protegido por uma poderosa personagem, o príncipe-eleitor da Saxônia. Este último chega ao ponto de raptá-lo para escondê-lo no seu palácio de Wartburg. Enquanto o teólogo aperfeiçoa ali seus conhecimentos, outros o revezam. Em 1529, por ocasião de um novo concílio imperial[180] reunido para resolver essas questões religiosas, já não são os clérigos, mas sim os príncipes e os representantes das grandes cidades alemãs que tomam partido do rebelde. Eles "protestam" – isto é, testemunham com vigor – afirmando a justiça de seus pontos de vista. É a certidão de nascimento do protestantismo.

Baseada na rejeição veemente da autoridade de Roma – "Babilônia moderna" –, dos papas – esses "anticristos" –, do clero – considerado inútil e corrupto – e mesmo do culto da Virgem e dos santos, encarado como uma manifestação de idolatria, essa nova doutrina defende o regresso ao modelo evangélico por meio de uma relação pessoal e individual com Deus. O verdadeiro fiel deve guiar-se apenas por alguns princípios simples: adorar apenas a Deus; ter confiança absoluta em sua misericórdia; amar Jesus; e aceitar que as Escrituras são a autoridade suprema.[181]

Discutido e aprovado por numerosos cristãos, o protestantismo evolui aos poucos e gera novas capelas em seu próprio seio. O suíço Zuínglio (1484-1531), que se estabelece em Zurique, e o francês Calvino (1509-1564), que se instala em Genebra, começaram trilhando o caminho aberto por Lutero, mas fundam Igrejas com doutrinas diferentes.[182]

Depois de ter tentado em vão apagar o incêndio, a Igreja Católica tenta pelo menos construir guarda-fogos. O interminável Concílio de Trento[183] (1545-1563) assinala o apogeu do movimento outrora chamado de "Contrarreforma", e que os católicos preferem agora nomear pelo termo mais positivo de "Reforma Católica". Ele prevê, por exemplo, a abertura de seminários, centros que podem dar aos padres uma verdadeira formação. Também dá ao mundo católico o

---

[180] A dieta reúne-se na cidade de Espira.

[181] Por vezes resumidos nas "cinco solas": *soli Deo gloria* [glória somente a Deus]; *sola gratia* [somente a graça]; *solus Christus* [somente Cristo]; *sola fide* [somente a fé]; *sola Scriptura* [somente a Escritura].

[182] Um dos pontos de divergência é, por exemplo, saber se Cristo está ou não realmente presente na hóstia no momento da comunhão. Os luteranos pensam que sim, os calvinistas que não.

[183] Pequena cidade dos Alpes italianos. Depois do concílio, fala-se em "rito tridentino".

impulso que desperta as consciências e estimula as artes. A magnífica arquitetura barroca das igrejas do fim do século XVI e do início do século XVII é testemunha disso. Dentre os novos movimentos que aparecem nesse contexto, o mais famoso é fundado em Paris por Inácio de Loyola, jovem nobre espanhol que foi estudar na França. Sua Companhia de Jesus tem por objetivo ganhar a batalha das almas para trazê-las de volta ao catolicismo e socorrer o papado, tão maltratado pela heresia protestante. Aos três votos tradicionais de obediência, pobreza e castidade que pronunciam todos os monges, os jesuítas acrescentam o de "especial obediência ao Papa".

★★★

GUERRAS DE RELIGIÃO

Cinco séculos após a grande separação entre o cristianismo ocidental e o mundo oriental (os ortodoxos), o protestantismo gera, portanto, um segundo cisma no seio do mundo cristão. À fratura religiosa junta-se muito rapidamente uma fratura política. Em meio século, ela reescreve o mapa da Europa.

O mundo alemão, esse conglomerado de pequenos principados, cidades livres e vários ducados, divide-se em dois campos. O luterano, por um lado, e o católico (fiel ao Papa e ao imperador), pelo outro, reúnem seus aliados e não tardam a duelar. Depois de algumas vitórias militares, Carlos V decide acabar com o conflito concedendo a Paz de Augsburgo (1555). Resumido na máxima latina *"cuius regio, eius religio"* (literalmente "tal a religião do príncipe, tal a religião do país"), ela permite que o chefe de cada entidade do império escolha sua religião, que será, então, a de todos os habitantes. O Sacro Império encontra a paz, mas perde a unidade.

Gustavo Vasa, rei da Suécia, é o primeiro a conduzir seu reino para o lado luterano. A Escócia, nos anos 1550, adere ao calvinismo. A Inglaterra segue um caminho original. Marido de Catarina de Aragão, filha dos reis da Espanha, Henrique VIII quer se divorciar para voltar a casar. O Papa, ligado aos espanhóis, recusa-se a anular o casamento. O inglês, então, decide divorciar-se de Roma. Pelo Ato de Supremacia (1534),[184] o rei Tudor funda a Igreja da Inglaterra, que conserva os ritos católicos, mas é independente do Trono de São Pedro. Essa surpreendente síntese é chamada de anglicanismo.

Os Estados da Itália e de Portugal continuam decididamente católicos, tal como a Espanha. Em contrapartida, os Países Baixos, que dependem de Madrid, sofrem as dores da divisão. A nobreza e as cidades estão divididas. Filipe II envia tropas que desencadeiam uma repressão feroz contra os calvinistas. Estes reúnem-se nas sete províncias mais a norte, que, em 1581, fazem secessão dos Países Baixos espanhóis para formar um novo país, as Províncias Unidas.

Em 1559, o rei da França, Henrique II, filho de Francisco I, acabou com a interminável guerra contra os Habsburgo (pelos Tratados de Cateau-Cambrésis) para poder consagrar-se a "extirpar a heresia" que também cativou muita gente no seu reino. Morre em um acidente pouco depois, deixando o trono à sua mulher, Catarina de Médici, mãe de vários filhos menores. Um poder tão fraco assim desperta a cobiça das grandes famílias. Os antagonismos religiosos exacerbam as querelas e lançam o país em trinta anos de guerras de religião. Elas atingem o cúmulo do horror com o massacre dos protestantes em 24 de agosto de 1572, dia de São Bartolomeu. Só acabam quando Henrique de Navarra, o chefe protestante, aceita converter-se para subir ao trono.

No século XVI, unida com o grão-ducado da Lituânia, a Polônia constitui uma República nobiliária. O chefe de Estado é um rei, mas eleito, e todo o poder está na dieta, ou seja, na assembleia dos nobres. Através de um acordo assinado em 1573, estes últimos decretam o direito de cada um escolher livremente sua religião, transformando o país em uma das raras terras da Europa onde impera a tolerância.

---

[184] Vinte e um anos antes da Paz de Augsburgo. [N.T.]

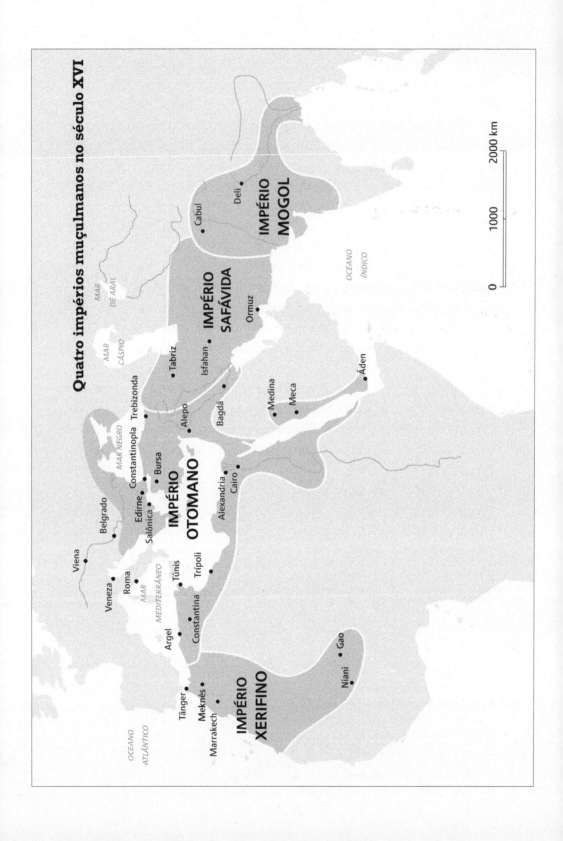

21

Quatro impérios muçulmanos

(SÉCULOS XVI-XVII)

No momento em que a Europa cristã começa sua expansão, formam-se ou consolidam-se, da Índia ao Atlântico, quatro poderosos impérios muçulmanos.

A ÍNDIA DOS GRÃO-MOGÓIS

As imensas riquezas do norte da Índia atraem muita gente, há muito tempo. Por volta do ano 1000, os turcos muçulmanos instalados onde hoje fica o leste do Irã, o Paquistão e o norte do Afeganistão lançam com regularidade ataques devastadores para pilhar os tesouros, os templos e os santuários hindus. A partir do século XIII, outros turcos-afegãos instalam-se ali e formam os "sultanatos de Deli", que se mantêm durante três séculos. No início do século XVI, um grande conquistador chamado Babur (1483-1530) refaz os mapas da região. Descendente de Tamerlão por parte de pai e de Gengis Khan por parte de mãe,[185] é herdeiro de um principado situado no Vale de Fergana, na Ásia Central, e quer conquistar a próspera Transoxiana. Vencido por um príncipe uzbeque, muda os planos. Ocupa Cabul e lança-se à conquista de todo o norte da Índia, onde tem de lutar contra os muçulmanos e contra os Rajput, guerreiros indianos de lendária bravura. Em 1526, graças à artilharia, que é o primeiro a utilizar nessa região do mundo, consegue derrotar o gigantesco exército do último sultão de Deli.

---

[185] Ver capítulo 14.

Essa data assinala o início da dinastia inaugurada por Babur. Será a mais longa da história do país. Em função da ascendência do conquistador, é chamada dinastia Mogol. No seu apogeu, ao final do século XVII, ela se estende até o sul do Decão, grande planalto central do subcontinente, de onde o último dos grandes reinos hindus foi varrido em meados do século XVI por uma coligação de sultões muçulmanos.[186]

Por causa do seu esplendor, do luxo de sua Corte e do seu refinamento cerimonial, é comum que seus imperadores recebam o título de "Grande Mogol". A Índia de então é um país opulento, célebre por suas sedas, algodões e pedras preciosas, consideradas as mais belas do mundo. Os mogóis, que vivem sob a influência cultural da Pérsia, desenvolvem na região artes de grande refinamento, sobretudo a das miniaturas.

O grande mogol mais célebre é Akbar (1542-1605), que continua com as conquistas, mas que também maneja as artes do espírito com tanto sucesso quanto as da guerra. É poeta e por vezes sufi, isto é, um místico. Com um espírito aberto, suprime as taxas religiosas impostas pela *sharia*, que oprimem os não-muçulmanos, sobretudo os hindus, e atribui-lhes altos cargos na administração para associá-los ao poder. Interessado por todas as religiões, manda abrir uma casa de adoração para os debates de teólogos de todos os credos – budistas, jainistas, hinduístas, zoroastrianos e mesmo cristãos. A reflexão sobre tantos deuses acaba por perturbá-lo. No fim da vida, cai num estado próximo do delírio místico, sonhando que é profeta de uma nova religião, síntese de todas as outras.

Xá Jahan (reinado: 1628-1658) tornou-se célebre por causa do monumental mausoléu que mandou edificar para sua tão amada esposa. O Taj Mahal é, ainda hoje, um monumento emblemático da Índia. Para impressionar os visitantes e dar-lhes uma ideia de sua fortuna, o imperador também mandou construir o trono do pavão, onde se sentava, ornamentado com representações de aves multicoloridas e inteiramente coberto de pedras preciosas.

---

[186] A última potência hindu da Índia era o Império Vijayanagar, do nome da sua capital.

Sucede-lhe Aurangzeb (reinado: 1658-1707), que deixou uma recordação mais contrastante. À semelhança de seus antecessores, também é guerreiro, e é durante seu reinado que o império atinge sua máxima extensão. Ao contrário dos outros imperadores, professa um islamismo sectário. Expulsa os artistas e os músicos e persegue incansavelmente os hindus, alimentando o ódio que estes últimos nutrem pelos muçulmanos. Depois dele, o império, minado pelas divisões, entra em decadência.

★★★

A PÉRSIA DOS SAFÁVIDAS

Depois de ter sido conquistada pelos árabes no século VII, a Pérsia nunca perdeu sua identidade. A língua continua a ser falada, em forma de dialetos, por boa parte da população. Por volta do ano 1000, codificada em caracteres árabes, torna-se literária. Ferdusi (940-1020) a notabiliza com o *Livro dos Reis* – *Chahname* –, que exalta a glória dos soberanos do antigo Irã. Os grandes poetas Saadi (1200-1291), autor de *Gulistan* [*O Jardim das Rosas*], ou Hafiz (1320-1389), autor de *Divan*, conferem o prestígio que faz dela a grande língua cultural do Oriente.

Em contrapartida, englobado no grande califado abássida, submetido pelos mongóis, devastado pelas hordas de Tamerlão e depois governado pelos timúridas, o país deixa de ter existência política. No início do século XVI, aproximadamente quando Babur começa sua ascensão, surge um homem-forte que o fará renascer. Ismael (1487-1524) é chefe de um clã turcófono que descende, por parte de mãe, dos sultões turcomanos e, por parte de pai, de uma ordem religiosa mística e militar. Apoiado por ela, consegue tomar, em 1510, a cidade de Tabriz, onde instala sua capital, e decide usar um título que recorda o tempo glorioso dos imperadores aquemênidas. Proclama-se xá do Irã, fundando assim a dinastia dos safávidas (1510-1736). Ameaçado pelos turcomanos a nordeste e pelos otomanos a oeste, consegue unificar o país frente aos seus inimigos, ambos sunitas. Converte o Irã ao xiismo, dando ao país uma característica que conserva até os dias de hoje.

À semelhança do seu vizinho, o Império Mogol, o Irã do século XVI vive um período de grande prosperidade. Pratica o comércio da seda, do tabaco e das pedras preciosas. Beneficia-se, sobretudo, de sua situação privilegiada nas rotas comerciais asiáticas, que se mantêm apesar da concorrência marítima desencadeada pelos portugueses. De 1587 a 1628 estabelece-se o longo reinado do mais prestigiado dos safávidas, o xá Abbas I, *o Grande*. Para se afastar da parte ocidental do império, fortemente ameaçada pelos inimigos otomanos, estabelece a capital em Isfahan, no centro da Pérsia. Ele mesmo supervisiona a construção, executada por milhares de artesãos armênios que deportou à força para utilizar seu talento. Os viajantes do século XVIII, maravilhados com as praças, os palácios e os jardins, consideram Isfahan uma das mais belas cidades do mundo.

★★★

O ESPLENDOR DOS OTOMANOS

Até agora, falamos deles sob a perspectiva da conquista. Essa é uma característica inegável da dinastia. Originários de um minúsculo feudo da Ásia Menor, os otomanos não cessam de alargar seu império. Em meados do século XV, a partir de sua nova capital, Constantinopla,[187] reinam sobre a Ásia Menor e os Balcãs e submeteram o canato da Crimeia, do outro lado do Mar Negro. No início do século XVI, Selim I (1467-1520), neto de Mehmet, *o Conquistador*, desencadeia uma guerra contra os mamelucos do Cairo. Tira-lhes a Síria e o Egito e, assim, as prestigiadas cidades santas de Medina e Meca, que dependem deles. Solimão, *o Magnífico* (reinado: 1520-1556), o homem que cercou Viena (1529) depois de ter derrubado parte da Hungria, continua a ofensiva. Ataca os safávidas persas e, senhor da Mesopotâmia, entra vitorioso em Bagdá. Graças às alianças que estabelece com os corsários que ali ditam a lei, como o célebre Khayr al-Din, um marinheiro albano-grego que o Ocidente conhece pelo nome de Barba Ruiva, consegue estender

---

[187] Na língua popular dos turcos, a cidade conquistada chama-se Istambul. Na língua oficial otomana, continua a ser Konstantiniyye, ou Constantinopla.

seu poder a toda a costa mediterrânica, até a fronteira do Marrocos. Argel, Túnis e Trípoli tornam-se regências otomanas.

Para contrariar esse perigo que faz tremer a Europa cristã, o Papa, Veneza e os espanhóis formam a Liga Santa e armam uma frota. Em Lepanto, na Grécia, no decorrer de uma batalha (1572), conseguem afundar quase todos os barcos turcos. A milagrosa vitória é celebrada com *Te Deum* em toda a cristandade. Constantinopla limita-se a acusar o toque e reconstrói uma nova frota. Alguns historiadores consideram que essa batalha assinala o princípio do declínio otomano. Esquecem-se de que o império continuou a aumentar. É apenas ao final do século XVII que ele atinge sua extensão máxima.

Não menos apaixonante que sua capacidade guerreira é a forma como essa enorme máquina consegue funcionar. O sultão é sua chave-mestra. Todo o território do império pertence a ele pessoalmente, e a propriedade privada das terras não existe. Com vocação para reinar sobre o universo – usa, ao mesmo tempo, os títulos de *khan*, como os mongóis; de sultão, como na tradição turca; de padixá, como os persas; ou de *Kayseri Rum*, isto é, de César desses romanos cuja capital conquistou –, ele é a "sombra de Deus na Terra", aquele que, para fazer reinar a justiça, dispõe do direito de vida e de morte sobre todos os seus súditos, inclusive sobre os membros de sua família. Para evitar as querelas de sucessão e para o "bem do mundo", Mehmet, *o Conquistador*, promulga a lei do fratricídio em meados do século XV. Ela permite que qualquer novo sultão mande estrangular seus irmãos.

A residência do soberano é o Palácio de Topkapi, que domina o Chifre de Ouro em Istambul, com seus jardins, suas imensas salas e seu harém, onde vivem mulheres e concubinas. O grão-vizir, chefe do governo, a que os otomanos chamam *divan*, habita um palácio ao lado, onde recebe ministros e visitantes estrangeiros. Para chegar lá, devem passar por uma entrada monumental, que deu um dos seus nomes ao Império Otomano. Até o século XIX, chamava-se "Sublime Porta" na linguagem diplomática ocidental.

Para garantir sua autoridade, cobrar impostos e fazer funcionar o império, o sultão conta com tropas recrutadas de modo particular. Em sua maioria, são compostas por antigas crianças cristãs dos

Balcãs, que, com muita frequência, eram raptadas ou compradas por soldados no decorrer de campanhas chamadas *devchirme*, ou colheita. Convertidos à força ao Islã, "turquizados" e educados, os frutos dessa colheita são, depois, selecionados em função de sua competência. Os mais robustos vão reforçar os regimentos de janíçaros, as tropas de elite que, graças à sua extraordinária disciplina e proverbial sobriedade, garantiram as mais brilhantes conquistas do império. Os mais dotados para as escrituras formam a administração imperial, da qual ocupam todos os cargos, dos mais humildes até o topo. A maioria dos grandes governadores de província, vários ministros e mesmo grãos-vizires encarregados de dirigir esse grande império muçulmano são antigas crianças cristãs, outrora reduzidas à escravidão. O fato, por mais inconcebível que pareça a um espírito ocidental, corresponde a uma lógica. Ao apoiar-se em indivíduos a quem cortou todos os laços com o passado, o sultão construiu um exército que lhe é absolutamente fiel e que lhe permite escapar à influência das grandes famílias do império.

A outra grande característica do mundo otomano é, por fim, sua disparidade étnica, religiosa e linguística. Conta com mais de setenta nacionalidades, ao que se diz, que falam um número incrível de línguas, dialetos e patoás, formando uma manta de retalhos. Tal como os árabes antes deles, os turcos não tentaram converter os povos submetidos. Em algumas províncias balcânicas, os cristãos estão em maioria, como na parte oriental da Anatólia, onde vivem os armênios. Salonica, onde foi acolhida uma parte dos judeus expulsos da Espanha, é majoritariamente uma cidade judaica. Para organizar seus súditos, o império recorre ao sistema dos *millet*, comunidades que reagrupam as populações em função de sua crença religiosa. Cada *millet* é dirigido por um dignitário, o grão-rabino, o patriarca grego, o *catolicos* armênio etc., que pode organizar sua justiça e suas escolas. Por sua natureza, o sistema não é igualitário. O império existe para garantir o domínio do Islã, e o *millet* muçulmano, dirigido pelo próprio sultão, deve ter a precedência. De acordo com a *sharia*, os outros têm direito apenas a um estatuto inferior de protegidos (*dhimmi*, em árabe), concedido em troca de impostos específicos. Mas podem viver, trabalhar e por vezes construir grandes carreiras, coisa impensável na época para qualquer minoria em uma Europa ocidental minada pelo ódio aos judeus e pelas guerras de religião.

★★★

OS IMPÉRIOS XERIFINOS DO MARROCOS

No século XV, os portugueses, senhores da rota africana, conquistaram numerosas praças ao longo da costa marroquina. Os Saadianos, uma família árabe originária do vale do Draa, ganham muito prestígio ao reconquistar algumas. Instalados em Marrakesh, conseguem estender seu domínio a grande parte do território. Como afirmam descender do profeta Maomé, sua dinastia é chamada "xerifina".[188] As sucessões são por vezes atribuladas. Nos anos 1570, para expulsar o irmão que subiu ao trono, um pretendente não hesita em aliar-se a Dom Sebastião, jovem rei de Portugal, senhor de um espírito quimérico, que pensa que a operação lhe permitirá conquistar todo o Marrocos. O conflito ocorre em 1578, perto de Tânger, e é chamado de "Batalha dos Três Reis". Todos são mortos. O belo Sebastião torna-se uma personagem mítica da história portuguesa, cujo retorno é eternamente esperado pelo povo. Marrocos continua a fortificar-se. Ao final do século, um exército saadiano esmaga o império africano dos Songai,[189] o que lhe permite controlar a rota do sal, do ouro e dos escravos. Em meados do século XVII, o poder passa para os Alauitas, outra família que também afirma ser xerifina e que ainda reina no início do século XXI.[190] Mulai Ismail, cujo longo reinado vai de 1672 a 1727, é o mais famoso sultão dessa dinastia. Graças ao seu impressionante exército composto em parte por milhares de escravos negros, retoma dos espanhóis as cidades de

---

[188] No mundo árabe, um xerife é um descendente de Maomé. No mundo persa, é um *seyyed*.

[189] Ver capítulo 15.

[190] Os Alauitas, família reinante em Marrocos, chamam-se assim porque afirmam descender de Ali, genro de Maomé, e não devem ser confundidos com os alauitas, uma seita ligada ao xiismo, presente sobretudo na Síria e que usa esse nome por venerar esse mesmo Ali.

Larache e Tânger. Construtor, embeleza a cidade de Meknès com palácios, portas monumentais e mesquitas construídos por 25 mil cristãos cativos que seus corsários raptaram nos mares. Insaciável no plano sexual, tem um harém gigantesco, e conta-se que gerou mais de oitocentas crianças. Ávido por alianças sólidas no Norte, envia um embaixador para pedir, em seu nome, a mão de uma filha legítima de Luís XIV. A jovem recusa. Mulai Ismail não se torna genro do rei da França. Ainda assim, a história marroquina deu-lhe a alcunha de sultão-sol.[191]

---

[191] Por analogia ao Rei Sol. [N.T.]

22

O Japão se abre e torna a se fechar

(SÉCULO XVI-INÍCIO DO SÉCULO XIX)

Depois de ter saído das guerras feudais e estabelecido sua unidade, o Japão encontra uma forma radical de contrariar a expansão europeia: fecha-se ao mundo.

PARAMOS NO SÉCULO XII, quando o Japão caminhava para um sistema feudal que atribuía cada vez mais poder aos senhores, os poderosos daimiôs.[192] As rivalidades entre eles culminam em uma guerra civil. De meados do século XV até o fim do século XVI, o Japão vive a era Sengoku, de sinistra memória. O termo é parente da expressão chinesa dos "Reinos Combatentes". Residindo sempre em Quioto, os imperadores não têm qualquer poder. Alguns, por falta de rendimentos e de apoio, vivem na miséria enquanto os grandes senhores feudais, ajudados por servos armados encarregados de protegê-los, os *bushi* ou samurais, levam o país a ferro e fogo.

Entre 1573 e 1601, três senhores da guerra, que se sucedem, conseguem, à custa de alianças e batalhas, ganhar a ascensão sobre todos os revoltosos e reunir o país sob sua égide, esmagando os clãs que se opõem a eles. São os três unificadores do Japão. Por essa razão, fazem parte das personagens mais conhecidas da história do país.

---

[192] Ver capítulo 12.

O primeiro é o brutal Nobunaga (1534-1582), da família Oda, a que se chama, portanto, Oda Nobunaga, de acordo com o sistema japonês que coloca o nome da família antes do nome próprio. Consegue estabelecer o poder sobre quase todo o território, mas acaba mal. Um de seus lugares-tenentes, que o traiu, convence-o a suicidar-se. O segundo é seu sobrinho por afinidade, Toyotomi Hideyoshi (1536-1598). À semelhança do tio, consegue quebrar a resistência dos clãs. Embriagado pelas vitórias, acalenta o sonho, algo louco, de invadir a China. Desembarca duas vezes na Coreia e esmaga o pequeno exército do país, mas os coreanos, vencidos em terra, conseguem reverter a situação no mar ao destruir a frota japonesa graças aos seus barcos e a um armamento mais sofisticado. Arrasado pela derrota, o grande general, talvez atingido pela loucura, morre deixando um herdeiro ainda criança, jovem demais para sucedê-lo. Um de seus conselheiros aproveita para ocupar seu lugar. Chama-se Tokugawa Ieyasu (1543-1616).[193] É o bom.

Depois da Batalha de Sekigahara,[194] em 1600, que lhe permite esmagar seus últimos rivais, passa a controlar o conjunto do país. Toma o título de xogum, que, na origem, designa um governador militar[195] e, na prática, atribui-lhe todos os poderes. O imperador, que continua em seu palácio de Quioto, desempenha apenas um papel religioso e simbólico. Ieyasu decide instalar-se na cidade de Edo,[196] situada na região dos seus domínios. Para precaver-se contra qualquer nova veleidade de revolta dos daimiôs, obriga-os a abandonar seus feudos a cada dois anos para viverem na capital. Também devem deixar a mulher e os filhos em casa, permitindo que o poder os tenha sempre ao seu alcance. O país entra em um período de paz e de grande estabilidade política. Ieyasu instalou sua família no poder, os Tokugawa,

---

[193] Para distinguir o caráter dessas três personagens célebres de sua história, as crianças japonesas aprendem na escola um pequeno poema que pode ser traduzido assim: "Se o cuco não canta, Nobunaga diz 'Matem-no', Hideyoshi diz 'Eu o ensino a cantar', e Ieyasu diz 'Esperem, ele acabará cantando'".

[194] A Batalha de Sekigahara é tão famosa no Japão quanto a de Gettysburg nos Estados Unidos, ou a de Aljubarrota em Portugal.

[195] Seu governo é chamado de *bakufu*, literalmente o "governo da tenda", que é uma forma de recordar sua origem militar.

[196] Atual Tóquio. Veremos no capítulo 37 por que mudou de nome.

que governam durante mais de dois séculos. Em função do nome da capital onde estão instalados, essa era da história nipônica é chamada de Período Edo (1603-1868).

Os bárbaros do Sul

Em meados do tumultuoso século XVI, verifica-se outro acontecimento decisivo. Em 1543, um navio português abriga-se em Tanegashima, uma ilha no sul do arquipélago, para escapar de uma tempestade. O senhor local acolhe os portugueses, mas interessa-se sobretudo pelas estranhas armas que transportam. É o primeiro japonês a ver um arcabuz. Deixa partir os marinheiros, mas guarda, como garantia, o carregamento do navio, prometendo devolvê-lo com a condição de que regressem em breve para ensiná-lo a usar esses pequenos e estranhos canhões.[197] Assim foi o primeiro contato entre dois mundos que até então se ignoravam. Os portugueses percebem que chegaram finalmente a Cipango, país misterioso de que falava Marco Polo, sem nunca tê-lo visitado. Os japoneses descobrem os *nanban*, os "bárbaros do Sul", assim chamados em razão da direção de onde vêm. O comércio *nanban* começa por ser bem-sucedido. Tal como prometido, os navegadores regressaram para ensinar a arte da pólvora aos seus alunos, que aprendem depressa. Em meio século, as forjas do arquipélago produzem armas de fogo em grande quantidade. O país, devastado pela guerra civil, serve-se muito delas. Sua utilização é decisiva no decorrer de algumas das grandes batalhas de que acabamos de falar.

Por outro lado, e via de regra, os japoneses sentem repugnância pelos portugueses, que consideram pouco limpos e sem educação, porque comem com os dedos e não com pauzinhos. São, no entanto, muito úteis, porque contrabandeiam ricos produtos chineses, como sedas e porcelanas, cujo comércio foi proibido pelo Império do Meio para punir os japoneses por enviar piratas às suas costas.

De acordo com um desenrolar de acontecimentos de que já falamos – e voltaremos a falar nos próximos capítulos –, os missionários

---

[197] A história japonesa conta que o senhor comprou dois arcabuzes e que os portugueses ficaram um ano na ilha para ensinar a fabricá-los. [N.T.]

desembarcam logo a seguir aos mosquetes. Francisco Xavier, cofundador dos jesuítas e "apóstolo das Índias", ouviu falar do país quando estava em Malaca.[198] Desembarca no Japão em 1549 e, com a ajuda do seu talento de prosélito, converte rapidamente os primeiros japoneses. O Japão não desconfia dessa nova religião. As pessoas começam a considerá-la uma nova seita budista, igual a tantas outras que viram desembarcar ao longo dos séculos. Depois de Francisco Xavier, que partiu e acabou morrendo às portas da China, chegam outros jesuítas, e atrás deles os franciscanos. Eles continuam a multiplicar os cristãos como Jesus faz com os pães. Nos anos 1580, quatro jovens japoneses, filhos de fidalgotes convertidos, vão até Roma para visitar o Papa, que se alegra bastante com os progressos da sua Igreja no outro lado do mundo. É criada a primeira diocese em Nagasaki.

Depois, o caldo entorna. Estamos no período de Hideyoshi, o segundo unificador. Para manter o país, tenta controlar tudo, inclusive as questões religiosas, e desconfia fortemente dos cristãos, cada vez mais numerosos, por julgar que são traidores a serviço dos estrangeiros. As perseguições começam. Em 1597, 26 católicos são crucificados em Nagasaki e expostos no alto de uma colina, como exemplo. Mas a lição estimula mais do que amedronta. As conversões continuam. Em 1614, no período dos Tokugawa, é ultrapassada mais uma etapa: o cristianismo é proibido. Para sublinhar a decisão, outros cristãos são massacrados. Nem assim o fenômeno é erradicado. Em 1637, uma província quase inteiramente católica se revolta. O xogum decide acabar com a questão de vez. Ordena uma repressão impiedosa que culmina no massacre de 37 mil homens, mulheres e crianças. Para executar essa sinistra e pesada tarefa, os soldados governamentais recebem o precioso reforço de outros bárbaros, que bombardeiam as cidades rebeldes a partir de seus barcos, e de que ainda não falamos.

Com efeito, no decorrer do século XVI, outros ocidentais chegam à península. Espanhóis vindos de Manila, ingleses, mas sobretudo holandeses, esses gananciosos calvinistas do Norte, decididos, como já fizeram ou tentarão fazer em tantos outros lugares, a ultrapassar os

---

[198] Ver capítulo 18.

portugueses. Para eles, calha bem participar da repressão à revolta, que lhes permite uma aproximação ao poder japonês, ao mesmo tempo em que matam católicos, que têm, na opinião deles, o duplo defeito de serem apoiados por seus concorrentes e de professar um papismo detestado. No decorrer da operação para esmagar a rebelião, oferecem os serviços de sua frota ao xogum. Vendo chegar barcos europeus, os infelizes cercados erguiam suas cruzes e agradeciam a Deus, persuadidos de que os cristãos só podiam estar lá para salvá-los. Não estavam a par das sutilezas da história religiosa europeia.

A partir desse momento, os cristãos e seus amigos estrangeiros estão com o tempo contado. Inicia-se uma caça metódica para acabar com os convertidos, mesmo os que escondem sua fé. São enviadas imagens de Cristo ou da Virgem aos quatro cantos do império, e pede-se a todos os suspeitos que as espezinhem em público para provar que renunciaram de fato.[199] Os que se recusam são executados. Os ocidentais, suspeitos de ajudá-los, são agora rejeitados. E a tentação de fechar o país em si mesmo cresce cada vez mais, na medida em que as notícias do estrangeiro tornam-se cada vez mais assustadoras. Entre os anos 1630 e 1640, os manchus conseguem conquistar a Coreia e preparam-se para arrebatar o trono imperial de Pequim à velha dinastia Ming.[200]

Para não ser mais tributário de uma China tão imprevisível, para ter certeza de que controla totalmente o próprio comércio e para acabar de vez com as desordens, o xogum opta por uma solução radical. Decreta o *sakoku*, o encerramento total do seu país ao mundo. A partir de 1639, os missionários, depois todos os estrangeiros, são expulsos. Os portos se fecham a todos os navios. Pouco depois dessa decisão, um infeliz capitão português, que atracou imprudentemente em um ancoradouro japonês, tal como se fazia há um século, percebe o custo de infringir as ordens dos donos do país: todos os membros da tripulação são imediatamente presos e executados. A mesma regra se aplica no sentido oposto: os japoneses estão proibidos de cruzar as próprias fronteiras, sob pena de morte. Todas as relações comerciais ou

---

[199] Essa prática é chamada de *fumi-e*.

[200] Os manchus formam a dinastia Qing, no poder de 1644 a 1911 (ver capítulo 30).

humanas do arquipélago com o resto do mundo dependem agora de dois frágeis cordões. Pagos pelos serviços prestados ao esmagar a rebelião cristã, os holandeses são os únicos bárbaros que têm o privilégio de comercializar com o Japão, mas sem colocarem o pé na terra. Seus barcos podem apenas atracar em uma pequena ilha artificial criada na baía de Nagasaki. Essa surpreendente "câmara" de trocas será, até meados do século XIX, o único ponto de contato entre o Império do Sol Nascente e o Ocidente. Em contrapartida, chineses e coreanos podem atracar no porto de Nagasaki.

O feliz período de Edo

Como se estivesse suspenso fora do mundo, o arquipélago vive durante dois séculos fechado em si mesmo. Surpreendentemente, o período deixou uma recordação de felicidade e prosperidade. Ao esmagar os rivais na última grande batalha travada em solo nipônico, o primeiro xogum Tokugawa estabeleceu a paz interna. O encerramento decretado por seus predecessores garante a paz externa. A única classe social que tem razões para se queixar é a dos samurais, pobres soldados condenados a ver seus dois sabres, o longo e o curto, que têm o privilégio de ostentar, transformados em objetos decorativos.

Na cúpula do Estado, adormecidos nos palácios de Quioto, onde ninguém ousa incomodá-los, sucedem-se os imperadores. Em Edo, são os xoguns. Um deles, Tokugawa Tsunayoshi (reinado: 1680-1709), contemporâneo de Dom João V, tornou-se célebre por sua excentricidade. Confucionista, atento ao sofrimento animal, publica uma "lei de piedade das criaturas", que pune com pena de morte quem fizer mal aos animais, manda instalar em todo o país comedouros para os cães, de que gosta particularmente, e proíbe que sejam comidos. Seu apelido é *inu kubo*, ou o xogum-cão.

O isolamento do país não impede o progresso econômico. A prata, de que o Japão é um dos principais produtores mundiais, além do ouro das minas, servem para comprar mercadorias que o país não produz, como as lacas, os pós para a farmacopeia, as sedas ou o algodão de que quase todas as roupas são feitas. Os recursos agrícolas são abundantes. A população aumenta. Os 12 milhões de japoneses do século XV passaram a 27 em meados do século XVIII. Com quase um milhão de habitantes, Edo é uma das maiores cidades do mundo. O *tokaido*, a "rota do Mar do Leste", ladeada de albergues dispostos ao longo de suas cinquenta etapas, liga a cidade a Quioto, a capital imperial, ou a Osaka, a grande praça comercial.

Separada do mundo, a elite intelectual concentra-se no único meio de que dispõe para captar seus ecos: os livros trazidos pelos holandeses. Os que tratam de religião serão sempre proibidos, mas, a partir do século XVIII, as obras sobre medicina, agricultura ou mesmo sobre artes são dissecadas pelos poucos privilegiados que podem acessá-las, e o fazem com tanta atenção que formam a base de um ramo à parte do conhecimento: *ragaku*, ou os estudos holandeses.

O crescimento das cidades e o desenvolvimento econômico permitem um grande avanço das classes mercantis e da burguesia urbana, e o declínio da velha aristocracia feudal. Os puristas consideram que a cultura é menos refinada que na idade gloriosa da literatura da Corte, embora seja mais popular e enérgica. O período de Edo assinala a idade de ouro do *kabuki*, uma forma de comédia baseada na atuação estereotipada de artistas com máscaras e exageradamente maquiados. No início do século XVII, chocado com o exagero provocado pela admiração excessiva de algumas atrizes, o xogum proíbe que as mulheres atuem no teatro. São substituídas por rapazes. Os excessos aumentam. O poder decreta então que todos os papéis femininos sejam desempenhados por homens adultos. Alguns se tornam grandes celebridades, e são representados, com suas maquiagens extravagantes, pelos gravuristas.

De fácil reprodução e mais populares que as rebuscadas pinturas do tempo da aristocracia, essas gravuras especificamente japonesas são a grande expressão artística do seu tempo. Elas reproduzem as casas de madeira, os passeios de barco, as cenas de rua, os bairros "vermelhos", os trejeitos das cortesãs meio escondidas por seus leques ou sombrinhas. Utamaro (1753-1806) e Hokusai (1760-1849), alcunha que significa "velho louco por desenhos", são os grandes mestres do gênero, ao qual um romancista deu o poético nome de *ukiyo-e*, o "mundo flutuante", isto é, o mundo onde o homem pode deixar-se levar pela vida, como uma cabaça a flutuar docemente ao sabor das águas que a embalam.

O SÉCULO XVII

Marcos:

1555: Paz de Augsburgo (*cuius regio, eius religio*)

1600: criação da Companhia Britânica das Índias Orientais

1607: fundação de Jamestown, na Virgínia, a primeira colônia britânica na América

1633: processo de Galileu

1635-1659: Guerra Franco-Espanhola

1640: A restauração da independência de Portugal

1644: dinastia Qing na China

1648: Tratado de Vestefália

1649, 1688: primeira e segunda revoluções inglesas

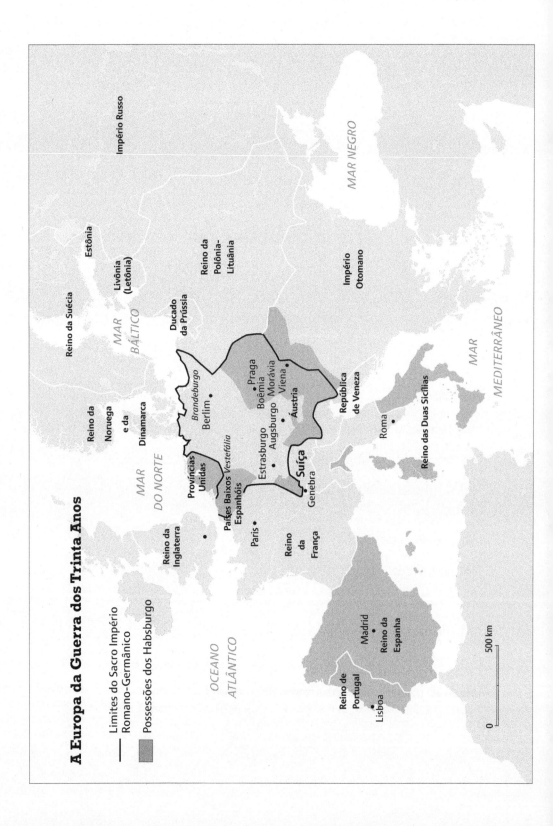

23

A Guerra dos Trinta Anos
e a Europa do século XVII

Graças ao compromisso estabelecido em Augsburgo, em 1555, o Sacro Império Romano-Germânico escapou das guerras religiosas que devastavam a Europa, mas a paz é frágil.

A GUERRA DOS TRINTA ANOS

No início do século XVII, a tensão sobe entre os dois campos. Príncipes luteranos de um lado e católicos do outro, unem-se em ligas cujos membros prometem entreajudar-se em caso de ameaça. Tendo surgido mais tarde no mundo alemão, os calvinistas tentam arranjar um lugar, que ninguém lhes concede, nesse universo complicado. Nos anos 1610, a chegada ao poder de um novo Habsburgo quebra esse equilíbrio precário.

Educado pelos jesuítas – que são a tropa de choque da Contrarreforma – sob um ódio feroz ao protestantismo, Fernando II (1578-1637) acaba com a política de relativa tolerância praticada por seus predecessores. Está destinado a ser o novo imperador do Sacro Império. Como todos os herdeiros de sua prestigiada família, recebe ainda muitos outros títulos: os domínios hereditários da Áustria, a Coroa do rei da Hungria e a do rei da Boêmia. Seu plano é unificar esse mundo díspar, a fim de governá-lo com mais autoridade e, sobretudo, de fazê-lo regressar ao seio da santa religião romana. Os nobres tchecos, majoritariamente protestantes, são os primeiros a rejeitar violentamente essa possibilidade. Em 1618, no decorrer de uma recepção no Castelo de Praga, defenestram os emissários de Fernando. Alguns meses depois, aumentam ainda mais a afronta: proclamam rei um príncipe protestante. A resposta do intransigente Habsburgo está à altura do vexame. Manda seu exército atacar. A Boêmia é alvo de uma repressão feroz. Por solidariedade religiosa, os luteranos tentam defendê-la. Os Estados católicos solidarizam-se de imediato com o imperador. O fogo que ardia escondido vai alastrar-se como um relâmpago. Em poucos meses, todo o Sacro Império está em guerra aberta. Encurralados, alguns Estados procuram aliados no exterior. Seus inimigos respondem, fazendo o mesmo. Uma após a outra, a maioria das potências europeias começa a guerrear entre si, ao mesmo tempo em que procura esquartejar, em proveito próprio, o mundo germânico, que, entretanto, se transformou em um imenso campo de ruínas.

A defenestração de Praga aconteceu em 1618. Ela abre caminho a uma sucessão de conflitos tão imbricada e complexa que durará três décadas. É a Guerra dos Trinta Anos.

Os primeiros a entrar no conflito são os dinamarqueses, seguidos pelos suecos, conduzidos pelo rei Gustavo II Adolfo. Os dois países protestantes intervêm por motivos religiosos, mas também esperam alargar suas possessões em torno do Báltico, que Estocolmo quer transformar em um "lago sueco". A muito católica Espanha também é dirigida por um Habsburgo, primo do de Viena. Por solidariedade familiar e confessional, junta-se ao imperador do Sacro Império. Richelieu, o poderoso ministro do rei da França, Luís XIII, também é católico, mas não pode aceitar ser pego entre os dois primos Habsburgo, que acabaram de aliar-se. Em seu país, conduz uma guerra bastante dura contra os protestantes, que, segundo ele, ameaçam o poder real, mas no plano externo dá prioridade aos negócios da França. Entra no conflito ao lado dos luteranos e dos calvinistas e declara guerra aos espanhóis. Estes últimos, herdeiros de Carlos V, ainda são os senhores dos Países Baixos e do Franco-Condado, regiões que entram assim no conflito.

A guerra é feroz, terrível, e suscita uma intensa atividade diplomática. Há tanta coisa em causa, e os protagonistas são tão numerosos, que será preciso muito tempo até encontrar uma solução para o conflito. Por fim, em 1648, são assinados, sobretudo na região alemã da Vestefália, vários tratados que regulam os desacordos entre todos os Estados em guerra.

O sistema vestefaliano

A Guerra dos Trinta Anos é o maior acontecimento da história europeia do século XVII. Ela representou para o conjunto do mundo germânico uma catástrofe humana sem precedentes. Durante três décadas, o Sacro Império foi devastado por todas as variantes possíveis da brutalidade militar: as tropas regulares, como o muito disciplinado exército da Suécia, não foram menos bárbaras do que as hordas de mercenários que se vendiam a quem mais oferecesse. Wallenstein, um nobre tcheco a serviço do imperador, é o mais célebre senhor da guerra da época. Atribui-se a ele o célebre adágio: "A guerra deve alimentar a guerra". Depois de terem sido arrasadas pelas tropas, regiões inteiras sofrem catástrofes em série: as colheitas são destruídas, provocando a fome e abrindo caminho às epidemias. Em trinta anos desse regime, as cidades do mundo germânico perderam, em média, um a cada quatro habitantes, e os campos, um a cada três. Em alguns Estados mais expostos, como o de Brandemburgo, a Lorena (terra do império) ou o Franco-Condado (devastado pelos combates franco-espanhóis), a queda demográfica foi de setenta por cento.

Por outro lado, a guerra teve uma implicação fundamental no plano político: alterou o sistema de poder em vigor na Europa. Na Idade Média, o continente estava marcado pelo duelo entre o Papa e o imperador, que disputavam o domínio sobre a cristandade e se consideravam superiores aos reis. Depois da guerra, já nada representam. Os trunfos passam para as mãos dos Estados que foram entrando no conflito, e a conclusão se dá quando assinam, uns com os outros, os Tratados de Vestefália. A diplomacia europeia funciona agora de acordo com novos conceitos a que os especialistas em ciências políticas chamam "sistema vestefaliano". Ele repousa em três princípios: os Estados não reconhecem qualquer autoridade acima da sua e tratam uns aos outros em pé de igualdade, independentemente da sua grandeza; os Estados são soberanos em todas as matérias internas, que dizem respeito apenas a eles; o único meio de manter a paz é alcançando um equilíbrio entre todos os Estados. A guerra reconfigurou as relações internacionais do mesmo modo que reconfigurou a Europa.

★★★

UMA VOLTA PELA EUROPA DO SÉCULO XVII

▦ A Casa da Áustria

Ao fim do conflito, a coroa imperial continua pertencendo aos Habsburgo, mas o Sacro Império, dividido em mais de trezentos principados, vilas livres, ducados etc., separados pela religião, é apenas uma concha vazia. A "Casa da Áustria", como é chamado o ramo vienense da poderosa família, recentraliza seu poder nas possessões da Europa Central. Acentua o domínio sobre a Boêmia, onde começou a revolta, trazendo-a de volta ao catolicismo com brutalidade, esmagando a nobreza tcheca e impondo à força a língua alemã. Também aposta na expansão a leste a sul, do lado da Hungria, conquistando pouco a pouco terras do enfraquecido Império Otomano.

▦ O século de ouro das Províncias Unidas

Os Tratados de Vestefália reconhecem *de jure* (de acordo com as formas do direito) a existência de dois novos países. O primeiro é a Confederação Suíça. Originalmente formada por três cantões alpinos, que se uniram ao final do século XIII para se libertar da tutela dos Habsburgo e do império, ela inclui oito cantões e, mais tarde, treze, e existe *de fato* há muito tempo.

As Províncias Unidas, que se separaram dos Países Baixos em meados do século XVI,[201] são um Estado mais recente, mas que não esperou essa legitimação formal para iniciar um período de poderio e prosperidade. O século XVII é o século de ouro holandês, e sua riqueza, suas cores e sua beleza nos foram transmitidas pelos grandes pintores Vermeer, Frans Hals e Rembrandt.

O país tem uma superfície reduzida, onde as terras do interior são áridas, e as do litoral, ameaçadas pelo mar. A coragem e a perseverança dos habitantes permitem-lhes fazer frutificar esse patrimônio ingrato,

---

[201] Ver capítulo 18.

conquistando terra ao mar graças aos *polders* e enriquecendo com a venda de produtos conceituados, como as flores, os queijos, os linhos de Leida, a louça de Delft, o veludo de Utrecht. Também pescam o arenque há muito tempo, atividade que os habituou ao alto mar. A navegação e uma frota substancial são os trunfos que farão desse pequeno país uma grande potência. Paradoxalmente, a longa guerra travada contra a Espanha irá ajudá-los.

Em 1580, aproveitando uma crise de sucessão, Filipe II torna-se rei de Portugal, cujos portos são imediatamente interditados aos inimigos de Madrid. Não podendo continuar abastecendo-se de especiarias em Lisboa, como até então faziam, os holandeses decidem ir buscá-las eles mesmos. O governo delega essa missão vital a uma associação de comerciantes, a Companhia Holandesa das Índias Orientais, fundada em 1602. Financiada por capitais privados,[202] consegue armar uma frota suficientemente poderosa para conquistar terras do outro lado do mundo, pilhando, no caminho, os galeões de seus inimigos ibéricos.[203] Todas as tripulações holandesas que se apropriaram das feitorias asiáticas dos portugueses, implantaram-se em Java ou comercializaram com o Japão navegavam em barcos ornamentados com o monograma VOC (Vereenigde Oostindische Compagnie). O dinheiro entra aos montes. Amsterdã, no início do século XVII, é um dos principais centros financeiros do mundo. Em 1611, é inaugurada ali a primeira Bolsa de Valores.

O sistema político do país é complexo. As províncias daquela que é oficialmente uma república federal são administradas separadamente. Apenas uma preeminência é de fato reconhecida aos dois homens que dirigem a Holanda, a maior das províncias, onde está situada Haia, a capital federal. Um deles é o grande pensionista, que representa os interesses dos comerciantes. O outro é o *stathouder*, sempre escolhido entre os membros da família de Orange, que defende a nobreza e o

---

[202] Por essa razão, considera-se que a Companhia foi a primeira empresa capitalista da época moderna.

[203] A união das Coroas ibéricas serviu de pretexto para os holandeses atacarem o Império Português. Esses ataques continuaram depois da Restauração de 1640 e foram, de um ponto de vista jurídico, atos de pirataria a que Portugal, recém-independente, não conseguiu se opor. Ainda assim, os holandeses foram expulsos do Brasil, de Angola e de São Tomé nos anos que se seguiram a 1640. [N.T.]

exército. Os dois estão em permanente desacordo. Talvez seja essa divisão de poderes que impede o autoritarismo e faz do país uma das raras ilhas de liberdade na Europa daquele tempo. A tolerância é a ordem do dia. Os católicos são mal vistos, mas não perseguidos. Os judeus, expulsos da Espanha e de Portugal, encontram ali um refúgio. As ideias circulam. Por causa da ousadia das ideias que defende, o grande filósofo Espinosa (1632-1677)[204] é excluído da comunidade judaica de Amsterdã por heresia, mas nunca é perseguido pelas autoridades. A censura não existe, e é possível publicar sem licença. A *Gazeta da Holanda* ou o *Notícias de Leida* são lidas em toda a Europa, porque são as únicas publicações a dar informações exatas.

Tanta prosperidade e liberdade fazem invejosos. Nos anos 1650, o país enfrentará, no decorrer de várias guerras navais, os ingleses, que também sonham com um destino marítimo. Esse desenvolvimento é cortado pela raiz em 1672, quando as tropas francesas ultrapassam o Reno e invadem a Holanda. A província só conseguiu evitar a ocupação ao abrir as comportas, que inundaram a planície. Luís XIV queria mostrar aos "comerciantes de queijo" que, agora, era ele o senhor da Europa.

▓ A preponderância francesa

Depois dos Tratados de Vestefália, os franceses continuaram a lutar contra os espanhóis. Precisaram de mais onze anos para que Madrid, vencida na Flandres, aceitasse a paz. A guerra tinha começado em 1635, por ordem do cardeal Richelieu. Acaba em 1659 graças à habilidade do cardeal Mazzarino, que o sucedeu. O Tratado dos Pireneus é obra dele. O acordo prevê a cessão de várias províncias espanholas à França, além da reconciliação dos inimigos graças ao casamento de Maria Teresa, infanta da Espanha, com o jovem rei da França. Inteiramente redigido em Paris, é uma vitória diplomática que assinala a preponderância francesa na Europa. O monarca que o assina, Luís XIV (1637-1715), é a encarnação desse novo estatuto.

O estabelecimento de uma monarquia forte e centralizada é resultado de um processo iniciado no princípio do século. Luís XIII

---

[204] Filho de judeus portugueses. [N.T.]

(1601; reinado: 1610-1643) não tem um gosto pessoal pelo poder, mas o delega ao seu ministro, Richelieu, que o exerce com mão de ferro para vencer as revoltas dos protestantes e esmagar as conspirações dos nobres. Mazzarino, que governa durante toda a infância e a juventude de Luís XIV (1642-1661), continua esse regime chamado de "ministeriado". Após a morte do cardeal, o rei se revela. Pensava-se que estava destinado a uma vida de bailes e prazeres, que tinha sido a sua até então. Torna-se o "Rei Sol", o astro em torno do qual o universo deve girar. Concentra todos os poderes, e decide gerir, controlar e saber de tudo. Afirma que sua legitimidade o autoriza a reinar sobre tudo e todos, porque vem de Deus e apenas de Deus. Ergue às alturas um regime lentamente preparado por seus predecessores: a monarquia absoluta de direito divino. Para evitar qualquer nova revolta dos nobres, como a da Fronda (1648-1652), que o traumatizou quando criança, quer tê-los à mão, e por isso os faz vir para a Corte, que brevemente será a de Versalhes, o cenário de sua grandeza, que mandou construir para esse fim.

Seus intendentes controlam as províncias. Seus ministros, que ele tem o cuidado de escolher entre a minúscula nobreza e a burguesia para contrabalançar o poder das grandes famílias, gerem os negócios do reino de acordo com suas diretrizes. Colbert é o mais célebre de todos. O reino é então o maior e mais povoado da Europa. O ministro decide pôr essas riquezas a serviço do Estado, ou seja, do rei. Manda construir fábricas estatais, como a Manufatura dos Gobelins; desenvolve a marinha para poder se opor nos mares aos holandeses e aos ingleses; e desenvolve uma política de intervenção na economia conhecida como "colbertismo".

A obsessão de Luís XIV pela grandeza conduz a grandes coisas: seu século é o Grande Século, o dos grandes escritores clássicos da literatura francesa, como Molière, Racine, Boileau, Bossuet ou Corneille. Seu reinado também tem uma parte sombria. Enquanto o povo vive em meio a grandes sofrimentos, como quando foi vítima de fomes terríveis (1694 e 1709) que mataram centenas de milhares de pobres, o rei se interessa apenas pela guerra.

Não cessa de declará-la a todos e sob os mais variados pretextos: para alargar as fronteiras; para impor uma herança, como quando arrasa o Palatinado,[205] que considera pertencer à sua cunhada, uma princesa alemã; ou para destruir um concorrente comercial, como quando ataca a Holanda. Essa demonstração constante de força é também sua fraqueza. Os conflitos perpétuos esgotam o reino. O último o deixa arruinado. Em 1700, Carlos, o último Habsburgo da Espanha, morre sem deixar filhos. Designa como herdeiro Filipe, duque de Anjou, neto do Rei Sol, cuja esposa, Maria Teresa, era uma infanta espanhola. A Europa não pode aceitar que os Bourbon reinem nos dois lados dos Pireneus. Outro Carlos, um príncipe Habsburgo de Viena, considera que o trono de Madrid deve ser seu em nome dos direitos familiares. Luís XIV também não pode aceitar que seus inimigos o cerquem outra vez.

A Guerra de Sucessão da Espanha opõe, de um lado, França e Madrid e, do outro, a coligação do Sacro Império, das Províncias Unidas e da Inglaterra. É uma guerra terrível, que se arrasta por mais de uma década, para acabar com os Tratados de Utrecht (1713), que mais uma vez modificam os grandes equilíbrios europeus. Filipe, agora Filipe V, continua sendo rei em Madrid,[206] mas renuncia ao trono da França. A Espanha, em compensação, cede seus territórios na Itália e nos Países Baixos aos Habsburgo da Áustria. O fim do conflito consagra sobretudo a nova potência do continente. Do início ao fim da guerra, a Inglaterra sempre esteve muito presente. Ganha a Acádia, no Canadá,[207] além de Gibraltar e Minorca, essenciais para garantir sua hegemonia marítima. Vejamos como isso se deu.

As revoluções inglesas

Isabel I (reinado: 1558-1603), filha de Henrique VIII[208] e a última dos Tudor, consegue fazer da Inglaterra um reino poderoso. Conhecida como a "Rainha Virgem", morre sem deixar descendentes. Os ingleses recorrem então a uma linhagem de primos, os Stuart, que

---

[205] Região do Sacro Império situada no Reno, ao redor da cidade de Heidelberg.

[206] Onde ainda reina sua família, os Bourbon da Espanha.

[207] Ver capítulo seguinte.

[208] Ver capítulo 20.

reinam em Edimburgo. Em 1603, Jaime VI da Escócia torna-se Jaime I da Inglaterra e unifica os dois reinos. O novo rei tem uma tendência autoritária e tenta se apoiar na religião anglicana, da qual é o chefe. Esse fato suscita uma dupla oposição, política e religiosa. O Parlamento, onde têm assento a nobreza e a burguesia das cidades, não aceita que reduzam suas liberdades. Os protestantes mais fervorosos rejeitam a pompa da Igreja da Inglaterra, que consideram uma grotesca imitação do que há de pior no catolicismo. O segundo Stuart, Carlos I (reinado: 1625-1649), sonha com o absolutismo, tal como o pai. Tenta aplicá-lo à força. Visto que o Parlamento se opõe, decide não voltar a convocá-lo e apoia o chefe espiritual de sua Igreja oficial, monsenhor Laud, arcebispo da Cantuária, em sua luta feroz contra os opositores religiosos, sobretudo os puritanos, que são os mais intransigentes. Seus métodos se tornam insuportáveis. Quando o arcebispo impõe o livro de orações anglicano à Escócia calvinista, os escoceses desencadeiam uma revolta armada. Para conseguir reunir tropas, o rei é obrigado a convocar um parlamento, que se opõe a ele. Então, dissolve-o e reúne outro (1640), igualmente hostil. O bloqueio conduz à guerra, que coloca frente a frente os "cavaleiros", seguidores do rei, e os puritanos, apelidados de "cabeças redondas" por causa do corte de cabelo. Graças à combatividade do chefe desses últimos, Cromwell, os puritanos acabam ganhando. Em 1649, Carlos I é decapitado. A monarquia é substituída por uma espécie de república (1649-1658), a *Commonwealth*, da qual Cromwell é o *lord protector*. Na prática, esse regime é uma ditadura puritana. Os cabarés são fechados. A música e o teatro são banidos. E os pobres católicos irlandeses pagam por serem papistas: o ditador protestante reprime suas revoltas com uma brutalidade inaudita e tira-lhes as terras para dar aos ingleses.

Depois de sua morte, o filho, que designou como sucessor, é incapaz de conservar o poder. Em 1660, os Stuart regressam e, com eles, os mesmos problemas político-religiosos. Carlos II (reinado: 1660-1685), educado na Corte francesa, sonha com um sistema absolutista e não esconde sua preferência pelo catolicismo. Seu irmão, Jaime II (reinado: 1658-1689), que sobe ao trono depois dele, segue o mesmo rumo. Quando o herdeiro do trono é batizado na religião romana, a Inglaterra explode. O Parlamento apela para Maria, filha do rei, que teve o bom gosto de se casar com Guilherme de Orange, *stathouder* da Holanda e, sobretudo, príncipe protestante. Propõe-lhes que sejam rei e rainha da Inglaterra, com a condição de aceitarem um texto que limita o poder real e concede direitos aos seus súditos: a Declaração dos Direitos, ou *Bill of Rights*. O episódio, que ocorre em 1688-1689, é chamado de "Revolução Gloriosa", e proporciona ao país um sistema que rejeita o absolutismo, equilibrando o poder do rei ao do Parlamento: é a monarquia constitucional. Em 1707, pelo Ato de União, as Coroas da Inglaterra e da Escócia, assim como seus respectivos parlamentos, são reunidos em um só para criar o "reino da Grã-Bretanha". Dotada de um regime político estável e mais aberto que o das velhas monarquias do continente, a Grã-Bretanha está pronta para efetuar sua grande decolagem econômica.

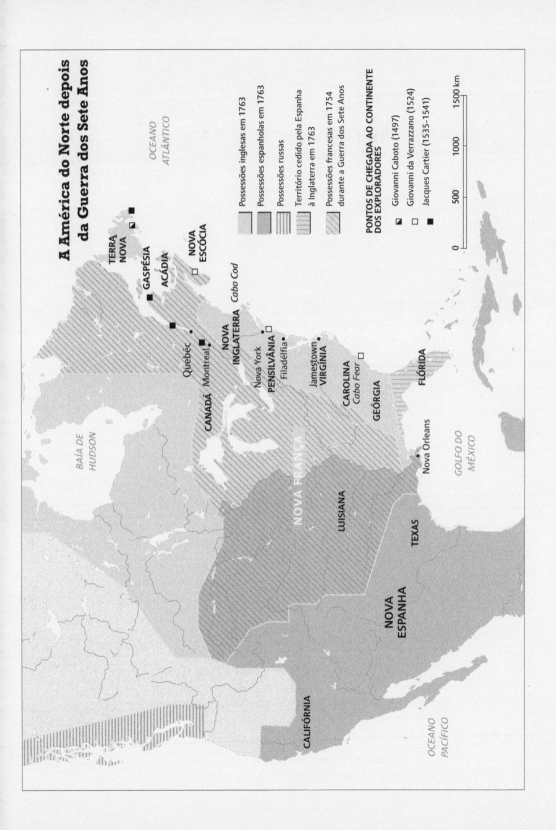

24

A colonização da América do Norte

A partilha das riquezas do mundo entre os portugueses e os espanhóis desagrada a todos os rivais europeus dos dois países. "O Sol nasce tanto para mim como para os outros", gritará um dia Francisco I da França ao embaixador de Carlos V, "gostaria de ver a cláusula do testamento de Adão que me exclui da partilha do mundo". Todas as potências do Velho Continente pensam como ele. É a vez de elas lançarem, também, seus homens aos oceanos.

EM 1497, o florentino Giovanni Caboto – ou John Cabot, segundo a forma anglicizada – descobre a Terra Nova e explora as costas do Labrador e do norte dos atuais Estados Unidos em nome da rainha da Inglaterra. Um pouco mais tarde, Verrazzano, outro italiano, segue ao longo das costas das Ilhas Carolinas até o Maine. Está a serviço do rei da França, tal como Jacques Cartier, que entra no estuário do São Lourenço. Todos perseguem o sonho de Colombo: procuram a famosa passagem que conduz diretamente à China e à Índia. À semelhança dos espanhóis antes deles, descobrem um mundo novo.[209]

---

[209] De acordo com o historiador Gaspar Frutuoso, a Terra Nova foi descoberta por João Vasco Corte-Real, "antes de 1474, por volta de 1472". Por outro lado, "no planisfério de Cantino de 1502 [peça cartográfica na qual figura pela primeira vez, com uma menção clara, a parte mais significativa dos contornos orientais do Novo Mundo], a Groenlândia e a Terra Nova são representadas por uma bandeira portuguesa. O mapa de Pedro Reinel, que data de 1504, atesta o domínio dos conhecimentos portugueses ao referir a Terra Nova pela sua abundante toponímia" [ver Lucien Campeau, *Découvertes portugaises en Amérique du Nord* (1966)]. Logo em 1506,

Nessa parte setentrional do continente americano, que corresponde, atualmente, aos Estados Unidos e ao Canadá, vários povos viviam há milênios. Nenhum deles forjou um grande império como o dos astecas ou dos incas. Todos desenvolveram civilizações originais, muito diferentes umas das outras. A sudoeste desse conjunto encontram-se, por exemplo, os indígenas a que os espanhóis chamaram *pueblos* – "aldeia", em espanhol –, porque os habitantes que ali vivem são sedentários: cultivam milho, feijão e abóbora, tecem o algodão e fabricam olaria. A noroeste, onde os longos invernos dificultam a atividade agrícola, os homens são coletores-pescadores. Desenvolveram uma economia com base no salmão, abundante nos rios, ou nos cetáceos e nas focas. Ao centro, nas pradarias – a imensa estepe norte-americana –, as tribos das planícies caçam o bisonte, que fornece tudo, desde a carne para o consumo até a pele para fazer as vestimentas ou os tipis. Próximo à costa, nas grandes florestas abundantes em animais selvagens, à beira dos lagos e rios, as tribos caçam para obter carne e peles, pescam e praticam um pouco de agricultura. Ora são nômades, ora sedentárias nas aldeias que reúnem grandes casas de madeira que servem para abrigar numerosas famílias, as *long houses*. A chegada dos europeus vai perturbar esse universo.

A partir da Cidade do México, sua capital, os espanhóis lançam expedições para o norte. Elas permitem-lhes reivindicar um território considerável. Da Flórida à Califórnia atual, toda a metade sul dos atuais Estados Unidos pertence nominalmente à Nova Espanha. Na prática, os espanhóis não têm um número suficiente de homens, muito menos de colonos, para controlá-las.

Algumas décadas depois de as terem percorrido pela primeira vez, os ingleses tentam implantar-se na costa atlântica, estabelecendo

---

Dom Manuel I lança o primeiro imposto sobre o bacalhau, há muito pescado na Terra Nova. O fato de a chegada dos portugueses ao atual Canadá geralmente ser omitido justifica-se "devido ao predomínio da literatura em francês ou em inglês e à influência que exerceram informações compiladas em obras de larga divulgação e em enciclopédias [e, por isso], a história dos descobrimentos é sobretudo marcada por perspectivas da Inglaterra e da França" [ver A. A. Bispo e H. Hülskath, "Do descobrimento do Canadá pelos portugueses: 'Terra do Labrador' e 'Terra dos Bacalhaus'", *Brasil-Europa*, 128/2, jul. 2010]. [N.T.]

colônias. As primeiras tentativas, ao final do século XVI, acabam em catástrofe: o clima rigoroso, o despreparo e a falta de alimentos exterminam os infelizes que tentaram fazer a experiência. Seus sucessores tiveram mais sorte. Em 1607 fundam Jamestown, a primeira cidade de uma região a que dão o nome de "Virgínia" em homenagem a Isabel I, a rainha virgem. Em seguida, vêm outros. Apesar dos perigos, não faltam candidatos. As cidades inglesas estão apinhadas de camponeses expulsos de suas terras pelos grandes proprietários.[210] O poder real acaba encorajando a emigração, considerada um bom modo de reabsorver essa miséria. Algumas companhias privadas, às quais a Coroa delegou a tarefa de valorizar as novas terras, inventam o sistema de parceria.[211] Para custear a viagem, os servos contratados aceitam trabalhar gratuitamente durante cinco ou sete anos, uma espécie de escravidão temporária ao fim da qual os sobreviventes recebem um pedaço de terra que lhes permite, enfim, acessar a vida que lhes foi prometida e com a qual tanto sonharam.

A essa situação somam-se os problemas religiosos, tão prementes no século XVII. Também aqui, a emigração é encarada como uma solução idônea para resolvê-los: ela permite que o poder se livre dos indesejados ao mesmo tempo em que povoa as terras que quer explorar. Também permite que os exilados criem as sociedades ideais que lhes são vetadas no Velho Mundo. A primeira viagem transatlântica desse gênero é também a mais célebre. Acontece em 1620, quando um grupo de puritanos que tinha começado a se refugiar nas Províncias Unidas obtém autorização do rei da Inglaterra para emigrar para a Virgínia. Seu barco, o *Mayflower*, desviado por uma tempestade, desembarca os passageiros mais a norte, no Cabo Cod. A região tem peixe em abundância, e os indígenas são acolhedores. Os emigrantes se instalam e fundam a Colônia de Plymouth, nome do porto inglês de onde partiram. Administram-na de acordo com seus estritos preceitos: o

---

[210] É o movimento dos *cerrados*, a privatização dos campos para criar pastagens para as ovelhas que darão a lã necessária à indústria têxtil, ainda em formação. Privados das terras comunais que garantiam uma parte de sua subsistência, os camponeses são forçados a partir. Thomas More, autor de *Utopia* (1516), escreve com ironia que a Inglaterra é o único país onde os carneiros devoram os homens.

[211] Em inglês, os servos contratados são chamados de *indentured servants*.

rigoroso respeito aos mandamentos bíblicos e a luta obcecada contra o que consideram pecado – o alcoolismo, a preguiça ou o adultério. Também estabelecem uma base democrática. Essa combinação entre fervor religioso e igualitarismo encarna o ideal dos futuros Estados Unidos. É por essa razão que os americanos chamam os viajantes do *Mayflower* de *Pilgrim Fathers*, ou "Pais Fundadores".

Pode-se também fazer referência à aventura de William Penn (1644-1718). Pertence à seita dos *quakers*, movimento humanista de grande tolerância que aspira à paz universal e proíbe aos seus membros o uso e o porte de armas, ou mesmo que prestem juramento.[212] Essa ousadia faz com que sejam objeto de duras perseguições. Penn arranja uma maneira de escapar delas quando herda do pai um enorme crédito concedido pelo rei. Propõe a Carlos II trocar a dívida por terras no Novo Mundo. Como homenagem às florestas que a cobrem e ao seu fundador, a nova colônia é chamada de "Pensilvânia". A capital é Filadélfia, ou "amor fraterno" em grego. Coerente aos ideais de seus membros, a colônia recebe de braços abertos todos os que são expulsos dos países europeus por causa de opiniões religiosas.

Empurrados pelos mesmos ventos, misturando sonhos de riqueza e esperança em mundos melhores, alguns holandeses e suecos também conseguiram se instalar no centro da costa atlântica, em pequenas comunidades situadas em meio às possessões britânicas. Os ingleses os expulsam para unificar seus domínios. É assim que a cidade de Nova Amsterdã, fundada na Ilha de Manhattan, que foi comprada dos indígenas, passa a se chamar Nova York, em homenagem ao duque de York, irmão do rei.

No século XVIII existem treze colônias, que formam uma longa faixa que desce da margem sul do São Lourenço até o norte da Flórida, possessão espanhola. Todas são diferentes. As do norte, onde estão os puritanos, vivem da pesca e do comércio marítimo, e funcionam em bases muito igualitárias. As do sul se baseiam em uma economia de plantação – índigo, arroz, tabaco – e pertencem a uma aristocracia de ricos plantadores que reinam sobre um exército cada vez maior de escravos arrancados da África. Por fim, as do centro, de Nova York e da

---

[212] *Quakers*: do verbo *to quake*, ou "tremer" (nesse caso, perante Deus).

Pensilvânia, alicerçadas na agricultura e no comércio, acolhem populações vindas de vários países europeus. A única coisa que por vezes os aproxima é uma aversão compartilhada aos rivais que as ameaçam...

A chegada dos franceses do outro lado do Atlântico assemelha-se, inicialmente, à dos ingleses. Ao plantar a bandeira da França nas margens do São Lourenço, Jacques Cartier reivindicou ao seu rei uma vasta região do Canadá (1534), mas deixou lá apenas uma série de pequenos pontos de venda, que funcionavam durante alguns meses por ano para suprir as necessidades do comércio de peles ou da pesca. É preciso esperar por Samuel de Champlain (cerca de 1570-1635) para que seja fundada a cidade de Quebec, e por Richelieu para que sejam feitas as primeiras tentativas de colonização. Elas são modestas em relação à imensidão do espaço a ser preenchido. A "Nova França", como são chamadas as possessões reais na América, agora tem duas províncias: a do Canadá, centrada no Quebec, e a da Acádia, situada mais a leste.[213] Ao fim desse mesmo século, o explorador Cavelier de La Salle junta-lhe uma terceira. Em 1682, ajudado pelos indígenas, desce o Mississipi até o Golfo do México e reclama à França o imenso território que se estende de um lado ao outro do enorme rio.

Esse gigante é frágil, quase inabitado. Ao contrário dos ingleses, os franceses não aceitam ser expatriados. Os camponeses, mesmo pobres, com frequência se tornam proprietários e se recusam a abandonar seu pedaço de terra. Nenhuma minoria religiosa é autorizada a partir. As autoridades proibiram a ida para as colônias dos protestantes – e também dos judeus – para evitar que a "heresia" se alastre. Foi necessário encontrar outras formas de tentar povoar o Novo Mundo. Nos anos 1660, são enviadas para a Nova França cerca de mil "filhas do rei": essas jovens, apadrinhadas pelo próprio rei, devem se casar com os agricultores solteiros do Canadá. No início do século XVIII, por falta de voluntários para a Luisiana, a França recorre até mesmo à deportação de prostitutas. Todas essas tentativas resultam em fracassos. Gigantesco e subpovoado, o território da Nova França tem poucas

---

[213] Correspondendo, no mapa do Canadá atual, a uma parte de Nova Brunswick e à Ilha do Príncipe Eduardo.

chances de resistir à cobiça das colônias inglesas onde, ao contrário, a pressão demográfica não cessa de aumentar.

A questão das fronteiras e a concorrência econômica no comércio das peles criam, no início do século XVIII, intermináveis atritos entre os dois colonizadores, e as lutas que opõem os dois países acabam atravessando o Atlântico. A longa Guerra de Sucessão na Espanha,[214] por exemplo, também é travada no cenário americano, onde seu resultado tem consequências: os Tratados de Utrecht de 1713 atribuem a Acádia aos ingleses.[215] Às vezes, as coisas acontecem ao contrário. Uma das causas da Guerra dos Sete Anos (1756-1763) foi a ofensiva lançada na América, pelos ingleses, para acabar com os fortes franceses que rodeavam suas colônias. Arrastadas pelo jogo de alianças que as ligam, todas as grandes potências europeias entram no conflito, uma após a outra: de um lado, temos a França, a Áustria, a Rússia e a Espanha; do outro, a Inglaterra, Portugal e a Prússia. Como algumas têm impérios coloniais, a guerra se alastra pelo planeta. Combate-se nas Antilhas, na Índia, na África, nos Grandes Lagos, em Montreal, no Quebec. As consequências são dramáticas para a França, que perde quase todos os seus domínios além-mar. A Grã-Bretanha triunfa. O Canadá é seu agora, assim como a Flórida, tomada da Espanha. Apenas a Luisiana lhe escapa, porque os franceses, para não terem de cedê-la, vendem-na aos espanhóis em 1762. Levando em conta a forma particular como se deu a Guerra dos Sete Anos no Novo Mundo, a história anglo-saxônica a chama de "The French and Indian War". Os povos nativos, aliados a uma das partes, desempenharam um papel essencial no conflito. É hora de falarmos deles.

Nas representações coletivas, a história dos indígenas da América do Norte é esmagada pela grande mitologia do século XIX, o *far-west*, os *cowboys*, e também pela horrível realidade da sua exterminação quase total. Voltaremos até eles. É importante, no entanto, não esquecer a história bem diferente dos três séculos anteriores. É certo que o choque

---

[214] Ver capítulo anterior.

[215] Nas décadas seguintes, uma parte dos acadianos que recusa submeter-se ao rei da Inglaterra é deportada para a Luisiana, onde seus descendentes vivem ainda hoje.

microbiano e o desmoronamento demográfico que disso resulta são tão violentos quanto na América Latina. Mas, ao contrário do que aconteceu com os astecas e os incas, a colonização da América do Norte, em relação à extensão do território, é lenta e parcial, e permite, portanto, em um primeiro momento, certa coexistência.

Em seu vasto território tão difícil de controlar, os espanhóis, em geral, contentam-se em enviar missionários para realizar as conversões, o que nem sempre é um sucesso. Em 1680, por exemplo, no atual estado do Novo México, os *pueblos*, indignados com os abusos dos franciscanos, revoltam-se e conseguem recuperar a liberdade durante uma década.

Vimos que, com a chegada do *Mayflower*, os indígenas da costa leste, em um primeiro momento, acolheram relativamente bem esses seres tão curiosamente vestidos que desembarcavam nas costas do seu país. Ao ensiná-los a semear o milho, a pescar e a caçar, salvavam, com frequência, colonos perfeitamente inadaptados a esse universo e que, sem essa ajuda, nunca teriam sobrevivido.[216] As coisas se complicaram muito depressa, quando os recém-chegados começaram a se apropriar dos territórios, tirados conscientemente de pessoas que, até então, ignoravam a noção de propriedade. Apenas William Penn e alguns poucos mais, que consideram os indígenas seus iguais, tiveram o cuidado de assinar tratados com eles. Nem os grandes proprietários do Sul, nem os puritanos do Norte tiveram esses escrúpulos. A Bíblia diz que a terra pertence a quem a trabalha. Ela é deles, portanto, por direito divino.

Para além das doenças, os brancos trouxeram mais flagelos consigo. O álcool, para o qual o organismo dos indígenas não está preparado, faz estrago, assim como as armas de fogo ou o comércio, até então desconhecido, que destrói as relações tradicionais entre os povos. Antes dos europeus, a guerra era frequente, por vezes muito violenta e cruel, mas era regulamentada por códigos que a limitavam. A chegada dos europeus multiplica os conflitos, sobretudo por causa da concorrência

---

[216] Em 1621, para agradecer a Deus por ter-lhes dado uma primeira colheita e aos índios por tê-los ensinado a cultivar, os puritanos de Plymouth organizam uma cerimônia de Ação de Graças. A festa anual norte-americana de *Thanksgiving* assinala esse acontecimento. Come-se perus, como recordação dos que foram oferecidos pelos índios.

feroz criada pela procura cada vez maior por peles. A mais cobiçada é a do castor, que serve para fazer o feltro dos chapéus e vale uma fortuna. Os indígenas, convertidos à lógica do lucro, têm de ir caçá-los cada vez mais longe, violando assim os territórios de caça de um número cada vez maior de tribos, com as quais os conflitos são inevitáveis.

À semelhança do que os espanhóis fizeram durante a *conquista* dos impérios asteca e inca, os conquistadores da América do Norte estabeleceram alianças, assim que chegaram, com este ou aquele povo para impor-se aos outros. Quando esses brancos guerreiam entre si, arrastam seus aliados para o conflito. É por isso que os hurões, que se juntaram aos franceses, têm de lutar durante décadas contra os iroqueses, que são aliados dos britânicos. Ambos correm para a perdição.

Paralelamente, é possível obter outros tipos de relação. Todos os anos, após a época da caça, os caçadores franceses, chamados de "*coureurs des bois*",[217] descem os rios em suas canoas carregadas de miçangas, pequenos barris de rum e funilaria para trocar por peles nas aldeias indígenas. Muitos deles têm lá mulher e filhos e, ao envelhecer, terminarão a vida nesse mundo que agora é deles. Acontecem ainda outras misturas. No século XVIII, aparece na Flórida a tribo dos seminoles. É composta por indígenas que, escorraçados pelos brancos, tiveram de fugir das regiões mais ao norte, e por negros que escaparam da escravidão.

---

[217] "Homens dos bosques". [N.T.]

25

O tráfico negreiro e o martírio da África

Durante séculos, a África é sangrada pelos negreiros que aí se abastecem de escravos. Ao tráfico árabe, do século VII ao século XIX, que passa pelo leste e pelo norte do continente, vem juntar-se, a partir do século XV, o tráfico atlântico, levado a cabo pelos europeus.

A ESCRAVIDÃO NÃO É um mal inerente à condição humana. Numerosas sociedades nunca a praticaram. No entanto, é fato que todas as grandes civilizações da Antiguidade, todos os impérios de que já falamos – romano, persa, maia, asteca, inca, africano e chinês –, usaram-na em larga escala. São vários os caminhos que conduzem à escravidão. Na Grécia, até Sólon,[218] assim como na China, pratica-se a escravidão por dívidas. Por vezes, a miséria é tão grande que as pessoas escravizam-se de *motu proprio*, ou vendem um ou vários filhos. Com mais frequência, a massa de escravos é composta por prisioneiros capturados durante as guerras que o império trava em suas fronteiras, ou que compra, em tempos de paz, de comerciantes especializados que invadem regiões afastadas onde as populações têm dificuldade de se defender. Os romanos trazem milhares de cativos de suas numerosas expedições militares. Também gostam de abastecer-se nos Balcãs ou mais a norte, no mundo germânico.

---

[218] Ver capítulo 1.

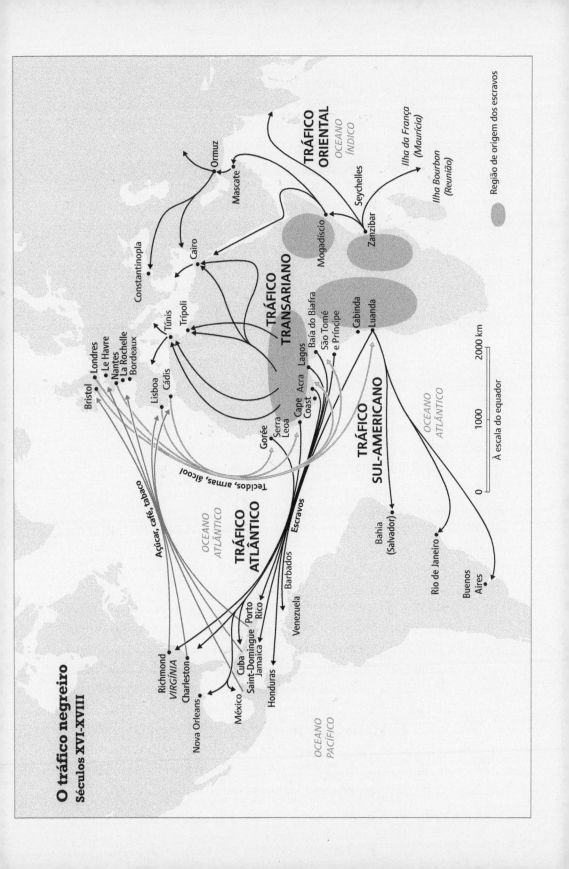

O Império Bizantino e o Ocidente medieval, nos quais a escravidão persiste, ainda que em menor grau do que na Antiguidade, abastecem-se fora do mundo cristão, entre os eslavos, que continuam sendo pagãos. Inúmeras línguas europeias conservaram vestígios dessa tradição que durou séculos. A palavra francesa "*esclave*" (tal como a palavra "escravo" em português; "*slave*" em inglês; "*esclavo*" em espanhol; "*schiavo*" em italiano...) vem de *slave*, isto é, do nome do povo que fornecia essa mão de obra. A palavra árabe "*saqaliba*", utilizada sobretudo na Espanha muçulmana, no Magrebe e no Oriente Médio mediterrânico, tem a mesma raiz e significa a mesma coisa pela mesma razão: pagava-se caro por essas pessoas loiras, de pele clara, que os bizantinos ou os mercadores europeus faziam transitar por Verdun, onde havia um dos maiores mercados de escravos da Idade Média.

O mundo árabe-muçulmano, consumidor tão grande quanto Roma, tinha muitas outras fontes de abastecimento. Já falamos dos turcos, comprados pelos califas de Bagdá para servirem aos exércitos. Também já falamos dos otomanos, que iam "fazer a colheita" de crianças cristãs nas províncias europeias do império ou ao norte do Mar Negro para transformá-las em soldados e em funcionários do império.

Durante séculos, no entanto, houve um continente que sofreu mais do que todos os outros os efeitos desastrosos do tráfico de seres humanos. Da Antiguidade até o século XIX, a África Subsaariana é sangrada pelo tráfico de escravos, comércio realizado pelos negreiros, esses comerciantes que têm por profissão comprar os negros e encaminhá-los para vários locais do mundo que utilizam sua força de trabalho. Os especialistas dividem o tráfico em três ramos: o intra-africano, que diz respeito ao tráfico de populações de um reino para outro no interior do continente; o oriental, que é controlado pelos árabes após as conquistas muçulmanas dos séculos VII e XVIII; e o ocidental, também chamado de tráfico atlântico.

O primeiro, praticado no interior do continente, foi muito importante: era por meio dele que se forneciam prisioneiros aos outros dois comércios, mas ainda é muito pouco conhecido por falta de documentos deixados por esse universo que não tinha escrita.

O tráfico oriental segue dois percursos possíveis. Os cativos são levados para o Mediterrâneo, até os grandes mercados de escravos responsáveis pela fortuna dos portos da África do Norte, do Marrocos à Alexandria, passando por Argel, Túnis e Trípoli. Para chegar lá, pode-se utilizar o Nilo ou, mais frequentemente, conduzir os rebanhos humanos através do deserto do Saara, em longas caravanas. Grande parte da fortuna dos grandes impérios africanos do Sahel, dos quais já falamos,[219] resulta do seu papel de intermediários nesse negócio. O outro percurso passa pelos portos e pontos de venda do Oceano Índico, como a célebre Ilha de Zanzibar, de onde os escravos são levados para a Península Arábica ou para a Índia.

Por fim, há o tráfico ocidental, praticado pelos europeus, que compram dos sobas da costa africana a mão de obra destinada ao Novo Mundo.

Em termos de crueldade, de sofrimentos infligidos aos infelizes que são arrancados de suas famílias e de suas terras para serem reduzidos a objetos, nenhum método é melhor que o outro. Seria estupidez tentar compará-los. A travessia do Atlântico, a que os anglo-saxões chamam *middle passage*, é feita em condições abomináveis: homens e mulheres são amontoados em porões, acorrentados, sem possibilidade de movimentar-se nem mesmo para fazer suas necessidades. As tripulações, que receiam a possibilidade de revoltas, usam de uma imaginação sádica para manter os cativos em um estado de torpor e medo. A travessia do Saara, na qual milhares de quilômetros são percorridos sob um sol escaldante e chicotadas dos guardas, com apenas um pouco de milho e de água como provisão, não é melhor.

Os suportes ideológicos e morais dos tráficos muçulmano e cristão não são muito diferentes. Em ambos os lados existe a superioridade de duas grandes civilizações monoteístas em relação a um mundo animista considerado bárbaro, no qual é lícito buscar a força de trabalho que garantirá a prosperidade de ambas. Apesar de não ser fácil estabelecê-lo com exatidão, o cálculo do número de pessoas escravizadas resulta em grandezas esmagadoras para os dois lados. Em

---

[219] Ver capítulo 15.

razão do longo período em que foi praticado, o balanço do tráfico oriental é o mais difícil de calcular. A historiadora da África Catherine Coquery-Vidrovitch[220] calcula que entre 5 e 10 milhões de humanos foram encaminhados para o Mediterrâneo e outros tantos para o Oceano Índico. Em um pouco mais de três séculos, o tráfico negreiro atlântico fez entre 11 e 12 milhões de vítimas.[221] O somatório dos dois, escreve Olivier Pétré-Grenouilleau, um dos primeiros historiadores a considerar o problema de forma global, representa "a maior deportação da história mundial".[222]

Cada um desses comércios teve características próprias.

Texto social, o Alcorão recorda a igualdade entre todos os homens perante Deus, qualquer que seja sua condição, e melhora a situação do escravo. Todos os muçulmanos sabem que Bilal, um dos primeiros convertidos ao Islã e o primeiro muezim da história, é um antigo cativo negro recomprado e libertado por ordem de Maomé, que aliás considerava a libertação do maior número possível de escravos uma obrigação do fiel.[223] No entanto, o islamismo nunca condenou especificamente a escravidão, e todas as sociedades muçulmanas a praticaram em larga escala. Suas estruturas sociais particulares e suas mentalidades puderam conceder ao escravo atribuições que ele nunca teve no mundo ocidental. No Império Otomano, como mencionamos, todo o exército e a administração, até os cargos mais elevados, eram compostos por janíçaros, apanhados ainda crianças, convertidos à força e depois libertados. O Egito tem um sistema semelhante no que diz respeito aos mamelucos, tropas de elite formadas por antigas crianças compradas ou capturadas no Cáucaso ou na Rússia Meridional. Do mesmo modo, houve uma "dinastia de escravos" (1206-1290) de origem turca que reinou no sultanato de Deli, no norte da Índia. Esses cargos de poder, no entanto, raramente eram ocupados por negros, vítimas de preconceitos que os consideravam inferiores.

---

[220] Ver Catherine Coquery-Vidrovitch, *Petite histoire de l'Afrique* (2011).

[221] Números do historiador Frédéric Régent, citados na obra do autor *Nos ancêtres les Gaulois e autres fadaises*, op. cit.

[222] Ver Olivier Pétré-Grenouilleau, *Les traites négrières: essai d'histoire globale* (2004).

[223] Ver Malek Chebel, *L'Esclavage en terre d'islam* (2007).

Utilizam-nos sobretudo para os rudes trabalhos agrícolas. Também podem ser castrados, visto que os eunucos servem para guardar os haréns. Como a castração é proibida pela religião muçulmana, geralmente é praticada por cristãos, em condições inclusive abomináveis, que provocam inúmeras mortes.[224] Os africanos também podem ser soldados, como os que formam a "guarda negra" de Mulai Ismail, grande sultão marroquino do século XVII.

A procura mais forte diz respeito às mulheres, destinadas aos trabalhos domésticos ou a povoar os haréns para se tornarem concubinas ou esposas dos mais poderosos. Numerosos dirigentes muçulmanos, príncipes e califas são filhos de escravas, fato sem importância em um sistema patriarcal, no qual conta apenas a origem do pai. Um fenômeno idêntico ocorre em todos os planos da sociedade. Nos países de tradição muçulmana, isso originou, em poucas gerações, populações muito mestiças, nas quais as diferenças de cor se atenuaram.[225]

Os primeiros europeus a utilizar os africanos são os portugueses, no século XV. Levam-nos para Madeira, onde implantaram a cana-de-açúcar. Os espanhóis fazem o mesmo no início do século XVI, para explorar as minas e os campos do Novo Mundo. Os indígenas estão enfraquecidos, dizimados pelas epidemias e propensos à rebelião. Os africanos têm a reputação de serem mais robustos. O desenraizamento e a separação metodicamente organizada dos membros de uma mesma família ou aldeia de origem permitem quebrar qualquer veleidade de revolta. Todos os europeus procedem da mesma maneira. Existem escravos em todas as colônias que vivem da economia de plantação – a das Antilhas, das Américas Central e do Sul, da Virgínia. O Atlântico é percorrido por barcos que comercializam o que, por escárnio ou eufemismo, é chamado de "madeira de ébano", e que atinge seu auge nos séculos XVII e XVIII. Os portugueses navegam

---

[224] *Ibid.*

[225] De acordo com os estudos mais recentes do historiador e antropólogo senegalês Tidiane N'Diaye, publicados na obra *Le génocide voilé* (2008), não existem negros nos países muçulmanos, ao contrário do que se verifica nas Américas, porque os escravos homens eram sistematicamente castrados, operação que provocava a morte de cerca de trinta por cento dessa população. [N.T.]

diretamente de São Tomé, uma ilha no Golfo da Guiné, para o Brasil. Os espanhóis, a quem o tratado de partilha do mundo, assinado em Tordesilhas,[226] proíbe as costas africanas, cedem a outros o monopólio do tráfico, o *asiento*, tão lucrativo que os franceses, os holandeses e os ingleses lutam entre si para obtê-lo. Regra geral, todos os ocidentais praticam o "comércio triangular". De Nantes, Bordeaux ou Liverpool, saem barcos carregados de tecidos, rum e produtos manufaturados que servem para comprar escravos na costa africana, de onde são levados para as possessões americanas e de onde os barcos regressam com o açúcar, o melaço, o tabaco e o café, que serão revendidos na Europa. Em algumas gerações, essa imensa transferência forçada de populações dá um novo rosto ao continente americano. Nas ilhas das Antilhas, por exemplo, de onde os indígenas praticamente desapareceram, os negros formam a imensa maioria da população. São mantidos em submissão por grupos de brancos que, em pequeno número, vivem paranoicos e, consequentemente, estão prontos para utilizar os meios de repressão mais inconcebíveis – punições, humilhações etc. – para evitar as revoltas. Ao final do século XVIII, por exemplo, Santo Domingo, a "pérola das Antilhas", a mais próspera das colônias caribenhas francesas, que fornece o açúcar e o café, tem 400 mil escravos para 27 mil brancos e 21 mil "libertos de cor". Os números na Jamaica, plataforma do comércio servil britânico, são da mesma ordem de grandeza.

Durante séculos, à semelhança do islamismo, o cristianismo não se opôs frontalmente ao sistema servil. No início do século XVI, um papa[227] condena formalmente a escravização dos indígenas. Isso sugere que os africanos não foram abrangidos pelo texto. As razões econômicas estão na origem do tráfico negreiro, depois apoiado pela religião. Os escravos são sistematicamente convertidos, fato que, na mentalidade da época, bastava para justificar o sistema: buscar esses homens e mulheres na África significava arrancá-los das trevas e oferecer-lhes a luz.

Os primeiros a lutar contra a escravidão foram sempre os próprios escravos. Apesar da vigilância feroz de que são alvo, muitos cativos

---

[226] Ver capítulo 17.

[227] Paulo III, em 1537, pela bula *Sublimis Deus*.

conseguem fugir: são os *"marrons"*,[228] palavra derivada de uma língua indiana, do espanhol *cimarron*, que designa os animais domésticos que regressaram ao estado selvagem. Na Ilha Reunião, nas Antilhas, na América Central e no Brasil, conseguem refugiar-se nas montanhas ou em terras afastadas, formando comunidades livres e independentes que podem sobreviver por muito tempo. O desespero e o sofrimento também podem conduzir à revolta. Uma das graves crises que afeta o califado abássida ao final do século IX é a revolta dos *zanj*, os milhares de escravos africanos da Baixa Mesopotâmia incitados por um pregador. A maioria dessas revoltas é esmagada com violência, mas uma triunfa. Ao final do século XVIII, a rebelião dos negros de São Domingos (1791), conduzida por Toussaint Louverture, leva à independência do lado francês da ilha (1804), que virá a ser, com o nome de Haiti, a primeira "República negra" da história, como gostam de recordar seus dirigentes.

Essa revolta levará a França revolucionária a abolir a escravidão em 1794. Pressionado pelo *lobby* dos plantadores, Napoleão volta a estabelecê-la em 1802, mas a ideologia escravagista já está, então, em declínio na Europa. Desde o último terço do século XVIII, o espírito do Iluminismo, por um lado e, pelo outro, a evolução dos círculos cristãos, em particular de alguns protestantes anglo-saxões, alteraram as mentalidades. A Inglaterra decide conduzir a luta, começando por atacar o comércio servil. Proíbe o tráfico negreiro em 1807 e consegue impor a medida ao conjunto de seus aliados, que acabam de vencer Napoleão e estão reunidos no Congresso de Viena (1815). A ideia britânica é que, proibindo a venda de escravos, a escravidão desaparecerá.[229] Não contaram com os efeitos do contrabando nem com as hábeis pressões dos grupos coloniais, que conseguiram atrasar continuamente a aplicação da medida: a abolição acontece apenas nos anos 1830 nas colônias britânicas, em 1848 nas francesas, em 1865 nos

---

[228] "Quilombolas", no Brasil. [N.T.]

[229] Com a Revolução Industrial, da qual foi pioneira, a Inglaterra criou condições para dispensar o trabalho escravo. A proibição internacional resultou do fato de Londres querer manter competitiva a produção do açúcar nas colônias, que agora já não podiam contar com a mão de obra dos escravos (Secretaria da Educação do Rio de Janeiro). [N.T.]

Estados Unidos e em 1888 no Brasil. Por pressão ocidental, o tráfico negreiro dos árabes vai diminuindo, mas dura até o século XX.[230]

Esse interminável suplício deixou a África exangue. O continente negro é o único onde a população não aumentou entre os séculos XVI e XIX. O fim da escravidão gerou um paradoxo, sublinhado pela historiadora Catherine Coquery-Vidrovitch: não podendo vender os cativos aos europeus, os mercadores africanos de escravos vendem-nos aos outros africanos, aumentando em grande proporção o tráfico interno no continente. Ao final do século XIX, a luta contra esse comércio será o principal argumento dos europeus para justificar a ocupação da África e sua colonização.

---

[230] Portugal foi o primeiro país a abolir a escravidão em 19 de setembro de 1761, através de um decreto do marquês de Pombal, primeiro-ministro do rei Dom José. Em 1854, Lisboa ordenou a libertação de todos os que ainda eram escravos nos territórios da Coroa portuguesa. Na prática, contudo, a escravidão iria perdurar até 1867. (Arquivo Nacional da Torre do Tombo.) [N.T.]

O SÉCULO XVIII

1703: fundação de São Petersburgo

1736-1796: reinado de Qianlong

1757: vitória britânica de Palasi (Bengala)

1762: publicação de *O Contrato Social*, de Jean-Jacques Rousseau

1770: James Cook desembarca em Botany Bay

1776: declaração de independência de treze colônias americanas

1789: início da Revolução Francesa

26

A Ciência, o Iluminismo, o Liberalismo

Em meados do século XII, a Idade Média ocidental, dopada pelos conhecimentos transmitidos pelos árabes, viveu um grande momento de efervescência intelectual.[231] A escolástica – a teologia e a filosofia como eram ensinadas nas universidades que então nasciam – abria as mentes. Três séculos mais tarde, esclerosada e repetitiva, ela os fecha. Já não ensina a refletir, contenta-se em ensinar o respeito cego aos mestres. O raciocínio deve servir apenas para provar que o dogma, elaborado pela Bíblia, pelos padres e pelos doutores da Igreja, ou por Aristóteles, é correto: é o pensamento dogmático. A partir do Renascimento, alguns grandes espíritos rompem com essa mentalidade e levam a Europa Ocidental por outros caminhos.

O CONTEXTO FAVORECE A ruptura. Os descobrimentos estimulam a curiosidade pelo mundo, e a prosperidade que trazem ao Velho Continente acarreta um otimismo propício a uma evolução das mentalidades. O grande cisma religioso da Reforma também tem sua influência. A Igreja católica já não detém o monopólio da verdade. O conceito que os homens têm do papel de Deus evoluiu. Acreditava-se que Ele estava presente por trás de todas as ações humanas. Considera-se agora que Ele é como o grande ordenador de um mundo cujas leis e princípios incumbe aos homens descobrir. O espírito científico que aparece no século XVII, o Iluminismo do século XVIII e, depois, o começo da economia política, nascem a partir daí. Vamos apresentá-los sucessivamente.

---

[231] Ver capítulo 13.

A REVOLUÇÃO CIENTÍFICA

Dentre todos os domínios em que o conhecimento progride no século XVI, a astronomia é o mais importante. Ao colocar o sol no centro do universo, o polaco Copérnico[232] derrubou o sistema de Ptolomeu e de Aristóteles e operou uma revolução intelectual, mas morreu sem ter tido coragem de defendê-la em público, com medo de ser condenado pelas autoridades religiosas. Algumas décadas depois, o italiano Giordano Bruno arrisca-se a fazê-lo. Seu raciocínio vai até mais longe, à concepção de um universo infinito, eterno, que pode, desde logo, ignorar Deus. Acusado de heresia, é entregue à Inquisição. Sete anos de interrogatórios e torturas não o levam a desdizer-se, e é mandado para a fogueira (1600).

No início do século XVII, o italiano Galileu (1564-1642) dá um passo decisivo no caminho assim traçado. Inspirando-se em instrumentos de ótica desenvolvidos na Holanda, constrói, em 1609, a primeira luneta astronômica. Ela permite observar os astros, em particular os satélites de Júpiter. Suas observações, corroboradas por seus cálculos, certificam a hipótese de Copérnico. Julgado por sua vez pela temível Inquisição, Galileu prefere retratar-se publicamente (1633).[233] Sua experiência é feita na mesma época por muitos outros sábios, em outros domínios, como na medicina e na física. Ela abre caminho para uma nova forma de pensar. Agora, uma verdade já não é deduzida a partir de um dogma pré-estabelecido, mas fundamentada em observações feitas pelo homem e em cálculos matemáticos que as corroboram: é a base do pensamento científico moderno.

Nessa época, diversos pensadores dão a essa revolução mental sua armadura intelectual. Estadista e filósofo, o inglês Francis Bacon (1561-1626) elabora o método experimental, segundo o qual a verdade deve ser extraída da experiência observada e verificada, reforçada pelo princípio da indução, consistindo em partir de casos

---

[232] Ver capítulo 17.

[233] É no decorrer dessa retratação forçada que ele teria pronunciado, entredentes, a famosa frase: "E, no entanto, ela se move".

particulares estudados para induzir as leis gerais que se procura. Matemático, físico e também filósofo, o francês René Descartes (1596-1650) defende o *racionalismo*, a ideia de que apenas se pode chegar ao conhecimento, pelo menos nos domínios que escapam à fé, por meio da razão. Defende esse princípio no seu *Discurso do método*, publicado na Holanda (1637), onde vivia na época. Opondo-se frontalmente à escolástica, o cartesianismo coloca no centro do raciocínio a dúvida metódica, isto é, a necessidade de não considerar a verdade suposta como adquirida. O princípio servirá tanto para os pensadores quanto para os cientistas.

Por fim, e mais do que qualquer outro, o inglês Isaac Newton (1642-1727) personifica, ao final do século XVII, a reviravolta que se produziu no pensamento. Graças a trabalhos anteriores, em particular os do astrônomo alemão Kepler (1571-1630) – que demonstrou, graças aos seus cálculos matemáticos, a trajetória elíptica dos planetas –, Newton consegue compreender e descrever uma das leis gerais que regem o universo. De acordo com a tradição, relatada mais tarde por um de seus discípulos, o cientista, ao ver uma maçã cair da árvore diante da qual medita, interroga-se sobre as razões pelas quais a lua não cai. Graças a cálculos em que é excelente, ajudado por sua prodigiosa capacidade de abstração e síntese, consegue encontrar a resposta: os astros mantêm sua posição graças à atração que exercem uns sobre os outros. É a lei da gravitação universal. Newton estabeleceu os princípios da física moderna, até Einstein.

Seus trabalhos são publicados (1687) e recebidos com paixão pelo público, e rapidamente traduzidos para várias línguas europeias. A elite culta começa a gostar dos novos conhecimentos e chega mesmo a debatê-los, como aconteceu no decorrer da discussão – bem obscura, inclusive – entre o sábio inglês e o alemão Leibniz, a propósito da criação do cálculo infinitesimal. Ao final do século XVII, a ciência deixa de ser um tabu. Os soberanos encorajam os cientistas, criando "academias" para desenvolver os trabalhos em curso. A paixão pela compreensão do mundo é o âmago do novo século, o século das Luzes.

★★★

O ILUMINISMO

Nos anos 1680, a Inglaterra viveu sua "gloriosa Revolução", que, ao estabelecer a primeira monarquia constitucional moderna, limitadora do poder real, e garantir aos súditos do reino direitos inalienáveis, reformulou o modo de governar os homens. Em seu *Segundo tratado do governo civil*, publicado um ano depois (1690), John Locke torna-se o arauto dessa revolução. Em oposição às concepções austeras e pessimistas que prevaleciam com o cristianismo, o filósofo propõe um pensamento confiante e otimista. A natureza é boa, porque foi organizada por um Deus bom e por uma Providência benevolente que a regulam de acordo com leis que é preciso compreender e respeitar. Estabelece assim as bases da filosofia do "direito natural", cujo respeito conduz ao melhor sistema de governo possível. Para Locke, esses direitos são a liberdade, a igualdade e a propriedade.

Os princípios da revolução científica, acoplados a essa filosofia, geram o movimento do Iluminismo, que domina o pensamento do século XVIII.[234] Um de seus maiores nomes, o do filósofo alemão Immanuel Kant, resume-o assim: "Que é o Iluminismo? É a saída do homem da sua menoridade, da qual é o único responsável".[235] Os princípios norteadores do Iluminismo são a tolerância, a crença no progresso – segundo o qual o conhecimento permite avançar para um mundo cada vez melhor –, o cosmopolitismo – que defende a unidade de todos os seres humanos, qualquer que seja sua origem geográfica – e o universalismo. Trata-se, sobretudo, de acabar com a superstição e com as ideias pré-concebidas, de pôr tudo em causa para que cada um pense por si. Partindo da Inglaterra, essa revolução intelectual estende-se a toda a Europa. A França será o seu centro.

Citemos alguns dos mais célebres filósofos, como simplesmente são chamados. Os primeiros, na França, são Montesquieu (1689-1755) e Voltaire (1694-1778). O primeiro, influenciado pelos ingleses, teoriza

---

[234] O movimento é europeu e a palavra declina-se em todas as línguas: em português, Iluminismo; em alemão, *Aufklärung*; em inglês, *Enlightenment*; em espanhol, *Ilustración*; em italiano, *Illuminismo*.

[235] Em seu texto "O que é o Iluminismo?" (1784).

em *O espírito das leis* a separação dos poderes – o legislativo, o executivo e o judiciário –, única garantia, segundo ele, contra a tirania. O segundo é um espírito universal, curioso sobre tudo. Em seus contos, em suas peças, em seu *Dicionário filosófico* – também chamado "A Razão por alfabeto" –, utiliza a temível arma da ironia para arrasar o que classifica como "infame", isto é, o espartilho sufocante dos preconceitos defendidos pela Igreja do seu tempo. Apesar de ser um mundano que não recusa a companhia dos poderosos, desce com coragem à arena pública para defender todas as vítimas do obscurantismo, como o tolosano Calas, injustamente acusado de parricídio apenas por ser protestante, ou o jovem cavaleiro La Barre, decapitado depois de ter sido condenado por blasfêmia, porque não tirou o chapéu quando passava uma procissão. Dezoito anos mais novo que Voltaire, Jean-Jacques Rousseau (1712-1778), genovês instalado na França, tem uma percepção muito diferente. Ao reino da ironia mordaz sucede o da sensibilidade, da emoção e dos impulsos do coração, que muito agradam ao final do século XVIII. *O contrato social* (1762), que defende a soberania do povo, é um texto político fundamental que fará de Rousseau um dos pais da Revolução Francesa. Citemos, por fim, Diderot (1713-1784) e D'Alembert (1717-1783), seu amigo especialista em ciências naturais, que concretizam o grande sonho de classificar todos os conhecimentos da época, em todos os domínios, dos mais práticos aos mais abstratos, em *A Enciclopédia*, obra imensa na qual colaboraram todos os grandes nomes de Iluminismo. Dominante no seio das elites, o pensamento *esclarecido* é objeto de ameaças. O poder político e a Igreja não abdicam facilmente. Voltaire, já reconhecido por suas obras, instala-se em Ferney, uma pequena aldeia que tem a vantagem de ficar perto da fronteira suíça, que poderá atravessar em caso de perigo. Diderot é jogado na prisão por ter manifestado concepções consideradas materialistas e ateias. Sua *Enciclopédia* só é publicada graças à proteção da Madame de Pompadour, a favorita do rei Luís XV, que ficará para a posteridade como uma amiga dos escritores. E o grande naturalista Buffon, um dos pais da classificação ordenada das espécies animais, é obrigado a se retratar depois de ter formulado hipóteses sobre a origem da vida sem conformidade com as certezas religiosas.

Ainda assim, o Iluminismo acaba tendo uma dimensão política ao final do século XVIII. À semelhança de Frederico II da Prússia – protetor de Voltaire, também chamado de "rei-filósofo" –, de Catarina II da Rússia – amiga de Diderot – e do imperador e arquiduque da Áustria José II, inúmeros príncipes reinantes afirmam pretender aplicar os princípios do Iluminismo, ainda que suas reformas tenham mais a ver com a estética do que com uma mudança profunda: são os "déspotas esclarecidos".

★★★

O NASCIMENTO DO LIBERALISMO

Essa filosofia vai de encontro com as concepções econômicas que surgem na segunda metade do século XVIII. A partir do Renascimento, o poder dos soberanos e do Estado é reforçado. Ao mesmo tempo, a expansão mundial da Europa aumenta consideravelmente os fluxos comerciais, estimulados pela abundância de metais preciosos da América. A doutrina econômica dominante nos séculos XVI e XVII encaixa nesse contexto. O mercantilismo supõe que a posse de ouro e prata é a única fonte de riqueza de um país e que é papel do Estado se esforçar para aumentá-la tanto quanto possível. O ideal mercantilista é, portanto, expandir as reservas monetárias, exportando muito e importando pouco. Para conseguir esse resultado, o Estado pode erguer fortes barreiras alfandegárias ou aplicar sistemas proibitivos que impeçam seus cidadãos de comprar este ou aquele produto estrangeiro, apoiando a fabricação local do mesmo. O sistema é, por natureza, intervencionista e protecionista. Nem todos gostam dele. "O que podemos fazer para ajudar vocês?", pergunta um dia Colbert, ministro bastante dirigista de Luís XIV, a um mercador. "Senhor", responde o homem, "*laissez faire, laissez passer!*" [deixai fazer, deixai passar!]. A anedota, que aparece pela primeira vez em um livro publicado bem depois da morte do ministro, não é certamente autêntica, mas é repetida durante todo o século XVIII. "Deixai fazer, deixai passar" tornou-se o adágio dessa época.

As concepções de Locke, mais uma vez, têm enorme influência sobre essa nova teoria econômica. No século das Luzes, em toda a Europa, comerciantes e industriais, representando a classe burguesa em ascensão, sentem-se sufocados pelo espartilho dos regulamentos, das corporações e das barreiras que emperram o comércio. Suportam cada vez menos as intervenções do Estado. A filosofia dos direitos naturais e o gosto pela liberdade em todos os domínios servem de alavanca para derrubar esse sistema: por que todas essas limitações? Basta deixar acontecer o movimento natural da economia, deixar livres seus atores, que tudo correrá bem. Nos anos 1750, Quesnay (1694-1774), antigo médico de Luís XV que se retirou para sua propriedade no campo, quer acabar com a base do mercantilismo. Para ele, a riqueza não é o ouro, que é apenas seu reflexo, mas a terra. É preciso deixar que cada proprietário trabalhe a sua, tornando livre o comércio de suas colheitas, e a prosperidade chegará. A escola que funda é a dos fisiocratas.[236] Homem do seu século, Quesnay estuda os fluxos da economia de modo racional, com números e modelos. Sua representação sob a forma de um "quadro econômico" faz dele um dos precursores da economia política.

O homem que ainda hoje é considerado como seu pai fundador é o escocês Adam Smith (1723-1790). Gosta de Quesnay e é influenciado pelos fisiocratas, mas vai mais longe do que eles. Para Smith, não é apenas a terra, mas o trabalho em geral que é fonte de riqueza. Vive na segunda metade do século, uma época em que se produzem grandes mudanças na Grã-Bretanha. A utilização do coque em vez da madeira para alimentar as fundições que produzem o aço; as primeiras máquinas que aparecem nas oficinas têxteis; as primeiras aplicações da força do vapor; todos esses fatores anunciam a Revolução Industrial. Com seu livro-chave *A riqueza das nações* (1776), Smith aperfeiçoa aquela que será sua doutrina dominante, o liberalismo. Baseado na ideia de que a liberdade é um valor superior a todos os outros, cria um sistema que abrange todos os domínios. Opõe-se a qualquer intervenção do Estado, que deve limitar-se a executar as tarefas essenciais e algumas grandes obras públicas. Ao contrário, defende a ideia de que é preciso deixar cada um livre para produzir, comprar e vender como preferir. Cada um atuará com o único propósito de satisfazer os próprios interesses egoístas, e as leis naturais da oferta e da procura – o mercado – regularão o sistema, de modo que ele contribuirá para o enriquecimento de todos. É o célebre princípio da "mão invisível", essa providência do sistema econômico preconizado por Smith, cuja magia é permitir que a soma dos interesses individuais conduza ao interesse geral.

---

[236] Literalmente o governo – *cratos* – da natureza – *physis*.

27

A emergência da Prússia e da Rússia

Na virada do século XVII para o XVIII, existem no seio da Europa potências estabelecidas, como a França; potências ascendentes, como a Grã-Bretanha; e potências em declínio, como a Espanha ou Portugal, que viveram seu "século de ouro" graças às riquezas fantásticas das colônias americanas. Também surgem dois novos atores com os quais é preciso contar: a Prússia e a Rússia.

A PRÚSSIA

No começo eram os Hohenzollern, rica família da Suábia e da Francônia. No século XV, como pagamento de dívidas, recebem uma província situada a extremo leste do Sacro Império: a marca de Brandemburgo. A região, cuja principal cidade é Berlim, é pobre e constituída principalmente por charnecas e pântanos, mas concede a quem a possui o privilégio de ser um dos eleitores que participam da escolha do imperador. Nos primórdios do século XVII, os Hohenzollern, agora príncipes-eleitores de Brandemburgo, aumentam ainda mais seu patrimônio ao adquirir na sequência, por herança, dois novos domínios. De um lado, terras díspares situadas não muito longe do Reno e, do outro, o ducado da Prússia, região banhada pelo Mar Báltico que tinha sido conquistada pelos cavaleiros teutônicos na Idade Média, no tempo da grande expansão alemã para o mundo báltico.

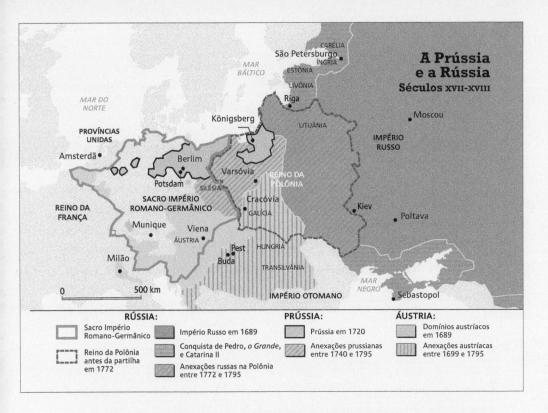

A partir de agora, a grande ambição dos Hohenzollern será unificar, se possível, esse conjunto disperso. Uma forma de conseguir isso é unindo-o sob a mesma Coroa real. Já bem ao final do século XVII, o eleitor Frederico II tem dinheiro suficiente para comprar uma, e o imperador Leopoldo, muito pouco dinheiro para recusar a venda. Pede apenas que o título diga respeito a uma terra exterior ao Sacro Império, onde existem apenas príncipes. É assim que em 1701, em Königsberg,[237] Frederico é coroado Frederico I, rei *na* Prússia,[238] título ambíguo que lhe permite reinar em todos os seus domínios, formando o novo "reino *da* Prússia".

■ O rei-sargento e o rei-filósofo

O novo monarca geralmente reside em seu castelo em Berlim, cidade brandemburguesa que se tornou sua nova capital. Mandou

---

[237] A capital histórica do ducado da Prússia tem hoje o nome de Kaliningrado e está situada em um pequeno enclave russo entre a Polônia e a Lituânia.

[238] Na prática, todos passam rapidamente a chamá-lo de rei *da* Prússia.

renová-lo e embelezá-lo para que ficasse à sua altura, com uma Corte, bailes e festas suntuosos. Mas seu filho Frederico Guilherme I (reinado: 1713-1740) rompe com essa pompa e conduz o reino em outra direção.

Assim que chega ao trono, despede a Corte e a criadagem e reduz as despesas faraônicas para menos que o mínimo. "Comia-se tão mal", escreve o historiador Seignobos no início do século XX, "que as crianças ficavam com fome". Acredita que o poder de um rei depende mais da qualidade de suas tropas do que do número de lacaios. Sua grande obsessão é desenvolver o exército, e seu prazer é viver no meio dele. Nada lhe agrada mais do que fumar cachimbo ou cantar marchas com a guarda de gigantes que constituiu. É isso que lhe vale a alcunha de "rei-sargento". Bonachão com seus soldados, pode ser de uma brutalidade implacável com sua família. Sufocado por uma educação extremamente rígida, seu filho, aos 18 anos, alimenta o projeto de fugir para a Inglaterra com Von Katte, um oficial oito anos mais velho do que ele e por quem está loucamente apaixonado. O assunto chega aos ouvidos de Frederico Guilherme, que manda apanhar os fugitivos e os pune com uma crueldade sádica. Em 1730, manda decapitar Von Katte diante do príncipe, a quem seguram a cabeça para ter certeza de que não a voltará para o lado.

Dez anos mais tarde, o jovem se torna, sob o nome de Frederico II (1712; reinado: 1740-1786), um dos grandes reis do século XVIII, com inclinação pessoal para as artes, a música e a poesia. Compõe e escreve poemas diretamente em francês, sua língua predileta. É para corrigir esses poemas, ele gosta de dizer, que convida Voltaire para seu castelo de Sanssouci, em Potsdam, construído segundo o modelo do Trianon, em Versalhes. Não mantém uma Corte ali. Nunca há mulheres, de cuja companhia não gosta, apenas oficiais ou cientistas com quem conversa sobre arte ou sobre questões do Estado, que ele mesmo gere. "Rei-filósofo" que se identifica com as ideias do Iluminismo, é relativamente tolerante nas questões religiosas e adota medidas de progresso, como a abolição da tortura, mas mantém o rumo estratégico de seus predecessores: a grandeza da Prússia tem prioridade sobre todo o resto. "O soberano é o primeiro servidor do Estado", gosta de repetir, e seus sucessores farão dessa frase uma máxima. À semelhança do pai, constrói o poderio do país em torno do exército, um dos mais poderosos da Europa e famoso em todo o continente por suas manobras, sua disciplina e seu "exercício prussiano". "A Prússia não é um Estado que tem um exército", escreverá o francês Mirabeau, "mas um exército que conquistou uma nação". Ele é usado com frequência.

Frederico II encontrou um reino poderoso quando subiu ao trono. Como procura incessantemente reforçá-lo e engrandecê-lo ainda mais, juntando as três partes dispersas de seu patrimônio ou adquirindo outras, participa de todas as guerras do século XVIII. Opõe-se, com frequência, à Áustria dos Habsburgo, sua grande rival, que defende duramente suas possessões. O prussiano precisará de vinte e três anos (1740-1763) e de três conflitos para conseguir arrancar de Viena a rica Silésia,[239] província próspera e densamente povoada que lhe permite duplicar a população do seu reino.

★★★

A RÚSSIA

Deixamos o mundo russo na Idade Média, na época em que era composto por diversos principados dominados pelos mongóis da Horda Dourada.[240] O de Moscou, construído ao redor da cidadela do Kremlin, tem por missão coletar o tributo que os russos devem pagar aos mongóis, tarefa que lhe permite enriquecer aos poucos e ganhar importância. Ao final do século XV, Ivan III, príncipe de Moscou, consegue federar outras cidades em um Estado que rapidamente fica forte o suficiente para sacudir o "jugo *tatar*[241]" e proclamar a independência.

Seu neto Ivan IV, *o Terrível*, é a primeira grande personagem da saga histórica que se inicia. Em 1547, em Moscou, é coroado "czar de todas as Rússias".[242] A palavra "czar" é a versão eslava de César,

---

[239] Hoje situada majoritariamente na Polônia. A principal cidade é Breslávia, antiga Breslau.

[240] Ver capítulo 14.

[241] Os russos chamam os mongóis de *tatar*.

[242] A geografia tradicional considera a existência de três Rússias: a "grande", que abrange a Rússia Central europeia; a "pequena", que engloba parte da Ucrânia; e a "branca", que corresponde à Bielorrússia.

título dos imperadores romanos. Ela revela o destino que o país deseja. A ideia é que, depois da conquista pelos turcos de Constantinopla, a segunda capital romana, Moscou venha a ser a Terceira Roma, a única a manter viva a chama do cristianismo ortodoxo.

Ivan, *o Terrível*, merece sua alcunha. É paranoico, tem delírios místicos e diz que fala com Deus. Exemplo de autocrata, título que seus sucessores utilizarão, dá a si mesmo um poder sem limites. Considera seus súditos escravos que devem ser governados com o cnute, terrível chicote feito de tiras de couro com garras, e com os ucasse, terríveis decretos que ninguém pode contestar. A Igreja é dirigida por um patriarca, que reina sobre o clero negro; pelos monges, que vivem solteiros nos conventos; e pelo clero branco, os papas casados; mas, à semelhança do restante do país, ela também está submetida à vontade do soberano.

Ivan, *o Terrível*, é também o artífice da primeira grande expansão do território. Ao conquistar Cazã e depois Astracã, abre o caminho da Cáspia. Em seu reinado, os comerciantes de peles aventuram-se cada vez mais a leste, por vezes protegidos por cossacos, cavaleiros eslavos, e *tatars* vindos dos confins do Cáucaso, que oferecem seus serviços aos czares. Ao redor dos pequenos postos fortificados que erguem nascem aldeias, que rapidamente passam a burgos, e assim começa a colonização da imensa Sibéria.

Para embelezar a cidade, Ivan traz artistas estrangeiros, sobretudo alemães, que habitam um bairro de Moscou. Ainda assim, o país continuará sendo profundamente asiático durante mais um século, e seus costumes, dominados por características mongóis. Os homens têm longas barbas e vestem-se com túnicas. As mulheres usam véu e saem pouco. E o comércio das peles, do mel e das madeiras continua dirigido ao Império Otomano.

Pouco mais de um século depois, em trinta e seis anos de reinado (1689-1725), um czar dá uma guinada literalmente revolucionária à orientação do país. A Rússia estava voltada para o leste. Ele irá olhar para o oeste. Pedro I, *o Grande*, da dinastia dos Romanov,[243] é o segundo grande nome dessa narrativa. Entregue à própria sorte durante

---

[243] Chega ao poder na sequência das revoltas de 1613.

a infância, enquanto reina sua meia-irmã, o príncipe herdeiro tem duas paixões: reparar barcos e visitar os estrangeiros que vivem em Moscou. Estes últimos abrem-lhe o apetite para um outro mundo, ao mesmo tempo em que lhe ensinam a arte da guerra. Com a ajuda deles, toma o poder (1689) quando tem apenas 17 anos e começa sua grande obra: fazer da Rússia um país moderno, totalmente voltado para a Europa. Entre 1697-1698, inicia uma longa viagem, durante a qual pode estudar os estaleiros navais de Amsterdã, visitar os museus e as academias de Londres e admirar as cidades alemãs ou as belezas de Viena. Quando regressa, desencadeia um processo de reformas, algumas delas espetaculares.

Para apagar o que considera um símbolo dos costumes antigos, corta ele mesmo a barba de alguns dos seus próximos e exige que todos os russos façam o mesmo. Obriga os funcionários a se vestirem à europeia, para fazer desaparecer progressivamente o cafetã, a túnica tradicional. Mais tarde, obrigará as grandes famílias a abrir salões, como em Paris ou em Londres, para que os homens aprendam a conviver com as mulheres. Também decide alterar o centro de gravidade do império, mudando a capital de Moscou, que considerava muito atrasada e asiática, para a embocadura do Rio Neva: São Petersburgo, no fundo do Golfo da Finlândia, será uma "janela aberta" para a Europa.

São Petersburgo

Mas Pedro I tem pela frente um grande rival, que constitui um obstáculo aos seus planos. Desde meados do século XVII, a Suécia é a verdadeira potência nas duas margens do Mar Báltico, graças às terras que detém mais acima do mundo germânico e ao controle dos estreitos que permitem acessar o Mar do Norte. O país tem por rei, desde 1697, o impetuoso e intransigente Carlos XII, protestante feroz e excepcional senhor da guerra, que está decidido a impedir que qualquer intruso venha ameaçar suas possessões. A Suécia e a Rússia, cada uma aliada a outras potências regionais, duelarão durante vinte e um intermináveis anos na Guerra do Norte (1700-1721), mas, a partir de 1709, o destino de Carlos XII será traçado pela derrota que sofre perante as tropas russas em Poltava, cidade da Ucrânia.

A partir desse momento, Pedro, *o Grande*, está livre para fazer de São Petersburgo uma capital à imagem da Rússia, que ele quer modelar. A cidade, construída sobre pântanos, em condições terríveis, por mujiques, o equivalente russo dos servos, e por prisioneiros de guerra suecos, obedece aos planos de arquitetos italianos ou suíços. As casas são de estilo inglês ou holandês, e toda a nobreza e a burguesia comerciante são fortemente incitadas a deixar Moscou para construir seus palácios em São Petersburgo.

Ivan, *o Terrível*, era um místico. Pedro, *o Grande*, reina em nome de um novo deus, o Estado. Para garantir seu poderio, desenvolve e moderniza o exército, confiando as altas patentes a oficiais alemães. Constrói uma marinha numerosa para desenvolver o comércio. Para dar à Rússia o novo molde de que necessita, concede um lugar igual à nobreza de função e à velha nobreza de sangue, que assim é implicitamente rebaixada. A partir de agora, as duas entram em uma mesma hierarquia, fixada pelo próprio czar na mesa dos estatutos, nos quais são especificados os privilégios e as patentes de cada um em função dos lugares que ocupam na administração ou no exército.

Essa transição do velho para o novo mundo é conduzida em um ritmo infernal por uma mão de ferro. A polícia secreta, com seus métodos ditatoriais, garante a obediência ao czar. Qualquer oposição é esmagada, venha de onde vier. Quando o autocrata descobre que seu filho Alexis encabeça uma conspiração para regressar à velha Rússia, é implacável: utiliza um ardil para fazê-lo regressar do exterior, para onde tinha fugido, e tranca-o na prisão, onde morre por consequência das torturas que o pai manda aplicar-lhe.

Todas as Rússias

Pedro, *o Grande*, era czar. O título, pouco europeu, não lhe agravava. Em 1721, quatro anos antes de morrer, é coroado "imperador de todas as Rússias". Durante o restante do século, em razão das sucessões ou dos *complots*, quatro de seus sucessores são imperatrizes.[244] A mais célebre é

---

[244] Catarina I, reinado: 1725-1727; Ana I: 1730-1740; Elisabeth I: 1741-1762; Catarina II: 1726-1726.

Catarina II, *a Grande*. Pequena princesa alemã, casou-se com um príncipe russo que será, com o nome de Pedro III, um dos czares mais imaturos e incompetentes da história do país. Após ter sido afastado do poder e provavelmente assassinado, Catarina sobe ao trono, o qual ocupa durante trinta e quatro anos (1762-1796). Admiradora dos filósofos, como seu contemporâneo Frederico da Prússia, também gosta de ser considerada uma déspota esclarecida, mas nem por isso faz reformas sociais.

Pelo contrário: ao apoiar-se na nobreza, acentua ainda mais a fratura que divide o país, onde dois mundos vivem lado a lado. A aristocracia europeizada, que vive à moda ocidental e fala francês ou alemão, é apenas uma fachada elegante. Por trás esconde-se uma realidade social mais dura: a das massas de camponeses analfabetos, embrutecidos por um clero inculto e fanático, esmagados pela miséria e que conseguem só exprimir sua revolta por meio dessas explosões de violência mística, seguidas por repressões ferozes, que pontuam a história russa.[245] De que outro modo seria possível lidar com esses mujiques, cuja condição não é muito diferente da dos escravos? Estão ligados a patrões que podem fazer deles o que quiserem, inclusive mandá-los para os confins gelados da imensa Sibéria, onde morrem de frio.

Em dois séculos, a pequena Moscóvia de Ivan, *o Terrível*, transformou-se no país mais extenso do mundo. Pedro, *o Grande*, quis ocidentalizá-lo até na geografia. Há muito tempo a fronteira oriental da Europa era estabelecida pelo Rio Don. O czar pediu a um de seus cartógrafos que a recuasse até os Urais, onde, convencionalmente, está colocada até hoje. No entanto, seu império estende-se bem mais longe, a leste. No século XVII, seguindo os passos dos comerciantes de peles, os colonos alcançaram o Oceano Pacífico. No início do século XVIII, Bering, um explorador dinamarquês a serviço de Pedro, *o Grande*, fez o reconhecimento do estreito – desde então batizado com seu nome – que separa a Ásia da América. Os cossacos tomaram

---

[245] A revolta mais célebre do reinado de Catarina II é a de Pugachev, um cossaco iletrado que, como acontece com frequência na Rússia, afirma ser o "verdadeiro czar" miraculosamente ressuscitado, nesse caso o marido assassinado da imperatriz.

posse da Kamchatka, massacrando metade da população. As caravanas podem comercializar com a China.

Catarina prossegue com essa política de expansão em todas as direções. A sul, combate o Império Otomano, que então começa seu longo declínio. Não consegue realizar o sonho de conquistar Constantinopla e estabelecer sua nova capital, mas seus soldados conseguem tomar a Crimeia, cujo governo oferece ao seu favorito, Grigori Potemkin. A noroeste, ataca a Polônia, cobiçada por duas outras potências.

★★★

O DESAPARECIMENTO DA POLÔNIA

Unido à Lituânia desde o século XVI, esse grande reino foi, como mencionado, um dos mais abertos e tolerantes da Europa.[246] No século XVIII, seu original sistema de governo, aliado à arrogância de uma aristocracia incapaz de se questionar, conduz à paralisia do país. A monarquia é eletiva: o rei é designado pelos nobres, agarrados aos seus privilégios e incapazes de entrarem em acordo sobre o que quer que seja, ao mesmo tempo em que o sistema do *liberum* permite que cada um se oponha a qualquer decisão. Cada sucessão gera intermináveis intrigas, dirigidas às escondidas pelos poderosos Estados vizinhos, que aproveitam a oportunidade para defender seus interesses. A Suécia é rapidamente afastada. Resta o trio fatal: a Áustria, a Prússia e a Rússia, que, na segunda metade do século XVIII, conseguem chegar a um acordo para dividir o país entre elas. Em 1722, uma "primeira partilha da Polônia" retira do velho reino suas principais províncias e transforma seu coração histórico em um protetorado russo. Vinte e um anos mais tarde, uma "segunda partilha" (1793) desencadeia um sobressalto patriótico. Em 1794, Kósciuszko, o herói nacional, consegue incitar o povo contra os ocupantes, mas a rebelião acaba com um massacre e com o desmembramento total do reino. Varsóvia torna-se prussiana, Cracóvia austríaca, e todo o leste do país é integrado ao Império Russo. A Polônia foi apagada do mapa.

---

[246] Ver capítulos 13 e 20.

28

A conquista inglesa da Índia

(SÉCULOS XVII-XIX)

A maioria dos leitores certamente tem uma imagem da colonização marcada pela conquista europeia da África, no século XIX. Visualiza expedições militares lançadas por Estados poderosos contra povos incapazes de se defender. A Índia, uma das terras mais ricas do mundo, tornou-se colônia de um país vinte vezes menor do que ela no decorrer de um longo processo, que foi, durante dois séculos e meio, obra de comerciantes que trabalhavam para uma empresa privada.[247] Recordemos os marcos dessa história.

OS PRIMEIROS EUROPEUS a se instalar nas costas indianas foram os portugueses que desembarcaram na sequência de Vasco da Gama.[248] Algumas décadas depois chegam os holandeses,[249] seguidos pelos dinamarqueses, que abrem centros comerciais. Os ingleses só chegam mais tarde. São atraídos pelas especiarias, é claro, mas também por muitos outros produtos de que o país é fértil. Para garantir esse comércio longínquo, que não é fácil praticar e exige grandes investimentos, a rainha Isabel I cede o monopólio a uma firma cujo capital é formado por uma centena de acionistas: a Companhia Britânica das Índias Orientais, ou East India Company (1600).[250]

---

[247] No seu apogeu, nos anos 1930, o Império Britânico das Índias cobre quase 5 milhões de km², espalhados por aproximadamente quatro Estados: a República Indiana, o Paquistão, o Bangladesh e a Birmânia.

[248] Ver capítulo 18.

[249] Os holandeses chegaram à Índia a partir de 1602, data da criação da Companhia Holandesa das Índias Orientais, mais de um século após Vasco da Gama. [N.T.]

[250] Fundada dois anos antes da rival Vereenigde Oostindische Compagnie [Companhia

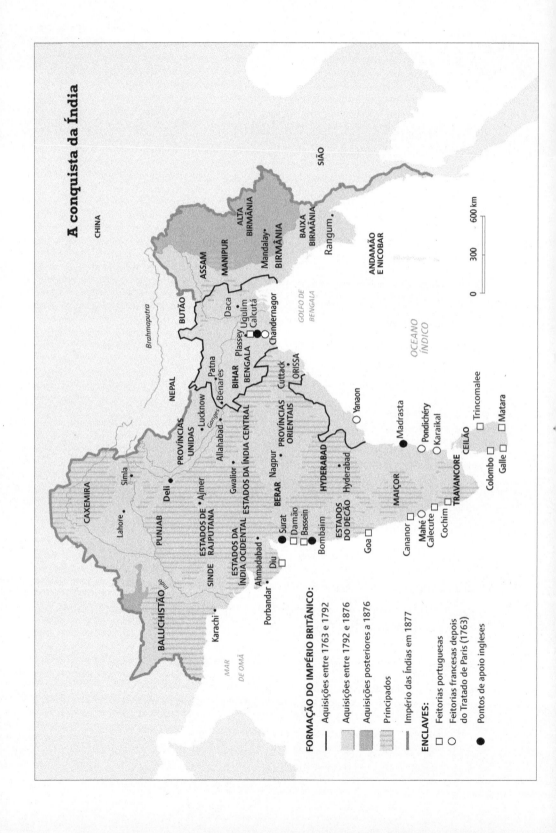

A companhia começa com modéstia. Na primeira década do século XVII, instala-se em Surat, um pequeno centro comercial situado no meio da costa ocidental. Em 1668, transfere seu quartel-general para Bombaim, uma antiga praça-forte portuguesa herdada pelo rei da Inglaterra.[251] A companhia instala-se depois na outra costa, ao redor do forte de Madras. Mais tarde funda a cidade de Calcutá, na região de Bengala, noroeste do subcontinente. São os quatro pontos de apoio para estabelecer as redes de comércio nesse vasto e rico conjunto. Os ingleses compram salitre, índigo – uma planta usada na tinturaria –, especiarias e pimenta, mas sobretudo as "indianas", magníficos tecidos em algodão, de qualidade até então ignorada na Europa, onde são muito apreciados. Em contrapartida, a Índia, dominada pelos grãos-mogóis no apogeu do seu poderio, compra-lhes pouca coisa. A Europa, vista por alguns dos soberanos mais ricos do mundo, é um universo longínquo e grosseiro. Seus produtos não os interessam. Até o fim do século XVII, a relação de poder pende claramente para o lado dos indianos. Ainda em 1689, sublinha Piers Brendon, historiador do Império Britânico, quando os ingleses cometem a loucura de interceptar os navios indianos, o Mogol manda seu exército e seus canhões contra Bombaim e os insolentes estrangeiros são obrigados a pedir perdão humildemente, além de pagarem uma pesada multa.[252] Meio século mais tarde, serão eles os senhores da Índia.

Depois da morte de Aurangzeb (1707), o Império Mogol entra em declínio.[253] Antes, controlava a maior parte do subcontinente. Agora, já não consegue se defender dos numerosos inimigos que vão surgindo. No planalto do Decão, os príncipes hindus formam o Império Marata, que procura vencer os muçulmanos do norte, e ataca Deli, saqueada em 1737. Dois anos mais tarde, a capital é novamente devastada pelas tropas de Nadir Shah, um aventureiro que se tornou

---

Holandesa das Índias Orientais], a famosa VOC (ver capítulo 23).

[251] Bombaim e Tânger foram oferecidas aos ingleses em 1662 como parte do contrato de casamento da princesa Catarina, filha de Dom João IV, com o rei Carlos II, de modo a garantir a aliança da Inglaterra contra a Espanha, após a Restauração de 1640. [N.T.]

[252] Ver Piers Brendon, *The Decline and Fall of the British Empire: 1781-1997* (2008).

[253] Ver capítulo 14.

soberano da Pérsia e que leva consigo o precioso trono do pavão, orgulho dos mogóis na época do seu esplendor. Depois surgem os afegãos. Em todo o país, os pequenos principados vassalos dos grãos-mogóis separam-se desses protetores, agora tão fracos. Também em todo o país, a Companhia das Índias Orientais manobra habilmente essas intrigas para fazer aliados e alargar seu território.

★★★

DUPLEIX E O SONHO DA ÍNDIA FRANCESA

Durante a primeira metade do século XVIII, a Companhia sofre a concorrência de outro grande rival vindo da Europa. Os franceses chegaram um pouco depois dos outros à corrida pelas riquezas do Oriente. No século XVII, apoderaram-se das ilhas Mascarenhas,[254] no Oceano Índico, que são intermediárias preciosas na rota da Ásia. Em 1664, para melhor enquadrar o empreendimento, Colbert também cria uma Companhia das Índias Orientais, que muito depressa estabelece os próprios centros comerciais em Chandernagor, na Bengala, em Mahé ou em Pondichéry, na Costa de Coromandel,[255] que é promovido a capital. É lá que Dupleix (1697-1763), governador ambicioso ajudado pela esposa, uma mestiça franco-indiana, e pela imensa fortuna que acumulou nos postos da Companhia em que esteve, planeja oferecer aos seus patrocinadores, mas sobretudo ao seu país e ao seu rei, um vasto império indiano. Para dar corpo ao projeto e impressionar os que quer convencer a participar, cria um verdadeiro exército. Recruta mercenários indianos, os sipaios,[256] que treina e arma à europeia, chefiados por oficiais franceses. Por meio da negociação ou da força, consegue dominar alguns pequenos Estados. Em poucos anos, reina como um soberano feudal em todo o leste da Índia.

---

[254] Mascarenhas: principalmente a Ilha da França, atual Maurícia, e a Ilha Bourbon, atual Reunião. [Foram descobertas por Pedro Mascarenhas, mais tarde vice-rei da Índia. [N.T.]]

[255] O sul da costa oriental da Índia.

[256] Do persa *sipahi*, ou "soldado".

É evidente que o empreendimento não agrada os ingleses, que reagem. Formam, por sua vez, tropas indígenas, e os dois lados iniciam os combates. Não duram muito tempo. A queda de Dupleix é provocada pelos seus. Os acionistas da Companhia são comerciantes e não guerreiros, e não querem continuar apoiando a dispendiosa política de conquistas iniciada pelo governador. Luís XV não quer saber do assunto. Dupleix é chamado a Paris (1754). O sonho de uma Índia francesa vacila.

Dois anos mais tarde, a Guerra dos Sete Anos (1756-1763), que opõe a França à Inglaterra, alastra os territórios além-mar naquele que foi, na prática, o primeiro conflito mundial. Tal como se lutou na América,[257] também se combate na Índia. Em algumas batalhas, os ingleses arrasam os franceses em toda parte. A derrota é esmagadora.[258] Com o Tratado de Paris (1763), a França põe fim ao seu primeiro império colonial, e conserva apenas cinco centros comerciais no subcontinente, cujos nomes as crianças francesas tinham de saber de cor para recordar um sonho indiano já enterrado.

★★★

OS INGLESES SE INSTALAM

Do ponto de vista inglês, a batalha mais importante desse momento histórico é travada em 1757, em Palasi, uma aldeia situada a 150 quilômetros a norte de Calcutá. Ela opõe as tropas do *nawab*[259] de Bengala, aliado dos franceses, aos britânicos, comandados por Robert Clive, um antigo empregado da Companhia, carismático e viciado em ópio, metamorfoseado em senhor da guerra. Hoje, os historiadores consideram que ele não teve de combater muito nesse dia: tinha pagado às tropas inimigas para que não usassem suas armas. Pouco

---

[257] Ver capítulo 24.

[258] A Guerra dos Sete Anos opôs a França, a monarquia de Habsburgo e seus aliados (Saxônia, Império Russo, Império Sueco e Espanha) de um lado e a Inglaterra, Portugal, o Reino da Prússia e o Reino de Hanôver do outro. [N.T.]

[259] *Nawab* ou nababo, príncipe indiano.

importa. Assim que a vitória é anunciada em Londres, Clive se torna o primeiro grande herói da epopeia inglesa nas Índias, assinalando o início de um novo mundo.[260]

Livres do *nawab*, que substituem por uma marionete, os vencedores agora controlam Bengala, uma das mais ricas províncias indianas. Alguns anos mais tarde, o imperador mogol, que oficialmente continua sendo o soberano, concede-lhes o direito de cobrar impostos e dispensar a justiça civil. Com seu exército e tais prerrogativas, a Companhia é quase um Estado. É o início da Índia Britânica.

O controle indireto

A conquista será progressiva. Na segunda metade do século XVIII, ainda existem alguns príncipes suficientemente poderosos para impedir a marcha triunfal. Ainda será preciso fazer guerras, como a do sultão de Maiçor, e depois a de seu filho, Tippu Sultan ou Tippu Sahib (1749; reinado: 1782-1799), que conseguiu resistir por quase vinte anos. Procurou todas as alianças possíveis, inclusive a dos franceses da época revolucionária, pela qual esperou em vão. Ficou célebre porque a propaganda britânica o descreveu como um déspota traiçoeiro e cruel, o "Tigre de Maiçor", que os bravos soldados de Sua Majestade foram obrigados a abater em seu covil (1799). Era, também, um homem de grande cultura.

Os conquistadores também têm de lançar cansativas campanhas contra os maratas do Decão, que só acabam em 1817. Nessa data, o sistema é estabelecido. A partir do suntuoso palácio do governador em Calcutá, a Companhia das Índias Orientais administra mais de um terço do imenso território indiano, dos Himalaias ao Cabo Comorim, no extremo sul. Os dois terços que faltam estão, na prática, divididos entre centenas de principados totalmente dominados, pequenos territórios nos quais reinam marajás tão esplendorosos quanto impotentes. Secretamente, os ingleses manipulam todas as peças do

---

[260] Uma das causas dessa batalha foi a vingança dos britânicos em relação ao caso do "buraco negro de Calcutá", um sinistro calabouço no qual o soberano de Bengala mandou atirar uma centena de soldados ingleses, quase todos mortos por asfixia. Esse episódio, um dos mais célebres da mitologia colonial britânica, é questionável.

jogo em proveito próprio. É o sistema do *indirect rule*, ou controle indireto, muito cômodo porque lhes permite deter o poder sem ter de suportar os custos de sua administração.

A Índia é rica. Os que vão para lá têm como principal objetivo enriquecer. Ao final do século XVIII, a palavra "*nabab*" entra no vocabulário inglês [e no português, "nababo"], e seu significado permanece o mesmo ainda hoje: viver bem, gastar dinheiro. Designa os empregados da Companhia que regressam à Inglaterra para usufruir, rodeados de luxos, das colossais fortunas que acumularam além-mar, muito superiores aos modestos dividendos que pagam aos acionistas da empresa que supostamente serviam. Isso provoca alguns escândalos clamorosos. Nos anos 1780, para tentar acabar com essa situação, o governo inglês promulga várias leis que submete a Companhia das Índias a um controle maior dos poderes públicos. O governador de Calcutá passa a ser nomeado pelo governo britânico. Nominalmente, porém, continua a ser uma empresa privada que gere o gigantesco país de que se apoderou. É ela que cobra os impostos, que domina o exército, que garante a ordem e que controla os instrumentos da soberania que os britânicos vão exercer sobre essas terras até meados do século XX. Como veremos, apesar de os processos de colonização terem se revestido de formas diferentes segundo os países colonizados, os mecanismos aplicados dão uma ideia do imperialismo europeu, que atingirá seu apogeu ao final do século XIX. Ainda que brevemente, é interessante analisar desde já esses mecanismos.

O mecanismo colonial nas Índias

No plano econômico, é próprio da colonização sair de um quadro de trocas de igual para igual entre dois parceiros para exercer a exploração pura e simples de um país colonizado em proveito da metrópole. No caso da Índia – como em muitos outros que veremos adiante –, consiste em desviar, para benefício dos ingleses, as riquezas do país, das minas e da produção agrícola, submetidas a impostos, mas também em quebrar qualquer produção local que possa prejudicar os interesses da metrópole. O exemplo mais célebre desse mecanismo é o setor têxtil. Como vimos, grande parte da riqueza da Índia provinha, até o século XVIII, do seu magnífico artesanato, que lhe permitia vender excelentes tecidos de algodão ao mundo inteiro. A partir do final do século XVIII, a Grã-Bretanha, que entrou na era da Revolução Industrial,[261] também começa a produzir tecidos em grande quantidade. Por meio de leis protecionistas que impedem os indianos de comprar as mesmas máquinas que fazem a riqueza de Liverpool e de Manchester, ao mesmo tempo em que inundam seu mercado interno com tecidos produzidos rapidamente e a baixo custo, quebra o aparelho produtivo indiano.

A dominação econômica vai ao encontro de uma dominação política que logo se manifesta no cotidiano. A partir do fim do século XVIII, todos os altos cargos são ocupados pelos britânicos, que relegam os indianos a postos subalternos. A administração encoraja a vinda de jovens moças da Europa para evitar uniões com mulheres locais, que ocorriam com frequência no início da presença europeia e que são cada vez mais desconsideradas.[262] Assim, os colonos levam, em família, uma vida de senhores, que consideram merecer. Esse fato não coloca problemas de consciência a pessoas cada vez mais convencidas, à semelhança dos demais europeus da época, da superioridade intrínseca de sua civilização. No início do século XIX, um vasto debate na Grã-Bretanha testemunha a evolução das mentalidades nesse sentido. O caderno de encargos da Companhia prevê que ela consagre parte do orçamento à educação. Mas em que língua ela deve ser administrada? Nas grandes línguas cultas usadas na Índia, como o sânscrito, o persa ou o árabe, como pensam os "orientalistas"? Trata-se de uma ideia estúpida, respondem seus inimigos "anglicistas". Para ajudar os indianos a progredir, é preciso inculcar-lhes com toda a força a língua da melhor das civilizações, o inglês. Thomas Babington Macaulay (1800-1859), político liberal – isto é, de esquerda, na terminologia atual – que será

---

[261] Ver capítulo 32.

[262] O "início da presença europeia" significa a presença portuguesa na Índia durante todo o século XVI. O autor corrige aqui, sem admitir, a afirmação feita no capítulo 18, no qual confunde a política de miscigenação desenvolvida por Afonso de Albuquerque e pelos vice-reis que o sucederam com o massacre dos homens "para entregar as mulheres aos soldados". [N.T.]

um dos maiores historiadores do seu país, defende essa posição.[263] Em seu famoso "Relatório sobre a Educação na Índia", que escreve quando está instalado no país, afirma: "Ainda não encontrei um orientalista que possa negar que uma só estante de uma boa biblioteca europeia vale toda a literatura escrita na Índia e na Arábia".[264]

Essa superioridade claramente assumida, acenada por um campo que afirma ser o do progresso, anda de mãos dadas com a ideia de que os novos senhores da Índia devem ajudar um povo que não conseguiria progredir por si mesmo. Por trás dessa ideia, no entanto, há uma grande indiferença perante os sofrimentos dos indianos. Em função da fragilidade de sua agricultura, penalizada por um clima de monções e tempestades que pode ser deveras destruidor, a Índia é vítima, desde sempre, de fomes recorrentes e terrivelmente mortais. As que ocorrem na época colonial matam milhões de indianos, o que não afeta o poder britânico. Os ingleses consideram que estão ligadas à fatalidade local, teoria que lhes permite continuar a cobrar o quinhão de cereais reclamado pela metrópole. É preciso esperar pelo fim do século XIX para que alguns humanistas lancem os primeiros movimentos de socorro humanitário.

Sublinha-se, por fim, a última característica da ordem colonial estabelecida: a importância dos aparelhos militares terrestre e marítimo. Como a colônia gera muito lucro, é preciso garantir que seus produtos sejam importados sem problemas. A segurança da Rota das Índias, que será uma constante da política estrangeira britânica durante todo o século XIX, foi estabelecida no final do século XVIII. A Inglaterra aproveita as guerras revolucionárias para retirar dos holandeses, aliados do inimigo francês, a Cidade do Cabo, no sul da África, e o Ceilão. Com conquistas que geram outras conquistas, a história imperial indiana é também a de uma expansão permanente para devorar, pouco a pouco, um território cada vez maior, que em breve se estenderá da Birmânia, a leste, às fronteiras do Afeganistão, a oeste.

---

[263] Ainda hoje, na Índia, o termo *macaulayism* é usado para designar negativamente a tendência de um indivíduo de adotar a cultura ocidental em detrimento da cultura do país.

[264] "Minute on Indian Education" (1835).

★★★

A REVOLTA DOS SIPAIOS E O INÍCIO DO RAJ

Esse poderio militar resulta de um exército composto majoritariamente por indígenas. São eles que se revoltam em 1857, abalando fortemente a implantação britânica na Índia. Os sipaios estão nervosos desde o início dos anos 1850, pois corre o boato de que terão de se converter ao cristianismo. Uma embalagem de munições é a gota d'água responsável pela revolta: para carregar as novas carabinas fornecidas pelos ingleses, é preciso rasgar com os dentes os cartuchos, que estão embebidos em gordura de porco ou vaca. Os muçulmanos não podem tocar na primeira, nem os indianos na segunda. Por uma questão de fé ou nojo, numerosos militares recusam-se a fazê-lo. Os atos de indisciplina se multiplicam, e são tão ferozmente reprimidos que provocam motins solidários que acabam gerando uma gigantesca rebelião anti-inglesa. A disputa é sangrenta. Os colonos são massacrados. O imperador mogol, que os revoltosos foram buscar no velho forte de Deli, acredita que chegou a hora de se vingar e encabeça a luta contra os ocupantes. O império vacila. São necessários meses e meses de combates, seguidos de uma onda de repressão de incrível brutalidade, para que os ingleses consigam reerguê-lo, e aproveitam a ocasião para reformulá-lo de cima a baixo. O último grão-mogol é exilado. A East India Company, que não foi capaz de prever a catástrofe, é afastada do poder. A partir de agora, a Índia será governada diretamente pela Coroa britânica por meio de um secretário de Estado. Começa o período chamado de Raj britânico, palavra hindu que significa "império" ou "poder". Em 1876, Disraeli, primeiro-ministro britânico, oferece de presente à rainha Vitória as terras que apresenta como "as joias da Coroa". A rainha torna-se oficialmente "imperatriz das Índias".

29

A exploração do Pacífico

(SÉCULOS XVII-XIX)

O século XVI ocidental foi o dos conquistadores. O século XVIII, o das Luzes. Aparentemente, há menos sede de ouro e de conquistas do que de conhecimento. É a época das grandes "explorações científicas", durante as quais os sábios abandonam os mosquetes para aventurar-se nas últimas terras incógnitas dos planisférios. Os exploradores conseguem reduzir as áreas cinzentas nos mapas. Por volta de 1600, indica o Atlas Histórico de Kinder e Hilgemann, quarenta e nove por cento das terras do planeta foram reconhecidas. Em 1800, esse número sobe para oitenta e três por cento.[265]

TODOS OS GRANDES países europeus participam dessa expansão.[266] Já mencionamos as viagens iniciadas no princípio do século pelo czar

---

[265] Ver Herman Kinder e Werner Hilgemann, *Atlas Histórico: do aparecimento do homem na Terra ao terceiro milênio* (2006).

[266] Os portugueses tinham iniciado as viagens de exploração no século XVI, no Brasil, por meio das Entradas, expedições financiadas pela Coroa; das Bandeiras, financiadas por capitães donatários; e das Monções, as expedições fluviais organizadas sobretudo pelos paulistas. O expoente máximo desse movimento de exploração e ocupação do Brasil é o Forte Príncipe da Beira, construído em 1776 no extremo ocidental do Brasil, junto à fronteira com o Peru. No século XVIII, os pombeiros, a serviço do reino ou particulares, exploravam a África entre a costa angolana e a costa moçambicana. O relato de uma dessas travessias, concluída em 1811, foi traduzido para o inglês e serviu de base para as expedições do missionário escocês David Livingstone, que, apesar das provas indicarem o contrário, continua sendo considerado o primeiro europeu a atravessar a África Equatorial de costa a costa. [N.T.]

da Rússia, Pedro, *o Grande*, em direção ao Grande Leste e ao Grande Norte, à Kamchatka e ao Ártico. Podemos mencionar também as viagens que o maravilhoso Alexander von Humboldt (1769-1859) efetuou durante quatro anos na América do Sul. A cronologia coloca a expedição (1799-1804) já no início do século seguinte. No entanto, este filho de um aristocrata prussiano maçom, graduado em Geologia, apaixonado por todas as ciências, é um autêntico filho do Iluminismo. Admirador de Bonaparte, quer participar com seu amigo, o naturalista francês Bonpland, da expedição ao Egito, mas o barco acaba não partindo. Os dois companheiros vão então para a Espanha, onde embarcam para a América do Sul. Circulam em frágeis pirogas na bacia do Orinoco, onde enfrentam mosquitos, serpentes e febres; sobem as altas montanhas do Peru a pé, porque não querem ser transportados às costas dos indígenas, como os colonos ricos; atravessam as selvas, onde estudam tudo: os povos, os animais, os vulcões, os rios, as pedras ou as correntes, enviando para a Europa um apanhado de informações preciosas e centenas de caixas cheias de espécimes de plantas e animais. Nunca renunciaram às suas ideias esclarecidas. Até o fim dos seus dias, Humboldt será um inimigo feroz da escravidão e um amigo dos indígenas.

Rumo ao continente desconhecido. Essa grande sequência de explorações científicas tinha começado nos mares, algumas décadas mais cedo. Em meados do século XVIII, os progressos da tecnologia marítima, o aparecimento de instrumentos capazes de estabelecer a posição com mais rigor e de navegar mais seguramente permitem desbravar o imenso Oceano Pacífico, ainda muito pouco conhecido.

No século XVI, na sequência de Magalhães, portugueses e espanhóis constataram que estava salpicado de ilhas, mas raramente paravam ali. No século XVII, o holandês Abel Tasman passa ao largo da Austrália sem vê-la, mas foi o primeiro a pôr o pé na grande ilha que tem seu nome. Também avistou as costas da Nova Zelândia e foi até as Ilhas Fiji. O conjunto do que é conhecido ainda está muito fragmentado.

Os cientistas do século XVIII querem ir mais longe. Trata-se, como sempre há dois séculos, de descobrir novas rotas para a China – que continua sendo o Eldorado do comércio –, encontrar novas espécies de animais ou plantas e, se necessário, novas terras para colonizar.

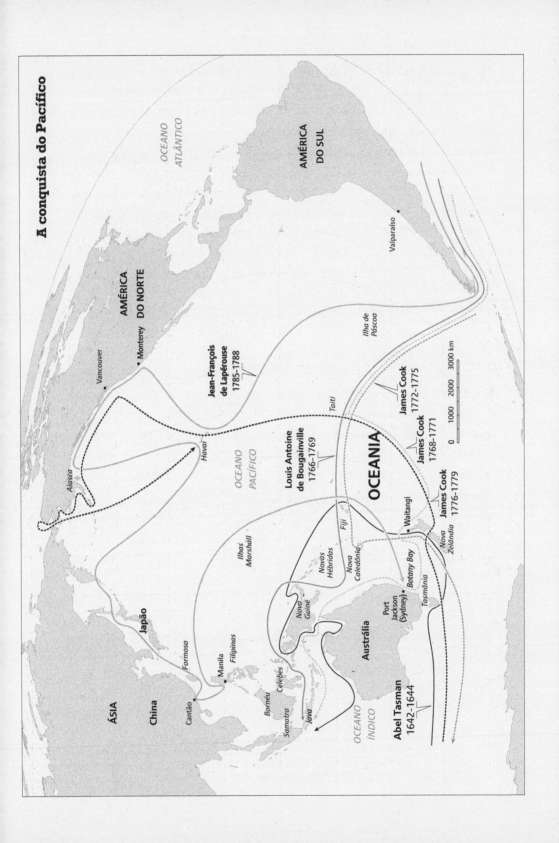

Trata-se de plantar no planisfério a última parte do mundo ainda desconhecida, mas que se supõe existir: o continente meridional. Desde a Antiguidade, e sobretudo durante a Renascença, os geógrafos estão persuadidos de que deve existir, na parte de baixo do hemisfério sul, uma vasta terra capaz de equilibrar a massa das que estão situadas no hemisfério norte. Por razões que dizem respeito à qualidade das suas marinhas e também à rivalidade que os estimula, ingleses e franceses são os principais atores dessa grande conquista dos mares do sul. Citemos os três mais célebres representantes dessa epopeia.

A passagem em Citera

Em 1766, Louis Antoine de Bougainville (1729-1811), comandante dos veleiros *Boudeuse* e *Étoile*, é o primeiro francês a dar a volta ao mundo.[267] A viagem foi dura. As condições a bordo eram tão espartanas que tiveram de comer ratos.[268] O escorbuto fez muitas mortes. Em alguns lugares, tiveram de enfrentar a hostilidade dos "selvagens". E várias vezes a aventura esteve para ser interrompida, como quando os barcos quase naufragaram na Grande Barreira de Coral australiana. Ainda assim, a parte do relato feito pelo capitão que mais provoca curiosidade e fascínio na Europa é uma passagem curta.

Em sua viagem pelo Pacífico, Bougainville parou no Taiti durante nove dias do mês de abril. Apenas o inglês Samuel Wallis desembarcara ali, um ano antes, e as coisas não tinham corrido bem. Os "selvagens" haviam exasperado os marinheiros com roubos constantes, as relações azedaram e os ingleses abriram fogo. A visita do francês, menos de um ano depois, tem outras características. A estadia é paradisíaca: o esplendor do local, o frescor das cascatas que caem das montanhas, a doçura do clima, a abundância da comida, composta de frutos saborosos e de peixe

---

[267] Também é a primeira circum-navegação efetuada por uma mulher, mas contra a vontade do capitão. Para não ficar longe de Commerson, o naturalista da viagem, sua jovem criada e amante Jeanne Barré consegue embarcar, disfarçada de marinheiro. A trapaça só foi descoberta no Taiti.

[268] Em períodos de fome ou escassez, os ratos eram um "petisco" muito apreciado pelas tripulações desde o século XVI até o princípio do século XIX e o bloqueio marítimo imposto pelos ingleses à França de Napoleão. [N.T.]

grelhado e, sobretudo, a amizade dos habitantes, que têm um senso de hospitalidade incomparável. As mulheres, "ninfas" belas e nuas como a primeira manhã do mundo, oferecem-se a todos os estrangeiros que se apresentam. São tão simples e naturais, explica o capitão, que basta oferecer-lhes alguns pregos, ali desconhecidos, para obter seu consentimento.

Graças aos capítulos consagrados à passagem na "Ilha de Citera", como a batiza, a *Viagem ao redor do mundo* de Bougainville faz dele uma celebridade imediata e é um *best-seller* na Europa do seu tempo. A narrativa parece confirmar a filosofia do "bom selvagem" desenvolvida por Rousseau: é a sociedade que corrompe os homens, ao passo que, no "estado de natureza", claramente o da longínqua ilha de Taiti, eles vivem felizes. O relato inspira o enciclopedista Diderot a escrever seu *Suplemento à viagem de Bougainville*, um livro magistral que utiliza esse modelo de mundo simples e bom como uma alavanca para opô-lo à "civilização" enredada em seus preconceitos e em sua mentalidade limitada. Diderot faz com que o Velho Mundo acredite na existência do paraíso terrestre.

Como os habitantes do paraíso de Taiti viveram esse momento crucial de sua história? O que atravessou o espírito de um povo confrontado bruscamente com a chegada de representantes de um mundo que nem sonhavam existir e que iria mudar para sempre o seu destino? Nunca se saberá ao certo. Bougainville regressou com Aoturu, um polinésio que embarcou voluntariamente e que foi recebido em Paris com grande deferência, mas desconhece-se seu testemunho, porque nunca conseguiu pronunciar mais do que algumas palavras em francês. Sequer há vestígios de relatos que poderia ter feito aos seus compatriotas ao regressar à terra natal, porque adoeceu e morreu antes de chegar lá.

Muito mais recentemente, um antropólogo francês especialista em Oceania[269] publicou um trabalho que nos ajuda a relativizar certos aspectos da versão francesa do episódio. Segundo ele, o amor livre, sem pudor nem tabu, apregoado por Bougainville é um puro fantasma ocidental. A realidade é mais prosaica. Os taitianos teriam ficado tão traumatizados com os canhões de Wallis que fizeram tudo o que estava

---

[269] Ver Serge Tcherkézoff, *Tahiti 1768: jeunes filles en pleurs* (2005).

ao seu alcance para cair nas graças dos novos demônios desembarcados alguns meses depois do inglês, a ponto de lhes oferecerem suas filhas. As "ninfas" não se entregavam aos marinheiros – eram apenas um presente de boas-vindas dos homens, em sinal de submissão. Detalhe sinistro, os franceses agradeceram o presente em uma moeda que o Taiti teria dispensado. Os marinheiros partiram da ilha encantada com a cabeça cheia de recordações sensuais. Em contrapartida, deixaram para trás a sífilis e a gonorreia, que não existiam ali.

As viagens do Sr. Cook

O francês Bougainville tornou-se célebre pela sua viagem ao redor do mundo. O britânico James Cook, quase seu contemporâneo (1728-1779), fez três, que o consagram como um dos maiores navegadores de todos os tempos. Hábil marinheiro, consegue navegar em todas as latitudes, tão à vontade no grande frio do Antártico ou do Alasca como no calor sufocante dos trópicos. Condutor de homens, por vezes severo e colérico, preocupa-se com a saúde das tripulações: seus biógrafos sempre mencionam a couve fermentada que obriga todos a comer, apesar da repulsa que provoca, porque conhecia suas excelentes qualidades antiescorbúticas. Suas três expedições fazem progredir consideravelmente os conhecimentos geográficos da Europa da época. Na primeira viagem, passa pelo Taiti, onde deve ter chegado em junho de 1769, porque os astrônomos britânicos pensaram que o lugar seria ideal para observar a passagem de Vênus, que ocorre nesse período.

O propósito científico também é um excelente pretexto para continuar descobrindo terras que possam ser colonizadas pela Inglaterra. Assim que conclui a etapa polinésia, Cook ruma às duas ilhas que compõem a Nova Zelândia, faz o reconhecimento de suas costas e então desembarca na Austrália, no golfo que batiza com o nome de Botany Bay, em homenagem à riqueza da flora.[270]

---

[270] Com base em mapas descobertos, ao final do século XX, em dois canhões, um sino de bronze, nas ruínas de uma construção feita em pedra e nos restos de uma caravela, todos datados do século XVI, bem como na utilização de palavras de origem portuguesa por parte dos aborígenes australianos, alguns deles mestiços de portugueses, os historiadores australianos modernos afirmam que o país foi descoberto e

A segunda viagem, que o leva ao extremo sul, não muito longe da Antártida, permite-lhe confirmar o que suspeitava desde a primeira e destruir de vez o mito da dimensão do continente meridional.

A terceira viagem leva-o ao longo da costa ocidental da América do Norte, em busca da famosa passagem que ligaria o Pacífico ao Atlântico. No decorrer das suas peregrinações, descobre o Havaí, onde é morto pelos indígenas, que, por ocasião da sua primeira visita, haviam-no tomado por um deus.

O desaparecimento de Lapérouse

Qual o destino do francês Lapérouse, terceiro e último grande nome da nossa galeria de navegadores do século XVIII? Partiu em 1785, a bordo do *Astrolabe*, em busca da passagem para a China, que tantos tinham procurado antes dele. Tornou-se célebre porque nunca regressou. Sabe-se que explorou as costas do Alasca, que passou por Manila e pelo Japão, que navegou no Mar da China e que foi visto pela última vez, em 1788, em Botany Bay, para grande surpresa dos britânicos, que começavam a se instalar ali. Depois, seu rastro foi perdido por muito tempo. "Há notícias do Sr. De Lapérouse?", perguntava Luís XVI, na prisão onde aguardava o cadafalso. Os destroços do *Astrolabe* foram enfim encontrados em 1820, nas Novas Hébridas (atual Vanuatu), onde sem dúvida naufragou.

★★★

A CONQUISTA DEPOIS DA EXPLORAÇÃO

A Europa demorou muito tempo para explorar a parte do mundo que um geógrafo francês chamou de "Oceania", em 1812. O que a Oceania deve pensar dessa aparição da Europa? Já vimos que todas as

---

cartografado por Cristóvão de Mendonça, em 1522, e por Gomes de Sequeira, em 1525 – 250 anos antes de Cook. A descoberta teria sido mantida secreta pelo fato de a Austrália estar situada na parte do globo atribuída à Espanha pelo Tratado de Tordesilhas. Qualquer documentação da época existente em Portugal foi destruída pelo terremoto de 1755. [N.T.]

expedições foram feitas com as melhores intenções do mundo. Mas as consequências para as terras descobertas foram diferentes daquelas do tempo em que os sentimentos eram menos puros?

Os polinésios conheceram a pólvora de canhão durante a primeira passagem dos europeus. Seu destino é traçado quando surge outro grande ator do progresso, tal como era concebido na época: o missionário. Em 5 de março de 1797, dia que ainda hoje é feriado no Taiti, desembarcam os primeiros sacerdotes da London Missionary Society. Como em outras latitudes, o aparecimento das armas de fogo e da Bíblia em um mundo que as desconhecia muda tudo. As primeiras permitiram que uma dinastia de régulos locais, os Pomaré, apoiados num primeiro momento pelos ingleses, conquistasse o poder na ilha e estendesse depois sua dominação a todo o arquipélago. A segunda autoriza que se persiga implacavelmente os deuses antigos, que se erradique seus cultos, que se proíba a nudez, os cânticos e as tatuagens, isto é, que se destrua uma civilização milenar para impor outra. Nos anos 1830, é a vez de os católicos desembarcarem, decididos a mostrar aos que acabam de ser convertidos a um deus único que não é neste que devem acreditar. Às desavenças religiosas, somam-se as rivalidades entre potências. Ingleses e franceses guerreiam-se para controlar a região. Após rivalidades bastante folclóricas entre cônsules, a França consegue impor sua autoridade nos anos 1840. Os ingleses podem muito bem abandonar a Polinésia – já acumularam o suficiente com as imensas possessões que os seus marinheiros lhes ofereceram.

A Nova Zelândia e a Austrália britânicas

Os primeiros contatos de Cook com os maoris, os indígenas da Nova Zelândia, foram rudes. Vindos da Polinésia em grandes pirogas por volta dos séculos XII-XIII, esses primeiros habitantes são guerreiros temíveis e não aceitam que os intrusos se apropriem de suas terras. Num primeiro momento, os europeus não as querem. Ao final do século XVIII, início do século XIX, o lugar interessa apenas aos caçadores de baleias, que ali atracam, e aos missionários, que vêm "pescar as almas" e que por vezes acabam no caldeirão. Os maoris são canibais. Ainda assim, aos poucos, os colonos começam a instalar-se, porque o

344 | O SÉCULO XVIII

clima é ameno, e as paisagens, verdejantes. Em 1840, a Grã-Bretanha decide fazer valer oficialmente sua soberania nas duas grandes ilhas que formam o país, mas estabelecendo um acordo com seus primeiros ocupantes: um representante da rainha Vitória assina, com vários chefes, o Tratado de Waitangi (1840), considerado ainda hoje o texto fundador do país. A tinta ainda nem tinha secado quando o tratado foi ameaçado. Os colonos, muito raros no início, são agora numerosos, e todos se apropriam das terras sem considerar as promessas feitas, por escrito, aos que se consideram seus proprietários. Os nativos pegam em armas. Durante a segunda metade do século XIX, estala uma sucessão de guerras muito duras, muito longas e, *in fine*, devastadoras para os maoris.

Caçadores-coletores vivendo em centenas de pequenos grupos, os aborígenes da Austrália não tinham, para defender-se, as capacidades guerreiras dos primeiros habitantes da Nova Zelândia. Perseguidos constantemente, escorraçados, sobrevivem apenas graças à imensidão de sua ilha-continente.[271] E desde que desembarcam, os britânicos estão decididos a instalar-se por muito tempo. Nos anos 1770-1780, a independência e consequente perda das colônias americanas traumatizou a Grã-Bretanha. O presente que Cook oferece à Coroa é acolhido como uma consolação imperial. Londres opta por um sistema que lhe parece engenhoso para povoar essa terra do outro lado do mundo: envia para lá os delinquentes que sobrepovoam as prisões da metrópole. A partir de 1788, os deportados que sobreviveram à viagem na "primeira frota"[272] desembarcam em Botany Bay, onde um universo hostil os espera. A mortalidade, resultante sobretudo da falta de comida, é enorme durante os primeiros anos, o que não impede que essa prática de relegação dure até a segunda metade do século XIX. Aos poucos, outros emigrantes vêm juntar-se aos condenados. Os espaços imensos atraem em primeiro lugar os que querem criar rebanhos de ovelhas. Nos anos 1850, outro elemento acelera o povoamento do território. Descobre-se o ouro. Começa a corrida.

---

[271] Os infelizes 5 a 7 mil habitantes da Tasmânia ainda tiveram sorte pior: o choque bacteriano e os confrontos com os colonos levaram à extinção dessa comunidade humana. Sua última representante desapareceu ao final do século XIX.

[272] Em inglês, *first fleet*, tal como é chamada na história australiana.

A EXPLORAÇÃO DO PACÍFICO | 345

30

A China no século XVIII

Nas primeiras décadas do século XVII, de acordo com um esquema frequente na história chinesa, a dinastia Ming, no poder desde o século XV, dá sinais de esclerose. A corrupção, os deletérios jogos de influência na Corte e os maus imperadores minam o poder. As revoltas dos camponeses sucedem-se umas às outras. Os poderosos manchus, povo originário de uma região situada no nordeste do país, aproveitam a instabilidade para ultrapassar a Muralha, conquistar Pequim e apoderar-se do trono imperial. Fundam uma nova dinastia, os Qing (1644-1911), a segunda da história, após a dos Yuan mongóis, a ser de origem estrangeira e a última a reinar no Império do Meio.

NUM PRIMEIRO MOMENTO, os Qing se comportam com os Han, a etnia majoritária, como se quisessem subjugá-los. Os casamentos mistos são proibidos. A Manchúria, país de origem dos vencedores, passa a ser uma região proibida aos vencidos. Em todas as cidades do império, os chineses devem deixar os melhores bairros para os manchus, como em Pequim, onde eles se apropriam do centro, em torno da Cidade Proibida, em uma zona que, depois dos mongóis, o Ocidente passou a chamar de "cidade tártara". As terras são confiscadas, e os camponeses que as cultivam tornam-se servos dos novos senhores. O decreto mais espetacular promulgado pelo novo imperador obriga todos os indivíduos do sexo masculino, sob pena de morte, a usar a longa trança de cabelo própria dos manchus, atada no alto da cabeça, em sinal de submissão. A medida, encarada pelos Han como uma humilhação, provoca revoltas. Todas são esmagadas com derramamento de sangue.

A IDADE DE OURO DE KANGXI A QIANLONG

Algumas décadas depois de os manchus terem conquistado todo o imenso território do império, as tensões diminuem e os recém-chegados acabam se "achinesando", o que prova mais uma vez a força de atração da poderosa civilização chinesa. O manchu continua sendo falado pela aristocracia e utilizado nos documentos administrativos como uma das línguas oficiais, mas os imperadores adotam largamente a cultura, o protocolo e os rituais dos que os precederam no trono do Filho do Céu. E a era dos primeiros Qing, que vai até o fim do século XVIII, continua representando, na memória chinesa, uma gloriosa página da História.

Esse período é caracterizado por dois imperadores que reinaram durante muito tempo. Kangxi nasce em 1654 e sobe ao trono em 1662, sendo, portanto, contemporâneo de Dom João VI. Reina até a sua morte, em 1722, ou seja, durante 61 anos, o recorde de longevidade da história chinesa. Seu neto, Qianlong, nascido em 1711, recebe o "mandato celeste" em 1736 e decide abdicar no início de 1796, para não reinar durante mais tempo do que seu venerado avô. Na realidade, continua controlando discretamente o império até sua morte, em 1799. Os dois soberanos são marcos de um período que deixou uma recordação de poder e prosperidade. Na historiografia oficial, é chamado de *Kang Qian sheng shi*, ou a idade de ouro de Kangxi a Qianlong.

Esse ponto é importante. A maioria dos ocidentais sabe hoje que a China foi um país poderoso, onde nasceram algumas das grandes invenções do homem, como a pólvora de canhão,[273] mas pensam que esse esplendor remonta a um passado muito longínquo, a que se seguiu um interminável declínio. Mas os chineses, ajudados no caminho por inúmeras obras, filmes ou grandes séries repetidamente programadas na televisão,[274] têm a clara consciência de que a realidade histórica é diferente. Seu país era, no século XVIII, a primeira potência mundial. Alguns números provam que foi, inclusive, mais poderoso do que nunca.

---

[273] Ver capítulo 9.

[274] Transmitida em 1997, a série intitulada em inglês *Yongzheng Dynasty*, que conta a história do imperador Yongzheng, filho e sucessor de Kangxi e pai e antecessor de Qianlong, foi uma das mais vistas e premiadas da história da televisão chinesa. Seguiram-se duas outras, *Kangxi Dynasty* (2001) e *Qianlong Dynasty* (2002).

Apogeu territorial

Graças às inúmeras conquistas realizadas pelos Qing, que em um século ocupam a Ilha Formosa, estabelecem um protetorado na Manchúria e no Tibete e alargam o território para a Ásia Central, o império alcança, no século XVIII, seu apogeu territorial: ultrapassa 12 milhões de quilômetros quadrados, contra 9,6 na atualidade. Em razão dessas múltiplas campanhas, há uma guerra permanente nas fronteiras, mas Kangxi tem a inteligência necessária para assinar um tratado com a Rússia, então em plena expansão, que estabiliza a fronteira norte, na região do Rio Amur. No interior do império, os longos reinados asseguram um grande período de estabilidade e paz, que permite um salto demográfico assinalável: 177 milhões de habitantes em 1749; 303 milhões em 1791; e 357 milhões em 1811.[275]

Querendo reconciliar-se com os camponeses e garantir a subsistência da população, Kangxi reduz, mais do que qualquer outro, os impostos que pesam sobre o campesinato. A medida estimula a produção agrícola. As colheitas são excelentes. Por outro lado, surgem no século XVIII novas culturas vindas das Américas, como o milho, o amendoim e a batata-doce. O artesanato e a produção mineira estão em seu apogeu. A circulação dos bens de consumo aumenta, estimulada pelo desaparecimento da troca em proveito dos pagamentos em dinheiro. As moedas são de cobre ou prata, que também vêm das Américas e que o império acumula graças à exportação de chá, porcelanas, lacas e sedas para o restante da Ásia, para as Filipinas e a Europa.

A influência cultural acompanha o progresso econômico. Os imperadores empenham-se pessoalmente nisso. No início do século XVIII, o próprio Kangxi supervisiona a criação de um dicionário com mais de 47 mil caracteres e determina uma forma de os classificar, a partir de elementos gráficos chamados de "chaves". Esse sistema está em uso até hoje.

Seu neto Qianlong gosta da guerra. Não vai pessoalmente para os campos de batalha, mas supervisiona as conquistas que ordena, que podem ser de grande brutalidade. A guerra travada contra os jongares,

---

[275] De acordo com o Weatherhead East Asian Institute da Universidade de Columbia: http://afe.easia.columbia.edu.

muçulmanos turcófonos, permite à China conquistar a região rebatizada de Xinjiang, ou "a nova fronteira", mas resulta em centenas de milhares de mortos e na quase extinção desse povo. Por outro lado, o imperador conserva o poder com mão de ferro. Nos anos 1770, desencadeia uma verdadeira caça aos livros. Todos os que são considerados hostis à dominação manchu são destruídos. Basta que uma única personagem seja considerada irreverente com o trono para que seu autor acabe na prisão.

Mas Qianlong também gosta de arte, de pintura, de arquitetura. É ele quem toma a iniciativa de restaurar inúmeros patrimônios e construir novos edifícios em todo o país. Em Pequim, entre 1750 e 1764, manda aumentar os jardins do Palácio de Verão e construir edifícios nos estilos han, tibetano, uigur e até europeu. Estes últimos são concebidos por um italiano que habita na Corte. Cerca de cinquenta locais pitorescos permitem admirar as colinas arborizadas, um lago pontuado por ilhas artificiais, pavilhões refrescados por fontes e irrigadores, salões que exibem antiguidades, templos, torres, mosteiros. Essa maravilha da arte chinesa, cinco vezes mais vasta do que a Cidade Proibida, é considerada o "palácio dos palácios". É lá que Qianlong escreve seus poemas, quase todos os dias. Gosta de livros. Ao mesmo tempo em que instaura a "inquisição literária", ordena uma gigantesca coletânea de manuscritos. Centenas dos seus mandarins reúnem os mais variados textos sobre todos os ramos do conhecimento – literatura, ciências, astronomia, filosofia –, e conseguem, em algumas décadas, criar a que ainda hoje é a maior biblioteca da China imperial.

Nenhum letrado pode ignorar que *O sonho do Pavilhão Vermelho*, considerado um dos quatro livros extraordinários da literatura chinesa, foi escrito durante seu reinado. Esse longo romance narra, com grande profusão de intrigas e personagens, o esplendor e o declínio de duas famílias aristocráticas ao fim do século XVII, fixando a imagem de um mundo refinado, tão saudoso e fascinante para seus leitores quanto a alta sociedade parisiense da *Belle Époque* foi para os de Marcel Proust.[276]

★★★

---

[276] Essa obra é tão admirada que originou um ramo especializado dos estudos literários, chamado "*rougeologie*" (de *rouge*, ou vermelho) em francês.

MATTEO RICCI E OS JESUÍTAS NA CHINA

Desde sua expansão no século XVI, a Europa procura uma forma de entrar em contato com essa potência, que continua a fasciná-la. Alguns sonham mesmo com a possibilidade de convertê-la inteiramente ao cristianismo. Francisco Xavier, um dos fundadores da Companhia de Jesus, acreditava que essa era sua missão, mas acaba morrendo em uma ilha diante de Cantão, antes de entrar no país.[277]

Matteo Ricci (1552-1610), outro jesuíta, de origem italiana, prossegue a obra do "apóstolo das Índias".[278] A tarefa é difícil, o velho império não se abre facilmente. O missionário vive dezenove anos na China, em Macau e depois em Nanquim, antes de ser autorizado a ir a Pequim. Não tem a honra de se encontrar com o imperador, apesar de os conselheiros falarem do missionário de modo elogioso. O estrangeiro os impressionou tão favoravelmente que alguns se converteram ao cristianismo. Ricci aproveitou os anos em que esteve à espera para aprender o chinês, traduzir Confúcio, impregnar-se da velha cultura chinesa e refletir sobre as correspondências que podem ser estabelecidas entre ela e o dogma cristão. Também pretende mostrar aos seus anfitriões a grandeza dos conhecimentos do mundo de onde vem. A Corte fica deslumbrada quando ele apresenta um mapa-múndi, a primeira representação total da Terra, jamais visto na China. Ricci morre em Pequim, em 1610, tendo conseguido converter apenas alguns mandarins e algumas centenas de chineses. Primeiro mediador entre dois mundos que se conhecem tão pouco, porém, fundou de certo modo a sinologia e, sobretudo, estabeleceu as bases do método de evangelização que será utilizado depois pelos membros da Companhia de Jesus. À sua semelhança, os jesuítas vindouros tentarão converter o país começando pela cabeça, e não pela base; como ele, tentarão deslumbrar seus anfitriões por meio da grandeza da ciência ocidental, mostrando que aquele mundo não é tão bárbaro como eles imaginam; como ele, vão impregnar-se da

---

[277] Ver capítulo 18.

[278] Ricci cursou teologia na Universidade de Coimbra e, já no Oriente, lecionou nos colégios jesuítas de Goa. Tendo dominado com perfeição a língua portuguesa, é a partir dela que, em Macau, aprende a falar chinês. [N.T.]

grande civilização chinesa para tentar levar-lhe o Evangelho com tato e doçura, conseguindo quase integrá-lo à mentalidade local. Praticarão o que por vezes é chamado de "teologia da inculturação".

É assim que, ao final do século XVIII, é possível encontrar na Corte de Kangxi, em meio aos dignos mandarins confucianos, um punhado de jesuítas, com frequência franceses, vestidos como eles, com ricas vestes de seda, que conseguiram ser admitidos como matemáticos e astrônomos e até como médicos ou diplomatas.[279] Algumas façanhas garantiram-lhes certa reputação. Um deles deslumbrou o palácio ao predizer, com exatidão, as importantes datas dos ritos futuros ligados à passagem de planetas, contrariando a opinião do astrônomo oficial, que tinha se enganado. Outro caiu nas boas graças do soberano ao curá-lo da malária com uma dose de quinina. Pouco a pouco, os padres multiplicam as conversões, sempre conseguidas a partir do estrito respeito de seu prudente método. Nunca saberemos se teriam conseguido converter o próprio imperador à fé em Cristo. O movimento lançado pelos jesuítas é travado pela própria hierarquia.

A disputa dos ritos

Os progressos missionários da Companhia de Jesus fazem invejosos desde o início do século. Franciscanos e dominicanos se queixarão a Roma da estranha teologia praticada pelos discípulos de Inácio de Loyola: os jesuítas deixam que os novos cristãos da China continuem praticando o culto de seus antepassados e adorando Confúcio! Isso é aceitar o princípio da idolatria! A polêmica parte dos círculos pontificais e alastra-se rapidamente. Ao final do século XVII, a Europa culta apaixona-se por aquilo que então era chamado de "disputa dos ritos", que consiste em saber até onde se pode ir no estrito respeito do dogma para propagar a Palavra a povos longínquos. Depois de muito hesitar, o Papa decide. No início do século XVIII, desautoriza seus missionários e proíbe formalmente que os convertidos continuem praticando

---

[279] O jesuíta de maior destaque dessa época foi Tomás Pereira. Professor de matemática do imperador Kangxi, foi ele quem introduziu a música ocidental na China. Desempenhou um papel importante nas negociações do primeiro acordo fronteiriço entre a China e a Rússia, em 1689. [N.T.]

antigos ritos. Na prática, acaba com todo o processo de conversão. Descontente com a atitude ocidental e irritado com a arrogância do legado que veio anunciar-lhe tais medidas, Kangxi proíbe, em 1717, qualquer pregação cristã no império. Menos de uma década depois, Yongzheng expulsa os jesuítas. E os únicos que Qianlong aceita ao seu lado não devem isso às suas qualidades de pregadores: são padres hábeis em pintura, que o imperador nomeia pintores de sua Corte.

A embaixada Macartney

A brusca interrupção do trabalho dos jesuítas na China não impede que continuem a ter grandes repercussões no Ocidente. Durante todos os anos que passaram no Império do Meio, os missionários enviaram cartas para a Europa, nas quais prestavam conta do trabalho e descreviam o país fascinante onde estavam. Esses escritos, publicados em volumes, fizeram tanto sucesso que despertaram o apetite da Europa pela China. Durante a primeira metade do século XVIII, esse fascínio continuou a aumentar. Numerosos filósofos do Iluminismo que despontava, como Voltaire ou Leibniz, nutrem grande admiração pelo mundo que os jesuítas descrevem e que, com seu sistema de exames e seu apreço pelos letrados, parece encarnar o paraíso do despotismo esclarecido pelo qual anseiam. Tudo parece tão refinado nesse universo longínquo que desejam absorver sua estética. As "chinesices" estão na moda. Toda a Europa compra, sem olhar o preço, as porcelanas e lacas fabricadas na China, e há tantos apreciadores de chá que, depois de ter sido um prazer reservado aos ricos, acaba se tornando a bebida nacional da Grã-Bretanha na segunda metade do século XVIII.[280]

Tudo isso leva o Ocidente de volta à sua velha obsessão de abrir esse mundo ao comércio, tornando-o mais recíproco: visto que se compra tanta coisa dos chineses, por que não vender-lhes também os produtos europeus? É difícil. O império continua fechado em si mesmo e limita consideravelmente as trocas comerciais. Com exceção

---

[280] Foi a princesa Catarina quem introduziu na Corte inglesa, ao final do século XVII, o hábito de comer em pratos de porcelana e usar talheres para levar os alimentos à boca, o ritual do "chá das cinco" e o consumo do tabaco e das compotas. [N.T.]

352 | O SÉCULO XVIII

dos portugueses, que têm Macau desde o século XVI,[281] os estrangeiros podem negociar apenas com alguns raros importadores instalados em Cantão. Numa tentativa de quebrar essa grande muralha econômica, a Grã-Bretanha envia, ao final do século XVIII, um embaixador para fazer propostas de abertura ao imperador Qianlong. Não foi fácil organizar a entrevista. Lorde Macartney, o enviado britânico, invocando a grandeza de seu rei, recusa categoricamente a prática do *kowtow*, gesto de prostração em que a fronte toca o solo, exigida a qualquer mortal que se apresente perante o Filho do Céu. O problema foi ultrapassado através de uma artimanha protocolar, mas o encontro não deu frutos. Na carta para Jorge III, transmitida pelo embaixador (1739), Qianlong escreve: "Nosso celeste império tem tudo com grande abundância e nada lhe falta nas fronteiras. Não tem, por conseguinte, qualquer necessidade de trocar os produtos dos bárbaros estrangeiros pelos nossos".

O velho imperador pecava por excesso de orgulho. Esse fim de século também assinala o fim da idade de ouro na China. A corrupção causa estragos. O favorito de Qianlong, Heshen, é um exemplo disso. O imperador está apaixonado por esse antigo guarda-costas, belo como uma concubina. Nomeia-o para um de seus principais ministérios e, graças à extorsão, Heshen é agora um dos homens mais ricos do país. Também é dos mais odiados. Sua riqueza contrasta com as dificuldades vividas pelo império. As guerras de conquista endividaram o país. O gigante tem os pés de barro. A resposta arrogante de Qianlong ao embaixador inglês tornou-se célebre por assinalar o último momento de grandeza imperial da China. Menos de cinquenta anos depois, começa o tempo das humilhações.

---

[281] Ver capítulo 18.

31

O tempo das revoluções

Enquanto a China, do alto de sua glória imperial, vive os últimos momentos como primeira potência mundial, ocorrem dois acontecimentos que alteram o curso da História. O primeiro é a Guerra de Independência iniciada pelos colonos norte-americanos contra a Grã-Bretanha nos anos 1770-1780, que conduz ao estabelecimento da primeira democracia moderna. O segundo é a Revolução Francesa.

A REVOLUÇÃO AMERICANA

A Guerra dos Sete Anos (1756-1763) permitiu aos ingleses expulsar os franceses da América do Norte, mas teve um preço elevado. O rei Jorge III (1738; reinado: 1760-1820) considera que os colonos devem contribuir para as despesas feitas para defender seus interesses. Londres começa a combater o contrabando, que traz muitos prejuízos à Coroa. O Parlamento vota leis[282] que aplicam pesados impostos aos produtos de uso corrente e criam uma taxa aplicável a todos os atos oficiais. Essas leis são consideradas injustas do outro lado do Atlântico, na medida em que são adotadas por uma assembleia na qual os colonos não estão representados: "*No taxation without representation!*"[283] é o grande *slogan* dos rebeldes. Segue-se o boicote de produtos ingleses e as altercações com os representantes

---

[282] A Lei do Açúcar (1736) e a Lei do Selo (1765).

[283] "Não há impostos sem representação."

do rei. A tensão não cessa de aumentar. Atinge o auge no início dos anos 1770, quando o governo britânico decide ajudar a Companhia das Índias Orientais, que enfrenta dificuldades financeiras, autorizando-a a vender chá às colônias a preços exorbitantes e sem pagar impostos. Em dezembro de 1773, os bostonianos, disfarçados de indígenas, atiram no mar a carga de três navios da Companhia: é a Boston Tea Party.[284] O episódio assinala o momento fundador da história americana porque desencadeia novas represálias de Londres, o que só reforça a unidade e a determinação dos rebeldes. Em 1774, na Filadélfia, representantes de todas as províncias organizam o primeiro congresso continental. Seu objetivo é encontrar uma via de apaziguamento, apelando para a arbitragem do rei da Inglaterra. Na prática, o apelo alarga ainda mais o fosso que separa os dois mundos. Os combates violentos multiplicam-se em todo o território. As trocas de tiros entre os soldados ingleses e as milícias populares, que ocorrem em 1775 em Lexington e em Concord, duas pequenas cidades do Massachusetts, assinalam convencionalmente o início da guerra. Um ano mais tarde, o campo dos rebeldes afirma sua determinação em continuar, custe o que custar: em 4 de julho de 1776, sob a égide do seu Segundo Congresso Continental, os delegados das treze colônias adotam uma Declaração de Independência que rompe em definitivo com a pátria-mãe.[285]

Em sua essência, o texto enuncia solenemente os erros de que o rei Jorge é culpado e que justificam o divórcio. Tornou-se célebre pelo seu preâmbulo, redigido por Thomas Jefferson, que expõe com lirismo os princípios norteadores dos signatários: "São verdades incontestáveis para nós: todos os homens nascem iguais; o Criador conferiu-lhes certos direitos inalienáveis, entre os quais os da vida, o da liberdade e o de buscar a felicidade". Pela primeira vez, o Iluminismo influenciava um combate político. Tem início uma revolução.

---

[284] O movimento Tea Party, fundado nos anos 2000 para reagrupar a direita anti-impostos do Partido Republicano dos Estados Unidos, é chamado assim em homenagem a esse acontecimento.

[285] Razão pela qual o 4 de Julho é a festa nacional dos Estados Unidos, e as treze faixas da bandeira representam as treze colônias fundadoras do país.

▩ Rumo à independência

As tropas dos dois campos são muito díspares. As enviadas pela Inglaterra são compostas sobretudo por mercenários de Hesse e Brunswick, duas regiões do Império Germânico. São apoiadas pelos lealistas, colonos fiéis ao rei, e por tribos indígenas, que contam com a vitória inglesa para barrar a ocupação de suas terras por parte dos colonos. Para enfrentá-los há o exército dos patriotas, ou *insurgents*, mal equipado e mal fardado, mas conduzido pelo enérgico George Washington, um rico plantador da Virgínia, combatente que participou da Guerra dos Sete Anos e que se revela um grande general. Esse exército é apoiado por voluntários vindos da Europa por ideal, como o polaco Kósciuszko ou o francês La Fayette, que gastou sua fortuna para equipar uma pequena tropa que envia à batalha. O jovem marquês francês fez a viagem apesar da proibição de seu rei, que pretendia ficar neutro nesta história. O hábil Benjamin Franklin, homem das ciências e muito popular, embaixador americano em Paris, consegue mobilizar a opinião pública, e Luís XVI acaba enviando para o outro lado do oceano uma força expedicionária comandada por Rochambeau.

A guerra é ganha em 1783 e o Tratado de Versalhes consagra a independência dos Estados Unidos da América. Os ingleses recuam para o Canadá, para onde afluem os lealistas que os apoiaram. As colônias comemoram, agora livres, mas enfrentam outra questão: qual deve ser a constituição do novo país? O debate mobiliza as treze províncias, que são agora outros tantos Estados, cada um com sua constituição, à semelhança da Virgínia, que adotou a sua em 1776. De um lado estão os federalistas, admiradores do sistema oligárquico inglês, que representam os interesses da burguesia mercantil, adeptos de um Estado central forte; do outro estão os democratas republicanos, que defendem a liberdade dos pequenos proprietários. Depois de muitas discussões, os delegados dos Estados conseguem elaborar uma constituição aceita por todos. Filha de Locke e de Montesquieu, ela estabelece uma estrita separação entre o poder legislativo, dependente de duas câmaras: uma representa o povo, e a outra, os Estados; o poder judiciário é controlado por um Supremo Tribunal, e o executivo, colocado nas mãos de um presidente que governa e garante a unidade do país. As dez primeiras emendas do texto, votadas muito rapidamente após sua adoção, formam uma espécie de carta que garante os direitos individuais, tais como o direito à propriedade, o de deter uma arma ou, ainda, a liberdade de expressão, de religião ou de reunião. O texto começa com essas palavras: "*We, the people of the United States*". Pela primeira vez na história ocidental moderna, um povo se assume enquanto entidade para tomar as rédeas do seu destino, conseguindo transformá-lo sem banho de sangue nem guerra civil.

A composição desse "povo" baseia-se, no entanto, em uma concepção muito exclusiva da humanidade. Os primeiros habitantes do continente, os indígenas, ou seja, os "selvagens", de acordo com o espírito da época, são excluídos. As mulheres, que continuam a ser consideradas menores, não têm voz ativa, e os inúmeros escravos que habitam o território americano são pura e simplesmente ignorados. Tal como aconteceu por ocasião da redação do preâmbulo da Declaração de Independência de 1776, não é feita qualquer alusão ao espinhoso problema da escravidão para não irritar os estados do Sul, e isso apesar das tentativas dos primeiros abolicionistas.

A Constituição americana é ratificada em 1787 e aplicada em 1789. George Washington é o primeiro presidente do país. Inicia suas funções em 30 de abril. Algumas semanas mais tarde, começa outra revolução, do outro lado do Atlântico.

★★★

A REVOLUÇÃO FRANCESA

Na segunda metade do século XVIII, os franceses têm muitas razões para não continuar suportando esse velho artrítico que em breve será chamado de Antigo Regime. A filosofia do Iluminismo desenvolveu o gosto pelas liberdades, incompatível com a monarquia absoluta, a censura e a tutela mimada da Igreja. A burguesia, classe em ascensão que sonha com desenvolvimento econômico, sufoca sob a opressão de regulamentos arcaicos que castigam o espírito de iniciativa, e não aceita estar afastada do poder. Por fim, a maioria da população não suporta mais a desigualdade fundamental de uma sociedade que classifica seus membros em três categorias.

Por que razão o terceiro e último "terceiro estado", deve suportar todas as despesas do reino, ao passo que os dois primeiros, o clero e a nobreza, dispõem de todas as honrarias e têm o privilégio de não pagar impostos?

Os Estados Gerais

É uma questão muito material que está na origem do encadeamento que conduz à explosão do sistema. A guerra da América custou caro. Os cofres do Estado estão vazios. A partir dos anos 1770, o rei Luís XVI (1754; reinado: 1774-1792; morto em 1793), inexperiente mas cheio de boa vontade, nomeia para o governo homens cuja missão é voltar a enchê-los. Alguns são grandes ministros, como Turgot ou Necker, este último um banqueiro suíço, mas seus esforços são em vão. Assim que ameaçam atacar os privilégios e pedir uma contribuição aos mais ricos, tornam-se imediatamente objeto de ataques terríveis, que podem vir dos parlamentos – tribunais de justiça cujos membros pertencem à nobreza de toga, formada por antigos burgueses que pagaram muito caro pelo cargo – ou ainda da Corte – onde reside a antiga aristocracia, cujas cabalas são quase sempre retomadas pela rainha Maria Antonieta. Os reformadores perdem em todas as frentes, e o rei opta pela única via que lhe permite sair desse impasse: convoca os Estados Gerais, uma assembleia que reúne o conjunto dos indivíduos, habilitada a ajudar o rei em caso de crise.

A partir de 5 de maio de 1789, dia de sua inauguração em Versalhes, coloca-se a questão de como serão feitos os votos. Será por ordem, o que permitirá à aliança do clero e da nobreza bloquear qualquer reforma proposta pelo terceiro estado? Ou será por cabeça, o que dará a primazia a este último, ultramajoritário? Não conseguindo chegar a um acordo, os deputados da terceira ordem, a que se juntam membros da pequena nobreza e do clero, tentam um golpe. Em 17 de junho, declaram-se como uma "Assembleia Nacional". No dia 20, reunidos na Sala do Jogo da Pela,[286] seus membros juram não se separar antes de dar uma constituição à França. No dia 23, quando um emissário do rei transmite a ordem para evacuarem a sala, Bailly, que preside, responde:

---

[286] O rei tinha mandado fechar a sala de reuniões habitual, e o terceiro estado se instalou na sala que servia para o jogo da pela, antepassado do tênis.

"Parece-me que a nação reunida não recebe ordens de ninguém". A frase é importante. Até então, o poder emanava do monarca, que, em nome de Deus, reinava sobre seus súditos, cada um deles ligado ao soberano por um laço pessoal que forma, portanto, um conjunto sem unidade. Na carta em que convoca os Estados Gerais, Luís XVI dirige-se a eles por "meus povos". Agora existe apenas um, que forma uma nação, esse novo ator que acaba de se declarar soberano e que pretende produzir um texto que enquadrará o poder real. No dia 25, o rei cede e reconhece a Assembleia. É uma reviravolta. A Revolução começa.

Durante esse mesmo verão de 1789, há três acontecimentos que simbolizam o fim do antigo mundo. Em 14 de julho, alertada por boatos segundo os quais a cidade será atacada pelas tropas do rei, a população de Paris pega em armas e toma a Bastilha, uma prisão que era um símbolo do arbítrio real. Na noite de 4 de agosto, a Assembleia Nacional vota, em euforia, a abolição dos privilégios. No dia 26, proclama a Declaração dos Direitos do Homem e do Cidadão, que começa com essas palavras: "Os homens nascem e são livres e iguais em direitos". Em três meses é derrubado um milênio de feudalismo, de desigualdades baseadas no sangue, de trono apoiado no altar. Um novo mundo será construído.

Logo a partir das primeiras semanas, as discussões são severas para saber que forma dar-lhe, para saber até onde é preciso levar a revolução em curso. Constituem-se partidos. Na Assembleia, os mais avançados têm o costume de se pôr à esquerda do presidente, e os mais moderados, à direita. Essa é a origem da nossa atual repartição política. Em Paris, no curso dos meses seguintes, as facções se reúnem em antigos conventos e adotam seu nome: os franciscanos, frades da ordem de São Bernardo, são os moderados, e os jacobinos, os mais radicais. A luta entre essas diversas tendências e a interação de outras potências europeias na vida política da França são as duas forças que influenciam o curso dos acontecimentos. Contentemo-nos em recordar brevemente as grandes etapas.

A Constituinte (1789-1791)

A primeira Assembleia Nacional, saída da Sala do Jogo da Pela, deve preparar uma constituição para o reino – por isso o nome

"Constituinte". Começa atacando o enorme trabalho de racionalização de que o país precisava: divisão do território em departamentos, primeiros passos do sistema métrico, igualização fiscal etc. No outono de 1789, aborda as questões religiosas, um terreno minado. Como a Igreja perdeu seus privilégios, é preciso reorganizá-la e enquadrá-la no plano nacional. Depois de vender os bens, as terras, as abadias e os mosteiros da Igreja para acudir as finanças públicas, a Constituinte aprova um novo estatuto para os eclesiásticos, uma constituição civil do clérigo, que deve prestar-lhe juramento. Numerosos padres e a maioria dos bispos se recusam a fazê-lo. Na primavera de 1791, o Papa dá-lhes razão e, ao fazê-lo, condena a Revolução.

Perturbado, o "muito cristão" Luís XVI comete um ato grave, que certamente ponderava há muito tempo. Em junho de 1791, acompanhado pela mulher e seus dois filhos, todos disfarçados de burgueses, foge de Paris para o leste do reino, a fim de se juntar às tropas que lhe continuam fiéis. É desmascarado em Varennes, um burgo na região do Mosa, e reconduzido a Paris. A Assembleia o recoloca no trono porque ele é o pivô da nova Constituição que entrará em vigor no outono, mas a confiança está quebrada.

A guerra, a República, o Terror (1792-1794)

Para além das fronteiras, a Revolução é vista com simpatia pelos espíritos esclarecidos, como o filósofo Kant ou o poeta inglês Wordsworth, mas detestada pelos reis, influenciados pelos emigrantes, os nobres que fugiram da França e sonham reconquistá-la. O imperador que reina em Viena é o mais hostil, porque Maria Antonieta é da sua família.

Na França, o poder está nas mãos dos girondinos,[287] um partido de esquerda que detém a maioria na nova Assembleia saída da primeira Constituição. Para esclarecer a atitude de Luís XVI – e sem dúvida também com o propósito de exportar a revolução para a Europa –, provocam uma ruptura. O pequeno grupo de fiéis que rodeia o

---

[287] Assim chamados porque uma parte dos seus deputados vem da região de Bordeaux, na Gironda.

monarca defende essa política, mas por razões inversas: um conflito talvez permita derrotar a Revolução. No dia 20 de abril, a França declara guerra à Áustria, aliada da Prússia. O conflito dura vinte e três anos e muda o curso da História.

No verão de 1792, o perigo iminente de uma invasão gera um clima de paranoia em Paris e acelera os acontecimentos. No dia 10 de agosto, alguns *sans-culottes*[288] que formaram uma Comuna insurrecional para substituir o governo, que consideram exageradamente tolerante, dirigem-se ao Palácio das Tulherias e prendem a família real, que acusam de conspirar com os invasores. O outro objetivo é impedir o rei de utilizar seu veto para bloquear as decisões da Assembleia Legislativa. Duas semanas depois, impulsionada pelo mesmo receio da invasão, uma multidão invade as prisões e, num cúmulo de violência bárbara, assassina todos os religiosos ou aristocratas que lá encontra. São os Massacres de Setembro, primeira página sangrenta da Revolução.

Ao mesmo tempo, galvanizados pelo fulgor patriótico do ministro Danton,[289] os voluntários que compõem o exército revolucionário combatem nas fronteiras. No dia 20 de setembro, no moinho da pequena aldeia de Valmy, conseguem inesperadamente barrar a progressão austro-prussiana. No dia seguinte, na euforia dessa vitória e dos discursos líricos, a Assembleia decide abolir a monarquia. É o início da Primeira República.

É necessária uma nova constituição. A assembleia encarregada de prepará-la, representando o país, é chamada de Convenção. O primeiro grande acontecimento com que tem de lidar é o processo do rei Luís XVI. Sua execução, em 21 de janeiro de 1793, acelera ainda mais o curso dos acontecimentos. A Inglaterra declara guerra ao país regicida. A Vendeia católica se revolta, em nome de Deus e do rei. Outras províncias seguem seu exemplo. Para enfrentar essas circunstâncias dramáticas, é criado um governo com poucos membros, o Comitê de Salvação Pública, que detém poderes quase ditatoriais. Na Convenção, as várias

---

[288] Os agitadores parisienses oriundos dos pequenos povoados de artesãos, comerciantes e operários vestem calças largas em vez do calção e das meias da burguesia e da nobreza, daí o nome *sans-culottes*, ou "sem-calção". Lutam mais pela igualdade que pela liberdade.

[289] "Audácia, mais audácia, sempre audácia e a França será salva", grita ele.

facções lutam ferozmente umas contra as outras. Impulsionado por vezes pelas arruaças de grupos radicais que pretendem reinar em Paris por meio da violência, o poder deriva cada vez mais para um radicalismo revolucionário. Os girondinos, considerados moderados demais, são expulsos à força em junho de 1793 e cedem lugar à montanha, assim chamada porque seus deputados sentam-se na parte mais alta da Assembleia. Danton é o primeiro chefe dos montanheses. Torna-se o homem-forte do primeiro Comitê de Salvação Pública, mas rapidamente é substituído por Robespierre. Apoiado por uma parte dos deputados e estimulados pelos *sans-culottes* e pelos ultras, também chamados de "raivosos", esse antigo advogado de Arras desenvolve uma política impiedosa e sangrenta: o Terror. Seu objetivo oficial é castigar os traidores que ameaçam a sobrevivência da pátria, mas também "regenerar" o povo e estabelecer uma unidade sólida em torno do poder.

A guilhotina funciona sem descanso. Os "suspeitos", isto é, todos os que o poder imagina ser "inimigos da liberdade", adeptos do Antigo Regime – padres, antigos aristocratas, republicanos que cometem o erro de se opor aos jacobinos, outro nome da facção que dirige o país –, são levados em carroças até o cadafalso. Em outubro de 1793, os girondinos são executados. Em abril de 1794 é a vez dos amigos de Danton. Uma repressão cega varre a Vendeia, onde os massacres fazem milhares de vítimas. Robespierre conduz uma política impiedosa contra a Igreja e quer substituir o catolicismo pelo Culto do Ser Supremo, herdeiro do deísmo do tempo do Iluminismo. Ao tabelar o preço dos produtos de primeira necessidade e distribuir entre os mais pobres as propriedades dos condenados, estabelece as bases de uma política social que visa aliviar a miséria das classes populares, até então esquecidas. E os exércitos, apesar do temível clima interno, acumulam vitórias. A da Batalha de Fleurus (junho de 1794), nos Países Baixos austríacos (atual Bélgica), oferece aos franceses a margem esquerda do Reno e afasta qualquer receio de invasão. Apesar disso, o Terror continua com os massacres, em junho e julho. Assustada por essa deriva e receando pela própria vida, a maioria dos deputados da Convenção consegue depor e mandar prender Robespierre. Ele é executado no dia seguinte, junto aos seus partidários. Acabou o Terror e, com ele, a fase mais radical da Revolução.

Convenção Termidoriana e Diretório

Robespierre caiu no mês de julho, chamado de "Termidor" no calendário revolucionário; por isso, o último período da Convenção é chamado de "termidoriano" (1794-1795). É um alívio depois do pesadelo do Terror. É nesse período que será preparada, enfim, a constituição para estabelecer a República. Para evitar uma nova ditadura, o texto adotado se baseia na sábia partilha dos poderes: o legislativo depende de vários conselhos, e o executivo, de numerosos ministros em pé de igualdade, chamados de "diretores". O regime é chamado, portanto, de Diretório (1795-1799). É pouco amado, instável, pontuado por golpes de Estado que fracassaram e célebre pela corrupção de seus dirigentes. Ainda assim, os exércitos fazem maravilhas no exterior. A França consegue estabelecer ao redor de todas as suas fronteiras, da Holanda ao norte da Itália, uma constelação de Repúblicas irmãs, pequenos Estados-tampões que a protegem. Também continua suas conquistas, que enchem de dinheiro os cofres da República e de glória os seus generais. Graças à brilhante campanha da Itália, um tal de Bonaparte, um pequeno oficial corso sem fortuna, ganha fama. Torna-se popular tão depressa que o Diretório considera prudente mandá-lo para longe, em uma expedição ao Egito (1798), que também tem a vantagem de cortar a Rota das Índias dos ingleses. As primeiras vitórias são fáceis. A derrota dos mamelucos permite conquistar o país. Mas os otomanos, apoiados pelos ingleses, contra-atacam e conseguem repelir os franceses. A expedição ao Egito é, enfim, um desastre militar. Ainda assim, seu chefe tem tamanho dom para a propaganda que seus agentes transformam a campanha em um sucesso. De volta à França, é recebido como um herói e aparece como o homem-forte de que o país precisa para se erguer. Em novembro de 1799 – 18 de brumário, ano VIII do calendário revolucionário –, Bonaparte fomenta um golpe de Estado que derruba o Diretório e nomeia-se primeiro-cônsul. A primeira proclamação oficial do novo regime, o Consulado, termina com essas palavras: "Cidadãos, a Revolução alcançou os objetivos que a desencadearam. Ela acaba aqui".

★★★

O CONSULADO E O IMPÉRIO
1799-1815

Napoleão Bonaparte, o herói mais conhecido da história da França e o mais estudado no estrangeiro, é uma personagem complexa e contraditória. Gostava de apresentar-se como herdeiro da Revolução, mas desprezava seus ideais. Depois de ter sido nomeado cônsul vitalício (1802), coroa-se imperador dos franceses (1804) perante o Papa, refaz a Corte e recria uma nobreza hereditária. Seu regime sufoca todas as liberdades. Não tolera qualquer oposição. A polícia e a censura tratam de impedir os menores atentados contra sua glória ou a de seus exércitos, cujos boletins de vitória são obrigatoriamente lidos nas escolas e nas igrejas. Em paralelo, graças à concordata assinada com o Papa (1801), atenua as tensões religiosas. Cria instituições sólidas no país, como os liceus, os prefeitos encarregados da administração, o franco germinal – uma nova moeda que iria durar mais de um século – e os códigos de leis, entre os quais o Código Civil, familiarmente chamado de "Código Napoleônico", tão bem feito que será copiado por muitos outros países.

Consegue pacificar a França, mas é o homem que incendeia a Europa. Convencido de que é um gênio militar, senhor de uma ambição desmedida, Napoleão é, antes de mais nada, um conquistador. Quer refazer o continente à sua maneira, e para isso enfrenta sucessivamente, ou ao mesmo tempo, as outras potências europeias. Todas foram vencidas, uma atrás da outra – com exceção da Inglaterra [e de Portugal] –, e serão necessárias cinco coligações sucessivas para acabar com ele.[290]

Do lado continental, a Águia Imperial ataca o mundo germânico, que pretende reconfigurar para criar pequenos reinos favoráveis à França. Enfrenta Francisco II, o último imperador do Sacro Império,[291] que trocou de Coroa para ser proclamado imperador da Áustria (1804).[292] Em 2 de dezembro de 1805, em Austerlitz, pequena cidade

---

[290] No total, houve sete coligações formadas pelas monarquias europeias. As duas primeiras foram dirigidas contra a França revolucionária.

[291] Reduzido a uma concha vazia, o Sacro Império Romano-Germânico foi oficialmente dissolvido em 1806.

[292] Com o nome de Francisco I.

da Morávia,[293] as tropas francesas conseguem uma brilhante vitória sobre os austríacos, aliados dos russos. Em 1806, graças à Batalha de Iena, vencem os prussianos. Em 1807, depois da vitória de Friedland sobre os russos, o imperador assina com o czar os [secretos] Tratados de Tilsit, onde estabelecem uma partilha da Europa entre os dois.

Enquanto as velhas monarquias continentais ajoelham-se perante o conquistador, um país lutará até a morte contra o homem que considera um tirano e uma ameaça para a paz no mundo, e que também tem a ousadia de pôr em xeque sua hegemonia marítima: a Inglaterra.[294] Napoleão queria invadir a ilha, mas a destruição da frota francesa pelo almirante Nelson em Trafalgar (1805), no sul da Espanha, obrigou-o a abandonar o projeto. Decide então lutar contra os ingleses sufocando-os economicamente: por meio do Bloqueio Continental, proíbe todos os países europeus de comercializar com a Inglaterra. Servindo-se do pretexto de que há muito contrabando nas costas do país, o que torna o bloqueio inoperante, Napoleão decide invadir Portugal. No caminho, aproveita para ocupar a Espanha (1808), cuja Coroa oferece a um de seus irmãos. A operação desencadeia uma reação dos espanhóis, que inventam uma nova forma de fazer a guerra, a "guerrilha", muito mortífera e custosa em vidas para os franceses.[295]

---

[293] Atual República Tcheca.

[294] O autor omite Portugal, país que, à semelhança da Inglaterra, não assinou qualquer tratado com Napoleão. As três frustradas invasões francesas a Portugal são uma consequência disso. [N.T.]

[295] O autor faz uma caricatura da Guerra Peninsular, que ignora, talvez porque Napoleão sofreu aqui uma série de derrotas que culminaram na expulsão de suas tropas da península. O fato é que Portugal foi invadido pelos exércitos franceses e espanhóis, como acordado entre Paris e Madrid no Tratado de Fontainebleau, assinado em 27 de outubro de 1807. Para além da invasão conjunta – conhecida como a Primeira Invasão Francesa, comandada por Junot –, o tratado estipulava a partilha de Portugal, da sua frota de guerra (a quinta ou sexta maior do mundo, à época) e de todos os seus domínios além-mar, entre a França e a Espanha. O desfecho da primeira invasão, assim como o das duas seguintes, resultou na derrota dos franceses, vencidos pelas tropas luso-inglesas comandadas por Wellington. Por outro lado, os espanhóis não inventaram a guerrilha, mas foram as primeiras vítimas dela, em Portugal, quando seus exércitos e os de Junot tentaram a primeira invasão do país, em novembro de 1807. Os espanhóis só se revoltaram contra Napoleão a partir de 2 de maio de 1808, dia que Goya celebrou no quadro de mesmo nome. [N.T.]

Nem assim a febre conquistadora da Águia insaciável se acalma. Em 1810, está no apogeu. Após uma nova vitória sobre a Áustria, casa-se com Maria Luísa, filha do imperador e, por ironia da história, sobrinha de Maria Antonieta. A França tem mais de cento e trinta departamentos e está rodeada por sete reinos vassalos de que Napoleão é o senhor ou cujas Coroas distribuiu entre os membros de sua família. Mas ele ainda quer mais. Em 1812, lança seu Grande Exército contra a imensa Rússia. Os russos raramente enfrentam os invasores, mas deixam-nos avançar em um país que esvaziaram de gente e de alimentos. Depois de ter ocupado Moscou, que os russos incendiaram, o Grande Exército tem de dar meia-volta, sofrendo com o frio e a fome. É a retirada da Rússia, um desastre que, de acordo com Talleyrand, assinala o "começo do fim". Em 1813, os inimigos de Napoleão, chamados de Aliados, derrotam-no em Leipzig. Em 1814 entram triunfalmente em Paris, onde entregam o poder a Luís XVIII, um dos irmãos de Luís XVI, enquanto Napoleão deve contentar-se com a Coroa do minúsculo reino da Ilha de Elba, na costa italiana. A História soluça.[296] São os Cem Dias, sua última volta à pista. Os Aliados reconstituem seus exércitos e o imperador lança suas tropas. O encontro ocorre na Bélgica, em Waterloo, em 18 de junho de 1815, e é a mais célebre derrota da França, a mais gloriosa vitória de Wellington, um dos maiores heróis da história britânica. Alguns dias depois, Napoleão sobe para um barco que o leva para a Ilha de Santa Helena. Pela segunda vez em dezoito meses, o Bourbon Luís XVIII é colocado no trono da França.[297]

---

[296] Napoleão fugiu de Elba, onde tinha sido exilado, regressou à França e voltou a tomar as rédeas do poder. [N.T.]

[297] A atitude arrogante que muitos franceses têm ainda hoje, sobretudo em relação aos "pequenos países", é um resquício da soberba napoleônica. Napoleão é o grande herói nacional, aquele que encarna a grandeza imperial da França – ainda que efêmera. A Guerra Peninsular é talvez o expoente máximo da forma como os franceses querem – e não querem – ver Napoleão. Os livros escolares abordam a campanha da Rússia, mas omitem as sucessivas derrotas dos exércitos napoleônicos em dois países "menores" – Portugal e Espanha –, que o imperador afirmava que podia conquistar "num passeio", bastando-lhe, para tanto, "mostrar os exércitos franceses". Napoleão acabaria reconhecendo o erro em suas memórias ao admitir que a Guerra Peninsular "foi um nó" que está na origem de "todos os meus desastres" (ver John Lawrence Tone, *Partisan Warfare in Spain and Total War*, 2010). [N.T.]

TERCEIRA PARTE

UM MUNDO DOMINADO

O SÉCULO DA EUROPA

1814-1815: Congresso de Viena

1826: fracasso do Congresso Pan-Americano após as independências na América Latina

1830: deportação dos indígenas que viviam a leste do Mississipi

1848: Primavera dos Povos

1868-1912: Era Meiji

1884-1885: Conferência de Berlim sobre a África

1890-1910: o ultimato, o regicídio, a proclamação da República

1896: institucionalização da segregação racial pelo Supremo Tribunal norte-americano

1908: Revolução dos Jovens Turcos

1912: nascimento da República da China

No século XIX, apoiada no poderio tecnológico que lhe confere a Revolução Industrial, imbuída do sentimento de representar a "civilização", a Europa consegue conquistar o planeta. O velho Império Chinês tem de ceder a todas as exigências dos bárbaros do Oeste. A maior parte da Ásia e, no último terço do século, a África são divididas entre algumas nações que, agora dominam o mundo. Apenas o Japão, graças a uma incrível metamorfose, consegue tornar-se uma potência. Por sua vez, os Estados Unidos, que haviam completado sua formação territorial e política, são, no início do século, um gigante em potencial.

32

A Europa domina o mundo

(1815-1914)

EM 1815, a China é uma grande potência, como o Império Otomano, cujo território se estende das fronteiras da Hungria até as de Marrocos; a África é uma gigantesca mancha branca nos mapas ocidentais; o Japão é um arquipélago fechado, que protege ferozmente suas costas para que nenhum estrangeiro se aproxime; e a Europa é um universo mortificado pela tormenta napoleônica.

Olhemos para esse mesmo planeta em 1914. Todo o Novo Mundo, dos Estados Unidos à Argentina, é independente, mas governado pelos descendentes dos colonos que vieram do Antigo.[298] Na África, apenas a Libéria, um Estado criado recentemente pelos americanos para acolher os escravos libertados, e a velha Etiópia escaparam do imperialismo. Todas as outras terras africanas são colônias europeias. Todas as possessões europeias do Império Otomano são novos países, apoiados pelas potências europeias. As velhas monarquias da Pérsia, do Afeganistão, do Sião e da China são apenas aparentemente livres. Na realidade, são instrumentos nas mãos dos novos donos do planeta. Apenas o Japão é uma verdadeira potência, porque foi o único que soube copiar o modelo dos ocidentais. Tudo depende deles agora. Em toda parte, impera a vestimenta europeia, o caminho de ferro europeu, as armas europeias, o calendário europeu. O século XVI viu a Europa lançar-se ao assalto do mundo. No século XIX, ela o esmaga.

---

[298] O Canadá continua oficialmente ligado à Coroa inglesa, mas usufrui, desde 1867, do estatuto de *dominion*, que lhe confere grande autonomia.

A REVOLUÇÃO INDUSTRIAL

É preciso aceitar uma evidência: se a Europa conseguiu dominar o resto do mundo, é sobretudo porque conseguiu tornar-se mais poderosa do que ele. Para compreender como isso foi possível, temos de recuar até o século XVIII e visitar a Grã-Bretanha. Um conjunto de circunstâncias, entre as quais mistura-se o engenho de alguns inventores e a capacidade da sociedade em que vivem para fazer prosperar suas descobertas, faz com que uma série de inovações modifiquem radicalmente, nessa época, a produção dos bens de consumo.

A primeira surge no princípio do século, no setor da metalurgia. Em um momento em que o carvão de madeira usado para fundir o mineral começa a faltar por causa do desflorestamento, começa a ser utilizado o "carvão de terra", a hulha, de onde se extrai o coque. Percebe-se muito depressa que esse novo combustível, pouco caro porque existe em abundância no subsolo, permite aumentar a produção de metal de modo espetacular.

A segunda acontece nos anos 1770, graças ao espírito inventivo do engenheiro escocês James Watt (1736-1819), associado a um pequeno industrial de Birmingham. A força do vapor era conhecida há muito tempo, mas Watt é o primeiro a conseguir aperfeiçoá-la de forma a transformá-la em uma formidável fonte de energia diretamente aplicável na indústria.

A terceira, no mesmo período, ocorre na indústria têxtil, nas quais aparecem as primeiras máquinas de fiar e depois os primeiros teares, que aumentam enormemente os rendimentos.

Essas três mudanças acontecem em três setores diferentes e conjugam-se para engendrar uma vertiginosa espiral ascendente. O vapor começa a ser utilizado para mover as máquinas utilizadas no setor têxtil. A generalização dessa nova força provoca uma forte procura de hulha, o que aumenta a atividade nas minas, onde também se começa a utilizar essa mesma energia para movimentar os carrinhos ferroviários que servem para transportar o carvão. É assim que nasce o caminho de ferro, que se desenvolve a grande velocidade e aumenta proporcionalmente a procura de aço e, é claro, de carvão.

Logo nas primeiras décadas do século XIX, o sistema de produção, o trabalho e até a própria vida sofrem uma revolução. Desde o Neolítico, o trabalho estava ligado à agricultura, que regula a vida no ritmo dos dias e das estações, ou ao artesanato, praticado por pequenos grupos e quase sempre no domicílio dos artesãos. O mundo novo é agora o das imensas manufaturas, nas quais milhares de homens são apenas formigas a serviço de máquinas que aboliram o tempo com o objetivo de produzir cada vez mais. Nos anos 1830, o economista Adolphe Blanqui chama-lhe "Revolução Industrial". Iniciada na Grã-Bretanha no século XVIII, estende-se progressivamente para o outro lado do Canal da Mancha. Começa pela Bélgica, no norte da França, e pela bacia do Reno, onde existem os ingredientes de que precisa – o carvão e uma tradição de indústria têxtil e de comércio. A revolução dos transportes que se produz ao mesmo tempo e o apetite de seus promotores, que procuram incansavelmente aumentar seus negócios e criar outros novos, fazem alastrar a nova revolução. Ao fim do século, quase toda a Europa está *industrializada*.

Essa grande reviravolta é acompanhada por muitas outras.

Para criar, estabelecer e fazer funcionar as companhias mineiras, as siderurgias e as companhias de ferrovias são necessários capitais que nada têm a ver com aqueles da época do artesanato. A partir de agora, os meios de produção – a fábrica, a mina etc. – já não pertencem a quem os pôs a funcionar, mas aos donos do capital, que os banqueiros e os financiadores reuniram dividindo-o em ações, detidas por pequenos e grandes proprietários e negociadas na Bolsa de Valores. É a origem do nome "capitalismo", dado a um sistema que existia há muito, mas que esse século conduziu ao apogeu.

Graças ao aparecimento das primeiras máquinas a vapor na agricultura e a melhores técnicas de cultivo, a Revolução Industrial gera igualmente uma revolução agrícola, que também estimula os rendimentos, estagnados há séculos. Os progressos da química, que permitiram a descoberta de novos adubos, também dão sua contribuição: o século XIX é o grande século da ciência. O método científico, aperfeiçoado nos séculos XVI e XVII,[299] e as primeiras descobertas

---

[299] Ver capítulo 26.

da época do Iluminismo são outras tantas sementes que rendem uma colheita vertiginosa. Pensemos nas invenções que revolucionaram a vida cotidiana, como o telegrama, a fotografia, a máquina de costura e em breve o telefone, a lâmpada elétrica, o gramofone, o cinema, o automóvel, a aviação. Pensemos também nas descobertas que abalaram as certezas enraizadas desde sempre, como a exumação dos primeiros esqueletos de animais pré-históricos ou as pesquisas de Darwin mostrando que o homem não é uma criatura singular, apenas um elo em uma cadeia de vida. E o que dizer da evolução da medicina? Em meados do século XVIII, ainda se examinavam os doentes com técnicas que datam de Hipócrates e Galeno. Em 1900, depois da descoberta dos raios X pelo físico alemão Röntgen, consegue-se ver através do corpo. Em cem anos, os grandes sábios, personagens cultuados nessa época, venceram um após o outro diversos flagelos que dizimavam a humanidade há milênios. Jenner (1749-1823), pai da vacinação,[300] isto é, da inoculação de uma forma atenuada da doença, derrotou a varíola. Louis Pasteur (1822-1895) venceu a raiva e descobriu o papel de organismos minúsculos, que serão chamados de micróbios, no aparecimento das doenças. Esse progresso permite que o cirurgião inglês Joseph Lister (1827-1912) desenvolva a antissepsia nos hospitais.

Essas evoluções prendem-se à outra revolução que os especialistas chamam de "transição demográfica". Desde o início dos tempos que a população seguia um ciclo dito "natural": uma alta natalidade para tentar compensar uma enorme mortalidade. Como a forte natalidade se mantém, o mecanismo conduz a um crescimento demográfico vertiginoso. Em 1800, os europeus somam 190 milhões.[301] Em 1900, 420 milhões, sem contar os milhões de emigrantes que foram para longe em busca de uma sorte melhor. Durante esse século, o continente transborda de almas e de energia.

★★★

---

[300] Utilizava-se para isso, no início, o pus das vacas infectadas pela forma animal da varíola, a "vacina" – daí o nome.

[301] Incluindo a Rússia. Ver Frédéric Delouche (org.), *L'Histoire de l'Europe* (1994).

LIBERALISMO, SOCIALISMO, POSITIVISMO

Como reagir a essas transformações? Devemos aceitá-las, contrariá-las ou descobrir suas contradições? A Europa do século XIX é o crisol de uma extraordinária efervescência de ideias.

O liberalismo

A grande ideologia do século é o liberalismo, defendido pela parte da burguesia que diz ser empreendedora e esclarecida. Herdeiro do Iluminismo, defende a liberdade sob todas as suas formas, quer isso diga respeito ao indivíduo – a liberdade de consciência –, à sociedade – liberdade de imprensa, liberdade dos povos para se autogovernarem – ou ao funcionamento da economia. Tal como ensinaram os economistas do século XVIII, os liberais do século XIX pensam que é preciso, para que o sistema funcione, arrancá-lo dos espartilhos regulamentares que o sufocam, do intervencionismo do Estado que o oprime, e dar todo o espaço à iniciativa individual e ao mercado. A partir dos anos 1810-1820, lutando contra as *Corn Laws*, leis que restringem amplamente as importações de trigo que podiam concorrer com a produção britânica, os ingleses acrescentam a esse leque a liberdade do comércio entre as nações, isto é, a luta contra as proteções alfandegárias. Para os seus promotores, dos quais o mais célebre é o industrial Richard Cobden (1804-1865), a livre troca vai permitir que cada país especialize-se no que produz de melhor[302] e, ao estreitar entre os povos os laços frutíferos do comércio, conduzir à paz universal. Outros grandes economistas, como o alemão Friedrich List (1789-1846), demonstram que um país que ainda não atingiu um estado elevado de desenvolvimento industrial, como é o caso da Inglaterra, não tem qualquer interesse em baixar suas barreiras alfandegárias. Para ele, esse jogo consiste apenas em conceder vantagens ao mais forte. Na prática, à exceção da França, que tenta, em 1860, estabelecer um tratado comercial com o Reino Unido, a maioria dos

---

[302] O economista clássico Ricardo (1772-1823), discípulo de Adam Smith, chama a isso "vantagem comparativa".

países europeus continua sendo protecionista.[303] Ainda assim, a livre troca é considerada por muitos como um dos ideais desse tempo.

Embora pareça acompanhar naturalmente a evolução da economia e das mentalidades, o liberalismo não se impõe facilmente. Dois campos lutam contra ele.

O campo reacionário

O primeiro é o dos reacionários, que se formou por *reação* à Revolução Francesa – daí o nome – e sonha com o regresso à ordem que ela derrubou – a dos padres e dos reis. A maioria dos governos da Europa pós-napoleônica segue essa tendência. A Igreja Católica é seu grande aliado. A autoridade romana, acompanhada pela hierarquia, mantém-se inflexível. Horrorizados ao ver a ciência abalar as certezas consignadas na Bíblia, detestando os odiosos princípios dos direitos do homem que, segundo eles, servem apenas para fazer esquecer os deveres para com Deus, os papas maltratam todas as ideias novas. Em 1864, Pio IX publica uma encíclica que tem por objetivo opor-se aos supostos desvios do mundo moderno. É acompanhada do *Syllabus*, o catálogo do que a Santa Sé considera os "erros do nosso tempo". Entre outros desvios, são condenados a liberdade de consciência, o direito de o Estado atuar fora do controle da Igreja, o fato de a ciência poder estabelecer verdades contrárias ao dogma e o ensino laico, isto é, quase todos os valores que, no presente, constituem o suporte ideológico das democracias.

O movimento operário

No oposto do espectro político estão outros que se preocupam com a evolução econômica não em nome de um passado mitificado, mas perante os desastres humanos que ela provoca. Com seus regulamentos e seus dias de descanso e feriados, o sistema das corporações que regia os pequenos artesãos das cidades talvez sufocasse o

---

[303] Nesse sentido, o Tratado de Comércio e Navegação assinado em 1810 entre Portugal e Inglaterra foi desastroso para os interesses portugueses. [N.T.]

empreendedorismo, mas oferecia verdadeira proteção aos trabalhadores. O mundo novo não lhes dá nenhuma. Atirados aos milhares para as minas ou para as imensas fábricas da Revolução Industrial, que trabalham dia e noite com cadências infernais, os operários do século XIX são apenas proletários, como então se diz.[304] Seu único destino é fornecer mão de obra a troco de salários miseráveis. Negligenciada no início, a "questão operária" não cessa de aumentar ao longo do século. Alguns pensadores fazem dela o cerne de sua filosofia ou de sua ação política, que pode adquirir formas diferentes de acordo com os países.

Nos anos 1830, os operários do Reino Unido lutam, antes de mais nada, para obter o direito de voto. Entregam uma petição no Parlamento, uma carta: é o "cartismo" britânico. Na França, os filósofos Saint-Simon, Fourier e Proudhon consideram necessário fazer uma reforma social para reorganizar os meios de produção e dar mais poder aos trabalhadores: fala-se em *socialismo*.

Dividido em inúmeros pequenos grupos durante a primeira metade do século, o movimento procura se unir na segunda metade. Em 1864 é fundada em Londres, influenciada pelo alemão Karl Marx, a primeira "associação internacional dos trabalhadores", que deve coordenar todas as lutas. Implode em poucos anos, minada pelas rivalidades, em particular a que opõe Marx ao russo Bakunin. O primeiro defende uma filosofia autoritária da revolução que, num primeiro momento, tem de apoiar-se num Estado forte. O segundo rejeita qualquer ideia de autoridade, seja ela qual for, e inclina-se para o anarquismo. Em 1889, em um congresso realizado em Paris, nasce uma segunda internacional, que federaliza movimentos bem mais poderosos.

Com efeito, a paisagem social europeia muda no último quarto do século. Em toda parte, os proletários formaram sindicatos fortes, que conseguem, muitas vezes graças à arma da greve, arrancar do patronato salários um pouco menos miseráveis e melhores condições de trabalho. Os partidos ligados ao movimento operário alcançam importantes resultados eleitorais e representam uma força que os governos têm de levar em consideração.

---

[304] A palavra, originada na época romana, designa inicialmente aqueles cuja única riqueza são os filhos – os *proles*, a linhagem.

A religião do progresso

Ao sonhar com uma nova revolução que derrubará o sistema capitalista, os socialistas opõem-se aos liberais, que o defendem. Contudo, ambos partilham uma convicção própria do século: a garantia de que o futuro será certamente melhor do que o presente. Em uma época em que tudo parece avançar, ninguém duvida do futuro. Auguste Comte (1798-1857), filósofo francês, inventa o positivismo, que teoriza a seguinte representação: a humanidade atravessou várias idades. Na sequência da religião, da filosofia, das ideias abstratas, chega, enfim, a idade positiva, a da ciência e dos fatos. O pensador está de tal modo empenhado em sua teoria que acaba criando uma Igreja positivista. Mesmo sem acompanhá-lo em seu delírio místico, todo o século XIX partilha dessa visão: esse é o século do progresso. A Europa considera que detém seu monopólio e que é seu dever impor o modo como ela própria o concebe a todo o planeta.

★★★

O DOMÍNIO DO MUNDO

A Europa consegue dominar o planeta graças ao poderio adquirido por meio da Revolução Industrial. Quer seja pela força dos seus bancos, que financiam o mundo; da sua tecnologia, que ultrapassa todas as outras; ou da superioridade do seu armamento, associada ao domínio dos transportes e das rotas marítimas, que lhe permitem enviar soldados e canhões para todos os pontos do globo, o pequeno continente pode reinar onde quer.

Por outro lado, os mecanismos induzidos pela própria Revolução Industrial levam ao expansionismo. O aumento maciço da produção de bens de consumo implica a abertura de mercados cada vez maiores, dos quais é preciso eliminar a concorrência. A evolução tecnológica permite que isso seja feito sem grandes dificuldades. Em 1850, escreve o historiador do imperialismo Henri Wesseling, o operário inglês, graças às suas máquinas, produz entre 350 a 400 vezes mais fio do que o artesão indiano com sua roda de fiar.[305] Paralelamente, para alimentar

---

[305] Ver Henri Wesseling, *Les Empires coloniaux européens, 1815-1919* (2009).

suas fábricas, para alimentar sua população cada vez mais numerosa, a Europa tem uma necessidade crescente de matérias-primas e de produtos agrícolas, e essa é uma das razões que a levam a conquistar as terras que os possuem.

A "missão civilizadora"

Convém não esquecer, por fim, do poderoso combustível ideológico que fornece energia a esse empreendimento. Trata-se de uma nova visão de mundo. Como vimos várias vezes nos capítulos anteriores, os ocidentais encararam as outras civilizações, durante muito tempo, com um olhar de admiração. Desde Marco Polo, os europeus sonhavam com a China ou com a Índia, porque as encaravam como países ricos, fabulosos e atrativos. No século XVIII, grandes filósofos como Voltaire e Leibniz consideram o Império do Meio um modelo.[306] No século XIX, os europeus só têm olhos para a Europa. O mundo, para eles, já não é composto por diversas civilizações: está dividido entre a civilização, isto é, a deles, a do progresso, da ciência, dos barcos a vapor, do poderio moderno, e o restante do mundo. Quando muito, admite-se uma subdivisão em dois universos: o das sociedades que foram brilhantes e gloriosas, mas já não o são, como a China, a Índia, a Pérsia e o mundo árabe, e o dos selvagens, os negros da África e os Peles-Vermelhas, que povoam as planícies do oeste americano e que se considera estarem ainda em um estado "primitivo".

O imperialismo, ou seja, a vontade das potências europeias de criar impérios longínquos, resulta desse sentimento de superioridade. Ele pode apoiar-se em conceitos muito agressivos, ao ser vendido no discurso público à volta do tema da obrigação moral. Visto que o Ocidente está "avançado", visto que conseguiu produzir a melhor sociedade do mundo, tem por dever tirar os "selvagens" de sua "selvageria" e os mundos em letargia do seu sono. Fala-se, na época, em "missão civilizadora" do Ocidente. Ao fim do século, o escritor britânico Rudyard Kipling, defensor da grandeza inglesa, resume-a no título de um poema que se tornou célebre: "O fardo do homem

---

[306] Ver capítulo 30.

branco". No espírito de seus promotores, esse raciocínio não comporta qualquer contradição. E, no entanto, elas não faltam. A mais evidente é o duplo *standard*, o sistema de "dois pesos, duas medidas" que então é estabelecido. O Ocidente considera que deve dominar o mundo para transmitir-lhe seus valores. Na prática, sua aplicação fica sempre limitada às fronteiras do Ocidente. Poderíamos retomar aqui todos os progressos realizados pela Europa tal como os apresentamos na primeira parte deste capítulo e ver como eles são aplicados quando se trata do mundo extraeuropeu.

O universalismo

Em nome da herança iluminista, da filosofia inglesa da liberdade e dos direitos do homem defendidos pela Revolução Francesa, o século XIX reivindica a igualdade dos seres humanos. Mesmo entre os maiores espíritos da época, esse universalismo conduz sempre a teorizar a superioridade de alguns sobre outros. Em 1879, em um banquete comemorativo da abolição da escravidão, Victor Hugo, admirável defensor das causas nobres e dos pobres, afirma: "No século XIX, o branco fez do negro um homem". Ernest Renan, grande filósofo racionalista, define em 1871 os papéis atribuídos, segundo ele, aos diferentes povos da Terra: a "raça chinesa" é uma "raça de operários", com uma "maravilhosa destreza manual", mas que não tem "quase nenhum sentimento de honra". O "negro" pertence à "raça dos trabalhadores da terra", enquanto a "raça europeia" é a dos "senhores e dos soldados". "Que cada um faça aquilo para que foi feito e tudo estará bem", conclui ele, candidamente.[307] Todas as pessoas de seu tempo pensam assim, inclusive os que supostamente utilizam o cérebro de modo mais racional. O século XIX, como vimos, gaba-se de ser o da ciência. Ela permite progressos notáveis. Também autoriza que se teorize o racismo. Em seu *Ensaio sobre a desigualdade das raças humanas* (1853-1855), o ensaísta Arthur de Gobineau pretende estudá-las e separá-las com o mesmo cuidado metodológico com que Buffon, um século antes, classificava os mamíferos ou os invertebrados.

---

[307] Ver Ernest Renan, *La Réforme intellectuelle et morale* (1871).

Já falamos sobre a importância das ideias de liberdade transportadas pelo liberalismo político: supõe-se que elas suportam mal as viagens marítimas. Na realidade cotidiana, a colonização sempre se traduzirá na restrição dos direitos das populações submetidas, a quem se nega sistematicamente todos os progressos políticos e sociais, ao passo que eles não param de expandir na Europa. Que dizer, enfim, das teorias econômicas em voga? Em teoria, a colonização deve levar ao mundo os benefícios do desenvolvimento da Europa. Ela começa pela pilhagem sistemática dos recursos dos países conquistados. O comércio livre deve conduzir a paz entre os povos. Esse é o ponto de vista desenvolvido pela Grã-Bretanha, do alto de sua superioridade industrial. O restante do mundo aprenderá a olhar para as coisas de um modo diferente. Como veremos nos próximos capítulos, a abertura dos mercados, forçada pela potência dos canhões europeus, quase sempre se traduzirá na ruína desse mundo.

33

A Europa na época das nações

(DE 1815 À VIRADA DO SÉCULO XX)

Ao fim das Guerras Napoleônicas, os vencedores querem regressar à antiga ordem das velhas monarquias. Pouco mais de meio século depois, a paixão nacional remodela o continente. A Alemanha e a Itália, divididas há séculos em pequenas entidades, fazem as respectivas unificações. Quatro ou cinco potências dominam a Europa e estão prontas para partilhar o mundo.

A TORMENTA REVOLUCIONÁRIA, o massacre dos aristocratas franceses pelos jacobinos e depois a invasão do continente pelos soldados de Napoleão assustaram consideravelmente os soberanos europeus. Sua obsessão é que isso não volte a se repetir. No Congresso de Viena (1814-1815), os Aliados que acabam de vencer o Império Francês – a Rússia, o reino da Prússia, o Império Austríaco e o Reino Unido[308] – redesenham o continente.[309]

Ao norte da França colocam um grande reino unido dos Países Baixos, que engloba todo o atual Benelux, com Amsterdã e Bruxelas como capitais. Nos escombros do antigo Sacro Império Romano, criam uma Confederação Germânica que reagrupa cerca de trinta pequenas entidades, reinos, ducados e cidades livres. Duas potências ficam com a parte do leão: a Prússia e a Áustria. Esta última, além do

---

[308] Portugal não esteve representado na primeira fase da conferência porque a Coroa portuguesa estava refugiada no Brasil. [N.T.]

[309] O Ato de União de 1801 entre a Grã-Bretanha e a Irlanda criou o Reino Unido da Grã-Bretanha e da Irlanda, chamado Reino Unido.

restante, recebe um reino "lombardo-veneziano" situado ao norte da Península Itálica, passando a controlar os ducados que formam seu centro. Por fim, a pobre Polônia, que tinha conseguido encontrar certa existência através do "Grande Ducado de Varsóvia" criado por Napoleão, é inteiramente colocada sob a alçada russa.

Essa sábia partilha deve-se muito a Metternich (1773-1859), poderoso ministro dos Negócios Estrangeiros da Áustria, e obedece ao princípio diplomático que ele editou: a melhor forma de obter a paz entre os países europeus é garantir que nenhum seja mais poderoso do que outro, mas antes que se equilibrem. Chama-se a isso o "concerto europeu" ou ainda o "sistema Metternich". O czar Alexandre I, tocado pelo misticismo, acrescenta-lhe uma coloração religiosa: propõe que os soberanos cristãos prometam intervir juntos onde quer que o trono ou o altar venham a ser ameaçados de novo. É a Santa Aliança, aceita pelo rei da Prússia, pelo imperador da Áustria e depois, a partir de 1818, pela França dos Bourbon. Só a Inglaterra rejeita a proposta, porque quer se distanciar da Europa para se dedicar melhor ao seu destino marítimo. No Congresso de Viena, quis recuperar apenas Malta e as Ilhas Jônicas, marcos colocados em uma das Rotas da Índia.

O princípio das nacionalidades

A Revolução Francesa fez nascer na Europa outro princípio, perfeitamente contraditório com as opções reacionárias do czar e dos seus amigos: o ideal *nacional*. O conceito de nação é tão natural no século XXI que parece datar de sempre. Naquela época, estava apenas a nascer. Há séculos as fronteiras dos reinos e dos impérios são fixadas ao sabor das conquistas e das heranças. As populações que viviam no interior desses limites tinham apenas o direito de se subordinar ao poder que Deus concedera aos príncipes. As revoluções americana e francesa arrasaram esse princípio. Em Filadélfia e Paris, decretaram que, a partir de então, a soberania não mais emanaria da cúpula da pirâmide social, mas da base, do conjunto do povo que habita o país, da nação.[310]

---

[310] A palavra deriva do latim *natus*, "nascido", e designa etimologicamente a comunidade dos que nasceram no mesmo lugar.

Ao fim do século XVIII também surge o grande movimento literário do romantismo, que oferece uma base cultural a essa nova personagem da História. A Idade Clássica e o Iluminismo eram cosmopolitas e admiravam a Antiguidade. A geração romântica varre esse universo. Deixa Roma e os gregos de lado e mergulha na Idade Média para encontrar aí as raízes esquecidas de cada povo. Os historiadores começam a escrever (ou por vezes inventar) as histórias desses povos, com seus grandes heróis e suas nobres batalhas. Os linguistas optam por valorizar ou recriar suas línguas, ainda ontem desprezadas pelas elites que preferiam o latim ou o francês. Todos contribuem para construir uma nova identidade individual. Até então, os indivíduos definiam-se por sua linhagem familiar, sua pertença religiosa ou seu status social. Descobrem agora que pertencem a uma nação.

Aonde Napoleão chegou com suas tropas, em Lisboa, Madrid, Jena ou Berlim, o choque da conquista acendeu essa nova paixão. Tal como os espanhóis, os alemães também se uniram para travar as chamadas "guerras de libertação" contra o invasor, e foi durante a ocupação napoleônica que o filósofo Fichte pronunciou na Universidade de Berlim seus *Discursos à nação alemã* (1807).

Mas o que é uma nação? Nem todos os povos têm a mesma resposta.[311] O conceito francês, como vimos, é filho dos Estados Gerais e da Sala do Jogo da Pela: a "nação francesa" é toda a população do reino da França que, em um belo dia de 1789, decidiu tomar o destino nas mãos. Desse nascimento decorre um princípio que será teorizado, no último terço do século XIX, pelo filósofo Renan: ser francês é ter uma herança comum, mas sobretudo uma vontade comum, o "desejo de viver juntos".[312] Com Fichte e seus antecessores, os alemães estabeleceram uma noção diferente: não se escolhe ser alemão, é algo que se recebe. Eles o são pela língua, pela cultura ou, como será dito mais tarde, pela raça.

Essa nova paixão depende do contexto histórico em que se afirma, e ele varia muito. O povo francês constituiu-se em um cenário

---

[311] O termo "nação" foi lançado em 1776 com a publicação do livro *A riqueza das nações*, de Adam Smith. [N.T.]

[312] Em uma conferência na Sorbonne, pronunciada em 1822 e intitulada "O que é uma nação?".

pré-existente, um Estado há muito construído pelos reis. Não é o caso da maioria dos outros europeus. Alguns povos são minorias maltratadas em vastos conjuntos de que querem separar-se, como os belgas no seio do grande reino dos Países Baixos, os tchecos ou os húngaros no Império da Áustria ou os irlandeses esmagados pela Grã-Bretanha. Outros, como os alemães ou os italianos, pelo contrário, estão dispersos em numerosos pequenos Estados que querem reagrupar-se para formar sua unidade.[313] Quaisquer que sejam as circunstâncias, o "princípio das nacionalidades", como então é chamado, é a grande força motriz do século XIX europeu, e pode explicar quase toda a sua história. Vamos dividi-la em três épocas.

★★★

O TEMPO DA REAÇÃO
1815-1848

Pode-se dizer que o primeiro assalto foi brusco para os "patriotas", designação que passa a ser usada pelos que lutam pela emancipação nacional. No mundo alemão e no Império da Áustria, Metternich e sua temível polícia cuidam de tudo o que pode perturbar a ordem antiga. No mundo controlado pelos russos, o czar é igualmente impiedoso. Apenas alguns povos que dependem do Império Otomano conseguem sacudir a tutela que os esmaga: em 1814, os sérvios obtêm uma relativa autonomia; em 1830, os gregos se tornam independentes.[314] No que diz respeito ao restante da Europa, é preciso esperar por uma nova sacudida de Paris para rachar a superfície. Em julho de 1830, os franceses, saturados pelos desvios ultrarreacionários de Carlos X, fazem uma revolução que leva ao trono Luís Filipe, um rei mais moderado. Ele troca o título de rei da França pelo de "rei dos franceses", à época mais em voga, e orienta o país para uma forma de

---

[313] A questão do "povo" francês não é assim tão linear. Bretões, bascos e corsos mantêm um espírito nacional forte ainda no século XXI. O contraponto histórico à "maioria dos outros europeus" é o caso português, no qual a nação se confunde com o Estado desde sempre. [N.T.]

[314] Ver capítulo 39.

monarquia constitucional à moda inglesa. Estimulados pelo exemplo parisiense, os belgas, que conseguiram aliar as duas tendências que os dividem, católica e liberal, revoltam-se contra os holandeses. Formam rapidamente o reino da Bélgica (1830), cuja neutralidade é garantida pela Inglaterra. Os polacos têm menos sorte. A insurreição de Varsóvia é esmagada com derramamento de sangue pelos russos. Em 1831-1832 começa a "grande emigração", o exílio dos patriotas perseguidos, que se refugiam em massa em Paris.

A Primavera dos Povos

É preciso esperar mais de quinze anos para que a panela, que continua a ferver, transborde outra vez. A partir de 1846, uma sucessão de colheitas ruins cria uma situação tensa em todo o Velho Continente. Em janeiro de 1848 eclode uma insurreição em Palermo, na Sicília, contra os reis Bourbon de Nápoles, que governam de forma absolutista. Em Paris, em fevereiro, a aliança das forças republicanas e dos socialistas depõe Luís Filipe e proclama a Segunda República. Em março, Viena vai às ruas, o detestado Metternich é obrigado a fugir do país e o fogo propaga-se à Hungria, a Berlim, à Confederação Germânica e a diferentes Estados da Península Itálica, incluindo Roma, a cidade do Papa. A Europa vive a "Primavera dos Povos", um período de efervescência que, num clima de festa e fraternidade, pretende fazer triunfar as liberdades, sobretudo o direito das nações de serem como quiserem.

Para o infortúnio dos que a fizeram nascer, essa primavera vai durar pouco. Em Paris, os socialistas que participam no governo criaram "oficinas nacionais" para dar trabalho aos operários desempregados. Mal organizadas, elas rapidamente se tornaram dispendiosas e ingeríveis. Seu encerramento, em junho do mesmo ano, desencadeia um motim que é reprimido com derramamento de sangue, fazendo milhares de vítimas entre os operários parisienses e paralisando o restante do país. Na época da eleição presidencial de dezembro de 1848, o medo dos "vermelhos" entrega o poder a Bonaparte, sobrinho do imperador e adepto da ordem.

Em Viena, o exército interveio para instalar a calma, e os russos ajudaram os austríacos a fazer o mesmo em Budapeste. Os patriotas alemães apostaram na carta da monarquia: os eleitos para o parlamento que se constituiu em Frankfurt ofereceram a coroa de imperador da Alemanha ao rei da Prússia, Frederico Guilherme IV, que a recusa. Não quer apanhá-la "na sarjeta", isto é, dever sua conquista a um movimento oriundo do povo revolucionário. Posteriormente, continuou a esmagar os contestatários.

Parte dos italianos apostou em um príncipe menos desdenhoso, o soberano do pequeno reino de Piemonte-Sardenha, que pretende unificar a Itália sob a sua bandeira. Sentindo que tinha chegado o momento, lançou seu exército contra o reino lombardo-veneziano para derrubar os austríacos. Apanhados de surpresa num primeiro momento, os austríacos recompõem-se e empurram os sardenhos para fora de suas fronteiras. Por fim, em 1849, em Roma, é proclamada uma República que tem um destino funesto graças a uma aliança impensável um ano antes. Para retomar a cidade e o poder, o Papa pede ajuda ao exército francês, enviado pelo presidente Luís Napoleão Bonaparte, bastante satisfeito com a possibilidade de afirmar seu poder em Paris, ao mesmo tempo em que bajula o partido católico.

No fim de 1849, os patriotas estão desesperados. Os sonhos nacionais parecem enterrados, tão quiméricos e longínquos como trinta anos antes. Dois reis ambiciosos, assistidos por seus hábeis primeiros-ministros, conseguirão formar Estados onde as insurreições populares falharam: a grande questão das duas décadas seguintes é a conclusão das unificações italiana e alemã.

★★★

AS UNIFICAÇÕES DA ITÁLIA E DA ALEMANHA
1849-1871

Desde o fim do Império Romano, a Península Itálica sempre esteve dividida. Depois das Guerras Napoleônicas, foi fragmentada em uma dezena de entidades. Ao norte, o reino do Piemonte-Sardenha, de que acabamos de falar, e o reino lombardo-veneziano dependem de Viena. Na região central estão os ducados sob influência austríaca[315] e os Estados

---

[315] Parma, Modena, Florença e Luca.

Pontificais. Ao sul fica o Reino das Duas Sicílias, dirigido a partir de Nápoles por um ramo da família Bourbon. "A Itália", diz desdenhosamente Metternich, "é apenas uma expressão geográfica". Numerosos patriotas, escritores, poetas e historiadores pensam que, pelo contrário, ela é um ideal político. Sonham com uma renascença, uma ressurreição da Itália, o que justifica o nome de *Risorgimento* associado a essa página da História. Mazzini (1805-1872) é a figura mais célebre da primeira fase do movimento. Revolucionário lírico e exaltado, é membro de todas as sociedades secretas, de todas as conspirações e de todas as insurreições que ocorrem na primeira metade do século. Todas falharam.

Cavour, primeiro-ministro de Vítor Emanuel II (1820; reinado 1849-1878), novo rei do Piemonte-Sardenha, concebe um método mais realista para alcançar os mesmos fins. Em vez de se apoiar em revolucionários, estabelece uma aliança com a França. Cede Nice e Saboia e, em troca, Napoleão III aceita aliar-se aos piemonteses. Em duas batalhas, de Magenta e de Solferino (1859), os aliados expulsam os austríacos da Lombardia. Controlando o norte, Cavour apoia uma operação que liberta o sul. Em 1860, apoia a expedição do patriota Giuseppe Garibaldi (1807-1882), que, com suas tropas de "camisas vermelhas", toma a Sicília de assalto. Em 1861, os ducados do centro se unem a Vítor Emanuel, que pôde ser proclamado rei da Itália em Turim. Falta apenas Roma, na medida em que os voluntários católicos franceses a defendem com empenho. Em 1870, a guerra da França contra a Prússia obriga-os a partir. Os italianos podem ocupar a Cidade Eterna. O Papa é obrigado a refugiar-se no Palácio do Vaticano, onde se declara prisioneiro. Em junho de 1871, a unidade é um fato. Vítor Emanuel II é rei da Itália e Roma é sua capital.

A unificação de Bismarck "pelo ferro e o sangue"

Há vinte anos que o mesmo processo está em curso no mundo alemão. Depois do Congresso de Viena, o velho Sacro Império Romano-Germânico, abolido por Napoleão, deu lugar a trinta e quatro entidades, reinos ou cidades livres,[316] reunidos em uma Confederação

---

[316] Frankfurt, Bremen, Lübeck e Hamburgo.

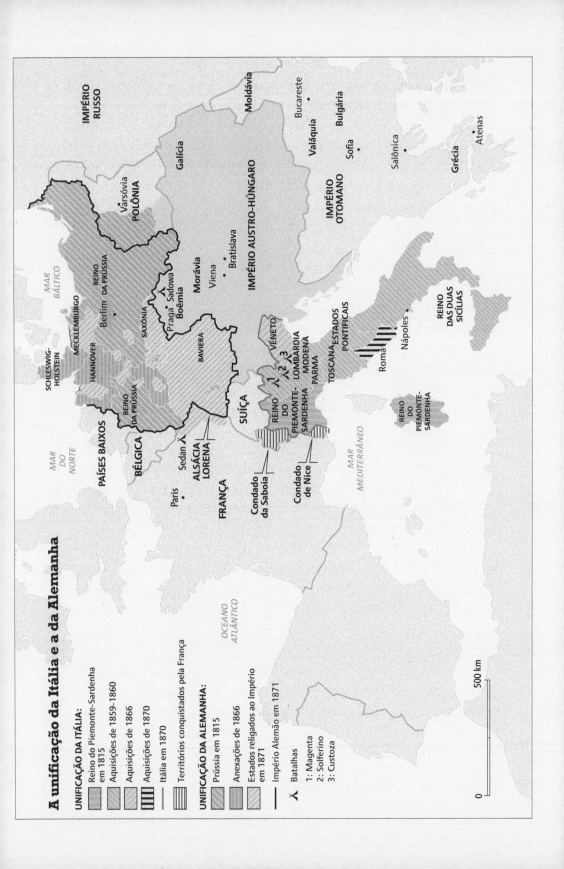

Germânica pouco sólida. Ela é dirigida por uma assembleia, a Dieta de Frankfurt, que rapidamente se torna célebre pela sua total incapacidade de funcionar. À semelhança da Itália, o sentimento nacional é exaltado por escritores, militantes e estudantes, em particular os de Jena, epicentro do movimento, e é alimentada pelo mesmo grande debate: qual é a potência em torno da qual se deve formar essa Alemanha com que todos sonham? A Áustria católica? Os Habsburgo, que durante tanto tempo foram imperadores do Sacro Império? Ou a Prússia luterana?

Durante a primeira metade do século, a Áustria de Metternich controla o jogo na Dieta de Frankfurt, mas a Prússia avança seus peões ao conseguir incorporar novos Estados da Confederação em uma união aduaneira (*Zollverein*), obtendo assim uma posição dominante. Chegado ao trono em 1861, o novo rei Guilherme I (1797-1888) e seu poderoso ministro Bismarck consideram que chegou enfim o momento de atuar. Ao contrário dos democratas, que despreza, o chanceler pensa que a unidade deve ser feita "pelo ferro e pelo sangue", isto é, pela guerra. Em 1866 transforma um incidente em *casus belli* e lança suas tropas contra as de Viena, que são vencidas em uma única batalha, em Königgrätz, uma pequena aldeia da Boêmia.

Os Habsburgo, que não querem uma guerra sem fim, abandonam a corrida, renunciam ao ideal germânico e voltam-se para o leste, onde seu império também enfrenta problemas, há décadas, com as nacionalidades. Em 1848, Budapeste tinha se revoltado. Para acalmar a situação, Viena assina com os húngaros, em 1867, um "compromisso", um novo sistema de poder que lhes concede maior autonomia. Agora, Francisco José terá duas Coroas. Será, ao mesmo tempo, imperador da Áustria e rei da Hungria, soberano bicéfalo de um novo país, a dupla monarquia austro-húngara.

Por sua vez, o sonho alemão será prussiano. Para concretizá-lo, falta apenas juntar a Berlim os grandes reinos do sul – Baden, Württemberg e Baviera –, e Bismarck sabe que a melhor forma de consegui-lo será encontrando um inimigo comum a todos. Hábil para manobrar, utiliza todos os pretextos que a cena política europeia lhe oferece para provocar Napoleão III, que cai na armadilha e declara guerra à Prússia no verão de 1870. Para o "chanceler de ferro", chegou o momento propício.

O conjunto dos príncipes alemães faz uma coligação contra o que é visto como uma agressão. No dia 1 de setembro, em Sedan, suas tropas esmagam os exércitos franceses e Napoleão III é capturado, o que faz cair seu regime. Em 4 de setembro, a República é proclamada em Paris, e os que a aclamam querem, como nos tempos gloriosos da Revolução, endireitar a situação militar. Apesar da energia de Léon Gambetta (1838-1882), chefe do governo provisório, os franceses não conseguem impedir a invasão de seu país. Vencidos, assinam um armistício ao final de janeiro de 1871. No dia 18 desse mesmo mês, Guilherme I da Prússia tinha escolhido a Galeria dos Espelhos do Palácio de Versalhes para receber a nova coroa de "imperador da Alemanha" das mãos de todos os soberanos dos pequenos Estados germânicos que acabou de federalizar.[317] Da mesma forma, a derrota francesa levava à entrega da Alsácia e da Lorena à Alemanha. A unidade alemã estava feita.

★★★

O TEMPO DO NACIONALISMO
1871-1914

Chegamos ao último terço do século. Com dois novos Estados unificados, o mapa da Europa voltou a mudar mais uma vez, e as paixões também. Na sequência da Revolução Francesa, as ideias nacionais eram emancipadoras e defendidas sobretudo pela esquerda. Focada na questão operária, inclinada para o socialismo, a esquerda do fim do século XIX sonha com a união dos "proletários de todos os países"[318] e torna-se internacionalista. A direita também se reposiciona. Oposta cinquenta anos antes à ideia de nação em nome da defesa da ordem monárquica do Antigo Regime, converte-se ao nacionalismo, que recupera o ideal nacional, mas muda sua natureza, transformando-o

---

[317] Regra geral, essa entidade é chamada, em francês, de "Império Alemão" e, em alemão, de *Deutsches Kaiserreich*. Para esclarecer que sucede o Sacro Império Romano – *Heiliges Römisches Reich* –, também é chamado de "Segundo Reich".

[318] "Proletários de todo o mundo, uni-vos" é o mais célebre refrão saído do *Manifesto do Partido Comunista* de Marx e Engels.

A EUROPA NA ÉPOCA DAS NAÇÕES | 391

em uma ideologia fechada e xenófoba. Para explicar a mudança, diz-se que patriotismo é amar os seus e que nacionalismo é odiar os outros.

A rivalidade entre potências europeias pode se manifestar no seio do continente. No momento em que a Europa acaba de conquistar o mundo, ela manifesta-se sobretudo no exterior. Vejamos, em linhas gerais, como os quatro principais Estados se posicionam nessa corrida.

O Reino Unido

Seja qual for o ângulo de abordagem, o século XIX é o século da Inglaterra. Em 1860, dois terços da produção mundial de carvão, um terço da produção de vapor e um terço do conjunto dos produtos vendidos no planeta são britânicos. Graças à potência de sua indústria, em particular a têxtil, o país é a "oficina do mundo"; graças ao poderio dos seus bancos e da libra esterlina, é o "financiador do mundo"; e graças à sua marinha, mercante e militar, que ultrapassa de longe todas as outras frotas, pode estender esse poder até os confins do globo.

No interior, a vida política é agitada por duas grandes questões. A primeira é a da reforma eleitoral, sempre bloqueada pelos conservadores porque visa alargar, às camadas populares, um sufrágio reservado a um número ínfimo de eleitores ricos. A segunda é a "questão irlandesa". Como estabilizar esse país povoado por milhões de católicos que nunca suportarão ser explorados em suas próprias terras por ricos protestantes? Uma calamidade vem atrasar, durante algum tempo, qualquer intenção de revolta: uma doença da batata, por volta de 1845, destrói as colheitas e origina uma das piores fomes da história. Mais de um milhão de irlandeses é vítima da crise, e outro milhão só consegue escapar emigrando para os Estados Unidos. Os que ficam na Irlanda ainda têm uma aversão mais terrível a Londres, que literalmente deixou morrer os irlandeses sem intervir. No fim do século, a "questão irlandesa" está outra vez mais quente do que nunca.

Ainda assim, o interminável reinado de Vitória (1819; reinado: 1837-1901) e a alternância pacífica no governo dos dois grandes partidos, o conservador e o liberal, representados respectivamente por Benjamin Disraeli (1804-1881) e William Ewart Gladstone (1809-1898), representam uma estabilidade pouco usual nos outros países.

Depois do Congresso de Viena, o Reino Unido se afastou das questões europeias, que deixaram de lhe interessar. "A Inglaterra", diz Disraeli em 1866, "já não é verdadeiramente uma potência europeia. Metrópole de um império marítimo, ela cuida da Ásia porque é, sobretudo, uma potência asiática". A bandeira britânica esvoaça em muitas partes do mundo. O Reino Unido, instalado em suas "colônias brancas" – Canadá, Austrália e Nova Zelândia –, atraído pela África, interessado na América do Sul,[319] quer reinar no mundo inteiro. Mas a "joia" do seu império continua sendo a Índia, fabulosa e rica, e é nela que se baseia o destino asiático a que se refere o primeiro-ministro. Outra potência tem o mesmo sonho...

O Império Russo

Com Pedro, *o Grande*, a Rússia voltou-se para a Europa. Grande potência mundial, expande-se para a Ásia. Nesse continente, a rivalidade que a opõe às ambições britânicas é um dos maiores desafios das relações internacionais do século XIX.

No plano da política interna, o país está congelado em sua geleira autocrática. Como a esperança de mudar o regime por vias legais é em vão, os adeptos da transformação sentem-se obrigados a atuar clandestinamente em sociedades secretas, mas as conspirações são quase sempre descobertas pela implacável polícia do czar. Apenas Alexandre II (1818; reinado: 1855-1881) tenta fazer reformas, sendo a mais espetacular a supressão da servidão, mas seu assassinato por terroristas revolucionários relança a repressão e bloqueia tudo mais uma vez. No mapa, por outro lado, o país não para de se estender de forma impressionante. Desde o século XVI os europeus começaram sua expansão, indo frequentemente para pontos muito afastados no globo. A única possessão além-mar que o império dos czares possui é o Alasca,[320] mas Alexandre o vende aos americanos, com receio de não poder defendê-lo face à progressão dos britânicos no Canadá. Quanto ao restante, pode-se dizer que a Rússia

---

[319] Ver capítulos seguintes.

[320] Conquistado ao final do século XVIII.

se estende por contiguidade. Nos anos 1840, acaba de conquistar o Cáucaso ao esmagar o imã e senhor da guerra Chamil, que tinha conseguido reunir contra o invasor um exército de mais de 30 mil homens. Nos anos 1860, a Rússia volta-se para a Ásia Central, onde subsistem os canatos muçulmanos, resquícios longínquos da Era mongol, e estabelece protetorados como em Bucara (1868) ou Khiva (1873). A sudeste fica o Afeganistão, que a Inglaterra tenta conquistar sem nunca conseguir. É nessa zona que a rivalidade entre as duas potências é mais viva. Um diplomata chamou de "Grande Jogo" as manobras a que elas se entregam junto dos poderes locais para afirmar sua influência. Por outro lado, os russos sonham com o *"far-east"*, à semelhança dos americanos com o *"far-west"*. A imensa Sibéria tem de ser povoada, e os camponeses vão para lá em massa. A construção do Transiberiano (começado em 1891 e tornado operacional em 1904) facilita a viagem.

▓ A França

Ao contrário da Inglaterra, a França demorou muito tempo até encontrar um regime político que lhe conviesse. Repassemos os que se sucederam depois de Napoleão: monarquia de tendência absolutista (1814-1830); monarquia parlamentar com Luís Filipe (1830-1848); República depois da revolução de 1848; império sob Napoleão III (1852-1870). A derrota de 1870 cria instabilidade. As eleições organizadas no início de 1871 enviam para a Assembleia uma maioria muito conservadora. Parte dos parisienses opta pelo caminho oposto. Em março, formam um poder revolucionário chamado de Comuna. Em menos de dois meses, ela é esmagada com derramamento de sangue pelas tropas enviadas por Thiers, chefe do governo que tinha se refugiado em Versalhes. Thiers sonha com um regresso à monarquia, mas o pretendente ao trono[321] não aceita dar esse passo. A República, a terceira, consegue se impor *in extremis* nos anos 1870, estabilizando-se apenas nos anos 1880, época das grandes leis que instauram as liberdades públicas ou ainda o ensino laico e obrigatório. Ao mesmo

---

[321] Henri, conde de Chambord, neto de Carlos X.

tempo, cada um dos sucessivos regimes foi aumentando o patrimônio colonial, que tinha sido reduzido a quase nada depois da Guerra dos Sete Anos.[322] Carlos X conquista a Argélia; a Monarquia de Julho apropria-se de Mayotte e do Taiti; Napoleão III, da Nova Caledônia, do Senegal, da Cochinchina e do Camboja.

A derrota de 1870 deixa o país humilhado e a sonhar com uma *"revanche"* que lhe permita recuperar a Alsácia e a Mosela, as "províncias perdidas". A partir dos anos 1880, o campo republicano pensa que é possível abrir outros horizontes. Apoiado na ideologia da "missão civilizadora",[323] lança o país na aventura colonial, na Indochina e na África.

O Império Alemão

Bismarck, ministro de Guilherme I, começa a ver a expansão ultramarina da França com agrado. Tudo o que afasta a atenção do vencido da "linha azul dos Vosges", isto é, da questão da Alsácia-Lorena, vai ao encontro dos interesses alemães. À semelhança de Metternich, que admira, o chanceler é adepto da *Realpolitik* e quer manter a paz na Europa por meio de um sábio equilíbrio entre as potências, de que seria o pivô. Aquilo de que mais gosta é organizar grandes conferências em Berlim com o propósito de resolver entre *gentlemen* as questões da política mundial.[324] É demitido por Guilherme II,[325] que opta pela *Weltpolitik*, a expansão mundial. Apesar de ter chegado atrasada à corrida colonial, a Alemanha consegue fazer rapidamente um pequeno império na África e no Pacífico, onde conquista algumas ilhas.

Concebido por um ministro conservador a serviço de um soberano reacionário, o regime político alemão não é muito democrático

---

[322] Ver capítulos 24 e 28.

[323] O ministro republicano Jules Ferry exemplifica claramente esse ponto de vista em seu discurso na Câmara dos Deputados, em 1855, para defender a política de conquista do Tonquim. Ele explica que "as raças superiores têm o dever de civilizar as raças inferiores".

[324] Ver capítulos 38 e 39.

[325] Nascido em 1859 – reinado: 1918 – e falecido em 1941. Neto de Guilherme I, cujo filho, Frederico III, gravemente doente, reinou por apenas três meses (1888).

inicialmente. O poder do Parlamento é limitado porque o governo responde perante o imperador. No entanto, começa a existir, pouco a pouco, uma vida intelectual e política intensa, estimulada por uma imprensa em pleno desenvolvimento. A importância da classe operária favorece a implantação do socialismo por via do SPD (partido social-democrata), que se torna rapidamente um partido de massas. Empenhado em combater os progressos políticos do SPD, Bismarck desenvolve, em contrapartida, uma política de grandes vantagens sociais – seguros de saúde, caixa de previdência para a velhice – que coloca o país na vanguarda desse domínio. Em poucas décadas, a descolagem transformou o Reich em uma das maiores potências industriais do mundo. A siderurgia alemã, a química alemã e, em breve, a marinha alemã progridem tanto que acabam ofuscando outros países. O Reino Unido, que ocupa o primeiro lugar, está firmemente decidido a não perdê-lo.

34

Os Estados Unidos em cinco ideias-chave

Faltava uma potência na galeria que acabamos de visitar. Pela geografia, os Estados Unidos não são europeus. Pela sua história de antiga colônia inglesa, pelo seu povoamento, pelos valores em que se baseia, o país pode ser considerado uma extensão da Europa. Graças ao seu crescimento vertiginoso, torna-se uma potência industrial de primeiro plano no século XIX.

❶ A EXPANSÃO TERRITORIAL

À época da independência, as treze colônias que formam os Estados Unidos da América cobrem 642 mil quilômetros quadrados, formando uma faixa ao longo da costa atlântica. Em 1912, quando o Arizona se torna o 48° estado da União, o país, com seus 7,8 milhões de quilômetros quadrados, tem uma superfície onze vezes maior e assemelha-se a um retângulo ladeado pelos dois oceanos.[326] A história americana do século XIX é, antes de mais nada, a história de uma gigantesca expansão a oeste. O movimento teve sua origem, em partes, na pressão realizada pelos colonos, que desde o fim do século XVIII atravessam os Apalaches para ocupar terras que consideravam vazias, expulsando os indígenas que lá viviam há séculos. Iremos até lá.

A extensão também é fruto de transações comerciais. Em 1803, a venda da enorme Luisiana pela França de Napoleão Bonaparte

---

[326] Esse conjunto forma o que os geógrafos americanos chamam de *contiguous states*, ou estados contíguos. O Alasca e o Havaí, não contíguos, foram integrados à Federação em 1959 e são os dois últimos dos cinquenta estados atuais.

permite duplicar a superfície do território e vislumbrar um novo alargamento. Assim que efetua a compra, o governo envia dois exploradores, Lewis e Clark, para reconhecer as terras até então misteriosas que se estendem além das Montanhas Rochosas para ver se é possível povoá-las (1804). Em 1819, os Estados Unidos também compram a Flórida, dessa vez de Madrid.

Nos anos 1820, as independências latino-americanas dão aos Estados Unidos um novo vizinho meridional: o México. As relações com ele não são fáceis. Logo nos anos 1830, as tensões concentram-se no Texas, um estado mexicano, mas povoado por colonos anglo-saxões. Apoiados clandestinamente pelos Estados Unidos e conduzidos por seu chefe, Samuel Houston, conseguem obter a independência (1836). A República do Texas é criada e rapidamente anexada pelos Estados Unidos (1845). As tensões entre o México e os Estados Unidos atingem seu auge e levam à guerra de 1846-1848. A vitória retumbante de Washington permite a apropriação da enorme "cessão mexicana", que corresponde aos atuais estados da Califórnia, Utah, Nevada e uma parte de quatro outros. Assim fica estabelecida a fronteira sul do país.

A do norte, com o Canadá, foi fixada com o Reino Unido por um tratado de 1846. Em meados do século, os Estados Unidos são um gigantesco espaço que, logo que é povoado, dá origem a novos membros da União: no momento da independência, bastava que 60 mil habitantes de um território pedissem para ser anexados e o pedido era estudado pela Federação.

Nos anos 1830, começou a grande marcha para o longínquo ocidente, o *far-west*. O destino preferido dos imigrantes é o Oregon, um vasto território situado na costa do Pacífico, ao norte da Califórnia, e que tem fama de ser muito fértil. O caminho para chegar lá passa por imensas planícies onde ninguém pensa em estabelecer-se, porque são consideradas impróprias para o cultivo. Nos anos 1840, os relatórios de especialistas provam o contrário: as terras são férteis. A "conquista do Oeste" ganha um novo fôlego. Nela se forjam as representações míticas do pioneiro e de sua família, que saem de carroça para enterrar as estacas que assinalam os limites de sua propriedade. No início dos anos 1850, um editor deu ao processo um *slogan* que se tornou lendário: "*Go West, young man, and grow up with the country*" [Vá para o Oeste, jovem, e cresça com o teu país]. Em 1862, o Homestead Act estabeleceu um novo quadro jurídico: qualquer família que resida há cinco anos em um terreno pode reivindicar sua propriedade.

As causas desse fluxo migratório são evidentemente econômicas, e houve momentos em que ele foi enorme. Em 1848-1850, a descoberta de ouro em uma Califórnia que acaba de ser arrancada do México desencadeia uma corrida que, em apenas dois anos, atrai para a região centenas de milhares de garimpeiros em busca de fortuna. Em toda parte, os colonos procuram terras novas com a esperança de encontrar uma vida melhor do que a que deixaram para trás.

O movimento também é reforçado por um forte sentimento religioso. Desde os tempos dos Pais Fundadores, a América surge como uma terra prometida por Deus aos cristãos que fogem das perseguições religiosas.[327] A expansão do século XIX coloca-se sob o mesmo auspício. Na época em que os americanos debatiam para saber se deviam ou não anexar o Texas, o jornalista John O'Sullivan escreve: "Nosso destino manifesto é estendermo-nos em um continente que nos foi oferecido pela Providência". A expressão *manifest destiny*, ou "destino manifesto", floresceu e resume o messianismo americano, essa ideia de que tudo o que o povo dos Estados Unidos empreende é a expressão de uma vontade divina. A ideia irá perdurar.

❷ A GUERRA DE SECESSÃO E A QUESTÃO DOS NEGROS

Os redatores da Constituição, como vimos, acharam prudente varrer para debaixo do tapete a espinhosa questão da escravidão para não irritar os estados do Sul que a praticam.[328] A evolução econômica do século XIX aumenta o fosso que separa em dois a jovem República. O Norte industrializa-se e já não precisa de mão de obra escrava. O Sul vive da venda do algodão, cuja procura explodiu com o *boom* da indústria têxtil inglesa. Precisa, mais do que nunca, do que

---

[327] Ver capítulo 24.

[328] Ver capítulo 24.

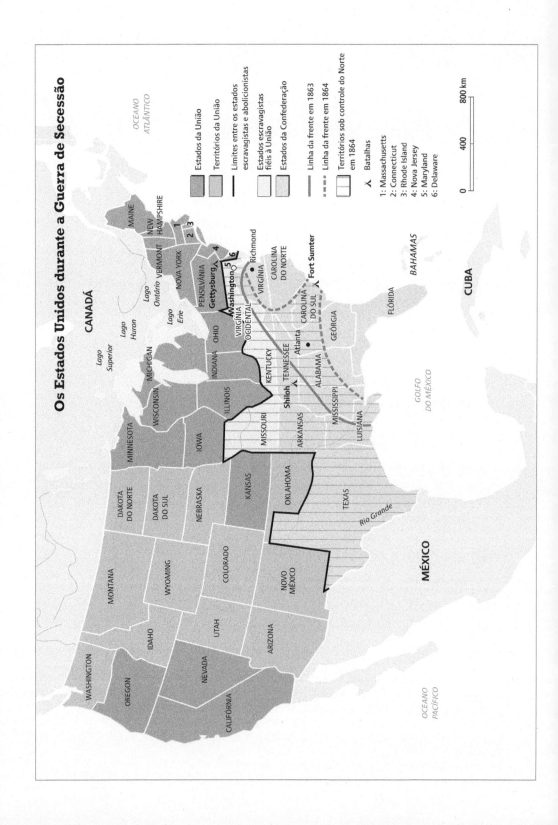

se chama (por eufemismo) de "instituição particular". Em meados do século, quatro milhões de escravos garantem o funcionamento das plantações.

A opinião pública do Norte inclina-se pouco a pouco para o lado do abolicionismo. O Sul, em contrapartida, refina seus argumentos para impedir o que a aristocracia dos plantadores considera uma causa de ruína: por que proibir a escravidão, visto que ela existe mesmo na Bíblia? Que fariam os negros se ninguém cuidasse deles? A verdade é que os proprietários dos escravos fizeram o possível para mantê-los nessa dependência: as leis que promulgaram proíbem formalmente que se ensine um escravo a ler e a escrever.

Na primeira metade do século, a grande expansão do país volta a colocar a questão em pauta e desencadeia discussões acaloradas entre os dois campos toda vez que um novo estado pede sua integração à União. Com efeito, o fato de ele ser ou não escravagista é essencial, porque isso pode inclinar a maioria política em Washington para um ou outro lado. Outras vezes, as questões assumem foros jurídicos: qual é a situação dos escravos que conseguiram fugir para os estados livres? Uma lei federal, votada em 1850, obriga esses estados a prendê-los e a reenviá-los aos seus proprietários, o que suscita a cólera dos militantes abolicionistas, que retaliam organizando o "caminho de ferro clandestino", uma rede que ajuda os fugitivos a chegar ao Canadá.

O problema passa de sensível a escaldante. O sucesso mundial de *A cabana do Pai Tomás* (1852), romance que descreve a dureza da vida nas plantações, lança um pedregulho no jardim dos escravagistas. Na mesma época, funda-se no Norte o Partido Republicano, que promete acabar com essa prática cada vez mais insuportável para um grande número de americanos. No seguimento de uma campanha eleitoral agitada, a vitória na eleição presidencial de 1860 de Abraham Lincoln (1809-1865), membro desse partido, provoca um choque que conduz à ruptura: antes mesmo de ele tomar posse, sete estados do Sul separam-se da União. Seguidos pouco depois por quatro outros, formam um novo país, os Estados Confederados da América (vem daí o nome de Confederação, pelo qual são conhecidos), que escolhem a cidade de Richmond (Virgínia) como capital. Começa um conflito terrível. Os não anglófonos o chamam de "Guerra de Secessão", e os americanos, de *Civil War*, ou "guerra civil".

O conflito é violento, com imensas baixas humanas, e dura muito tempo, apesar de uma forte assimetria, a princípio, entre os beligerantes. O Norte tem a seu favor o poderio industrial, as ferrovias e uma marinha. A Confederação, apesar de ter sido reconhecida pela França e pela Inglaterra, está em inferioridade, mas seus exércitos, conduzidos pelo general Lee, lutam com energia excepcional. São precisos três anos de combates agitados até que a Batalha de Gettysburg (1863) dê a vantagem ao Norte. Dois anos mais tarde, o Sul é vencido. A guerra fez mais de 600 mil vítimas.[329]

Apenas alguns dias depois do fim do conflito, Lincoln é assassinado por um sulista fanático, mas a vitória do seu campo é total. O Sul está arruinado. O período do pós-guerra é chamado de Reconstrução, e permite, sobretudo, que os homens de negócios do Norte construam fortunas vertiginosas ao controlarem quase totalmente a economia dos estados vencidos. A abolição da escravidão, proclamada pelo presidente depois da Batalha de Gettysburg, é inscrita na 13ª emenda à Constituição (1865), mas o destino dos antigos escravos não está claro. Estão livres, mas não integrados à comunidade nacional. Tinham-lhes prometido um pouco de terra para que pudessem instalar-se por conta própria, mas as promessas não são respeitadas. À semelhança do que acontece com o próprio Lincoln, a maioria dos brancos do Norte, mesmo os que são ferozmente abolicionistas, não consideram os negros seus iguais. No Sul, muitos desses brancos estão prontos para utilizar os piores meios para mantê-los em uma posição de inferioridade. Em 1866, aparece uma sociedade secreta, a Ku Klux Klan, que organiza uma série de campanhas e de assassinatos em massa com o objetivo de espalhar o terror entre as pessoas de cor e impedi-las de se inscreverem nas listas eleitorais ou de mandar seus filhos à escola. A confraria dos três K desaparece em 1871,[330] mas o racismo continua presente e acaba

---

[329] Até hoje, o número de mortos desse conflito é superior ao conjunto dos mortos de todas as guerras de que os Estados Unidos participaram.

[330] Reaparece nos anos 1920.

sendo institucionalizado. Em 1876, o Supremo Tribunal autoriza que cada estado organize, a seu modo, o "quadro das relações inter-raciais". Todos os estados do Sul aprovam legislações batizadas de "leis de Jim Crow",[331] que estabelecem, em todos os níveis da vida social, uma estrita separação baseada na cor da pele. Questionado sobre a legalidade dessas leis perante a igualdade prometida pela Constituição, o Supremo Tribunal dá-lhes seu aval em 1906, em nome do seguinte princípio: os cidadãos devem ser "separados, mas iguais". É o chamado sistema de "segregação", que divide os estados que o praticam em dois mundos distintos, desde o conforto dos lugares nos ônibus às entradas dos prédios, do tamanho dos banheiros aos subsídios concedidos às escolas de ambos. No cotidiano, trata-se de recordar que entre duas "raças iguais", uma é mais igual do que a outra.

③ OS INDÍGENAS

De acordo com a teoria do destino manifesto, Deus deu aos cristãos brancos a missão de fazer prosperar a vasta América. Por conseguinte, faz parte dos planos divinos expulsar os "selvagens" que a ocupam indevidamente. A história dos indígenas da América assemelha-se à longa crônica de uma morte anunciada. O mesmo mecanismo que se estabeleceu à chegada dos europeus no século XVII repete-se durante todo o século XIX, deslocando-se cada vez mais a oeste. A pressão dos colonos sobre os territórios indígenas conduz rapidamente ao roubo de terras, desencadeando conflitos violentos que levam, com frequência, ao assassinato desses colonos pelas tribos espoliadas, o que provoca a intervenção do exército federal. Equipado com armamento superior, o exército consegue sempre esmagar os indígenas em curtas guerras, empurrando-os para territórios cada vez mais longínquos, garantidos por magníficos tratados que os novos colonos violam.

Alguns episódios dessa triste saga se tornaram célebres. Após a independência, decidiu-se que os indígenas teriam o direito de residir

---

[331] De acordo com a letra de uma canção na moda, "Jump Jim Crow", interpretada por um branco disfarçado de negro.

a leste do Mississipi com a condição de aprenderem a ler, a escrever e, por vezes, de se converterem, para formar as chamadas "tribos civilizadas". A partir dos anos 1820, os brancos começam a cobiçar esses territórios. A descoberta de minerais no subsolo multiplica a cobiça. Em 1830, o presidente Jackson esquece as belas promessas feitas aos "civilizados" e ordena, por meio do Indian Removal Act, a deportação e a reinstalação de todas as tribos a milhares de quilômetros de distância. Entre 1831 e 1838, dezenas de milhares de infelizes, homens, mulheres, velhos e crianças, fazem a viagem a pé, em condições tão execráveis que o caminho que seguiram, coberto de mortos, receberá o nome de "Estrada das Lágrimas".

Em meados do século XIX, a conquista do Oeste e a colonização das grandes planícies acarretam uma série de novas guerras indígenas, algumas das quais ainda estão presentes na mitologia americana. Nos anos 1870, os indígenas tomam as armas para defender suas terras sagradas nas Black Hills,[332] ameaçadas pela descoberta de ouro. Sitting Bull, um *holy man* da etnia sioux, com poderes simultaneamente espirituais e temporais, é o seu carismático chefe. Sob suas ordens, Crazy Horse consegue infligir, em Little Bighorn, em 1876, uma pesada derrota ao general Custer, mas acaba sendo vencido quatro meses mais tarde. Como Cochise, de quem era seguidor, o chefe apache Gerônimo torna-se um dos outros grandes heróis ameríndios. Durante vinte anos, conduziu uma guerrilha ao longo da fronteira entre os Estados Unidos e o México que foi um quebra-cabeça para os soldados dos dois países.

A política conduzida durante mais de um século pelas forças americanas contra os povos autóctones pode ser classificada como genocídio? A maioria dos historiadores recusa o termo porque implica uma intenção deliberada de extermínio por parte do governo americano, hipótese que carece de provas. Se o poder central não teve essa vontade, é incontestável que seus agentes não pouparam nenhuma barbárie para resolver a "questão indígena" no terreno. Todas as atividades da vida, alimentação, vestuário e moradia dos indígenas das Planícies, dependiam do bisonte. Na época da construção da ferrovia transcontinental, funcionários e militares

---

[332] Na atual Dakota do Sul.

conceberam uma técnica engenhosa para limpar esses espaços dos "selvagens" que os tornavam inseguros: organizaram acampamentos de caça com o objetivo deliberado de eliminar todos os bisontes. Um dos apóstolos dessa técnica é o general Sheridan, militar que se tornou célebre pela máxima "um índio bom é um índio morto". André Kaspi, especialista em história dos Estados Unidos, afirma que Sheridan nunca disse tal coisa. "Em contrapartida", acrescenta o historiador, "ele disse: 'Quantos mais matarmos este ano, menos teremos de matar no próximo ano'".[333]

O espaço deixado aos indígenas americanos vai gradualmente diminuindo. Situado ao lado do Oklahoma, o vasto "território indígena" para onde foram empurradas as tribos deslocadas devia proporcionar-lhes asilo eterno.[334] Em 1889 é aberto à colonização branca por meio de uma espetacular *land run*, uma corrida a cavalo que permite que o primeiro a chegar a um terreno possa declará-lo sua propriedade. Um pouco mais tarde, a decisão de dividir em dois uma reserva na Dakota do Sul provoca uma nova rebelião. A repressão culmina no assassinato, pelo exército federal, de várias centenas de ameríndios cercados e desarmados perto do pequeno rio de Wounded Knee. Esse massacre, que ocorreu em setembro de 1890, assinala oficialmente o fim das guerras indígenas. Calcula-se que havia 850 mil indígenas quando os europeus chegaram e 50 mil a essa altura, todos agrupados em reservas.[335]

4 O NASCIMENTO DE UMA POTÊNCIA ECONÔMICA

Para povoar e valorizar seu imenso território, os Estados Unidos dispõem de um combustível essencial: a imigração. Entre 1830 e 1860, 4,6 milhões de europeus fizeram a viagem. Vêm da Inglaterra, mas também da Alemanha ou da Irlanda, devastada pela fome.[336] A chegada

---

[333] Ver André Kaspi, *Les Américains: Les États-Unis de 1607 à nos jours* (2014).

[334] De acordo com um tratado posterior, as terras deviam pertencer aos índios "enquanto crescer erva e correr água". A máxima ficou conhecida nos Estados Unidos como o arquétipo da falsa promessa.

[335] Ver Philippe Jacquin, *La terre des Peaux-Rouges* (2000).

[336] Ver capítulo 33.

de católicos em massa provoca tensões em um país fundado por protestantes. Entre 1860 e 1914, a onda migratória atinge enormes proporções. Os recém-chegados somam 22 milhões.[337] Trata-se de alemães, mais uma vez, mas também de polacos, italianos e numerosos judeus da Europa Oriental, que fogem do antissemitismo e dos *pogroms*. Na costa do Pacífico desembarcam candidatos semelhantes, oriundos da China e do Japão. Estes não são bem-vindos. O sonho americano, para a América de então, deve continuar sendo um sonho branco. A partir dos anos 1880, leis ou acordos com os países de origem limitam a imigração asiática de forma drástica. Parte dessas massas humanas forma o povo da conquista do Oeste referido acima, o dos pioneiros em carroças. Não são os mais numerosos. A maioria dos que chegam instala-se nas grandes cidades da costa leste, aumentando o proletariado das fábricas que ali se estabelecem. Os Estados Unidos, no século XIX, tornam-se uma das primeiras potências industriais do mundo.

A tarefa de reconstrução do país depois da Guerra de Secessão estimula a economia, bem como a necessidade de dotar esse gigantesco espaço de boas infraestruturas. É necessário preparar os rios para torná-los navegáveis, abrir canais que os liguem uns aos outros, construir estradas para que possam circular homens e bens. A construção da primeira ferrovia que liga o Atlântico ao Pacífico é um dos símbolos da unificação bem-sucedida do país-continente: em 1869, a junção da linha férrea que vem do Leste com a que vem do Oeste é um acontecimento celebrado em todo o país.

O último terço do século, a que os americanos chamam The Gilded Age – a "idade do ouro" –, faz com que os mais empreendedores acumulem fortunas consideráveis. É a época por excelência do *self-made man*, o homem saído do nada que se torna milionário graças ao seu engenho e espírito empreendedor. Rockefeller, rei do petróleo; Carnegie, rei do aço; e Vanderbilt, rei da ferrovia são seus mais célebres representantes. De acordo com a grande tradição protestante, todos têm muito orgulho de sua fortuna, e todos estão dispostos a tirar parte dela para criar fundações filantrópicas no

---

[337] Segundo o *Atlas Histórico Kinder-Hilgemann*, op. cit.

próprio nome. Pondo em causa os meios que realmente utilizaram para ficar ricos, a imprensa, também ela em pleno progresso, os chama de "barões ladrões".[338]

No outro extremo da escala social, os operários aprendem a organizar-se, à semelhança dos seus primos na Europa. Ao contrário do que acontece no Velho Mundo, poucos são os que defendem o socialismo. O capitalismo e as promessas de enriquecimento estão muito ligados ao "sonho americano" que atrai os imigrantes para serem postos em causa. No entanto, o poderoso movimento sindical consegue organizar lutas por melhores salários ou condições de trabalho. Essas lutas podem ser muito duras. Na primavera de 1886, os sindicatos de Chicago, onde alguns membros estão ligados ao movimento anarquista, organizam greves e manifestações a favor de jornadas de trabalho de oito horas. As intervenções policiais são violentas, e a luta contra a repressão degenera. Durante uma concentração na Haymarket Square, enquanto a polícia acusa os manifestantes, é atirada uma bomba contra as forças da ordem. Ignora-se quem a lançou, mas, após um processo apressado e injusto, oito militantes operários, todos ligados ao movimento anarquista, são condenados à morte e quatro são efetivamente enforcados. Os acontecimentos tinham começado no dia 1 de maio. É em memória deles que esse dia se tornou a festa do trabalho e dos operários no mundo inteiro.

Tal como a Europa, os Estados Unidos tornam-se uma pátria da ciência. Multiplicam-se as invenções e as descobertas espetaculares que revolucionam o cotidiano e aceleram a produção industrial. Em 1807, Robert Fulton faz navegar no Hudson o primeiro barco a vapor. Em 1831 aparecem as primeiras ceifadoras. Depois o revólver Colt (1835), o telégrafo de Samuel Morse (1837), a máquina de escrever, o telefone de Graham Bell (1876), o fonógrafo de Edison (1877) e, no início do século XX, o primeiro voo motorizado, realizado pelos irmãos Wright (1903). A revolução dos transportes também se faz no asfalto. Em 1914, os Estados Unidos já são o primeiro fabricante de automóveis do mundo, com uma produção anual de 400 mil veículos.

---

[338] Em inglês, *robber barons*.

⑤ O INTERESSE PELO MUNDO

A vontade de cortar as pontes com o Velho Mundo tinha conduzido à independência de 1776. A emancipação da América Latina nos anos 1810-1820 reforça a ideia de que os Estados Unidos podem ter um papel de líder na região.[339] Em 1823, o presidente Monroe defende uma doutrina que tem seu nome: apenas os americanos têm o direito de resolver os assuntos do continente americano. Ao fim do século, a doutrina é posta em prática. Em 1889, Cuba ainda é uma colônia espanhola. Os cubanos lutam pela independência, ajudados por voluntários norte-americanos. O ataque a um navio com a bandeira americana ao largo de Havana serve de pretexto a Washington para se envolver oficialmente no conflito, declarando guerra a Madrid. Bastam algumas batalhas para que a ilha obtenha a independência, mas a intervenção na verdade a coloca na situação de protetorado norte-americano. Nesse mesmo fim de século, os Estados Unidos compram do engenheiro Ferdinand de Lesseps, o homem do canal de Suez, o projeto para rasgar o istmo do Panamá. Para garantirem o controle da circulação no canal, fomentam, em 1903, uma revolução que tem por objetivo separar a Colômbia da zona que o circunda. Assim nasce a República do Panamá, outro protetorado de Washington. Para defender essa política de interferência na região do Caribe, o presidente Theodore Roosevelt (no poder entre 1901 e 1909) cita o que apresenta como um provérbio africano: "Fale baixo e ande com um porrete".[340] A "política do cacete" é a essência do intervencionismo nos Estados Unidos.

Ao dobrar o século, Washington irá aplicá-la além da América Central. Em meados do século XIX, o país entra na grande corrida desencadeada pelos europeus rumo ao Extremo Oriente.[341] Em 1898, Cuba não era a única colônia espanhola a bater-se pela independência. Era também o caso das Filipinas: durante sua guerra contra a Espanha, os Estados Unidos enviam uma frota para socorrer os rebeldes.

---

[339] Ver capítulo seguinte.

[340] *"Speak softly and carry a big stick."*

[341] Ver capítulos 36 e 37.

A intervenção permite-lhes pôr um pé em um país rico em culturas tropicais e em minerais, além de idealmente situado na rota da China. No ano seguinte (1899), os filipinos revoltam-se contra os americanos, que chegaram ao país para ajudá-los e que acabam por ocupá-lo. De acordo com o historiador Farid Ameur, a repressão sangrenta levada a cabo pelos *marines* para garantir a tutela sobre o país marca o início do imperialismo americano.[342] Em 1907, o presidente Theodore Roosevelt manda uma magnífica frota dar a primeira volta ao mundo, coisa que a marinha de guerra americana nunca tinha feito até então. Os Estados Unidos consideram que estão prontos para entrar na cena internacional e mostram que têm os meios necessários para desempenhar esse papel.

---

[342] "Les collections de L'Histoire", n.º 56, julho de 2012.

35

A América Latina

DE BOLÍVAR A ZAPATA

Os ideais das revoluções americana e francesa chegaram ao sul do continente americano. Nos anos 1810, libertadores como Bolívar ou San Martín libertam as colônias espanholas da tutela de Madrid, mas fracassam na tentativa de construir a grande federação com que sonham. A América Latina fratura-se em múltiplos Estados onde a vida política, entrecortada por golpes de Estado, está nas mãos dos caudilhos.[343]

A AMÉRICA ESPANHOLA FOI feita em nome da Cruz. No século XVIII, tal como na Europa, as lojas maçônicas que ali se desenvolveram difundiram o espírito do Iluminismo. A revolução americana e depois a francesa fazem sonhar os crioulos, esses descendentes de espanhóis ou, no Brasil, de portugueses que formam a burguesia.[344] Os espanhóis

---

[343] Também aqui o autor e a nova "história mundo" fazem uma amálgama não só entre Portugal e Espanha, mas entre o Brasil e os países hispanófonos. Se no que diz respeito a Portugal, utilizando talvez um critério histórico original, a confusão pode ser explicada pela pequena dimensão e o número reduzido de habitantes quando comparados com a Espanha, não é exatamente o caso do Brasil, cuja área e população representam mais da metade da área e dos habitantes da América do Sul. Por outro lado, o processo que conduziu à independência negociada do Brasil foi isento de violência, em flagrante contraste com as revoltas, revoluções e guerras que caracterizaram o divórcio entre a Espanha e o restante da América Latina. [N.T.]

[344] Os interlocutores de Portugal no processo de independência do Brasil foram o príncipe português Dom Pedro de Alcântara (futuro Dom Pedro I, imperador do Brasil) e José Bonifácio de Andrade e Silva, o "Patriarca da Independência", que,

querem sacudir a tutela de Madrid ou, pelo menos, libertar-se do exclusivo colonial, princípio que os prejudica porque concede à metrópole o monopólio do comércio. Também estão fartos de ver todos os altos cargos atribuídos a funcionários que vêm do Velho Mundo.

Um acidente da história europeia desencadeia o incêndio adormecido. Em 1808, Napoleão conquista a Espanha e depõe o Bourbon Fernando VII para colocar no trono seu irmão José.[345] O primeiro movimento das colônias é legitimista. Começam por manifestar seu apoio ao rei deposto e rejeitar o usurpador, mas as manifestações contra o francês rapidamente originam um movimento de corte nas relações com o velho continente. Nos anos 1810, em todas as grandes cidades dos vice-reinos e em outras capitanias-gerais em que o império está administrativamente dividido, da Cidade do México a Buenos Aires, formam-se juntas, congressos e governos provisórios que proclamam sua liberdade e apelam à luta contra os espanhóis e seus aliados. É a primeira fase das guerras de independência da América Latina. O regresso de Fernando VII, em 1814, após a queda de Napoleão, acaba com elas. O rei Bourbon quer reconstituir o conjunto do seu patrimônio além-mar: nos anos 1815 e seguintes, seus soldados desencadeiam uma impiedosa guerra de reconquista. A extensão do território e sobretudo a defesa empenhada dos patriotas latino-americanos tornam a tarefa impossível.

Entre 1816 e 1821 desenrola-se a segunda fase dessa epopeia. Todas as antigas colônias obtêm a independência de forma definitiva. Vistos de perto, esses acontecimentos são complexos. Vamos resumi-los em linhas gerais, agrupando-os por zonas.

O TEMPO DAS INDEPENDÊNCIAS

Nascimento do México

Ao norte encontra-se o vice-reino da Nova Espanha. Do início ao fim desse episódio, ela tem um papel atípico quando comparada com

---

segundo os historiadores brasileiros, representava as grandes famílias de origem portuguesa e só acessoriamente os crioulos. [N.T.]

[345] Ver capítulo 31.

outros vice-reinos. Por toda parte, os crioulos foram o ferro de lança da luta. Aqui, o primeiro homem que, em 1810, desencadeia a revolta contra o "mau governo", isto é, o de José Bonaparte, é um jesuíta chamado Miguel Hidalgo, que consegue mobilizar milhares de indígenas e mestiços. A perspectiva de uma revolução dirigida por esse tipo de multidão aterroriza a burguesia mexicana, que encoraja os espanhóis a combatê-los. Hidalgo é executado em 1811. Morelos, outro religioso que tenta lançar uma nova revolta, sofre o mesmo destino, em 1815. É preciso esperar que um ex-general das forças espanholas, Iturbide, junte-se à causa da independência para que essa perspectiva acalme os receios dos proprietários. Em 1821, o militar, que no fundo é um conservador, decreta a independência do México, esperando poder confiar as rédeas do país a um soberano europeu. Não conseguindo encontrar um, ele mesmo é coroado imperador em 1822. Alguns meses depois, é derrubado por Santa Anna, um oficial que proclama a República.

A epopeia de Bolívar

Na América do Sul, as lutas também são desencadeadas no âmbito das fronteiras administrativas traçadas pelos espanhóis.

Comecemos pela capitania-geral da Venezuela. Em 1810 foi proclamada a primeira República em Caracas. A luta contra os exércitos de Madrid é conduzida por um dos primeiros heróis dessa epopeia, Miranda (1750-1816), um militar experiente que participou da Revolução Americana e que, admirador da Revolução Francesa, combateu até mesmo em Valmy. Em 1812, vencido, assina um armistício. Quando vai abandonar o país, é capturado e entregue por seus correligionários aos espanhóis, que o mandam para a prisão de Cádis, onde virá a morrer. O homem que o entregou é seu intransigente rival, que tinha considerado a fuga de Miranda um ato de traição inaceitável. Seu nome é Simón Bolívar (1783-1830). É o mais célebre ícone dessa história.

Filho da aristocracia crioula de Caracas, grande admirador dos ideais iluministas da Europa, para onde fez várias viagens, jura libertar a América Latina das correntes que, segundo ele, a escravizam. Levará tempo até alcançar seu objetivo. Depois do fracasso da Primeira e da Segunda República da Venezuela, o homem que recebeu o título de *Libertador* ao qual seu nome está ligado é obrigado, em 1815, a exilar-se no Caribe. Regressa com um grande projeto, em 1816, ajudado pelos ingleses. Em vez de se concentrar unicamente na Venezuela, é preciso levar a luta a todo o vice-reino da Nova Granada para formar uma República bem mais vasta, um novo país que se chamará Colômbia. Nova epopeia militar, novas batalhas cruéis, novas páginas gloriosas das quais a mais famosa é a passagem dos Andes, um golpe muito arriscado por causa da altitude e das condições meteorológicas, que lhe permite libertar Bogotá em 1819. Instala a capital nessa cidade e de lá continua a reconquista da Venezuela, depois a do atual Equador. Em 1822, todo o norte da América do Sul, à exceção do Brasil e de uma parte da América Central, até o Panamá atual, está reunido em uma grande Colômbia independente.

San Martín, do Rio da Prata ao Peru

Durante todos os anos em que o Norte viveu ao ritmo dos sucessos e fracassos do *Libertador*, o Sul conhece o que será o seu. San Martín (1778-1850) regressa à sua Argentina natal em 1812, depois de ter seguido parte de sua carreira militar no exército espanhol, na Espanha. Logo em seguida, participa de todos os combates que, em 1816, conduzem o grande vice-reino do Rio da Prata a declarar independência. Buenos Aires confia-lhe a missão de prosseguir a libertação de todo o subcontinente. É mais uma epopeia, e são outras páginas gloriosas que encerram, também, uma perigosa e mítica passagem dos Andes: a que San Martín efetua com todo o seu exército para ir libertar o Chile. Assim que é proclamado "diretor supremo" desse novo país, abdica do poder para continuar seu caminho. Outros combates e outros louros esperam por ele. Transportado com seus homens em uma frota alugada por um mecenas inglês, desembarca no porto de Pisco e conquista o Peru, do qual se torna "protetor". O último dos grandes vice-reinos espanhóis da América torna-se independente.

Estamos em 1821. Ao norte desse último país, tornamos a encontrar a história contada mais acima: as tropas de Bolívar, conduzidas pelo general Sucre, estão em plena campanha de libertação do Equador. San Martín manda seus soldados juntarem-se a elas. Em 1822, enfim, em um grande porto equatoriano chamado Guayaquil, o *Libertador* do Sul encontra-se com o *Libertador* do Norte. Que disseram eles no decorrer desse encontro? Isso é ainda hoje um fascinante mistério. Sabe-se apenas que, logo em seguida, San Martín abandonou tudo e regressou a Buenos Aires. Desgostoso com o clima deletério que ali se vive, recusa-se a participar da guerra civil latente que se seguiu à independência e parte para o exílio.

Bolívar torna-se senhor do terreno. Seu fiel Sucre continua a preparar-lhe um caminho esplendoroso. Em 1824, esmaga o último bastião leal à Espanha, fato que assinala oficialmente o fim da presença espanhola no continente. Em 1825, toma posse da província do Alto Peru e funda a Bolívia.[346] Bolívar, que dá o nome ao país, assume a presidência. Que Coroa pode faltar-lhe ainda? Todas as províncias, todos os países que libertou aclamaram-no e deram-lhe todos os títulos e todos os poderes. Os espanhóis estão definitivamente vencidos. Chegou o momento de o herói atacar seu último sonho: unificar todos os países para criar uma imensa República Federal da América do Sul, uma espécie de contraponto hispanófono dos Estados Unidos anglo-saxões do norte.

Em 1826, o *Libertador* convoca um grande congresso pan-americano no Panamá. É um fracasso. A Inglaterra e os Estados Unidos não querem ver aparecer tal potência no planisfério. Os novos poderes que surgiram em todas as províncias não têm qualquer vontade de fundir-se em um poder maior. O veneno do separatismo e da divisão já está circulando em toda parte. Ainda em 1826, eclodem manifestações na Venezuela para pedir a secessão da Grande Colômbia. Em 1828-1829, o Peru e o Equador entram em guerra a propósito de um porto no Pacífico. Esse primeiro conflito mal havia acabado quando o Peru desencadeia outro, com a Bolívia. É uma luta fratricida generalizada. Bolívar, cujas estátuas já ornamentam tantas grandes praças, caiu do pedestal. Amargurado, rejeitado por sua Venezuela natal, compreendendo que a unidade é impossível, quer partir para o exílio, mas morre em Cartagena, em 1830, antes de poder embarcar. Vivia na casa de um velho amigo, que, ironia do destino, era espanhol.

★★★

---

[346] A capital recebeu o nome do general Sucre.

O SÉCULO DA DIVISÃO E DOS CAUDILHOS

Como vimos, essa história está recheada de militares heroicos e páginas gloriosas que ainda hoje são objeto de um culto patriótico em todos os países a que dizem respeito. Também é feita de amargura e desilusões. San Martín morreu no exílio, Bolívar a caminho dele, e a unidade com que tinha sonhado perdeu-se em lutas fratricidas. Vejamos agora como esse afastamento defeituoso e contraditório pode explicar a marcha de todo o século XIX latino-americano.

A ruptura territorial

Bolívar morre no momento em que, com a secessão da Venezuela, morre seu sonho de uma grande Colômbia. Dois anos mais tarde, o departamento de Quito também se separa e forma um novo país – o Equador. Após outros percalços que pouparemos ao leitor, apenas a parte que resta irá formar a atual Colômbia.[347] O mecanismo se repetiu em toda parte, do Rio Grande à Terra do Fogo, e quase sempre por razões semelhantes: a incapacidade dos governos locais de abdicar do poder em benefício de um poder central, o hábito das fronteiras administrativas herdadas da época colonial ou simplesmente as dificuldades relacionadas às distâncias. A partir de 1823, dois distritos se separam do recém-formado México para formar Honduras e a Guatemala, que se juntam a uma efêmera República Federal da América Central, que uma década mais tarde se divide em cinco países.[348] Já mencionamos a divisão do Peru e da Bolívia. Podemos citar o que acontece no extremo sul, onde as Províncias Unidas do Rio da Prata, independentes em 1816, se desunem em pouco tempo. O Uruguai chega à independência em 1830, não sem enfrentar uma guerra com o Brasil, que queria anexá-lo. A parte restante forma a Argentina, também ela palco de uma interminável guerra civil que opõe duas facções em prol da natureza do regime que querem instaurar.

---

[347] Onde haverá uma nova secessão em 1903: a formação da pequena República do Panamá, por pressão dos Estados Unidos (ver capítulo anterior).

[348] Guatemala, Honduras, El Salvador, Costa Rica e Nicarágua.

As independências latino-americanas

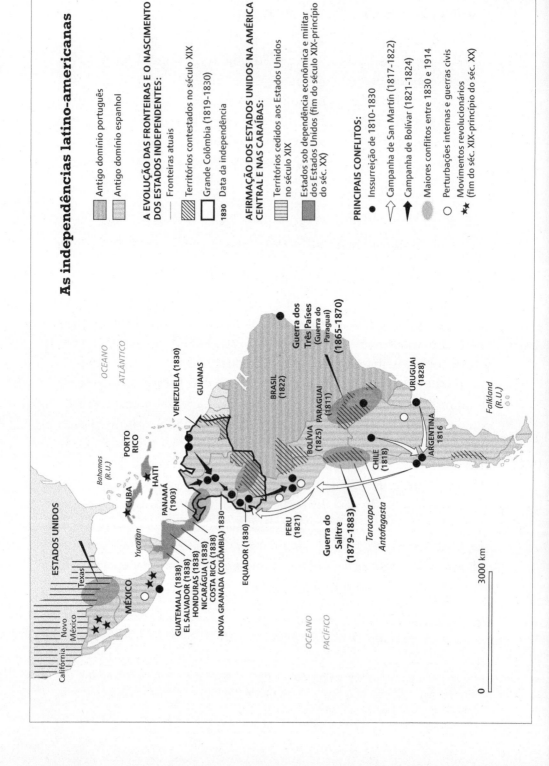

Pronunciamentos e caudilhos

É a grande questão que se coloca com a independência: que forma deve adotar o Estado que está sendo construído? Em numerosos lugares, no Rio da Prata, de que acabamos de falar, ou no México, a grande oposição é entre os federalistas, que querem conceder grande autonomia às províncias, e os unionistas ou centralizadores. A essa divisão junta-se uma segunda, que, tal como do outro lado do Atlântico, separa os conservadores, adeptos da ordem e do poder da Igreja, dos liberais, promotores das grandes liberdades públicas. Acontece que esses debates dizem respeito apenas a uma ínfima parte da população: a elite dos crioulos, que fez as revoluções para tomar o poder e não tem qualquer vontade de partilhá-lo com os que sempre estiveram muito afastados dele – as massas indígenas, mestiças ou negras.

Em toda a Europa, uma das grandes causas do século XIX é a expansão progressiva do sufrágio a camadas cada vez mais vastas de eleitores. Como alcançar essa progressão democrática quando a base do povo está dividida entre grupos com interesses tão divergentes? Os únicos que conseguem resolver a contradição são os líderes populistas, que se dirigem às massas batendo na tecla do patriotismo mais descarado e, ao mesmo tempo, acalmam os proprietários ao prometer regimes garantidores da ordem e de seus privilégios. Em países que vibram com a recordação dos *Libertadores*, as personagens com o perfil mais adequado para essas tarefas são os militares ou, pelo menos, os homens com vocação para chefes. Na América Latina espanhola são chamados de "caudilhos". A maioria deles chega ao poder por meio de golpes de Estado, os *pronunciamientos*. São invariavelmente depostos por outros golpes de Estado. A instabilidade política torna-se uma das sinistras especialidades do subcontinente. Os historiadores contaram 75 presidentes no México em 55 anos,[349] e 60 revoltas, 10 constituições e 6 assassinatos de presidentes no Peru, entre 1820-1858. Na Bolívia, os números são da mesma grandeza.[350]

---

[349] *Encyclopédie Universalis*, artigo sobre o México.

[350] Ver Pierre Chaunu, *Histoire de l'Amérique Latine* (2003).

Alguns desses caudilhos exercem o poder de forma tão extravagante que suas aventuras, apenas romanceadas, darão origem, no século XX, a um gênero literário local, o caudilhismo. O general mexicano Santa Anna (1794-1876) é um exemplo perfeito do grande demagogo latino-americano. Consegue ser eleito onze vezes presidente do México, adotando sistematicamente, após cada eleição, a política contrária à que tinha preconizado durante a campanha eleitoral. O culto organizado em torno de sua pessoa atinge o ápice: "Durante um dos seus mandatos", conta José del Pozo,[351] "mandou construir uma urna para exibir a perna amputada durante uma batalha, perna essa a que seus adeptos deviam prestar homenagem". No poder durante a desastrosa guerra contra os Estados Unidos, entre 1846 e 1848, teve de ceder metade do território de seu país e foi obrigado a exilar-se. Apenas alguns anos mais tarde, como se nada tivesse acontecido, consegue ser reeleito, pronto para recomeçar as despesas excessivas e a demagogia.

Guerras intermináveis

Não conseguindo realizar projetos sociais que melhorassem as condições de vida do seu povo, os caudilhos nunca recuam dos piores desvios. A exaltação dos sentimentos xenófobos é a mais comum. O traçado vago das fronteiras herdadas da administração colonial fornece pretextos evidentes para odiar os vizinhos. Em numerosos casos, o ódio culmina em guerra.

Um dos conflitos mais importantes do século é a Guerra do Pacífico (1879-1883), que coloca frente a frente o Chile e a Bolívia, aliada do Peru. Também é conhecida por "Guerra do Salitre" ou "Guerra do Guano", porque tem por causa uma província rica nessas duas matérias-primas, muito rentáveis. Acaba com a vitória chilena, que retira do Peru a ponta sul do território, e da Bolívia, sua província marítima, tornando o país o enclave que é ainda hoje.

---

[351] Ver José del Pozo, *Histoire de l'Amérique Latine et des Caraïbes: de 1825 à nos jours* (2005).

A guerra mais dramática e absurda tinha ocorrido alguns anos antes (1865-1870). Devido a semelhantes problemas de fronteiras que rapidamente se agravaram, o pequeno Paraguai lança-se em um combate contra seus três vizinhos, o Brasil, o Uruguai e a Argentina, todos unidos contra ele. Basta olhar o mapa para perceber qual foi o desfecho: o Paraguai não tinha qualquer chance. A obstinação do insano ditador que então reinava no país e a vontade implacável da Tríplice Aliança que se opõe a ele de esmagá-lo conduzem a um balanço nunca antes registado na história das guerras. De acordo com a maioria das estimativas, dois terços da população paraguaia pereceram, sobretudo combatentes homens. Para repovoar o país, escreve Pierre Chaunu, foi preciso autorizar a poligamia.

★★★

BREVE HISTÓRIA DAS TRÊS POTÊNCIAS LATINO-AMERICANAS

Entre a Bolívia, inicialmente ainda mais pobre e enfraquecida pela guerra com seu vizinho do sul, e o Chile, que consegue industrializar-se logo ao final do século, e entre a Venezuela, que salta de guerra civil em guerra civil, e os pequenos países da América Central, que os Estados Unidos metem debaixo de sua asa econômica,[352] o imenso espaço latino-americano tem uma progressão heterogênea durante o primeiro século de sua independência. Contentemo-nos em explorar a evolução dos três países mais importantes.

▨ A Argentina

A Argentina está há muito tempo paralisada pelas guerras entre federalistas e unionistas e pelo estatuto concedido a Buenos Aires, cuja importância aterroriza os que não vivem lá. A questão se resolve no último quarto do século. O país torna-se uma federação, da qual Buenos Aires é a capital. A Argentina tem uma particularidade em relação à maioria dos outros Estados latino-americanos: sua população é constituída quase unicamente de descendentes de europeus. A "questão

---

[352] Ver capítulo anterior.

indígena", crucial em outros países, foi resolvida de forma radical e dramática: as tribos autóctones que ainda viviam nas regiões desérticas foram pura e simplesmente exterminadas. Tal como os Estados Unidos, a Argentina conseguiu, ao fim do século, valorizar seu imenso território graças a uma imigração massiva vinda da Europa, sobretudo da Itália. Suas imensas fazendas produzem grandes quantidades de carne e cereais, que são excelentes produtos de exportação. Antes da guerra de 1914, a antiga colônia torna-se a próspera décima economia mundial.

■ O México

Retomemos a história de onde a tínhamos deixado. Mesmo o clã conservador, que sempre o apoiara, cansou-se dos caprichos de Santa Anna. O poder pende para o outro lado. Em breve vai para as mãos de Benito Juárez (1806-1872), ex-governador de um estado e, sobretudo, primeiro homem político importante de origem indígena. Em um clima de guerra civil alimentado pela hierarquia católica e por seus aliados das classes abastadas, Juárez consegue impor medidas sociais, desenvolver a educação e aprovar leis ditas da "reforma", que organizam a separação entre a Igreja e o Estado, instauram o casamento civil, tornam os hospitais laicos e nacionalizam os bens do clero.[353] A deplorável situação financeira do país leva-o a suspender o reembolso da dívida pública, o que provoca uma intervenção militar de vários países europeus credores. O imperador Napoleão III aproveita para fazer uma jogada de mestre: manda suas tropas para o México para fazer do país um império amigo da França. Maximiliano, um Habsburgo, é colocado no trono. Estamos em 1864, e o vizinho Estados Unidos, em plena Guerra de Secessão, não pode atuar. Assim que a paz é instaurada, Washington reage. Com o apoio dos norte-americanos, Juárez retoma o poder em 1867, e o infeliz Maximiliano é fuzilado.[354]

Depois de Juárez, começa o interminável reinado de um novo chefe de Estado populista, Porfírio Díaz. Chegado à presidência em

---

[353] Benito Juárez é celebrado no México até hoje. O aeroporto da Cidade do México tem seu nome, e a principal avenida da cidade chama-se Reforma.

[354] Um célebre quadro de Manet imortalizou essa cena.

420 | O SÉCULO DA EUROPA

1876 graças a promessas de transparência e democracia, consegue manter-se no poder durante trinta e cinco anos falsificando os resultados das eleições e calando todos os opositores. Mas o "porfiriato", como é chamado seu governo, proporciona ao país um logo período de paz e tranquilidade. O *boom* econômico desenvolve as cidades e permite que os mais audazes construam fortunas, mas nada é feito para atenuar as disparidades sociais. Os *peones*, trabalhadores agrícolas, são explorados pelos ricos latifundiários e sofrem com isso. Por fim, em 1910, o país farta-se do velho ditador, insurge-se e derruba Díaz, que parte para o exílio. Em 1911, Madero, um democrata, toma o poder. Dois anos mais tarde, é assassinado. Recomeça o pesadelo dos golpes de Estado e da instabilidade. Duas personagens que se tornaram mitos no século XX animam esse período dito da "Revolução Mexicana" (1910-1920). No norte do país, Pancho Villa (1878-1923), um antigo ladrão de gado que gosta de ser fotografado com seus grandes chapéus e suas cartucheiras, consegue chegar a general e formar um exército revolucionário. No sul, Emiliano Zapata (1879-1919) dirige uma revolta social: ajuda os camponeses sem terra a lutar contra a tirania dos grandes proprietários. Ambos são assassinados. Essa página de história é sangrenta. Em 1920, o México tem um milhão de habitantes a menos do que em 1910.

O Brasil

Terminemos esse panorama com um gigante de que ainda não falamos, porque ele ocupa um lugar à parte. O Brasil é uma colônia portuguesa. No início do século XIX, segue atentamente, tal como o restante do subcontinente, o que se passa na Europa pós-revolucionária e sofre os contragolpes desses acontecimentos, mas as coisas ocorrem de modo muito diferente das colônias espanholas. Enquanto seu pequeno reino é invadido pelas tropas napoleônicas, em 1807, a família real portuguesa não fica esperando ser deposta, como aconteceu com os Bourbon em Madrid, mas atravessa o Atlântico. O Rio de Janeiro passa a ser a capital do império. O rei sente-se tão bem no Brasil que só regressa à Europa alguns anos depois da derrota de Napoleão. Deixa para trás o seu filho, Dom Pedro, com o título de regente. No início dos anos 1820, as Cortes de Lisboa querem acabar com uma situação que lhes parece mal engendrada: exigem que os territórios americanos regressem ao estado de simples colônias e pedem ao príncipe que regresse a Lisboa. Dom Pedro recusa categoricamente ambas as coisas.[355] Sua verdadeira pátria está no Rio de Janeiro. Em 1822, rompe com a metrópole e, libertador dos seus próprios súditos, se é que podemos dizê-lo, funda o Império do Brasil. Pouco menos de dez anos mais tarde, deixa o trono ao seu filho Pedro II, uma criança de 5 anos.

Por causa da longa duração de seu reinado (1831-1889), e também de sua personalidade atraente, Dom Pedro II será o grande homem de todo esse período. Espírito aberto às ciências, suas ideias progressistas fazem dele, por exemplo, um defensor constante da liberdade de expressão, o que é raro na região. Consegue defender os interesses do império contra a Inglaterra, que tende a considerá-lo uma de suas colônias econômicas. Deixa-se arrastar para a guerra contra o Paraguai, custosa em homens e em dinheiro, mas o Brasil sai de lá vencedor. Tem, sobretudo, o grande sonho de acabar com a escravidão, que condena, mas que a rica aristocracia latifundiária, que vive das plantações, não quer abandonar. Em 1888, quando o velho imperador está viajando pela Europa, sua filha Isabel, que ele nomeou regente, assina a "Lei Áurea", isto é, a abolição. Os plantadores não perdoam o regime. Em 1889, militares apoiados por parte dos latifundiários desencadeiam um golpe de Estado, obrigam Dom Pedro II e sua filha a exilar-se e estabelecem uma República autoritária. Mais uma.[356]

---

[355] É o célebre "Eu fico!", pronunciado por Dom Pedro em 9 de janeiro de 1822, que assinala a primeira independência do Brasil, proclamada em 7 de setembro do mesmo ano. [N.T.]

[356] Ao contrário dos territórios espanhóis, o Brasil viveu regimes mais ou menos democráticos, semelhantes aos que então existiam na Europa. A ditadura, enquanto tal, só viria a ser iniciada e exercida pelo general Castelo Branco em 1964, e durou até 1985. Por conseguinte, o Brasil não foi "mais um" caso semelhante ao resto da América Latina, mas antes a exceção. [N.T.]

36

A China humilhada

Recordemos a resposta desdenhosa do imperador da China ao primeiro embaixador britânico que propôs o estabelecimento de alguns contratos comerciais: "O que é que um país que tem tudo poderia comprar dos bárbaros?". Isso foi em 1793. Em 1900, apenas pouco mais de um século depois, as tropas dos "diabos estrangeiros" entram em Pequim para saqueá-la. Nas grandes cidades, os ocidentais dispõem de bairros onde imperam a polícia, os juízes e seus costumes.[357] O velho império, incapaz de se defender, está arruinado, humilhado, e é devorado por potências que dividem seus despojos entre si.

QUAIS SÃO AS razões para essa queda espetacular? Como explicar esse fenômeno que o professor universitário norte-americano Kenneth Pomeranz chama de "grande divergência",[358] isto é, o fosso vertiginoso que se cavou no século XIX entre a Europa – sobretudo a Inglaterra – e a China? Já vimos que a Revolução Industrial deu ao Ocidente um poderio que o tornou invencível durante algum tempo.[359] Por que razão a China não deu o mesmo salto, quando dispunha de carvão e de mão de obra, e tinha acumulado, há muito tempo, impressionantes conhecimentos tecnológicos?

---

[357] Não é o caso de Macau, a mais antiga e a última colônia europeia na Ásia (1557-1999). Por outro lado, não se verifica a existência de qualquer conflito relevante entre a China e Portugal durante esses mais de quatrocentos anos. [N.T.]

[358] Ver Kenneth Pomeranz, *The Great Divergence* (2001).

[359] Ver capítulo 32.

Os historiadores propõem duas respostas muito diferentes para essa questão. Citemos, por exemplo, a do australiano Mark Evin. No século XVIII, diz ele, a economia chinesa era próspera e autossuficiente graças a uma mão de obra abundante e barata, e a um gigantesco mercado interno. Então, talvez o país não tenha optado pela via da industrialização simplesmente porque sua prosperidade lhe bastava e não tinha necessidade, por conseguinte, de transformar um sistema que funcionava. O especialista chama isso de "armadilha do equilíbrio de alto nível". Também é possível e mais tradicional procurar nas estruturas culturais e mentais do país as razões para o seu desmoronamento. No século XIX, tudo o que esteve na origem do seu poderio milenar parece voltar-se contra ele. O império sempre se considerou o centro do mundo, e não tinha qualquer concorrente capaz de contrariar essa pretensão. No século XIX, esse sentimento de superioridade causa uma cegueira fatal: virada para dentro, inchada por seu etnocentrismo, a China não vê chegar o perigo europeu. Tendo a certeza de haver inventado tudo, não percebe o avanço vertiginoso conseguido pelos bárbaros. Durante séculos, o confucionismo serviu para pacificar as relações sociais e formar a sólida administração dos mandarins. Agora, serve apenas para atrofiar os espíritos e impedi-los de reagir perante o choque do encontro com o Ocidente. Qual é a vantagem de uma elite formada, que estudou em livros de 2.500 anos, quando confrontada por inimigos que dispõem de barcos a vapor e canhões superpotentes?

Mas serão essas explicações suficientes? Então, por que razão o Japão, também ele afastado do mundo, também ele envolto nos mesmos sistemas confucionistas e no mesmo etnocentrismo, conseguiu triunfar onde a China falhou?[360]

Não há uma resposta definitiva para essa questão complexa. Vamos nos contentar em recordar brevemente sua história. São poucos os ocidentais que a têm presente. Em contrapartida, os chineses a conhecem nos mínimos detalhes. A derrocada do império durante esse século terrível representa, para eles, um trauma de que ainda não se livraram. A determinação da China do século XXI para reencontrar

---

[360] Ver capítulo seguinte.

uma liderança internacional e reconquistar o primeiro lugar como potência econômica é, ainda e sempre, suportada pela vontade firme de apagar a vergonha dessa queda. Vamos abordá-la sob dois pontos de vista. Comecemos pelo dos europeus. Depois, veremos como os mesmos acontecimentos foram apreendidos pelos chineses.

AS POTÊNCIAS OCIDENTAIS AO ASSALTO DO "BOLO CHINÊS"

Os caminhos do comércio podem dar voltas surpreendentes. No início do século XIX, a Inglaterra, onde a demanda é estimulada pelo crescimento econômico, compra cada vez mais os produtos que fazem, desde sempre, a riqueza da China: o chá, as porcelanas e a seda. A China, em contrapartida, compra muito pouco, e tudo o que entra no país deve transitar por Cantão, único porto que recebe mercadorias estrangeiras, ou por Macau. O Reino Unido é confrontado por um problema de déficit comercial cada vez mais perigoso. Apenas um produto interessa a inúmeros chineses: o ópio. Pouco recomendável moralmente, está aliás proibido no império, mas os mercadores ingleses o introduzem em grandes quantidades na China por meio do contrabando. A Companhia das Índias Orientais, que continua a governar o subcontinente, decide apostar tudo nesse veneno tão rentável. A papoula começa a ser cultivada com intensidade em Bengala e no Bihar, o que permite fornecer aos consumidores chineses quantidades cada vez maiores da droga.

Após intermináveis discussões entre os clãs que disputam o poder em Pequim, o imperador opta por uma política para acabar com o flagelo. O governador de Cantão a aplica. Manda fechar os salões de fumo, persegue os traficantes, queima o ópio e ordena que sejam revistados os barcos estrangeiros suspeitos de participar do tráfico. Revistar um navio inglês? Essa é uma ofensa à bandeira que o governo de Sua Majestade não pode suportar. Depois de um breve debate parlamentar, Londres opta pela chamada "diplomacia das canhoneiras"[361]: envia uma frota de guerra para o Mar da China, com seu primeiro couraçado de metal, que bombardeia as costas chinesas. Estamos em 1839 e começaram as Guerras do Ópio.

---

[361] Em inglês, *gunboat diplomacy*.

O Império Celeste percebe depressa que seus juncos são impotentes face a um monstro de ferro. Em 1842, vencido, o império assina o Tratado de Nanquim, o primeiro de vários textos a que se deu o nome muito explícito de "tratados desiguais". A Inglaterra obtém o que quer: a concessão da ilha de Hong Kong, que lhe servirá de centro comercial, e a abertura de cinco portos ao comércio. O texto prevê ainda a extraterritorialidade das legações, isto é, o fato de os ingleses na China poderem escapar à justiça chinesa para serem julgados pelos próprios cônsules. É mais uma humilhação para o vencido. Não será a última.

A partir dos anos 1850, a máquina infernal começa a trabalhar. Os chineses apreenderam um navio de contrabando, mas com a bandeira inglesa? A nova ofensa não pode ficar impune. Dessa vez, Londres não é a única a zangar-se. Há tempos os franceses querem participar dessa grande festa comercial que se realiza no imenso país que se tornou frágil. Também arranjam um pretexto: mataram um missionário francês. Um novo bombardeamento de Cantão desencadeia a Segunda Guerra do Ópio (1856-1860), travada pelas duas potências, aliadas para esse fim. A superioridade de seu armamento permite-lhes impor ao Velho Império um novo tratado, tão desigual quanto os anteriores. É assinado em 1858, em Tianjin, e prevê, entre outras coisas, a próxima abertura de embaixadas na capital imperial.

Alguns meses mais tarde, tomados pelo orgulho, os chineses mudam de opinião. Recusam-se a retificar o texto e rejeitam os embaixadores quando eles se apresentam. Ingleses e franceses decidem então utilizar argumentos de peso para revidar a nova e inaceitável ofensa: mandam cerca de 20 mil soldados para a China. Antes de chegarem a Pequim, a família imperial chinesa foge. Os assaltantes se vingam nos magníficos edifícios que testemunham a grandeza do Império. É o saque do Palácio de Verão (1860), três dias de incêndios e de horror que culminaram no massacre do povo e na pilhagem metódica de todas as riquezas encontradas pelos soldados, que são enviadas para decorar os palácios da rainha Vitória da Inglaterra e da imperatriz Eugênia da França. Em razão do seu simbolismo, o acontecimento continua sendo, para os chineses, uma das piores feridas de sua história.[362] A selvageria

---

[362] Hoje, o Palácio de Verão foi transformado em um magnífico jardim público, onde

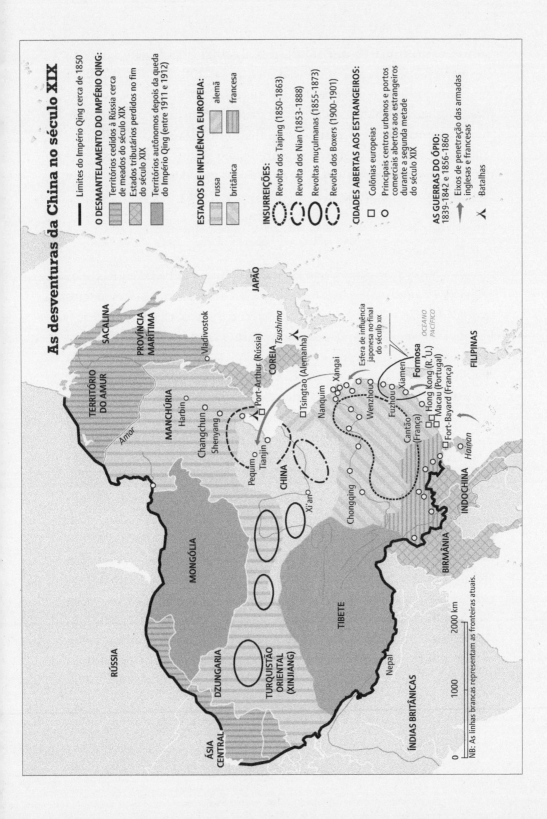

causou tanto impacto que despertou algumas grandes consciências europeias. Victor Hugo escreve em uma carta: "Um dia, dois bandidos entraram no Palácio de Verão [...]. Perante a História, um desses bandidos se chamará França, e o outro, Inglaterra. A maioria dos europeus pensa o contrário. Têm a mesma opinião que a expressa alguns anos antes por Lorde Palmerston, ministro dos Negócios Estrangeiros britânico. Para serem respeitadas no mundo, as grandes potências nunca devem hesitar em dar 'as mais exemplares correções'".

O tempo das concessões

A China cai de joelhos outra vez. Pela Convenção de Pequim (1860), aceita fazer novas concessões comerciais, conceder novos privilégios extraterritoriais e abrir a capital aos estrangeiros. É obrigada a decretar a liberdade de culto, o que na realidade consiste em autorizar os missionários a pregar o cristianismo e a construir igrejas. O jogo continua assim durante décadas, atraindo cada vez mais jogadores, ávidos para garantir sua parte nos fabulosos lucros que podem ser obtidos na China. Basta olhar o mapa para compreender como, em algumas décadas, o império foi literalmente crucificado pelas potências em pleno expansionismo.

Os russos estão no Norte. Não participaram da expedição anglo-francesa de 1859-1860, mas, empenhados na conquista do Leste,[363] aproveitaram a ocasião para apoderar-se de um pedaço da costa situado no norte da China, onde fizeram o porto de Vladivostok,[364] o que lhes permite cobiçar a rica Manchúria. Os ingleses, que continuaram a estender seu império na Índia, estão no Sudoeste, desde os Himalaias até a Birmânia, e graças à Malásia, onde se instalaram, controlam as rotas marítimas. No Segundo Império, os franceses puseram os pés na Cochinchina depois de conquistarem Saigon (1859), e no Camboja, do qual fizeram um protetorado (1863). O projeto francês consistia em utilizar essa região para penetrar na China pelos grandes rios, como o

---

os pequineses vão passear aos domingos. Mas as ruínas foram mantidas para, diz um letreiro, "conservar viva a recordação da humilhação nacional".

[363] Ver capítulo 33.

[364] Literalmente "senhor do Oriente".

Mekong. Nos anos 1880, alargam sua base de implantação por meio da conquista de Tonquim (norte do atual Vietnã) e impõem um protetorado ao império de Annam (centro do atual Vietnã). Há séculos as duas regiões eram vassalas de Pequim. É mais uma humilhação para o Império do Meio, que declara guerra à França (1883-1885). Nova derrota chinesa. O país perde a suserania sobre Annam e Tonquim, agora totalmente controlado pela França, que reúne todas essas províncias para formar a Indochina francesa.[365] Uma década mais tarde, Paris consegue mesmo alugar um pequeno território chinês, situado em frente à grande Ilha de Hainan, onde os franceses querem fazer sua Hong Kong.[366] Servirá, sobretudo, como centro comercial para o produto central dessa história – o ópio.

Visto que os ingleses, os franceses e os portugueses têm o próprio porto, a Alemanha, que entrou na corrida com sua *Weltpolitik*, também quer o seu. Para isso, obtém terrenos no Shandong, onde funda Qingdao (1898).[367] Entre todos os convidados para essa grande festa, há um que ninguém imaginava algumas décadas antes. Até meados do século XIX, o Japão vivia separado do mundo. Para a China, é apenas um país secundário e inferior, na medida em que se limitou sempre a copiar o sistema de valores e a cultura chineses. Nos anos 1890, o humilde valete mostra seu valor ao implantar-se na Coreia, um reino vassalo do Império do Meio, que se vê assim envolvido em uma nova guerra. Ela perdura entre 1894 e 1895 e acaba com mais uma derrota humilhante para Pequim. Tóquio anexa a Formosa (atual Taiwan), põe os pés no continente e começa a mordiscar a Coreia.[368]

É nessa época que, para utilizar a metáfora de uma célebre caricatura francesa do fim do século, os soberanos ocidentais dividem entre si o "bolo chinês".[369] É nessa época que uma dezena de cidades

---

[365] A Indochina francesa incluía as colônias do Tonquim, da Cochinchina e o protetorado de Aname, que formam o atual Vietnã, assim como os protetorados do Camboja e do Laos.

[366] O território de Kwang-Chou-Wan e o porto de Fort-Bayard.

[367] Abre ali uma cervejaria, que deu à cidade uma fama que ainda hoje perdura.

[368] Ver capítulo seguinte.

[369] Caricatura de Henri Meyer em *Le Petit Journal*, 1898.

chinesas, como Tianjin ou Xangai, pequeno porto que ganha importância nesse período, são divididas em "concessões" ou bairros, onde cada potência estrangeira reina soberanamente. É nessa época que todas essas potências, aliás rivais, estão prontas para fingir que são aliadas enquanto seus comuns interesses comuns estiverem ameaçados.

Em 1900, os Boxers, membros de uma sociedade secreta xenófoba, revoltam-se contra os "diabos estrangeiros". Invadem Pequim, assassinam um diplomata alemão e cercam as legações onde os europeus da cidade refugiaram-se. Trata-se de mais uma ofensa contra a honra dos civilizados, e merece um castigo. O Reino Unido, a França, a Alemanha, a Rússia, os Estados Unidos e o Japão – a que se juntaram a Itália e a Áustria-Hungria, que não podiam perder a oportunidade – unem forças. A "Aliança das Oito Nações" prepara um corpo expedicionário encarregado de libertar seus cidadãos e de castigar os que tiveram a ousadia de atacá-los. No discurso que profere na ocasião da partida do contingente do seu país, o imperador Guilherme II pede que o "nome dos alemães fique na China com a mesma reputação que o dos hunos". O tratamento que as tropas aliadas infligem a Pequim a partir de agosto de 1900 prova que as palavras dele foram ouvidas.

***

O SÉCULO TERRÍVEL VISTO PELOS CHINESES

Pode-se acusar os imperadores do século XIX de não terem conseguido minimizar os infortúnios que atingem o país, mas é justo não esquecer a amplitude dos desafios que tiveram de enfrentar. Ao choque ocidental, somam-se convulsões internas de enorme brutalidade.

Em meados do século, logo ao final da desastrosa Primeira Guerra do Ópio e quando já se prepara a Segunda, os Qing têm de enfrentar a mais grave rebelião popular na China, apesar de elas ocorrerem com frequência. Ao final dos anos 1830, um tal Hong Xiuquan (1813-1864), um homem jovem que pertence a uma etnia do Sul, é vítima de estranhas manifestações psicológicas. Doente, mergulhado no desespero por causa de sucessivos fracassos nos exames para mandarim, tem visões cujo sentido acaba por compreender ao associá-las às brochuras que lhe foram dadas por um missionário protestante: ele é o irmão de Jesus Cristo, o segundo filho de Deus, que lhe pede para reerguer o país em novas bases e expulsar os Qing, esses seres malignos, incapazes de proteger o povo contra os diabos estrangeiros. É seguido por multidões cada vez maiores que querem, dirigidas por ele, formar o paraíso prometido, o *Taiping Tian Guo* – o reino celeste da grande paz[370] –, que dá nome a esse episódio histórico: a rebelião Taiping (1850-1864). Hong Xiuquan defende um modo de vida muito puritano, muito ascético, mas também uma rejeição total dos princípios confucianos da hierarquia, em nome de um igualitarismo absoluto, inclusive entre homens e mulheres.[371] Seu movimento, que mistura um cristianismo desnaturado a uma velha origem chinesa, assemelha-se a uma seita. Também consegue catalisar a esperança dos camponeses vítimas da fome e do povo simples das cidades, e ganha o apoio de numerosas sociedades secretas inimigas dos Manchus. O movimento se espalha como um incêndio pela China Central. O exército Taiping adquire tamanho poder que conquista Nanquim em 1853. O poder central precisa de mais de dez anos e de uma sucessão de campanhas militares de violência tão inaudita quanto a dos rebeldes para esmagar a insurreição (1864). Essa guerra civil é, até hoje, a mais mortífera da história: algumas estimativas apontam para 30 milhões de mortos.

A partir dos anos 1860, entra na grande cena do império uma das personalidades mais célebres e detestadas da história chinesa: Cixi (1835-1908), ou Tseu-Hi. Famosa por sua beleza, foi admitida no palácio como concubina. Dotada igualmente de uma grande inteligência e de uma ambição capaz de mover montanhas, consegue dar um herdeiro ao imperador. Quando ele morre (1861), Tseu-Hi torna-se imperatriz viúva e pode manter as rédeas do país com mão de ferro no lugar do filho, ainda criança. O papel e a função lhe agradam e, para conservá-lo durante décadas, não hesita em causar quantas intrigas forem necessárias. Quando o filho morre (1875),

---

[370] Onde se juntam as palavras *tai*, "grande"; *ping*, "paz"; *tian*, "céu"; e *guo*, "país".

[371] É muito admirado pelos maoístas do século XX, que veem nele um antepassado do comunismo.

consegue impor como sucessor seu obscuro sobrinho. Ele tem apenas 4 anos, o que lhe permite exercer mais uma longa regência. A personagem é fascinante. Visceralmente conservadora, adepta ferrenha das menores tradições imperiais, parece viver fora do mundo e do tempo em uma época em que ambos batem com força à porta do império. Que noções ela poderia ter da realidade do século XIX quando era servida por exércitos de criados, rodeada por regimentos de eunucos, perdida no fundo de "cidades proibidas" de onde o protocolo a impedia de sair?

Nos anos 1860, conscientes de que é preciso atuar, alguns ministros lançam uma onda de reformas baseadas no princípio dito do "autorreforço" (1860-1885), que consiste em utilizar os "instrumentos ocidentais" sem pôr em causa o gênio e a tradição chineses. Verifica-se um princípio de industrialização, constrói-se arsenais de acordo com o modelo europeu e equipa-se o país com ferrovias, mas não se questiona o funcionamento do império, da autocracia e da sua administração enferrujada e corrupta. As derrotas ocorrem uma após a outra. A derrota para o Japão, em 1895, provoca um trauma excessivo. Ser vencido pelos bárbaros é humilhante. Ser derrotado por esse pequeno vizinho que outrora foi vassalo do império é insuportável. Todos sabem que, para evitar o precipício, é preciso traçar um novo rumo. Existem vários à disposição.

Guangxu (1871-1908), o sobrinho que Tseu-Hi colocou no trono, é agora quase adulto e quer emancipar-se. Opta pelo primeiro caminho que lhe aparece: realizar uma reforma que sintetize os valores que fazem a grandeza do Ocidente e os que fizeram o sucesso da China. O grande teórico desse sincretismo é Kang Youwei (1858-1927). Admirador de Pedro, *o Grande*, e do Japão modernizado pelo imperador Meiji,[372] escreveu obras notáveis que procuram, por exemplo, reler Confúcio puxando-o para a modernidade em vez de ver nele um amante absoluto do passado, como faz a velha escola. Em 1898, o imperador chama-o para junto de si. Kang Youwei e seu *entourage* fazem planos contra a corrupção, procuram modernizar o sistema dos exames e preparam o único grande salto para frente que, na opinião deles, poderá salvar

---

[372] Ver capítulo seguinte.

o império: fazê-lo evoluir para uma monarquia constitucional. Para Tseu-Hi e os mandarins que a rodeiam, essa perspectiva é um sacrilégio. O clã conservador mobiliza suas poderosas ligações para impedir a concretização do projeto, custe o que custar, e consegue atingir seu objetivo. Na história da China, o ministério reformador recebeu o nome de "Movimento dos Cem Dias". Apenas três meses depois de ter começado, um verdadeiro golpe de Estado concebido pela imperatriz acaba com a experiência. O jovem imperador é colocado em prisão domiciliar. Kang Youwei consegue exilar-se no Japão. Seis de seus ministros têm menos sorte e são executados.

Para resistir à ameaça ocidental, é possível escolher outro caminho a que a Europa chamará *reacionário*: recusar radicalmente todos os novos valores e regressar à mais pura tradição. Ao fim desse século, há numerosos chineses que odeiam os estrangeiros. Graças aos tratados injustos assinados com o exterior, os produtos ocidentais invadiram o mercado e arrasaram o artesanato tradicional dos burgos e das aldeias, empurrando para as grandes cidades um proletariado miserável, os pobres *coolies*, os carregadores e a mão de obra portuária, que tentam sobreviver como podem. A aversão aos estrangeiros se alastra a tudo o que eles trouxeram. Surgem manifestações contra as ferrovias, acusadas de perturbar os dragões que dormem sobre a Terra. Correm tenebrosos boatos sobre missionários católicos ou protestantes, cada vez mais numerosos, acusados de maltratar as crianças. O ódio propaga-se, generaliza-se e atinge todos os convertidos, encarados como aliados dos estrangeiros.

Nos anos 1890, essa xenofobia começa a ser manipulada e explorada por uma sociedade secreta, "os punhos da justiça e da concórdia", a que os europeus chamam "*boxers*", por causa do punho que ornamenta sua bandeira. Avançam da província rumo a Pequim, atacando os cristãos no caminho. Inicialmente, o ódio dos *boxers* aos estrangeiros também joga contra os Qing no poder, que são manchus. Ainda assim, a imperatriz decide apoiar-se neles, considerando que poderão ajudá-la a se livrar dos europeus. Erro fatal. Em 1900, os revoltosos invadem a capital graças ao apoio amistoso do poder, mas, como vimos, os crimes que cometem provocam a intervenção das "oito nações", que geram uma nova catástrofe.

Fim do império

O império escorrega um pouco mais para a decadência e a humilhação. Para punir os chineses pelo que ousaram fazer aos senhores do mundo, os vencedores impõem-lhes uma indenização colossal, que veio agravar um orçamento a que já faltavam receitas. A industrialização não traz os benefícios esperados. As vendas tradicionais estão arruinadas. Agora, a seda é produzida a um preço melhor pelos japoneses, a porcelana é fabricada na Europa e os ingleses conseguiram produzir chá na Índia. Tseu-Hi está esgotada. Tenta fazer algumas reformas de última hora, como a supressão do sistema dos exames em 1905. Velha e cansada, morre em 1908, alguns dias depois do imperador que tinha afastado do poder. Mas, antes de desaparecer, consegue impor como seu sucessor o pequeno Pu Yi, então com apenas 2 anos de idade. Todo um império de 2 mil anos repousa por inteiro nos ombros de uma criança que ainda não sabe falar. Seu destino estava traçado.

Desde o fim do século, alguns encaravam a hipótese de optar por uma terceira via para tirar a China do impasse em que se encontrava. Sun Yat-sen (1866-1925) é um médico convertido ao protestantismo que estudou no Havaí. Depois da derrota para o Japão, decide que é hora de atuar de modo radical. É preciso acabar com o sistema imperial e, ao mesmo tempo, libertar a China para sempre dos manchus, que, em sua opinião, são apenas estrangeiros através dos quais chegaram todas as desgraças que se abateram sobre o país. Elabora uma teoria política que mistura os princípios socialistas e nacionalistas e tenta aplicá-la fomentando um golpe de Estado. A tentativa fracassa e Sun Yat-sen é exilado. Passa vários anos na América do Norte, na Europa e no Japão, na companhia de outros revolucionários e de numerosos proscritos chineses. Vive nos Estados Unidos quando, em outubro de 1911, estala a insurreição que vai precipitar a queda de um velho império há muito moribundo. Em dezembro, Sun Yat-sen desembarca em Xangai. No fim do mês, aceita encabeçar o novo regime que deverá garantir a ressurreição do seu velho país. No dia 1 de janeiro de 1912, em Nanquim, proclama a República da China.

37

O Japão no clube dos poderosos

(1853-1914)

Em 1853, o aparecimento de navios de guerra americanos na baía de Edo muda o destino do país. O arquipélago estava fechado ao mundo havia dois séculos. Sob a ameaça dos canhões dos Estados Unidos, o Japão é obrigado a abrir suas portas ao comércio internacional. O país sofre, então, uma metamorfose vertiginosa que, em meio século, o transforma em potência mundial.

NO DIA 8 DE JULHO DE 1853, quatro poderosos barcos de guerra de fabricação ocidental aparecem na baía de Edo, no Japão. São rapidamente cercados por juncos japoneses, que parecem frágeis e minúsculas cascas de noz ao lado daqueles monstros que ostentam a bandeira norte-americana. O comandante, comodoro Perry, é portador de uma carta do seu governo destinada ao xogum: os Estados Unidos pedem formalmente ao Império Nipônico que abra suas portas ao comércio e afirma que virá buscar a resposta japonesa. Havia 212 anos[373] que o país vivia fechado em si mesmo e proibia a entrada de estrangeiros. Mas como manter essa política quando se é ameaçado por forças de tamanho poder? O xogum hesita, convoca os daimiôs e opta por ceder. Em 1854, assina a convenção imposta pelos Estados Unidos. O aparecimento dos "barcos negros",[374] como ainda são chamados no Japão, volta a mudar o destino do país.

---

[373] Ver capítulo 22.

[374] A expressão geralmente designa a frota de Perry, mas se aplica a todos os navios

Poderia o Japão continuar afastado do mundo durante muito mais tempo? Considerado demasiado pobre, o país tinha escapado à cobiça ocidental. A situação muda no início do século XIX. Os ingleses se interessam por ele, assim como os russos, que o observam a partir da sua costa no Pacífico, e depois os americanos, cujos baleeiros navegam até lá. Por sua vez, o governo de Edo tinha acompanhado, com receio, as primeiras humilhações impostas pelos bárbaros ao Império da China. A vontade de evitar que o arquipélago sofresse o equivalente a uma Guerra do Ópio (1839-1842)[375] influenciou sua decisão.

A partir de 1858, quatro anos após a assinatura do acordo com os norte-americanos, os europeus aproveitam o precedente e também estabelecem relações muito favoráveis com o Japão. Edo escapou das canhoneiras, mas, à semelhança de Pequim, também entra na dança infernal dos "tratados desiguais", com suas cláusulas exorbitantes, privilégios de extraterritorialidade e tudo o mais. No entanto, nada acontece como na China. Pelo contrário. Vencido por quatro barcos na metade do século, o Japão se recupera em poucas décadas, torna-se uma potência de primeiro plano e triunfa em todos os domínios onde o Império do Meio falhou durante o mesmo período. Vejamos como aconteceu essa mudança surpreendente.

FIM DO XOGUNATO, INÍCIO DA ERA MEIJI

Os estrangeiros venceram graças à superioridade de suas forças. A primeira e mais urgente obsessão do *bakufu*, o governo do xogum, composto por militares, é recuperar rapidamente o atraso nesse domínio em relação aos ocidentais. É criado de imediato um "Ofício de investigação das obras dos bárbaros", destinado à aquisição da tecnologia ocidental, em particular o domínio do armamento. A partir de 1860, os japoneses utilizam os holandeses, que continuam presentes na pequena ilha-pontão de Nagasaki,[376] para ajudá-los no

---

estrangeiros desde o século XVI. Tem origem no fato de as primeiras caravelas portuguesas estarem cobertas de piche e alcatrão.

[375] Ver capítulo anterior.

[376] Ver capítulo 22.

436 | O SÉCULO DA EUROPA

desenvolvimento de arsenais. Depois, é a vez da indústria em geral. O país, fechado durante tanto tempo, contrata em todos os países economicamente avançados numerosos engenheiros e especialistas, muitas vezes pagos a peso de ouro, para ensinar os japoneses. Ao mesmo tempo, as primeiras delegações japonesas lançam-se à descoberta do vasto mundo, um universo misterioso que lhes estava vedado até então. Uma embaixada é aberta nos Estados Unidos em 1860. Em 1862, um grupo de cerca de quarenta delegados, com suas vestes tradicionais, sabre à cintura e coque na cabeça, inicia uma longa viagem pela Europa, durante a qual visitam Portugal, a Prússia, a Rússia, a França e os Países Baixos, aproveitando para ver e admirar a Exposição Universal de Londres. Os delegados estão simultaneamente curiosos e receosos. Não se adaptam à comida que lhes é servida, gordurosa demais para o estômago deles, mas não têm qualquer dificuldade em absorver tudo o que está relacionado às técnicas e aos conhecimentos ocidentais.

Nenhuma sociedade pode receber um choque tão brutal sem sofrer um grande impacto. A chegada dos americanos desencadeia perturbações políticas. Parte da classe dirigente insurge-se contra os estrangeiros, que humilham o país, e contra os xoguns, que não conseguiram resistir. Existe outro poder no país além do de Edo. Há séculos é puramente simbólico, mas representa, ainda, a mais antiga tradição nacional. Jovens samurais e velhos senhores voltam-se para o *tenno*, o eterno soberano, o imperador que não governa, mas que continua a reinar nos palácios de Quioto. Um acontecimento acelera a desejada transição.

No início de 1867, o velho imperador morre, deixando o trono a um novo soberano muito jovem e ambicioso, Mitsuhito (1852-1912). É o homem de que o país precisa. Começa restaurando um poder que não era exercido há várias gerações. O xogum não resiste e abdica. Apenas alguns de seus seguidores rejeitam essa revolução *de fato* e se revoltam, mas são vencidos depois de uma curta guerra. Após mais de dois séculos e meio de poder absoluto, a dinastia Tokugawa desaparece. Para que não sobrem dúvidas quanto ao papel central que pretende desempenhar a partir de agora, o imperador abandona sua velha capital de Quioto e instala-se em Edo, a mais importante cidade do império, que é rebatizada com o nome pelo qual a conhecemos, Tóquio, a "capital do Leste". Estamos em 1868 e o jovem soberano inaugura um novo período, a Era Meiji, a do "governo esclarecido" (1868-1912).

O turbilhão das reformas

Talvez seus primeiros seguidores tenham pensado que o imperador regressaria à ordem antiga. Mas, instalado no poder, Mitsuhito dá um novo impulso ao movimento de ocidentalização do país. A grande tarefa de reproduzir o modelo ocidental continua. Trata-se de copiar o que cada um dos vários povos bárbaros faz de melhor: a marinha é lançada de acordo com o modelo inglês, as técnicas militares e a medicina seguem o alemão, a legislação inspira-se na França, e o sistema comercial, nos Estados Unidos.

A metamorfose do velho Japão feudal em uma nação moderna, pelo menos de acordo com o critério europeu da palavra, é feita a uma velocidade absurda. Nos anos 1870 abate-se uma verdadeira chuva de reformas sobre o país. 1871: início das reformas fiscais e das reformas no código de propriedade e de organização judiciária; 1872: ensino obrigatório para jovens; 1873: organização do recrutamento militar, nascimento do iene, passagem do calendário lunar tradicional para o calendário gregoriano etc. A cada ano surgem novas leis que transformam tudo, em todos os domínios, da organização administrativa do país à vida cotidiana. Os feudos senhoriais passam a províncias supervisionadas por governadores civis. O povo simples passa a usar obrigatoriamente o nome de família, ao mesmo tempo em que adquire o direito de andar a cavalo e deixa de ser obrigado a prostrar-se, com a cabeça no chão, perante os grandes senhores. Algumas medidas são simbólicas, mas espetaculares: em 1872, o próprio imperador pede ao seu barbeiro que lhe corte o coque e lhe faça a barba à maneira ocidental. Os homens começam a vestir-se com ternos pretos à ocidental, e as mulheres da alta sociedade, a usar vestidos vitorianos, ainda que a organização do lar japonês as obrigue a regressar ao quimono tradicional quando estão em casa – os vestidos com aro são impraticáveis no chão coberto de esteiras de palha.

438 | O SÉCULO DA EUROPA

Em 1876, um édito proíbe os samurais de continuar usando os sabres que são seu orgulho e sua dignidade há séculos. Também prevê retirar-lhes a renda hereditária que recebem e substituí-la por um miserável ordenado. A par da velha classe aristocrática, privada de qualquer influência desde que os xoguns saíram de cena, os guerreiros são os outros grandes lesados na corrida à modernidade. Para parte deles, é a gota d'água. Em 1877, entrincheirados em uma província do Sul, desencadeiam uma última revolta, que é reprimida. Após setecentos anos de existência, a orgulhosa classe desaparece. Seus últimos membros, arruinados, são obrigados a recorrer a modestas profissões. Segundo consta em uma das salas do magnífico museu de história de Edo, em Tóquio, o *rickshaw*,[377] ou riquixá, famoso meio de transporte que se espalharia por toda a Ásia, foi inventado pelos samurais em busca de meios para sobreviver.

Nacionalismo e espírito de sacrifício

A aposta, que parecia insensata cinquenta anos antes, é ganha. A partir do fim do século XIX e início do século XX, o Japão se torna uma potência que poderia ser classificada como "ocidental" se essa denominação não fosse uma incongruência no plano geográfico. A economia, bem como a demografia, estão em alta. O país conseguiu ultrapassar todos os tratados injustos que lhe foram impostos, substituindo-os por outros bem mais favoráveis. Em muitos domínios, inclusive no da pesquisa científica, iguala-se aos países que se consideravam os mais "civilizados" do globo. Por causa do prisma etnocêntrico através do qual a Europa vê a História, a memória europeia pouco recorda os sábios japoneses dessa época. Houve muitos e muito consideráveis. Mencionamos o bacteriologista Kitasato Shibasaburo (1853-1931), que foi aluno do alemão Koch. Tornou-se célebre por ter descoberto o bacilo da peste ao mesmo tempo que o suíço Alexandre Yersin: ambos tinham ido estudar a doença durante a epidemia que fustigou Hong Kong em 1894. Citamos também Hideyo Noguchi

---

[377] A palavra chega até nós, por via do inglês, do japonês *jinrikisha* – de *jin*, "homem"; *riki*, "força"; e *sha*, "veículo".

(1876-1928), que isolou o agente patogênico responsável pela sífilis (1911). Morreu trabalhando no Gana, vítima da febre-amarela que tentava combater. Seu nome é pouco conhecido no Ocidente. Os japoneses se recordam pelo menos do seu rosto, que ilustrava as notas de mil ienes nos anos 2000.

Vários fatores explicam o sucesso dessa fascinante mutação. O Japão do período Edo era um país fechado, bastante pobre, mas que soube desenvolver suas minas, ao passo que seu artesanato era excelente. A industrialização pôde ser desenvolvida rapidamente porque era de fato uma sociedade pré-industrial. Ela se impõe e se fortalece porque dispõe de um trunfo importante face à concorrência internacional: uma mão de obra abundante e mal paga. O baixo nível dos salários é o elemento decisivo que permite ao arquipélago inundar o mercado mundial com produtos de baixo custo. Evidentemente, essa política tem um preço. O ocidentalizado Japão "fim de século" das senhoras elegantes com sombrinhas e dos diplomatas de fraque que se veem nas fotos amareladas da época tem outra face, menos delicada: os casebres das grandes cidades onde alastra-se a tuberculose, o ritmo infernal das fábricas e, regra geral, a abominável miséria da população, que aceita trabalhar em condições que já não eram aceitáveis para os operários europeus.

Também aqui, as estruturas pré-existentes desempenham seu papel. A tradição confuciana e os séculos de feudalismo e de submissão aos senhores feudais predispõem à docilidade social e ao espírito de sacrifício de que a população necessitou para ultrapassar esse obstáculo. Ambos são vigorosamente alimentados por um nacionalismo que o imperador consegue cristalizar em torno da sua pessoa. Em 1889, para coroar a primeira etapa da Era Meiji com um grande gesto, o monarca instaura um regime de monarquia constitucional. Pela primeira vez na história, o Japão dispõe de um parlamento eleito, com partidos políticos à "ocidental" e grandes liberdades públicas. Na prática, essas últimas, sobretudo a liberdade de imprensa, são cuidadosamente limitadas. Existem linhas vermelhas que não podem ser ultrapassadas, sobretudo as que rodeiam o imperador, decretadas "sagradas e invioláveis".

Durante esses mesmos anos, o xintoísmo, religião tradicional, é profundamente reformado no sentido de servir de base social ao conjunto da nação. Essa religião tradicional, muito anterior ao budismo, era a das devoções populares e da invocação dos espíritos. É transformada em um verdadeiro culto nacional de que, mais uma vez, o imperador é o chefe supremo. Logo ao entrar para a escola, as crianças aprendem o respeito que lhe é devido, o orgulho de ser japonês e o sentimento de desconfiança dos estrangeiros.

▨ O "perigo amarelo"

De um nacionalismo extremado, o Japão está dotado de uma indústria e de uma força militar e naval que lhe permitem igualar-se às potências ocidentais, e está pronto para enfrentá-las no processo de conquista do mundo. Ele também se torna expansionista. A região que lhe interessa é a que o rodeia. Duas guerras permitem-lhe garantir tal controle.

A primeira é contra a China. A Coreia é independente na prática, mas há séculos está submetida ao Império do Meio, que, pelo menos simbolicamente, a protege. Em 1894, uma grande revolta de camponeses ameaça Seul, que pede ajuda a Pequim. É o pretexto que Tóquio precisa para enviar um contingente militar. Encarregado oficialmente de "defender os interesses japoneses", não tarda a enfrentar os sino-coreanos. Em 1895, o velho império dos Qing sofre uma derrota humilhante. Vimos, no capítulo anterior, o trauma que ela provocou na China. De fato, a vitória japonesa é retumbante. Graças a um tratado de paz leonino, o Japão consegue que a Coreia deixe de ser um país vassalo da China e prepara-se para ocupar o lugar de suserano. Paralelamente, apropria-se de uma impressionante lista de territórios: a Ilha Formosa (atual Taiwan), as Ilhas Pescadores[378] – um arquipélago situado não muito longe da Formosa – e, por fim, a pequena península de Liaodong, com sua cidade de Port-Arthur, base estratégica idealmente situada ao norte do Golfo da Coreia. Pela primeira vez na história, o Japão ocupa, no Extremo Oriente, o lugar dominante que a China ocupava há milênios.

Essa nova potência começa a inquietar os europeus. Russos, franceses e alemães, que são rivais em outros domínios, conseguem

---

[378] Assim batizadas pelos portugueses no século XVI. [N.T.]

chegar a um acordo para pressionar Tóquio e obrigar o Japão a devolver Liaodong à China. Em 1898, esta última a entrega ao Império dos Czares, que, inteiramente concentrado na expansão para o Grande Leste, pretende apropriar-se da Manchúria e da Coreia. São dois cães lutando pelo mesmo osso. E há mais um. Ignoremos os pormenores da tensão entre Tóquio e São Petersburgo, que dura quase uma década. Foquemos no fato de que o Japão, muito hábil em praticar as manobras diplomáticas da época, garante sua retaguarda aproximando-se do grande rival de seu adversário. Em 1902, assina uma aliança com o Reino Unido. Então, pode arriscar um grande golpe.

Em 1904, os japoneses atacam a base russa de Port-Arthur. Começa a guerra. A primeira fase é terrestre, severa e longa. Graças ao transiberiano, a Rússia pode enviar tropas em grande quantidade. A proximidade do seu arquipélago permite ao Japão enviar outro tanto. Fala-se de dois milhões de combatentes envolvidos no conflito. Defrontam-se na lama, em frentes de combate imóveis, prefigurando, de certo modo, a Primeira Guerra Mundial. Para libertar Port-Arthur e arrancar sua infantaria do pântano em que está mergulhada, os russos optam por avançar com sua prestigiada e poderosa marinha. A frota está no Báltico. Pouco importa. O Estado-maior manda-a dar a volta ao mundo para chegar ao Mar da China e castigar aqueles miseráveis comedores de arroz que ousam enfrentar o maior império do mundo. O confronto ocorre em 1905, no Estreito de Tsushima, que separa a Coreia do Japão, e o resultado deixa o mundo estupefato. Graças a um gênio tático incomum e a um armamento tecnologicamente muito superior ao do adversário, o almirante japonês consegue afundar quase totalmente a orgulhosa frota russa. A interminável guerra está chegando ao fim. O czar já não dispõe de mais trunfos. É obrigado a assinar um acordo de paz lamentável. O Império do Sol Nascente triunfa mais uma vez.

Tem-se uma fraca ideia, hoje, do impacto provocado pelo anúncio do desfecho da Batalha de Tsushima, a primeira vitória de um exército asiático sobre os brancos. A derrota faz o Império Russo vacilar. Já faz algum tempo que o país é palco de tumultos e manifestações. A humilhação infligida por aqueles a quem Nicolau II chamava "macacos" duplica a cólera do povo e desemboca na revolução de

442 | O SÉCULO DA EUROPA

1905, reprimida com derramamento de sangue. A Europa Ocidental é assaltada por uma angústia recorrente desde o início da ascensão japonesa: o medo do "perigo amarelo", o grande fantasma de uma invasão do continente pelas massas asiáticas.

Por outro lado, todos os povos oprimidos pelos ocidentais, em particular os do continente asiático, transbordam de alegria: os brancos não eram invencíveis, como afirmavam. De Bombaim a Saigon, da Pérsia à Indonésia, todos que sonham com a possibilidade de restaurar sua dignidade e sua independência veem nesse lampejo de esperança inesperado a prova de que seu combate não é inútil. Os reformadores chineses admiram ainda mais os japoneses. O Japão desfruta, agora, de um prestígio extraordinário. Apenas alguns pequenos grupos têm uma opinião diferente. Após a vitória contra a China, os japoneses ocupam a Formosa. Em 1910, quinze anos depois de a terem derrotado, anexam a Coreia. Em ambos os países, desenvolvem uma política de uma brutalidade e de um racismo comparável à que é posta em prática, em outras regiões, pelos imperialistas europeus.

38

A corrida à África

Que imagens ocorrem a um ocidental do século XXI quando se fala em colonização? Um branco sendo carregado em uma cadeira por negros de tanga? Uma fazenda no Quênia? Um explorador temerário penetrando sombrias florestas tropicais onde ecoam batuques? Todas são africanas. No imaginário ocidental, nenhuma parte do mundo está tão associada ao domínio europeu como o continente negro. No entanto, ele foi o último a ser colonizado. Também é verdade que o movimento foi de uma dimensão e de uma rapidez surpreendentes. Até o final dos anos 1870, a maior parte do continente era independente. Em 1914, menos de um século depois, de Argel ao Cabo e do Senegal a Djibouti, apenas a pequena Libéria e o velho reino da Etiópia ainda são livres. Tracemos as grandes linhas dessa história.

PRELÚDIO

Até o último terço do século, a África escapa da expansão europeia, com duas exceções. A Argélia, no norte, cuja faixa costeira foi conquistada pelos franceses em 1830,[379] e a região do Cabo, no extremo sul, onde os holandeses se instalaram no início do século XVII e aos quais se juntaram os huguenotes expulsos da França na época das perseguições aos protestantes.[380] De início, instalam-se em um pequeno porto de escala para navios a caminho da Ásia. Alargam

---

[379] Ver capítulo seguinte.

[380] Os portugueses se instalaram ao longo das faixas costeiras da África logo no século XV e iniciaram as excursões para o interior do continente a partir do século XVI, designadamente em busca de ouro. [N.T.]

pouco a pouco esse território, expulsando as populações autóctones formadas por dois grandes grupos humanos que partilham o mesmo sistema linguístico dos "estalinhos",[381] mas que existem separados pelos respectivos modos de vida. Os *khoikhoi*, que os holandeses chamam de "hotentotes", são pastores que se deslocam com seus rebanhos, e os *san*, chamados de "bosquímanos", são caçadores-coletores.

Durante as Guerras Napoleônicas, invocando o fato de os holandeses serem aliados da França, os ingleses conquistam a cidade do Cabo, o que desencadeia rapidamente novos movimentos de populações. Os descendentes dos colonos holandeses odeiam os britânicos, que mandam vir indianos e decretam o fim da escravidão. Esses holandeses abandonam o Cabo. Animados por um espírito pioneiro e religioso, muito semelhante ao dos anglo-saxões da América do Norte, os bôeres,[382] com seus carros de bois e seu gado, iniciam o Groot Trek (1834-1838), uma migração para o norte em busca da Terra Prometida que Deus obrigatoriamente preparou para eles, em algum lugar no solo africano. Depois de terem enfrentado e vencido os zulus,[383] um povo de origem banto que tinha fundado, no início do século XIX, um poderoso reino situado ao longo do Oceano Índico, conseguem criar dois países: o Estado Livre de Orange e a República do Transvaal. Ambos são reconhecidos pelos ingleses nos anos 1850.

★★★

A CONQUISTA DO "CONTINENTE MISTERIOSO"

No restante do continente, os europeus estão instalados apenas no litoral, em simples feitorias que serviam para o tráfico de escravos

---

[381] O nome resulta do fato de alguns sons serem formados fazendo estalar a língua ou os lábios, sem utilizar os pulmões.

[382] Do holandês *boer*, ou camponês.

[383] No dia 16 de dezembro de 1838, algumas centenas de bôeres e mestiços, entrincheirados em um círculo formado por seus carros de bois, conseguem vencer vários milhares de zulus, cujo sangue escorre para um rio. Para os vencedores, essa Batalha de Blood River torna-se imediatamente um acontecimento mítico, a prova de que seu povo foi escolhido por Deus.

e onde agora praticam um pouco de comércio. Os portugueses estão em Angola e em Moçambique, vestígios de seu antigo império. Os espanhóis estão na Guiné.[384] Também têm as Ilhas Canárias e algumas praças na costa do Marrocos. Os ingleses estão na Gâmbia e ocupam a Costa do Ouro.[385] Ao final do século XVIII, fundam Freetown.[386] Usam a cidade para instalar os escravos libertados no decorrer das operações contra o tráfico, que, no entanto, foram proibidas. Não muito longe dali, uma associação americana, claramente motivada por razões racistas, compra terras para oferecer aos escravos libertados nos Estados Unidos e que querem regressar à África. Elas formam a Libéria, que proclama independência em 1847. Os franceses, por fim, estão instalados na Guiné (Conacri), no Gabão e no Senegal, onde o governador Faidherbe (1854-1865) funda o porto de Dakar.

O restante da África vive sua história. Ao contrário de um preconceito de que já falamos,[387] ela não é estática. Existem reinos importantes no continente, como o do Daomé,[388] formado no século XVII e dirigido por um rei poderoso, rodeado por um impressionante exército de guerreiras. Ali se pratica a escravidão e os sacrifícios humanos, mas também o comércio. Situado além da Costa do Ouro britânica, o Estado Achanti é célebre pelo esplendor dos seus reis, que se sentam em um trono de ouro. Entre outras riquezas, esse Estado conta com as receitas da venda de noz-de-cola. A partir do século XIX, o Sahel, onde há séculos apenas algumas elites eram muçulmanas, é varrido por um imenso movimento de islamização, uma *jihad* à qual as populações aderem. É guiada por pregadores, alguns dos quais formam novos impérios. O dos toucouleurs está em guerra com Faidherbe. A parte oriental da África está sob a influência de Zanzibar, cujos sultões de origem árabe vivem do comércio de escravos, que os traficantes procuram cada vez mais longe no interior das terras.

---

[384] O autor se refere à Guiné Equatorial e à Ilha de Fernando Pó, colonizadas no século XV pelos portugueses, que as cederam à Espanha em 1778. [N.T.]

[385] Que corresponde à costa do atual Gana.

[386] Hoje capital da Serra Leoa.

[387] Ver capítulo 15.

[388] A sudoeste do atual Benim.

O restante da história africana, forjada por povos sem escrita, ainda é pouco conhecido, e o mundo dos brancos, na época, ignora-o por completo. Precisamente. Desde o fim do século XVIII, a Europa quer descobrir os segredos do "continente misterioso", como ainda lhe chamam por vezes os britânicos.[389] Impulsionados por sociedades de geografia, alguns exploradores realizam expedições que, seguindo as tradições do Iluminismo, têm objetivos científicos. O primeiro é o escocês Mungo Park (1771-1806). Pretende reconhecer o Rio Níger, que corre num sentido que se ignora. Após incríveis aventuras, morre afogado. O francês René Caillé (1799-1838) é um dos primeiros europeus a chegar a Tombuctu (1828) e, depois de um périplo através do deserto do Saara que foi um calvário, o primeiro a regressar. A localização das nascentes do Nilo é outro grande enigma desde a Antiguidade. O século XIX, apoiado na ciência, quer desvendá-lo. Nos anos 1850, Richard Burton e John Speke, dois britânicos, chegam juntos à região dos Grandes Lagos, mas entram em conflito: cada um deles descobre, como ponto de origem do grande rio, um lugar diferente. A incerteza desencadeia, por sua vez, um áspero debate entre os apoiadores de ambos, que fascina e divide a Inglaterra.[390] Nos anos 1860, David Livingstone (1813-1873), já célebre a essa altura por ter percorrido a África Austral em todos os sentidos, monta novas expedições na parte oriental do continente para tentar desvendar a questão. Aproveitará para tentar aumentar seu rebanho. O homem não tem como único objetivo fazer a geografia avançar. Não é apenas explorador, mas também um missionário.

The scramble for Africa

De acordo com um processo já utilizado no Pacífico,[391] os exploradores estudaram as populações e os lugares, fizeram mapas e, na prática,

---

[389] A expressão foi popularizada pelo título de um livro do explorador Henry Morton Stanley, *Através do continente negro*, publicado em 1878.

[390] As nascentes do Nilo Azul foram localizadas no lago Tana pelo jesuíta Pero Pais, em 1618. [N.T.]

[391] Ver capítulo 29.

prepararam o terreno para as fases seguintes, a conversão e a conquista. As duas acontecem, portanto, muito tarde. Durante muito tempo, o empreendimento interessava pouco e era, aliás, quase impraticável por razões sanitárias. As febres, os parasitas e as doenças tropicais erguiam em torno da África uma barreira intransponível para a maioria dos povos brancos. A partir de meados do século XIX, os progressos da medicina e, em particular, o desenvolvimento da produção da quinina na América do Sul alteram a situação. Em apenas algumas décadas, a História sofre uma vertiginosa aceleração.

Por trás da onda imperialista que irá imergir o continente estão as forças que atuam em outros lugares. O desenvolvimento industrial da Europa exige a contínua abertura de novos mercados e cria, assim, a demanda por matérias-primas. Tudo indica que a África está cheia delas. A "missão civilizadora" apregoada pelo Ocidente está cumprindo seu papel. Na visão hierárquica do mundo, apreendida por aqueles que se consideram seus senhores, o continente negro ocupa um lugar à parte: está na base. Não está "atrasado" como as velhas civilizações da Ásia, mas simplesmente em estado "primitivo", isto é, em algum lugar entre a "selvageria" e a Idade da Pedra. Portanto, é imperativo tirá-lo de lá rapidamente para extinguir as práticas bárbaras que ainda se utiliza, sobretudo a escravidão. Convém lembrar que quase todas as intervenções coloniais são justificadas inicialmente por razões humanitárias.

Acontece por fim que, durante o último terço do século XIX, os países candidatos a esse "dever civilizador" são inúmeros e estão no apogeu de seu poderio. Resulta daí essa febre repentina e incrível que os britânicos viriam a chamar de "corrida para a África",[392] e os franceses, retomando uma metáfora utilizada por Jules Ferry, de "corrida para o campanário", nome do jogo tradicional das aldeias que consiste em chegar o mais depressa possível à torre da igreja. Dessa vez, a torre é um continente, e todos se precipitam para lá de cabeça baixa. Na linha de partida, alguns estão mais bem colocados do que outros. A Inglaterra e a França têm uma antiga tradição colonial e territórios nas costas que lhes servem de bases de retaguarda e de pontos de apoio.

---

[392] Em inglês, *the scramble for Africa*.

É a razão pela qual esses dois países ficam com a maior parte na festa que se anuncia.[393] Os outros também querem a sua. A Alemanha e a Itália, dois países que acabaram de formar sua unidade, descobrem que têm ambições mundiais. O pequeno Portugal e a Espanha também vão para lá, para recordar que outrora tiveram as mesmas ambições. E mesmo quando um povo não tem qualquer vocação para o expansionismo, acontece de seu soberano obrigá-lo a isso.

Leopoldo II, rei da Bélgica, é a personagem mais improvável e fascinante dessa estranha epopeia. O parlamento do seu reino não quer saber de colonização. O país não dispõe de uma marinha suficientemente forte para apoiar um empreendimento que, aliás, poderia comprometer sua sacrossanta neutralidade. No entanto, quando ainda era apenas príncipe, Leopoldo já sonhava com isso. O historiador holandês Henri Wesseling conta que, toda vez que encontrava um oficial da marinha, ele perguntava: "Por acaso não tem uma ilha para mim em algum lugar?". Encontra enfim o homem de que precisava no galês Stanley, um aventureiro mundialmente célebre desde que um jornal americano o enviou à procura de Livingstone, então perdido na selva.[394] Leopoldo o encarrega de descobrir um pequeno território em algum lugar no continente misterioso onde, evidentemente, tudo pode ser encontrado. Graças à força e a tratados mais ou menos extorquidos com os sobas locais, Stanley sobe o Rio Congo e, no início dos anos 1880, entrega ao seu comanditário um saque substancial: um território que representa uma área oitenta vezes superior à da Bélgica. Batizado "Estado Independente do Congo", torna-se uma propriedade particular do rei Leopoldo.

Bismarck ainda não decidiu lançar seu país na competição, mas considera-se árbitro da Europa. Em 1884-1885, preside uma conferência em Berlim que reúne mais de dez países europeus e que tem por objetivo pôr um pouco de ordem na efervescência dos assuntos africanos. Ao

---

[393] É óbvio que Portugal tinha, então, uma tradição colonial bem mais antiga do que a Inglaterra e a França, mas faltava-lhe, isso sim, um poderio econômico e militar correspondente. [N.T.]

[394] É ao encontrá-lo, em 1871, único branco em uma aldeia não muito longe do lago Vitória, que terá pronunciado as famosas palavras: *Dr. Livingstone, I presume…*".

contrário do que por vezes se lê, a conferência não serviu para traçar as fronteiras do recorte colonial em curso. Apenas as do Congo do rei Leopoldo foram então delimitadas, e isso aconteceu paralelamente às discussões oficiais. A conferência contenta-se em estabelecer grandes princípios, como a liberdade do comércio nos rios Congo e Níger, ou ainda a necessidade de uma potência advertir as outras antes de iniciar uma conquista. Na prática, estabelece uma representação perfeita daquilo que a África se tornou: um banquete servido para os outros. Em Berlim, nenhum dos povos africanos foi convocado para as discussões conduzidas por diplomatas europeus que nunca tinham posto os pés no continente cujo destino acabavam de traçar.[395]

A conquista

A conquista pode ser surpreendentemente pacífica. Graças a Pierre Savorgnan de Brazza, militar humanista que consegue obter tratados pela força da persuasão, a França ganha a colônia do Congo[396] "sem disparar um tiro", fato de que se vangloria. Trata-se, no entanto, de uma exceção. A maioria dos povos não se deixa dominar sem resistência, e os europeus usam de muita violência para alcançar seus objetivos. Continuando a estender suas conquistas na África do Sul, os ingleses enfrentam os zulus, à semelhança do que fizeram os bôeres antes deles. Só conseguem esmagá-los em 1879, graças à metralhadora, uma arma nova e mortífera. Na África Ocidental, têm de guerrear durante muito tempo para dominar os achantis. Por sua vez, os franceses encontram grandes dificuldades perante alguns poderosos chefes de guerra, ainda hoje celebrados na África por essa razão: Behanzin, rei do Daomé, contra quem lutam de 1890 a 1894, ou Samori, originário da atual Guiné-Conacri, que consegue reunir na África Ocidental um exército de milhares de homens.

---

[395] No plano europeu, a Conferência de Berlim substituiu os direitos históricos de descoberta e posse detidos por Portugal pelo princípio de *"uti possidetis jure"* do litoral, exigindo a qualquer Estado a posse real do território sobre o qual reclama sua soberania. [N.T.]

[396] Congo Francês ou Congo-Brazzaville, do nome da futura capital, para distingui-lo do Congo Belga ou Congo-Leopoldville.

Por fim, os brancos, graças ao seu avanço nos planos do armamento e da tecnologia, acabam vencendo sempre. Ou quase sempre. Nos anos 1880, os italianos instalam-se na costa do Mar Vermelho e conseguem apoderar-se da grande província da Eritreia. Têm em mira uma presa mais prestigiada: a conquista da Etiópia – então chamada Abissínia –, antigo império majoritariamente cristão ortodoxo, dirigido pelo *negus* – é seu título – Menelik II. Em 1896, após anos de tensão crescente, ocorre o grande confronto entre os dois exércitos, não muito longe da cidade de Adwa. Em pouco tempo, os italianos são esmagados.[397] A inevitabilidade da derrota perante os brancos, que tanto desânimo provocava em toda a resistência africana, é desmentida: não, os negros não estão destinados a ser sempre esmagados pelos europeus. Por essa razão, a Batalha de Adwa tem repercussões mundiais. A Etiópia ganha um prestígio imenso junto a todos os povos do continente e também ao mundo afro-americano. Mas continua sendo uma exceção. No início do século XX, à exceção dela e da Libéria, como vimos, a África já não pertence aos africanos. Está partilhada entre seis potências – Inglaterra, França, Portugal, Alemanha, Itália e Espanha – e um indivíduo, o rei dos belgas.

★★★

O TEMPO DAS COLÔNIAS

Analisando detalhadamente, cada um desses países tem uma maneira própria de gerir seu domínio colonial. Os ingleses, à semelhança do que fizeram parcialmente na Índia, preferem o método do *indirect rule*,[398] a delegação do poder a chefes locais. Os franceses, por tradição jacobina, querem uma administração direta, gerida por um governador às ordens de Paris. Filhos de 1789, têm grande consideração por sua "missão civilizadora". Os alemães não se importam com as aparências nem com o número de funcionários enviados, que é sempre o

---

[397] Os italianos perderam a guerra em três batalhas: Amba Alagi (dezembro de 1895), Mequele (janeiro de 1896) e Adwa (março de 1896). [N.T.]

[398] Ver capítulo 28.

mínimo. Quase tudo que diz respeito às suas colônias deve ser gerido pelo setor privado com o único objetivo de aumentar a rentabilidade econômica. No entanto, mesmo que a colonização da África possa diferenciar-se de acordo com essas variantes nacionais, ela também tem características comuns.

Todas as expedições disfarçaram-se com uma máscara de humanidade. Nunca se tratava de conquistar, mas sempre de libertar as populações do domínio dos que as oprimiam, os sobas cruéis, os mercadores de escravos árabes, os terríveis antropófagos. Ia-se praticar o bem. Aliás, seria injusto negligenciar o fato de que numerosos missionários, médicos, enfermeiros e professores participaram do empreendimento colonial porque viam nele um instrumento de progresso e, cada um por seus motivos, cada qual no seu domínio, ao educar e tratar, fez o que pôde pelo progresso. No entanto, vista no seu conjunto, essa história sempre foi de grande violência. Não se tem hoje uma ideia dos extremos a que ela pôde chegar.

As mãos cortadas no Congo

Stanley ofereceu ao rei dos Belgas seu imenso "Estado Independente do Congo", mas Leopoldo, não dispondo de uma administração, entrega a gestão a sociedades concessionárias, isto é, a firmas privadas às quais são confiados territórios em regime de concessão. A primeira riqueza do Congo é o marfim. Nos anos 1890, graças à invenção da câmara de ar pelo norte-americano Dunlop, os belgas descobrem a segunda: a borracha, de que as florestas estão cheias. Não é exagero afirmar que a exploração de ambos gera um rio de sangue. Os concessionários querem lucro. Provocam terror para consegui-lo. Uma das técnicas mais comumente utilizadas pelos agentes das empresas para obrigar os rebeldes a submeter-se ao trabalho forçado é cortar-lhes uma mão, depois a outra. Muito em breve, espalhados por todo o gigantesco Estado leopoldino, contam-se milhares de mutilados. Para escapar desse horror, as populações fogem das aldeias sem saber para onde ir. São encontradas vagando pelas florestas, onde são vítimas de fome e epidemias. O balanço dessa política é vertiginoso. Por falta de instrumentos estatísticos confiáveis, é impossível verificar com exatidão, mas podemos ter uma ideia de sua dimensão. Em 1880, na época da conquista, a população congolesa está estimada em 20 milhões. Vinte anos mais tarde, ou seja, no espaço de uma geração, restam apenas 10 milhões.

O genocídio na Namíbia

Na virada do século, os alemães apropriam-se do país situado a sudoeste do continente que hoje chamamos de Namíbia. Em 1904, fartos de serem espoliados das terras que lhes pertenciam desde sempre, os hereros e os namas, populações autóctones, revoltam-se. Para acabar com a insubordinação, os alemães optam por uma solução radical: o aniquilamento. Despachado para lá por Berlim, o general Von Trotha desembarca com 15 mil soldados e aplica essa política deliberadamente. Ordena que todos os indígenas sejam mortos, inclusive os que se rendem, armados ou desarmados. A única solução para grande parte da população é fugir para o deserto. Os poços estão guardados por homens armados. Os raros sobreviventes são metidos em campos onde morrem às centenas, vítimas da subnutrição e dos trabalhos extenuantes a que são obrigados. Assim, oitenta por cento da população herero desaparece em poucos anos, no decorrer de uma página de História oficialmente qualificada pela Alemanha, desde 2015, como genocídio.

Os campos de concentração da Guerra dos Bôeres

Recordemos, por fim, que abusos podem ser cometidos contra brancos. Na África do Sul, as relações ficam tensas entre os britânicos e os Estados fundados pelos descendentes dos holandeses, sobretudo desde que se descobriu ali o ouro e as minas de diamantes. Duas guerras – 1880-1881 e 1899-1902 – colocam frente a frente os ingleses e os bôeres. A segunda inaugura um processo de que o século XX se recordará. Desde tempos imemoriais, os exércitos fazem prisioneiros no seio dos exércitos inimigos para enfraquecê-los. Os britânicos prendem não só combatentes, mas também civis, originando, assim, o que eles mesmos chamam de "campos de concentração". As condições de detenção nesses campos são de tal ordem que provocam milhares de mortos.[399]

Acrescentemos aos três momentos que acabamos de apresentar um apêndice importante. Todos esses horrores foram claramente denunciados na Europa à época. Graças ao trabalho de investigação realizado por Edmund Morel, jornalista britânico, e por Roger Casement, cônsul britânico de origem irlandesa, as atrocidades do Congo resultaram em um escândalo público muitas vezes denunciado nos jornais. Leopoldo, que tinha se tornado imensamente rico graças à África, bem que tentou comprar a imprensa a preço de ouro para que escrevesse o contrário da verdade, mas foi finalmente obrigado a recuar e a entregar sua colônia à Bélgica (1908), que já não podia recusá-la. O genocídio dos hereros causou um reboliço entre a esquerda alemã, e os abusos da Guerra dos Bôeres geraram grandes manchetes em toda a imprensa internacional, sobretudo, de fato, na dos países inimigos do Reino Unido. No entanto, nenhum comentador da época considerou que essa barbárie revelava alguma coisa quanto à natureza do sistema estabelecido pelos europeus, que, em sua essência, é extremamente violento.

A violência mais flagrante é a racial, constante, cotidiana, institucionalizada. Mesmo animados pelos melhores propósitos, os brancos sempre consideram os negros como crianças a quem tudo tem de ser ensinado, de acordo com uma pedagogia que não exclui a condescendência nem o chicote. A lei autoriza essa atuação. Todos os africanos, salvo raras exceções, são submetidos ao equivalente do que os franceses chamam de Código do Indigenato, que reduz as pessoas do império a um estado de inferioridade, negando-lhes todos os direitos políticos e sindicais concedidos aos cidadãos da metrópole.

A violência econômica não é menor. Assim que desembarcam, os brancos começam a equipar o país com infraestruturas, mas consideram

---

[399] Os maiores massacres imputados a Portugal no período colonial ocorreram já no século XX. São eles o de Batepá, em São Tomé e Príncipe (1953), em que foram mortos entre 100 e 200 (relatos da época) e 1.032 africanos (versão atual são-tomense); o de Pindjiguiti, na Guiné-Bissau (1959), em que foram mortos 150 africanos (número guineense); e o de Wiriamu, em Moçambique (1972), em que foram mortos 385 moçambicanos (número consensual). [N.T.]

que compete aos habitantes trabalhar para isso e, se necessário, à força. Pouco tempo após a abolição da escravidão, estabelecem em toda a parte o trabalho forçado. Praticado com frequência em condições terríveis, faz inúmeras vítimas. A maioria das estradas, das ferrovias e dos portos que assim foram construídos está voltada para a metrópole e serve para que os colonizadores se apropriem mais facilmente das riquezas do país conquistado. A economia colonial é, primeiramente, uma economia predatória, mas isso não é exclusivo à África. Vimos o mesmo processo ser aplicado em outros continentes.

★★★

OS EUROPEUS VÃO GUERREAR PELA ÁFRICA?

Em Berlim, as nações "civilizadas" quiseram provar que o eram. A partilha da África devia ser um assunto de *gentlemen*. No terreno, as rivalidades entre as potências europeias são mais hostis e estão sempre prestes a eclodir.

Ingleses e franceses, já o dissemos, são os grandes ganhadores da "corrida para o campanário", mas a oposição é vigorosa, sobretudo desde que os primeiros se apropriaram do Egito, cobiçado por Paris há muito tempo.[400] E os dois países alimentam sonhos africanos contraditórios demais para não envenenar suas relações.

A partir de sua colônia da África do Sul, os britânicos continuam progredindo para o norte, impulsionados por Cecil Rhodes (1853-1902). Homem de negócios, fundador da companhia de diamantes De Beers, está intimamente convencido da predestinação da "raça anglo-saxônica" para dirigir o mundo, e torna-se o defensor do imperialismo britânico na África. Por iniciativa própria, organiza expedições que permitem conquistar gigantescos territórios na África Austral, como a Bechuanalândia ou as duas Rodésias, que têm seu nome.[401] Desde

---

[400] Ver capítulo seguinte.

[401] Bechuanalândia: atual Botsuana. As duas Rodésias: a do norte, atual Zâmbia, e a do sul, atual Zimbábue. [Estes últimos territórios, bem como o atual Malaui, correspondem ao Mapa Cor-de-Rosa que originou o ultimato inglês de 1890.] [N.T.]

que passaram a controlar o Egito, os ingleses estão instalados na África do Norte. Ao final do século, também cobiçam o Sudão e o Quênia. Seu sonho é conseguir unir todas as suas terras do sul ao norte para traçar um eixo "do Cabo ao Cairo".

Os franceses, que conquistaram a maior parte da África Ocidental, também puseram os pés do outro lado do continente, em uma pequena costa do Chifre da África. Também começam a sonhar com uma unificação do seu império seguindo uma linha "Dakar-Djibouti". Em 1898, o comandante Marchand é enviado em missão de exploração para ver como o Império Francês na África pode ser unificado de leste a oeste. Chega assim a Fachoda, pequeno posto situado no Sudão, território oficialmente submetido ao Egito, onde os britânicos, que lá querem instalar-se, acabam de conduzir uma longa guerra contra os rebeldes. Londres indigna-se e ordena às suas tropas que expulsem Marchand. Começa uma crise. As febres nacionalistas sobem, dos dois lados do Canal da Mancha, a um nível tal que gera o receio de uma guerra. Graças a um intenso balé diplomático, a França finalmente aceita se retirar em troca de territórios no Saara, e os ânimos se acalmam a tal ponto que o ódio se transforma em amor. Seis anos após Fachoda, os dois países assinam a "Entente Cordiale", uma série de textos que resolve todos os diferendos. Os ingleses e os franceses não vão se digladiar na Europa por causa do Sudão. Mas os segundos irão duelar contra os alemães por causa do Marrocos?

Crise de Tânger e crise de Agadir

Instalados na Argélia desde 1830, os franceses conseguiram estabelecer um protetorado na Tunísia nos anos 1880. Esperam, assim, recuperar o sultanato de Marrocos, último país independente no norte do continente. Guilherme II tem o mesmo projeto. Em 1905, quando os franceses, a partir da fronteira argelina, começam a conduzir operações de "pacificação" para penetrar aos poucos no país, o kaiser chega de surpresa em Tânger para garantir seu "apoio" ao sultão. Reboliço nas chancelarias. É necessária uma conferência internacional, realizada em Algeciras, para acalmar os ânimos e confirmar que a França – e

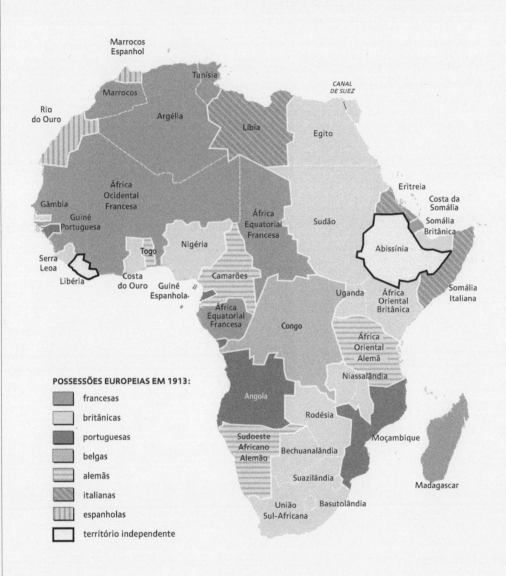

a Espanha – tem o direito de "ajudar" Marrocos. Tudo recomeça em 1911. Quando Paris está à beira de obter seu protetorado, Berlim envia uma canhoneira para a baía de Agadir. Nova efervescência, que só acalma com mais uma das trocas cujo tempo conserva em segredo. A França e a Espanha partilham Marrocos, e a Alemanha recebe, em compensação, vastos territórios na África Equatorial que vão juntar-se à sua colônia dos Camarões. Franceses e alemães também não irão guerrear pela África.

39

O declínio do Império Otomano

Ao final do século XVIII, o Império Otomano continua sendo uma potência. A Rússia tomou-lhe terras no Mar Negro e no Cáucaso, mas o velho gigante ainda tem recursos. Estende-se por três continentes, reina sobre um conglomerado impressionante de povos e religiões, e suas fronteiras vão da Áustria a Marrocos. Em 1914, está agonizante. Todas as suas províncias europeias se tornaram independentes. Todas as suas terras na África do Norte estão nas mãos dos europeus. O século XIX será, para ele, uma interminável sucessão de amputações.

O Egito e o eletrochoque ocidental

Para compreender como esse processo aconteceu, comecemos apresentando três episódios que ocorreram no primeiro terço do século.

A primeira peripécia nos leva para 1798, quando o governo revolucionário francês envia o jovem general Bonaparte à conquista do Egito. Já evocamos essa expedição sob o ponto de vista ocidental.[402] Agora, é preciso sublinhar sua importância para a história árabe-muçulmana. No plano militar, ela representa um novo aviso para Constantinopla. Depois de ter sido obrigado a ceder algumas províncias aos russos,[403] o império esteve à beira de perder uma de suas grandes possessões africanas, e os exércitos otomanos só conseguiram vencer

---

[402] Ver capítulo 31.

[403] Ver capítulo 27.

os franceses graças ao apoio da poderosa marinha inglesa. No plano simbólico, a chegada dos franceses tem o efeito de um verdadeiro eletrochoque para todo o mundo islâmico. Pouco informados sobre a evolução do mundo cristão, que desprezam, os egípcios, à semelhança do conjunto dos muçulmanos, continuavam adormecidos na doce ilusão da superioridade de sua civilização sobre todas as outras. Não tinham repelido os francos de uma vez por todas durante as cruzadas? A derrota súbita dos mamelucos perante os infiéis e a descoberta do seu avanço tecnológico e cultural provocam um despertar brutal. O choque desperta em alguns a convicção de que é necessária uma reforma profunda.

Mehmet Ali (1769-1849), um aventureiro de origem albanesa, é soldado de um batalhão otomano que se encontra no Egito durante o episódio napoleônico. Aproveitando as perturbações políticas criadas pela partida dos últimos ocupantes franceses, consegue tomar o poder e é nomeado vice-rei pelo sultão. Convencido de que a recuperação do seu novo país deve passar pelos métodos que fizeram a força dos ocidentais, impõe-lhe uma modernização apressada. Em poucos anos, consegue impor uma reforma fiscal drástica, criar um poderoso processo de recrutamento do exército – como o dos franceses que acabaram de partir –, fazer obras em infraestruturas e abrir o país aos capitais europeus.

O início das independências balcânicas

A grande paixão nacional que se apodera da Europa após a Revolução Francesa não se detém nas fronteiras do Império da Áustria. Como tantos outros europeus no início do século XIX, os cristãos dos Balcãs descobrem sua identidade. Ao ressuscitar línguas já pouco faladas há muito tempo, ao fazer renascer uma história, heróis esquecidos, poetas e linguistas, os historiadores dizem às pessoas, que se definiam desde sempre por sua crença religiosa, social e familiar, que elas também são romanas, gregas e búlgaras, e isso altera radicalmente as relações políticas. O domínio otomano, aceito há séculos, de repente se torna insuportável. Os primeiros a demonstrá-lo na prática são os sérvios. Em 1804, revoltam-se contra os turcos com a mesma convicção com que são empurrados pelas costas pelos russos, bastante contentes por estender sua influência na região ao mesmo tempo em que ajudam seus irmãos eslavos e ortodoxos. Acontece, porém, que nesse período napoleônico os russos têm outras preocupações. Abandonam os sérvios, que regressam a uma relação de dependência de que demorarão a se livrar: apenas em 1830 o sultão aceita conceder a Belgrado uma simples autonomia.

Chega a vez dos gregos. Em 1821, o bispo de Patras apela à insurreição. Desencadeia-se um ciclo infernal, muitas vezes repetido: massacre de muçulmanos pelos cristãos gerando uma repressão feroz que resulta em massacres de cristãos por parte dos muçulmanos. A Europa vive em paz, e o país que se revoltou lhe parece muito simbólico. Em nome do filelenismo, em nome de Sócrates e de Péricles, em nome de uma civilização que consideram a mãe da sua, grandes poetas como Victor Hugo, Shelley ou Lorde Byron, além de príncipes e simples cidadãos, muitas vezes alemães, apelam à Europa para libertar a Grécia dos opressores turcos e do déspota que os governa. No terreno, os revoltosos travam um combate difícil, porque o sultão pediu ajuda a Mehmet Ali, que enviou para o Peloponeso seu novo e poderoso exército egípcio. Empurradas por suas opiniões públicas, as potências europeias se lançam na batalha. Em 1827, as forças conjuntas anglo-francesas afundam a frota turco-egípcia em Navarin. Em 1828, os russos acrescentam seu peso na balança: declaram guerra a Constantinopla. Dois anos mais tarde, o sultão cede. Em 1830, a Grécia torna-se independente. No início, os insurgentes querem uma República. Essa solução não agrada às potências conservadoras que os apoiaram. Decidem criar um reino, com um príncipe bávaro como suserano.

Os franceses na Argélia

Desde o século XVI, a regência de Argel – na prática, pouco mais que o porto da cidade e uma larga faixa costeira – também é uma província otomana. Nos anos 1820, seu governador, chamado de *bey*, enerva-se contra a França por causa de uma velha história sobre um carregamento de trigo entregue em 1790 e que ainda não foi pago. Em

1827, convoca mais uma vez o cônsul francês, que é um negociante pouco honesto, e, exasperado com suas artimanhas, bate-lhe de leve com o mata-moscas. Ninguém poderia adivinhar que um safanão provocaria tamanho abalo. Carlos X, rei bastante reacionário que reina em Paris, está no auge de sua impopularidade. Tem de consolidar seu poder. Não há melhor maneira de consegui-lo do que com uma boa e pequena expedição no estrangeiro. O safanão é promovido a atentado sacrílego contra a honra nacional, e exige-se uma punição severa. Em meados de junho de 1830, 50 mil soldados e marinheiros franceses desembarcam em Sidi Ferruch e, menos de um mês mais tarde, entram em Argel. A vitória é brilhante, mas não consegue salvar o trono de Carlos X, derrubado pela revolução de julho. É oferecido à França um novo território. O Império Otomano perdeu mais um.

Assim é a História. No século XIX, o império dos sultões de Constantinopla, tão vasto ainda ontem, desmorona. Em toda parte onde isso acontece, quer seja para atiçar os movimentos de independência dos povos balcânicos, para apoderar-se de territórios na África ou para fazer reformas e investir capitais, a Europa põe as mãos à obra. Em 1853, perante o embaixador da Inglaterra, o czar da Rússia pronuncia a seguinte máxima: "O Império Otomano é o homem doente da Europa". Ainda antes de liquidá-lo por completo, as novas potências do século já discutem a partilha. A agonia dura um século. Os diplomatas da época chamam essa sucessão de imbróglios que a acompanha de "questão do Oriente". Podemos dividi-la em três fases.

RIVALIDADES ENTRE POTÊNCIAS, GUERRA DA CRIMEIA, ERA DAS REFORMAS
1830-1875

Se essa "questão do Oriente" tivesse sido desencadeada por apenas uma potência europeia, seria resolvida rapidamente. Mas são várias a se interessar pelo assunto, e seus interesses divergentes as neutralizam.

A Áustria é o mais velho adversário do mundo otomano e de seu vizinho nos Balcãs, mas, durante esse primeiro período, prefere apoiá-lo em vez de ajudar os pequenos povos que lutam contra ele.

Metternich faz tudo o que pode para sufocar as reivindicações das minorias no interior de suas fronteiras e não tem vontade alguma de encorajar as que existem fora delas. Já vimos que a Rússia conduz uma política oposta. Quando os cristãos se revoltam, está sempre pronta para apoiá-los, argumentando uma solidariedade religiosa, como com os gregos e ortodoxos, ou ainda religiosa *e* étnica, como com os sérvios, que são ortodoxos e também eslavos. Na realidade, os czares têm outras razões para querer o desmembramento do Império Otomano: como a grande Catarina em sua época, continuam mantendo o "sonho bizantino", esse velho fantasma de retomar Constantinopla para fazer dela a capital de um novo império cristão-ortodoxo do qual seriam os césares. Também são empurrados por uma necessidade geopolítica: o acesso aos mares quentes, isto é, o controle do Bósforo e dos Dardanelos, os dois estreitos que permitem a passagem do Mar Negro para o Mediterrâneo.

Do outro lado encontra-se o Reino Unido, o terceiro grande jogador dessa partida. Os britânicos, que já eram rivais dos russos na Ásia Central,[404] não querem vê-los em uma zona estratégica para eles: o Oriente está na Rota das Índias. Por essa razão, durante os três primeiros quartos do século XIX, Londres se torna a grande protetora do Império Otomano, que considera um bastião. A Inglaterra está pronta para defendê-lo se porventura for atacado.

Isso acontece com frequência. Por vezes, são os próprios vassalos da Sublime Porta[405] que se revoltam contra ela. Na época da guerra da independência grega, nos anos 1820, Mehmet Ali aceitou enviar seu belo e moderno exército em socorro do sultão. Considera que merece ser recompensado e pede o controle das províncias da Síria e da Palestina. Constantinopla recusa. Mehmet Ali envia seus soldados. Por duas vezes (1831-1833 e 1839-1841), o Império Otomano e o Egito estão em guerra. Por ocasião do segundo conflito, o exército egípcio consegue tamanho avanço que ameaça Constantinopla. A França, outra potência europeia que ainda não mencionamos na partida

---

[404] Ver capítulo 33.

[405] Designação corrente dada entre 1718 e 1922 ao governo do Império Otomano. [N.E.]

em curso, é nessa época grande aliada do Cairo, onde coloca seus conselheiros e seus capitais. Quer apoiar o vice-rei, mas a Inglaterra se opõe e se mostra tão decidida a defender a integridade otomana que consegue obrigar Mehmet Ali a retirar suas tropas. Ele recebe, em troca, o antigo e prestigiado título de quediva (vice-rei) e a garantia de que será hereditário.

O conflito seguinte começa no início dos anos 1850, em Jerusalém. Renasce uma velha questão entre monges católicos e ortodoxos para decidir qual das duas comunidades deve guardar os Lugares Santos. Como a França se considera protetora da primeira, ao passo que a Rússia apoia a segunda, a questão regional torna-se um drama diplomático. Para pressionar Constantinopla, de quem depende a Cidade Santa, o czar envia seus homens para ocupar duas províncias otomanas: a Moldávia e a Valáquia, situadas perto da Ucrânia. Quando o sultão responde declarando guerra à Rússia, recebe imediatamente o apoio armado da Inglaterra, dessa vez seguida pela França. Um importante exército franco-britânico é enviado para as margens do Mar Negro para lutar ao lado dos turcos contra os russos. É a Guerra da Crimeia (1854-1856), uma abominável carnificina que faz centenas de milhares de vítimas. Acaba com a derrota dos russos, mas também com uma nova amputação para os otomanos: as províncias da Moldávia e da Valáquia conseguem sua autonomia. Vão constituir um novo país: a Romênia.

Al-Nahda e Tanzimat

Durante todos esses anos, o Oriente, atacado de todos os lados, também procura em si mesmo uma forma de se reafirmar. O mundo otomano do século XIX não é, com efeito, um velho agonizante. É, também, um grande corpo em efervescência reformadora. Ela adquire duas formas.

A primeira diz respeito ao mundo árabe e, em primeiro lugar, ao Egito, onde Mehmet Ali fez soprar um vento de modernidade. Paralelamente às mudanças políticas e econômicas que o país vive e ao grande choque do confronto com o Ocidente, alguns imãs, pensadores e escritores, ousam colocar novas questões: não será tempo de reformar o Islã? Como adaptar à nossa religião os princípios que parecem ter feito a superioridade dos cristãos, tais como as eleições, os parlamentos ou ainda um lugar maior concedido às mulheres? Esse grande despertar intelectual é chamado, em árabe, de *Nahda*, ou "Renascimento".[406] Ele rapidamente se alastra às outras províncias árabes do império. É o caso da Tunísia, onde reina um *bey* que admira a modernização egípcia, e que é o primeiro país do mundo muçulmano a adotar uma constituição, em 1861.

O outro vento de mudança atingiu o próprio coração do império. Mesmo ao final do século XVIII, um primeiro sultão tinha criado um exército moderno, mas os janíçaros, furiosos por perderem um poder que detinham há séculos, depuseram-no e assassinaram-no. Outro sultão, um pouco mais tarde, percebeu a lição. Em 1826, ordena o massacre dos janíçaros. Acabou o problema. Pode agora retomar o caminho do progresso e lançar, nos anos 1830, um pacote de reformas que foram reunidas sob o nome turco de *Tanzimat*, ou "Restruturação". Vai durar duas décadas e visa todos os domínios da vida pública, como a educação, os impostos, a administração e mesmo – como é frequente – o vestuário: o turbante é substituído pelo fez ou *tarbush*, um chapéu para a cabeça, vermelho e cônico, tão característico do universo oriental do século XIX. O fez também é um instrumento de uniformização. O elemento central do dispositivo consiste em sair do velho sistema comunitário que classificava os indivíduos de acordo com a religião para tentar estabelecer uma igualdade total entre todos os cidadãos do império.

Essa mudança vertiginosa ocorre aos sobressaltos. Numerosos muçulmanos ficam ainda mais furiosos por perder sua proeminência porque sentem que as minorias já eram escandalosamente favorecidas pelos estrangeiros. Tal como aconteceu com os russos em relação aos ortodoxos, ou com os franceses em relação aos católicos, cada potência europeia aposta, com efeito, em uma minoria que pretende defender, ao mesmo tempo em que cria aliados no seio do império.

---

[406] Para conhecer melhor a *Nahda* e os *Tanzimat*, veja o livro anterior do autor, *L'Orient mystérieux et autres fadaises*, op. cit.

E todas abusam do sistema das capitulações, que autoriza os cônsules das potências estrangeiras a julgar seus cidadãos no lugar da justiça otomana. Numerosos indivíduos das minorias jogam essa carta para conseguir passaportes europeus, embora correndo riscos. Podem ser facilmente considerados traidores a serviço dos inimigos do império e do Islã. Em 1860, na província da Síria, as rivalidades interconfessionais descambam numa loucura assassina. Milhares de cristãos são massacrados pelos drusos – uma minoria muçulmana heterodoxa – no monte Líbano. Depois, outros cristãos são massacrados por muçulmanos em Damasco. Constantinopla é incapaz de fazer frente a esse desatino e a França envia um corpo expedicionário para tentar proteger os maronitas, mas milhares deles optam pelo exílio.

Quando a Europa não envia seus militares, manda seus homens de negócios. A modernização custa muito caro e aumenta uma dívida já considerável e perigosa, porque coloca o império em mãos estrangeiras. Seja como for, o comboio da reforma continua seu caminho, conduzindo até uma espécie de apoteose. Em 1876, Abdul Hamid II (nascido em 1842; reinado: 1876; abdicação: 1909; morte: 1918), o jovem e novo sultão que todos consideram um liberal, acaba com séculos de poder absoluto. É promulgada a primeira Constituição otomana.

NOVAS INDEPENDÊNCIAS, NOVAS COLONIZAÇÕES
1875-1908

Estamos em 1875-1876. A Grécia é independente. A Sérvia e a Romênia não o são por direito, mas adquiriram uma verdadeira autonomia. O desejo de liberdade origina protestos em novas províncias. Eclodem revoltas na Bósnia, na Herzegovina e na Bulgária, desencadeando o ciclo infernal dos massacres e da repressão. Dessa vez a história acelera, porque mudaram as linhas de força que mantêm o sistema. Os sinistros bashi-bazouk, mercenários otomanos encarregados de reestabelecer a ordem na Bulgária, cometem enormes abusos. As "atrocidades búlgaras", que a imprensa europeia repercute largamente, provocam um escândalo internacional que destrava um grande ferrolho. Empurrada pela opinião pública e pelos discursos sonoros de Gladstone, grande líder da oposição liberal, a Inglaterra decide se afastar do seu aliado otomano. Dessa vez, não tenta defendê-lo. Ao mesmo tempo, outras potências estão partilhando os despojos do império. A Áustria, agora Áustria-Hungria, também já não tem os mesmos cuidados que Metternich. Afastada da opção alemã por Bismarck,[407] considera agora que seu destino está a leste. Ocupa a Bósnia e a Herzegovina. A Rússia, como sempre, está pronta para tudo. Depois de ter apoiado a guerra que, na confusão, os sérvios e o pequeno Montenegro acabam de declarar a Constantinopla, também ela lhe declara guerra, lançando-se na batalha para ajudar os búlgaros. Acumulando vitórias, suas tropas chegam às portas de Constantinopla. Em março de 1878, o sultão, ajoelhado, pede a paz e, em Santo Estêvão, um subúrbio chique de sua capital, assina um tratado incrivelmente favorável ao czar e aos seus aliados. Cede todos os seus territórios europeus e cria um enorme reino da Bulgária, de que São Petersburgo será o protetor.

Uma onda de choque varre as chancelarias. O Reino Unido e a Áustria-Hungria despertam e declaram inaceitável o presente oferecido à Rússia. A tensão diplomática atinge seu apogeu. Bismarck, chanceler do novo Império Alemão – que, vale recordar, quer ser o árbitro do jogo europeu –, propõe a realização de uma conferência internacional em Berlim. Quatro meses após Santo Estêvão, o Congresso de Berlim (1878) produz um novo texto. No papel, parece um milagre de equilíbrio: a Áustria pode ficar na Bósnia-Herzegovina e a Rússia obtém províncias no Cáucaso, mas sua enorme Bulgária é dividida em dois para que uma parte continue otomana e para que seu tamanho não a conceda o poder de esmagar os outros países da região – a Sérvia, o Montenegro e a Romênia, que se tornam plenamente independentes. Na realidade, o tratado acaba de lançar a semente das futuras discórdias. Os bósnios se livraram de uma tutela, mas caem em outra; a Rússia está descontente; a Bulgária, humilhada; e todos os países recém-independentes já se sentem limitados e sonham com a possibilidade de alargar suas fronteiras às custas dos outros. Além disso, o acordo gera repercussões do outro lado do Mediterrâneo. O Reino Unido ganhou o Chipre, uma grande ilha que lhe permite proteger oficialmente seu

---

[407] Ver capítulo 33.

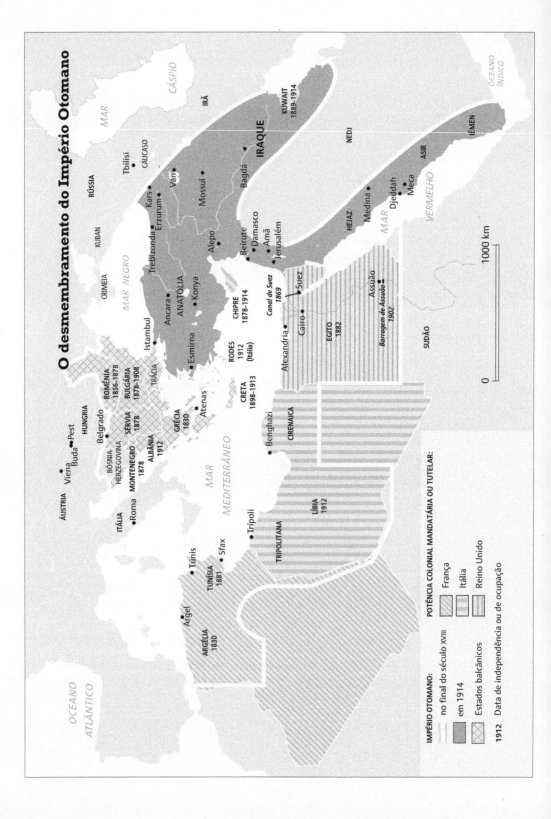

velho amigo otomano, mas que, na realidade, serve para aumentar seu controle sobre o Mediterrâneo Oriental. De acordo com os princípios de troca em voga nessa época, a França considera que tem direito a uma compensação. Instalada na Argélia, que agora é uma colônia, quer estender-se por toda a África do Norte. É concedido a ela o direito de conquistar a Tunísia. Trata-se de uma formalidade. Bastam vagos reboliços criados por tribos na fronteira da Argélia para que ela atue. Em 1881, afirmando estar em uma missão de "pacificação", as tropas francesas chegam a Túnis. Apesar de continuar sendo oficialmente vassalo de Constantinopla, o país torna-se um protetorado francês.

Essa história se repete em todos os elos fracos do império.

Pan-islamismo

A modernização iniciada no Egito no início do século produziu grandes resultados. O Cairo tornou-se uma cidade moderna. O país está dotado de infraestruturas, sendo a mais espetacular delas o Canal de Suez, inaugurado em 1869. Mas tudo isso custou muito caro e, no fim dos anos 1870, o quediva está nas mãos dos banqueiros, que lhe impõem medidas de austeridade humilhantes para os egípcios. Num sobressalto de orgulho patriótico, surge um oficial que toma o poder e pretende se opor a essa política; quer libertar o país dos credores que o mantêm ajoelhado. Os britânicos utilizam a força. Em 1882, seus soldados desembarcam em Alexandria, ocupam o país e colocam no poder um governo absolutamente dócil para com os europeus. O Egito, ainda oficialmente vassalo da Sublime Porta, torna-se na prática um protetorado de Londres.

Em seu palácio do Corno de Ouro, o sultão Abdul Hamid II, que parecia um espírito aberto, considera agora que o que provocou essa longa descida aos infernos foram as reformas. Está convencido de que esse estúpido espírito modernista, essa loucura de realizar eleições e de partilhar o poder, são responsáveis pela fraqueza do império. Em 1878, suspende a Constituição que tinha promulgado dois anos antes, reinstaura o poder absoluto e volta atrás no que diz respeito a todas as aberturas que já tinha feito. No lugar do *otomanismo*, que considerava iguais todos os cidadãos do império, volta a utilizar o antigo título de "califa", chefe dos fiéis, e aposta no *pan-islamismo*, a união dos muçulmanos contra todos os outros. Não hesita, aliás, em atiçar um ódio brutal contra as minorias. Nos anos 1890 ocorrem os primeiros massacres armênios. São cometidos por bandos de bêbedos curdos que o califa escolheu como capangas. Abdul Hamid II é considerado pelos jornais franceses um "Grande Senhor". Perseguida pela temível polícia política, a maioria dos pensadores e escritores que ousam utilizar um discurso crítico parte para o exílio.

★★★

A REVOLUÇÃO DOS JOVENS TURCOS E O "BARRIL DE PÓLVORA DOS BALCÃS"
1908-1914

Nesses anos de chumbo, numerosos turcos procuram nas sombras uma forma de arrancar o país da mediocridade em que se encontra. É o caso dos militares, muito francófonos e muito inspirados pela Revolução Francesa, que fundaram os Jovens Turcos, uma sociedade secreta que tem como objetivo reerguer o país. A maioria deles está posicionada na Macedônia, a grande província situada entre a Grécia e a Bulgária, que é o último bastião otomano na Europa. A capital é Salonica, e é de lá que lançam a insurreição, em 1908. Em apenas algumas semanas, a revolução jovem-turca atinge Constantinopla. O velho sultão tirânico é obrigado a restaurar a Constituição e as liberdades públicas. As multidões ficam eufóricas, e os ódios inter-religiosos parecem esquecidos. As pessoas se abraçam, os membros das comunidades confraternizam. Paira a certeza de que todos os otomanos, enfim reunidos, salvarão o pobre império doente.

É uma falsa alegria. A agitação oferece também a oportunidade a todos os predadores que por ali rondam de arrancar um pouco mais de carne de sua velha presa. Os tumultos recomeçam, desencadeando, como sempre, intermináveis reações em cadeia. Logo após o anúncio da revolução, a Bulgária proclama independência total, e a Áustria-Hungria, que ocupa a Bósnia-Herzegovina há trinta anos, aproveita para anexá-la. A medida desencadeia a fúria dos sérvios, que consideram que essas províncias, em parte povoadas por eslavos, lhes pertencem. Preparam-se para a guerra, apoiados como sempre pelos russos, mais opostos que nunca à Áustria, mas reconciliados há pouco tempo com seu velho inimigo britânico. Em 1907, São Petersburgo e Londres assinam uma convenção que regula seus diferendos na Ásia Central, dividindo os principais países dessa área em zonas de influência. Por sua vez, Viena tornou-se uma grande aliada de Berlim. Durante essa crise de 1908, a Alemanha acalma os ânimos. A guerra com Belgrado ficará para a próxima. Oportunidades não faltam em uma região que os diplomatas classificam agora como "barril de pólvora dos Balcãs".

Entra em cena um ator que não tínhamos visto até então. A Itália também gostaria de ficar com uma parte do "bolo otomano" de que os outros estão a servir-se. Houve um tempo em que sonhou com a Tunísia, tão perto de sua costa, mas a França antecipou-se. Em 1911, Roma envia suas tropas à Tripolitana e à Cirenaica, com que pretende fazer a colônia da Líbia. Constantinopla manda todo o exército de que dispõe para defender as últimas possessões que lhe restam na África. É uma boa hora para acabar com o Império Otomano na Europa.

Desde o fim do século XIX, todas as novas nações que surgiram no mapa também têm pretensões expansionistas, e todas consideram injustas as delimitações que lhes foram impostas, ou que entregaram a outros as minorias que elas reivindicam. A Sérvia, já o dissemos, mantém um olho nos eslavos que vivem nas províncias vizinhas. A Bulgária quer acessar o mar. A Grécia pretende reunir todas as províncias que falam grego, como Creta, e sonha por vezes com a chamada "grande ideia" (*megali idea*), que consiste em reconquistar Constantinopla. Os três países olham sobretudo para a Macedônia, último vestígio do mundo otomano na Europa. Nessa vasta faixa que se estende da Trácia até o sul da Sérvia, todos os povos e todas as religiões estão misturados, e nacionalistas de todas as espécies, sobretudo os gregos e os búlgaros, continuam agitando suas minorias e aterrorizando os outros com atentados a bomba, fazendo com que a província vire um barril de pólvora dentro de um barril de pólvora. Em 1912, para completar, a Sérvia, a Bulgária, a Grécia e até o pequeno Montenegro juntam suas forças e atacam o Império Otomano. É a Primeira Guerra dos Balcãs.

É rápida e facilmente vencida pelos agressores, que precisam de ainda menos tempo para iniciar uma disputa interna a respeito dos despojos. Para culminar, acaba de ser despertado um último nacionalismo. Para Istambul, os albaneses, majoritariamente muçulmanos, eram desde sempre os mais fiéis dos fiéis. Eles também querem a independência, e a obtém graças ao apoio da Itália e da Áustria, para maior fúria dos sérvios, que perdem uma possibilidade de adquirir uma faixa marítima. Os búlgaros ficam ainda mais descontentes: não perdoam que os gregos tenham tomado Salonica e toda a costa Macedônia, privando-os do acesso ao mar. Por conseguinte, atacam seus antigos aliados. Estamos em 1913 e essa é a Segunda Guerra dos Balcãs.

Em Istambul, a euforia de 1908 vai longe. Em 1909, Abdul Hamid II tenta fazer uma contrarrevolução. É deposto e substituído pelo irmão. O clima continua a piorar em um país atacado de todos os lados, que enfrenta guerra após guerra, perdendo sempre. A Ásia Menor está repleta de milhões de refugiados, sobretudo muçulmanos expulsos da Europa ou das províncias do Cáucaso, tomadas pelos russos. O Comitê União e Progresso, o partido jovem-turco no governo, revela-se menos liberal do que na época da revolução. Suas opções políticas combinam com ditadura. A ideologia na qual o partido se apoia tem características próprias do nacionalismo mais intransigente: já não se fala em fraternização entre otomanos. Apenas os turcos importam. Apenas eles devem dominar, e, para começar, procuram todas as formas possíveis de defesa. Os outros que tenham cuidado.

O SÉCULO XX

1914-1918: Primeira Guerra Mundial

1915-1916: genocídio armênio

1917: revoluções russas (fevereiro e outubro)

1929: *Crash* da Bolsa em Wall Street

1936-1939: Guerra Civil da Espanha

1936: grande revolta árabe na Palestina

1937: o Japão declara guerra à China

23 de agosto 1939: Pacto Germânico-Soviético entre a Alemanha nazista e a União Soviética

4-11 de fevereiro 1945: Conferência de Ialta

1948: criação do Estado de Israel

1949: Mao Tsé-Tung proclama a República Popular da China

1957: Tratado de Roma institui a Comunidade Econômica Europeia

1960: o ano da África – Dezessete países alcançam a independência

25 de abril de 1974: "Revolução dos Cravos" em Portugal

1979: Revolução Iraniana – O aiatolá Khomeini assume o poder

Dezembro de 1991: desmoronamento da União Soviética

Em 1914, a Europa domina o mundo, mas o pequeno continente está minado pelas paixões nacionalistas. Um tiro de revólver disparado em Sarajevo desencadeia a Primeira Guerra Mundial. Sobre as ruínas que deixa para trás nascem os totalitarismos. Eles arrastam o mundo para o abismo de uma nova guerra mundial ainda mais insana e destruidora que a anterior. Após 1945, o apogeu da Europa pertence ao passado. Todos os países que ela dominou emancipam-se um após o outro. O mundo pertence a dois gigantes que o partilham: os Estados Unidos e a União Soviética.

40

Uma visão mundial da Grande Guerra

Em 1914, o nacionalismo está no auge. Para se proteger dos Estados que mais receiam, as potências europeias estabeleceram alianças com os que menos temem. Um tiro de revólver disparado em Sarajevo desencadeia o mecanismo fatal. Em pouco menos de um mês, toda a Europa está em guerra, arrastando com ela o mundo inteiro.

NO INÍCIO DO SÉCULO XIX, na Europa, as paixões nacionalistas estão fervilhando. Cada uma das potências dominantes considera-se a única a possuir o mais elevado grau de civilização e de progresso, e sente-se pronta para enfrentar as que a rodeiam. Todas sabem também que a melhor maneira de se precaver contra os rivais que mais detestam é estabelecer alianças com os que menos receiam. Ao contrário da ideia retrospectiva em vigor, o estabelecimento dessas alianças é extremamente variável e complexo.

Nos anos 1870, o muito reacionário Bismarck pretende estabelecer uma *entente* entre os três imperadores: o da Alemanha, o da Rússia e o da Áustria-Hungria. A feroz rivalidade entre os dois últimos nos Balcãs impede esse casamento.[408] A Prússia então escolhe Viena e renuncia a São Petersburgo, que encontra outro apoio, politicamente inesperado. Por causa da sua derrota na guerra de 1870, a França considera que a Alemanha é seu inimigo principal.

---

[408] Ver capítulo anterior.

Reestabelece, portanto, uma aliança franco-russa (1893) preciosa em um plano estratégico – ela permite encurralar o Reich –, mas duvidosa no plano moral. A República, que reclama ideais da Revolução Francesa, torna-se aliada de uma autocracia. A Itália não perdoa a França pelo fato desta ter se apropriado da Tunísia, que cobiçava; aproxima-se, portanto, da Alemanha e da Áustria, apesar de ter lutado ferozmente contra elas para concretizar sua união. Por fim, temos a Inglaterra, que durante toda sua expansão colonial nunca deixou de ser uma rival das duas: da França, na África, e da Rússia, na Ásia. No entanto, assina com a primeira o acordo chamado de "Entente Cordiale" (1904), e com a segunda, uma convenção que regula os diferendos (1907).

Nos anos 1910, formaram-se assim dois campos: o da Alemanha, da Áustria-Hungria e da Itália, chamado de "Tríplice Aliança"; e o da França, da Rússia e do Reino Unido, que, na realidade, apenas são aliados em pares, mas que é chamado de "Tríplice Entente". Na maioria desses países existe uma forte corrente pacifista, defendida sobretudo pelos socialistas, decididos a impedir a todo o custo a guerra que esse sistema parece estar preparando. Os nacionalistas são a favor dela, e os Estados-maiores aguardam-na sem receio, porque todos estão convencidos de que vão ganhar muito depressa ou, ainda melhor, que o adversário recuará perante a perspectiva do combate. A grande questão é saber onde vai ela começar. Durante algum tempo, as tensões concentram-se na África.[409] A faísca saltará nos Balcãs.

A engrenagem

A Sérvia não perdoa Viena por ter anexado, em 1908, a Bósnia-Herzegovina, em parte habitada por sérvios. O anúncio da visita a essa província de Francisco Ferdinando, arquiduque herdeiro da Áustria-Hungria, agita-se como um pano vermelho diante dos ultranacionalistas eslavos. Os tiros disparados à queima-roupa no dia 28 de junho de 1914 por Gavrilo Princip, um jovem bósnio exaltado e provavelmente armado pela extrema direita de Belgrado, sobre o *coupé*

---

[409] Ver capítulo 38.

do príncipe desencadeiam o incêndio. Atiçado pelo jogo infernal das alianças, o fogo propaga-se por toda a Europa.

Poderia ter sido impedido? Quem é o responsável pela amplitude que adquiriu? Os alemães, que nunca deixaram de pressionar Viena porque queriam a guerra? Os russos, que desempenharam no caso um papel não menos importante, apoiando o campo do outro lado? O conjunto dos Estados-maiores? Há, agora, mais de um século que se colocam essas interrogações, para as quais certamente nunca se encontrará uma resposta exata.

Inicialmente, a Áustria-Hungria hesita no que diz respeito a qual conduta adotar, mas, com efeito, a Alemanha a pressiona para que atue, garantindo-lhe um suporte infalível. Talvez seja uma boa ocasião para acabar, enfim, com a arrogância sérvia e delimitar seu território de modo claro e definitivo. No dia 23 de julho, Viena envia a Belgrado um ultimato redigido em termos inaceitáveis para o governo sérvio. Primeiramente, ele nada tem a ver com o atentado, e comporta uma cláusula insultuosa para qualquer Estado soberano: os austríacos exigem que sua própria polícia dirija o inquérito sobre o assassinato na Sérvia. Belgrado recusa com tanta convicção quanto os russos, que, por sua vez, garante-lhe apoio incondicional.

No dia 28 de julho, os austríacos bombardeiam Belgrado. A engrenagem começa a funcionar. Por solidariedade aos sérvios, os russos mobilizam-se contra a Áustria, que a Alemanha apoia mobilizando-se contra os russos e declarando, depois, guerra à França, que declarou apoio aos russos. Estamos em 2 de agosto. Em nenhum desses países os pacifistas conseguiram impedir o irreparável, e a imensa maioria dos socialistas, mesmo nos países onde são numerosos, como na Alemanha ou na França, votaram a favor do orçamento de guerra. Apenas a Itália fica de lado – por enquanto –, assim como a Inglaterra, que faz o possível para evitar o pior e que não quer ser arrastada para o abismo que está se abrindo. Acaba caindo lá muito depressa. No dia 4 de agosto, seguindo um plano preparado há muito tempo, as tropas alemãs penetram a Bélgica para contornar o exército francês pelo norte. Para Londres, a violação da neutralidade belga é um *casus belli*. O Reino Unido declara guerra à Alemanha. Assim começa o primeiro conflito mundial.

Pela sua duração, pelo número de vítimas que provoca, pelo fato de não implicar apenas militares em confronto no decorrer de batalhas pontuais, como aconteceu em todos os conflitos anteriores, mas também por mobilizar a retaguarda, a indústria e a cultura, essa guerra não é comparável a nenhuma outra.[410] Ela é, antes de mais nada, o suicídio da Europa. É o paroxismo, o apocalipse no qual todos os valores e convicções que há um século fizeram o poderio do pequeno continente se voltam contra ele.

O século XIX foi aquele em que todos os países europeus se tornaram nações,[411] um sistema pensado originalmente para garantir, a cada povo, sua liberdade. Desfigurado pelo nacionalismo, esse belo princípio os lança uns contra os outros, em um insano e mortífero combate. O século XIX europeu orgulhava-se de ser o da ciência, do progresso e da "civilização". Entre 1914 e 1918, a ciência serve para inventar tanques de guerra e o gás; a "civilização" que ambos os campos reivindicam é apenas uma máquina que produz ódio, e o progresso resulta em milhões de mortos.

Os europeus, que tinham conseguido dominar o mundo no século XIX, arrastam todo o planeta em sua loucura. Comecemos expondo brevemente o modo como essa guerra é contada pela Europa, para depois observar o impacto que teve no mundo.

A VISÃO EUROPEIA TRADICIONAL DA GUERRA

Independentemente do lado em que estavam, os especialistas militares concordavam em um ponto: a guerra seria muito curta. Os Estados-maiores haviam preparado planos que garantiriam uma vitória-relâmpago. Os franceses tinham previsto avançar diretamente sobre a Alsácia-Lorena para esmagar o inimigo e continuar até Berlim. Os alemães estavam obcecados pelo espectro do "rolo compressor" russo, os milhões de homens que esse imenso império podia fornecer, mas tranquilizados quanto a um ponto: o país estava de tal modo desorganizado que seriam necessários meses para encaminhar as tropas

---

[410] Diz-se que a Grande Guerra foi a industrialização da morte. [N.T.]

[411] Ver capítulo 33.

até a frente de combate. Consequentemente, era imperativo vencer rapidamente outro inimigo: a França, esse elo fraco que irá ceder ao primeiro impacto se for atacado com astúcia. Assim nasce a ideia de passar pela Bélgica. É o Plano Schlieffen.

Em agosto, quando os franceses lançam ofensivas para aplicar sua estratégia, os alemães são confrontados por um imprevisto: a resistência heroica do pequeno exército belga. Por fim conseguem vencê-lo, e graças ao seu movimento envolvente, estão, no início de setembro, a alguns quilômetros de Paris, que o governo já tinha abandonado. Num sobressalto, os franceses conseguem barrá-los: é o "Milagre do Marne" (setembro de 1914).

Bloqueados em sua progressão, os generais alemães voltam-se para o norte e tentam contornar o exército francês a oeste para impedi-lo de chegar ao Canal da Mancha, onde os ingleses começavam a desembarcar. É a "Corrida para o mar", um jogo em que se avança, ataca ou bloqueia ao mesmo tempo em que se faz de tudo para conservar o terreno conquistado na véspera, sobretudo escavando trincheiras onde as tropas se abrigam. É assim que, ao final do outono de 1914, constitui-se uma frente de mais de 700 quilômetros, que se estende do litoral belga até o Jura. Ela muda a natureza das hostilidades: troca-se a *guerra de movimento* pela *guerra de posição*, um confronto interminável.

No Leste, os estrategistas são confrontados com iguais surpresas. Num primeiro momento, e contra todas as expectativas, os russos conseguem efetuar uma progressão rápida e invadem a Prússia Oriental. Os alemães realizam o próprio "milagre" e obtêm uma vitória esmagadora, fazendo milhares de prisioneiros.[412] Mas seus aliados austríacos sofrem derrotas. Nenhum dos dois campos conseguiu dar um golpe decisivo.

Como sair do lodaçal sangrento ou dessa guerra, que deveria ser breve? É a grande questão dos anos 1915-1916. No Leste, aposta-se nas grandes ofensivas, lançando todos os exércitos contra o adversário na tentativa de fazê-lo cair. É o que fazem os austro-alemães em 1915. Conseguem ganhar terreno, mas não vencem. Os russos fazem a mesma

---

[412] A batalha ocorreu ao final de agosto em Tannenberg, atual Stebark, na Polônia.

coisa em 1916: conseguem quebrar as linhas austríacas e fazer grandes avanços, mas acabam parando, exaustos, sem ter alcançado a vitória.

A Oeste, o objetivo de cada um dos campos é romper a frente inimiga, ultrapassando as malditas trincheiras onde o adversário está enterrado. Estão obcecados, e essa obsessão se manifesta em batalhas dantescas que consistem em soterrar o inimigo sob uma saraivada de bombas antes de lançar sobre ele milhares de soldados, rapidamente ceifados pelos tiros das metralhadoras inimigas. Artésia, Champagne, Verdun, Somme: todas as tentativas terminam em massacre humano e fracasso militar.

No início de 1917, a situação está paralisada. Os civis se desesperam. A moral dos soldados está completamente baixa. Eclodem motins. Os generais não têm planos alternativos. Os dois campos são titãs de igual força, dois cães de guarda que parecem querer devorar seus filhos até o fim dos tempos. Dois acontecimentos que ocorrem em 1917, ano crucial, modificam esse equilíbrio mortífero: a Revolução Russa, que eclode em fevereiro e conduz à retirada, um ano mais tarde, de um dos protagonistas do conflito; e a entrada dos Estados Unidos na guerra, que prestarão uma ajuda decisiva aos aliados franco-ingleses.

A Revolução Russa

Desde 1914, todos os povos estão sofrendo. Os russos talvez mais do que os outros. Dezenas de milhares de soldados foram feitos prisioneiros. As condições dos que estão nas frentes de combate são abomináveis, e a desorganização da retaguarda é tão grande que falta tudo, e os únicos produtos encontrados nos mercados custam um preço exorbitante. As greves sucedem-se no império. No início de março de 1917, mulheres estudantes e operárias manifestam-se em Petrogrado[413] para reclamar pão. Nicolau II responde da única forma que parece conhecer: envia o exército contra elas. Pela primeira vez, os soldados, mesmo os cossacos, normalmente tão fiéis ao poder, recusam-se a obedecer e confraternizam com as multidões sobre as quais deviam disparar. Assim começa a primeira das revoluções russas

---

[413] No início da guerra, o nome São Petersburgo, bastante alemão, foi "russificado".

de 1917, chamada, em razão da defasagem do calendário ortodoxo, de "Revolução de Fevereiro". Após alguns dias, o czar abdica a favor de seu irmão, que recusa o trono. O poder passa para a Duma, uma assembleia de notáveis autorizada pelo governo depois dos tumultos de 1905. Mas a Duma sofre a concorrência do Soviete de Petrogrado, um conselho que pretende se impor como o órgão dos operários e soldados. Na realidade, a Nova Rússia tem dois senhores.

O governo que saiu da Duma é muito influenciado pelos ideais de 1789. Promete a eleição de uma assembleia constituinte que realizará as reformas de base de que o país precisa e, entretanto, adota uma série de reformas de inspiração democrática e liberal, entre as quais a abolição da pena de morte, a liberdade de consciência e a liberdade de imprensa. Por sua vez, o Soviete é mais influenciado pelos revolucionários radicais, sobretudo os bolcheviques, dirigidos e chefiados por Lenin, regressado da Suíça em um comboio especialmente fretado pelos alemães, que perceberam as vantagens que podiam obter às custas da desorganização do inimigo.

As duas correntes adotam posições irreconciliáveis. O governo resultante da Revolução de Fevereiro, sobretudo seu chefe, Kerensky, um advogado socialista e democrata, mas também um inabalável opositor a qualquer solução negociada com o inimigo, querem continuar a guerra. Os bolcheviques se recusam. Seguem a linha exposta por Lenin, após seu regresso, em um artigo publicado no *Pravda* – as célebres "Teses de Abril" –, e propõem uma palavra de ordem muito popular junto aos conscritos e camponeses: a paz e a reforma agrária.

Em pouco meses, a decomposição do poder ajuda os leninistas a partir para a ação. Depois de terem assegurado o controle do Soviete de Petrogrado, lançam, em novembro, uma manobra para se apropriarem de todos os órgãos do governo: é a Revolução de Outubro (ainda de acordo com a defasagem dos calendários). Ela irá alterar o curso da guerra. Em dezembro, os novos mestres do falecido império dos czares assinam um armistício com os impérios centrais. Depois, em março de 1918, após uma breve retomada das hostilidades por parte dos alemães, assinam o Tratado de Brest-Litovsk.[414] As cláusulas

---

[414] Cidade situada na atual Bielorrússia.

são dramáticas para os vencidos. A Rússia perde imensos territórios. Lenin não se importa. A revolução se estenderá brevemente por todos os territórios. Para que lamentar a perda de algumas províncias? Os austro-alemães podem regozijar-se. O inimigo do Leste, que tanto os assustava no início da guerra, foi vencido.

A entrada dos americanos na guerra

Um mês após a deserção do seu aliado no Leste, a Entente pôde se consolar com a chegada de um novo parceiro, vindo do Oeste. Quando o conflito eclodiu em 1914, os Estados Unidos mantiveram-se neutros. Sua população, descendente de imigrantes vindos de toda a Europa, inclusive dos países germânicos, estava dividida entre os dois campos. Dois fatores vão alterar a opinião pública. O primeiro é um telegrama diplomático enviado por Berlim ao México, que os ingleses interceptaram e transmitiram com gosto a Washington. Os americanos descobrem assim uma manobra que consideram uma punhalada: a Alemanha propõe uma aliança ao México, o velho inimigo ao sul, e incita-o a atacar os Estados Unidos. O segundo fator remete à segurança do Atlântico: para tentar asfixiar a Inglaterra, os submarinos alemães torpedeiam todos os barcos comerciais que atravessam o oceano, mesmo os neutros. Em abril de 1917, o presidente Wilson lança seu país ao conflito, ao lado da França e do Reino Unido. Em janeiro de 1918, esse dirigente profundamente religioso e idealista resume em "catorze pontos" o sentido e os objetivos que estabelece para tal compromisso: seu papel será o da justiça. Ele não conduzirá qualquer anexação, garantirá o comércio livre, a democracia e o direito dos povos de governarem a si mesmos.

Rumo ao fim

No início de 1918, ambos os campos dispõem de um novo trunfo no jogo. O dos Aliados pode ser decisivo, mas demora a se movimentar: os Estados Unidos não têm um serviço militar obrigatório, e seus soldados só se tornarão operacionais progressivamente. Os alemães sabem que devem jogar sua carta muito depressa.

Graças ao reforço das tropas repatriadas do Leste, lançam todas as suas forças sobre a frente ocidental. Em maio, conseguem penetrar a região do Aisne.[415] Novo "milagre": franceses e ingleses, sob o comando de Foch, conseguem repeli-los *in extremis*. É a salvação dos Aliados. Dois milhões de americanos desembarcarão em breve para apoiá-los. No verão de 1918, os generais alemães sabem que a sentença foi ditada.

★★★

A GUERRA SOB UMA PERSPECTIVA MUNDIAL

A Primeira Guerra Mundial foi europeia e mudou radicalmente o destino dessa parte do mundo. É também uma questão mundial que altera o destino de várias zonas do planeta.

A guerra nas colônias, os colonizados na guerra

Os beligerantes, em sua maioria, são potências coloniais. A partir de 1914, luta-se na África: franceses e ingleses tentam apoderar-se das possessões alemãs. Conseguem fazê-lo rapidamente no Togo, nos Camarões e no sudeste africano. Apenas o Tanganica resiste durante quatro anos. Um fascinante general alemão, à frente de um pequeno exército composto sobretudo por africanos, consegue repelir as enormes forças britânicas lançadas contra ele. Conduz uma estratégia de guerrilha na selva, onde sobrevive com seus homens graças às técnicas africanas tradicionais.[416]

Depois de hesitar, o Japão entra no conflito em agosto de 1914, ao lado do seu aliado inglês, com a secreta esperança de finalmente ocupar a China. Começa as operações estabelecendo o cerco de Qingdao, uma feitoria alemã, e apodera-se de algumas ilhas que o Reich possuía no Pacífico.

---

[415] A nordeste de Paris. [N.T.]

[416] Paul von Lettow-Vorbeck (1870-1964) só se rendeu alguns dias após o armistício, e teve direito a uma parada em Berlim durante seu regresso.

Do mesmo modo que a Europa exporta a guerra para as suas colônias, também traz seus colonizados para lutar em seu solo. Antes da guerra, o general francês Mangin teorizou sobre as vantagens de utilizar os povos dominados do seu império: essa "força negra" poderia aliviar as tropas e "poupar o sangue francês". Aos milhares, africanos e depois indochineses são alistados, por vezes à força, e então enviados para a lama e para as trincheiras da Flandres ou do Somme, ou para as fábricas da retaguarda, a fim de armar e defender uma "pátria-mãe" que ignoram por completo.

Nessas circunstâncias, cruzam-se, sem dúvida, com tropas do Império Britânico. Os indianos, impulsionados por uma forte propaganda, alistam-se em massa e são enviados para várias frentes, principalmente as do Oriente Médio. Londres também apela para suas velhas "colônias brancas", seus *dominions*. Australianos e neozelandeses formam o grosso das tropas durante a terrível Batalha dos Dardanelos, na península de Galípoli (1915-1916), na atual Turquia. Os canadenses destacam-se por seu heroísmo no norte da França, em Vimy (1917). Essas batalhas assinalam a entrada de cada um desses países no mundo, e são consideradas, ainda hoje, fundadoras de suas identidades nacionais.

As novas frentes

Durante toda a guerra, os beligerantes procuram novos aliados para abrir outras frentes, com a esperança de enfraquecer o adversário, obrigando-o a dispersar suas forças. A Itália se deixa seduzir pelas promessas franco-inglesas: poderá expandir seus domínios apoderando-se da outra margem do Adriático, então austro-húngara. Anteriormente aliada às Potências do Centro, declara-lhes guerra em 1915 e conduz combates terríveis contra os austríacos nos Alpes. Ao final desse ano, a Bulgária alia-se a Berlim e a Viena e luta contra os sérvios antes de fazer frente, nas montanhas do Balcãs, aos exércitos da Entente, que desembarcam em Salonica. A vizinha Romênia opta, em 1916, pelo lado de Paris e de Londres, mas é rapidamente vencida e ocupada pelas tropas alemãs. A Grécia está dividida entre a simpatia germânica do rei Constantino e as preferências opostas do primeiro-ministro Venizélos.

Foi necessário que o primeiro partisse para o exílio para que o país escolhesse, em 1917, o lado franco-inglês.[417]

Nesse ano de 1917, até a China decidiu se intrometer nos assuntos do longínquo Ocidente. Na verdade, ela busca sobretudo a proteção de Londres contra as ameaças expansionistas japonesas. Não envia combatentes para lutar na França, mas operários encarregados, entre outras tarefas, da limpeza das trincheiras no norte do país.

Dentre todas as frentes de combate que os livros europeus – não traduzindo, sem dúvida, o sentimento dos que lá combateram – consideram desdenhosamente como "secundárias", há uma que merece atenção especial. As alterações que a Primeira Guerra Mundial provoca no Oriente Médio são tão violentas que suas consequências ainda são sentidas um século mais tarde.

A guerra no Império Otomano

Lentamente devorado pelas potências europeias durante todo o século XIX, o velho império dos sultões poderia sabiamente tê-las deixado lutar entre si. Os Três Paxás,[418] trio ultranacionalista no poder em Istambul, tomam outra decisão. Apostando em uma vitória rápida da Alemanha, lançam-se em uma guerra que fará seu mundo desaparecer. Os combates duram anos e ocorrem nos quatro cantos de seu imenso império.

Por causa dessa aliança, os otomanos voltam a enfrentar o velho inimigo russo. No outono de 1914, logo após sua declaração de guerra, iniciam uma campanha contra ele no Cáucaso. Mal preparados, tendo de enfrentar o frio sem equipamentos, os soldados turcos sofrem rapidamente uma derrota. Esse clima de derrocada provoca um dos episódios mais abomináveis de todo o conflito, uma tragédia

---

[417] Portugal participou ao lado dos Aliados, para o qual mobilizou 105.000 homens. Combateu os alemães na África e enviou para a França o Corpo Expedicionário Português (COP) e o Corpo de Artilharia Pesada Independente (CAPI). Cerca de 55.000 homens foram envolvidos no conflito europeu, e foram registradas 21.800 baixas de um total de 38.000. [N.T.]

[418] Talaat Paxá (1872-1921), grão-vizir e ministro do Interior; Enver Paxá (1881-1922), ministro da Guerra; Djemal Paxá (1872-1922), ministro da Marinha.

no interior da tragédia. No leste da Anatólia, em território otomano, grande parte do povo armênio vive em suas terras históricas. Outra parte reside do lado dos russos, e luta, portanto, ao lado deles. Do lado turco nasce uma horrível suspeita: podemos confiar nos armênios otomanos? Ou são eles aliados secretos do inimigo? O ultranacionalismo faz o resto. Os paxás no poder são pan-turquistas, e acreditam que as minorias, sobretudo as cristãs, provocaram a desgraça do império; até agora, conseguiram apenas desmembrá-lo, mas é preciso acabar com elas, de modo que a Anatólia pertença apenas aos turcos. Em seu delírio paranoico, cometem o irreparável. Em abril de 1915, numerosos armênios são detidos em Istambul. É o sinal para a matança. Rapidamente, todos os armênios do leste do império são presos e agrupados. Via de regra, os homens são logo abatidos. As mulheres, os velhos e as crianças, sob o pretexto de precisarem ser afastados das zonas de combate, são deportados para campos situados na Síria[419] e largados nas estradas sem água nem mantimentos. Entre 800 mil e 1,5 milhões de pessoas — a depender das fontes — desapareceram no que a maioria das democracias ocidentais, salvo a Turquia, reconhece como genocídio.

Por sua vez, os Estados-maiores francês e inglês tentam montar operações contra esse inimigo que tendem a subestimar. Ao final de 1914, os britânicos, presentes no Kuwait, querem garantir a segurança dos preciosos campos petrolíferos do Irã, que estão sob seu controle, e atacam a Mesopotâmia. Pensam que a invasão será rápida. Precisam de três anos, durante os quais sofrem algumas derrotas dolorosas, para tomar Bagdá (março de 1917). Em 1915, Churchill, lorde do almirantado britânico,[420] pensando que conseguiria desferir um golpe na cabeça do "homem doente", prepara um ataque no estreito de Dardanelos para, dali, alcançar Istambul. Ajudados por oficiais alemães, os turcos, postados no topo das altas falésias que dominam o Estreito, defendem-se como leões durante meses, e a operação resulta em desastre para a Entente.

---

[419] O mais célebre é o de Deir ez-Zor, nome que continua sendo um símbolo do martírio armênio.

[420] Equivalente ao ministro da Marinha.

Resta a ideia de atacar a vasta zona que os ocidentais chamam então de "Síria-Palestina" ou "Levante". Os otomanos já tinham tentado atacar o Canal de Suez, mas sem sucesso. Os britânicos, a partir de seu protetorado no Egito, também têm um plano. Desde o início do século que os turcos, ao proceder sua virada nacionalista, desenvolveram uma política de "turquização" (através da língua, entre outros) que, como consequência, fez crescer nas populações um sentimento de pertença a uma identidade árabe até então desconhecida.[421] O objetivo é levar os árabes a se revoltar contra os turcos.

Ajudados por seu oficial de ligação, Thomas Edward Lawrence, que passa a ser chamado de Lawrence da Arábia, conseguem persuadir Hussein – personagem proeminente porque é o xerife de Meca, isto é, o protetor dessa cidade santa – a chefiar a insurreição. Em troca, prometem-lhe formalmente que, em caso de vitória, apoiarão a formação de um grande reino árabe que irá de Alepo a Áden, cuja Coroa seria passada para um de seus filhos. Em abril de 1916, confiante, Hussein decreta a Grande Revolta Árabe, e seu filho Faisal, ajudado pelo amigo Lawrence, começa a minar a retaguarda otomana, descarrilando trens e atacando soldados. Os três ignoram que os britânicos, obcecados pela ideia de ganhar, fizeram ou farão duas promessas perfeitamente contraditórias àquela em que eles ingenuamente acreditaram.

O Foreign Office também tem um aliado francês, que, em caso de vitória, pretende igualmente ter uma palavra a dizer na reorganização do mundo. Em maio de 1916, um mês após o desencadeamento da Grande Revolta Árabe, seguindo a mais pura tradição colonial, dois diplomatas, o inglês Mark Sykes e o francês François George-Picot, traçam no mapa do Oriente Médio uma linha que divide entre seus dois países os despojos de um inimigo que sequer foi vencido ainda.[422]

---

[421] Até o início do século XIX, no Oriente Médio ou no Magrebe, cada um se define pela pertença religiosa ou pela ascendência familiar ou de um clã. Um "árabe" é um beduíno da Arábia ou um descendente de uma das famílias dos conquistadores do século VII. Influenciados pelo que acontece na Europa, intelectuais do fim do século XIX, cristãos e muçulmanos, sobretudo sírios, desenvolvem a ideia de uma identidade árabe moldada em torno da língua árabe e da sua cultura.

[422] Prevê também uma região para os russos, cuja saída da guerra depois da Revolução de Outubro tornou obsoleta.

Londres, por fim, quer desempenhar um papel em um problema que é, a princípio, estritamente europeu. Desde o fim do século XIX, saturados pelas perseguições de que são vítimas há séculos, numerosos judeus da Europa, alinhados pelo vienense Theodore Herzl (1860-1904), sonham com a possibilidade de ter um Estado só deles, onde se sintam em segurança. Pensam que deve situar-se ao redor das colinas de Sião – isto é, de Jerusalém –, de onde vem o nome de *sionismo* dado ao movimento. Um pouco por simpatia à causa, um pouco por messianismo religioso,[423] um pouco, enfim, para evitar que os judeus norte-americanos inclinem-se para o lado alemão, o governo britânico, em 1917, pela voz de Lorde Balfour, promete que apoiará no pós-guerra a criação de um "*foyer* nacional judeu" em uma Palestina, que, como acabamos de ver, já tinha sido prometida a outros.

O fim da guerra

Apoiados pelos pequenos exércitos árabes de Faisal, filho do xerife Hussein, os britânicos conseguem aos poucos ocupar o Oriente Próximo. Em dezembro de 1917 chegam a Jerusalém. No fim do verão de 1918, a Damasco. Istambul vê o fim se aproximar. O Império Austro-Húngaro vacila há muito. O velho imperador Francisco José, no trono desde 1848, morreu em 1916. Seu sucessor, Carlos I, tenta acabar com a carnificina, mas suas propostas de paz não são ouvidas. A partir do verão de 1918, como vimos, os generais alemães já não têm ilusões sobre o desfecho da guerra. Tinham conseguido assumir o controle do governo do Reich, mas sua obsessão agora é devolvê-lo aos civis para que sejam eles os responsáveis pela derrota que cairá sobre a Alemanha. Em 29 de setembro, a Bulgária deixa de combater. Ao final de outubro, a revolução eclode em Viena, ao mesmo tempo em que a paciente construção secular dos Habsburgo desmorona: tchecos e eslovacos proclamam a independência, seguidos pelos húngaros. Um motim de marinheiros conduz a um levante

---

[423] Existe no protestantismo, em particular depois do século XIX, uma corrente que acredita que a "restauração" da Palestina aos judeus, como então se diz, apressará o regresso de Jesus Cristo à Terra.

em Berlim. Em toda a Alemanha formam-se conselhos, semelhantes aos sovietes da Rússia, impulsionados pelos espartaquistas, a facção revolucionária do socialismo alemão. Em 30 de outubro, o Império Otomano assina o armistício na pequena ilha grega de Mudros. Em 9 de novembro, Guilherme II abdica e exila-se na Holanda, um dos raros países neutros desde 1914. No dia 11, o imperador Carlos também renuncia ao trono, selando o fim da dinastia dos Habsburgo. No mesmo dia, às 11 horas da manhã, as cornetas soam o armistício que coloca um ponto final na Primeira Guerra Mundial.

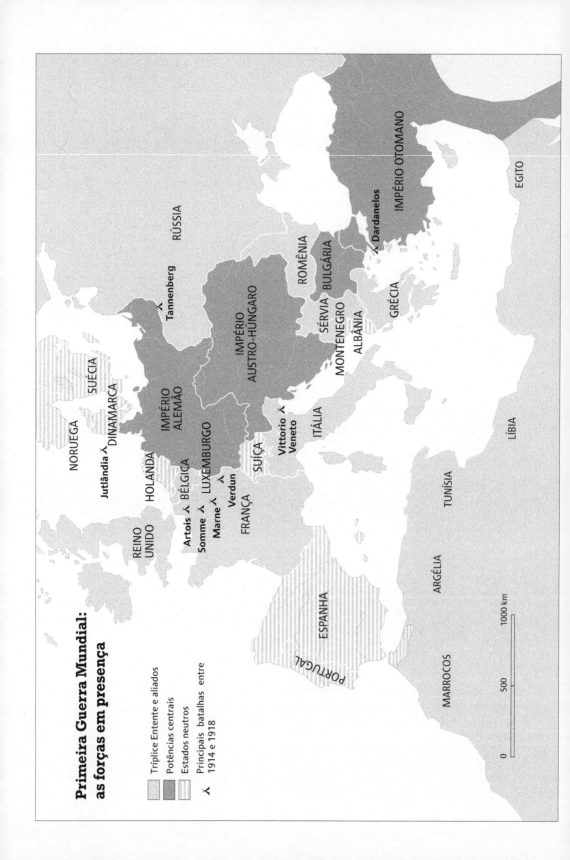

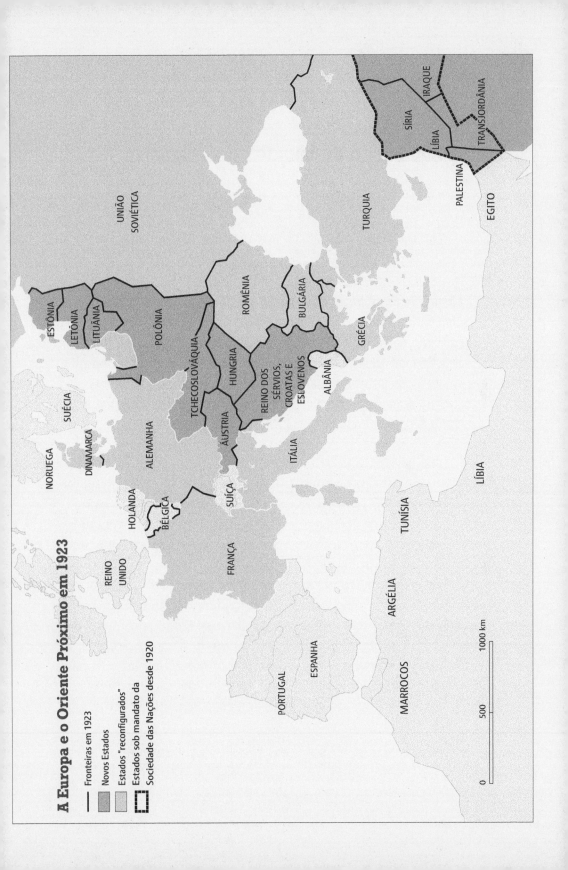

41

A recomposição do mundo no pós-guerra

Quatro impérios que acreditavam ser eternos — o Russo, o Austro-Húngaro, o Alemão e o Otomano — desapareceram. Surgem novos países no mapa da Europa, mas também no do Oriente Médio. A deflagração provocada pela guerra foi de tal ordem que suas repercussões foram sentidas até na China. Os tratados impostos aos vencidos deviam garantir ao mundo uma paz perpétua; continham o germe de futuras guerras.

DOIS MESES APÓS o armistício, em janeiro de 1919, na presença de delegados de 27 países (os vencedores da guerra, mesmo os que tiveram uma participação mínima), mas na ausência dos vencidos, inicia-se em Paris a Conferência da Paz, o grande simpósio que pretende reconstruir o mundo.

A Europa é um cemitério. O conflito fez 10 milhões de mortos e 20 milhões de feridos. Uma terrível epidemia mundial de gripe, chamada de gripe espanhola, veio somar mais alguns milhões de vítimas a esse balanço.[424] Regiões inteiras foram destruídas. O mapa da Europa está despedaçado, e o continente também. Nas semanas que precederam ou se seguiram ao armistício, foram construídos, às pressas, novos países nos escombros dos impérios vencidos. É necessário

---

[424] A doença, oriunda da Ásia, surgiu durante a Primeira Guerra Mundial. Nos países beligerantes, a censura proíbe que se fale dela para que o inimigo não pense que o exército está enfraquecido. Apenas a imprensa da Espanha, país neutro, noticiava o assunto livremente. Daí a falsa origem atribuída à doença.

estabelecer suas fronteiras e assegurar-lhes uma estrutura estável. É preciso escrever os tratados que ditarão o destino dos vencidos. Também é preciso proteger o Leste Europeu do contágio revolucionário proveniente da Rússia, onde a guerra continua,[425] e decidir qual será o destino de todas as possessões dos falecidos impérios na África, na Ásia e no Oriente Médio.

A Sociedade das Nações

A Conferência de Paz de Paris pretende reconstruir um universo que evitará para sempre que o mundo reviva aquilo pelo que acabou de passar. Em abril de 1919, ela ratifica o projeto de uma instituição desejada pelo presidente norte-americano Wilson e inspirada no idealismo dos "catorze pontos", com base nos quais seu país entrou na guerra. A Sociedade das Nações deve ser uma espécie de parlamento dos povos, uma assembleia que acabará com a diplomacia secreta e com o cinismo que causou o infortúnio dos homens, permitindo que os diferendos sejam resolvidos pela arbitragem, respeitando-se o direito internacional, do mesmo modo que a deliberação pública permite resolver os conflitos no seio das democracias.

Inaugurada em 1920, com sede em Genebra, começa um trabalho louvável. Discute qual destino dar às centenas de milhares de prisioneiros e refugiados espalhados pelo continente e cria a Organização Internacional do Trabalho, que procura melhorar a sorte dos trabalhadores. Tem, no entanto, uma fraqueza que pode ser classificada de congênita. Apesar de ter sido pensada por um norte-americano, o Senado de Washington, que se inclina para o isolacionismo (a retirada dos assuntos tumultuosos do mundo), não aceita que os Estados Unidos façam parte dela.

Na época da Conferência de Paz, os 27 países aceitaram delegar o poder a um Conselho de apenas 10, que não serve para grande coisa. Na prática, todas as decisões importantes são tomadas pelos quatro grandes chefes das potências vitoriosas: o francês Clemenceau,

---

[425] Ver capítulo seguinte.

o britânico Lloyd George, o norte-americano Wilson e o italiano Orlando. Os desacordos não tardam.

A Itália aceitou entrar no conflito em troca de promessas de territórios nos Alpes, da Ístria, da Dalmácia ou ainda das terras que considera "irredentes",[426] como a cidade de Fiúme.[427] Mas Wilson recusa a maioria dos pedidos em nome do princípio das nacionalidades: a maior parte desses territórios tem população eslava, que deve, por conseguinte, integrar a federação dos sérvios, dos croatas e dos eslovenos. Mesmo antes do fim da conferência, Orlando, furioso, bate a porta, e os nacionalistas italianos aproveitam para explorar o tema da "vitória mutilada" de seu país.

Essencialmente, então, cabe a três homens garantir a paz e endireitar o mundo. O que concebem nasce falho. Vamos percorrê-lo tal como está se desenhando nos anos 1920.

A ALEMANHA, DE VERSALHES A WEIMAR

Na galeria dos vencidos, a Alemanha é uma peça fundamental. Franceses e ingleses divergem sobre o modo como deve ser tratada. A França tem um quarto de seu território, ao norte, transformado em um campo de ruínas por um inimigo que já a tinha invadido meio século antes. Clemenceau pretende arrasá-lo para quebrar para sempre seu poderio e obter indenizações que servirão para reparar os estragos sofridos. As duas perspectivas desagradam totalmente Lloyd George: a primeira colocaria a França em uma perigosa posição de hegemonia no continente, e a segunda poderia privar a economia da Grã-Bretanha de um mercado exterior precioso. No entanto, ambos estão de acordo em um ponto: obnubilados pelas próprias visões das coisas, não procuram apreender a forma como a Alemanha encara a situação. Os alemães perceberam que tinham perdido a guerra, mas não sentem que perderam a honra: lutaram heroicamente, mesmo quando estavam cercados pelo mundo inteiro. Também conseguiram

---

[426] Os italianos consideram que elas são italianas, mas que ainda não foram "entregues" – em italiano, *redente*.

[427] Atual Rijeka, na Croácia.

evitar que tropas estrangeiras pisoteassem seu solo. Sentem-se ultrajados pela forma como são tratados.

Fato raríssimo na história diplomática, o vencido não é convidado a participar de nenhuma das discussões que lhe dizem respeito. Quando descobrem, *in extremis*, a sorte brutal que está reservada ao seu país pelos vencedores, os diplomatas alemães começam recusando-a. Só aceitam assinar o tratado sob a ameaça de uma retomada iminente da guerra. Fazem-no em 28 de junho de 1919, exatamente cinco anos após Sarajevo, num silêncio mortal, na Galeria dos Espelhos do Palácio de Versalhes, onde Guilherme I tinha sido coroado imperador em 1871.

Entre outras cláusulas, o texto prevê numerosas amputações de território. A Alsácia-Mosela volta para a França. A Polônia, que renasce, fica com as províncias outrora engolidas pela Prússia e obtém, no centro da parte oriental da Alemanha de então, um largo corredor que leva a Danzig,[428] proclamada cidade livre. Todas as colônias alemãs são confiadas à Sociedade das Nações, que, oficialmente, delega o "mandato" para cuidar delas aos vencedores. O país, que ainda ontem era uma força militar, é desarmado. Tem direito apenas a um contingente de 100 mil homens, e a Renânia, região fronteiriça da França e da Bélgica, deve ser totalmente desmilitarizada. Por fim, um artigo atribui à Alemanha e aos seus aliados a responsabilidade pelo conflito, o que permite exigir que o país pague indenizações cujo montante não é fixado, mas que todos sabem que serão muito elevadas.

É demais. Os franceses pesaram tanto quanto puderam para impor essa severidade. Logo na ocasião da assinatura do tratado, John Maynard Keynes, futuro grande economista, então um jovem especialista junto à delegação britânica, denuncia em um pequeno panfleto[429] uma política que, na sua opinião, conduzirá a Alemanha à ruína e nada resolverá. Seu livro tornou-se um *best-seller*, e parte de suas previsões concretizou-se.

A Alemanha atravessa anos difíceis. Em janeiro de 1919, os espartaquistas tentaram uma insurreição do gênero bolchevista em Berlim e em outras grandes cidades. O governo provisório, então

---

[428] Atualmente Gdansk, na Polônia.

[429] Ver John M. Keynes, *As consequências econômicas da paz* (1919).

social-democrata, só conseguiu dominá-la apelando para os *Freikorps*, grupos militares de extrema direita, que assassinaram os líderes espartaquistas Rosa Luxemburgo e Karl Liebknecht. Querendo acabar com as tentações militaristas do Reich, uma nova assembleia, dominada pela esquerda e pelos centristas cristãos, aprova uma constituição liberal e democrática. Como a capital está em plena insurreição, ela é votada em Weimar, a cidade onde viveram Goethe e Schiller, símbolos dessa Alemanha humanista e esclarecida que os constituintes querem fazer renascer. A cidade dá seu nome a essa primeira República, de que o socialista Ebert é o presidente.

O Tratado de Versalhes não contribui para sua estabilização. A extrema direita nacionalista, que recruta sobretudo no seio dos antigos combatentes ociosos, continua se opondo a um tratado que classifica como *diktat*[430] e alimenta uma versão que os generais inventaram desde o verão de 1918: se a guerra foi perdida, não foi por culpa do heroico exército, mas dos civis, que o "apunhalaram pelas costas" ao obrigá-lo a assinar a paz. A vida política é pontuada por assassinatos de ministros[431] e tentativas de golpe de Estado. Dentre todos esses anos sombrios, 1923 é o mais obscuro. Esmagada pelo peso da dívida, a Alemanha já não consegue continuar pagando as indenizações de guerra. Em represália, a França envia um contingente para ocupar o Ruhr, onde pretende recuperar o prejuízo fazendo as fábricas trabalharem para ela. O marco afunda. Uma hiperinflação arruína a economia: um quilo de pão custa 3 bilhões de marcos, e os preços sobem tão depressa que aumentam – diz-se – entre o princípio e o fim de uma refeição. É necessária a energia do chanceler Gustav Stresemann (1878-1929) para arrancar o país do abismo em que se encontra, estabilizando a moeda e relançando a produção. Ministro dos Negócios Estrangeiros, é ele quem também consegue tirar a Alemanha do isolamento diplomático e iniciar uma reconciliação com a França, graças aos laços que estabelece com seu *alter ego*, o ministro francês Aristide Briand. É por

---

[430] Literalmente, um "ditado" – um texto imposto sem diálogo.

[431] O mais emblemático é o de Walther Rathenau, um dos mais brilhantes dirigentes de Weimar, assassinado pelos *Freikorps*, que o odeiam por ser de origem judaica e o acusam de ter tratado com a União Soviética.

isso que ambos recebem o Prêmio Nobel da Paz em 1926. A via da recuperação parece, enfim, traçada.

★★★

A EUROPA CENTRAL

Tal como o destino da Alemanha foi traçado em Versalhes, o dos outros vencidos é decidido por meio de tratados assinados em pequenas cidades nos arredores de Paris: o da Áustria em Saint-Germain-en-Laye (1919), o da Hungria no Trianon (1920) e o da Bulgária em Neuilly (novembro de 1919). À semelhança da Alemanha, os três países sentem-se humilhados por textos que, na prática, os amputam nos três casos.

Os búlgaros devem ceder províncias à Romênia e à Grécia.

A poderosa Áustria dos Habsburgo, que reinava em metade da Europa há séculos, é reduzida a uma pequena República de 6,5 milhões de habitantes, um terço dos quais reside em Viena, que se tornou uma "cabeça sem corpo", de acordo com uma expressão em voga na época. O desequilíbrio manifesta-se em todos os planos. A capital é majoritariamente socialista, mas está rodeada por um país ligado ao centro católico. Os dois partidos se odeiam, e esse ódio manifesta-se com grande violência: suas milícias paramilitares opõem-se em confrontos. Para numerosos austríacos, uma solução razoável seria incluir o país no mundo germânico, mas uma cláusula do Tratado de Versalhes proíbe qualquer união com a Alemanha.

A Hungria também é drasticamente reduzida. Perde dois terços de sua área em benefício dos vizinhos, a Romênia e a Tchecoslováquia, que assim são obrigadas a lidar com numerosas minorias magiares muito descontentes com sua sorte. Aproveitando as convulsões que a derrota provoca em Budapeste, Béla Kun (1886-1937), um revolucionário, proclama uma República dos Conselhos de acordo com o modelo soviético e tenta impô-la pelo terror. Menos de seis meses depois, é expulso do poder por uma intervenção militar conjunta de sérvios e romenos, ajudados pelos franceses, que entregam o país a um ex-oficial da frota austro-húngara, o almirante Horthy. Contando

A RECOMPOSIÇÃO DO MUNDO NO PÓS-GUERRA | 497

com a hipotética restauração da monarquia, intitula-se regente. Depois de ter deixado instalar-se um "terror branco" não menos sanguinário que o anterior, instaura uma ditadura antissemita de extrema direita.

Notemos que os novos países situados no campo dos vencedores nascem em bases que não são mais estáveis.

A Sérvia, cujo destino esteve na origem do conflito, concretiza enfim seu velho sonho. Com o pequeno Montenegro, cria uma federação, sob seu controle, que engloba as províncias eslavas que dependiam do império dos Habsburgo para formar o Reino dos Sérvios, dos Croatas e dos Eslovenos. Ao contrário do que se espera, essa junção é sentida como uma dominação por numerosos nacionalistas dessas províncias, sobretudo os croatas. A vida política é de grande violência. O Parlamento é, com frequência, cenário de ataques e assassinatos. Perante uma ameaça de secessão de Zagreb, o rei Alexandre estabelece uma ditadura em 1929, reinando como monarca absoluto em um país que rebatiza de Iugoslávia. Seus opositores não o perdoam. Em 1934, quando visita Marselha, é assassinado por um *ustaše*, um extremista nacionalista croata.

Desmembrada no século XVIII por três partilhas,[432] a Polônia renasce em 1918 sob a forma de uma Segunda República.[433] Joseph Piłsudski, um militar, é a grande personagem desse período. É ele quem conduz o país a uma guerra que o opõe à Rússia bolchevista (1919-1921) e que, ajudado pelos franceses, o salva *in extremis* da invasão.[434] Desde o início, a nação tem dificuldade em encontrar um lugar para suas fortes minorias: lituana, alemã, rutena, ucraniana ou judaica. Numerosos polacos, cuja identidade se forjou em torno do catolicismo, consideram que os judeus não fazem parte da comunidade nacional, apesar de viverem há séculos no país.[435] Parte da classe política aposta constantemente nesse antissemitismo e, de modo geral, na rejeição de todas as minorias. Piłsudski procura uma maneira de integrá-las,

---

[432] Ver capítulo 27.

[433] Ao final do século XVIII, existiu uma efêmera Primeira República polaca.

[434] Depois de uma progressão esplêndida na Ucrânia, os polacos são repelidos por uma contraofensiva russa que progride até o centro do país. Varsóvia só é salva graças a uma batalha que a mitologia nacional chama de "milagre no Vístula".

[435] Ver capítulo 20.

mas considera que a democracia impede a recuperação do país. Em 1926, aplica um golpe de Estado e, com o apoio do exército, instaura um regime autoritário.

Nessa galeria, a Tchecoslováquia é uma exceção. No entanto, o país não foi construído de forma muito mais estável do que os outros. Fruto do casamento da Boêmia-Morávia, antiga província austríaca industrializada e rica, e da Eslováquia, que fazia parte da Hungria, pobre e agrícola, a Tchecoslováquia também tem minorias resultantes do traçado de fronteiras – húngaros e, sobretudo, alemães. No entanto, entre as duas guerras, continua sendo uma democracia parlamentar. Os grandes nomes desse período são Tomáš Masaryk (1850-1937), filósofo humanista que foi o primeiro presidente da República, e Edvard Beneš (1884-1948), ministro dos Negócios Estrangeiros e depois sucessor de Masaryk (em 1935).

★★★

O IMPACTO NA ÁFRICA E NA ÁSIA

As negociações de Paris repercutem no mundo inteiro. Todas as antigas colônias alemãs da África são partilhadas sem consultar minimamente as populações, na melhor tradição colonial: o Ruanda-Urundi[436] vai para os belgas e o Tanganica[437] e a Namíbia[438] ficam para os britânicos, ao passo que o Togo e a maior parte dos Camarões passam para a França. Por outro lado, numerosas possessões germânicas na Ásia devem ir para o Japão, o que, na região, é um pouco mais complicado.

O Império Nipônico é um dos grandes beneficiários do conflito. As vitórias foram rápidas, e as enormes necessidades da economia de guerra dos Aliados estimularam suas exportações. O velho

---

[436] Separado em 1960 em Ruanda e Burundi.

[437] Reunido, após a descolonização, com a ilha de Zanzibar para formar a atual Tanzânia. [Trata-se do único projeto de fusão entre países africanos que vingou no âmbito do pan-africanismo, desde os anos 1960.] [N.T.]

[438] O mandato da Namíbia, então chamada de Sudoeste Africano, é confiado ao *dominion* da África do Sul.

rival chinês está enfraquecido. Desde a revolução de 1911, o país atravessa um período caótico. Sun Yat-sen, efêmero presidente da jovem República, foi expulso do poder muito depressa e exilou-se. O militar que o sucede[439] ousa proclamar-se imperador, mas morre antes de subir ao trono. O Império do Meio desmorona. A maioria das províncias está nas mãos de chefes locais, chamados de "senhores da guerra", que já não obedecem ao poder central. Quando a China toma conhecimento de que o Japão obteve, na Conferência de Paz, o direito de anexar definitivamente as antigas concessões alemãs em território chinês, uma onda de indignação sacode o país. No dia 4 de maio, estudantes manifestam-se em Pequim contra o inimigo japonês, mas também contra a situação colonial em que seu país se encontra. Desencadeiam um movimento considerado decisivo na história asiática do século XX, porque está na origem do nacionalismo chinês moderno.

★★★

A CRIAÇÃO DO ORIENTE MÉDIO E A METAMORFOSE DO MUNDO ÁRABE

Último dos grandes textos do pós-guerra, o tratado assinado em Sèvres em agosto de 1920 não é menos essencial. Ao traçar o destino do Império Otomano, começa a redesenhar o mapa do Oriente Médio. A sucessão de acontecimentos que desencadeia diz respeito, ao mesmo tempo, aos mundos árabe e turco. Por motivos de clareza, vamos evocá-los um após o outro.

Durante a guerra, os britânicos fizeram muitas promessas. Agora que a paz chegou, aqueles que as receberam esperam que os vencedores as cumpram. Na Conferência de Paris, entre as centenas de delegações que defenderão a causa de seus povos, é possível vislumbrar o grande líder sionista inglês Chaim Weizmann, que espera pelo *foyer* nacional prometido por Balfour aos judeus, e Faisal, que, acompanhado do amigo Lawrence da Arábia, continua aguardando o grande reino árabe

---

[439] Yuan Shikai (1859-1916).

prometido ao seu pai, o xerife Hussein. Ambos ficarão desiludidos.[440] A lógica vigente é a das potências coloniais. Todas as antigas províncias otomanas são transformadas nos então chamados "mandatos" da Sociedade das Nações, territórios cujos "povos ainda não são capazes de governar-se sozinhos". Sua administração é confiada às potências, o que, na prática, as torna protetorados. Uma conferência diplomática em Sanremo determina as fronteiras desses territórios, que correspondem aproximadamente às que os diplomatas Sykes e Picot tinham previsto a partir de 1916.

Os franceses ficam com o norte de uma vasta zona ao redor de Damasco. Cansado de esperar, Faisal coroa-se rei. Sem a menor consideração pelo antigo aliado, os franceses enviam um exército para derrubá-lo e apropriam-se de uma região que dividem em dois países. A criação do primeiro é pedida por seus aliados tradicionais, os cristãos maronitas, que estão em maioria ao redor do monte Líbano. O problema é que a região é pequena e pobre demais para formar um Estado viável. Paris acrescenta-lhe então a rica planície de Beca e os portos costeiros de Beirute ou Trípoli, lugares habitados por outras populações, drusos, xiitas ou sunitas. Com essa nova configuração, os maronitas são por pouco majoritários, mas o país torna-se viável. O Grande Líbano (fundado em 1920) está na origem do Líbano atual. Também existem numerosas minorias no restante do mandato. Depois de considerarem dividi-lo em pequenos Estados para reinar mais facilmente, os franceses optam por criar um único: a Síria.[441]

Os ingleses apropriam-se da Mesopotâmia. Na era otomana, ela é composta por várias províncias: a de Bassorá, majoritariamente xiita; a de Bagdá, sunita; e a de Mossul, habitada por curdos, recuperada

---

[440] Ambos tinham até mesmo assinado um acordo prevendo que os árabes, se conseguissem seu reino, cooperariam para o estabelecimento de um *foyer* judaico na Palestina. O fracasso do reino árabe tornou o acordo obsoleto.

[441] Na geografia árabe, a região que vai de Alepo ao Sinai é chamada de *bilad el-cham,* ou "país de cham" – que deriva da palavra *sha'm*, "maléfico" – isto é, o país da mão esquerda [a mão impura]. Quando se está no Hejaz, na região de Meca e de Medina, olhando para oriente, o país de fato fica desse lado. Do outro fica o Iêmen, de *yaman* – "benéfico", ou seja, à direita.

um pouco mais tarde. As três, apesar de muito diferentes, ainda assim são reunidas para formar um novo país, um pouco vacilante: o Iraque, onde Londres estabelece uma monarquia constitucional que é dada, como prêmio de consolação, a um rei oriundo de outras terras – Faisal.

Restam as terras que rodeiam o Rio Jordão. Nas que estão situadas à margem esquerda é criado o reino da Transjordânia, oferecido a Abdullah, outro filho do xerife Hussein. Entre a margem direita e o mar é formada a Palestina, chamada de "Palestina mandatária" em razão do seu status de então, onde numerosos imigrantes judeus vindos da Europa começam a chegar, porque está previsto que ali será instalado seu *foyer* nacional. Mas como conter os protestos e a cólera das populações árabes? Desde o início dos anos 1920, os britânicos são confrontados por um quebra-cabeça que eles mesmos criaram.

Acrescentemos, por fim, uma peça importante que completa o mapa dessa região do mundo, mesmo que ela não tenha uma relação direta com o presente capítulo da História. Além do xerife Hussein, o mundo árabe do início do século XX tinha outra personagem importante. Ibn Saud (1887-1953) é um chefe de tribo oriundo do Négede, os planaltos situados no deserto da Arábia. Sua família tem um sonho político-religioso que data de muito tempo. No século XVIII, o primeiro Ibn Saud, seu antepassado, aliou-se a Abd al-Wahab, um reformador religioso fundamentalista, pai da mais puritana doutrina do Islã, o *wahabismo*. Ambos começaram a conquistar territórios para formar um reino onde poderia ser imposta essa fé intransigente e glacial, porém, após algumas vitórias, acabaram vencidos pelos otomanos. No século XIX, outros Saud tentaram concretizar o mesmo projeto, mas sem sucesso. No século XX, finalmente conseguem. Em 1902, o novo Ibn Saud, apoiado por seus *ikhwan*, uma milícia religiosa impiedosa, recomeça a guerra e consegue expandir seu território. Em 1924, já conquistou Meca e Medina, de onde expulsa Hussein, o haxemita, que acabará morrendo no exílio, na Transjordânia, na casa de seu filho Abdalá. Em 1932, o conquistador transforma seu sultanato em um reino ao qual dá o nome de sua família: a Arábia Saudita.

★★★

NASCIMENTO DA TURQUIA

O armistício de Mudros deixou o "homem doente" à beira da morte: as tropas aliadas – inglesas, francesas e italianas – ocupam províncias inteiras, e os exércitos estrangeiros desfilam em Istambul. O Tratado de Sèvres parece querer acabar com ele. O Império Otomano é entregue ao bel-prazer dos vencedores. Os armênios, tão duramente atingidos durante a guerra, adquiriram o direito de constituir uma República que se estende largamente por suas regiões tradicionais no leste da Anatólia. Os curdos têm um Estado autônomo. Os ocidentais conquistam zonas de influência, e a Grécia considera que chegou a sua hora: poderá anexar partes da Ásia Menor, onde vivem numerosos gregos, colocar os pés em Esmirna e está prestes a concretizar a *megali idea*, uma Grécia apoiada nos dois lados do Mar Egeu, com Constantinopla como capital.

Enquanto os três paxás que governam o Império Otomano fogem do país e o velho sultão, paralisado, revela-se incapaz de reagir, um homem se ergue: Mustafa Kemal, um militar que se destacou no decorrer da Batalha de Galípoli.[442] Torna-se um herói nacional ao conseguir, em apenas alguns meses, sair de uma situação desesperadora. Encabeçando uma grande assembleia patriótica reunida em Ancara, de que fará sua capital, lança todas as forças de que dispõe contra os inimigos que atacam o país. Em apenas alguns meses consegue vencê-los todos. Os armênios são empurrados para um pequeno Estado que rapidamente fica sob a alçada da União Soviética. Os drusos perdem o deles, e após uma guerra pontuada por massacres horrorosos cometidos pelos dois lados, os gregos, deixando para trás uma Esmirna em chamas, são empurrados para o mar. Para eles, é a "grande catástrofe", um trauma nacional no qual o país ficará mergulhado durante muito tempo. Para Kemal, é uma grande vitória. Confiante em sua nova força, consegue que os aliados aceitem a revogação do Tratado de Sèvres e o substituam por outro muito mais favorável, assinado em Lausanne, em 1923. Ele constitui a certidão de nascimento de um novo país: a Turquia. Ao contrário do que sucedia com o velho império, ela será

---

[442] Ver capítulo anterior.

etnicamente homogênea. O texto prevê uma gigantesca transferência compulsiva de populações. Os turcos oriundos da Grécia devem exilar-se na Anatólia, de onde são expulsos um milhão e meio de gregos. É o fim de uma presença que datava da Antiguidade.

Kemal, que recebeu o título de Atatürk – isto é, o "turco pai", o "turco original" –, aboliu o sultanato em 1922 e instaurou uma República, da qual será o primeiro presidente. O país é dirigido com mão de ferro para a via da "ocidentalização". Tudo o que recorda a época otomana é abolido: o califado – ou seja, a supremacia religiosa – é suprimido em 1924; o fez, o pequeno chapéu cônico, é proibido em 1925. O país será laico e defenderá a igualdade entre homens e mulheres, que são aconselhadas a não usar o véu. Os tribunais serão civis e, para escrever, será usado o alfabeto romano, e não mais o árabe. Dirigida com pulso firme por seu presidente, a Turquia torna-se, assim, uma ditadura nacionalista.

O kemalismo, essa nova via no mundo muçulmano, mistura autoridade e modernização e rapidamente ganha vários seguidores. A Pérsia não participou da guerra, mas foi muito desestabilizada pela revolução na vizinha Rússia. No início dos anos 1920, Riza Khan (1874-1944), um oficial cossaco, aproveita as fraquezas do regime para derrubar o xá da velha dinastia Kadjar, no poder há dois séculos, e torna-se o novo homem-forte do país. Em 1925, por sua vez, é coroado xá e funda uma dinastia que chama de Pálavi. Grande admirador do seu vizinho turco, lança o país, que rebatizou em 1935 com o antigo nome de Irã, na via da ocidentalização, proibindo as mulheres de usar o véu, modernizando o exército e abrindo uma universidade. Ao mesmo tempo, procura defender melhor os interesses nacionais, negociando, por exemplo, um contrato com cláusulas menos injustas com a Anglo-Persian Oil Company, a companhia britânica que explora o petróleo do país. À semelhança de Mustafa Kemal, governa como um ditador.

42

Os primeiros passos da União Soviética e as tentativas de expansão mundial do comunismo

(1917-1941)

Após vencerem uma guerra civil mortífera, os bolcheviques fundam um novo país: a União Soviética. Stalin, que sucede Lenin, transforma-a em um Estado totalitário. Por outro lado, usando o Komintern, a organização da Internacional Comunista, os russos tentam exportar sua revolução. Fracassam na Europa, mas mudam a história da China.

OS BOLCHEVIQUES FIZERAM a Revolução de Outubro prometendo a paz. Assim que ela é assinada com as Potências Centrais,[443] a guerra recomeça. A facção leninista que conquistou o poder tem numerosos inimigos no interior do país: outros rebeldes, os do Partido Socialista Revolucionário, os anarquistas ou ainda os mencheviques, os democratas ou os adeptos do regime czarista, chamados de "brancos".

A União Soviética descobre também que tem inimigos no exterior. Os Aliados não perdoam o Tratado de Brest-Litovsk com Berlim, que consideram uma traição. Enviam tropas para tentar esmagar a revolução e socorrer os que lutam contra ela: os soldados ingleses chegam pelo norte, através do Mar Branco, os franceses pelo Mar Negro e os americanos e os japoneses ocupam o extremo oriente russo,

---

[443] Ver capítulo 40.

onde se encontra a surpreendente Legião Tchecoslovaca, um exército composto por soldados que lutavam contra os austro-húngaros e que, encurralados na Sibéria quando tentavam regressar à frente oeste pelo porto de Vladivostok, voltaram-se contra os "vermelhos".

O país mergulha, assim, em uma guerra civil (1918-1921). Em teoria, os bolcheviques têm poucas chances de ganhar. Controlam apenas uma parte do antigo império, essencialmente uma zona que inclui Petrogrado e sobretudo Moscou, que volta a ser a capital porque sua posição é mais central e, por conseguinte, menos exposta. Têm uma vantagem: estão agrupados. Seus inimigos, espalhados sob a bandeira de generais que rivalizam uns contra os outros, são incapazes de apresentar uma frente unida. Apenas o czar poderia servir como elemento de união. Para evitar tal eventualidade, os vermelhos mandam assassiná-lo, assim como toda sua família, em uma caverna na cidade de Ecaterimburgo, onde estavam presos. Os próprios Aliados, depois da derrota alemã que assinalou o fim da Grande Guerra, são incapazes de encontrar um objetivo comum para o combate na Rússia. No início de 1919, retiram suas tropas.

Ainda assim, ao final do verão desse mesmo ano, os contrarrevolucionários estão prestes a ganhar. Moscou e Petrogrado são ameaçados. O Exército Vermelho consegue desencadear uma contraofensiva relâmpago que altera a situação. Organizado por Trótski, o exército conta agora com mais de 3 milhões de homens para enfrentar a nova fase do conflito: a guerra contra a Polônia.[444] Em 1921, a paz regressa a um campo de ruínas. Os combates, os massacres e a fome provocada pela impossibilidade de realizar colheitas em províncias inteiras fizeram no mínimo 8 milhões de vítimas.

Mesmo anêmico, o regime é estável. A Finlândia e os três países bálticos – Estônia, Letônia e Lituânia – aproveitaram os acontecimentos para declarar independência. Mas com outros territórios ganhos durante o conflito, que se tornam Repúblicas oficialmente autônomas (inicialmente, a Rússia branca, a Ucrânia e vários países do Cáucaso), a nova Rússia pôde, em 1922, formar um Estado federal: a União das Repúblicas Socialistas Soviéticas (URSS). O preâmbulo de sua primeira

---

[444] Ver capítulo anterior.

Constituição afirma que ela será a pátria da "confiança mútua e da paz", da "liberdade e da igualdade das nacionalidades".

Comunismo de guerra

Seus habitantes vivem uma realidade diferente. A descoberta dos *gulags*[445] e da natureza repressiva de um regime que pretendia libertar a humanidade suscitou uma longa controvérsia no século XX: em que momento o regime soviético se transformou em ditadura? Terá sido com Stalin? Com Lenin? Ou a serpente já estava no ovo, no próprio programa dos bolcheviques, que só podia conduzir ao sufoco da liberdade?

Durante os primeiros meses, a revolução viveu um momento emancipador, promovendo reformas sociais (oito horas de trabalho diário, limitação do trabalho de mulheres e crianças) ou ligadas aos costumes (igualdade entre homens e mulheres, instituição do divórcio e legalização da contracepção). Mas esse parêntese fechou-se muito rapidamente. As ameaças que pesam sobre o regime obrigam-no a passar à fase dita do "comunismo de guerra", que organiza a nacionalização brutal da economia, autoriza o trabalho forçado, ordena a requisição das produções agrícolas e o racionamento da comida e, em nome da luta contra os inimigos da revolução, instaura um Estado policial. Todas as operações de conquista de territórios organizadas pelos bolcheviques são acompanhadas de massacres, justificados em nome do "terror revolucionário". Mas a verdade é que eles respondem aos massacres não menos abomináveis cometidos por seus inimigos: na Ucrânia, por exemplo, os brancos recorrem aos piores abusos, incluindo *pogroms* contra os judeus, associados aos bolcheviques. Para os defensores da revolução russa, todo o mal vem das circunstâncias. Era necessário proteger o regime; foi a guerra que obrigou os dirigentes a tomar tais medidas excepcionais.[446] Há alguns fatos que põem em causa essa explicação.

---

[445] Originalmente, a palavra é um acrônimo administrativo russo para "direção-geral dos campos". É utilizada globalmente para designar os campos de trabalho para onde os comunistas deportavam seus prisioneiros, entre os quais os presos políticos.

[446] Os defensores do Terror de 1791-1794 na França utilizam o mesmo argumento, chamado "teoria das circunstâncias".

Por um lado, a deriva liberticida não começou com a guerra. Apesar de a maioria dos bolcheviques ter sido vítima da Okhrana, a sinistra polícia política do czar, o partido, logo em setembro de 1917, institui uma nova, a Tcheka, que usa exatamente os mesmos meios. A maior crítica que os bolcheviques faziam ao governo provisório resultante da Revolução de Fevereiro é que ele adiava constantemente as eleições para a assembleia constituinte que deveria reconstruir o país. Assim que chegam ao poder, os bolcheviques organizam essas eleições. No entanto, elas dão uma vantagem esmagadora aos seus rivais "socialistas revolucionários", cujo programa está mais de acordo com as aspirações dos camponeses, o que coloca os bolcheviques em minoria. Essa assembleia reúne-se em janeiro de 1918. No dia seguinte, é dissolvida. Não haverá mais eleições livres na Rússia antes do fim do comunismo, quase setenta e cinco anos mais tarde.

Os métodos do comunismo de guerra não desaparecem com a paz. Os marinheiros de Kronstadt, uma importante guarnição situada não muito longe de Petrogrado, lutam fielmente ao lado dos vermelhos. Ao final do conflito, em 1921, insurgem-se para obter o que a revolução lhes tinha prometido e que esperam há quatro anos: a liberdade de expressão, o direito de camponeses e artesãos ao trabalho e o fim da ditadura. Então esses facciosos ousaram insurgir-se contra o governo? É a prova de que estão sendo manobrados pelos brancos. A repressão de que são alvo por parte do Exército Vermelho, sob as ordens de Trótski, faz milhares de vítimas.

A NEP

Após sete anos de guerra quase ininterrupta, mundial e depois civil, a economia está arrasada. O país só supera a fome graças à ajuda internacional. Lenin acha que é preciso fazer uma pausa no caminho do comunismo e iniciar um recuo estratégico, isto é, esquecer a doutrina marxista por um tempo, período durante o qual serão utilizadas técnicas capitalistas. Lança a Nova Política Econômica (a NEP, em acrônimo russo), que reautoriza a propriedade privada, encoraja o pequeno comércio, permite que camponeses vendam sua produção e garante algumas benesses aos operários, tais como horários um pouco reduzidos e férias pagas. Os "NEP *men*", pequenos empreendedores ou comerciantes novos-ricos, surgem nas grandes cidades, para escândalo dos comunistas ortodoxos, mas o sistema funciona. Foi o último ato político de Lenin. Está doente há muito tempo. Sofre um derrame cerebral em 1922 que o afasta do poder. Morre no dia 21 de janeiro de 1924. O grandioso funeral e a exposição pública de sua múmia embalsamada em um mausoléu recordam a pompa do czarismo. Eles assinalam o início do "culto da personalidade",[447] uma devoção em que o regime, que pretende ser racionalista e ateu, se tornará especialista.

Para muitos, é evidente que o sucessor do pai da Revolução de Outubro será Trótski, prestigiado vencedor da guerra civil, chefe carismático, especialista na arte de empolgar multidões e decidido a continuar o combate já iniciado. É o apóstolo da "revolução permanente", que deve ser propagada sem descanso porque não estará concluída enquanto não tiver conquistado o mundo. Pouca gente apostaria então naquele que em breve será seu principal rival: Stalin (1879-1953), um georgiano que foi seminarista antes de ser revolucionário, e nada tem de intelectual. É apagado, tímido em público e assemelha-se ao clássico burocrata. Lenin, que não gostava dele, teve tempo antes de morrer para deixar um testamento político em que manifestava sua desconfiança em um homem que considerava "muito brutal" e cuja lealdade não era garantida. Mas como afastar esse notável estrategista do lugar que aceitou ocupar? Com efeito, Stalin torna-se secretário-geral do partido, um posto administrativo, mas que lhe permite estar no centro de todas as jogadas. Para lutar contra Trótski, alia-se a algumas grandes figuras da revolução, como Kamenev e Zinoviev. Depois, aposta na divisão deles e ganha a jogada. Em 1927, Trótski é afastado e exilado em uma longínqua República da Ásia Central antes de ser expulso da União Soviética dois anos mais tarde.[448] Em 1928, Stalin – pseudônimo que significa "homem de aço" – ganhou a aposta. É o único líder a bordo do grande navio soviético.

---

[447] A expressão, que apareceu em 1965 em um célebre discurso de Kruschev no XX Congresso do Partido Comunista da União Soviética, visava então o stalinismo.

[448] Depois de ter errado por diversos países europeus, Trótski fixa-se no México, a convite do presidente. Foi ali assassinado por um agente de Stalin, em 1940.

O STALINISMO

Idolatrado quando vivo, Stalin é hoje considerado um dos maiores criminosos do século XX, um homem capaz de sacrificar milhões de seres humanos aos caprichos de sua ideologia e de sua loucura paranoica. Provou isso muito rapidamente.

Assim que chega ao poder, opta pelo que chama de "grande virada". Decidido a colocar de vez o país no caminho do comunismo, proíbe a iniciativa individual e regressa à economia planificada. Lança o que se tornará uma instituição soviética, o Plano Quinquenal: agora, todo o aparelho de produção – as fábricas e os campos – trabalhará para cumprir os objetivos obrigatórios fixados antecipadamente nas secretarias dos planificadores. O primeiro (1928-1933) tem por objetivo transformar, em cinco anos, esse velho país agrícola em uma nação industrial.

Para que todo o país se engaje no projeto, Stalin considera necessário afastar o joio que cresceu durante a NEP, esses maus cidadãos que são "burgueses", capitalistas disfarçados. Lança então a "dekulakisação", a caça aos *kulaks*, termo pejorativo que designa os camponeses que enriqueceram graças ao regresso temporário à propriedade privada. A noção de riqueza, para um stalinista rigoroso, é relativa: a posse de uma vaca pode bastar para um camponês integrar essa classe agora amaldiçoada. Milhões de infelizes são expulsos ou deportados para os campos de trabalho. Centenas de milhares de desobedientes são fuzilados. Ao mesmo tempo em que as cidades enfrentam o desafio da chegada dos camponeses que vêm trabalhar nas novas fábricas, os campos ficam completamente desorganizados pela coletivização forçada, que obriga a trabalhar nos *kolkhozes* – as fazendas coletivas. Os cereais são requisitados em toda parte; o poder, que quer financiar o desenvolvimento industrial a todo custo, reservou-os para a exportação. Entre 1931 e 1933, o resultado desse caos é a fome, que teria feito, de acordo com as estimativas, entre 6 e 8 milhões de mortos. A Ucrânia, historicamente o celeiro de trigo do mundo eslavo, foi a mais afetada por esse episódio assustador que fez renascer o canibalismo e durante o qual, em nome da "lei das espigas", os soldados executam camponeses que tenham escondido uma tigela de grão. A atual historiografia oficial de Kiev considera essa fome o resultado de uma política deliberada de Moscou, com o propósito não assumido de eliminar todo o povo ucraniano, demasiado rebelde. Terá sido, portanto, um genocídio, ao qual foi dado o nome de *holodomor* (o "assassinato pela fome").

Enquanto esses acontecimentos são abafados por uma censura temível, cineastas, jornalistas e escritores, por vontade própria ou ameaçados, desenham uma imagem idílica e gloriosa do regime. No momento em que o capitalismo entra na grande depressão consecutiva ao *crash* da Bolsa em 1929,[449] o sistema soviético deve mostrar a superioridade de suas opções e a eficácia do Plano, seguido à risca graças à colaboração entusiasmada das massas trabalhadoras. Um tal Stakhanov, um mineiro da bacia hulhífera do Donbass (Ucrânia), teria trabalhado com tanto ardor em uma noite de verão de 1935 que, sozinho, teria multiplicado por catorze a cota exigida a cada trabalhador. Uma campanha de propaganda transforma-o em uma glória nacional, o arquétipo do "homem novo" que o regime quer fazer nascer. O "stakhanovismo" passa a ser o método utilizado para aumentar a produtividade das fábricas.

O grande expurgo

Em 1936, o homem chamado de "paizinho dos pobres", como os czares, faz uma nova constituição ser aprovada. No papel, ela garante todas as liberdades aos cidadãos. Na prática, os soviéticos já não têm nenhuma. O regime é *totalitário*[450]: o Estado atua como um todo que esmaga o indivíduo, suprimindo seu espaço privado e sua liberdade de ser, de viver e de pensar para inseri-lo em uma massa enquadrada pelo partido e submetida ao chefe.

Paranoico até o delírio e desejoso de eliminar todos que poderiam incomodá-lo, Stalin começou a liquidar seus rivais assim que chegou ao poder. O assassinato, em 1934, em Leningrado – nome

---

[449] Ver capítulo seguinte.

[450] A palavra, que deriva de "totalidade", surgiu entre as duas guerras nos círculos antifascistas italianos, nos quais é usada para descrever as ditaduras fascistas, nazistas ou comunistas. Foi, depois, conceitualizada e divulgada pelos livros da filósofa Hannah Arendt, escritos depois da Segunda Guerra Mundial.

de São Petersburgo/Petrogrado desde 1924 –, de Kirov, membro eminente do Politburo, assinala a passagem a uma etapa superior. Ainda se ignora quem esteve por trás de um assassinato encomendado talvez pelo próprio senhor do Kremlin. O que se sabe é que Stalin o usou como pretexto para desencadear o que a História chama de "grande expurgo". Um após o outro, todos que foram heróis nos primeiros tempos da revolução são presos sob acusações fantasiosas de traição ou complô e enviados perante o que serve de justiça à ditadura. Durante os "julgamentos" públicos de Moscou, pontuados pelas acusações rancorosas do procurador Vychinski, o mundo pôde ver todos os grandes nomes dos primeiros tempos da União Soviética acusarem-se de todos os crimes no decorrer de intermináveis sessões de autocrítica, evidentemente extorquidas à força. Ao mesmo tempo que os antigos hierarcas do partido, toda a geração de quadros e de militantes que participaram da revolução é eliminada e substituída por uma geração mais jovem e menos politizada, que deve tudo a Stalin. O expurgo, por fim, engloba todos os elementos "antissociais" que barram a caminhada rumo ao paraíso prometido. Na realidade, trata-se de garantir a submissão da população estabelecendo um clima de terror. A polícia política – agora chamada NKVD – prende aos montes por simples denúncias, suspeitas ou apenas para respeitar as cotas definidas pelo regime. Centenas de milhares de "inimigos do povo" são, assim, executados ou deportados para os *gulags*. O próprio Exército Vermelho não escapa à implacável máquina de matar. A porcentagem de quadros dizimados é alucinante: noventa por cento dos generais e oitenta por cento dos coronéis são fuzilados ao final de 1930. Em um momento em que novos perigos ameaçam o mundo, o tirano decapitou a defesa do próprio país.

A exportação da revolução

Visto que encarnam o mundo a que todos os trabalhadores aspiram, os bolcheviques começam a sonhar sobre como espalhá-lo pelo globo. Em 1919, Lenin convida todos os revolucionários do planeta para participar da fundação de uma nova Internacional operária. A primeira tinha sido criada no tempo de Marx, nos anos 1860. A segunda sucedeu-lhe em 1889,[451] mas inúmeros militantes acusam-na de não ter sido capaz de evitar a carnificina da Grande Guerra, apesar de ter feito do pacifismo sua bandeira. A dos bolcheviques é, por conseguinte, a Terceira Internacional, também chamada de "Internacional Comunista" por causa da abreviação russa, o Komintern. Seu princípio norteador é a ruptura com os precedentes. No seio das antigas Internacionais, todos os socialistas estavam em pé de igualdade para inventar o caminho que conduziria à revolução. A partir de agora, trata-se apenas de defender a que já foi feita e, portanto, de se alinhar sobre as posições do país que se define como a "pátria dos trabalhadores". Por ocasião do segundo congresso do Komintern, Zinoviev, que o preside, estabelece, em vinte e um pontos, as condições drásticas impostas aos partidos que querem aderir a ele. Terão de aceitar tudo, inclusive passar à clandestinidade e seguir cegamente as ordens de Moscou. Em toda a Europa, como na França, no Congresso de Tours (1920), os socialistas dividem-se: uma parte junta-se aos bolcheviques, formando partidos comunistas. A outra prefere conservar sua independência e continuar fiel aos velhos ideais de liberdade e democracia. Formam os partidos socialistas, como a SFIO,[452] na França. Num primeiro momento, Moscou ordena que seus seguidores fiéis desencadeiem uma guerra impiedosa contra os antigos irmãos, agora considerados "sociais-traidores", em nome da defesa da classe operária, que consideram ser os únicos a representar. Essa tática, chamada de "classe contra classe", é, para Moscou, a única que pode conduzir à revolução. No entanto, nos anos 1930, considerando que ela permitiu sobretudo que os nazistas se apropriassem do poder,[453] a direção soviética dá meia-volta e ordena a aliança, no seio das "frentes populares", com os que ainda ontem queriam ver eliminados.

"Cordão sanitário"

Para o conjunto dos militantes, homens formados na tradição do alemão Marx, que forjou suas teorias auscultando a Revolução

---

[451] Ver capítulo 32.

[452] Seção Francesa da Internacional Operária – isto é, a segunda. Na origem, o PC francês chamava-se SFIC (Seção Francesa da Internacional Comunista).

[453] Ver capítulo 44.

Industrial inglesa, é evidente que o contágio revolucionário começará pela Europa. Mas onde? Logo após sua derrota, a Alemanha estava à beira de virar, mas o esmagamento dos espartaquistas fez fracassar a tentativa. Na Hungria, como vimos,[454] existiu uma efêmera República dos Conselhos, em 1919, barrada à força após seis meses de existência. A partir de 1920, para conter a febre revolucionária, os Aliados, principalmente franceses e ingleses, estabeleceram um "cordão sanitário" no Leste Europeu, apoiando, ao longo da fronteira soviética, uma fileira de países – Finlândia, Estados Bálticos, Polônia, Hungria e Romênia – adeptos de regimes autoritários fortemente anticomunistas.

No decorrer dos anos 1920, a União Soviética entra pouco a pouco no jogo diplomático ao tratar com a Alemanha (1922), que necessita de aliados, e ao ser reconhecida pela França e pelo Reino Unido (1924), mas a perspectiva de uma revolução na Europa começa a se afastar. Ao mesmo tempo, o Komintern procura estender sua influência ao restante do mundo, em especial aos povos colonizados. Alguns líderes aperfeiçoarão sua educação política em Moscou, como o indochinês Ho Chi Minh, futuro pai do Vietnã, que abandonou a França, onde vivia. No entanto, a influência principal ocorre no maior país asiático: a China.

A influência do comunismo na China

Após o movimento de 4 de maio de 1919,[455] a China está em plena efervescência intelectual e interessa-se por todas as doutrinas que possam encaminhá-la para a modernidade e para a recuperação nacional. Alguns intelectuais fundam um partido comunista chinês, minúsculo no início: seu primeiro congresso, em 1921, realiza-se secretamente em uma casa na concessão francesa de Xangai e conta com apenas uma dezena de delegados, entre os quais um auxiliar de biblioteca da universidade, totalmente desconhecido, um tal de Mao Tse-Tung (1893-1976). Em contrapartida, a União Soviética goza de um prestígio que ultrapassa largamente esse pequeno cenáculo.

---

[454] Ver capítulo anterior.

[455] *Idem.*

Sun Yat-sen, o grande líder da revolução de 1911, regressado do exílio em 1917, dirige um governo em Cantão que pretende reunificar a China esquartejada pelos senhores da guerra. Ele empurra cada vez mais o seu partido, o Kuomintang, para uma via socializante, em nome do que classifica como os "três princípios do povo", uma doutrina onde se misturam a democracia, o nacionalismo e a justiça social. Para afirmar-se perante um Ocidente odiado pelo seu imperialismo, aproxima-se de Moscou, que envia conselheiros políticos, mas também militares, destinados a enquadrar o exército que servirá para reconquistar o país. Os comunistas, cujos efetivos não param de aumentar, aliam-se a ele. A morte de Sun Yat-sen em 1925 dificulta o casamento. O homem que lhe sucede é Chiang Kai-shek (1886-1975), um general de direita que desconfia fortemente dos revolucionários. Quando lança o exército na grande expedição ao Norte, que tem por objetivo retomar as províncias rebeldes uma após a outra, rompe bruscamente uma aliança que já não lhe interessa. Em 1927, em Xangai, os membros do Kuomintang, ajudados pelas sociedades mafiosas chinesas e apoiados pelos ocidentais, prendem os comunistas e massacram vários milhares.[456] O acontecimento sangrento assinala o início da guerra civil chinesa, que opõe nacionalistas e comunistas durante mais de vinte anos. Enquanto Chiang Kai-shek continua sua campanha vitoriosa ocupando Pequim, unificando o país e instalando-se em Nanquim, capital da República Popular da China, da qual se torna presidente, Mao, agora chefe dos comunistas, refugia-se com seus adeptos em Jiangxi, uma província do sudeste do país, onde proclama uma República Soviética Chinesa (1931). Para desalojar os que agora são seus inimigos, o general-presidente envia um exército de 750 mil homens. Os seguidores de Mao são obrigados a fugir. Entre sofrimentos e dificuldades terríveis, iniciam uma marcha a pé de 12 mil quilômetros que os leva a Shanxi, uma região montanhosa onde se julgam em segurança. Entre 20 e 30 mil sobreviventes, incluindo Mao, chegam assim ao fim de uma provação que custou a vida de cerca de 100 mil pessoas. O episódio, que se tornou mítico na história do maoísmo, é chamado de "a Longa Marcha".

---

[456] Episódio central de *A condição humana*, obra-prima de André Malraux.

43

O Reino Unido, a França e os Estados Unidos entre as duas guerras

O DECLÍNIO DOS IMPÉRIOS, A VIOLÊNCIA DA CRISE

Os velhos impérios ruíram. O campo das democracias saiu vencedor da guerra. Seu triunfo é efêmero. O Reino Unido e a França consideram que podem voltar a ocupar o lugar de senhores do mundo. A revolta que começa a manifestar-se em suas colônias prova que esse sentimento é uma ilusão. Os Estados Unidos vivem um crescimento vertiginoso nos anos 1920. Tudo desmorona com a crise de 1929, que mergulha o mundo no marasmo.

O REINO UNIDO E AS FISSURAS DO IMPÉRIO

Depois dos sacrifícios consentidos durante a guerra, o povo necessita de reconhecimento. A extensão do direito de voto a todos é uma velha reivindicação da esquerda britânica.[457] Ao instaurar, enfim, o sufrágio universal, o Reino Unido torna-se uma verdadeira democracia: a partir de 1928, todos os homens e mulheres com idade superior a 21 anos podem votar.[458] Tal como em muitos outros países europeus, o regresso à paz também é marcado por greves, reivindicações salariais e uma agitação social exacerbada pelo receio de um contágio bolchevique.[459]

---

[457] Ver capítulo 32.

[458] Após uma primeira etapa, em 1918, que concedeu o direito de voto aos homens acima de 21 anos e às mulheres acima de 30.

[459] Em 1924, parte da campanha para as eleições gerais baseia-se na exploração, pelos

Na outra vertente, a obsessão das classes dirigentes do pós-guerra é voltar a dotar o país do poderio que possuía antes do conflito. Isso pode levar à tomada de decisões de eficácia duvidosa. Em 1925, por simples razões de prestígio internacional, Winston Churchill, então lorde do Tesouro,[460] reestabelece a padrão-ouro da libra esterlina ao seu valor anterior à guerra, tornando a dar-lhe o brilho que tinha quando reinava no mundo. O resultado é excelente para o setor financeiro e catastrófico para a indústria nacional: a sobrevalorização da moeda torna as exportações muito caras e abala a balança comercial.

No plano diplomático, a Inglaterra, escaldada pelos quatro anos que acabou de viver, adota uma atitude de grande prudência em relação a tudo o que poderia conduzir a uma nova intervenção no continente. Tende a recentrar-se em seu imenso império, ao qual dá um novo enquadramento, mais flexível e respeitoso das várias identidades: a partir de 1931, todas as diversas possessões britânicas – *dominions*, protetorados, colônias etc. – entram na Commonwealth of Nations, uma associação que implica simplesmente que cada um dos membros está interligado pela fidelidade comum à Coroa britânica. Na prática, apesar desse novo rosto, o velho império continua a ruir.

A Irlanda

A mais velha colônia inglesa, a Irlanda, está contando com uma melhora em seu estatuto. Desde a segunda metade do século XIX,[461] a ilha espera pelo *Home Rule*, uma legislação que lhe daria autonomia. Sempre prometida, nunca é alcançada. Mesmo em 1914, quando já está votada, é adiada *in extremis* pela Câmara dos Lordes. Esse comportamento errático fragiliza os moderados e favorece os radicais, segundo os quais nada se pode esperar dos ingleses.

---

conservadores, de uma carta atribuída a Zinoviev, líder do Komintern, que apela para uma revolução na Grã-Bretanha. Sabe-se hoje que o documento é uma farsa. A questão do falso Zinoviev é o mais famoso exemplo do "medo vermelho" que toma conta da Inglaterra, assim como de numerosos outros países.

[460] Equivalente a ministro da Economia.

[461] Ver capítulo 33.

Os segundos fazem a situação explodir em plena guerra. Ao final de abril de 1916, cerca de mil separatistas iniciam a Revolta da Páscoa em Dublin, ocupando, armados, vários edifícios públicos. Apesar das promessas de apoio da Alemanha,[462] a operação, suicida desde o início, tinha poucas chances de triunfar. É rapidamente esmagada com derramamento de sangue, mas assinala uma etapa decisiva – a morte dos que são considerados mártires estimula o combate nacionalista. Nas eleições de 1918, o Sinn Fein, partido separatista, ganha a esmagadora maioria das cadeiras da ilha e decide, um ano mais tarde, desafiar a metrópole: os deputados eleitos recusam-se a ir para Westminster,[463] às margens do Tamisa, e instalam seu próprio parlamento em Dublin. Para Londres, trata-se de um *casus belli*. Começa a Guerra de Independência da Irlanda (1919-1921), que opõe os separatistas do Exército Republicano Irlandês (em inglês, o IRA), dirigidos pelo carismático Michael Collins, ao exército e à polícia britânicos, ajudados por uma milícia composta por antigos combatentes da Primeira Guerra Mundial, os temíveis Black and Tans [Negros e Feras], que rapidamente se tornam conhecidos por seus abusos. Mas os ingleses parecem estar claramente cansados da guerra. Em pouco tempo, decidem que estão prontos para dar a liberdade à Irlanda, mas que liberdade?

Ao norte da ilha, na província de Ulster, vive uma maioria protestante que não quer ser afogada por um país católico. São os "unionistas", isto é, os adeptos da continuação da união com a Coroa inglesa. Londres aceita separar esse caso e, em 1921, assina com os enviados de Dublin um tratado que dá a toda a ilha, à exceção de Ulster, um estatuto equivalente ao de *dominion*.[464] Também prevê que os deputados irlandeses continuarão a ser fiéis à Coroa britânica. A divisão da sua ilha e a obrigação de jurar lealdade a um rei que detestam são dois pontos inaceitáveis para uma minoria separatista, que se volta contra os que ainda ontem eram seus irmãos de luta. Foi preciso uma curta

---

[462] Um cargueiro com armas é apreendido pelos ingleses antes de chegar ao destino.

[463] O Parlamento britânico. [N.T.]

[464] O estatuto concede o direito de gerir a política interna e as finanças, e de ter um pequeno exército. Apenas a política estrangeira continua nas mãos da metrópole.

guerra civil (1922-1923)[465] para que a situação enfim se estabilizasse e o Estado Livre da Irlanda continuasse sua longa caminhada rumo a uma independência completa.[466]

A Índia

A Índia considera, e com razão, que se manteve fiel à Grã-Bretanha durante a Grande Guerra. Mais de um milhão de indianos combateram ao seu lado (sobretudo no Oriente Médio)[467] e quase 75 mil foram mortos. Após a vitória, muitos esperam que a metrópole mostre gratidão concedendo ao país o estatuto de *dominion* de que se beneficiam há muito as "colônias brancas" do Canadá (1867), da Austrália (1901), da Nova Zelândia (1907) ou da África do Sul (1910). Londres promete e se esquiva. Em 1919, a situação, que já era tensa, explode. Há manifestações violentas nas principais cidades. Em Amritsar, o general inglês Dyer manda disparar sobre a multidão e faz cerca de mil mortos. Afoga assim, no sangue, qualquer chance razoável de negociação. Os nacionalistas indianos sabem que têm de conquistar o que nunca será concedido a eles pela potência colonial.

Mahatma Gandhi (1869-1948) é a alma desse combate. Filho de família burguesa, estudou direito na Inglaterra, em Londres e depois, já advogado, passou quase vinte anos na África do Sul defendendo seus numerosos compatriotas que ali viviam. Em 1915, já célebre, regressa ao seu país natal. Em 1921 é eleito chefe do poderoso Partido do Congresso, fundado em 1885 e apoiado pela maioria dos nacionalistas indianos. Revoltado com o massacre de Amritsar, considera que a brutalidade conduz a um impasse e estabelece uma nova forma de luta, que chama de *satyagraha*.[468] Baseada na não violência, no controle absoluto de si mesmo e de todas as pulsões, essa luta tem como objetivo fazer triunfar uma causa justa utilizando como arma

---

[465] A mais famosa vítima é Michael Collins, morto em um confronto.

[466] Efetiva em 1949, na ocasião da criação da República da Irlanda.

[467] Ver capítulo 40.

[468] Palavra em sânscrito que significa, literalmente, o "abraço da verdade".

apenas uma infalível determinação. Gandhi deixa de vestir as roupas ocidentais, símbolo do colonialismo que rejeita, e aparece em público sempre enrolado na tradicional *dhoti* – uma grande peça de algodão que ele próprio teceu para sublinhar que a Índia deve reapropriar-se do seu artesanato destruído pela indústria têxtil inglesa.[469] É vestido assim que o homem cujos seguidores chamam de *Mahatma*, a "grande alma", ou *Bapu*, o "pai", resiste ao opressor. A partir dos anos 1920, lança várias campanhas para convencer os funcionários indianos a abandonar o trabalho ou seus compatriotas a boicotar as lojas britânicas. A mais célebre é a Marcha do Sal (1930). Para protestar contra a taxa que os ingleses aplicam a um produto de que todos necessitam, mesmo os mais miseráveis, Gandhi abandona o *ashram*[470] onde vive e, seguido por uma multidão que não cessa de aumentar pelo caminho, inicia uma longa marcha de mais de trezentos quilômetros até o mar para recolher, na mão, um pouco da água que contém o precioso sal. À semelhança do que já sucedeu no passado, é novamente preso, e graças à sua imensa popularidade, mais uma vez libertado. Pouco depois, é chamado a Londres para uma conferência sobre a questão indiana. Aquele a quem Churchill, que o despreza, chama de "faquir seminu" é recebido por multidões de entusiastas, mas não consegue obter o que pretende. Mais uma vez, as classes dirigentes britânicas, agarradas ao império, arrastam ou adiam a resposta, prometem vagas reformas e recusam-se a tomar a única decisão pela qual os nacionalistas esperam: a separação.

O mundo árabe

Desde 1882, o Egito era controlado pelos ingleses, apesar de continuar sendo, nominalmente, uma província vassala do sultão de Istambul. A guerra torna esse estatuto obsoleto. Em 1914, Londres faz do Egito um sultanato, que se torna imediatamente um protetorado. À semelhança das outras colônias da Coroa, o país atua com lealdade durante a guerra. Como acabamos de ver com a Índia, o regresso

---

[469] Ver capítulo 28.

[470] Eremitério. [N.T.]

da paz faz redobrar as reivindicações: os egípcios rejeitam a situação humilhante em que se encontram. Em 1919, realizam manifestações imensas pela independência nas grandes cidades do país. Os ingleses não sabem em que passo dançar. Começam adotando uma política repressiva: as tropas barram os manifestantes e prendem os que consideram ser os líderes, como Saad Zaghloul (1859-1927), chefe dos nacionalistas e grande figura desse período, depois os libertam e aceitam assinar um tratado em 1922.

Bastante ambíguo, esse tratado concede, em teoria, a independência ao país, transformado em monarquia parlamentar, da qual o sultão Fuad I é coroado rei. Na realidade, a metrópole mantém um número considerável de privilégios: os britânicos continuam controlando os assuntos do Egito, incluindo sua defesa, graças às numerosas tropas autorizadas a estacionar no país. Segue-se uma montagem política complexa, cujo poder se baseia em três polos em perpétua rivalidade: o rei e seus fiéis, reforçados pela legitimidade da Coroa; os nacionalistas do partido de Zaghloul, o Wafd,[471] reforçados pela legitimidade popular e pelos resultados eleitorais; e, por fim, os ingleses, reforçados unicamente pelo seu poderio. Esse sistema não tem apenas inconvenientes. Os três poderes querem tanto controlar tudo que acabam neutralizando uns aos outros. O Egito nunca teve tanta liberdade de expressão e uma imprensa tão florescente como durante esses anos que os anglo-saxões chamam, por vezes, de "idade liberal". Resta a questão da independência real. Em 1936, querendo resolvê-la, os ingleses propõem ao jovem rei Faruk, que acaba de suceder Fuad, um novo tratado que, mais uma vez, nada resolve. Conservam bases militares por toda parte, um controle estrito do estratégico Canal de Suez e parte do poder no Sudão, transformado em um condomínio anglo-egípcio.

É verdade que os britânicos têm muitos problemas com suas antigas colônias para querer complicar as coisas ainda mais com as que acabam de obter. O Iraque, reino de Faisal, torna-se independente

---

[471] "Delegação" em árabe, refere-se a que foi à Europa pedir a independência em 1919, no âmbito da Conferência de Paris.

em 1930 e entra para a Sociedade das Nações dois anos mais tarde. A única coisa que interessa à Grã-Bretanha é manter aí as bases militares e os postos que detém na companhia que explora os enormes recursos petrolíferos descobertos ao final dos anos 1920. A Transjordânia mostra-se uma aliada muito fiel. A Palestina, em contrapartida, está em uma situação cada vez mais explosiva. Para alcançar a Terra Prometida com que sonham há tanto tempo, os colonos judeus vindos da Europa instalam-se nos terrenos comprados progressivamente pela Agência Judaica para a Palestina, organismo criado ao final dos anos 1920 pela Organização Sionista Mundial. A tensão aumenta junto à população local, que se considera despojada. Em 1936, eclode a grande revolta árabe da Palestina. Extremamente violenta, faz inúmeras vítimas entre os judeus antes de os árabes serem mortos pelos grupos de autodefesa judaicos, entre eles o Irgun, formado por ativistas de direita, que é o mais radical. Num primeiro momento, Londres opta pela repressão brutal dos árabes: suas tropas fazem detenções arbitrárias e sequer recuam perante a tortura. Depois, em 1939, os britânicos tentam acalmar os ânimos publicando um Livro Branco – uma série de leis e medidas que promete, "nos próximos dez anos", um Estado unitário, garantidor dos direitos das duas comunidades – e restringindo drasticamente a imigração judaica. Os numerosos exilados que fogem das perseguições na Europa são obrigados a imigrar clandestinamente.

★★★

A FRANÇA E AS ILUSÕES COLONIAIS

No plano cultural e dos costumes, a França do pós-guerra é a da grande explosão. Os Anos Loucos, como é chamada a década que vai de 1919 a 1929, põem em causa os dogmas e os hábitos em vários domínios. As mulheres rejeitam o espartilho sufocante e querem se tornar "*garçonnes*"[472] ["maria-homem"], emancipadas, que

---

[472] Segundo o título do romance de Victor Margueritte, publicado em 1922, que conta as aventuras de uma jovem que se vinga da infidelidade do noivo multiplicando suas

tem cabelos curtos e vivem livremente. Os surrealistas, no encalço de André Breton, torpedeiam as convenções literárias. "Paris é uma festa", decreta o norte-americano Hemingway, que, à semelhança de seus amigos da "geração perdida", que sobreviveu à guerra, vem gozar em Montmartre e em Montparnasse a bela vida proporcionada pelo rei dólar.

No plano da ideia que o país tem de si mesmo, o período entre as duas guerras é o de uma grande ilusão. À semelhança do Reino Unido, a França, estimulada pela vitória, não duvida um só instante de que é uma das primeiras potências mundiais. A derrota do inimigo alemão coloca-a em uma posição de hegemonia no continente e permite-lhe acreditar que se recuperará com facilidade. No início dos anos 1920, o único programa que a direita nacionalista propõe para endireitar o país arruinado pelo conflito resume-se a um *slogan*: "A Alemanha pagará". A esquerda, que durante um curto período esteve no poder,[473] não é mais construtiva, e revela-se incapaz de fazer reformas que permitam a recuperação do país. Ninguém, de uma ponta à outra do espectro político, duvida da irradiação mundial da nação. Afinal, ela não reina em todos os continentes graças ao seu poderoso e imutável império?

Vários sinais, no entanto, indicam que seus dias estão contados, mas ninguém os percebe. Nos anos 1920 eclode na zona espanhola ao norte de Marrocos uma insurreição conduzida por Abd el-Krim, um líder carismático. Ela ameaça propagar-se e só é contida pela intervenção de um grande contingente do exército francês, que não recua perante nada, nem mesmo com a utilização dos gases. A instalação do mandato na Síria, onde os franceses pensam que serão recebidos como benfeitores, é pontuada por rebeliões violentas. A mais importante é a revolta drusa de 1925-1927, também chamada de Grande Revolta Síria. Em 1930, na Indochina, norte do atual Vietnã, soldados

---

aventuras sexuais, masculinas e femininas. O livro gerou um enorme escândalo e foi um sucesso colossal.

[473] Entre 1924 e 1926, o governo é dirigido pelos radicais, apoiados pelos socialistas da Seção Francesa da Internacional Operária (SFIO), com quem se aliaram no cartel das esquerdas.

indígenas desencadeiam um motim.[474] Apesar de beneficiar-se do apoio de rebeliões simultâneas de estudantes e de civis, não consegue se transformar em uma guerra geral contra a colonização, mas também exige uma repressão muito violenta para ser dominado. Por fim, em quase todas as colônias além-mar, na África Subsaariana ou na África do Norte, aparecem jovens líderes que começam a estruturar um discurso que questiona a legitimidade da dominação colonial, como o tunisino Habib Bourguiba, fundador do partido Neo-Destour;[475] Messali Hadj, fundador do partido argelino da Estrela Norte Africana em 1927; ou Ferhat Abbas, um farmacêutico de Setif (na Argélia), bastante moderado e que se contenta, então, em pedir a integração plena dos argelinos na República Francesa. Todos acabarão se tornando atores da descolonização que se anuncia e que ninguém vê chegar: a única resposta da metrópole aos seus pedidos é a repressão. Apenas o Partido Comunista, ligado ao Komintern, que incita os povos dominados a revoltar-se, defende o fim da colonização. É uma exceção. O conjunto da classe política acredita que ela é eterna, bem como a imensa maioria da população que se reúne, em 1931, na Exposição Colonial instalada no bosque de Vincennes, em Paris, para entoar a glória imutável da "Grande França".

É preciso esperar pelo governo da Frente Popular (ver abaixo) para testar algumas reformas judiciais com relação aos povos além-mar, que não chegarão a ser aplicadas. São assinados, com a Síria e com o Líbano, tratados que preveem formalmente a independência dos dois países, mas que não são executados porque o parlamento bloqueia a retificação. Também é elaborado um projeto de lei para permitir que um número restrito de muçulmanos da Argélia saia do estado de "indígenas" e possa aceder plenamente à cidadania francesa. Os fortes protestos dos colonos, escandalizados com tal sacrilégio, o faz capotar.

★★★

---

[474] Motim de Yen Bai, nome da província onde ocorreu.

[475] Assim chamado porque nasceu de uma cisão do Destour (a "constituição"), partido de notáveis fundado em 1920 e que já reclamava o fim do protetorado.

OS ESTADOS UNIDOS
DOS *ROARING TWENTIES* À GRANDE CRISE

Para o presidente Woodrow Wilson, a entrada do seu país na guerra permitiria colocá-lo à frente de uma espécie de "cruzada do bem", que espalharia a democracia pela Terra. Uma vez regressada a paz, a maioria dos eleitos norte-americanos não deseja de maneira nenhuma esse cenário. O Congresso vota contra a adesão à Sociedade das Nações, do mesmo modo que se recusa a ratificar o Tratado de Versalhes. Em 1920, o país regressa ao seu isolacionismo. Para que gastar energia em vãs empresas além-mar? A guerra estimulou a indústria e o comércio, e os Estados Unidos, então em plena prosperidade, entram em uma década batizada no próprio país de *Roaring Twenties*, ou "Os Loucos Anos Vinte".

Na política, a loucura às vezes se manifesta de modo muito puritano. A partir de 1919, uma emenda à Constituição proíbe toda a produção e venda de álcool em território norte-americano; é a Lei Seca, que vai de encontro a uma explosão do submundo, enriquecido pelo mercado negro e pelos bares clandestinos. Mais violenta do que nunca, sempre adepta dos linchamentos e do terror, a Ku Klux Klan foi relançada em 1915; estende-se além do Sul e torna-se uma organização de massas que já não ataca apenas negros, mas todos que são considerados estrangeiros, além de católicos, judeus e imigrantes recentes. O medo da revolução russa e dos atentados anarquistas cria em toda a nação uma psicose antirrevolucionária, o *red scare* (literalmente, "o medo vermelho").[476]

A economia explode. Os Estados Unidos entram no que será chamado de "sociedade de consumo". Inventado trinta anos antes, o automóvel – sobretudo o célebre Ford T – torna-se um produto de consumo de massa, como tantos outros (o rádio e os eletrodomésticos, por exemplo) que aparecem e revolucionam a vida cotidiana. Sua produção é estimulada por vendas em progressão constante, ajudadas pela

---

[476] O exemplo emblemático é o caso Sacco e Vanzetti, dois imigrantes italianos acusados de um assalto que sem dúvida não cometeram e pelo qual são condenados, sem provas, por se tratar de militantes anarquistas.

generalização do crédito. "*Buy now, pay later*" [Compre agora, pague depois] é o grande lema dos anos vinte. Pede-se emprestado por tudo e por nada, inclusive para investir na Bolsa. Por que privar-se? Nesse sistema que a prosperidade torna eufórico, a cotação das ações sobe incessantemente e parece nunca encontrar obstáculos. Basta, portanto, vendê-las com um pequeno lucro que servirá para comprar novas ações e obter um lucro maior. Toda gente especula. Correm histórias sobre vendedores de rua de Nova York que se tornaram milionários em poucos meses depois de investir meia dúzia de dólares. Apenas os mais espertos desconfiam. "Quando um polidor de automóveis nos dá conselhos sobre ações", teria dito o negociante Joseph Kennedy, "é hora de vendê-las...".[477] À época, ninguém dava ouvidos a esse tipo de aves agourentas. Por que se inquietar se as cotações sobem todos os dias? É a loucura de um sistema que forma aquilo que o setor financeiro chama de "bolha", uma hipertrofia irracional que se mantém até alguém duvidar da viabilidade do sistema. Então, a bolha esvazia-se, levando outros a duvidar, a vender, o que faz o castelo de cartas desmoronar.[478]

A Grande Depressão

O dia 24 de outubro de 1929, uma quinta-feira, entrou para a História como a "Quinta-Feira Negra". Acontece o impensável na Bolsa de Nova York. As ações que subiam todos os dias descem. O índice cai. Um primeiro pânico se segue. Para tentar barrá-lo e impedir que as próprias ações afundem com as outras, alguns grandes banqueiros reúnem-se às pressas na sexta-feira e investem, de modo muito explícito, somas avultadas para comprar o máximo de ações e assim tranquilizar o mercado: está tudo bem, pois até nós compramos.

Isso suscita uma trégua. É temporária. Na segunda-feira, nova queda. Na terça-feira, ninguém mais se atreve a esconder a catástrofe.

---

[477] Joseph Kennedy, pai do presidente.

[478] Um fenômeno da mesma natureza foi gerado nos Estados Unidos, centrado no setor imobiliário, o que desencadeou a crise de 2008. [N.T.]

Tudo desmorona, num clima de histeria e pânico. É o *crash*, que desencadeia o episódio mais célebre da história econômica do século XX: a Grande Depressão. O desmoronamento é proporcional à subida vertiginosa que o precedeu e alastra-se como fogo por toda a economia. Os pequenos investidores, arruinados, já não conseguem reembolsar os bancos, que abrem falência às centenas. Sem dinheiro, a indústria já não pode investir e, vendo sua produção cair, tem de despedir e gerar outros tantos desempregados que já não conseguem comprar, contribuindo ainda mais para o desmoronamento da produção. Os preços agrícolas atingem o chão. Os camponeses, reduzidos à miséria, deixam suas terras e vão para as estradas à procura de um trabalho precário que, sem dúvida, não encontrarão. É o ciclo infernal da recessão, um buraco negro sinistro que parece sugar o país ao retrocesso. Em 1929, são registradas 600 falências bancárias, mais de 2 mil em 1931. Em 1932, o rendimento nacional caiu pela metade; um quarto da população ativa está desempregada, a produção industrial caiu 30%, e a produção agrícola, 60%!

Num primeiro momento, o presidente Hoover busca remediar o flagelo que atinge o país aplicando simplesmente a velha regra do liberalismo ortodoxo: não fazer nada. A ideia é que a crise é um mal necessário que irá expurgar o sistema das empresas mais fracas para permitir, assim, que a economia se relance em uma base sã. Não havia compreendido a amplitude do desastre. O país estava arruinado. As cidades, cobertas de favelas, então chamadas, por amargura ou troça, de "*hoovervilles*". É preciso a eleição do democrata Franklin Delano Roosevelt (1882-1945) – que promete um *New Deal*, um "novo acordo comercial" –, em 1933, para tirar o país do caos. Ele rompe com as velhas práticas ortodoxas para aplicar as novas teorias que serão formalizadas, um pouco mais tarde, pelo economista britânico Keynes.[479] Ao contrário do que costumava-se fazer, o presidente ordena uma intervenção em grande escala do Estado em todos os domínios possíveis: regula as finanças para sanear o setor bancário

---

[479] John Maynard Keynes (1883-1946), que já encontramos na Conferência de Paz, elaborou seus princípios por muito tempo, mas só os formalizou em 1936, em sua obra-prima *Teoria geral do emprego, dos juros e da moeda*.

(Lei Glass-Steagall); concede subsídios aos agricultores que aceitam diminuir a produção, o que deverá levar a um aumento dos preços; inicia grandes obras públicas[480] para dar trabalho aos desempregados e "acionar a bomba", isto é, fazer com que a máquina econômica volte a arrancar.

Uma crise mundial

Por causa do poderio da economia americana, o incêndio desencadeado pelo *crash* de outubro de 1929 propagou-se rapidamente no mundo inteiro. Nos anos vinte, no momento em que era preciso recuperar os países arrasados pela derrota, os financistas de Wall Street tinham investido largamente na Alemanha e na Áustria. Arruinados, retiram seus fundos, provocando estrondosas falências bancárias que não tardam a puxar o tapete de duas economias ainda muito frágeis. A queda do consumo norte-americano, primeiramente, e do europeu, em seguida, é uma catástrofe para muitos países da África, da Ásia ou da América Latina, que dependem quase inteiramente da produção de algumas matérias-primas. A cotação mundial do café caiu tanto que, no Brasil, não podendo vendê-lo, chega-se a queimá-lo nas fornalhas das locomotivas. A miséria estende-se. O Reino Unido é o único Estado que já havia instaurado, antes da guerra, um pequeno subsídio para os desempregados. No restante do mundo, quem não conseguisse emprego tinha de viver das economias que conseguiu juntar ou engrossar as filas de espera para as sopas populares. Num primeiro momento, a maioria dos governos reage de forma catastrófica: obcecados pela ideia de reestabelecer o equilíbrio de seu orçamento, posto em maus lençóis pela quebra da economia, praticam políticas ditas de "deflação", que consistem em restringir a despesa pública, baixando, se necessário, o salário dos funcionários, o que contribui para aumentar as dificuldades, contraindo ainda mais a economia.

A enérgica política inversa conduzida por Washington não dá todos os frutos com que se contava, mas é suficientemente positiva

---

[480] As mais célebres visam a construção das barragens do vale do Tennessee.

para que Roosevelt seja reeleito em 1936. Nas outras democracias, apenas o governo da Frente Popular, que chega ao poder em Paris em maio-junho de 1936, segue no mesmo sentido. Resultante de uma aliança eleitoral entre os radicais – um partido centrista –, os socialistas e os comunistas, a Frente, dirigida pelo socialista Léon Blum, arrisca-se numa política que procura, também, a *recuperação*, fazendo pressão sobre o patronato para aumentar os salários e apoiando a cotação do trigo. Seus efeitos benéficos para o moral da população e o consumo interno não duram. A desvalorização do franco no outono de 1936 torna os bens de importação mais caros e apaga, de fato, os aumentos salariais do verão.

Por todo lado, os países procuram, em pânico, proteger sua respectiva produção. Tomam medidas protecionistas, erguendo barreiras aduaneiras e resguardando-se atrás de seu império – quando o têm, como é o caso da França e da Grã-Bretanha. Como consequência, enfraquecem ainda mais um comércio internacional já arrasado, acelerando a ruína do mundo inteiro.

44

Os regimes autoritários e a escalada da guerra

ITÁLIA, ALEMANHA, JAPÃO

São numerosas as ditaduras no mundo entre guerras. Três delas, a Itália fascista, a Alemanha nazista e o Japão militarista são de natureza particular. Seu expansionismo lança o mundo na guerra.

OS REGIMES AUTORITÁRIOS não são uma exceção no mundo entre guerras. Nos anos vinte, o medo do contágio da revolução russa ou a vontade de superar a instabilidade política empurraram numerosos países europeus para a ditadura. A crise de 1929 acentua essa tendência.

No início do século XX, a democracia parecia ter finalmente se instalado em alguns países da América Latina. Mas o desmoronamento brutal da economia e o marasmo que se seguiram foram fatais.

Na América Central, ditadores tomam o poder e instalam-se durante muito tempo.[481] O Partido Radical, no poder em Buenos Aires, é derrubado em 1930 por um golpe de Estado que coloca o regime parlamentar sob a alçada do exército, fazendo a Argentina entrar no que o país chama de "década infame", marcada pela fraude eleitoral, pela corrupção e por uma dependência crescente dos interesses comerciais britânicos. O Brasil, arruinado pelo desmoronamento de

---

[481] Incluem Batista, em Cuba (de 1934 a 1959); Trujillo, na República Dominicana (controla o país de 1930 a 1961); e Somoza, na Nicarágua (de 1936 até o seu assassinato, em 1956).

sua economia, elege, em 1930, Getúlio Vargas. Em 1937, Vargas cria o Estado Novo, um regime autoritário, ao mesmo tempo social e conservador, inspirado na ditadura instalada em Portugal.

Nesse conjunto, três países ocupam um lugar à parte devido à natureza particular dos sistemas que põem em prática e à sua política expansionista, que leva, primeiro no Extremo Oriente e depois na Europa, à Segunda Guerra Mundial. Estudemos um de cada vez.

A ITÁLIA FASCISTA

Benito Mussolini (1883-1945), filho de um ferreiro anarquista da Romanha, é, no início do século XX, um professor do ensino primário, socialista e pacifista, envolvido na ação sindical e no jornalismo militante. O rebentar da guerra o transforma. Adepto fervoroso da entrada do seu país no conflito, torna-se uma figura belicista e nacionalista. A situação terrível da Itália após 1918 oferece-lhe um contexto de que sabe tirar partido. O reino não digere sua "vitória mutilada": as terras prometidas do outro lado do Adriático agora lhe são recusadas, e resta a sensação amarga de que mais de um milhão de italianos morreram para nada.[482] O país, em ruínas, é sacudido por greves e movimentos revolucionários que assustam a burguesia e a classe média. O regime parlamentar parece incapaz de encontrar um caminho para sair desse marasmo. Mussolini tem uma ideia a propor. Desenvolveu uma ideologia no meio do caminho entre o capitalismo e o socialismo, e que se opõe a todos os valores de humanismo que a Europa cultiva desde a Renascença. Exalta o super-homem, a violência, a necessidade da guerra e a superioridade do glorioso povo italiano sobre todos os outros, povo este que voltará a se reerguer sob o controle de um chefe onipotente. O discurso agrada, simultaneamente, os abastados, encantados por verem alguém barrar o contágio revolucionário, e numerosos antigos combatentes, que encontram no culto à bandeira e na mística da força e da violência uma espécie de religião que dá sentido ao seu sofrimento e às suas frustrações.[483] Não

---

[482] Vítimas militares e civis.

[483] O historiador norte-americano de origem alemã George Mosse (1918-1999) situa no

tardam a entrar em massa nos grupos criados pelo líder, os "fáscios" (*fasci italiani di combattimento*), nome que faz referência ao bastão que servia de símbolo da autoridade no Império Romano. Tornam-se, em 1921, o Partido Nacional Fascista. A exaltação da violência não tem sentido figurado. Os militantes, organizados em milícias paramilitares, envolvem-se em conflitos por toda parte, furam as greves, agridem seus adversários ou os sujeitam a sessões de humilhação pública,[484] fazendo reinar um terror que tem como objetivo reduzir ao silêncio todos os que não pensam como eles – sindicalistas, comunistas, democratas. Em 1922, Mussolini decidiu dar um grande golpe. Com seus adeptos, os Camisas Negras, organiza uma manifestação gigantesca destinada a dobrar o fraco poder parlamentar que despreza; é a Marcha sobre Roma. O rei Vítor Emanuel III oferece-lhe o posto de presidente do Conselho.[485] Dois anos à frente do governo permitem-lhe controlar todos os cargos de poder e preparar as eleições à medida que seu partido e seus respectivos aliados tornam-se maioria. Essas eleições foram regulares? O corajoso deputado socialista Matteotti ousa duvidar da legalidade do poder fascista em um virulento discurso público. É raptado e assassinado pouco tempo depois por capangas do poder. Numerosos intelectuais e militantes dos partidos de esquerda são obrigados a exilar-se e procuram, na maioria dos casos, refúgio na França, onde existe, desde o fim do século XIX, uma importante comunidade italiana. Sua pátria tornou-se uma ditadura.

O Duce e o "homem novo"

Mussolini não tolera outro poder que não o seu. Protege a Igreja e consegue até eliminar o velho pomo da discórdia que a opunha ao país. Desde que Roma se tornara capital da Itália unificada, em 1870,[486]

---

traumatismo da guerra a matriz do fascínio das sociedades fascistas, sobretudo nazistas, pela violência e pela morte. É o que se chama de "brutalização" das sociedades.

[484] Uma das técnicas célebres dos fascistas consistia em obrigar suas vítimas a engolir óleo de rícino. Absorvido em dose elevada, provoca diarreias violentas que podem, em casos extremos, levar à morte.

[485] Equivalente a primeiro-ministro.

[486] Ver capítulo 33.

o Papa, refugiado em seu palácio, considerava-se "prisioneiro". Em 1929, Mussolini assina com a Santa Sé o Tratado de Latrão, que cria um minúsculo Estado do Vaticano, de que Pio XI se torna chefe.[487] O restante da Itália transforma-se pouco a pouco em um regime totalitário. Todos os poderes estão nas mãos do Duce, o "guia", que, segundo um célebre lema do regime, "tem sempre razão"[488] e reina sobre todos graças a um partido único incontornável: do berço ao túmulo, da organização da juventude à associação do bairro, um italiano, que deve tornar-se um "homem novo", só pode ser fascista. O mundo do trabalho é enquadrado por corporações que hão de abolir a luta de classes, fazendo entrar na mesma associação patrões e operários. Com sua ascensão ao poder, o regime, apoiado pela burguesia dos negócios, defende um sistema econômico liberal, mas, para se reconciliar com a classe operária, também concede reformas sociais. Pouco a pouco, o Estado torna-se dirigista. Lança grandes obras de prestígio que devem estimular a economia e servem para promovê-lo: construção de rodovias, estádios, novos bairros na capital, drenagem dos Pântanos Pontinos, situados não muito longe de Roma, focos de malária. À força de palavras de ordem, de intermináveis discursos e de muita propaganda política, o Duce lança também grandes "batalhas", como a Batalha do Trigo, em 1925, para aumentar os rendimentos, ou a Batalha dos Nascimentos, em 1927, para estimular a natalidade. Com a crise dos anos 1930, Mussolini, desejoso de mostrar que a gloriosa pátria do fascismo consegue escapar do marasmo mundial, empurra seu país para um novo sistema: a autarquia, o abandono do comércio internacional, visando depender apenas da própria produção. A necessidade de matérias-primas e de expansão do mercado que isso provoca tem como consequências evidentes a conquista e a guerra. Ao norte dos Alpes, outro líder, um de seus admiradores, sonha com isso praticamente ao mesmo tempo.

★★★

---

[487] O Tratado de Latrão continua válido hoje em dia e regula as questões ligadas à qualidade de Estado do Vaticano.

[488] *"Il Duce ha sempre ragione."*

A ALEMANHA NAZISTA

O período de Weimar é, para a Alemanha, um momento de intensa ebulição intelectual, da Bauhaus, uma escola que revoluciona a arquitetura, ou ainda do cinema expressionista, de que Fritz Lang é o mestre. A frágil República também tem muitos inimigos: os comunistas, que nunca lhe perdoaram o esmagamento da revolução espartaquista; parte do exército, agarrada ao mito da facada nas costas;[489] e numerosos facciosos de extrema direita.

Adolf Hitler (1889-1945) é um deles. Austríaco sem um tostão, desesperado por não poder seguir a carreira de pintor com que sonhava, alistou-se no exército alemão durante a Primeira Guerra Mundial e, com o pequeno grupo a que passou a pertencer, mete-se em numerosas conspirações. Uma intentona iniciada em uma cervejaria de Munique em 1923 valeu-lhe alguns meses de prisão. Esse período permitiu-lhe aumentar sua popularidade e redigir *Mein Kampf* [Minha Luta], um livro programático. Na segunda metade dos anos 1920, o partido cuja liderança assumiu, chamado de "nacional-socialista" ("nazista", abreviadamente),[490] não cessa de crescer e torna-se conhecido pela prática da violência de rua e da intimidação física de seus adversários. Ao mesmo tempo, na Alemanha, a economia reestabelece-se, a República estabiliza-se e o país recupera seu lugar na Europa. Se as coisas tivessem continuado por esse caminho, o ex-cabo teria, sem dúvida, ficado estagnado para sempre em sua função de pequeno agitador hediondo. Ao arrasar o país em poucos meses, a crise de 1929 cria o contexto que lhe permite forçar seu destino. As falências sucedem-se, os desempregados somam milhões, o flagelo da miséria ataca e ninguém da classe política parece em condições de encontrar uma saída para esse pesadelo. A direita centrista no poder pratica uma política de deflação que acentua o mal, julgando que o alivia.[491] O Partido Comunista, o mais importante da Europa Ocidental, de uma fidelidade cega às ordens de Stalin, bate-se contra aqueles que

---

[489] Ver capítulo 41.

[490] De *nationalsozialistisch*, em alemão. [N.T.]

[491] Ver capítulo anterior.

Moscou designou como inimigo principal: os social-democratas, ou "social-fascistas", considerado muito mais perigosos do que a extrema direita. É verdade que o Partido Social-Democrata não tem a mínima vontade de se aliar a revolucionários, que rejeita violentamente. Os nazistas estavam, portanto, à vontade para ganhar a aposta. Nas eleições legislativas de janeiro de 1933, o partido, sem ter a maioria absoluta, torna-se o mais representado no Parlamento. O presidente Hindenburg,[492] contrariado, ao que se diz, oferece a Hitler o lugar de chanceler. O velho marechal assina assim a sentença de morte da República. Aquele que se torna seu coveiro demora apenas alguns meses para enterrá-la.

Em fevereiro, um incêndio irrompe no Reichstag, a Câmara dos Deputados, talvez ateado por um simplório comunista holandês. Para o novo poder, é esse o pretexto: uma vez que o Parlamento ardeu, não há mais Parlamento. Não tarda para que os partidos de oposição e os sindicatos sejam proibidos. Os adversários conhecem os primeiros campos de concentração, abertos a partir de 1933. Aos milhares, intelectuais, artistas, cientistas ameaçados por serem de origem judia ou por suas ideias, tomam o caminho do exílio. Sua contribuição é extraordinária para os países que os acolhem, na maior parte dos casos os Estados Unidos: a chegada de numerosos sábios de renome internacional obrigados a fugir do nazismo, entre os quais o mais célebre é Albert Einstein, permite que a ciência norte-americana progrida consideravelmente. A extraordinária criatividade da época de Weimar se transforma em fumaça na grande fogueira que os camisas-pardas acendem em maio de 1933, em Berlim, para queimar todos os livros que propagam um "espírito não alemão", isto é, que tenham sido escritos por judeus, marxistas ou pacifistas.

Em junho de 1934, até os antigos aliados de Hitler são eliminados. Em um episódio chamado de Noite das Facas Longas,[493] os seguidores

---

[492] Nascido em 1847, esse militar prussiano que participou da guerra de 1870 torna-se um herói, em 1914, ao vencer a Batalha de Tannenberg contra os russos. Com Ludendorff, de 1916 a 1918, torna-se chefe do Estado-maior alemão. Em 1925, é eleito presidente da República e sucede Ebert.

[493] Pelos historiadores franceses e ingleses, talvez por referência a uma canção da SA. Os alemães falam em "Röhm-Putsch", uma menção ao nome do chefe dessa facção,

do chanceler liquidam friamente, com tiros de pistola, mais de duzentos membros e líderes das tropas de assalto, a SA,[494] utilizada anteriormente devido ao seu gosto pela violência, mas agora considerada indesejável. A SA representa a ala "revolucionária" do nazismo e continua atacando o capitalismo, o que já não é conveniente em um momento em que Hitler procura atrair os círculos econômicos e o exército.

O Terceiro Reich

Em agosto de 1934, com a morte do velho Hindenburg, Hitler toma o lugar de presidente da República e torna-se o Führer (o "guia") de um regime que batiza como Terceiro Reich.[495] Tal como a União Soviética de Stalin e a Itália de Mussolini, a Alemanha de Hitler é um Estado totalitário, estruturado pelo partido e por suas várias organizações, incluindo a sinistra SS, encarregada de fazer reinar a ordem.[496] O indivíduo já não existe. Não passa de uma partícula em meio às massas que o regime gosta de manipular em grandiosas cerimônias, como as organizadas em Nuremberg, que exaltam a grandeza do povo, do Reich – convocado para durar mil anos – e do seu líder. Ao contrário de Stalin, que pratica o terror ao mesmo tempo em que prega ser um humanista aos que se dizem seus apoiadores, mas à semelhança de Mussolini, Hitler coloca no cerne de sua doutrina a exaltação da força e da violência, bem como o culto da virilidade e do super-homem. A essas características, o Führer junta uma dimensão essencial: o racismo.

Como explicou em *Mein Kampf*, sua visão de mundo baseia-se na superioridade da "raça germânica" em relação a todas as outras, consideradas inferiores, e na sua necessidade de lutar contra seus

---

Ernst Röhm.

[494] A *Sturmabteilung*, ou "tropas de assalto", abreviadamente SA, é a organização paramilitar do Partido Nazista.

[495] O Terceiro Império, depois do Primeiro, o Sacro Império, fundado por Otão em 911 (ver capítulo 10), a que se seguiu o Segundo, de Guilherme I e Bismarck, iniciado em 1871 e desaparecido em 1918 (ver capítulo 33).

[496] A *Schutzstaffel*, ou "tropas de proteção", abreviadamente SS, faz reinar a ordem e está encarregada das informações, da proteção dos dignitários nazistas e da vigilância dos campos.

numerosos inimigos externos, os povos que a rodeiam, mas sobretudo contra o inimigo interno, que compara a "bactérias" que corroem a sociedade: os judeus. Em diversos aspectos, como na economia, por exemplo, o nazismo pode mostrar-se mutável e mais oportunista do que sua doutrina pretende. A obsessão antissemita é o ponto do qual nunca se desviou, uma bússola cujo norte nunca se perde. O judeu, segundo a expressão do grande historiador francês do antissemitismo Léon Poliakov, é a "causa diabólica", o rosto do mal que, segundo as necessidades do momento e de modo perfeitamente contraditório, serve para explicar tudo. A propaganda pode fazer dele o republicano traidor de Weimar, esse regime degenerado que aceitava o enfraqueci-mento da Alemanha, ou o "plutocrata", o rico de charuto que servia aos interesses anglo-saxônicos e arrasou o país, ou ainda o dirigente soviético, o "judeu bolchevique", senhor de um império inimigo. A partir de abril de 1933, a SA ataca os comércios dos judeus e pratica humilhações públicas. Em 1935, as Leis de Nuremberg, pretendendo zelar pela "pureza da raça", interditam a "mistura" (isto é, os casamentos mistos) e fazem dos judeus alemães cidadãos de segunda, excluídos pouco a pouco de um grande número de profissões. Em novembro de 1938, a pretexto do assassinato em Paris de um diplomata alemão por um jovem de origem judia, os nazistas desencadeiam a "Noite dos Cristais", dois dias de violência, terror e saque de lojas. Não hesitam, depois, em pedir que a comunidade judia alemã pague uma indenização enorme como reparação dos danos que eles próprios causaram. Para-lelamente, aparecem outros alvos: os ciganos, os "associais", entre eles homossexuais e pessoas com sofrimento mental, todos considerados seres indesejáveis que é preciso expurgar da sociedade.

No plano econômico, Hitler é, desde sua ascensão ao poder, intervencionista. Quer dar emprego aos desempregados e reforçar o país para fazer dele a potência com que sonha, capaz de bastar-se a si mesma. Realiza grandes projetos, como a construção de rodovias, estimula a produção industrial (é ele quem incentiva a fabricação do célebre Volkswagen) e, sobretudo, relança a indústria do armamento. Tal política custa caro, e o mercado interno está reduzido. É preciso conquistar para avançar. Ao cabo de um ou dois anos de poder, a guerra, também nesse caso, aparece como uma consequência natural do sistema instalado.

★★★

A ESCALADA PARA A GUERRA

Numerosas teses questionam se o fascismo e o nazismo são da mesma natureza. Ambos são totalitários e liberticidas, dirão os historiadores, mas o primeiro não foi responsável por crimes em massa em uma escala comparável ao segundo, nem recorreu ao racismo num primeiro momento. A Itália só adotou uma política racial em 1938, sob influência da Alemanha. Os dois regimes têm em comum, como acabamos de ver, a necessidade de recorrer à guerra. Quando, em 1934, os nazistas de Viena assassinam Dollfuss, o chanceler austríaco, e parece evidente que Hitler irá intervir para apoiá-los, Mussolini concentra suas tropas na fronteira para garantir a independência desse pequeno país. Nesse momento, os democratas se iludem mais uma vez de que o Duce é um aliado precioso para contrariar o Führer. A partir de 1935-1936, uma reviravolta os aproxima. Transformados em aliados, vão, em menos de quatro anos, conduzir a Europa à guerra.

O sonho de Mussolini é refazer o Império Romano. Não podendo conquistar imediatamente todas as margens do Mediterrâneo, como tinham feito as legiões, começa por uma conquista colonial. A Etiópia, como recordamos, foi o único grande país africano que escapou ao domínio europeu, chegando a infligir uma derrota humilhante aos italianos.[497] Para "vingar" Adwa, que deu nome a essa batalha, e mostrar todo o seu poderio, o Duce lança, a partir da Eritreia italiana, um gigantesco exército dotado de poderosos meios para atacar o velho reino do *negus*. Face ao dilúvio de bombas, ao emprego de gás e à superioridade seus atacantes, em maior número, os soldados de Hailé Selassié[498] não conseguem resistir durante muito tempo. Em

---

[497] Ver capítulo 38.

[498] Nascido em 1982, o *ras* – isto é, "chefe" – Tafari Makonnen torna-se regente em 1917. É coroado imperador, ou *negus*, em 1930, com o nome de Hailé Selassié I.

1936, Adis Abeba cai, mas a Sociedade das Nações, para a qual o soberano defende a causa desesperada de seu país, condena a agressão. A sentença, acompanhada de sanções econômicas muito leves, parece apenas simbólica, mas as democracias da França e da Grã-Bretanha afastam-se do ditador fascista. Este volta-se, então, para uma potência que o acolhe com a maior satisfação. Em novembro, Roma e Berlim firmam uma aliança que Mussolini nomeia de "Eixo".

Nesse mesmo ano, em 1936, o Eixo encontra uma ocasião para provar sua eficácia. A Espanha, velha monarquia, conheceu uma ditadura nos anos 1920[499] e depois, em 1931, após o rei reposto ter sido expulso do poder, tornou-se uma República. O clima é tenso, há assassinatos e manifestações reprimidas com derramamento de sangue. Em 1936, as eleições levam ao poder a Frente Popular, uma coligação de esquerda que recorre ao confisco de terras para fazer uma reforma agrária e pratica uma política de oposição direta à Igreja, bastião do conservadorismo. Parte da opinião pública está escandalizada e aterrorizada com isso. Em julho, a partir do Marrocos espanhol, onde estão estacionadas numerosas tropas, alguns militares, em breve dirigidos pelo general Franco, apelam ao levantamento contra essa República ímpia e prometem o regresso ao que lhes parece ser a ordem. Esse pronunciamento desencadeia uma guerra civil entre republicanos – partidários do governo legal – e nacionalistas ou franquistas – que apoiam o golpe de Estado militar.

A França, também dirigida por um governo de frente popular, sonha em socorrer uma República em perigo, mas a Inglaterra é hostil àquilo que vê como uma engrenagem. As democracias optam, portanto, pela não intervenção, política que os países totalitários também fingem seguir, ao mesmo tempo que, na prática, entram com força no conflito. A União Soviética vende armas a preço de ouro aos republicanos, encoraja a constituição das Brigadas Internacionais – formadas por voluntários de todos os países ocidentais – e envia comissários políticos que nunca hesitam, no caminho, em expurgar o campo que teoricamente apoiam para eliminar os militantes adversários de Stalin.[500] A Alemanha e a Itália mostram as garras, enviando soldados e

---

[499] Sob o comando de Miguel Primo de Rivera (1870-1930).

[500] O exemplo mais conhecido dessa política é a guerra que os comunistas desencadeiam

armamentos para o território. O feito de armas alemão mais célebre da Guerra Civil da Espanha é o bombardeamento, em 1937, da pequena cidade basca de Guernica pelos aviões da Legião Condor. Em 1939, os últimos republicanos, vencidos, são obrigados a refugiar-se em massa na França. Franco instaura uma nova ditadura na Europa.

O *Anschluss* e a anexação dos Sudetos

A política externa de Hitler se baseia em três obsessões: fazer desaparecer o Tratado de Versalhes, esse *diktat* que humilhou a Alemanha; realizar o pangermanismo, isto é, a união de todos os alemães, onde quer que vivam, à sombra de Berlim; e, finalmente, assegurar à raça ariana o seu "espaço vital" por meio da expansão para o leste, onde vivem populações eslavas que o Führer considera merecerem ser vencidas e submetidas. Está claro, desde o início, que esses três objetivos desencadearão uma guerra. Durante mais de três anos, o campo das democracias é impotente para travar essa caminhada fatal, apesar de muita gente compreender o que está em jogo. Na França, por exemplo, a coligação eleitoral da Frente Popular formou-se com base em um programa de reformas sociais, mas também no antifascismo. No entanto, o peso das opiniões públicas, a recordação traumatizante da Grande Guerra, a crise econômica e a instabilidade política conduzem à inércia.

Visando a acabar com o militarismo alemão, o Tratado de Versalhes estipulava o desarmamento do país e a neutralização de uma região transformada em zona-tampão, situada na margem direita do Reno: a Renânia. Logo que chega ao poder, sem sequer disfarçar, Hitler rearma-se e, em março de 1936, manda seus soldados recuperarem a posse da Renânia. A Inglaterra não se mexe. A França, em plena campanha eleitoral, olha para o lado.

Em março de 1938, a Alemanha consegue o que não conseguira quatro anos antes. Ajudada pela pressão exercida pelos nazistas locais sobre o governo de Viena, procede ao *Anschluss*, a anexação da Áustria,

---

em Barcelona, em 1937, contra o Partido Operário de Unificação Marxista, organização revolucionária que denunciava a deriva totalitária da União Soviética.

igualmente proibida pelos tratados. Ainda não há reação. Alguns meses mais tarde, o olhar de Hitler volta-se para outros alemães, as minorias que vivem nos Sudetos, um conjunto de regiões que forma uma Coroa em torno da parte tcheca da Tchecoslováquia. Reclama a respectiva anexação. Praga, capital democrática, apela para as democracias de que é aliada. A França se mobiliza. Mussolini, estranhamente transformado em pacifista, tem uma ideia melhor: propõe uma conferência para evitar a guerra. É realizada em setembro e reúne, em Munique, o alemão Hitler, o italiano Mussolini, o francês Daladier e o inglês Chamberlain, mas não Beneš, presidente do pequeno país que será sacrificado. O primeiro-ministro inglês é fiel à política que definiu, o *appeasement*, ou "apaziguamento", que consiste em ceder tudo aos ditadores porque tem certeza de que eles não irão à guerra. O francês pensa o contrário, mas considera que seu país ainda precisa de um pouco mais de tempo para se preparar. Ambos cedem, portanto, em tudo. Os Sudetos são anexados. Meses mais tarde, em março de 1939, é liquidado o que resta da República de Praga: a Boêmia e a Morávia são ocupadas pelos tanques de Berlim, e a Eslováquia é transformada em protetorado do Reich. Em abril, Mussolini, que não quer ficar para trás, anexa a Albânia.

A guerra se aproxima. Hitler, hábil jogador que até aí ganhou tudo, tira do bolso um trunfo com o qual ninguém contava. No dia 23 de agosto, o mundo, estupefato, toma conhecimento da assinatura do Pacto Germano-Soviético, uma aliança entre o nazista e o soviético. Uma das cláusulas do tratado, mantida cuidadosamente em segredo, prevê a partilha do Leste Europeu entre os dois homens. O Führer está livre. Pode ir em frente. Na primavera, reclama a reintegração de Dantzig à Alemanha. No dia 1 de setembro, inventa uma provocação fronteiriça e ordena a invasão da Polônia. No dia 3, a França e a Inglaterra vêm em socorro de sua aliada e declaram guerra à Alemanha. Começa a guerra no Ocidente.

★★★

O MILITARISMO JAPONÊS

Desde o início do século XX, o Japão tem um lado radiante: transformou-se em um país moderno, industrializado, dotado de uma monarquia constitucional. Também tem um lado sombrio, xenófobo, nacionalista e militarista. Não cessa de se fortalecer nos anos 1920, sob a influência do exército ou, pelo menos, de suas facções radicais, que ocupam cada vez mais espaço no sistema político e conseguem impor suas concepções.

Logo após a Primeira Guerra Mundial, pretendendo limitar os armamentos, os norte-americanos conseguiram que o país, tal como as potências europeias, assinasse o Tratado de Washington (1922), que cerceia a capacidade naval do Império Nipônico. Esse tratado fere o orgulho nacional de muitos japoneses e dá razão aos que defendem que o Ocidente pretende manter o império em situação de inferioridade. Em 1923, um terremoto terrível destrói Tóquio quase totalmente e cria um clima de angústia que favorece o recuo identitário e o desejo de ordem. Em 1926, o novo imperador, que ascendeu ao trono sob o nome de Hirohito, segue nesse sentido. Rodeia-se de oficiais que têm total influência sobre ele. O militarismo cresce, servido pelo descrédito da classe política parlamentar, mergulhada em numerosos escândalos de corrupção. Tal como em tantas outras nações, a crise de 1929 e o desastre econômico que se segue aceleram o processo. Devido às barreiras protecionistas que se ergueram por todo o mundo, os japoneses já não conseguem escoar sua produção. Também nesse caso, a única saída parece ser o expansionismo, que se tornou ainda mais necessário pela demografia: o arquipélago está superpovoado. As facções ultranacionalistas buscam aventura.

Em 1931, basta um pretexto, um atentado contra uma ferrovia nipônica, fomentado, sem dúvida, pelos próprios militares japoneses, para que o exército, presente na Coreia desde o início do século, ocupe a rica Manchúria.[501] Um ano mais tarde, a ex-província chinesa é transformada em Manchukuo, um estado-fantoche à frente do qual os japoneses, por uma sinistra ironia, colocaram Pu Yi, a criança que

---

[501] Ver capítulo 37.

havia sido o último imperador da China. Torna-se uma marionete nas mãos deles. Horrorizada com essa grosseira violação da lei, a China faz o que pode para impedi-la, apelando para a intervenção da Sociedade das Nações. O Japão abandona a Sociedade das Nações e fica com a Manchúria.

Em Tóquio, o clima político continua se deteriorando. Os nacionalistas optam por uma violenta estratégia de tensão. Os assassinatos de personalidades públicas são frequentes, incluindo os de primeiros-ministros. O parlamentarismo é, agora, apenas uma fachada. Sucedem-se os golpes de Estado. Mesmo fracassando, conseguem matar a democracia. O imperador limita-se a nomear gabinetes controlados pelo exército, que pressionam por mais intervenções externas em nome do direito claramente afirmado da "raça" japonesa de dominar a Ásia. Para chegar lá é preciso garantir a retaguarda. Em 1936, a fim de contrariar uma eventual ameaça vinda da União Soviética – situada do outro lado da fronteira da Manchúria –, Tóquio assina com Berlim um pacto anti-Komintern, ao qual a Itália adere alguns meses mais tarde. Em 1937, o Império Nipônico está pronto para acelerar. No início de julho, um conflito banal entre o exército chinês e as tropas japonesas que manobram na Ponte Marco Polo,[502] situada a cerca de quinze quilômetros de Pequim, basta para acender a faísca. O Japão manda seus exércitos atacarem o Império do Meio. É a partir desse momento que podemos datar o começo da Segunda Guerra Mundial.

---

[502] Os chineses a chamam de Ponte Lugou. Já os ocidentais a chamam pelo nome do navegador veneziano, que a descreveu com admiração.

45

A Segunda Guerra Mundial em quatro momentos fortes

(1937-1945)

A Primeira Guerra Mundial foi um conflito entre nações que procuravam assegurar sua hegemonia na Europa. Na guerra seguinte, confrontam-se grandes ideologias que querem a aniquilação de seus adversários e sonham dominar o mundo. Pela sua extensão, pela força da máquina de morte instalada pelas potências do Eixo e pelo seu balanço desmesurado, a Segunda Guerra Mundial é o acontecimento mais importante do século XX.

OS QUE VIVERAM a Primeira Guerra Mundial descreviam-na como o inferno. Mas era apenas o purgatório. Ao contrário do que muitos europeus pensavam ao pegarem de novo em armas, em 1939, a Segunda Guerra Mundial nada tinha a ver com uma repetição da anterior. Os dois conflitos são de natureza diferente. A guerra de 1914-1918 opõe nações que têm como objetivo vencer seus rivais para aumentar seu território às custas deles ou simplesmente para assegurar sua proeminência. Na guerra seguinte, confrontam-se ideologias mortíferas cuja loucura destrutiva atinge do extremo Norte ao sudeste Asiático, do Atlântico aos atóis perdidos do Pacífico. Tracemos seu esquema geral em quatro grandes linhas.

❶ OS TRIUNFOS DA GUERRA-RELÂMPAGO NO OCIDENTE
1939-MEADOS DE 1942

À semelhança de seu amigo Mussolini, Hitler, que despreza as democracias fracas, está certo da superioridade do seu regime, do seu povo, da sua força e da estratégia afinada pelos seus generais. Enquanto os Estados-maiores aliados, que ainda julgam estar em 1914, encaram a guerra como um duelo entre duas infantarias, o exército alemão opta por atacar o inimigo lançando sobre ele uma enxurrada de tanques apoiados por aviões. Isso confere-lhe rapidez e mobilidade; é a *Blitzkrieg*, a "guerra-relâmpago". Pega fogo. Até meados de 1942, graças a ela, a Wehrmacht coleciona vitórias e cria uma reputação de invencibilidade.

Em setembro de 1939, o exército alemão faz sua primeira vítima. Em menos de um mês, a Polônia cai. De acordo com as cláusulas secretas do Pacto Germano-Soviético, Hitler e Stalin, que lançou o Exército Vermelho sobre o leste do país, podem partilhá-la. Londres e Paris não fazem muita coisa. Petrificadas pela recordação das carnificinas da Primeira Guerra Mundial, optam por uma estratégia defensiva e ficam à espreita em suas fronteiras. Como os alemães não atacam, fazem guerra sem combater, a "guerra de mentira".

O primeiro confronto entre os adversários ocorre, finalmente, em abril de 1940. Os alemães, querendo assegurar o abastecimento de ferro sueco, invadem a Noruega e ocupam a Dinamarca.

O grande momento chega um mês mais tarde, no dia 10 de maio. Hitler ataca a frente ocidental e dá um golpe de mestre. Tal como em 1914, os alemães adentram pela Bélgica, violando, no caminho, sua neutralidade – algo pelo que franceses e ingleses estavam à espera. Ao mesmo tempo, lançam seus *panzers* sobre o maciço das Ardenas, que não está protegido porque os generais de Paris consideravam-no intransponível. Em poucos dias, é transposto. É o "corte de foice", uma manobra espetacular e compensadora, pois permite aos alemães cortar o exército francês em dois. Uma parte, pressionada, consegue milagrosamente bloquear o inimigo para permitir aos aliados britânicos, amontoados na praia de Dunquerque, embarcar às pressas, sob o fogo dos aviões inimigos. Trezentos e cinquenta mil soldados conseguem atravessar o Canal da Mancha. Serão preciosos. A França, por sua vez, está perdida. No dia 16 de junho, o governo, refugiado em Bordeaux, foi confiado ao marechal Pétain, "vencedor de Verdun". Este pede o armistício, assinado em 22 de junho, na floresta de Compiègne, na mesma carruagem em que, vinte e dois anos antes, os alemães vencidos tinham assinado o seu. A França é dividida em duas zonas, uma ocupada e a outra confiada a um governo-fantoche instalado na pequena cidade termal de Vichy. Sai de cena. O país vencedor da Primeira Guerra desempenhará apenas um papel secundário na seguinte. A Hitler, resta apenas esmagar o Reino Unido, seja invadindo-o, seja obrigando-o a assinar a paz. Para atingir esse objetivo, Hitler arrasa as cidades inglesas sob uma chuva de bombas: é o "Blitz". Contra todas as expectativas, a Inglaterra aguenta. Um grupo incrível de pilotos da Royal Air Force consegue inverter a situação, reassumindo o controle do céu e colocando o agressor em xeque. "Nunca na História um número tão grande de homens teve uma dívida tão grande para com um grupo tão pequeno dos seus semelhantes", resume Churchill. Se tivesse vencido a batalha na Inglaterra, Hitler não teria tido mais ninguém à sua frente. No verão de 1940, restam, portanto, os ingleses. Na ocasião do seu primeiro discurso na Câmara dos Comuns, em 13 de maio, o novo primeiro-ministro prometera "sangue, labuta, lágrimas e suor".[503] Eles serão necessários.

Afrikakorps

Hitler vê-se senhor da Europa. Na partilha do mundo que fez com seu aliado, deixou o Mediterrâneo a Mussolini, que se julga o imperador Augusto. Quando a França caiu por terra, o Duce declarou-lhe guerra (10 de junho) e criou uma pequena zona de ocupação nos Alpes e sobre a costa meridional. Em setembro, apostando em uma derrota inglesa, ataca o Egito, onde continuam os britânicos, a partir de sua colônia na Líbia. Em outubro, a partir da Albânia, já conquistada, ataca a Grécia. Os planos e os discursos do mata-mouros[504] de Roma são teatrais e grandiosos. O desempenho de seu exército é calamitoso. Em dezembro, os ingleses contra-atacam na Líbia, tomam a Cirenaica e fazem milhares de prisioneiros. O exército grego também comete uma proeza contra o agressor: apoiado pelo desembarque de um corpo expedicionário britânico em Creta e, depois, no Pireu, consegue repelir os italianos e ocupa três quartos da Albânia. Para amenizar o

---

[503] "*I have nothing to offer but blood, toil, tears and sweat.*"

[504] Personagem da antiga comédia espanhola que se gabava de todos os seus feitos guerreiros contra os mouros. [N.E.]

desmoronamento do amigo fascista, que seria desastroso para o seu prestígio e para o Eixo, Hitler é obrigado a ir ao seu socorro. No início de 1941, envia para a Líbia seu Afrikakorps, um exército de elite comandado por Rommel. Na primavera do mesmo ano, lança uma ofensiva sobre os Balcãs através da Bulgária. Nova *Blitzkrieg*. A Iugoslávia é inteiramente ocupada. A Grécia, esgotada por sua campanha contra os italianos, cede. Os ingleses recuam.

A única boa notícia no momento é que uma catástrofe foi evitada no Oriente Médio. No Iraque, um golpe de Estado havia levado ao poder um governo pró-alemão, mas tropas britânicas desembarcadas em Bassorá conseguiram derrubá-lo (abril-maio de 1941). Os mandatos franceses de Damasco e Beirute também se tornam ameaçadores: os governadores, próximos de Vichy e, portanto, dos alemães, estavam prestes a transformá-los em bases do Eixo. Apoiados pelas Forças Francesas Livres, o exército que o general De Gaulle reconstitui pouco a pouco para lutar ao lado dos Aliados, os ingleses recuperam a Síria e o Líbano.

Quanto ao restante, no fim da primavera de 1941, visto dos *war rooms* de Churchill em Londres, o céu está sombrio. Visto de Berghof, a residência bávara de Hitler, está perfeito. O Führer pode se concentrar no objetivo final: esmagar o inimigo bolchevique e recriar o que considera ser a luta milenar que opôs os eslavos aos cavaleiros teutônicos.

Operação Barbarossa

A União Soviética cresce desde 1939. Depois de ter devorado metade da Polônia, o terrível Stalin conseguiu arrancar um pedaço da Finlândia. Não o fez sem dor: com suas nove tropas, a Finlândia resistiu heroicamente, durante vários meses, às quarenta e cinco enviadas pelos soviéticos. Depois, engoliu os países bálticos. Em seguida, descansa; não está esperando uma reviravolta tão imediata daquele que ainda ontem era seu aliado. Sem aviso, em 21 de junho de 1941, Hitler desencadeia a Operação Barbarossa[505]: envia, contra a União

---

[505] Do nome de Frederico Barbarossa, imperador da Idade Média morto durante as Cruzadas (ver capítulo 13), cujo regresso, segundo uma velha crença, deve assegurar a grandeza da Alemanha.

Soviética, seu gigantesco exército, apoiado por húngaros, romenos, eslovacos, italianos e até finlandeses, que se aliaram aos alemães para se vingarem dos russos. As cento e cinquenta divisões seguem em todas as direções – Leningrado, ao norte; Moscou, ao centro; e Kiev, ao sul. Quatro meses após o desencadeamento da operação, a Wehrmacht está a mil quilômetros do seu ponto de partida: Leningrado sofre os primeiros efeitos de um cerco terrível, Moscou está ao alcance de um tiro de canhão e Kiev foi conquistada.

② A GUERRA NA ÁSIA
1937-1942

Na Ásia, o Japão também obtém êxitos rápido e mostra, desde o início do conflito, uma brutalidade indescritível. Pequim é tomada em julho de 1937, seguida de Xangai e, no fim do ano, de Nanquim, capital da República. À sua conquista seguem-se crimes de uma violência inaudita: os massacres que lá se desenrolam fazem, segundo as estimativas chinesas oficiais, 300 mil mortos em poucos dias. A partir de 1938, os exércitos nipônicos controlam o nordeste da China, seu litoral e as cidades mais ricas. Mas, ao contrário do que Tóquio esperava, o velho país continua de pé. Chiang Kai-shek retirou-se para Xunquim, uma cidade do Sichuan, no centro do país, que, apesar das campanhas de bombardeamento realizadas em ritmo infernal, não se curva. Perante o perigo, os nacionalistas reconciliaram-se com seus inimigos, seus irmãos comunistas, que, de sua área, assediam o invasor. Os ecos da guerra na Europa alteram as cartas na Ásia. A simpatia dos nacionalistas japoneses pela Alemanha nazista estava há muito em evidência. Os laços são formalizados em outubro de 1940: Tóquio integra o Eixo que quer refazer o mundo. Berlim fica com a Europa. Mussolini, com o Mediterrâneo. O glorioso Japão, com a Ásia. Para assegurar sua retaguarda, Tóquio assina, igualmente, um pacto de neutralidade com a União Soviética, muito contente por evitar uma frente dupla no caso de uma guerra europeia.

A partir de 1940, os japoneses se aproveitam das peripécias ocidentais: a França vencida já não tem meios para se opor a eles. Podem instalar-se na sua colônia da Indochina, praça estratégica de primeira importância para abrir outra frente contra a China. Sonham, também, em pôr em prática seu plano supremo, que consiste em conquistar todo o sudeste do continente. Tóquio pretende fazer disso o que sua propaganda chama de "esfera de co-prosperidade da grande Ásia", isto é, criar um vasto protetorado que lhe assegure as saídas com que o Japão sonha e o espaço e as matérias-primas de que carece. Na mira, estão os numerosos territórios dos ingleses, as Índias Holandesas e as Filipinas, sob influência dos Estados Unidos, única grande potência fora do jogo por enquanto.

Continuará assim por muito tempo? Desde o início da guerra sino-japonesa, Roosevelt está claramente inclinado para o lado da China de Chiang Kai-shek, a quem manda entregar armas. Desde o início da guerra na Europa, o presidente norte-americano não esconde sua simpatia pelos ingleses, a quem manda conceder empréstimos muito interessantes que lhes permitem obter tudo aquilo de que têm urgente necessidade: armas, equipamentos e mantimentos. Que fará ele no sudeste Asiático? O que Tóquio procura é afastá-lo para ter as mãos livres. O Estado-maior prepara, portanto, um golpe capaz de neutralizá-los durante muito tempo.

Pearl Harbor

Em 7 de dezembro de 1941, ocorre o ataque aéreo mais célebre da História: aviões japoneses, depois de descolarem de seis porta-aviões chegados de surpresa, conseguem afundar grande parte da frota americana na base de Pearl Harbor, em uma das ilhas do arquipélago do Havaí. A operação durou algumas horas e mudou radicalmente o curso da História. No dia seguinte, os Estados Unidos declaram guerra ao Japão, enquanto a Alemanha e a Itália declaram guerra aos Estados Unidos. Sem tardar, os japoneses tiram proveito de sua jogada de mestre. Em seis meses, apoderam-se de tudo o que esperavam. A Malásia cai, assim como Hong Kong e Singapura, para a consternação dos britânicos, que pensavam ter feito dela uma cidadela inexpugnável. Os norte-americanos foram expulsos das Filipinas. A bandeira com o sol vermelho flutua sobre a Indonésia. As forças nipônicas realizam ataques aéreos até no norte da Austrália.

③ VIDA E MORTE NO MUNDO OCUPADO

Até meados de 1942, as potências do Eixo triunfam. Suspendamos o desenrolar dos acontecimentos militares para sublinhar algumas características do novo mundo que elas pretendem instaurar.

Desde as suas primeiras vitórias, o militarismo japonês mostrou a selvageria de que era capaz: o episódio aterrorizador chamado "Massacre de Nanquim", ou "Estupro de Nanquim", ocorrido em 1937, é um símbolo disso. Seguem-se muitos outros. Os crimes de guerra de que o exército é culpado não constituem escorregões; estão no cerne de uma estratégia de aniquilamento do adversário. A partir do final de 1941, para tentar vencer a China, que continua resistindo, os generais optam pela chamada "política dos três tudo", que pode ser resumida assim: "Matar tudo, queimar tudo, pilhar tudo". A destruição das aldeias e das culturas provoca fomes e epidemias que fazem milhões de mortos. Na educação militar que receberam, os oficiais japoneses aprenderam a nunca se render e a considerar um prisioneiro como um covarde que não soube lutar. As centenas de milhares de prisioneiros capturados na Malásia ou em Singapura servem para construir, na selva, a "ferrovia da morte", que liga o reino do Sião, aliado dos japoneses, à Birmânia, conquistada por eles. Outros prisioneiros são enviados para os campos de trabalho, onde morrem de fome, de esgotamento ou sob tortura. Na Manchúria, milhares deles, chineses e coreanos, servem de cobaias em experiências que os médicos pretendem realizar "a serviço da ciência", que se resumem à prática de amputações a sangue frio ou à inoculação de bacilos para testar sua virulência. Finalmente, o exército é culpado por um crime específico que, por tabu, foi silenciado durante muito tempo: milhares de mulheres, particularmente coreanas, foram transformadas em "mulheres de conforto", isto é, entregues, sob coação, aos soldados.

▓ Holocausto

O programa de morte posto em prática pelos alemães tem suas raízes na visão de humanidade desenvolvida por Hitler: a subdivisão em "raças" hierarquizadas implica um tratamento particular para cada uma. Na base dessa pirâmide figuram os judeus e os ciganos. O ódio antissemita, como vimos, é o ponto central da doutrina nazista. Até 1939, trata-se, acima de tudo, de "purificar" a Alemanha empurrando os judeus alemães para o exílio. A conquista de territórios onde há séculos vivem comunidades hebraicas muito numerosas conduz os ocupantes a uma nova política. Na Polônia e, em seguida, nas outras terras conquistadas, os judeus, apanhados onde quer que se encontrem, são amontoados em guetos, bairros murados e propositalmente super-povoados e subaprovisionados, de onde é proibido sair. A máquina de morte está a todo vapor. É posta para funcionar pela primeira vez no outono de 1941, após a invasão da Ucrânia; em Babi Yar, uma ravina situada nas proximidades de Kiev, foram mortos 30 mil judeus em poucos dias, com armas de fogo, em um massacre ao qual rapidamente se sucederam outros, matando mais judeus, mas também ciganos, nacionalistas ucranianos e responsáveis comunistas.

O episódio é apenas o início da chamada "*Shoah* pelas balas", que se estende a outras terras, como os Países Bálticos. Em janeiro de 1942, uma dezena de dignitários nazistas reunidos em Wannsee, um subúrbio nobre de Berlim, decide a "solução final da questão judaica", que deve ultrapassar essa primeira fase, considerada insuficiente e artesanal. Os judeus são apanhados em toda a Europa subjugada pela Alemanha, ou aliada a ela, e enviados para campos de extermínio e de concentração, dos quais Auschwitz, situado nas proximidades de Cracóvia, na Polônia, é o sinistro símbolo. Seis milhões, isto é, dois terços dos 9 milhões de judeus que viviam na Europa antes de 1933, foram mortos. De um milhão de ciganos, duzentos e vinte mil foram vítimas da mesma loucura.[506]

Na organização da humanidade, logo acima dos judeus e dos ci-ganos figuram os eslavos: Hitler planeja deportar a maioria para longe, a leste, para garantir o "espaço vital" reservado aos futuros colonos ale-mães. Os outros serão mantidos lá para servirem de escravos. A maioria dos europeus ocidentais tem apenas uma vaga ideia do tratamento infligido pelos conquistadores nazistas no Leste. A ocupação na França, na Bélgica e nos Países Baixos foi dura; os judeus e os resistentes locais

---

[506] Para os leitores que desejarem informações confiáveis e de fácil acesso sobre a má-quina de morte nazista, assinalamos a notável página do Museu Memorial do Ho-locausto, em Washington: www.ushmm.org.

foram perseguidos. Esse horror não tem comparação com a selvageria de que o conjunto das populações do outro lado da Europa foi vítima.

Em 1939, começa o martírio da Polônia pelas mãos dos dois senhores que a partilharam entre si. Não se trata, para Stalin e Hitler, de apenas ocupar o país, mas de aniquilá-lo, de eliminar sua elite, sua cultura, de erradicá-lo enquanto nação. Do lado alemão, além da política antissemita de que acabamos de falar, isso traduz-se em uma política de terror para com o conjunto da população, imposta por meio da proibição de toda espécie de ensino (com exceção do ensino primário); do encerramento dos teatros e das bibliotecas; da prisão de intelectuais; de fuzilamentos em massa de professores, padres e oficiais; e de deportações em massa.

A política levada a cabo pelos soviéticos não é muito diferente. Os poloneses são deportados às centenas de milhares. Stalin também quer decapitar o país, literalmente, e começa pelo exército. 15 mil dos seus quadros, oficiais e sargentos, desaparecem. Na primavera de 1940, 4 mil são levados para a floresta de Katyn, colocados de joelhos, as mãos atadas atrás das costas, e executados com uma bala na nuca. Posteriormente, a União Soviética juntará mentiras a essa ignomínia, atribuindo o crime aos nazistas. Stalin cometerá outros crimes: todos os povos considerados "não confiáveis" após a invasão hitleriana – os alemães instalados no Volga desde Catarina II, os tártaros da Crimeia e tantos outros – serão deportados para a longínqua Sibéria. Muitos acabarão morrendo. Após o desencadear da ofensiva alemã contra a União Soviética, a obra de destruição do mundo eslavo amplia-se. A progressão da Wehrmacht é assinalada por crimes, destruições e massacres que atingem civis e militares. Abrigando-se atrás do fato de a União Soviética não ter assinado as convenções internacionais sobre os prisioneiros de guerra, os alemães organizam o extermínio de seus prisioneiros trancando-os em campos, privando-os de alimento ou matando-os de trabalhar. Dos 5,7 milhões de soviéticos capturados, 60% estão mortos no fim da guerra, o que faz deles, segundo o Museu Memorial do Holocausto de Washington, o maior grupo de vítimas da perseguição nazista depois dos judeus.

Para manter sua mão de ferro sobre tantos povos, os novos senhores do mundo precisam de auxiliares: em toda a parte onde isso é possível, instalam governos colaboracionistas. O dos japoneses está na parte que ocupam na China. Nos países que acabaram de tomar dos europeus, tentam jogar com o sentimento anticolonialista da população e favorecer jovens líderes nacionalistas.[507] Na Europa, as configurações são diversas. O marechal Pétain e seu ministro Laval, instalados em Vichy, instauram, na França ocupada, um regime de extrema direita antissemita e antirrepublicana que se diz livre e neutro. Outros colaboracionistas revelam-se pró-nazistas fervorosos, como Quisling, que tomou o poder na Noruega e cujo nome, em inglês, torna-se sinônimo de traidor. O prêmio da crueldade vai, talvez, para o *ustaša* Ante Pavelić, transformado em chefe do pequeno Estado croata que os alemães destacaram da Iugoslávia. Ele se supera nos massacres de opositores e judeus.

▓ Resistência

Por toda parte, homens e mulheres erguem-se contra essa barbárie e organizam-se em movimentos de resistência. Alguns estão em contato com os soberanos ou com os governos legítimos de seu país, que, tendo conseguido fugir no momento da derrota, encontram-se refugiados, em sua maioria, em Londres. É o caso do rei da Noruega, da rainha da Holanda e do primeiro-ministro belga, mas não do rei da Inglaterra, que ficou em Bruxelas, nem de todo o governo polonês, dirigido pelo general Sikorski até sua morte, em 1943, em um acidente de avião não esclarecido.[508]

Após a derrocada de 1940, numerosos franceses recusam abandonar o combate.[509] O general De Gaulle é um deles. Armado de sua

---

[507] Como nas Índias Holandesas, Sukarno, futuro presidente da Indonésia.

[508] Durante mais de sessenta anos, surgiram todo tipo de hipóteses. Teria sido um golpe dos alemães? Dos soviéticos? Ou dos ingleses, como disseram então os alemães? Tudo o que se sabe é que o acidente ocorreu no momento em que o general queria revelar a verdade sobre Katyn, não perdoando os ingleses por terem aceitado a fábula de um crime nazista em nome da aliança com Moscou.

[509] É o caso de corajosos parlamentares, entre eles Pierre Mendès France, futuro estadista da Quarta República, que, em junho de 1940, embarcam no *Massilia*, um barco que deve conduzi-los a Marrocos, onde querem retomar a luta. Laval, que, entretanto, tomou o poder, manda prendê-los na chegada.

pequena pasta ministerial de subsecretário da Guerra e, sobretudo, de sua formidável energia, chegou em junho de 1940 a Londres, onde exige que os franceses recusem o armistício. Apoiado por Churchill, consegue, pouco a pouco, fazer valer sua legitimidade como representante da República Francesa ao recriar um exército chamado de Forças Francesas Livres e federar, sob seu nome, os diversos movimentos de resistência interna.

Em todos os países onde estão presentes, os comunistas, que tinham ficado desorientados com o Pacto Germano-Soviético, entram em massa no combate a partir do dia da invasão da União Soviética pelos alemães. Em muitos países ocupados, no entanto, têm dificuldade em aliar-se aos resistentes já instalados.

Além da guerra contra o ocupante há, por vezes, guerras fratricidas, como na Iugoslávia, onde os *chetniks*, combatentes nacionalistas sérvios do coronel Mihailović, combatem os resistentes comunistas de Tito, que Churchill acabará apoiando.

❹ O LENTO AVANÇO PARA A VITÓRIA DOS ALIADOS

As potências do Eixo têm, a seu serviço, forças extraordinárias, uma combatividade e estratégias que impressionam: a *Blitzkrieg* alemã e a eficácia dos japoneses, que atuam em pequenos grupos determinados, capazes de se deslocar com incrível rapidez de uma ilha para outra ou através de florestas consideradas impenetráveis. Os adversários também têm seus trunfos. Os britânicos, a tenacidade, da qual dão provas desde 1940; os americanos, a prodigiosa eficácia de sua máquina de guerra, a sofisticação e o poderio de seu equipamento e a disciplina de suas tropas. Os russos têm vários, a começar pela sua geografia: os tanques alemães afogam-se, literalmente, nas torrentes de lama criadas pelas chuvas de outono ou pelo degelo da primavera; os soldados morrem vítimas do inverno; e a imensidão do território cria uma frente tão grande que não pode ser dominada pelo invasor. Em seguida, os soviéticos dão provas de um heroísmo que Hitler não havia imaginado. Stalin, que começa a ficar abalado por um ataque que não previra, reage muito depressa e mobiliza todas as forças da nação, incluindo os oficiais que pusera nos *gulags* e o clero ortodoxo que perseguia, para fazê-los entrar no que chama de "a grande guerra patriótica". A selvageria do inimigo nazista também é um argumento de peso: "Se não vencermos, morreremos".

Bissetriz

O ano de 1942 muitas vezes é chamado de "bissetriz da guerra". Durante a primeira metade do ano, o Eixo atinge seu apogeu. Durante a segunda, aparecem os primeiros sinais do seu declínio. Várias batalhas, separadas por milhares de quilômetros umas das outras, devolvem aos vencidos de ontem a esperança que faltava.

No início de junho, ao redor do Atol Midway, os Estados Unidos infligem aos japoneses uma derrota naval humilhante. No início de novembro, em El Alamein, no Egito, o general inglês Montgomery consegue rechaçar as tropas italianas e as do Afrikakorps. Durante esse mesmo mês, os norte-americanos desembarcam na parte francesa da África do Norte, que lhes servirá de base recuada para a reconquista da Europa. Os alemães replicam ocupando a França inteira, para avançar até ao litoral mediterrânico, e enviam tropas para a Tunísia. A campanha que se desenrola nesse país é dura, cara em homens, mas termina em maio de 1943 com uma vitória aliada. Os últimos alemães, encurralados no Cabo Bon, perto de Túnis, rendem-se: a partir de agora, já não há soldados do Eixo em solo africano.

Pouco tempo antes havia ocorrido um acontecimento crucial na frente russa. Depois de suas primeiras ofensivas, os alemães decidem visar o Cáucaso, onde vão procurar o petróleo que lhes falta. Precisam tomar a cidade de Stalingrado, situada às margens do Volga, via de comunicação estratégica. Em julho de 1942 começa essa batalha homérica e lendária, na qual os soldados lutam corpo a corpo para manter um edifício ou um pedaço de parede. Heroicos, os russos conseguem aguentar até um exército de socorro cercar seus sitiantes. Por sua vez, os alemães lutam como condenados, além dos limites da fome, da dor e do esgotamento. Em fevereiro de 1943, exausto, o marechal Von Paulus rende-se com as tropas que lhe restam. Para os soviéticos, é uma vitória imensa. Para a Alemanha, uma catástrofe: o mito de sua invencibilidade acaba de desmoronar.

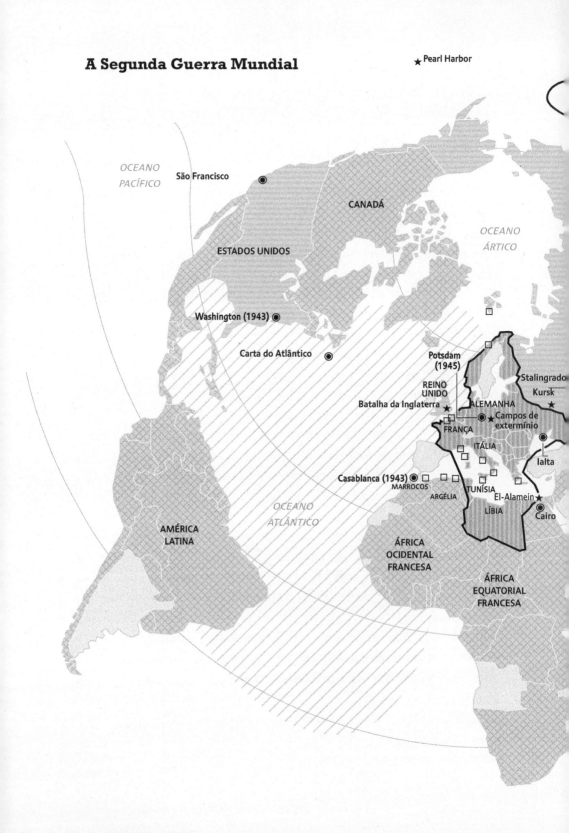

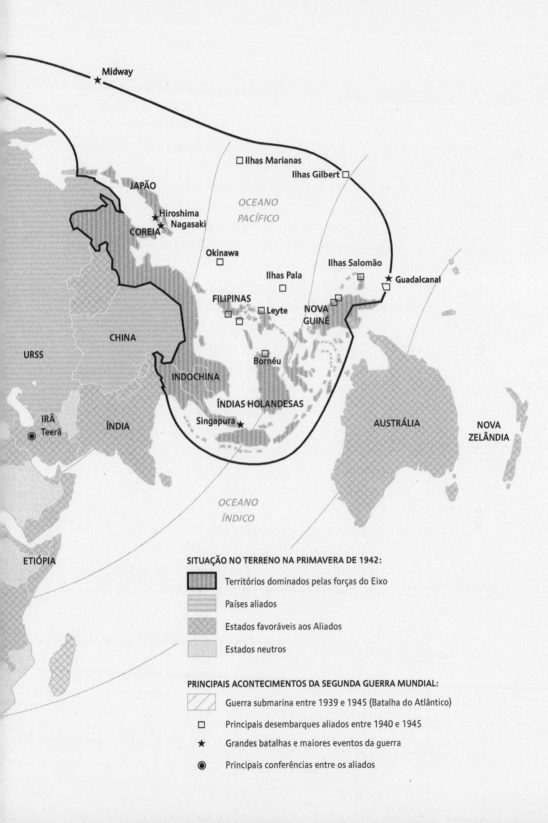

▓ Desembarque

No entanto, nada está ganho. Ainda serão precisos muitos combates e muitos mortos para garantir a vitória esperada, mas parece que os deuses da guerra se voltaram para o outro lado. No verão de 1943, os Aliados, partindo da África do Norte, desembarcam na Sicília, depois na Itália, que vira a casaca: o Grande Conselho do fascismo, com o apoio do rei, depõe Mussolini, atira-o na prisão e junta-se aos Aliados.[510] Em novembro, os três gigantes, Churchill, Roosevelt e Stalin, encontram-se pela primeira vez na Conferência de Teerã. Stalin quer outra frente para libertar a sua. Churchill inclina-se para os Balcãs, e os americanos, para a França. A Inglaterra pesa, a partir de agora, muito menos do que os Estados Unidos. É na França, mais precisamente na Normandia, que ocorre o desembarque, em 6 de junho de 1944. Pouco tempo antes, o território russo havia sido totalmente libertado, e o Exército Vermelho inicia a conquista do Leste Europeu, arduamente defendido pela Wehrmacht. Ao final do mês de agosto de 1944, Paris ganha a liberdade. O general De Gaulle a consegue graças aos tanques do general Leclerc, um dos heróis das Forças Francesas Livres.[511] Os polacos não têm a mesma sorte. Durante esse mesmo mês, com o apoio do governo de Londres, os patriotas poloneses desencadeiam uma insurreição em Varsóvia. Os alemães reprimem-na com ferocidade. O Exército Vermelho, muito próximo, não intervém. Dois meses mais tarde, talvez contente por outros terem feito o trabalho em seu lugar, adentra uma cidade arrasada. Traz, na bagagem, um governo pronto para assumir a direção do país.

No início de fevereiro de 1945, os quase-vencedores Stalin, Churchill e Roosevelt encontram-se de novo, em Ialta, no Mar Negro, para preparar um futuro que esperam ser melhor.[512] O presente

---

[510] Os alemães conseguem promover a evasão do Duce, que se torna chefe de um pequeno Estado fascista no norte da "Bota", ainda mais sanguinário e louco do que o anterior: a República Social Italiana, ou República de Salò.

[511] Paris foi libertada pela Nona Companhia de republicanos espanhóis, que entraram na cidade 24 horas antes da chegada das tropas da Segunda Divisão do general Leclerc. [N.T.]

[512] Contrariamente a uma lenda tenaz, não é lá que repartem o mundo, mas onde resolvem questões ligadas à Europa, como as novas fronteiras da Polônia ou a repartição das zonas de ocupação na Alemanha.

ainda é dantesco. Os beligerantes lançam suas últimas armas na batalha. Os alemães esperam ter encontrado a cartada final com os V1 e, depois, com os V2, seus primeiros mísseis aerotransportados, que lançam sobre Londres. A aviação anglo-saxônica multiplica os ataques mortíferos para destruir o aparelho econômico alemão e a resistência da população. O bombardeamento mais terrível ocorre em fevereiro de 1944: destrói Dresden quase totalmente e faz, segundo as estimativas, entre 25 e 35 mil vítimas. Em 25 de abril, americanos e russos fazem a junção no Elba. No dia 30, Hitler suicida-se em seu *bunker*. Os generais alemães assinam a capitulação incondicional do Reich em 7 de maio, em Reims – QG do general norte-americano Eisenhower – e, no dia seguinte, em Berlim, pois Stalin queria que a assinatura ocorresse na presença do Exército Vermelho.[513] Em julho, os Aliados firmam um acordo, em Potsdam, para acabar com seu último grande inimigo. Em 8 de agosto, os russos declaram guerra ao Japão e invadem as ilhas do norte do arquipélago e a Manchúria. No dia 6, os norte-americanos haviam desferido-lhes um primeiro golpe fatal: a primeira bomba atômica, lançada sobre Hiroshima, importante centro industrial, fez 75 mil mortos e 90 mil feridos em poucas horas. A segunda atinge Nagasaki no dia 9. No dia 14, os japoneses ouvem no rádio uma voz que não conhecem, e que lhes diz, numa língua estranha e antiquada, que o país se deu por vencido. O imperador Hirohito falou em público pela primeira vez na vida para anunciar a rendição do Japão. É assinada no dia 2 de setembro, a bordo do *Missouri*, um porta-aviões que escapou de Pearl Harbor. A Segunda Guerra Mundial terminou.

★★★

Fez cerca de 55 milhões de mortos. 30 a 40 milhões eram civis, entre eles 7 milhões de russos, 5,4 milhões de chineses, 4,2 milhões de poloneses – o maior número de vítimas em termos de porcentagem da população – e 3,8 milhões de alemães.[514] Dois terços dos

---

[513] Assinado à meia-noite de 8 de maio, já dia 9 para os russos, devido à diferença de fuso. É sempre nessa data que comemoram a vitória.

[514] Segundo o *Atlas Histórico Kinder-Hilgemann*, op. cit.

judeus da Europa foram exterminados. 40 milhões de pessoas deslocadas vagam pelas estradas, vítimas do estabelecimento de novas fronteiras, no interior das quais as minorias já não são toleradas. Mais de 10 milhões de alemães fogem do Exército Vermelho, louco por vingança depois do que sofreu. A Alemanha e o Japão estão em seu ano zero, vencidos, pulverizados. O Reino Unido sai vitorioso, mas está arruinado. A China está exangue. A União Soviética está destruída; perdeu mais de 13 milhões de soldados, mas seu prestígio é imenso. As perdas norte-americanas são de 300 mil homens; o país em si está intacto, e sua indústria, que contribuiu para a vitória, roda a toda a velocidade.

46

O mundo em dois blocos

(1947-1991)

Os grandes aliados da guerra não se mantêm assim durante muito tempo. A partir de 1947, os Estados Unidos e a União Soviética entram em uma disputa tensa, salpicado de crises: é a Guerra Fria. O mundo é repartido em dois blocos.

A AMPLITUDE DAS DESTRUIÇÕES, a descoberta do horror dos campos da morte e a consciência de que a bomba atômica dá à humanidade a capacidade de se autodestruir obcecam o mundo ao sair da guerra. É preciso encontrar um sistema para impedir tudo isso para sempre e não reproduzir os erros do pós-guerra que conduziram a essa catástrofe.

No verão de 1941, antes de sua entrada na guerra, Roosevelt proclamara com Churchill a Carta do Atlântico, defendendo as liberdades e o direito dos povos a viver em paz, que será adotada por todos os sucessivos aliados dos anglo-americanos. Está na base da criação da Conferência de São Francisco de 1945 e da Organização das Nações Unidas (ONU). Participam cinquenta e um Estados. Para evitar a paralisia da Sociedade das Nações,[515] o poder essencial da organização – a manutenção da paz – não pertence à assembleia dos seus representantes, mas é confiada a um diretório, o Conselho de Segurança, cujos membros permanentes são os cinco

---

[515] Ver capítulo 41.

grandes vencedores da guerra: os Estados Unidos, a União Soviética, a China, o Reino Unido e a França. O quinteto reflete mal a realidade geopolítica do momento. A França, vencida em 1940, deve sua entrada no clube de 1945 à insistência de Churchill, que queria reforçar o peso da velha Europa. Roosevelt – morto devido a uma hemorragia cerebral em abril de 1945 – defendia que a China fosse uma das "polícias do mundo", mas Chiang Kai-shek tem muita dificuldade em policiar o próprio país, onde as tensões com os comunistas regressam. O Reino Unido é vitorioso, mas está arrasado. Restam os dois verdadeiros gigantes, o norte-americano e o russo. Os Julgamentos de Nuremberg (novembro de 1945-outubro de 1946), realizados na cidade símbolo do nazismo[516] para julgar crimes desse regime, é considerado a última manifestação de sua unidade. Na realidade, bastaram alguns meses após a derrota para que ela se quebrasse em pedaços.

Cortina de Ferro

Em Ialta, Stalin prometeu que haveria eleições livres nos países que foram libertados e ocupados pelo Exército Vermelho. A Bulgária, a Romênia, a Hungria, a Polônia e a Albânia compreendem rapidamente o que significam as promessas de um ditador: os governos de unidade que lá se formam não passam de fachada; todos os escrutínios são manipulados para favorecer os comunistas; os opositores são intimidados, torturados, liquidados; o terror começa.

Em uma conferência na universidade norte-americana de Fulton, em 1946, o velho Churchill, que uma derrota eleitoral afastara do poder, resume a situação com uma máxima que se tornou proverbial: "De Estetino, no Báltico, a Trieste, no Adriático, desceu sobre o continente uma cortina de ferro". Acontece que aparecem pontos de tensão do outro lado dessa nova barreira. Os russos haviam ocupado o norte do Irã durante a guerra, com o apoio dos ingleses, que tomavam o sul. Deviam retirar-se com a paz. Não se

---

[516] É na velha cidade histórica da Baviera que o partido organiza, até 1938, os grandes comícios de glorificação do Terceiro Reich.

retiram. Na época da luta contra o ocupante, os resistentes da Grécia dividiram-se em comunistas e monárquicos. Após o regresso da paz, os irmãos inimigos entram em uma guerra civil tão terrível que vai matar mais gregos do que os exércitos italiano e alemão.

Tudo indica que o mundo mudou. Os ingleses procuram recuperar o lugar que ocupavam, mas não conseguem. Depois de tentarem, em vão, resolver o diferendo com os russos no Irã e enviarem um contingente para a Grécia – que foram obrigados a repatriar por falta de meios –, voltam-se para os Estados Unidos, o novo campeão do Ocidente. Em março de 1947, o presidente Truman formaliza esse estado de coisas em um discurso que define sua doutrina: o comunismo é o novo perigo que ameaça os povos livres, e cabe aos Estados Unidos "contê-lo" em todo o mundo. É a chamada política de contenção.[517] Marshall, secretário de Estado,[518] propõe à Europa um plano de ajuda de grande amplitude em termos de equipamentos, subsídios e créditos, que deve permitir ao Velho Continente reerguer-se das ruínas e fazer recuar a miséria, terreno propício à revolução. O auxílio é proposto a toda a Europa, inclusive o Leste Europeu. Alguns países, como a Polônia, onde falta tudo, estão tentados a aceitar. Moscou proíbe. Está fora de questão que os americanos cheguem com seus dólares à esfera vermelha. À doutrina Truman de março, a União Soviética responde com a doutrina Jdanov.[519] Este próximo colaborador de Stalin expõe-na em setembro, na ocasião de uma reunião dos representantes dos grandes partidos comunistas: o mundo é partido em dois, "o campo imperialista e antidemocrático e o campo anti-imperialista e democrático".

Em dois discursos pronunciados no mesmo ano, acaba de começar um novo episódio da História. Em uma série de artigos que publica nesse ano, o jornalista norte-americano Walter Lippmann populariza o nome que lhe foi dado: "Guerra Fria".

---

[517] Em inglês, *containment*.

[518] Equivalente a ministro dos Negócios Estrangeiros.

[519] Do nome do secretário-geral do Kominform, estrutura que substituiu o Komintern depois da guerra.

■ Bloqueio

Em 1948, a Guerra Fria gera sua primeira grande crise. Entre os países submetidos aos soviéticos, a Tchecoslováquia é uma exceção. As eleições foram regulares e o governo é democrático. Em fevereiro, o Partido Comunista decide acabar com essa anomalia.

À força de manifestações populares perfeitamente manipuladas, os comunistas tomam o poder e eliminam os que se opõem a eles. É o "Golpe de Praga", que horroriza o Ocidente. Por sua vez, o Ocidente também segue uma política que escandaliza Moscou. Na primavera, franceses, norte-americanos e ingleses unificam suas zonas de ocupação na Alemanha e planejam o renascimento do país, com uma economia sólida, uma moeda e uma constituição, com o objetivo de torná-lo um aliado. Para os russos, obcecados com o espectro do renascimento do belicismo germânico, é uma ruptura das promessas feitas ao fim da guerra. A Alemanha devia ser rebaixada, e sua indústria, desmantelada. Havia até um plano para fazer dela uma nação agrícola. Perante o que considera uma ameaça, Stalin encontra um meio de pressionar os Aliados a recuar: ordena o bloqueio de Berlim, ocupada pelas quatro potências, mas constituindo um enclave em sua zona. Os norte-americanos respondem com uma operação espetacular. Uma vez que as estradas estão bloqueadas, enviam comida, equipamentos e até carvão por uma gigantesca ponte aérea. Em maio de 1949, a União Soviética cede e suspende o bloqueio. Na sequência, os Aliados anunciam o nascimento de um novo país: a República Federal da Alemanha. Sua irmã comunista, a República Democrática Alemã, nasce alguns meses mais tarde. Quatro anos após o desmoronamento do Reich, há duas Alemanhas, do mesmo modo que há dois mundos, o do Ocidente e o do Leste.

AS GRANDES CRISES DA GUERRA FRIA

Durante quarenta e quatro anos, os dois blocos, ambos certos da superioridade do respectivo sistema, vão rivalizar em todos os níveis e domínios: o da propaganda, o da economia, o das proezas espaciais,[520]

---

[520] Recordemos as três grandes datas: 1957, o *Sputnik* soviético é o primeiro satélite;

o das competições esportivas e, é claro, o da espionagem. Esse clima tenso acaba muitas vezes em grandes febres paranoicas, como a que os Estados Unidos vivem na época do macarthismo.[521] Mas existe um medo real: os dois monstros chegarão ao confronto? Certamente estão se preparando, como mostram suas alianças militares regionais[522] ou suas despesas colossais com armamentos. Os norte-americanos, com a bomba atômica, julgavam deter a arma suprema. Os soviéticos a adquirem em 1949. Algum deles irá usá-la ou, pelo contrário, o fato de ambos possuírem um meio de destruir o outro irá impedi-los de partir para a ação? É o princípio da "teoria da intimidação". Será impossível pará-los? Durante décadas, o planeta interroga-se. A Guerra Fria também é uma guerra de nervos, salpicada por acessos de febre, ritmada por confrontos em que os dois gigantes lutam por procuração. Recordemos brevemente os três momentos mais marcantes dessa história.

■ A Guerra da Coreia

Em 1949, o mundo sacode do lado da Ásia. A vitória de Mao, que toma o poder na China, é um êxito do campo comunista. Isso empurra a Coreia. Tal como a Alemanha, o país foi libertado dos japoneses por uma ação conjunta dos soviéticos e dos norte-americanos, e está, desde 1945, dividido em duas zonas, delimitadas pelo Paralelo 38 N.[523] O Norte tornou-se uma ditadura comunista, e o Sul, uma

---

1961, o russo Iuri Gagarin é o primeiro homem no espaço; 1969, o norte-americano Neil Armstrong é o primeiro homem na Lua.

[521] A partir de meados dos anos 1940, diversas comissões parlamentares são encarregadas de perseguir os funcionários suspeitos de simpatizar com os comunistas ou de desmascarar as "atividades antiamericanas" de intelectuais, atores e artistas. O senador McCarthy, de onde vem o nome, preside uma delas em 1953-1954 e destaca-se por seus excessos e delírios conspiratórios.

[522] Do lado norte-americano, a Organização do Tratado do Atlântico Norte (OTAN), criada em 1949 para proteger a Europa Ocidental e, depois, a Organização do Tratado do Sudeste Asiático (OTASE), de 1954, que reúne os pró-ocidentais do sudeste asiático, ou o Pacto de Bagdá (1955), que reúne os do Oriente Médio. Do lado russo, o Pacto de Varsóvia (1955), uma aliança que integra todos os satélites europeus.

[523] Linha imaginária que está 38 graus ao norte da Linha do Equador e assinala a divisão entre a Coreia do Norte e a Coreia do Sul. [N.E.]

ditadura pró-ocidental. Em 1950, Kim Il-Sung, o tirano do Norte, apostando na ausência de reação norte-americana, invade o Sul. Seus tanques fazem maravilhas no terreno, mas sua hipótese diplomática revela-se falsa. Os Estados Unidos reagem com vigor e conseguem arrastar consigo numerosos aliados, graças a uma asneira soviética: para protestar contra a recusa da ONU de dar o lugar da China aos maoístas, Moscou pratica a "cadeira vazia" e não vai às reuniões. A ausência dos soviéticos permite aos norte-americanos aprovar no Conselho de Segurança o envio, para Seul, de uma força multinacional sob seu comando. O contra-ataque é esplêndido. A Coreia do Sul é retomada. As tropas pró-ocidentais penetram até na Coreia do Norte. É inaceitável para os chineses, que lançam ao seu encontro centenas de milhares de "voluntários" – isto é, de soldados. Eis, portanto, outra grande potência envolvida. A Guerra da Coreia vai degenerar? MacArthur, general norte-americano, anuncia um modo radical de ganhar a batalha: vai utilizar a bomba atômica. Pavor mundial. Truman não brinca com o apocalipse. Chama seu general e opta por um confronto clássico, que acaba, em 1953, com um armistício e a retirada dos dois adversários para seu respectivo lado, atrás da linha de demarcação de 1945. Foi evitada mais uma guerra mundial. Mas o conflito fez dois milhões de mortos, e a Coreia continua dividida.

A crise dos mísseis de Cuba

O incêndio geral partirá do Caribe? No fim dos anos de 1950, Fidel Castro, então advogado humanista, derruba o ditador comandado pelos norte-americanos que mandava em Cuba há décadas e instala-se em Havana. É nacionalista, não comunista. Também tem necessidade de fazer funcionar a economia de sua ilha, isto é, de vender o açúcar que produz e comprar o petróleo de que carece. Espera que os Estados Unidos o ajudem, mas os círculos econômicos norte-americanos desconfiam desse homem cujas reformas podem ameaçar seus interesses. Castro volta-se então para os russos. Isso convence os norte-americanos de que o homem é decididamente uma má influência, e é preciso eliminá-lo. Em 1961, graças ao apoio ativo da CIA e com o aval do presidente Kennedy, exilados

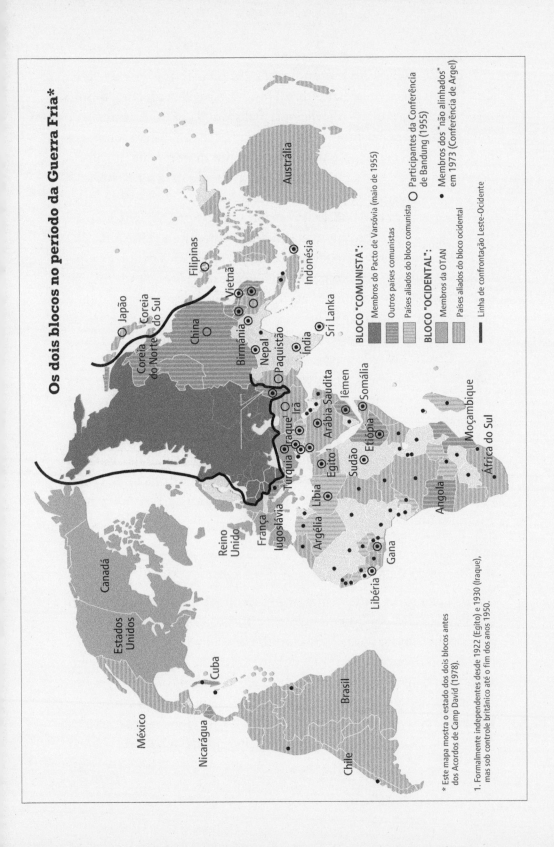

cubanos desembarcam em um local com o curioso nome de "Baía dos Porcos" para marchar sobre Havana. Abandonados no último momento pelos norte-americanos, mal saem da praia. A operação é um vexame para Washington e encoraja Castro a reforçar seus laços com os soviéticos, mais do que contentes por disporem de um aliado no coração do continente americano e decididos a servirem-se o máximo possível dessa posição estratégica.

Em outubro de 1962, graças às fotos tiradas por um avião espião, o Pentágono descobre que os soviéticos colocaram mísseis na ilha de Castro e que eles estão, evidentemente, apontados na direção dos Estados Unidos. Como tolerar uma ameaça dessas? Nunca o mundo esteve tão perto do temido cataclismo. Kennedy hesita e consegue encontrar uma alternativa que evita o pior: em troca da retirada de mísseis norte-americanos da Turquia e da promessa formal de nunca atacar Cuba,[524] Moscou aceita repatriar seus mísseis.

A crise foi tão grave, a tensão tão extrema, que as duas partes concordam em amenizá-la. Após o episódio cubano, a Guerra Fria entra em uma fase menos ardente, um período que os russos chamam de "coexistência pacífica", e os Ocidentais, de "*détente*". Multiplicam-se os encontros na cúpula, que resultam nos grandes tratados de desarmamento dos anos 1970 ou em gestos conciliadores, como os do chanceler alemão Willy Brandt, que pratica a *Ostpolitik*, a mão estendida aos alemães do Leste.

A Guerra do Vietnã

Na prática, o conflito entre os dois campos continua mais brutal do que nunca, mas o confronto nunca é direto. Em 1954, termina a Guerra da Indochina. Havia começado com um pé na tradição colonial do século XIX – os franceses tinham enviado tropas para manter seu domínio sobre o país – e terminou com o outro pé na Guerra Fria – os franceses retiram-se, deixando o país, à semelhança da Alemanha e da Coreia, dividido em dois. No Norte, estão os comunistas de Ho Chi Minh, aliados de Moscou. No Sul, está o Estado dirigido por Ngo Dinh Diem, político

---

[524] Até hoje, foi cumprido.

corrupto e cristão fanático, mas pró-ocidental fervoroso. Seu regime se sustentará? É instável, detestado e minado internamente pela retomada das hostilidades por parte da resistência comunista,[525] armada e apoiada pelos irmãos do Norte. A queda do Vietnã do Sul seria uma catástrofe, tendo em vista o que os estrategistas de Washington chamam de "teoria do dominó": se cai uma pedra, caem todas que estão próximas a ela, uma após a outra. No início dos anos 1960, então, os norte-americanos entram no conflito, desembarcando os primeiros conselheiros militares. Em 1968, no auge da guerra, 500 mil norte-americanos lutam com todos os meios, incluindo os piores – entre os quais os bombardeamentos com *napalm*, que queima tudo –, para tentar render o exército comunista vietnamita, que resiste a tudo. Em 1973, financeiramente esgotados por um conflito que lhes custou uma fortuna, reprovados pela maioria da opinião pública, que não quer ver mais *boys* morrerem no fim do mundo, os Estados Unidos retiram-se. Dois anos mais tarde, em 1975, os comunistas entram em Saigon; os dois países vizinhos, o Laos e o Camboja, que as incursões vietnamitas e os bombardeamentos norte-americanos tinham arrastado para a guerra, também caem. São três pedras perdidas.

★★★

O MUNDO OCIDENTAL NO TEMPO DA GUERRA FRIA

Durante quatro décadas, dois universos enfrentam-se, estruturam-se e desenvolvem-se de maneira própria.

Os Estados Unidos são a locomotiva do mundo ocidental, em todos os aspectos. As enormes encomendas de guerra fizeram a indústria funcionar e apagaram os últimos estigmas da grande crise dos anos 1930. A partir de 1945, a economia norte-americana inicia uma era de prosperidade que se mantém até a crise do petróleo, em meados dos anos 1970.[526] Ela se desenvolve devido à procura do

---

[525] Frente Nacional de Libertação do Vietnã do Sul, chamada pejorativamente de Vietcongue.

[526] Os franceses falam em "Trinta Gloriosos", expressão criada pelo ensaísta Jean Fourastié em referência aos Três Gloriosos, os três dias que fizeram a revolução de 1830 em Paris.

mercado interno e domina o mundo graças à hegemonia do dólar e ao poder das exportações. As ajudas generosamente distribuídas aos países aliados, como as previstas pelo Plano Marshall, também têm como objetivo abrir mercados aos produtos norte-americanos, que se impõem por toda parte. Culturalmente, a pátria de Hollywood e da Coca-Cola estende seu império vendendo o *american way of life,* que prega a abundância e liberdade. Os Estados Unidos dão o tom a todos os assuntos, inclusive em matéria de protestos: a onda contestatária e a revolução dos costumes que a Europa conhece ao final dos anos 1960 é um eco dos que agitam os *campi* das grandes universidades norte-americanas.

No plano político, finalmente, os Estados Unidos consideram-se os defensores do "mundo livre". A expressão merece ser esmiuçada. A depender do lugar, a liberdade promovida é de alcance variável.

O milagre econômico japonês

Certos países, é inegável, são grandes beneficiários da nova configuração do mundo. Os dois primeiros, paradoxalmente, são os dois grandes inimigos da guerra anterior.

Após sua capitulação, o Japão se tornou um verdadeiro protetorado norte-americano. O general MacArthur, vencedor efervescente da guerra do Pacífico, atua lá como procônsul, à semelhança dos antigos governadores romanos dotados de todos os poderes. Para evitar um desmoronamento total do país e permitir que ele tenha um símbolo federador, o general americano decide manter no trono o imperador Hirohito, ainda que este seja, em grande medida, o responsável pela deriva criminosa de seu país. Lança uma profunda reforma agrária que divide e redistribui aos camponeses sem terra, em pequenas parcelas, as imensas propriedades dos grandes senhores feudais de antes da guerra, o que estabiliza as campanhas. O país foi dotado de uma constituição que, para enterrar o militarismo para sempre, proíbe o recurso às armas e assegura um regime político democrático e estável. A Guerra da Coreia, durante a qual o arquipélago nipônico serviu de retaguarda aos norte-americanos, relançou a economia. Por conseguinte, acontece o "milagre econômico

570 | O SÉCULO XX

japonês": o país, aniquilado em 1945, torna-se, ao final dos anos 1960, a segunda potência econômica mundial.

A formação da unidade europeia

A Alemanha Ocidental conhece, no plano econômico, um destino similar. A necessidade de amarrá-la ao bloco ocidental, bem como sua posição na linha de frente contra o inimigo soviético, também abalam o tradicional jogo de alianças do continente e conduzem a uma das transformações mais importantes da sua história: a construção da unidade europeia. A ideia, que já germinava em certas cabeças depois do suicídio da Primeira Guerra Mundial, revela-se mais necessária do que nunca após a Segunda, que acabou de ocorrer e arrastou o mundo inteiro para o abismo. As razões que levam a isso são múltiplas. É preciso selar a reconciliação definitiva entre os inimigos de ontem, em particular a França e a Alemanha, que andaram a matar-se entre si por três vezes em 75 anos. É preciso unir esforços para reconstruir um universo em ruínas. É preciso se proteger contra o novo inimigo, tão próximo. Obcecado, com razão, pela ameaça soviética, Churchill propõe, em 1946, que as potências ocidentais do continente formem um verdadeiro Estado federal, os Estados Unidos da Europa. Considerando a união política irrealizável de imediato, alguns políticos visionários – os franceses Monnet e Schuman, o italiano De Gasperi, o alemão Adenauer e o belga Spaak – pensam que é preciso chegar lá de forma gradual, unindo os países setor por setor. Assim, em 1952, é criada a Comunidade Econômica do Carvão e do Aço (CECA), de que fazem parte seis países: França, Itália, República Federal da Alemanha e os três do Benelux. Fortemente apoiados pelos Estados Unidos, decidem criar um exército comum, uma Comunidade Europeia de Defesa. Os povos estariam prontos para ver desfilar lado a lado, menos de dez anos após a guerra, soldados alemães e franceses? Em 1954, a Assembleia francesa rejeita o projeto. A Europa volta-se de novo para a economia: em 1957, o Tratado de Roma prevê um mercado comum que cria a Comunidade Econômica Europeia (CEE). É constantemente atacada pelos partidos nacionalistas, que têm dificuldade em aceitar a comunitarização de elementos de soberania dos Estados, e, evidentemente, pelos comunistas, que veem nela uma criação norte-americana. No entanto, a ideia seduz: a partir dos anos 1970, o clube europeu, iniciado por seis países, não cessa de expandir.[527]

As ditaduras latino-americanas

No Japão e na Europa Ocidental, os norte-americanos estão satisfeitos por terem atingido os objetivos que tinham proclamado: contribuíram para reconstruir a democracia e a paz. Há outros povos que não têm a mesma sorte. O medo do comunismo, característico da Guerra Fria, também pode levar a apoiar ou a criar regimes liberticidas.

Após 1945, continuam existindo ditaduras no Velho Continente, ou instauram-se novas. Franco, que chegou ao poder graças a Hitler e Mussolini, ou seu vizinho, o ditador português Salazar, da mesma tendência ideológica, deviam, segundo a lógica, ter sido varridos com eles. O medo de que seu desaparecimento proporcione a chegada ao poder de revolucionários muito perigosos leva os norte-americanos a mantê-los no posto.[528] A Guerra Civil Grega (1946-1949) devastou o país e criou traumas que afetam a vida política. Um golpe de Estado militar leva, em 1967, à sinistra ditadura dos coronéis, que abrem campos de concentração para seus opositores e são, apesar disso, apoiados pelos Estados Unidos, que os veem como aliados na região estratégica dos Balcãs.

Observaremos, no capítulo seguinte, que exemplos assim abundam na Ásia e na África e tornam-se regra na América Latina. A guerra teve consequências econômicas positivas para o continente, que se beneficia da explosão das encomendas e do aumento do preço das matérias-primas. Ela também mudará a perspectiva geopolítica. Desde o século XIX, o continente era, conforme o país, um reduto privado dos interesses econômicos norte-americanos ou ingleses.

---

[527] 1973: Reino Unido, Irlanda e Dinamarca. 1981: Grécia. 1986: Portugal e Espanha.

[528] Não se sabe bem como os Estados Unidos mantiveram os dois ditadores "no posto", tampouco como teriam podido afastá-los – a menos que lhes declarassem guerra. [N.T.]

O apagamento britânico deixa o campo livre para os Estados Unidos. Sua obsessão constante, nos tempos da Guerra Fria, é que está fora de questão ver governos pró-soviéticos ou suspeitos de se tornarem pró-soviéticos em uma zona que consideram seu quintal. Basta que um presidente da Guatemala democraticamente eleito tente uma reforma agrária para que a CIA, ajudada pela poderosa United Fruit Company – proprietária, em particular, das plantações de bananas[529] –, fomente, em 1954, um golpe de Estado que o tira do poder. Da América Central à Terra do Fogo, as oligarquias locais e a alta hierarquia católica, que veem no comunismo a "doutrina do diabo", são aliadas dos norte-americanos. Durante todo esse período, numerosos militares latino-americanos são formados na Escola das Américas, aberta pelos Estados Unidos em 1946, no Panamá, onde aprendem os métodos da guerra contrarrevolucionária, que não recua perante nada, nem mesmo da tortura. Para todos, a passagem de Cuba para o lado de Moscou no início dos anos 1960 é um trauma tão forte quanto Havana semear a revolução onde pode – foi quando esperava provocar uma insurreição camponesa na Bolívia que Che Guevara foi morto lá em 1967. Começa aí a verdadeira epidemia de ditaduras militares que se abate sobre o subcontinente nos anos 1960. Citemos as três principais.

Após o fim da última passagem de Getúlio Vargas pelo poder, em 1954,[530] o Brasil voltou a ser uma democracia, mas, no início dos anos 1960, o presidente eleito tenta uma política de reformas sociais. É o suficiente para suscitar um golpe de Estado em 1964, que leva ao poder uma junta militar, reconhecida imediatamente por Washington. Torna-se célebre pelos "esquadrões da morte" que encarrega de aniquilar as tentativas de resistência da esquerda durante esse período, que ficou na memória nacional como "os anos de chumbo".

O Chile é um dos raros países da região a ter uma velha tradição de democracia parlamentar. Em 1970, graças à aliança eleitoral formada pelos partidos de esquerda, chega ao poder o presidente Salvador

---

[529] De onde vem o nome de "República das Bananas", aplicado desde o início do século XX aos países da América Central sob a alçada da United Fruit.

[530] Ver capítulo 44.

Allende, um socialista, de filosofia marxista, que espera tirar o país do capitalismo através da reforma. A extrema direita e os meios de comunicação, ativamente apoiados pelos Estados Unidos, o assediam. Diversas greves planejadas pela oposição, em particular a dos caminhoneiros, contribuem para devastar a economia e semear o caos. Em 11 de setembro de 1973, os militares, que os republicanos julgavam fiéis, desencadeiam um golpe de Estado dirigido por Pinochet, o chefe do Estado-maior. Os opositores são reunidos em estádios e torturados. Muitos serão eliminados, atirados de helicópteros que sobrevoam o mar. Contrariamente ao que se passa nas outras ditaduras, sobretudo as intervencionistas, o general presidente manda vir dos Estados Unidos os *Chicago boys*,[531] jovens conselheiros econômicos que fazem do Chile o laboratório do ultraliberalismo.

A Argentina tem uma história política recente, mas movimentada. Depois da guerra, viveu sob o governo do homem-forte Juan Perón, coronel admirador de Mussolini que foi triunfalmente eleito presidente em 1946. Com sua esposa, a muito popular Eva, promove o "justicialismo", uma mistura de reformas econômicas ousadas (nacionalização das ferrovias, aumento dos salários), autoritarismo, nacionalismo e demagogia. Uma virada anticlerical (divórcio, fim do ensino religioso nas escolas) dificulta a relação com a Igreja, e o exército o abandona em 1955. Exila-se na Espanha. Consegue regressar e ser reeleito em 1973, mas o peronismo é uma doutrina complexa. O país está dividido entre peronistas de direita e peronistas revolucionários, e a vida política é desestabilizada pela violência que opõe todos esses grupos. Após a morte de Perón e de uma breve passagem pela presidência de sua última esposa, Isabel, um golpe de Estado em 1976 põe fim à vida democrática e desemboca em um cenário tristemente conhecido em outros lugares: juntas de generais de óculos escuros, centros de tortura e desaparecimento de opositores aos milhares.

★★★

---

[531] Chamados assim em referência à Escola de Chicago, de tendência liberal, cujo mentor é o economista Milton Friedman.

O BLOCO DO LESTE NOS TEMPOS DA GUERRA FRIA

Em 1945, a situação do grande rival soviético é incomparável à dos Estados Unidos. O primeiro, que enterrou de 20 a 25 milhões de mortos, está arruinado. A ortodoxia econômica stalinista não o ajuda a se recuperar. A desorganização da agricultura resulta em novas fomes em 1946, e a prioridade dada aos armamentos na indústria acentua a penúria de bens de consumo. A situação política está se agravando: o velho tirano está mais paranoico do que nunca.[532] Sua morte, em 1953, cria esperanças de um arejamento do sistema. Em 1956, no XX Congresso do Partido Comunista, Nikita Kruschev (1894-1971), seu sucessor, lê um discurso que tem o efeito de uma bomba: denuncia parte dos crimes de um homem que, no momento de sua morte, três anos antes, era apresentado como um farol da humanidade. Na verdade, as coisas mudam pouco. A passagem de Kruschev é apenas um parêntesis. Com Brejnev (1906-1982), primeiro secretário do Partido a partir de 1964, volta a ordem cinzenta e opressiva que caracteriza o mundo soviético. Os hierarcas do regime continuam persuadidos da superioridade de seu modelo e da inevitabilidade do desmoronamento do capitalismo, uma vez que foi previsto por Marx. As raras vozes que ousam desafiar a censura e enfrentar as manobras do KGB, a polícia política, são as dos corajosos dissidentes, os intelectuais que procuram denunciar a realidade do sistema. São deportados para a Sibéria, reduzidos ao silêncio, enviados para os hospitais psiquiátricos – onde se alega que seu desejo pela verdade é uma doença mental – ou deportados após campanhas que os apresentam como traidores vendidos à CIA. O mais célebre desses dissidentes é Aleksandr Soljenítsin (1918-2008), autor de *Arquipélago Gulag*, uma obra-prima publicada em Paris e proibida na União Soviética que descreve o sistema dos campos de concentração soviéticos, que experimentou pessoalmente.

O Ocidente, como acabamos de ver, está dividido entre países livres e ditaduras. Todos os "países irmãos" da União Soviética são ditaduras.

---

[532] No início dos anos 1950, descobriu uma pretensa maquinação médica contra ele, o "complô dos médicos", o que apenas prova seu antissemitismo: a maioria dos médicos postos em causa é judia.

Todas as tentativas dos povos que lá vivem de se libertarem do domínio que os oprime são esmagadas com derramamento de sangue. Citemos as principais. Em 1953, uma greve iniciada pelos operários da Berlim oriental contra um aumento da jornada de trabalho culmina em grandes desfiles de protesto em toda a República Democrática Alemã. São esmagados com sangue pela polícia e pelo Exército Vermelho.

Em 23 de outubro de 1956[533] ocorrem, em Budapeste, manifestações estudantis reclamando mais liberdade e a partida dos soviéticos. Transformam-se em uma insurreição armada que, num primeiro momento, consegue repelir as tropas. Imre Nagy, um comunista reformador, adere ao governo, decreta o fim do partido único e anuncia a neutralidade da Hungria – e, portanto, sua retirada do Pacto de Varsóvia. Para Moscou, é um *casus belli*. Tanques são enviados novamente. Budapeste é esmagada, Nagy enforcado, quase 200 mil húngaros fogem do país, e a propaganda soviética, reproduzida pela imprensa comunista do mundo inteiro, alardeia que pôs fim a uma "revolta fascista".

É também para proteger a valiosa democracia popular alemã de uma "agressão fascista" que, quatro anos mais tarde, em 1961, os soviéticos mandam edificar em Berlim um muro que se torna o símbolo dessa época. Na realidade, serve para estancar uma hemorragia. Desde 1949, mais de três milhões de alemães do lado oriental tinham fugido pela capital. Continuando parcialmente ocupada pelos ocidentais, era o único e derradeiro canal para passar para o Ocidente. Até as tentativas de reforma são proibidas. Dubček, que chega ao poder na Tchecoslováquia em janeiro de 1968, não quer instaurar o capitalismo no país, e sim promover um "socialismo de rosto humano". Para isso, autoriza a liberdade de expressão e procura descentralizar a economia. É demais para o Kremlin. Ao final de agosto, a chegada dos tanques dos exércitos do Pacto de Varsóvia à capital põe fim à breve "Primavera de Praga".

Os cismas comunistas

Universo imóvel, congelado em seu dogma, o mundo comunista é comumente chamado de "glacial". De fato, não tardam a aparecer

---

[533] Hoje, essa data é feriado nacional na Hungria.

fissuras. Se por um lado Moscou pode facilmente colocar ordem nos países que foram ocupados pelo Exército Vermelho, por outro, tem mais dificuldade em fazê-lo com aqueles que realizaram sozinhos sua revolução. A partir do fim da guerra, Tito, que conseguiu libertar a Iugoslávia com a ajuda dos ingleses, mas sem a dos russos, mostra sinais de independência em relação à ortodoxia stalinista. É impensável para o tirano vermelho. Em 1948, a Iugoslávia é banida dos "países irmãos", Tito é excomungado e "titista" torna-se um insulto, uma acusação para condenar aqueles que se quer excluir. Em 1949, a vitória de Mao na China pode parecer um triunfo para o campo comunista,[534] mas o novo líder também é independente e defende uma política que não é necessariamente a do Kremlin. Ao final dos anos 1950, o clima se agrava entre os dois grandes vizinhos, até acabar em confrontos armados, em 1969, por causa da fronteira comum. A tensão é tão forte que se teme, durante algum tempo, que culmine em guerra. Ao final, Pequim e Moscou não a fazem diretamente, mas enfrentam-se por procuração.

Em 1975, o regime do Khmer Vermelho, que tomou o poder no Camboja, é pró-chinês. O Vietnã, que nesse mesmo ano recupera sua unidade, é pró-russo. Ambos são comunistas, mas inimigos. Ao final de 1978, as tropas de Hanói invadem o vizinho, que, por sua vez, vinha multiplicando as provocações havia três anos. Como retaliação, em 1979, a China invade brevemente o norte do Vietnã, antes de ser repelida. Nessa região do mundo, vários anos após a partida dos ocidentais, continua-se, portanto, a fazer a guerra, mas entre comunistas.[535]

★★★

Os anos 1970 – marcados pela má situação econômica e pelo fracasso do Vietnã – não são uma boa década para os Estados Unidos. Em 1979, uma nova provação os espera: uma revolução em Teerã expulsa o xá, seu mais fiel aliado no Oriente Médio. Por sua vez, os russos não têm do que se regozijar com a infelicidade norte-americana: o aiatolá Khomeini, que toma o poder em Teerã em nome do

---

[534] Ver os pormenores da história da China contemporânea no capítulo 49.

[535] Ver capítulo 49.

Islã, detesta tanto os comunistas quanto o "Satã da América".[536] Ao final desse mesmo ano, em 1979, oficialmente para ajudar o governo comunista que tomou o poder em Cabul, o Exército Vermelho invade o Afeganistão e experimenta muito rapidamente a combatividade dos soldados de Alá, que resistem a essa ocupação. Durante dez anos, perante os temíveis *mujahedins*, então formados e armados pelos norte-americanos, a União Soviética atola em um lamaçal que a esgota. Em todos os aspectos, os anos 1980 são sua década sombria.

Em Moscou, o poder sufoca-se em sua esclerose. Brejnev, morto no comando em 1982, é sucedido por Andropov, um antigo patrão do KGB, e depois por Chernenko, um velho frágil. Em 1985 chega Gorbachev (nascido em 1931), um jovem decidido a reformar um sistema que não funciona. Lança a Perestroika, a "reestruturação" da administração e da economia, e a Glasnost, a "transparência" que autoriza um pouco mais de liberdade. Mas é tarde demais para salvar o navio.

Durante essa mesma década, a periferia do império racha. A eleição para a Cátedra de São Pedro, em 1978, de João Paulo II, antigo arcebispo de Cracóvia, encorajou todos os poloneses, que acreditam mais na sua Igreja do que no seu partido. A criação do primeiro sindicato livre, o Solidariedade, em 1980, dirigido por Lech Walesa, é um sinal. Por mais que o poder proclame estado de sítio em 1981 e mande prender todos os opositores, a liberdade está em marcha. Finalmente, em 1989, realizam-se na Polônia as primeiras eleições livres do mundo soviético. Tudo se alinha. Durante o verão, a Hungria abre suas fronteiras, pela qual milhares de pessoas migram para o Ocidente. Para que detê-las? Em outubro de 1989, cai o Muro de Berlim. Um ano mais tarde, as duas Alemanhas são unificadas. A casamãe soviética oscila. Velhos camaradas do partido tentam um último golpe retumbante no verão de 1991, lançando uma intentona contra Gorbachev, secretário-geral do Partido. Boris Yeltsin, que acaba de ser eleito presidente da Federação Russa, fala às multidões em Moscou e a faz falhar. É o novo homem-forte. Em dezembro de 1991, a Ucrânia e o Cazaquistão proclamam a independência; ela decreta a morte da União Soviética.

---

[536] Ver capítulo 48.

47

Os momentos-chave da descolonização

*A Segunda Guerra Mundial tem como consequência o fim da co-
lonização. Todas as colônias aspiram a uma liberdade que as velhas
potências europeias já não têm meios para lhes negar.*

AO ENFRAQUECER AS POTÊNCIAS imperialistas europeias, a
Primeira Guerra Mundial minou o sistema colonial. A segunda
dá-lhe o golpe de misericórdia. A derrota da França, da Holanda e
da Bélgica em 1940 e, depois, o colapso dos britânicos perante os
japoneses abalaram fortemente o mito da invencibilidade dos brancos
aos olhos dos povos submetidos. Apesar das ilusões das metrópoles,
o regresso da paz não garantirá o regresso do colonialismo. Os dois
novos senhores do mundo opõem-se a isso. A União Soviética, em
nome de seus ideais revolucionários; os Estados Unidos, em nome
da liberdade dos povos, garantida pela Carta do Atlântico pela qual
combateram.[537] Os dois gigantes planejam controlar o planeta e estão, sobretudo, encantados por afastar as velhas potências europeias
para instalarem seu próprio imperialismo. Por todas essas razões, o
tom geral do pós-guerra é a descolonização. A Assembleia Geral da
ONU, onde entram todos os anos os países recém-independentes,
é sua câmara de eco.

Um dia, esses recém-chegados ao concerto das nações esperam
unir-se para influenciar, em conjunto, o progresso do mundo. Em 1955,

---

[537] Ver capítulo anterior.

Sukarno, presidente de uma Indonésia independente dos Países Baixos desde 1949, recebe em Bandung, na ilha de Java, cerca de trinta países da Ásia e da África para refletirem sobre esse projeto. Ouvem-se grandes vozes, como a do indiano Nehru, do egípcio Nasser – jovem oficial que uma revolução colocou no poder no Cairo – ou ainda do chinês Chu En-Lai – primeiro-ministro e ministro dos Negócios Estrangeiros de Mao. Dessa conferência nasce o projeto de formar um grupo dos "países não alinhados", aqueles que não se reconhecem nem no projeto capitalista, nem no soviético. Tito será um dos líderes. Na verdade, é uma posição difícil de manter no seio de um mundo bipolar, e a maioria dos participantes está bastante apegada a um dos dois blocos. Mas a reunião suscitou uma grande esperança. O senegalês Senghor escreve, sobre a conferência de Bandung, que é o "acontecimento mais importante desde o Renascimento". A frase, por vezes considerada exagerada, não é de todo falsa. O Renascimento, como vimos nesta obra, marcou os primeiros passos do domínio do mundo pela Europa. A descolonização, de que a reunião de 1955 continua sendo um símbolo, marca a saída de cena das velhas potências, a partir de então subdimensionadas. Está fechado esse parêntesis da história do mundo.

A maioria das independências ocorre entre 1945 e o fim dos anos 1960. A maneira mais tradicional de contar sua história é adotando o ponto de vista dos colonizadores. Cada um tem suas especificidades. O Reino Unido é considerado o país que saiu mais facilmente de suas antigas possessões, mas o fez, por vezes, de maneira tão abrupta que deixou o caos atrás de si – é o caso da Índia e da Palestina. A França esgotou-se em duas longas guerras antes de renunciar ao seu império. A Bélgica não quis ver que perderia o seu tão rapidamente: na véspera da independência, que se deu em 1960, os planos oficiais previam-na para os anos 1980. E a ditadura portuguesa continuou, obstinadamente, travando guerras coloniais na África até meados dos anos 1970.

Esse ponto de vista não é desinteressante. Tem o defeito de ser muito europeu. Tratemos, antes, de olhar os acontecimentos do ponto de vista do local onde ocorreram, evocando-os por grandes zonas geográficas.

O FIM DO IMPÉRIO DAS ÍNDIAS E A PARTILHA

Durante a Primeira Guerra Mundial, os nacionalistas indianos aceitaram silenciar suas reivindicações para ajudar uma metrópole em má posição. Nenhuma das promessas feitas então pelos ingleses foi cumprida após o conflito.[538] Gandhi não tem a mínima intenção de se deixar apanhar uma segunda vez. Ao contrário de alguns nacionalistas muito minoritários,[539] não encara a possibilidade de colaborar com os inimigos dos ingleses, mas intima os colonizadores a partir: "*Quit India!*"[540] são as palavras de ordem da nova campanha de desobediência civil lançada no verão de 1942. Ela leva Gandhi, Nehru e milhares de militantes a serem atirados na prisão, mas o grito lançado finalmente parece ter sido ouvido.

Os trabalhistas, que assumiram o governo em Londres em 1945, não estão, como Churchill, visceralmente presos ao império. Consideram mais importante realizar as grandes reformas sociais prometidas[541] do que exaurir as finanças, já esgotadas, com dispendiosas operações no além-mar.[542] Lorde Mountbatten, membro prestigiado da família real, é enviado para a Índia com a missão de pôr fim a dois séculos de presença britânica e dar a independência ao país. Mas que país? O campo nacionalista partiu-se em duas tendências. No Partido do Congresso, o movimento de Gandhi, que sonha com uma Índia unida que ultrapasse as diferenças religiosas, opõe-se à Liga Muçulmana (fundada em 1906), dirigida por Ali Jinnah. Esta pretende fazer valer os direitos de uma população minoritária, mas que durante séculos dominou politicamente o subcontinente. Em nome do velho método do *divide and*

---

[538] Ver capítulo 41.

[539] O mais notável é Chandra Bose, militante do Partido do Congresso, que deixa clandestinamente a Índia em 1941 para se pôr a serviço dos alemães e, depois, dos japoneses.

[540] "Deixem a Índia!"

[541] O Reino Unido põe em prática, então, o *welfare state*, ou "Estado de bem-estar", que garante a todos os primeiros salários-família, a aposentadoria ou cuidados de saúde gratuitos.

[542] Em suas memórias, De Gaulle sintetizou da seguinte forma as razões que levaram as potências europeias a conceder a independência às colônias: era uma simples questão orçamental. [N.T.]

rule, ou "dividir para conquistar", os britânicos mantiveram durante muito tempo a rivalidade entre os dois. Agora, essa mesma rivalidade os incomoda. A esperança de Londres é transformar o Raj em uma poderosa federação unida e aliada à sua antiga metrópole. Jinnah não quer isso. Quer uma confederação, um grupo mais flexível de Estados autônomos, alguns dos quais exclusivamente muçulmanos, o que daria um peso considerável à sua comunidade. A disputa entre os partidos se transforma em ódio, e os motins interconfessionais se transformam em uma guerra civil. Durante os últimos meses da Índia inglesa, em um ambiente apocalíptico, multidões de muçulmanos que fogem das violações e dos assassinatos cometidos pelos hindus cruzam-se com hordas de hindus que fogem daqueles cometidos pelos muçulmanos. Lorde Mountbatten, ultrapassado, recolhe a *Union Jack*[543] e retira as últimas tropas inglesas em meados de agosto de 1947, deixando para trás não um país, mas dois. É a chamada "partilha da Índia". Ao norte, o Paquistão, o "país dos puros", em urdu, torna-se a pátria dos muçulmanos. É composto por duas partes, uma situada além do Indo, e a outra, a leste de Bengala. O resto do Raj é a União Indiana, país majoritariamente hindu onde habitam, apesar de tudo, numerosos muçulmanos e outras minorias. O ódio não diminui após a separação. O balanço dos acontecimentos trágicos que precedem e sucedem a independência revela 10 milhões de deslocados e um milhão de mortos, assassinados, deixados nos caminhos do exílio, ou vítimas da fome em campos onde não se pode socorrê-los. A vítima mais célebre do fanatismo que incendiou o subcontinente é o homem que fez de tudo para contê-lo. Em janeiro de 1948, Gandhi cai quando se dirige para orar, alvejado por três tiros de revólver por um hindu que o considerava um traidor. Era o homem da paz, que não é fácil encontrar.

Caxemira

Situada no extremo norte, em uma das encostas dos Himalaias, a rica Caxemira, um velho principado que sobreviveu à colonização, acaba sendo alvo da discórdia entre os dois novos irmãos inimigos.

---

[543] Também chamada de Union Flag, refere-se à bandeira do Reino Unido. [N.E.]

A maioria da população da província é muçulmana e quer ligar-se ao Paquistão. O marajá é hindu e declara-se a favor da Índia.[544] Resulta daí uma primeira guerra indo-paquistanesa, que termina com a divisão da província ao longo de uma linha de cessar-fogo onde o incêndio está latente. Reacende em 1965, para uma segunda guerra. Há uma terceira, em 1971, quando o Paquistão Oriental, farto de ser o parente pobre da parte ocidental, pede a ajuda do exército indiano para fazer a secessão e formar um terceiro país, o Bangladesh.

O Paquistão foi fundado como o país dos muçulmanos. No plano geopolítico, coloca-se ao lado dos Estados Unidos, bem contentes por terem um aliado tão estrategicamente situado.[545] Por causa da permanência dos conflitos, seu exército se torna um dos mais importantes do mundo, e constitui um Estado dentro do Estado que pesa na vida política: todas as tentativas de democratização são sistematicamente travadas por golpes de Estado militares.

A Índia desempenha outro papel. Em 1950, dotada de uma constituição, torna-se uma República federal parlamentar que insiste na laicidade, na abolição do sistema de castas e na garantia das liberdades públicas. Após a morte de Gandhi, o homem-forte é Nehru, que, no mundo da Guerra Fria, mantém-se afastado de ambos os blocos para se tornar o herói da neutralidade. Após sua morte, em 1964, seu sucessor entrega-se à Revolução Verde, um programa que moderniza a agricultura a partir de novas sementes e novas técnicas, e visa assegurar a autossuficiência alimentar de seu vasto país para acabar com a maldição secular da fome.

★★★

---

[544] Observe que Hiderabade, outro principado, muito vasto, situado no centro do subcontinente, vive a situação inversa. A população, hindu, quer ligar-se à União Indiana. O príncipe, um *nizam* muçulmano, não o quer e declara independência, que dura apenas alguns meses. Em 1948, o Estado é invadido pelo exército indiano e anexado.

[545] A partir dos anos 1960, Islamabad também se aproxima da China comunista. O país desempenha um papel importante de intermediário na aproximação entre Pequim e Washington, nos anos 1970.

A GUERRA DA INDOCHINA E AS OUTRAS DESCOLONIZAÇÕES ASIÁTICAS

Ainda não citamos o momento mais simbólico da Guerra da Indochina. Após oito anos de um conflito em que está atolado, o exército francês, no início de 1954, deixa-se apanhar por uma terrível armadilha. Reunido em uma planície de Tonquim, é rechaçado, durante semanas, pelo fogo imprevisível do inimigo: de modo extraordinário, o exército do Viet Minh conseguiu posicionar, sobre todas as elevações vizinhas, os canhões que transportou desmontados às costas de homens, através da selva, sem ser detectado.

Essa Batalha de Dien Bien Phu é uma derrota humilhante para a França e uma vitória imensa para os seus adversários: aqueles que os colonos chamavam, pouco tempo antes, de "selvagens", derrotaram categoricamente os antigos senhores. Os orgulhosos franceses saem da Indochina. O Laos e o Camboja obtêm a independência. Ho Chi Minh ganha a primeira fase da missão que atribuiu a si mesmo: a metade norte do Vietnã está livre. Pode aplicar lá, portanto, num primeiro momento, todo o rigor do dogmatismo comunista: uma reforma agrária brutal e um regime de terror político que provocam o êxodo de milhares de pessoas rumo ao Sul. Alguns anos mais tarde, começa a segunda fase: a luta pela reunificação do país sob a bandeira vermelha, que leva à guerra contra os norte-americanos.[546]

▦ Sudeste asiático

Quanto ao restante, já falamos sobre o movimento histórico típico do pós-guerra que aconteceu durante esses conflitos. Iniciados como assuntos coloniais, terminam em confrontos da Guerra Fria que opõem ocidentais e comunistas.

Em numerosos países da Ásia, a configuração é mais ou menos a mesma. A Birmânia, colônia inglesa, também é dilacerada pela luta entre resistentes comunistas e nacionalistas, aos quais se juntam as tendências separatistas das regiões habitadas por minorias cristãs ou

---

[546] Ver capítulo anterior.

muçulmanas. Tendo obtido sua independência em 1948, torna-se uma República autoritária dirigida por U Nu, budista devoto que faz dela um país socialista, mas neutro.

A Malásia, colônia britânica composta por vários territórios de ambos os lados do mar da China meridional, e plataforma do comércio marítimo há séculos, é uma manta de retalhos de povos diversos: os malaios, majoritariamente muçulmanos, coabitam com os indianos e com a diáspora chinesa, cujo peso é essencial na indústria e no comércio. Os ingleses tardam a partir porque querem combater a insurreição que os comunistas desencadearam no norte da península. Concedem finalmente a independência, em 1957, a um país que forma então uma federação complexa. Singapura, majoritariamente povoada por chineses, que havia se agregado à Malásia, separa-se em 1965 para formar uma cidade-estado independente.

Já mencionamos o nome de Sukarno (1901-1970), o organizador da Conferência de Bandung. Jovem engenheiro, é um dos intérpretes, desde o fim dos anos 1920, da luta contra os holandeses, que o prenderam. Os japoneses o libertam. Em 1945, proclama a independência do grande arquipélago chamado, desde o século XVII, de "Índias Holandesas", e que rebatiza com o nome de República da Indonésia. À semelhança do que os franceses tentam fazer na Indochina no mesmo momento, a Holanda acredita que pode parar a História e envia o exército para realizar uma "operação policial" que se assemelha muito a uma reconquista. Os tempos mudaram, e o mundo já não aceita. Em 1949, sob pressão do Conselho de Segurança da ONU, o pequeno país do Norte é obrigado a conceder a independência a esse grande país do Sul, do qual Sukarno se torna presidente. Oficialmente neutro, autoritário e muito popular, vê-se como um líder revolucionário e apoia-se cada vez mais no poderoso Partido Comunista. Isso assusta e descontenta os meios conservadores muçulmanos e o exército, influenciados pelos Estados Unidos. Em 1965, um golpe de Estado consegue afastar o presidente e liquidar por muito tempo a ameaça comunista. As tropas, ajudadas pelas milícias muçulmanas, reprimem todos aqueles que são membros ou simpatizantes do partido com uma violência inaudita. Faz 500 mil mortos e atira 2 milhões de pessoas na prisão. O novo homem-forte é Suharto, general, ditador e corrupto. Promove uma economia liberal e entra, com a Malásia, as Filipinas[547] e a Tailândia, em uma aliança inabalável com os Estados Unidos.

★★★

A DESCOLONIZAÇÃO DO MUNDO ÁRABE E A GUERRA DA ARGÉLIA

Os ingleses concederam a independência ao Iraque em 1930; ao Egito em 1936, mas mantendo algumas bases; à Transjordânia em 1946; e, ainda muito influentes na região, levam os franceses a se retirar, em 1945, de seus mandatos na Síria e no Líbano. A Líbia, antiga colônia italiana ocupada pelos Aliados, torna-se, em 1951, uma monarquia independente.[548] Salvo algumas exceções,[549] e se pusermos de lado a questão da Palestina,[550] a maioria dos países árabes separa-se dos europeus nos cinco ou seis anos que se seguem ao fim da Segunda Guerra Mundial. Nesse movimento, apenas as colônias francesas da África do Norte ficam para trás. Alertada pela derrota na Indochina, Paris aceita finalmente, em meados dos anos 1950, pôr fim ao sistema de protetorado que rege o Marrocos e a Tunísia.[551] A Argélia continua sendo um caso à parte, e seu estatuto administrativo é particular: desde 1848, o território está dividido em vários departamentos, como os que existem na metrópole. Sua demografia também é singular: um milhão de colonos europeus, chamados de *pieds-noirs*,[552] e os judeus da Argélia, cujo Decreto Crémieux, de 1870, tornou franceses, são cidadãos de pleno direito e vivem à francesa ao lado de 8 milhões de

---

[547] Às quais os norte-americanos deram a independência em 1946.

[548] Idris, emir da Cirenaica e chefe da poderosa confederação religiosa dos Senussi, torna-se, sob o nome de Idris I, seu primeiro e único rei.

[549] O Sudão, transformado em um condomínio anglo-egípcio, torna-se independente em 1956. Os Emirados do Golfo, então chamados de "Costa das Tréguas", permanecem como protetorados britânicos até 1971.

[550] Falaremos disso no capítulo seguinte.

[551] Os dois países adquirem a independência total em 1956.

[552] A expressão só aparece ao final dos anos 1950, e sua etimologia é incerta.

árabes e berberes muçulmanos, a quem todos os direitos são negados e que já não suportam viver em inferioridade em sua própria terra.

Nascida da luta contra a opressão nazista, a Quarta República Francesa prometeu a igualdade a todos os povos que controla. Tem dificuldade em manter sua palavra. Os primeiros motins árabes rebentam em Guelma e Setif em 8 de maio de 1945, no próprio dia do armistício. São violentos, mas reprimidos pelo exército com uma ferocidade desmesurada. Em 1948, as primeiras eleições de uma assembleia argelina devem permitir aos muçulmanos fazer ouvir sua voz – mesmo que, segundo um sistema complexo de colégios separados, ela não tenha o mesmo peso que a dos europeus. Os resultados reais são muito favoráveis aos nacionalistas. No entanto, são manipulados pela administração.

Uma após a outra, todas as propostas de reforma feitas por moderados são rejeitadas. As soluções violentas ocupam seu lugar. Em novembro de 1954, uma série de assassinatos e atentados à bomba organizados pela Frente de Libertação Nacional (FLN), constituída por separatistas radicais, assinala o início do que hoje é chamado de "Guerra da Argélia".[553] Os franceses respondem às ações dos nacionalistas com uma repressão brutal e direcionada. Atira, assim, uma parte cada vez mais importante da população muçulmana para os braços da FLN. É uma espiral infernal. Em 1956, a França, ultrapassada pela dimensão dos acontecimentos, envia seu exército. Os métodos utilizados por um lado são um eco dos utilizados pelo outro. O exército francês não hesita em torturar nem em bombardear civis para atingir seus fins. A FLN multiplica os atentados cegos e organiza a liquidação sistemática, inclusive no território metropolitano, dos militantes de partidos rivais.[554] E os colonos, focados na ideia absurda de que a Argélia será francesa até o fim dos tempos, submetem o poder a uma pressão tão grande que o fazem cair. Em 1958, uma manifestação gigantesca em Argel consegue trazer de volta ao poder o general De Gaulle, considerado o salvador da situação. Não demora muito a julgá-la desesperada. Em 1962, na sequência dos Acordos de Évian assinados entre seu governo

---

[553] Na época, a imprensa falava, por eufemismo, em "acontecimentos da Argélia".

[554] O principal é o Movimento Nacional Argelino de Messali Hadj.

e a FLN, a Argélia torna-se independente. Cerca de um milhão de *pieds-noirs* são "repatriados", isto é, desembarcam em um país que não conhecem e têm de fugir daquele que consideram o deles. A jovem Argélia independente comemora e desencanta-se. A FLN era o partido dos resistentes e dos vencedores. Torna-se o partido dos clãs que mantêm o país sob um regime apertado.

★★★

A ÁFRICA NEGRA

Continua no imaginário comum a ideia de que a descolonização da África negra se fez suavemente. Pode não ter sido assim. Uma das primeiras insurreições africanas rebenta em 1947, em Madagascar; é rapidamente abafada, mas muito violenta. Ao massacre de funcionários e colonos, a administração colonial responde com uma grande repressão que se estima ter feito 50 mil mortos. De 1952 a 1960, o Quênia é banhado em sangue pela revolta dos Mau-Mau, os guerreiros membros de uma sociedade secreta que lutam, em nome do povo quicuio, contra os fazendeiros brancos que monopolizaram as melhores terras. Em 1955, ocorrem motins violentos nos Camarões. Esses casos apresentam-se, no entanto, como exceções. As grandes potências coloniais não duelarão para conservar a África.

Em 1957, a Costa do Ouro inglesa dá o pontapé inicial e, sob a direção da grande figura de Nkrumah, torna-se um país independente que adota o nome de Gana. Seguem-se as demais colônias britânicas, uma após a outra, ao longo de dez anos, com suas particularidades e seus carismáticos "pais da nação" – Nyerere no Tanganica,[555] Jomo Kenyatta no Quênia. As colônias francesas desaparecem quase de uma vez. Ao fundar a Quinta República, o general De Gaulle propõe a todos os Estados que entrem em uma espécie de *Commonwealth* francófona, a Comunidade Francesa. Só a Guiné de Sékou Touré vota contra essa opção e vê-se, portanto, excluída de um dia para o outro. Devia ter esperado. Dois anos mais tarde, em 1960, ano que, por essa

---

[555] Que se torna a Tanzânia após a união com Zanzibar, em 1964.

razão, é frequentemente chamado de "ano da África", dezessete países, incluindo o conjunto das colônias francesas, obtêm a independência. A facilidade com que foi concedida pelo colonizador é proporcional ao controle indireto que este mantém sobre eles. Durante as décadas que se seguem, nada importante acontece sem que Paris meta antes seu nariz: é a chamada "Françáfrica".[556]

Antes da independência, a França faz ao menos um esforço para formar os que irão sucedê-la. Numerosos novos líderes africanos, como o costa-marfinense Houphouët-Boigny ou o senegalês Senghor, puderam apreender, um como deputado e o outro como ministro, funções do poder que exerceram em Paris sob a Quarta República. A Bélgica não previu nada disso para o Congo. Os motins que lá rebentam em 1959 surpreendem um poder que não se preparou para o que estava por vir. É numa correria catastrófica que o rei Balduíno vem proclamar, em Léopoldville, em junho de 1960, o fim dos laços que unem seu pequeno reino a esse grande país. A separação abre a página da crise congolesa. O poder colonial não formou nenhum quadro capaz de gerir o novo Estado que o primeiro-ministro Patrice Lumumba tenta, então, tomar conta.[557] O exército, que na ausência de oficiais superiores congoleses continua sendo dirigido por um general belga, é abalado por motins. Duas províncias, entre elas a do Katanga, rico em cobre e cobalto, fazem a secessão, com a ajuda interessada dos círculos mineradores belgas e ocidentais. Lumumba procura ajuda, mas os Estados Unidos, que desconfiam dessa personalidade rígida e por vezes dogmática, se recusam. O primeiro-ministro volta-se então para os russos, assinando, assim, sua sentença de morte. Em setembro de 1960, é destituído e consegue fugir. Capturado, é assassinado no início de 1961. O país, que continua minado pela secessão catanguesa, tem de recorrer aos Capacetes Azuis da ONU para tentar conter a

---

[556] Ainda muito recentemente, as ex-colônias francesas e belgas eram consideradas a "*chasse gardée*", ou a "reserva africana da França". [N.T.]

[557] Os belgas, em uma tradição paternalista, tinham investido fortemente na educação primária, mas consideravam a educação superior inadequada. No momento da independência, no conjunto da população congolesa, contava-se apenas uma dezena de licenciados.

violência. Em 1965, Mobutu, antigo oficial subalterno que se tornou jornalista e encomendou o assassinato de Lumumba, aplica um golpe de Estado e toma o poder no país que batizará como Zaire. Torna-se um arquétipo sinistro do ditador africano. Trinta e dois anos de reinado e pilhagem (1965-1997) fazem dele um dos homens mais ricos do mundo, e do seu povo, um dos mais empobrecidos.

A tentação autoritária

Não se trata de um caso isolado. Alguns tiranos espetaculares monopolizam a crônica da África dos anos 1960-1970. Idi Amin Dada, antigo soldado britânico analfabeto, consegue, graças à sua carreira no exército, ficar à frente do Uganda. De 1971 a 1979, arruína o país, fazendo reinar sobre ele um terror grotesco que se abate sobre as categorias mais variadas da população – a infeliz comunidade indiana, implantada no comércio e violentamente expulsa, é apenas uma delas.[558] Finalmente, é expulso do trono por intervenção do exército da vizinha Tanzânia, que Amin Dada procurara imprudentemente invadir.

Em 1966, Jean-Bédel Bokassa, antigo militar francês, torna-se presidente da República Centro-Africana com o apoio da França. Após dez anos de um poder absoluto, manchado por inúmeros crimes, a tragédia assume a forma de uma farsa sinistra. Em 4 de dezembro de 1977, o ditador, que se julga Napoleão, é coroado imperador no decurso de uma cerimônia esplendorosa e delirante, na qual desfila de coche e com um manto de arminho sob um sol tropical. Finalmente abandonado por Paris, é deposto em 1979.

O Ocidente não tem, ainda assim, o monopólio do apoio aos tiranos. Mengistu, que chega ao poder na Etiópia após a revolução que expulsou do trono o velho imperador Hailé Selassié, é um marxista-leninista puro e rígido, e um amigo incondicional da União Soviética. Governando o país entre 1977 e 1991, aplica métodos que

---

[558] A filosofia política desse marechal-ditador e, na prática, dos muitos outros que governam a África, é sintetizada pela máxima: "Nunca nenhum homem correu mais depressa do que uma bala". [N.T.]

Stalin não teria negado. A fome organizada e o terror vermelho fazem centenas de milhares de vítimas.

Felizmente, nem todos os chefes de Estado africanos atingiram esse nível de barbárie. Raros são os que resistiram à tentação autoritária, ao partido único, ao amordaçamento da oposição. De maneira geral, a África pós-colonial luta contra problemas que são comuns a todos. A herança colonial é pesada. As economias, baseadas na exploração das riquezas minerais ou na monocultura, que foram pensadas apenas no interesse da metrópole, tornam países inteiros dependentes das cotações de um produto ou de uma matéria-prima. Os novos Estados têm de caber dentro do traçado artificial de fronteiras desenhadas pelos acasos da conquista[559] e que não corresponde aos limites das línguas e das culturas, criando problemas étnicos complexos. O fato é que, apesar das grandes vozes que tentaram promover o pan-africanismo, isto é, a união de toda a África em uma mesma entidade, nenhum novo líder lutou muito por um projeto que teria reduzido seu próprio poder. Haveria, então, uma maldição africana que condena o continente à ditadura e ao subdesenvolvimento? É falso dizê-lo, uma vez que alguns países, como o Senegal e o Gana, são, no século XXI, democracias.[560]

★★★

O CASO DA ÁFRICA AUSTRAL

Nesse panorama, a parte meridional do continente ocupa um lugar à parte. Enquanto todas as outras metrópoles fecharam o parêntesis colonial, a ditadura no poder em Portugal esgota-se enviando gerações de soldados em serviço militar obrigatório, que morrem na floresta tropical para manter Angola, Moçambique e Guiné-Bissau. É preciso que uma revolução em Lisboa reestabeleça a democracia

---

[559] Desenhadas diplomaticamente pela Conferência de Berlim, que esquartejou a África. [N.T.]

[560] É da mais elementar justiça referir a notável democracia que é e sempre foi, desde a independência, a República de Cabo Verde. [N.T.]

para acabar com esse anacronismo. Mas a guerra da independência travada contra os portugueses nos três países deu lugar a outra que prosseguiu após sua partida: logo que a independência é adquirida (1975), os combates recomeçam entre os movimentos pró-comunistas e pró-ocidentais.

Ainda mais a sul, na Rodésia, no tempo dos ingleses, os fazendeiros brancos, instalados nas terras mais belas e no controle da economia, conseguem manter todo o poder nos órgãos políticos da colônia sem deixar a mínima migalha à numerosa população negra. Para terem certeza de que não vão perdê-lo, proclamam, em 1965, de modo unilateral, sob a batuta do seu líder, Ian Smith, uma independência não reconhecida por Londres. São precisos anos de negociações para que a minoria branca ceda à pressão internacional. Em 1980, a Rodésia torna-se o Zimbábue. Robert Mugabe, antigo chefe da guerrilha, é seu presidente. Em poucos anos, transforma o país em uma ditadura.

Com Portugal de Salazar, a República da África do Sul era um dos raros países a apoiar o regime de Ian Smith. A política praticada por Pretória era da mesma natureza. Em 1948, o Partido Nacional, que defende os interesses dos africânderes, descendentes dos primeiros colonos holandeses, ganha as eleições nesse território britânico. Não escondendo sua admiração pelo nazismo, é claramente racista e põe em prática o *apartheid*, um sistema que estabelece, de modo legal e preciso, a segregação racial. Para os brancos, os melhores bairros, as melhores terras, os melhores empregos. Para os negros, que representam dois terços da população, e, por extensão, para os indianos e os mestiços, as profissões menos valorizadas, os subúrbios miseráveis das grandes cidades, chamados de *townships*, ou ainda algumas regiões do país, disfarçadas de Estados autônomos – os bantustões. Não podendo combater esse sistema injusto por meios legais, os movimentos negros recorrem à violência, o que leva Nelson Mandela, líder do Congresso Nacional Africano (ANC), o mais importante desses partidos, a ser preso em 1962. A situação, que só piora, explode em 1976, quando o regime, para reforçar o controle do país pela minoria branca, tenta impor sua língua, o africânder, em todo o sistema escolar. Rebentam manifestações, as mais importantes delas no Soweto, a grande *township* de Joanesburgo. São reprimidas com banhos de sangue. O regime resiste graças ao apoio dos Estados Unidos, que veem nele um bastião contra o inimigo comunista. Apenas o fim da Guerra Fria permite, portanto, sair desse impasse. O presidente branco Frederik de Klerk decide mudar a situação. Mandela é libertado em 1990. Um ano mais tarde, o *apartheid* é abolido. Graças à sensatez do velho líder Mandela, que procura a conciliação e recusa qualquer apelo à violência, a África do Sul torna-se uma democracia pluralista e, apesar de importantes problemas sociais, um dos grandes polos de estabilidade da África do século XXI.

48

O Oriente Médio a partir de 1945

"Quando nos explicam o Oriente Médio e julgamos ter finalmente compreendido", diz uma anedota muito apreciada pelos especialistas dessa região, "é porque nos explicaram mal". Do interminável conflito israelo-palestino à questão petrolífera, das diferentes guerras do Golfo à explosão do fundamentalismo islâmico, a região concentra uma porcentagem impressionante dos grandes problemas da segunda metade do século XX. Estão todos emaranhados, e o menor puxão em um dos fios do novelo faz mexer todos os outros. Correr o risco de enumerar todos esses movimentos é um excelente meio de perder o leitor mais atento. Tratemos antes de enumerar os dossiês. Recordemos, em primeiro lugar, a história de Israel e dos seus vizinhos. Vejamos a seguir como, do Egito triunfante de Nasser ao aumento do poder da Arábia Saudita e do Irã, o mundo árabe muçulmano foi dominado sucessivamente por duas grandes ideologias: o nacionalismo árabe e o islamismo.

ISRAEL E OS ÁRABES

A questão da situação na Palestina, colocada após a Primeira Guerra Mundial, cristaliza-se após a Segunda. Para numerosos judeus, o sionismo era uma esperança. Tornou-se uma necessidade vital. Para as 650 mil pessoas que lá se instalaram, tal como para todas as que fogem de uma Europa onde conheceram as perseguições, o mundo já não tem o direito de recusar ao povo judeu um país que lhe permita finalmente decidir seu destino e onde cada um dos seus membros se sinta em segurança. Todos os países árabes que rodeiam a Palestina mandatária veem as coisas com outros olhos. Para eles, que acabam de sair da humilhação colonial, a criação, nesse local, de um Estado povoado por europeus e apoiado pelo Ocidente não passa de uma nova manifestação de um imperialismo que não querem mais. As duas lógicas desembocam em um confronto deletério que começa a adquirir um caráter internacional. Os ingleses, que já não têm meios para resolver um problema que contribuíram para criar, passam a pasta à ONU.

Em novembro de 1947, em partes graças ao poderoso trabalho de *lobbying* dos Estados Unidos, muito favoráveis ao projeto sionista, a Assembleia Geral vota um plano de partilha da Palestina entre judeus e árabes. É uma vitória para os primeiros: haverá, portanto, um Estado judeu na velha terra dos hebreus. Os países árabes rejeitam imediatamente o plano e preparam-se para a guerra. Haverá mais do que uma. Recordemos as três principais.

A primeira (1948-1949) não tarda. Em 14 de maio de 1948, véspera do dia em que os ingleses anunciariam sua partida, Ben-Gurion, presidente da Agência Judaica, proclama, em meio às manifestações de alegria de todo o seu povo, o nascimento de um novo Estado batizado de "Israel". No dia seguinte, os vizinhos Síria, Transjordânia, Iraque e Egito, apoiados pela Liga Árabe, que acabou de ser criada, atacam. No papel, o jogo está antecipadamente ganho: como pode um país aguentar sozinho perante tantos agressores? A realidade é mais complicada. O Estado sionista está bem armado e é apoiado pelos Estados Unidos e, nesse momento, até pelos soviéticos.[561] Os atacantes estão subequipados, cada um persegue um objetivo diferente e, sobretudo, são incapazes de coordenar a sua ação. Em poucos meses, Israel muda o destino e obtém uma vitória total: o pequeno Estado consegue ampliar o território previsto na partilha e consolida sua existência. Todos os seus atacantes foram vencidos, salvo a Transjordânia, que aproveitou o conflito para anexar a Jerusalém oriental e a outra margem do Jordão.[562] E 750 mil árabes

---

[561] Stalin alimentava a esperança de fazer do novo Estado um país comunista. Um ano mais tarde, voltou atrás para procurar alianças nos países árabes.

[562] É nesse momento que o reino recebe o nome de Jordânia.

da Palestina vivem a chamada *nakba*, a "catástrofe": nos primeiros dias da guerra, fugiram de sua terra natal. Após o cessar-fogo, ela se transformou em outro país para onde não podem regressar. Amontoam-se, portanto, em campos de refugiados instalados pelas Nações Unidas nos países vizinhos. A solução é provisória. Vai durar muito tempo.

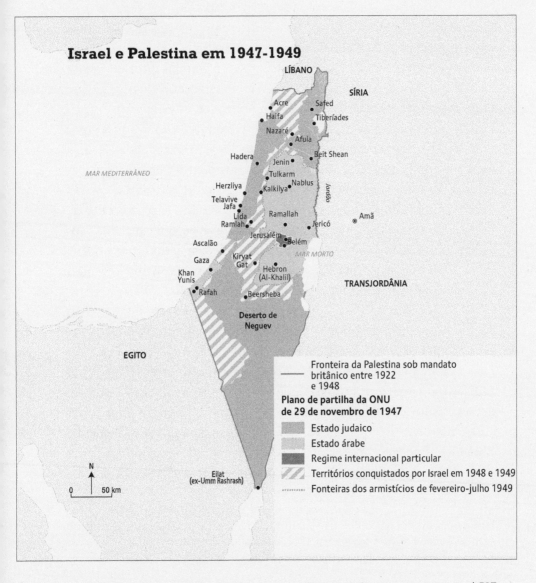

A Guerra dos Seis Dias

Durante anos, os árabes preparam a vingança. Israel, que conhece suas intenções, apanha-os desprevenidos desencadeando, em junho de 1967, uma operação espetacular: em apenas seis dias de ataques-surpresa, o Estado hebreu consegue aniquilar a aviação egípcia, expulsar os jordanos para o outro lado do Jordão e esmagar os sírios. Militarmente, a vitória é deslumbrante. O país, em menos de uma semana, conquistou o Sinai, a Faixa de Gaza, a metade leste de Jerusalém, a Cisjordânia e os montes Golã, verdadeiro depósito de água da região, o que quadruplica sua área. Diplomaticamente, as coisas são mais complexas. Israel tem, de agora em diante, uma imagem de agressor, e passa a ter de gerir a questão dos chamados "territórios ocupados".[563] O que fazer com isso? Para a esquerda então no poder, esses territórios não têm vocação para continuarem sendo israelitas até o fim dos tempos – mesmo que Israel implante colônias ali. Devem servir apenas para a segurança do país e serão uma possível moeda de troca em negociações futuras. A direita, em particular sua ala religiosa, vê as coisas de modo diferente: essas conquistas, e muito particularmente a parte árabe de Jerusalém, uma cidade que, segundo eles, deve pertencer apenas aos judeus, e a Cisjordânia – a que prefere se referir pelo antigo nome de Judeia e Samaria – devem ser anexadas para reconstituir fronteiras estabelecidas por Deus, uma vez que estão na Bíblia.

Em outubro de 1973, egípcios e sírios aproveitam a festa judia do *Kippur* para tentar um novo ataque. O Estado hebreu, surpreendido, consegue reestabelecer a situação *in extremis* e contra-ataca. A tensão internacional está no auge. Os países árabes produtores de petróleo utilizam a arma que têm nas mãos para interferirem no conflito: decretam um embargo aos aliados próximos de Israel e aumentam vertiginosamente os preços do petróleo bruto para punir o Ocidente. Somente as pressões imperiosas dos Estados Unidos, que temem uma intervenção soviética no conflito, conseguem travar a guerra.

---

[563] A expressão vem da célebre Resolução 242 aprovada pela ONU em novembro de 1967. Prevê que, em troca do seu reconhecimento pelos Estados da região, Israel se retire dos "territórios ocupados durante o recente conflito".

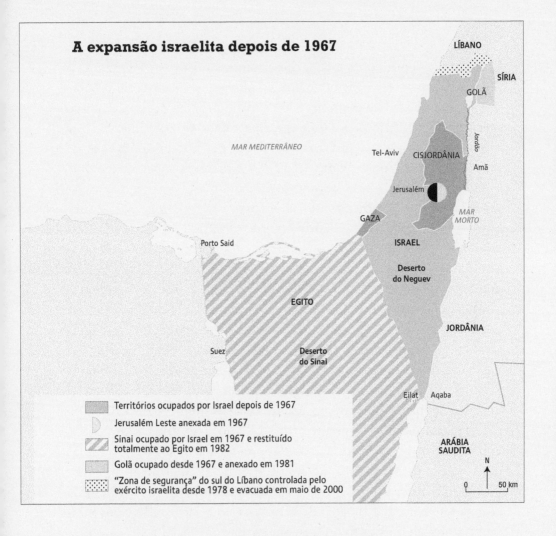

Esse jogo continuará por muito tempo? Sadat, presidente egípcio, sente que é em vão. Em 1978, para grande desilusão dos outros países árabes, assina em Camp David, sob a égide do presidente norte-americano, a paz com o inimigo. Seu país ganha com isso a devolução do Sinai e muito dinheiro: de agora em diante, o exército egípcio, particularmente, será financiado por uma considerável subvenção anual de Washington. Israel vê seu adversário mais poderoso transformado em aliado, o que lhe garante segurança em uma das fronteiras. Mas estará o problema resolvido? Dizê-lo seria esquecer que ele assumiu, há anos, outra forma.

A questão palestina

Pouco a pouco, os árabes que foram expulsos em 1948 ou que residem nos territórios ocupados por Israel – Cisjordânia e Faixa de Gaza – desenvolveram uma identidade própria: viviam em uma terra chamada Palestina e sentem-se *palestinos*. Os movimentos que os representam, como a Organização para a Libertação da Palestina (OLP), fundada no Cairo em 1964 e dirigida, a partir de 1969, por Yasser Arafat, são os novos atores principais da peça. A questão israelo-palestina substitui a problemática israelo-árabe. Não é menos violenta e consegue, também, desestabilizar rapidamente toda a região. De fato, a OLP opta, num primeiro momento, pela ação militar e multiplica os atentados, estendendo-os à Europa.[564] Para poderem realizar suas operações na Cisjordânia, seus combatentes instalam-se nos campos de refugiados da Jordânia. Seu peso nesse pequeno reino é tão grande que acabam formando ali um verdadeiro Estado ameaçador dentro do Estado. O rei Hussein decide, em 1970, desembaraçar-se deles à força. A operação Setembro Negro resulta em violentos combates entre as forças jordanas e palestinas. Fazem milhares de mortos. Muitos dos militantes da OLP que conseguiram fugir instalam-se no Líbano. Isso apenas desloca o problema. A presença de todos esses grupos armados desestabiliza um país cujo equilíbrio era frágil.[565] Em 1975, confrontos entre os combatentes da OLP e as milícias cristãs assinalam o início da longa Guerra Civil Libanesa e o martírio de um Estado. Seus vizinhos aproveitam sua fraqueza para esquartejá-lo. Em 1976, a Síria entra no conflito. Apoiará e depois trairá sucessivamente todos os partidos, com o objetivo de manter o controle sobre o país. Em 1978, é a vez de Israel invadir o sul do Líbano para desmantelar as bases da retaguarda a partir das quais os palestinos armam ataques contra o seu território. Depois, em 1982, apostando em uma aliança com as milícias cristãs, ocupa todo o país até Beirute. A operação

---

[564] O mais infame é a tomada de reféns e o assassinato de atletas israelitas nos Jogos Olímpicos de Munique, em 1972.

[565] Ver capítulo 41.

é chamada de "Paz na Galileia". Leva um pouco mais de guerra a um país onde ela já não fazia falta.[566]

Processo de paz

Nos anos 1980, a OLP evolui e decide aceitar a existência de Israel. O fim da Guerra Fria alivia o clima internacional. Parece chegado o tempo da paz. Em 1993, sob a égide do eterno protetor norte-americano, Yasser Arafat e o primeiro-ministro israelita, Rabin, definem um caminho para lá chegar. Os Acordos de Oslo[567] não resolvem diretamente os problemas mais pesados – particularmente, a questão do regresso à terra natal dos refugiados de 1948 e o estatuto de Jerusalém, cidade santa para os judeus e para os muçulmanos. Criam uma Autoridade Palestina, que será encarregada de negociar essas questões progressivamente, gerindo, ao mesmo tempo, parte dos territórios ocupados, embrião de um futuro Estado palestino. É o chamado "processo de paz".

A paz está, então, finalmente à vista? Como esquecer, mais uma vez, dos novos atores que, há anos, entraram nessa cena turbulenta? Nas zonas ocupadas por Israel, a começar por Gaza e pela Cisjordânia, os adolescentes – e por vezes as crianças – palestinos, cansados de não verem qualquer melhora em sua sorte, iniciam uma nova forma de conflito: em 1987, passam a lançar pedras contra as tropas de ocupação, desencadeando a primeira *Intifada*, a "guerra das pedras". Haverá outras. Durante esse mesmo período, exatamente quando a OLP se torna o grande interlocutor de uma solução negociada, outros movimentos, que a recusam violentamente, adquirem dimensão entre os palestinos, como o Hamas, uma associação islamita ligada à Irmandade Muçulmana do Egito, absolutamente decidida a usar todos os meios para cortar essa ideia pela raiz.

Israel age de forma diferente? Também desse lado, os atores mudaram. Yitzhak Rabin, o homem que apertou a mão de Arafat, o estadista em que tantos homens de boa vontade haviam depositado

---

[566] É nesse momento que ocorrem os massacres nos campos palestinos de Sabra e Chatila, cometidos pelas falanges cristãs sob a cumplicidade passiva do exército israelita.

[567] Do nome da cidade onde as negociações, ultrassecretas, ocorreram.

suas esperanças, foi assassinado em 1995 por um extremista judeu. E os governos, cada vez mais acentuadamente de direita, que se sucedem à frente do país, prosseguem, com desprezo pelas populações que lá vivem, com a implantação de colônias em territórios que nenhuma instância internacional reconhece como seus.

★★★

O ORIENTE MÉDIO: DO NACIONALISMO ÁRABE AO ISLAMISMO

A partir do século XIX, desde a colonização e a humilhação pelo Ocidente, o mundo árabe muçulmano é perseguido pela mesma questão: como a nossa civilização (e a nossa religião), que reinava no mundo, pôde cair tanto? Como podemos recuperá-la? De certo modo, toda a história do Oriente Médio após 1945 pode ser entendida como uma resposta a essa última questão.

O tempo do pan-arabismo

A primeira resposta foi o chamado "nacionalismo árabe", ou ainda "pan-arabismo", essa ideia de que a renovação virá da união de todos os árabes, do Golfo ao Atlântico, em torno de sua língua e de sua cultura. Essencialmente laico – uma vez que pressupõe uma união entre árabes de todas as religiões, cristãos ou muçulmanos –, modernizador, tingido de socialismo, o nacionalismo árabe foi elaborado nos anos 1940 por alguns intelectuais sírios.[568] O egípcio Nasser (1918-1970) é sua encarnação.

O homem faz parte do grupo de jovens oficiais que, em 1952, expulsou do poder o rei Faruk, corrupto e desacreditado, para fazer do Egito uma República. Torna-se rapidamente seu líder. Chamado de *raïs*, ou "capitão", tem projetos grandiosos para o seu país, como a construção de uma barragem gigantesca em Assuã que resolverá para

---

[568] Os dois mais conhecidos são Michel Aflak (1910-1989), de origem cristã, que funda, com Salah Bitar (1912-1980), de tradição sunita, o Baas, primeiro partido nacionalista árabe.

sempre o problema milenar das imprevisíveis cheias do Nilo. Em 1955, sua eloquência e seu carisma durante a Conferência de Bandung fazem dele a estrela do novo movimento dos "não alinhados".[569] Em 1956, dá um golpe ainda mais forte. Em nome da recuperação da soberania egípcia, anuncia a nacionalização do Canal de Suez, então ainda uma propriedade de capitais franceses e ingleses. No Egito, a ideia é acolhida com manifestações de alegria. Em Londres e Paris, responde-se à moda antiga.[570] Em novembro, paraquedistas saltam sobre Porto Said, a cidade que controla a hidrovia. As duas capitais ocidentais tinham avaliado mal o fato de o seu tempo ter passado e o mundo ser, agora, dominado por potências mais poderosas do que elas. A União Soviética voa em socorro de um país que se tornou seu novo aliado e fala até mesmo em um ataque atômico contra os agressores. Os Estados Unidos, que não têm a mínima vontade de entrar em uma Terceira Guerra Mundial para defender os interesses franco-britânicos, apitam para que "acabe o recreio" e ordenam a retirada dos europeus. Nasser não teve de fazer nada e triunfa: é o homem que mandou os ingleses de volta para a toca.

Sua popularidade está no auge e, com ela, durante os anos 1950 e 1960, a ideologia que ele representa. Da juventude estudantil do Oriente Próximo a Ben Bella, o primeiro presidente da jovem Argélia independente,[571] ou Kadhafi, o jovem militar que derrubou a monarquia líbia em 1969, todos são nacionalistas árabes. O conceito abarca, evidentemente, variantes. Enquanto Nasser ou a Argélia namoram a União Soviética, Bourguiba, pai da Tunísia moderna, mantém-se solidamente pró-ocidental. Mas as políticas que seguem têm pontos comuns: modernização, reformas sociais, melhoria dos direitos das mulheres e uma tendência para manter a religião a distância.

No entanto, mesmo quando domina, esse sistema mostra sinais de fraqueza. Como seu nome indica, o pan-arabismo pressupõe a união progressiva de todos os árabes em uma só nação. Em 1958, o Egito

---

[569] Ver capítulo 47.

[570] Os dois países também tinham feito uma aliança secreta com os israelitas, que enviaram, previamente, tropas terrestres.

[571] Até 1965, data de seu derrubada pelo golpe de Estado de Boumédiène.

e a Síria iniciam esse movimento unindo-se para formar um país, a República Árabe Unida (RAU). Do ponto de vista de Damasco, o casamento é catastrófico. A Síria, na verdade, vê-se às ordens do Cairo, onde tudo é decidido sem a mínima consulta. Retira-se da aliança. A estrela de Nasser empalidece. Comete o erro de esgotar seu exército fazendo-o intervir na interminável guerra civil iemenita (1962-1970), que opõe os republicanos, que ele apoia, e os monárquicos, apoiados por sua rival, a Arábia Saudita. Sobretudo, sai abalado da derrota de 1967 perante Israel, esse pequeno país que ele afirmava poder arrumar.

Na ausência de heróis triunfantes, os povos veem-se perante outra realidade. Todos os regimes que apregoavam o valor da modernidade, da emancipação e da felicidade do povo derivam pouco a pouco para ditaduras militares, nas quais reinam apenas a arbitrariedade e a corrupção. É o caso do partido Baas, que, afirmando-se laico e so-cial, chega ao poder na Síria no início dos anos 1960, mas que, após consecutivos golpes de Estado, não passa de uma autocracia. A partir de 1970, todo o poder é confiscado por Hafez al-Assad, adepto do terror policial, que monopoliza as riquezas do país em benefício do seu clã e da minoria alauita a que pertence. O Iraque, onde, em 1958, uma revolução sangrenta expulsou do poder a monarquia haxemita,[572] vive um processo igual: também lá o Baas – ainda que de um ramo inimigo do ramo sírio – chega ao poder. Também nesse caso é con-fiscado por militares com métodos eficientes, como Saddam Hussein, um psicopata que manda massacrar todos que se opõem a ele.

***

O TEMPO DO ISLAMISMO E O AUMENTO DO PODER DA ARÁBIA SAUDITA E DO IRÃ

A partir dos anos 1960-1970, enquanto o prestígio do naciona-lismo modernizador perde seu brilho pouco a pouco, surge outra via que parece tentadora para muitos. Por que não procurar a fonte da renovação na religião? A ideia é antiga. Em 1928, em um Egito ainda

---

[572] O último rei do reino do Iraque, criado pelos ingleses após a Primeira Guerra Mun-dial, foi Faisal II, neto de Faisal I, filho de Hussein, xerife de Meca (ver capítulo 41).

submetido aos ingleses, Hassan el-Banna (1906-1949), um professor do ensino primário, enojado pela maneira como os europeus tratavam seus compatriotas, é o primeiro a dar forma política a essa intuição fundando a Irmandade Muçulmana. O princípio da confraria, muito simples, resume-se em seu lema mais célebre: "O Islã é a solução". Sua estratégia tem duas frentes. A primeira diz respeito à base: abertura de postos de saúde e escolas e distribuição de comida, o que corresponde à mensagem do Alcorão a favor dos pobres, mas também permite ganhar popularidade. A segunda visa a liderança. Enquanto os irmãos da base cuidam do povo, os dirigentes, cujos nomes ninguém conhece, trabalham secretamente para tomar o poder. Não conseguirão de imediato. Associada à revolução de 1952, a confraria zanga-se com Nasser, que não tarda em reprimi-la com violência. A partir de 1954, dezenas de milhares de militantes são presos e enviados para campos de concentração. Mas a ideia que foi lançada terá um grande futuro: defende que o melhor governo dos homens apenas pode ter origem no respeito a Deus e à lei religiosa. É chamada de "islamismo". A confraria de Hassan el-Banna é apenas uma de suas facetas. Dois grandes países, a Arábia Saudita e o Irã do pós-1979, representam outras duas.

Deixamos o primeiro antes da Segunda Guerra Mundial, no momento em que Ibn Saud, o velho guerreiro, fizera dele o reino da Arábia Saudita.[573] Possuindo as duas cidades santas de Medina e Meca, o reino era prestigiado, mas pobre. Seu destino muda graças a uma descoberta miraculosa – pelo menos para os seus dirigentes. Ao final dos anos 1930, encontra-se petróleo no deserto. Ao final dos anos 1940, descobre-se que as reservas que repousam em seu subsolo são as mais abundantes do mundo. Isso muda muita coisa, a começar pelo plano diplomático. O país, que não interessava a muita gente, torna-se uma relação de primeira escolha, em particular para os Estados Unidos, que conhecem o peso estratégico do ouro negro e estão perfeitamente decididos a tomar, na região, o lugar dominante que os britânicos já não têm meios para manter. Para Ibn Saud, o assunto é tentador. Está à frente de um grande Estado com uma fronteira vasta que tem dificuldade em proteger. O casamento faz-se nessa base desde

---

[573] Ver capítulo 41.

o pós-guerra: os sauditas entregam aos norte-americanos o domínio do petróleo em troca do amparo de sua força militar. É o paradoxo da segunda metade do século XX. Os Estados Unidos veem-se no papel de melhores aliados de um país que se tornará o maior propagandista de um Islã que quer a guerra contra o Ocidente.

Wahabismo

Como nos recordamos, o reino de Ibn Saud tem outra característica: defende o wahabismo,[574] doutrina fundamentalista que promove uma leitura mais estrita e literal do Alcorão, e coloca a *sharia* como única regra de governo. Sem o contexto político-diplomático de que acabamos de falar, sem dúvida essa maneira de pensar o Islã, então estranha à imensa maioria dos muçulmanos, teria ficado abandonada na pequena e obscura seita que a concebeu. O dinheiro do petróleo e a amizade norte-americana mudam a situação. A partir dos anos 1980, prosperando sobre o declínio do nacionalismo árabe e a imperícia dos governos que o reivindicam, o wahabismo expande-se graças ao financiamento de escolas, ao envio de pregadores e de livros ou aos seus canais de televisão. A Arábia Saudita, que realiza seu sonho de hegemonia sobre o sunismo, já não teme muita coisa, à exceção de um rival que acaba de aparecer...

República Islâmica

O Irã é igualmente uma potência petrolífera, e o Ocidente está disposto a muita coisa para não deixar escapar essa fortuna. No início dos anos 1950, o primeiro-ministro Mossadegh, um nacionalista que quer devolver a soberania plena ao seu país, tem a audácia de nacionalizar o petróleo. É derrubado por um golpe armado orquestrado pela CIA. Sob a batuta do xá Reza Pahlavi (1919-1980; reinado: 1941-1978), o país, armado por Washington, torna-se um aliado muito fiel dos Estados Unidos. Também é uma sinistra ditadura policial, execrada por todas as camadas da sociedade: pela burguesia liberal, pelos estudantes

---

[574] Ver capítulo 41.

que flertam com a esquerda ou pelo clero xiita, que critica o monarca – visto bebendo álcool em público ou mostrando-se em trajes de banho nas revistas ocidentais – pelo seu modernismo. Ao final de 1978, todas essas correntes fazem, juntas, a revolução. O aiatolá Khomeini, dignitário religioso então refugiado no estrangeiro, torna-se sua figura emblemática. Ao regressar do exílio, em 1979, consegue tomar o poder e esmagar, um após o outro, os imprudentes que se aliaram a ele. "Guia" supremo, faz do Irã uma República islâmica, isto é, uma teocracia em que todo o poder civil está subordinado ao controle do religioso. A única lei que deve reinar aí é, também, a do Alcorão, ou pelo menos a ideia que os intérpretes fazem dele. No entanto, o novo Irã é o contrário da Arábia de que acabamos de falar. É persa, não árabe; é xiita, não sunita; e seu posicionamento político está no lado oposto do tabuleiro. Os Saud fizeram do seu Estado uma monarquia conservadora, aliada ao Ocidente. Com seus discursos inflamados contra o "Satã da América" e sua luta reiterada contra o "imperialismo", Khomeini quer fazer do Irã um dos polos do terceiro-mundismo revolucionário. A rivalidade desse recém-chegado com os wahabitas vai desempenhar um papel essencial. O nascimento do Irã islâmico revoluciona a paisagem do Oriente Médio e acarreta, como veremos, uma série de conflitos que nos fazem chegar ao século XXI.

Guerra do Golfo

Desde a sua chegada ao poder, Khomeini procura estender a influência iraniana apoiando-se nas minorias xiitas da região, em particular nas muito numerosas que vivem no Iraque. Saddam Hussein, o ditador de Bagdá, irrita-se com essa vontade manifesta de desestabilizá-lo e inicia uma guerra. O conflito entre o Irã e o Iraque, muito pouco conhecido no Ocidente, desencadeia uma carnificina horrível que dura oito anos (1980-1988), faz entre 500 mil e 1 milhão de vítimas e deixa, em suma, o Iraque esgotado e esmagado. O ditador de Bagdá não compreende por que razão os países árabes da região, especialmente a Arábia Saudita, não o indenizam financeiramente por uma guerra que fez, pelo menos na sua opinião, para protegê-los do inimigo persa xiita. É essa a razão pela qual, no verão de 1990, para se ressarcir em espécie, invade o Kuwait. Espanto dos sauditas, que se veem ameaçados e pedem ajuda ao amigo norte-americano. Tem início a Primeira Guerra do Golfo (1990-1991), apoiada pela ONU e travada pelos Estados Unidos, que a ganham rapidamente, mas não resolvem nada. Saddam Hussein foi derrotado, mas continua no poder. E o desembarque de botas infiéis no solo sagrado da Arábia Saudita desencadeou a cólera de outras personagens desse complicado teatro. É hora de finalmente falarmos sobre isso.

★★★

O JIHADISMO ISLÂMICO

O islamismo, como acabamos de ver, tem múltiplas origens. Também pode desembocar em projetos diferentes. Assim, o Partido da Justiça e Desenvolvimento (AKP), por exemplo, é uma ramificação turca da Irmandade Muçulmana, mas pretende aplicar seus princípios apenas dentro do estrito respeito à democracia. Outros desprezam a democracia. O pensador Sayyid Qutb (1906-1966) também é um célebre irmão muçulmano. Preso na época de Nasser, escreve, atrás das grades, livros que terão grande influência e que defendem a ação violenta contra o que chama de "ignorância" ou "obscurantismo", isto é, tudo o que não vai no sentido da revelação do Alcorão. Do wahabismo deriva outra corrente, igualmente fundamentalista e retrógrada, o salafismo,[575] que defende que o mundo será salvo quando se recomeçar a viver como no tempo do profeta Maomé. Certos salafistas, chamados de "pietistas", tomam isso de maneira muito pacífica. Outros constroem uma visão belicista e violenta: para eles, é somente através das bombas que o mundo inteiro finalmente conhecerá a verdade final.

Alimentada por outras fontes intelectuais, como os textos do teórico paquistanês Maududi (1903-1979), forma-se, a partir dos anos 1960-1970, uma nova corrente, o "jihadismo". Como o nome indica, pretende convocar todos os fiéis para fazer a guerra santa, em toda parte, para que advenha o desejado apocalipse. São numerosos

---

[575] Da palavra *salaf*, ou "antepassados", nesse caso os que viviam na época do Profeta.

os que, nos anos 1980, têm seu batismo de fogo na resistência afegã à invasão soviética,[576] o que contribui para a eclosão do regime dos talibãs no país ao final dos anos 1990. Atuam também nos conflitos ligados à fragmentação da ex-Iugoslávia, nos do Cáucaso e na Argélia, na época da terrível guerra civil que ensanguenta o país nos anos 1990. Estruturam-se em grupos. O primeiro a se tornar conhecido é a Al-Qaeda, dirigida por Bin Laden, filho da burguesia saudita que odeia o Ocidente e desencadeia contra ele um ataque terrorista. O atentado de 11 de Setembro de 2001 é seu delito mais célebre. Cometeu muitos outros.

---

[576] Ver capítulo 46.

49

A China

DE MAO A DENG XIAOPING

Em 1949, a China torna-se comunista. Durante 27 anos, é dirigida por Mao e sofre suas delirantes iniciativas: o Grande Salto para Frente ou a Revolução Cultural fazem milhões de vítimas. Após sua morte, o poder passa para as mãos de Deng Xiaoping, que recusa qualquer abertura política, mas assegura ao país sua decolagem econômica.

TERMINAMOS NOSSA VIAGEM pelo século XX com a China. Sua decolagem econômica ao final desse período, que permite o regresso expressivo da velha potência à cena mundial, é um dos maiores acontecimentos da História contemporânea. Passou por muitas provações para chegar lá.

Após a Segunda Guerra Mundial, o país faz parte do clube dos vencedores.[577] Mas está devastado, e uma nova desgraça acentua sua ruína. A guerra civil entre comunistas e nacionalistas, interrompida pela aliança patriótica concluída perante a invasão japonesa, começa de novo. Após quatro anos de luta, os comunistas vencem. Chiang Kai-shek é expulso de Nanquim. À semelhança de dois milhões de pessoas, refugia-se na Ilha Formosa. Com mão de ferro, faz dela uma pequena República que almeja ser uma espécie de conservatório dos valores da "China eterna". Outra China nasce no continente. Em 1 de

---

[577] Ver capítulos 45 e 46.

outubro de 1949, do magnífico portão sul da Cidade Proibida, perante a imensa Praça de Tiananmen, em Pequim, Mao Zedong proclama o nascimento da República Popular da China. Até a sua morte, 27 anos mais tarde, à exceção de um curto intervalo no início dos anos 1960, transforma-a em um Estado totalitário de que se torna senhor absoluto.

Por um curioso efeito de memória, que se deve um pouco ao desconhecimento geral sobre esse país demasiado longínquo, um pouco à propaganda do regime e muito às sequelas da admiração delirante que tantos intelectuais europeus manifestaram por ele nos anos 1960-1970, poucos ocidentais põem esse tirano no lugar histórico a que pertence. A par de Hitler e de Stalin, é um dos grandes assassinos em massa do século XX.

A partir dos anos 1920, Mao começa a elaborar a própria doutrina, adaptando o comunismo à realidade chinesa: dá um papel importante às massas camponesas, mais do que à classe operária, e também acha que é preciso passar diretamente da "feudalidade" para a sociedade nova, sem transição burguesa, como queria Karl Marx, que raciocinava referindo-se à sociedade ocidental. No entanto, o objetivo final do novo líder da China é levar o país pela "via do socialismo". O mínimo que se pode dizer é que teve uma maneira particular de conduzir a caravana. Como todos os regimes irmãos, a República Popular da China, a partir dos anos 1950, adota a planificação econômica, que devia organizar, de modo racional e padronizado, a transformação da sociedade.

Mao acrescenta-lhe um toque pessoal, pontuando a viagem com iniciativas: são as chamadas "campanhas", concebidas para acelerar a marcha das massas para a felicidade. Todas têm, em comum, o fato de acabarem em catástrofes humanas de grande amplitude. Nenhuma impede o Grande Timoneiro de preparar a que levará ao naufrágio seguinte. Recordemos as três mais célebres.

A Campanha das Cem Flores

A partir de meados dos anos 1950, o regime torna-se impopular. A primeira coletivização nos campos, imposta através do terror, afastou os comunistas de muitos camponeses. A nova classe de técnicos e engenheiros criada pela industrialização não se dá muito melhor com um partido que exerce um controle minucioso sobre todas as atividades. Mao pensa ter encontrado um meio genial de acalmar o povo: incita cada um a criticar, em voz alta, o que vai mal para ajudar o país a retificar seus erros. Em 1957, lança a Campanha das Cem Flores, assim chamada por causa de uma máxima que utiliza em um discurso, referindo-se à grande época de eclosão da filosofia chinesa[578]: "Que cem flores desabrochem! Que cem escolas rivalizem!". Para sua desgraça, é muito grande o número de chineses, entre intelectuais, universitários, escritores e jornalistas, que confia na palavra do dirigente. Fazem declarações públicas, escrevem artigos e livros que não recuam perante nenhuma crítica, nem mesmo a mais radical. Leva pouco tempo para que as hierarquias comunistas percebam que a operação desencadeou forças que podem virar-se rapidamente contra elas. Ao cabo de algumas semanas, o movimento é travado de modo tão inesperado e súbito quanto começou. O partido decreta uma campanha de "retificação" que deve pôr fim às "derivas direitistas" de que alguns se revelaram culpados. Várias centenas de milhares de pessoas, na maioria dos casos intelectuais, são liquidadas ou enviadas para uma morte lenta nos *laogai*, os campos de reeducação cuja dureza em nada perde para os *gulags* soviéticos.

O Grande Salto para Frente

Apenas alguns meses após essa experiência calamitosa, uma nova ideia brota no cérebro do homem que ainda é dono do destino de meio bilião de indivíduos. Em 1958, decreta o "Grande Salto para Frente", um programa econômico que tem como objetivo transformar a China, em alguns anos, em uma potência industrial que deve "apanhar a Grã-Bretanha e morder os calcanhares dos Estados Unidos". "Três anos de esforços e de privações e mil anos de felicidade", promete um dos lemas do projeto. A aposta é insana. A realidade será ainda mais.

---

[578] Ver capítulo 2.

A campanha começa pela coletivização total do mundo rural. A partir de então, toda propriedade privada está proibida: ninguém tem o direito de possuir seja o que for, nem uma casa, nem uma cadeira, nem um prato. Milhões de camponeses são reunidos em "comunas", aldeias onde vários milhares de pessoas já não têm vida individual, dormem em dormitórios, comem em cantinas e obedecem às ordens que lhes são dadas. As diretrizes se tornam cada vez mais delirantes. Uma vez que se trata de construir uma nação industrial, é preciso fabricar aço. São instalados, por todo o país, altos-fornos em que se queima toda a madeira que se encontra para fundir qualquer objeto metálico que se apanhe. O sistema consegue produzir um metal inutilizável. Lançado em grande escala, também contribui para acelerar o desmatamento e fazer desaparecer todas as ferramentas que deviam ser usadas nos campos.

Por que se preocupar com isso agora? A produção agrícola já não precisa desses velhos métodos, uma vez que novos métodos vão revolucionar a produtividade. O mais infame chega em 1959. Mao acredita que um bom meio para colher mais cereais é erradicar os animais que os comem. Ao lançar a Campanha das Quatro Pragas, decreta a caça às moscas, aos mosquitos, aos ratos e sobretudo aos pardais, mais especificamente visados. Toda a China começa a bater panelas de modo contínuo para impedir os pássaros de pousar e fazê-los morrer de esgotamento. De início, a técnica funciona. As aves morrem ou desaparecem. Basta uma estação para verificar o efeito dessa catástrofe ecológica: na ausência de pássaros para comê-los, os vermes proliferam e devoram os rebentos.

O Grande Salto para Frente tornou-se o "Grande Salto para o Vazio". A produção industrial é inutilizável. O conjunto da produção agrícola desmorona-se. Já não há nada nos campos nem nos celeiros, já não há nada no país. O pior é que o poder continua, durante algum tempo, a viver a ilusão de um êxito estrondoso. Seja porque querem fazer-se valer, seja porque estão petrificados perante a ideia de desagradar seus superiores, todos os responsáveis locais do partido anunciam a Pequim falsos rendimentos para fazer crer que a região de que estão encarregados ultrapassou os objetivos esperados. Isso aumenta a pressão sobre os campos: se as aldeias não dão os sacos prometidos, é porque os camponeses os roubam. Em três invernos, de 1959 a 1961, em um clima de apocalipse reforçado por um regime de terror em que não se hesita em torturar um miserável suspeito de ter roubado uma espiga, a China conhece uma das piores fomes da história do mundo. Em certas regiões, uma em cada três pessoas desaparece. O balanço total oscila, segundo as estimativas, entre 30 e 40 milhões de mortes.

A Revolução Cultural

Em minoria no seio das instâncias dirigentes, que finalmente duvidam dele, Mao mantém seu título de presidente do Partido, mas afasta-se e retira-se para longe dos tumultos que ele mesmo criou.

A partir de 1962, dois grandes dignitários do regime, Liu Shao-qi (1898-1969), que se tornou presidente da República, e Deng Xiaoping (1904-1997), secretário-geral do Partido Comunista, tentam recuperar o país do naufrágio. Põem fim aos delírios coletivistas, mandam os camponeses de volta aos campos e permitem o regresso, aos poucos, do mercado privado. Trata-se de seguir a linha que Deng assim resume: "Pouco importa que o gato seja preto ou cinzento, desde que apanhe ratos". A máxima, talvez inspirada em um velho provérbio, ficou ligada à personagem e resume o pragmatismo que depois se tornará sua marca. Sua hora ainda não chegou. A ideologia ainda não disse a última palavra. Desde que se retirou, Mao prepara seu regresso.

Mesmo após o Timoneiro ter conduzido o país para o precipício, seus fiéis tratam de reativar o culto em torno de sua pessoa. Em 1964, a publicação de uma coletânea das suas citações, distribuída aos milhões de exemplares por Lin Biao, o poderoso chefe do exército, coloca Mao, aos olhos de seus admiradores, em algum lugar entre Jesus Cristo e o profeta Maomé. A obra, que o Ocidente, por causa da cor de sua edição de bolso, chama de *O pequeno Livro Vermelho*, é distribuída nos liceus e nas faculdades. Torna-se a bíblia de todos os que Mao quer transformar em pontas de lança de sua reconquista. Uma vez que os mais velhos ousaram a loucura de afastá-lo, desvencilha-se deles, apoiando-se nos jovens. Aos milhões, alunos dos liceus e estudantes universitários são recrutados no novo movimento dos guardas vermelhos. No verão de 1966, o velho guerreiro envia-os ao ataque. São encarregados de tirar a República de sua esclerose, de retificar suas "derivas", de abrir "fogo contra o quartel-general": é a Revolução Cultural, isto é, a ordem dada a uma geração de jovens fanáticos de saquear o próprio país. Fazem-no com uma crueldade e uma criatividade sem paralelo. As paredes cobrem-se de *dazibaos*, cartazes que designam os traidores, "revisionistas" que é preciso eliminar – isto é, os professores, os quadros, os mais velhos, que são punidos segundo toda uma gama de castigos que vai da humilhação pública ao linchamento, à tortura e à defenestração. Todos os que representam a autoridade são visados, incluindo os dos cargos mais altos, sobretudo se estão na mira do senhor supremo. Seu rival, o presidente da República Liu Shaoqi, é destituído, molestado e atirado em uma prisão, onde morre vítima do tratamento que lhe é infligido. Em comparação, a sorte de Deng Xiaoping é quase boa: é exilado em uma pequena cidade da província, onde regressa à indústria para ganhar a vida. Seu filho tem menos sorte. Detido na Universidade de Pequim, onde estudava, salta da janela para escapar às torturas que lhe infligem. Fica paralítico para sempre.

Durante algum tempo, vítima de uma cegueira que ainda hoje nos deixa boquiabertos, parte da juventude europeia sente-se atraída por essa loucura longínqua que lhe parece um ideal a ser atingido. Em Paris, Bruxelas, Roma ou Lisboa, desculpava-se antecipadamente os excessos, repetindo com gosto uma das famosas citações do presidente: "A Revolução não é um jantar de gala". De fato, a mesa foi revirada. Um dos objetivos proclamados do movimento é destruir as quatro "velharias": velhas ideias, velhas culturas, velhos costumes e velhos hábitos. Aos crimes contra os seres humanos, soma-se uma crise iconoclasta de grande amplitude. Tudo o que recorde minimamente o mundo antigo – a civilização, a cultura – deve desaparecer. Templos, palácios, objetos preciosos, tesouros de uma China milenar são profanados, pilhados, destruídos para sempre.

Como das vezes anteriores, o gênio do mal que desencadeou a tempestade acaba compreendendo que ela poderá arrasar tudo. Há anarquia por toda parte; ninguém mais estuda, ninguém mais trabalha, nada mais funciona e os confrontos multiplicam-se entre os grupos mais diversos, em um clima de guerra civil. A China está à beira do desmoronamento. Em 1967, Mao é obrigado a apoiar-se no exército para reestabelecer a ordem. Em certas províncias, os combates que opõem os soldados aos guardas vermelhos são tão violentos que a tropa recorre à artilharia. Em 1968, o velho líder encontra outro meio de acalmar uma geração que se tornou demasiado ingovernável, mantendo-se, ao mesmo tempo, fiel à sua ideologia: manda para o campo a juventude das cidades, o que permitirá endurecê-la e fazê-la conhecer a realidade da vida rural. O episódio, chamado de movimentos dos "jovens instruídos", prossegue durante anos, estragando a vida de milhões de indivíduos.

A partir de 1969, é reestabelecida uma calma relativa. A Revolução Cultural continua oficialmente, mas sua fase mais violenta terminou. Mao, doente, faz suas últimas aparições em público. Lin Biao, o seu fiel marechal, foi designado seu delfim, mas morre, em 1971, em um acidente de avião cujas circunstâncias nunca foram esclarecidas. O poder é sacudido ao sabor de jogos opacos de que os regimes totalitários têm o segredo. As correntes estão em guerra. Os radicais, sempre encolerizados, sempre ávidos para continuar um movimento que apoiam desde o princípio, são guiados por Jiang Qing, uma ex-atriz que se tornou a terceira esposa de Mao, e pelos seus próximos. Formam um pequeno clã que os chineses, que os detestam, chamam de "Bando dos Quatro". Os moderados, que tentam recolocar o país nos trilhos, ligam-se a Zhou Enlai, eterno primeiro-ministro e ministro dos Negócios Estrangeiros da República Popular da China, e ao seu velho amigo Deng Xiaoping, que conseguiu regressar em graça após o exílio. Zhou morre em janeiro de 1976. É seguido por Mao, alguns meses depois. O período maoísta terminou.

O TEMPO DOS "TRÊS MUNDOS"

Acabamos de ver os efeitos dessa doutrina na política interna. Digamos agora uma palavra sobre a política externa. Já falamos sobre a intervenção dos "voluntários" na Guerra da Coreia, em 1950, para defender a parte norte do país, que continua, ainda hoje comunista, e ainda apoiada pela China.[579] Durante esse mesmo ano, o Exército Popular entra no Tibete, independente desde 1912, mas que os chineses continuam considerando uma província vassala. Num primeiro momento, as relações entre Pequim e o Dalai Lama, que dirige essa teocracia, são relativamente cordiais: tudo que o religioso pede é a possibilidade de manter a autonomia cultural e espiritual do seu país. Não tarda a compreender que os ocupantes fazem pouco caso disso. Em meados dos anos 1950, rebentam motins contra o Exército Popular. Em 1959, incendeiam Lhasa e obrigam o chefe tibetano a fugir pelas montanhas com uma centena de milhares de seus compatriotas. A propaganda chinesa justifica as operações de repressão na melhor tradição do colonialismo ocidental: trata-se de levar o progresso e a civilização a uma região atrasada, onde continuam a reinar as práticas de outra era. Na realidade, trata-se de anexar uma província que corresponde a um quinto do território chinês e permite controlar os planaltos e as montanhas que formam o depósito de água da Ásia. Ampliada assim até os Himalaias, a China vê-se vizinha da Índia, o que não deixa de levantar problemas. Os dois países não concordam sobre o traçado das fronteiras, e a disputa culmina em uma curta guerra, em 1962, que reaviva outro diferendo: Pequim não esquece sua irritação com o fato de que, durante todo o conflito, Nova Deli foi constantemente apoiada por Moscou...

Já falamos sobre o "cisma" sino-soviético,[580] que não cessa de se acentuar nos anos 1960, até ameaçar uma guerra nuclear entre os dois países, depois de trocas de tiros entre soldados sobre o Ussuri, um afluente do Rio Amur, que delimita os territórios. As causas são múltiplas e têm a ver, em grande medida, com o espírito de independência e o ego desmesurado de Mao, que não deseja se preocupar com nenhum irmão mais velho para governar seu país. As consequências geopolíticas são enormes. O Grande Timoneiro

---

[579] Ver capítulo 46.

[580] Ver capítulo 46.

substitui a partilha binária do planeta entre o capitalismo e o "campo progressista" pelo que chama de "Teoria dos Três Mundos". Há o do Ocidente, o dos soviéticos e o de todos os outros – isto é, sobretudo o da China –, que a partir de agora tem todo o interesse em aliar-se ao primeiro, pois o segundo representa o verdadeiro inimigo. Ocorre aí, nos anos 1970, a espetacular reaproximação de Washington e Pequim. A China comunista ganha com isso a recuperação, na ONU, de um lugar que desde 1949 estava ocupado pelos nacionalistas da Ilha Formosa. E, em 1972, o presidente Nixon desloca-se pessoalmente ao país de Mao.

A ruptura com o ex-irmão comunista tem outra consequência no plano internacional: permite que os países do campo dito "revolucionário" mudem de revolução. Alguns optam pela via seguida em Pequim, ainda que continuem sendo bastante raros, é verdade. A Albânia, onde reina Enver Hoxha (1908-1985), um stalinista de estrita observância, não perdoa Kruschev por ter traído o "pai dos povos" e, por despeito, aproxima-se da China por um tempo, mas zanga-se com ela ao final dos anos 1970 e impõe ao seu pequeno país um isolamento total.

Nos anos 1960, Pequim inicia uma política de influência na África, ajudando, conforme necessário, as insurreições em curso ou apoiando os regimes já instalados. A Tanzânia deixa-se seduzir pelas sereias maoístas durante algum tempo. Nos anos 1970, o presidente Nyerere organiza comunas segundo o modelo das impostas no Grande Salto para Frente. Felizmente para o seu país, a experiência não é tão catastrófica. Antes de ser barrada, provocou, ainda assim, o deslocamento de 2 milhões de pessoas.

O êmulo mais escrupuloso e mais fiel do Grande Timoneiro encontra-se na Indochina. Ao final dos anos 1960, a Guerra do Vietnã transborda em seus vizinhos. Bombardeado pelos norte-americanos, que o criticam por oferecer bases de retaguarda ao inimigo Viet Minh, o Camboja entra na tormenta. Enquanto Washington instala, em Phnom Penh, um governo-fantoche que domina completamente, aparecem resistentes comunistas formados pelos Khmer Vermelhos. Ao contrário dos vietnamitas, apoiados e armados por Moscou, os

Khmer são aliados de Pequim. Tal como a maioria dos dirigentes do movimento, Pol Pot descobriu o comunismo em Paris, onde estudou, mas diversas viagens à China fizeram-no optar pela maneira como era praticado no país. Em 1975, quando conseguem tomar o poder, seus amigos e ele decidem aplicar rigorosamente o princípio essencial da Revolução Cultural: a tábua rasa. Para "regenerar" seres humanos que a vida urbana corrompeu, as cidades são esvaziadas uma após a outra, e seus habitantes, enviados aos milhões para o campo, transformado em gigantescos campos de concentração. Bastam três anos desse regime para matar cerca de 2 milhões de pessoas. Esse crime, geralmente considerado genocídio, não é diretamente imputado ao chefe de Estado chinês. Mas não deixa de ser verdade que foi quem o inspirou.[581]

★★★

A CHINA DE DENG

Em julho de 1976, um dos tremores de terra mais mortíferos da história devastou a província de Hebei, no Norte. Como nos tempos antigos, há quem veja nisso um mau presságio, um anúncio de uma mudança de dinastia. De fato, algumas semanas mais tarde, Mao morre, mas seu desaparecimento não provoca, como nos tempos antigos, uma fragmentação do império ou um regresso das desordens. Talvez a China já os tenha vivido em número suficiente. Jiang Qing, agora "viúva de Mao", e seu Bando dos Quatro tentam tomar o poder, mas são rapidamente neutralizados. Após uma curta passagem pelos comandos de uma obscura herança do grande líder, aparece aquele que levará o país a uma nova etapa. Eis que chega a era de Deng Xiaoping, que passou por todas as graças e desgraças, ressuscitando sempre. Seu tamanho minúsculo lhe vale a alcunha de Pequeno Timoneiro. Sua determinação é grande.

---

[581] No século XXI, a Eritreia, que obteve a independência separando-se da Etiópia em 1993, é o último país do mundo a ser governado por um maoísta fervoroso. Conseguiu fazer dela um Estado totalitário, geralmente visto como "a Coreia do Norte africana".

Vacinado para sempre contra os abusos revolucionários e os delírios ideológicos que quase fizeram o país afundar e o próprio Deng se perder, aposta tudo na realidade do trabalho, na produção e nos resultados econômicos. Em 1978, ano em que se encontra de fato no comando, dá o tom: as "quatro modernizações", isto é, os quatro domínios que serão prioritariamente reformados são a agricultura, a indústria, as ciências e tecnologias e a defesa nacional. Devem assegurar a recuperação chinesa e satisfazer a população, melhorando o nível de vida.

"A população poderá satisfazer-se apenas com a melhoria de suas condições materiais?", interrogam-se rapidamente alguns espíritos contestatários. Por que não juntar às quatro primeiras uma quinta modernização, a reforma política, a democratização do regime? Durante toda a década de 1980, a questão é recorrente. A intervalos regulares (1979, 1986), surgem movimentos de protesto, nas universidades e nas grandes cidades, que não cessam de pedir por mais liberdade. A cada vez, o poder parece abrir a tampa antes de voltar a fechá-la brutalmente, aprisionando alguns líderes. O momento crucial chega em 1989. Em abril, multidões de jovens e estudantes reúnem-se na imensa Praça de Tiananmen, absolutamente decididos a sair de lá apenas depois de receberem a garantia de uma evolução do seu país para a democracia. Mais uma vez o poder hesita, dividido entre os reformadores favoráveis à abertura e os partidários da força. Deng, sem dúvida preocupado com a ideia de uma desestabilização que vencesse o regime, acaba inclinando-se para o lado da força. Aceita o recurso à lei marcial. Em 4 e 5 de junho, os tanques do regime vêm selar com sangue esse breve momento de liberdade.

Politicamente, a China continuará, portanto, no velho sistema de partido único, de censura, de eleições combinadas, de imprensa às ordens. Economicamente, em contrapartida, quase tudo é permitido, incluindo métodos de um capitalismo descabelado. Nos anos 1990 são abertas, em diversas regiões, "zonas econômicas especiais" que permitem acomodá-los. A China entra em uma nova era de desenvolvimento que recebe o curioso nome de "socialismo de mercado". Aos olhos de qualquer estudante do primeiro ano de

Ciências Políticas, a expressão é totalmente paradoxal. Nesse velho país asiático que conheceu muitos outros sincretismos, é considerada normal e assegura um crescimento cada vez mais insolente. Em 1997, o velho Deng morre com a idade de 92 anos. É também o ano da devolução de Hong Kong pelos britânicos, depois de mais de 150 anos de uma presença iniciada após a Primeira Guerra do Ópio. A detestável recordação pode ser afastada.[582] O país se prepara para voltar a ser uma grande potência.

---

[582] De acordo com a lógica de omissão já referida no que diz respeito à história de Portugal, a nova "história do mundo" ignora Macau, devolvido à China apenas em 20 de dezembro de 1999 e que é o primeiro centro comercial e a última colônia europeia na Ásia. [N.T.]

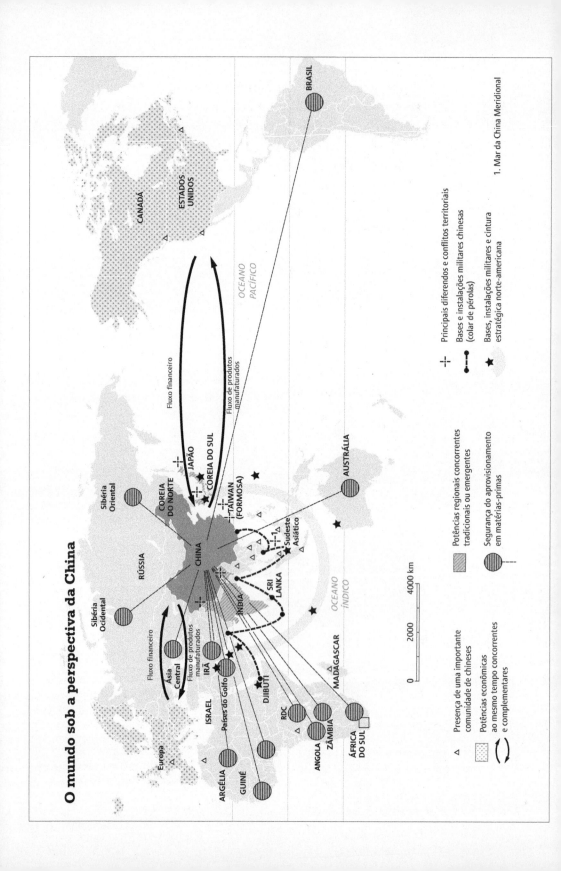

Epílogo

DEPOIS DO DESMORONAMENTO da União Soviética, que, com dez anos de avanço sobre a aritmética, marca de modo evidente o fim do século XX, muitas pessoas procuraram compreender o que viria a seguir. Durante algum tempo, a maioria das discussões sobre esse assunto girou em torno de dois grandes modelos explicativos, propostos um após o outro por dois livros *best-sellers*. Esses textos levam-nos a pistas que me parecem falsas, mas que têm o interesse de sublinhar a evolução da maneira de pensar do mundo.

A primeira dessas teorias aparece em um artigo do cientista político norte-americano Francis Fukuyama, publicado em 1989, no momento dos primeiros solavancos que abalaram o gigante soviético; encontra-se fundamentada em um livro publicado em 1992, logo após seu desaparecimento. Ambos intitulam-se *O fim da História*[583] e podem ser resumidos assim: a morte do comunismo, assim como de todas as ideologias, marca uma etapa terminal na epopeia humana, uma vez que permite o reinado eterno do único sistema razoável, esse modelo norte-americano triunfante que promove a aliança entre a economia de mercado e a democracia liberal. Não é muito complicado encontrar a contradição interna do raciocínio. O autor regozija-se com o desaparecimento das ideologias em nome de um modelo muito messiânico. Tal como os positivistas do século XIX transformaram o amor pela ciência em uma crença, tal como os comunistas transformaram o materialismo em um culto, o horizonte intransponível de um paraíso terrestre saído do cruzamento

---

[583] O título completo é *O fim da História e o Último Homem* (1992), uma referência às teorias do filósofo alemão Hegel.

estonteante de Wall Street e da Bíblia tem todas as características de um pensamento religioso.[584]

A tese, todavia, conheceu grande êxito, provavelmente porque estava em uníssono com o incrível otimismo que havia se apoderado do planeta nesses anos. Nossos leitores com idade suficiente para terem conhecido os primeiros golpes de foice desferidos contra o Muro de Berlim recordam-se, sem dúvida, da euforia que se seguiu: os tempos obscuros haviam terminado, tudo seria resolvido na paz e na harmonia universais. Não foi preciso esperar muito pelo desencanto. A guerra na Iugoslávia, fazendo ressurgir os demônios esquecidos do nacionalismo balcânico, ou o genocídio de Ruanda, esse holocausto tropical resolvido à faca, recordaram-nos rapidamente que o paraíso na Terra não existe e que não haverá um fim da história pela simples razão de que ela nunca para, de que não segue nenhuma direção, de que é uma desordem permanente que não cessa de se perpetuar sob outras formas.

Pode-se dizer, ao menos, que Fukuyama tinha razão no plano econômico, uma vez que essa mesma década viu o triunfo da "globalização", isto é, a multiplicação das trocas e a extensão do capitalismo. Na realidade, esse fato também invalida os pressupostos do autor. Como todos os pensadores do liberalismo, Fukuyama regozija-se com a vitória do seu modelo, que, a par do sistema de mercado, deveria levar a todos os povos a liberdade política, uma vez que para ele era evidente que a economia de mercado e a democracia liberal são duas faces da mesma moeda. É preciso lembrar que o banco que a emite não é o mesmo em toda parte. A China e a Rússia mostraram rapidamente a perfeita capacidade de o capitalismo prosperar à sombra dos regimes mais repressivos.

Choque das civilizações

O desmoronamento das Torres Gêmeas em Nova York em 11 de setembro de 2001 teve, na mente coletiva, um efeito exatamente

---

[584] De um ponto de vista da filosofia política, Fukuyama defendia que a violência é o que gera a História. Com a implantação universal da democracia, desaparecia a violência e, por conseguinte, acabava a História – daí o título de seu ensaio. [N.T.]

inverso ao produzido pela queda do Muro doze anos antes. O otimismo cedeu lugar ao pessimismo mais sombrio. Da mesma forma, fez crescer o interesse pelo segundo livro de que falamos, *O choque das civilizações*, de Samuel Huntington.[585] Escrito em resposta à obra anterior, prevê, pelo contrário, um futuro mais obscuro para o planeta: o fim da Guerra Fria permitiria não o advento do liberalismo para todos, mas uma nova ordem mundial, estruturada em torno de uma dezena de grandes civilizações, todas rivais umas das outras e, portanto, suscetíveis a se confrontar.[586] Logo que o livro apareceu, em 1996, numerosos críticos contestaram sua tese central, apontando, em particular, o fato de o autor fazer dessas "civilizações" blocos imutáveis, saídos intocáveis do fundo dos séculos, não se dando conta das misturas, dos sincretismos, das mestiçagens que são, no entanto, fundamentais para compreender a evolução de todas as sociedades humanas.

O surgimento da Al-Qaeda no grande palco do terror mundial teve como efeito, no entanto, reativar a tese de Huntington ao mesmo tempo em que a reduz. Já não se fala em choque *das* civilizações, mas no choque de *uma* civilização contra todas as outras – o Islã, transformado em matriz de todas as violências, fonte de todos os perigos. A partir de então, essa ideia foi crescendo sempre. É importante recordar até que ponto é inepta e perigosa.

O fundamentalismo islâmico não cai do céu, se é que posso ter a ousadia de escrevê-lo. Como vimos, encontra sua origem na sucessão de crises que o mundo muçulmano conheceu durante dois séculos. Portanto, é claramente uma doença do Islã, exatamente como a Inquisição espanhola foi um desvio perverso do cristianismo, e o nazismo, um cancro próprio do século XX ocidental. Poderíamos resumir o cristianismo aos alicates usados pelos carrascos de Torquemada, ou a modernidade europeia ao incêndio do Reichstag? Como não ver que, na maioria das vezes, as vítimas desses erros europeus foram os

---

[585] Ver Samuel P. Huntington, *O choque das civilizações e a mudança na ordem mundial* (1997).

[586] Chinesa, japonesa, indiana, ortodoxa, ocidental, latino-americana, africana, muçulmana.

próprios europeus, assim como as vítimas do islamismo são, em sua maioria, os muçulmanos?

Atirar a responsabilidade das loucuras extremistas sobre o conjunto de uma comunidade não é apenas um erro, mas também um engano. A estratégia terrorista tem apenas um objetivo: semear o pânico. Os extremistas procuram desestabilizar o adversário para forçá-lo a rejeitar os muçulmanos como um todo, de modo a empurrá-los para os braços dos fanáticos que pretendem representá-los. É preciso fazer de tudo para evitar essa armadilha grosseira.

O aparecimento dessa violência, em particular nas sociedades ocidentais, que, desde o fim da Segunda Guerra Mundial, julgavam estar protegidas delas, cria uma impressão deletéria. Acompanhado de uma série de guerras e horrores vindos do mundo inteiro, que passam continuamente nas telas das nossas sociedades midiáticas, leva a crer que o mundo enlouqueceu. As centenas de páginas que precedem ajudarão, assim espero, a relativizar essa opinião. O mundo está violento. Alguém poderia indicar um momento, desde o Neolítico, em que não tenha estado?

Para o século XXI

Em vez de passar a vida tentando prever, em um futuro distante, uma idade de ouro ou um apocalipse, um tão improvável quanto o outro, parece mais sensato encarar nosso século tentando delimitar, com lucidez, os problemas do presente.

Alguns são de ordem global, como as questões ligadas ao meio ambiente. Se dizem respeito a todo o planeta, esperemos que o planeta encontre uma forma de se unir para resolvê-los. Outros relacionam-se à geopolítica. Desde o fim do congelamento do mundo em dois blocos, os polos de poder multiplicam-se. Os Estados Unidos conseguem manter-se como a única potência mundial capaz de aliar, no mais alto nível, as forças econômica, cultural e militar. A China está logo atrás deles, e em breve será seguida pela Índia, pelo Brasil e, depois – quem sabe? –, pelo Irã ou por futuros gigantes africanos. Todas essas zonas do mundo desejam fortemente aumentar sua influência e seu desenvolvimento, consequentemente perturbando, no longo prazo, as linhas de força que percorrem o planeta.

Irei me permitir simplesmente, ao final desse longo percurso, dizer uma palavra pessoal sobre aquelas que atravessam o cantinho do mundo a que pertenço. Antes de realizar este trabalho, eu era europeu por intuição. Depois de tê-lo terminado, o sou por dedução.

Como vimos, o Velho Continente conheceu suas horas de glória mundial do século XVI, momento de sua expansão, ao XIX, momento de seu domínio. No século XX, a arrogância e a embriaguez do poder conduziram-no duas vezes ao suicídio. Desde o fim da Segunda Guerra Mundial, perdeu o papel central que desempenhava. No planisfério do século XXI, parece desvanecer-se ainda mais. O Mediterrâneo, lê-se por vezes, foi o mar da Antiguidade, e o Atlântico, o oceano do Renascimento e dos Tempos Modernos. O Pacífico será o dos tempos vindouros, dominados pelo grande confronto entre a China e os Estados Unidos, que sem dúvida permitirá às outras potências regionais, do Japão à Austrália, da Coreia ao Vietnã, desempenhar um papel determinante.

O pequeno continente europeu vê-se, portanto, pouco a pouco empurrado para a periferia. Melhor assim. Sua posição central conduziu a demasiadas conquistas, loucuras e guerras para se lamentar. Também conseguiu, ao longo dos séculos, criar um espaço onde hoje são partilhados e protegidos valores preciosos: a concórdia, a solidariedade por meio da proteção social, a liberdade de pensar, de falar, de criticar, de acreditar ou não acreditar, a igualdade entre homens e mulheres, o respeito às minorias. Não houve muitos momentos na história do mundo em que esses valores tenham sido garantidos em tão grande escala como hoje em dia nos países europeus. É preciso proteger esse milagre raro e frágil contra os perigos que o ameaçam. Cito dois deles. O primeiro vem dos gigantes de que acabo de falar. Não estou dizendo que a China ou a Índia terão um dia, como projeto, mandar seus exércitos à conquista de Bruxelas. Penso que, como todas as potências em pleno crescimento, procurarão necessariamente, em um momento ou em outro, o pequeno continente europeu, e não serão mais escrupulosos ao assegurar o próprio desenvolvimento sobre a ruína da Europa do que a Europa foi ao assegurar o seu sobre o deles.

A outra ameaça vem dos nacionalistas, que acreditam que a união da Europa sufoca seu país, que o impede de recuperar sua grandeza. É claro que Portugal, a Espanha, o Reino Unido, a França, a Alemanha e tantos outros foram potências muito grandes. Já falamos longamente sobre isso: aconteceu em um momento em que o planeta estava sob seu controle e, por assim dizer, não existia. O mundo ainda está aqui? É razoável avançar no século XXI refletindo como se estivéssemos em 1914? Espero que quem leu este livro até aqui tenha compreendido que não.

Bibliografia

ESTA BIBLIOGRAFIA, sem procurar ser exaustiva, dá pistas aos leitores que desejam aprofundar seus conhecimentos sobre um tema ou outro.

OBRAS GENERALISTAS DA HISTÓRIA DO MUNDO

DANIELS, Patricia S.; HYSLOP, Stephen G. *National Geographic Almanac of World History*. Washington: National Geographic Society, 2014.

DUBY, Georges. *Atlas historique: toute l'histoire du monde en 300 cartes*. Paris: Larousse, 2016.

FURTADO, Peter (Org.). *Histories of Nations: How Their Identities Were Forged*. Londres: Thames and Hudson, 2013.

KINDER, Hermann; HILGEMANN, Werner. *Atlas historique: de l'apparition de l'homme sur la Terre au troisième millénaire*. Paris: Perrin, 2006.

KÖNENMANN, Ludwig. *Atlas historica: chronologie universelle du big-bang à nos jours en 1200 cartes*. Paris: Place des Victoires, 2010.

MARR, Andrew. *A History of the World*. Basingstoke: Pan Macmillan, 2012.

MOSSÉ, Claude. *Une histoire du monde antique*. Paris: Larousse, 2013.

ROBERTS, John M.; WESTAD, Odd A. *Histoire du monde*. 3 vol. Paris: Perrin, 2016.

SELLIER, Jean; SELLIER, André. *Atlas des peuples de l'Europe centrale*. Paris: La Découverte, 2014.

TESTOT, Laurent. La nouvelle histoire du monde. *Sciences humaines*, n. 3, dez. 2014/jan. 2015.

PROGRAMAS DE RÁDIO

2 000.000 ANS D'HISTOIRE. *France Inter*. Disponível em: https://blog-histoire.fr/. Acesso em: 07 mai. 2021.

IN OUR TIME. *BBC*. Disponível em: http://www.bbc.co.uk/programmes/b006qykl. Acesso em: 07 mai. 2021.

LA FABRIQUE DE L'HISTOIRE. *France Culture*. Disponível em: https://www.franceculture.fr/emissions/la-fabrique-de-lhistoire. Acesso em: 07 mai. 2021.

LA MARCHE DE L'HISTOIRE. *France Inter*. Disponível em: https://www.franceinter.fr/emissions/la-marche-de-l-histoire. Acesso em: 07 mai. 2021.

OBRAS SOBRE A HISTÓRIA GLOBAL (POR PERÍODO)

AGLAN, Alya; FRANK, Robert (Org.). *1937-1947: La Guerre Monde*. Paris: Gallimard, 2015.

BERSTEIN, Serge; MILZA, Pierre. *Histoire du XXe siècle*. Paris: Hatier, 1994-2010.

BOUCHERON, Patrick (Org.). *Histoire du monde au XVe siècle*. Paris: Fayard, 2009.

BRENDON, Piers. *The Decline and Fall of the British Empire, 1781-1997*. Nova York: Vintage Books, 2008.

BROOKS, Timothy. *Le Chapeau de Vermeer: le XVIIe siècle à l'aube de la mondialisation*. Paris: Payot, 2012.

GRUZINSKI, Serge. *L'Aigle et le Dragon: démesure européenne et mondialisation au XVIe siècle*. Paris: Fayard, 2012.

HUYGUE, Édith; HUYGUE, François-Bernard. *Les Coureurs d'épices: sur la route des Indes fabuleuses*. Paris: Payot, 2002.

LE NAOUR, Jean-Yves. *Histoire du XXe siècle*. Paris: Hachette, 2009.

LOWE, Norman. *Mastering Modern World History*. Londres: Palgrave, 2005.

MARTINIÈRE, Guy; VARELA, Consuelo (Org.). *L'État du monde en 1492*. Paris: La Découverte/Sociedad Estatal para la Ejecución de Programas del Quinto Centenario, 1992.

MISHRA, Pankaj. *From the Ruins of Empire: The Revolt Against the West and the Remaking of Asia*. Londres: Penguin, 2013.

PORTUGAL, l'empire oublié. *Les Collections de L'Histoire*, n.° 63, abr./ jun. 2014.

SARMANT, Thierry. *1715: la France et le monde*. Paris: Perrin, 2014.

SUBRAHMANYAM, Sanjay. *L'Empire portugais d'Asie (1500-1700)*. Paris: Le Seuil, 2013.

WESSELING, Henri. *Les Empires coloniaux européens, 1815-1919*. Paris: Gallimard, 2009.

HISTÓRIA OCIDENTAL

BADEL, Christophe; INGLEBERT, Hervé. *Grand Atlas de l'Antiquité romaine: construction, apogée et fin d'un empire (IIIe siècle av. J.-C. – VIe siècle apr. J.-C.)*. Paris: Autrement, 2014.

BAUBÉROT, Jean. *Petite histoire du christianisme*. Paris: Librio, 2008.

DAVIES, Norman. *Europe: A History*. Nova York: Harper Perennial, 1998.

DELOUCHE, Frédéric (Org.). *Histoire de l'Europe*. Vanves: Hachette, 1997.

DICTIONNAIRE du Moyen Âge: Histoire et société. Paris: Albin Michel/ Encyclopaedia Universalis, 1999.

GRIMAL, Pierre. *L'Empire romain*. Paris: Le Livre de Poche, 2008.

LE BOHEC, Yann; PETIT, Paul. Rome et Empire romain. *Encyclopaedia Universalis*, 1999. Disponível em: https://www.universalis.fr/encyclopedie/rome-et-empire-romain-le-haut-empire. Acesso em: 07 mai. 2021.

LE GOFF, Jacques. *Un long Moyen Âge*. Paris: Fayard, 2011.

ROBERTS, John M.; WESTAD, Odd A. *The Penguin History of Europe*. Londres: Penguin, 1998.

SEIGNOBOS, Charles. *Essai d'une histoire comparée des peuples d'Europe*. Paris: Éditions Rieder, 1938.

SEIGNOBOS, Charles. *Histoire de l'Europe*. Paris: Éditions de Cluny, 1934.

SELLIER, Jean; SELLIER, André. *Atlas des peuples de l'Europe occidentale*. Paris: La Découverte, 2011

VINCENT, Catherine. *Introduction à l'histoire de l'Occident médiéval*. Paris: Le Livre de Poche, 2008.

CHINA

BALME, Stéphanie. *La Chine*. Paris: Le Cavalier Bleu, 2008.

BÉGUIN, Gilles; MOREL, Dominique. *La Cité interdite des Fils du Ciel*. Paris: Gallimard, 1996.

CHANCEL, Claude; LE GRIX, Libin L. *Le Grand-Livre de la Chine. Histoire et géographie. Civilisation et pensée. Économie et géopolitique*. Paris: Eyrolles, 2012.

CHAUSSENDE, Damien. *La Chine au XVIIIᵉ siècle: l'apogée de l'empire sinomandchou des Qing*. Paris: Les Belles Lettres, 2013.

EBREY, Patricia P. *The Cambridge Illustrated History of China*. Cambridge: Cambridge University Press, 2010.

ELISSEEFF, Danielle. *Confucius: des mots en action*. Paris: Gallimard, 2003.

FAIRBANK, John K.; GOLDMAN, Merle. *Histoire de la Chine: des origines à nos jours*. Paris: Tallandier, 2010.

GROUSSET, René. *Histoire de la Chine*. Paris: Payot, 1994.

KAMENAROVIC, Ivan P. *La Chine classique*. Paris: Les Belles Lettres, 1999.

YINKE, Deng. *History of China*. Pequim: China Intercontinental Press, 2008.

ÁSIA (EXCETO CHINA)

ANGOT, Michel. *L'Inde classique*. Paris: Les Belles Lettres, 2001.

BOISSELIER, Jean. *La Sagesse du Bouddha*. Paris: Gallimard, 1993.

DANIÉLOU, Alain. *Histoire de l'Inde*. Paris: Fayard, 1983.

DELAY, Nelly. *Le Japon éternel*. Paris: Gallimard, 1998.

FRÉDERIC, Louis. *La Vie quotidienne au Japon au début de l'ère moderne, 1868-1912*. Paris: Hachette, 1984.

GROUSSET, René. *L'Empire des steppes: Attila, Gengis Khan, Tamerlan*. Paris: Payot, 2015.

HAAG, Pascale; RIPERT, Blandine. *L'Inde*. Paris: Le Cavalier Bleu, 2009.

HUYSE, Philip. *La Perse antique*. Paris: Les Belles Lettres, 2005.

LE JAPON, des samouraïs à Fukushima. Paris: Pluriel L'Histoire, 2011.

LEVENSON, Claude B. *Le Bouddhisme*. Paris: PUF, 2004.

MACÉ, François; MACÉ, Mieko. *Le Japon d'Edo*. Paris: Les Belles Lettres, 2006.

OKADA, Amina; ZÉPHIR, Thierry. *L'Âge d'or de l'Inde classique*. Paris: Gallimard, 2007.

ROBERT, Jean-Noël. *Petite histoire du bouddhisme: religions, cultures, identités*. Paris: Librio, 2008.

ROUX, Jean-Paul. *Gengis Khan et l'Empire mongol*. Paris: Gallimard, 2002.

ROUX, Jean-Paul. *Histoire de l'Empire mongol*. Paris: Fayard, 1993.

ROUX, Jean-Paul. *L'Iran, des Perses à nos jours*. Paris: Pluriel L'Histoire, 2012.

ÁFRICA

COQUERY-VIDROVITCH, Catherine. *Petite histoire de l'Afrique: l'Afrique au sud du Sahara de la préhistoire à nos jours*. Paris: La Découverte, 2011.

FAUVELLE-AYMAR, François-Xavier. *Le Rhinocéros d'or: histoires du Moyen Âge africain*. Paris: Gallimard, 2014.

VAN REYBROUCK, David. *Congo, une histoire*. Arles: Actes Sud, 2014.

WESSELING, Henri. *Le Partage de l'Afrique, 1880-1914*. Paris: Gallimard, 2002.

AMÉRICAS

BERNAND, Carmen. *Les Incas, peuple du soleil*. Paris: Gallimard, 2010.

CHAUNU, Pierre Chaunu. *Histoire de l'Amérique Latine*. Paris: PUF, 2014.

GRUZINSKI, Serge. *Le Destin brisé de l'Empire aztèque*. Paris: Gallimard, 2010.

KASPI, André. *Les Américains: les États-Unis de 1607 à nos jours*. Paris: Le Seuil, 2014.

VAYSSIÈRE, Pierre. *Les Révolutions d'Amérique Latine*. Paris: Le Seuil, 2002.

★★★

Para os temas relacionados ao mundo árabe muçulmano, sugerimos consultar a bibliografia que figura na obra anterior do autor, *L'Orient mystérieux et autres fadaises* (Fayard, 2013).

Lista de mapas

O Crescente fértil: do Vale dos Reis à Suméria 27
Berços das grandes civilizações 38-39
Os quatro impérios da Antiguidade 82-83
O mundo no tempo de Harun Al-Rashid 124-125
A expansão dos *vikings* 161
Império Mongol...174-175
Os grandes impérios africanos da Idade Média 204
Os primeiros impérios coloniais europeus (séculos XVI-XVIII)...226-227
A Europa se dilacera 253
Quatro impérios muçulmanos no século XVI 262
A Europa da Guerra dos Trinta Anos 280
A América do Norte depois da Guerra dos Sete Anos....................291
O tráfico negreiro (séculos XVI-XVIII) 301
A Prússia e a Rússia (séculos XVII-XVIII) 319
A conquista da Índia 328
A conquista do Pacífico 339
A unificação da Itália e a da Alemanha................................389
Os Estados Unidos durante a Guerra de Secessão 400
As independências latino-americanas..................................416
As desventuras da China no século XIX...............................427
A grande partilha da África..457
O desmembramento do Império Otomano 468
Primeira Guerra Mundial: as forças em presença....................490
A Europa e o Oriente Próximo em 1923 491
A Segunda Guerra Mundial 556-557
Os dois blocos no período da Guerra Fria...........................567
As grandes etapas da descolonização................................581
Israel e Palestina em 1947-1949 597
A expansão israelita depois de 1967................................599
O mundo sob a perspectiva da China................................622

Agradecimentos

NUNCA PODERIA ter concretizado o projeto monumental e insano de uma história do mundo sem o apoio decisivo de uma equipe.

Esta obra foi apoiada desde o início por Sophie de Closets. Vincent Brocvielle foi o eficaz editor que, ao longo de todos esses anos, me ofereceu seu entusiasmo e sua disponibilidade. Carl Aderhold aceitou ler e rever o livro à luz de sua cultura enciclopédica, fato que me evitou cometer muitos erros. Outros ainda foram corrigidos após a leitura escrupulosa e pertinente de Diane Feyel, assistida por Amicie Pélissié du Rausas e Émilie Polak. Philippe Rekacewicz desenhou os mapas e Pierre Brissonnet e Olivier Marty conceberam a elegante capa da edição original.

Obrigado a todos.

Este livro foi composto com tipografia Bembo Std e
impresso em papel Off-White 70 g/m² na Formato Artes Gráficas.